COLLECTION DES MÉLANGES
DE LA BIBLIOTHÈQUE DE LA SORBONNE

3

Collection des
MÉLANGES DE LA BIBLIOTHÈQUE DE LA SORBONNE
dirigée par André TUILIER

© **Aux Amateurs de Livres, 1986**
ISBN 2-905053-19-4

FRANÇOISE WEIL

L'INTERDICTION DU ROMAN ET LA LIBRAIRIE 1728-1750

PARIS
AUX AMATEURS DE LIVRES
62, Avenue de Suffren

1986

L'origine de ce travail remonte à une quinzaine d'années, exactement à la parution en 1963 du *Dilemme du Roman* de Georges May[1]. Tout ce qui touchait aux problèmes du roman retenait depuis fort longtemps notre attention ; à cette curiosité était venue s'ajouter une curiosité pour les questions de librairie et de censure, à la faveur de nos recherches sur les correspondances manuscrites de la première moitié du dix-huitième siècle. Le livre si percutant de Georges May venait à point, pour nous comme pour beaucoup de chercheurs.

On sait l'essentiel de sa démonstration : le chancelier d'Aguesseau aurait interdit les romans en 1737 environ, mais l'auteur n'avait pu retrouver de texte officiel confirmant cette interdiction. Cette interdiction aurait eu des origines à la fois esthétiques et morales, et toute l'évolution d'un genre nouveau et hésitant, qui se situait mal par rapport à l'histoire, aurait été conditionnée par cette mesure.

Notre démarche se veut différente, et résolument en dehors de l'histoire littéraire proprement dite. Prenant comme hypothèse de travail la réalité de cette proscription, nous avons tenté d'en chercher les conditions d'application jusqu'en 1750, dernière année du « ministère » de d'Aguesseau. Nous ne pouvions nous fixer l'année 1737 comme année de départ, car les conséquences sont toujours liées aux origines. L'année 1731 permettait d'englober dans notre enquête la *Vie de Marianne* et le *Cleveland* ; l'année 1728 permettait d'y ajouter les *Mémoires d'un homme de qualité*. Nous avons préféré 1728. Ainsi aucun de ces trois importants romans n'allait se trouver découpé en tranches arbitraires correspondant aux dates de parution des différentes parties. Mais bien entendu nous restions dans l'arbitraire.

Il nous semblait en tous cas qu'on pouvait aller plus loin que Georges May sur la voie qu'il avait lui-même tracée. Lui-même ne s'étonnait-il pas en effet du « nombre total des nouveaux romans publiés en français à partir de 1738 », nombre qui « demeure sensiblement le même qu'avant »[2] ? Ce qui ne l'empêche pas d'évoquer « l'efficacité surprenante » avec laquelle l'ordre du Chancelier aurait été appliqué. Il insiste, il est vrai, dans le même passage, sur la « clandestinité » de ces publications sous adresse étrangère : « peu importe », ajoute-t-il, « de

savoir s'il s'agit-là d'une provenance authentique ou d'une imposture :
dans un cas comme dans l'autre, le livre est clandestin, et l'interdiction
d'origine suffit à révéler, de la part de l'auteur et du libraire, le désir
d'échapper aux règlements en vigueur en France, gouvernant la publication des imprimés »[3].

. En fait, le graphique qui suit cette argumentation ne nous semble pas
« la plus persuasive des contre-épreuves » de la réalité de la proscription.
Cela pour plusieurs raisons : ces nouveautés sont bien entendu une partie non négligeable de la production ; mais il est intéressant d'étudier
également les réimpressions ; sans compter que la notion de nouveauté
est relative ;   non seulement parce qu'une première édition a pu
échapper à l'enquête de Jones sur laquelle s'appuie G. May[4], au moins
pour les romans non privilégiés ; et que l'on ne sait s'il faut qualifier
de nouveautés ou de réimpressions certaines adaptations modernes
d'ouvrages français ou étrangers *Amours de Leucippe et de Clitophon*,
Astrée, *Argenis*.

Il nous est devenu rapidement évident que nous ne pouvions nous
contenter, malgré ses mérites incontestables, de l'ouvrage de Jones. Le
but de Jones était de fournir une liste aux historiens de la littérature
française « those who are interested in the history of prose fiction ». Il a
donc cherché avant tout à établir une liste des romans parus en français
pour la première fois entre 1700 et 1750, en reconnaissant : « it is some-
times difficult to draw a line between a translation and an adaptation »[5].

En réalité, toute traduction est à cette époque une « belle infidèle »
et une nouvelle création. Le « traducteur » français opère dans le texte
original les coupures qui lui semblent indispensables, pour des raisons
littéraires, morales, politiques, personnelles, etc. et n'éprouve aucun
scrupule à ajouter des pages entières de son cru : le meilleur exemple
que nous connaissions est celui des *Avantures de Joseph Andrews* traduites par Desfontaines.

La conception de Jones était celle d'une littérature romanesque française du XVIIIe siècle au sens le plus étroit ; il a donc écarté non seulement les oeuvres traduites ou adaptées du grec, du latin, de l'espagnol, de l'italien ou de l'anglais (il n'y a pas encore de traductions de
romans allemands), mais les réimpressions de romans parus avant 1700 ;
on ne trouve pas entre autres les *Avantures de Télémaque* parues en
1699 pour la première fois, et qui devaient connaître un des plus gros
succès de librairie du siècle.

D'autre part, se plaçant dans la perspective d'historien de la littérature française, Jones a ignoré nombre de réimpressions ; il est vrai que
son enquête s'est limitée à la Bibliothèque Nationale, à la Bibliothèque
de l'Arsenal et au British Museum ainsi qu'aux bibliothèques améri-
caines. Notre enquête personnelle, comme celle d'ailleurs qu'ont menée
quelque temps avant nous pour la période suivante Angus Martin et
ses collaborateurs[6], s'est voulue plus large, et dans sa conception, et

dans son champ d'action; ce qui nous a permis de trouver quelques titres inconnus de Jones — une douzaine environ — et surtout des réimpressions qu'il n'avait pas rencontrées; nous avons retrouvé en particulier la plupart des éditions signalées par Gay[7].

Enfin, le graphique auquel nous faisions allusion compare la production annuelle de nouveaux romans parus avec l'adresse de Paris et celle des romans parus avec une adresse étrangère. Or un roman peut paraître avec l'adresse de Paris et être d'impression étrangère; c'est le cas entre autres d'une édition de 1731 des *Mémoires d'un homme de qualité*, dont le dernier volume a pu passer pour l'édition originale de *Manon Lescaut*. Surtout, comme on le sait, une adresse étrangère ne signifie nullement une impression étrangère, mais seulement une édition non privilégiée. Ce graphique ne fait que confirmer la suppression quasi totale des privilèges pour des romans, et on arriverait au même résultat si l'on consultait les registres des privilèges, comme l'a fait G. May pour l'année 1738[8].

Dans la perspective où nous nous plaçons, celle de la *production* et de la *diffusion* de l'objet littéraire que constitue le roman, il nous importe de savoir si ces impressions prétendument hollandaises ou londoniennes (ce sont les cas les plus fréquents) proviennent de presses françaises ou étrangères; et, dans une perspective plus « politique », il n'est pas négligeable de savoir si ces ouvrages parus sans privilège ont été permis, tolérés ou interdits.

En effet, vraie ou fausse, l'indication d'un lieu d'édition étranger ne suffit pas à prouver la clandestinité absolue d'une publication. L'attribution d'un privilège n'était pas la seule manière d'autoriser la publication ou la diffusion. On sait que, depuis le début du siècle, il existait une voie parallèle, celle des « permissions tacites ». Il est probable d'ailleurs qu'il existait, non pas une mesure intermédiaire entre l'autorisation sanctionnée par le privilège et l'interdiction, mais une gamme subtile de mesures et de situations, qui n'engageait officiellement ni un censeur ni surtout le(s) Pouvoir(s), et dont le registre dit des permissions tacites ne donne qu'une faible idée. C'est ainsi qu'on trouve, dans des papiers de la Bibliothèque de l'Arsenal datés de 1744 : « Envoyer chercher Osmont et lui dire qu'il n'y a point d'inconvénient à imprimer l'ouvrage ci-joint, mais je ne lui en donnerai point permission par écrit »[9]; un peu plus loin, dans le même manuscrit, une feuille porte l'en-tête — « Permissions tac... »[10].

La proscription des romans se limitait-elle à la suppression des privilèges, ou s'étendait-elle aux permissions tacites, et dans ce cas à toutes les catégories de permissions tacites, écrites ou orales, accordées par les différents pouvoirs? C'est ce qu'il nous faudra voir. D'autre part, les romans non privilégiés étaient-ils destinés tous à la France? Si cela nous semble évident pour les nouveautés, il n'en est pas de même pour les réimpresssions, dont certaines ont pu concerner un marché délibérement non-français. Enfin, les romans destinés à un public français

avaient-ils à franchir des obstacles réels pour êtres diffusés? Le chancelier devait nécessairement compléter les mesures prohibitives d'impression par des mesures prohibitives concernant la diffusion. Mais les
pouvoirs de police ne lui appartenaient pas: il lui fallait la collaboration des détenteurs de ces pouvoirs, c'est-à-dire, à Paris, du Lieutenant
de police. En fait, la surveillance des livres ne pouvait se faire qu'à la
faveur d'une collaboration tout aussi étroite entre le lieutenant de
police et les officiers de la Chambre syndicale des imprimeurs et
libraires... Or, les imprimeurs concernés étaient souvent avertis par leurs
confrères de l'imminence d'une perquisition dans leur atelier ou magasin; il faut ajouter que l'examen des registres de saisies s'avère déce-
vant : non seulement il n'apparaît pas toujours clairement si les livres
ont été gardés ou restitués, mais l'édition n'est presque jamais indiquée.

Pour tenter d'évaluer la diffusion de tel ou tel titre et surtout de telle
ou telle édition, nous avions deux méthodes possibles, toutes deux très
imparfaites: nous les avons employées l'une et l'autre, nous efforçant de
combler les lacunes de l'une par les renseignements fournis par l'autre :
l'enquête personnelle dans les bibliothèques et l'utilisation des catalogues de ventes de bibliothèques du XVIIIe siècle.

Nous avons dit précédemment que nous ne pouvions nous limiter aux
bibliothèques visitées par Jones. On trouvera en annexe de cette étude la
liste des bibliothèques que nous avons pu visiter. Cette enquête n'est pas
terminée et cette liste n'est pas exhaustive; il nous faut dire ici quelques
mots sur notre méthode d'investigation; nous ne nous sommes évidemment pas limitée aux bibliothèques publiques françaises qui avaient publié
le catalogue de leur fonds ancien; nous avons entrepris l'exploration de
toutes les bibliothèques publiques françaises et si possible étrangères dont
le *Répertoire des bibliothèques* signalait l'existence d'un fonds antérieur à
la Révolution; enfin nous n'avons pas négligé quelques bibliothèques
inconnues du *Répertoire* qu'on a pu nous signaler (Montivilliers, St Pol
sur Ternoise...). Une bibliothèque apparemment pauvre en romans du
XVIIIe siècle peut posséder une édition très rare. Nous sommes d'ailleurs
convaincue de la disparition totale ou quasi totale d'un certain nombre
d'éditions : chaque fois que nous avons découvert un exemplaire d'une
édition que nous n'avions encore jamais rencontrée, notre plaisir de la
découverte a été assombri par l'angoisse de l'existence possible à Mel-
bourne ou à Berkeley ou dans une collection privée d'autres exemplaires
uniques. Sans oublier la disparition complète d'autres éditions. Comme
l'écrit H.J. Martin, « les seules bases statistiques dont nous disposons
concernent la production conservée »[11].

Au début de notre enquête, nous avions élargi ce « corpus » à des
éditions que nous n'avions pas vues, mais qui semblaient signalées par
différents instruments qu'on peut qualifier de bibliographiques :
annonces et comptes rendus de journaux; catalogues de ventes du
XVIIIe siècle. Mais les annonces de journaux sont trompeuses : tel livre
annoncé comme « sous presse » semble n'avoir jamais vu le jour; tel

ouvrage débité en octobre ou novembre est probablement celui que nous avons trouvé avec une page de titre portant la date de l'année suivante ; coutume courante qui est encore de nos jours celle de certaines publications universitaires comme les *codes Dalloz*. L'année des éditeurs est en fait, comme pour les constructeurs d'automobiles du XXᵉ siècle, une année universitaire.

Quant aux catalogues, ils sont à la merci des erreurs typographiques. Il nous est arrivé plus d'une fois d'obtenir dans une bibliothèque un ouvrage du XVIIᵉ ou du XIXᵉ siècle sous la foi d'une mauvaise référence due à une erreur d'un chiffre. La confiance qu'on peut accorder à ces catalogues est très variable, même en tenant compte des exigences d'une époque en matière de description bibliographique. Les catalogues de ventes établis par Gabriel Martin au XVIIIᵉ siècle, le catalogue moderne de la Bibliothèque de Troyes sont particulièrement soignés. Il n'en est pas toujours ainsi ; d'ailleurs le libraire du XVIIIᵉ siècle qui établissait un catalogue de vente ne faisait sans doute dans la plupart des cas que recopier les indications du bibliothécaire.

La différence entre le bon libraire et le mauvais libraire — plutôt entre un libraire scrupuleux du point de vue bibliographique et un autre qui l'était moins — résidait essentiellement dans l'utilisation de parenthèses précisant le rétablissement du lieu réel d'édition.

En définitive, si nous avons utilisé les catalogues de ventes du XVIIIᵉ siècle, c'est moins pour enrichir notre « corpus » que pour essayer de voir la diffusion des romans dans certaines bibliothèques. On se souvient de l'article que Daniel Mornet avait publié en 1910 dans la *Revue d'histoire littéraire de la France* sous un titre suggestif : « Les enseignements des bibliothèques privées ». Il voulait chercher les influences de telle ou telle œuvre littéraire. On sait aujourd'hui combien il faut être prudent dans ce domaine, et ne pas confondre propriété et lecture.

Daniel Roche a insisté à plusieurs reprises sur cette distinction, en particulier dans son séminaire sur « La lecture dans la France urbaine du XVIIIᵉ siècle »[12] et Yves Durand a montré le caractère de prestige de certaines bibliothèques de fermiers généraux[13]. Les propriétaires de bibliothèques qui font l'objet d'une *vente avec catalogue imprimé* (il y avait d'autres ventes de bibliothèques) appartenaient bien entendu à une « élite » ; il n'est pas sûr qu'ils ne sacrifiaient pas à ce goût du prestige ; ils étaient sans doute plus des collectionneurs que des lecteurs de livres. D'autre part, comme l'a fait remarquer Daniel Roche, le catalogue de vente pouvait être incomplet par suite d'une autocensure, de même que l'inventaire après décès pouvait concerner une bibliothèque expurgée au préalable par des « experts ».

Cependant, les catalogues de ventes demeurent pour nous un instrument de travail irremplaçable ; les inventaires après décès ne peuvent jouer un rôle analogue, puisqu'ils décrivent des lots et précisent seulement un titre pour chaque lot[14]. D'autre part, les cas où les prélèvements ont été faits entre l'inventaire après décès et la rédaction du catalogue de vente sont probablement assez limités : M. Marion signale la différence entre l'inventaire après décès de la bibliothèque de Saint-Simon (au moins 6 223 volumes) et le catalogue de la même bibliothèque (3 448 volumes)[15]. Un sondage que nous avons effectué dans quelques inventaires après décès de collectionneurs dont la bibliothèque a fait par ailleurs l'objet d'un catalogue imprimé[16] nous a permis de constater que les titres mentionnés dans l'inventaire se retrouvent en général dans le catalogue.

Surtout, ce que nous voudrions souligner, c'est que, malgré la proscription de 1737, et malgré le peu de cas que l'on faisait ou que l'on fera des romans à certaines époques, on les trouve alors dignes de figurer sur certains catalogues de ventes ; ce qui suppose qu'on les a conservés et même reliés. D'autres propriétaires n'ont pas eu ce souci de reliure : nous avons trouvé dans les bibliothèques publiques certains exemplaires simplement brochés. Il est évident qu'une partie des disparitions peut s'expliquer par le mauvais état de conservation des ouvrages.

En réalité, tous les propriétaires de bibliothèques n'avaient pas la même estime pour les romans ; peut-être en possédaient-ils plus que le nombre avoué par leurs catalogues. Quoi qu'il en soit, nous ne pouvions retenir tous les catalogues : nous avons sélectionné ceux où figuraient au moins dix titres de romans des années 1728-1750. Il ne pouvait d'ailleurs être question de recenser la production romanesque de cette période dans les cinq cents catalogues examinés par D. Mornet. Ces catalogues correspondent en effet à des ventes s'étendant sur tout le siècle ; or nous voulions cerner le plus possible l'actualité, et avoir le décalage minimum entre la date de publication et la date probable de l'achat. C'est pourquoi nous avons pris arbitrairement la date limite de 1758, soit huit ans après le terme de notre enquête. Il faut dire que l'intervalle entre le décès et l'inventaire est (à Paris, mais non à Rouen où l'on nous a fait assister à la découverte du corps du défunt...), extrêmement variable ; l'inventaire se prolonge pour des raisons qui nous échappent : problèmes de succession? désir des notaires experts et de leurs employés de gagner davantage grâce à des heures supplémentaires?

Par exemple, si la bibliothèque de Crozat de Tugny est mise en vente l'année même de sa mort (en 1751), celle de Giraud de Moucy mort le 5 avril 1751 n'est mise en vente que le 12 mars 1753, donc deux ans plus tard ; il est vrai qu'elle comportait 9 787 ouvrages alors que celle de Crozat n'en comptait que 4 821. Il faut quatre ans pour vendre la bibliothèque de Couvay (3 731 numéros) et cinq ans pour vendre celle de Petis de la Croix qui n'a que 115 numéros[17].

D'autre part, par souci d'homogénéité et parce qu'ils étaient de loin les plus nombreux, nous n'avons retenu que des catalogues de bibliothèques parisiennes, en y comprenant celle de Pontcarré, premier président au Parlement de Rouen, dont la vente eut lieu à Paris.

Enfin, l'exploitation de ces catalogues n'était pas toujours facile :

d'abord beaucoup d'entre eux n'ont pas de classe « romans », mais une classe « belles-lettres » où les romans sont en fait regroupés ; ensuite certaines bibliothèques étaient vendues par lots ; nous n'avons gardé qu'une partie des catalogues de ventes par lots. En définitive, sur plus d'une centaine de catalogues de ventes antérieurs à 1759, nous n'avons pu en garder que 87. Nombre évidemment restreint lorsqu'on le compare à celui de D. Mornet. Il serait intéressant de compléter notre enquête par une recherche sur les catalogues postérieurs à 1758 ; dans ce cas les achats attesteraient la permanence du succès de romans parus environ trente ans plus tôt.

Nous disposons ainsi d'une double série de chiffres, nous permettant d'évaluer la production romanesque : ceux fournis par notre enquête dans les bibliothèques et ceux fournis par les catalogues de ventes. Ces statistiques devraient nous permettre de confirmer ou d'infirmer l'hypothèse d'une baisse soit de la production (en France et à l'étranger), soit de la diffusion en France des romans après 1737.

Le problème du lieu d'impression des romans parus sans privilège ne pouvait par contre être abordé à travers les bibliographies. Seuls l'enquête sur place et l'examen des ouvrages pouvaient nous permettre de savoir où un livre avait été réellement publié.

Certes la bibliographie matérielle ne permet pas toujours de savoir le lieu d'impression d'un livre ; et c'est un terrain glissant pour les néophytes. Le filigrane du papier et même les habitudes typographiques fournissent plus souvent des indices que de véritables preuves : nous avons eu surtout recours à la comparaison des ornements typographiques ; cette méthode a nécessité la constitution d'une collection de photocopies obtenues tant en province qu'à l'étranger.

Mais une des ambiguïtés fondamentales d'une recherche de ce type réside dans l'impossibilité de définir ce qu'on entend par roman. Nous avons dans l'ensemble considéré comme romans les œuvres considérées comme telles par Jones, et par Maurice Lever pour la période antérieure [17]. Nous avons éliminé quelques titres de Jones qui nous semblaient plus proches des périodiques : *Amusements du beau sexe, Annales amusantes* ou des recueils de bons mots et anecdotes : *Le passe-tems agréable, Meslange amusant de saillies, Poissardiana*. Nous avons ajouté aux *Mémoires du Maréchal de Berwick* ceux du *Maréchal de Villars* dont l'authenticité est tout aussi contestée. Et le *Voyage d'Innigo de Bervillas*.

Ce sont là les principales divergences entre Jones et nous. Nous aurions volontiers pris comme base de notre corpus celui que pourraient constituer les différents catalogues de ventes, mais ces catalogues ont tendance à rejeter les voyages imaginaires dans les voyages, les *Lettres persanes* dans les recueils de lettres, les mémoires apocryphes dans le chapitre consacré aux mémoires (ce qui explique d'ailleurs la sousreprésentation de ces divers romans dans nos statistiques, car nous n'avons pas toujours pris garde à cette conception étroite du mot « roman »). Cette imprécision des contemporains est peut-être révélatrice : comment proscrire un genre littéraire qui n'existe guère que pour les censeurs et pour les critiques littéraires de tous les temps?

1. Georges MAY. *Le dilemme du roman au XVIIIᵉ siècle. Étude sur les rapports du roman et de la critique* (1715-1761). New Haven et Paris, 1963.

2. G. MAY *op. cit.* p. 91.

3. G. MAY *op. cit.* p. 92.

4. S.P. JONES. *A list of French prose fiction from 1700 to 1750.* New York, 1939.

5. S. JONES *op. cit.* p. V et VI.

6. A. MARTIN, G. MYLNE et R. FRAUTSCHI. *Bibliographie du genre romanesque français.* Londres et Paris, 1977.

7. Jules GAY. *Bibliographie des ouvrages relatifs à l'amour.* Paris, 1894-1900.

8. G. MAY *op. cit.* p. 85.

9. Bibl. Arsenal, ms. 10 299 fᵒ 226.

10. Bibl. Arsenal, ms. 10 299 fᵒ 288.

11. H.J. MARTIN. *Livre, pouvoirs et société à Paris au XVIIIᵉ siècle.* Genève, 1969, p. 960.

12. École pratique des Hautes Études 1978-79.

13. Yves DURAND. *Les fermiers généraux au XVIIIᵉ siècle,* Paris. 1971.

14. Voir à ce sujet Michel MARION. *Recherches sur les bibliothèques privées à Paris au milieu du XVIIIᵉ siècle.* Paris. 1978.

15. D. Van der CRUYSSE «La bibliothèque du duc de Saint Simon» dans *XVIIᵉ siècle,* 1971, p. 155-156.

16. Minutier Central :
Crozat de Tugny XXX-320, 12 janvier 1751
Giraud de Moucy LIX-246, 14 avril 1751
Couvay CIX-582, 11 mai 1751
Bocquet de la Tour I-480, 9 décembre 1756
Coquelet LIX-667, 30 avril 1754
Orry de Fulvy XXIX-488, 16 avril 1751

17. Maurice LEVER. *La fiction narrative en prose au XVIIᵉ siècle. Répertoire bibliographique du genre romanesque en France.* Paris, 1976.

PREMIÈRE PARTIE

LES LIMITES DE LA PROSCRIPTION DE 1737

CHAPITRE I

Données « statistiques » sur la diffusion
des romans de 1728 à 1750

Il convient de dire quelques mots des 87 catalogues de ventes retenus ; on en trouvera la liste à la fin de ce travail, ainsi que les dates de vente et les noms des libraires. Chaque fois que nous avons pu le faire, nous avons également indiqué la personnalité du propriétaire : on trouvera, comme on pouvait s'y attendre, des parlementaires et des officiers, des avocats et des fermiers généraux ; nous avons renoncé à esquisser un profil du « propriétaire de romans » basé sur seulement 87 catalogues et qui nous aurait entraînée trop loin. Retenons cependant le nom et la physionomie des vingt plus importants propriétaires : il s'agit de cinq bibliothèques possédant entre 200 et 250 romans, de cinq autres de plus de 100 romans et de dix possédant entre 70 et 100 romans.

Propriétaire	Fonction	Nombre de romans signalés par les catalogues de ventes et vus par nous au cours de notre enquête	Pourcentage de la bibliothèque (sauf en cas de vente par lots)
Crozat de Tugny	Président au Parlement	251	5 %
Sainctot	Introducteur des Ambassadeurs	215	près de 10 %
Anonyme		211	
Crébillon	Homme de lettres et censeur	204	13 %
Coquelet		204	
Marquis d'Argenson	Intendant diplomate	163	12 %
La Fautrière	Conseiller au Parlement	157	10 %
Bachelier	Valet de chambre du Roi et inspecteur général des châteaux	153	13 %
Tassin	? catalogue 1741	146	6 %
Bernard de Rieux	Président au Parlement ; catalogue 1747	134	19 %
Pontcarré	Président au Parlement de Rouen	96	3 %
Isenghien	Maréchal	91	4,70 %
La Haye	Fermier général	85	
Nichault	Avocat au Parlement	87	
Villemur	?	82	11 %
Blanchard de Changy	Contrôleur général de la marine, catalogue 1742	81	
Champigny	?	79	2,50 %
Giraud de Moucy	Commandant des gardes du corps de feue S.A.R. la Duchesse d'Orléans	73	0,76 %
Bonardy de Crécy		73	
Paillet des Brunières	Avocat au Parlement	74	3 %

Dominent ici les parlementaires : quatre sur vingt cités.

Après cette parenthèse sur les principaux propriétaires de romans, revenons aux statistiques sur les titres de romans, nouveaux et anciens, trouvés, soit au cours de notre enquête, soit dans les catalogues de ventes.

Dans le tableau qui suit, on trouvera de gauche à droite pour chaque année de la tranche 1728-1750 :

1° Le nombre total d'éditions de romans que nous avons pu trouver et examiner au cours de notre enquête dans les bibliothèques (voir notre « corpus » à la fin de ce travail).

2° Le nombre total de titres de romans signalés par les 87 catalogues de ventes que nous avons retenus.

3° Le nombre de ventes et leur pourcentage par rapport au total des romans possédés.

Les résultats obtenus par nos méthodes d'approche sont forcément assez différents. En effet, les catalogues de ventes sont tellement lacunaires et imprécis en ce qui concerne les « suites » que nous avons dû éliminer complètement ces suites, alors qu'elles ont retenu toute notre attention lors de notre enquête dans les bibliothèques (voir par exemple la notice sur la *Paysanne parvenue* n° 519). Seule une enquête directe permet de cerner toutes les « éditions » et « émissions », qu'il s'agisse ou non de suites.

Il est vrai qu'une enquête portant sur environ 680 œuvres et plus de 1 300 éditions ou émissions ne pouvait nous permettre une comparaison des textes, surtout lorsque les exemplaires qu'il faudrait comparer ne se trouvent pas dans la même bibliothèque.

Rappelons ce que signifient ces termes en bibliographie matérielle : on entend par édition « l'ensemble des exemplaires tirés sur une même composition »[1]. Ainsi le texte peut varier ou non d'une édition à une autre. Quant à l'émission, c'est un acte de vente : le libraire-éditeur peut vendre des exemplaires qui lui restent, soit sans modification, soit en changeant la page de titre, soit en ajoutant ou retranchant un élément : épître, table, catalogue. Il peut donc y avoir une seule émission ou plusieurs émissions d'une même édition.

Nous avons obtenu le tableau et le graphique qui suivent.

STATISTIQUES DE PRODUCTION DES ROMANS

Année de la page de titre	Enquête dans les Bibliothèques (Graphique n° 1)	Catalogues de ventes 1740-1758 TOTAL (Graphique n° 2)	Nouveautés
1728	27	22	10 = 45 %
1729	30	23	11 = 47 %
1730	31	23	12 = 52 %
1731	52	31	23 = 74 %
1732	66	44	20 = 45 %
1733	40	31	10 = 32 %
1734	50	27	11 = 40 %
1735	76	43	28 = 65 %
1736	86	51	28 = 54 %
1737	78	38	23 = 60 %
1738	78	55	23 = 41 %
1739	80	45	26 = 57 %
1740	69	45	21 = 46 %
1741	71	50	27 = 54 %
1742	66	33	14 = 42 %
1743	49	32	19 = 59 %
1744	44	31	19 = 61 %
1745	61	44	28 = 63 %
1746	56	46	26 = 65 %
1747	36	26	12 = 46 %
1748	51	30	15 = 50 %
1749	50	36	16 = 44 %
1750	49	40	32 = 80 %
sans date	29		
	1 325	846	454 = 53 %

Graphique n° 1

La production des romans à partir des résultats de notre enquête
(enquêtes dans les bibliothèques)

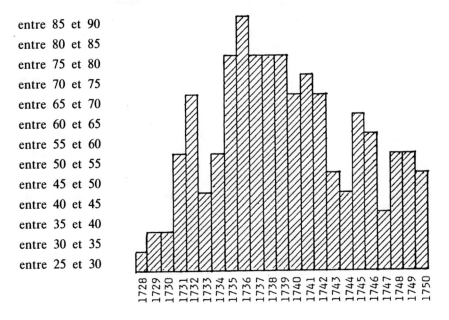

Graphique n° 2

La production des romans (catalogues de ventes)

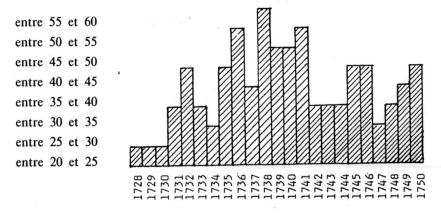

Première constatation ; il y a plus de nouveautés que de réimpressions dans les catalogues. Rien d'étonnant à cela : bien entendu les acheteurs de romans s'intéressent aux nouveautés.

On remarquera cependant la proportion importante de réimpressions : 44 %. Les motifs qui poussent à conquérir des réimpressions peuvent être variés, surtout chez des propriétaires collectionneurs qui s'attacheront volontiers à des livres à figures et pourront posséder plusieurs exemplaires d'ouvrages classiques des siècles précédents, comme les *Œuvres de Rabelais* ou *Les Avantures de Télémaque*.

Peut-on interpréter ces chiffres dans la perspective d'une proscription de 1737 ? En ce qui concerne les nouveautés, on aperçoit une première poussée dans les années 1731-1732, une nouvelle poussée plus importante et plus longue dans les années 1735-1741, une poussée plus brève en 1745-1746 et une nouvelle augmentation en 1750. C'est à peine si on peut parler d'un fléchissement en 1738. Quant à l'ensemble de la production romanesque, les années de pointe sont en 1735-1741. Le fléchissement de 1737 ne se fait guère sentir que pour les catalogues de bibliothèques : 38 titres au total ; fléchissement de courte durée puisque dès 1738 on remonte à 55, chiffre encore jamais atteint.

A ces indices viennent s'ajouter d'autres indices fournis par les catalogues de ventes : le nombre annuel non plus de *titres* mais d'*exemplaires* de chaque titre figurant dans les catalogues.

Année	Nouveautés	Réimpressions	Total
1728	76	59	135
1729	70	57	127
1730	40	66	106
1731	151	48	199
1732	163	109	272
1733	96	112	208
1734	121	59	180
1735	226	38	264
1736	210	59	269
1737	136	36	199
1738	100	71	171
1739	167	79	246
1740	182	120	290
1741	170	120	290
1742	56	92	148
1743	155	56	211
1744	105	39	144
1745	125	74	199
1746	131	51	182
1747	36	65	101
1748	74	44	118
1749	77	69	146
1750	136	21	157
TOTAL	2 803	1 541	4 344

Le nombre des exemplaires de nouveautés est presque toujours supérieur à celui des réimpressions comme on pouvait s'y attendre ; cependant il y a des exceptions en 1730, 1733, 1742 et 1747. C'est en 1735 qu'on trouve le plus de nouveautés, et presque autant en 1736. Le nombre d'exemplaires de nouveautés diminue sensiblement en 1737, et la diminution s'accentue en 1738, pour remonter il est vrai dans les années 1739-1741. Quant au total des exemplaires (nouveautés et réimpressions), il est important en 1732, en 1735 et 1736, et culmine à nouveau entre 1739 et 1741.

Il faut rappeler que ces chiffres ne comprennent pas les « suites » des romans dont la publication s'étale sur plusieurs années, et que des bibliothèques vendues avant 1750 ne peuvent posséder de romans postérieurs à la date de vente. Nous avons tenté une espèce de péréquation, en admettant, de façon arbitraire, que deux ans avant la vente chaque catalogue cesse d'être pris en considération. Ce qui donne les résultats suivants :

Nombre théorique d'exemplaires pour 100 catalogues

Année	Nombre de catalogues pris en considération	Nouveautés pour 100 catalogues	Réimpressions pour 100 catalogues	Total théorique pour 100 catalogues
1728	87	67	67	154
1729	87	80	65	145
1730	87	45	75	120
1731	87	173	55	228
1732	87	187	125	312
1733	87	110	128	238
1734	87	139	67	206
1735	87	259	43	302
1736	87	241	67	308
1737	85	160	74	234
1738	85	117	83	200
1739	84	198	94	292
1740	78	233	115	348
1741	78	217	153	370
1742	76	73	121	194
1743	75	206	74	280
1744	72	145	54	199
1745	71	176	104	280
1746	71	187	72	259
1747	69	52	94	146
1748	65	113	67	180
1749	62	124	111	235
1750	58	234	36	270

Les années de pointe pour les nouveautés sont :
— avec plus de 250 ex. théoriques : 1735
— avec plus de 240 ex. théoriques : 1736
— avec plus de 230 ex. théoriques : 1740 et 1750

Les années 1737 (avec 160 exemplaires) et 1738 (avec 117 exemplaires) sont dans le creux de la vague, mais la remontée est sensible dès 1739.

Quant au nombre total d'exemplaires, toujours théorique, il atteint ses maxima :
— avec 370 exemplaires en 1741
— avec 348 exemplaires en 1740
— avec plus de 300 exemplaires en 1732, 1735, 1736.

Mais le chiffre de 1737 (234) est voisin des chiffres de 1731 (228) et 1733 (238) qui marquaient un progrès sur les années précédentes ; celui de 1738 (200) est voisin de celui de 1734 (206) et la remontée se fait sentir dès 1739 avec 292 exemplaires théoriques.

Nous sommes consciente de l'arbitraire de cette méthode, mais aucune de ces « statistiques » n'est assez rigoureuse pour être suffisante. Il s'agit là d'indices, non de preuves.

Il semblerait en tout cas que la proscription ne se soit guère fait sentir dans les années 1737-1738. Plus que la faible baisse de 1737, il faudrait expliquer la hausse de la production romanesque à partir de 1731, hausse d'ailleurs stoppée (par quoi? pur hasard?) en 1733 et 1734; il faudrait expliquer l'apogée des années 1736-1741; ce n'est pas là notre projet. Ce que nous avons voulu souligner, c'est le peu d'efficacité des mesures qu'aurait prises le Chancelier d'Aguesseau en 1737.

Et pourtant il y eut alors une tentative de proscription des romans, comme l'a montré Georges May, et comme le confirment des documents que nous avons pu trouver.

CHAPITRE II

NOUVEAUX DOCUMENTS SUR LA PROSCRIPTION DE 1737

Georges May relevait la rareté et la modération des échos soulevés par les « mesures » de 1737. Il en voyait l'explication dans les habitudes de prudence contractées sous un régime de censure et d'arbitraire. Il est vrai que, même dans les correspondances privées, on évite les sujets brûlants et on se contente d'allusions. Le sujet brûlant par excellence est alors celui des querelles religieuses et parlementaires : la Bulle, le Jansénisme, les refus de sacrements, l'autorité du Roi, celle des parlements et particulièrement du Parlement de Paris. Or ces problèmes ne sont pas absolument absents des correspondances privées[1]. Il nous semble que les allusions sont au contraire fréquentes dans des relations régulières entre deux amis « politiques » : Bouhier, président au Parlement de Dijon, et l'avocat parisien Mathieu Marais ont sensiblement la même attitude, celle de la fidélité au Roi, et peuvent parler à peu près librement. On pourrait s'attendre à plus de prudence dans les correspondances jansénistes : il n'en est rien, et l'abbé Goujet, par exemple, n'hésite pas à dire son amertume devant le pouvoir des Jésuites en France[2].

Ainsi, la rareté des allusions à une proscription des romans ne semble pouvoir être attribuée à un excès de prudence. Nous dirions volontiers que le sujet n'est pas suffisamment important pour retenir l'attention ; ou bien on se félicite ouvertement de la mesure qu'on annonce à son correspondant (Anfossi), ou l'on applaudit à la mesure (Caumont) ; quant aux partisans des romans, sans doute n'osent-ils pas avouer qu'ils lisent des romans, lecture traditionnellement tout juste digne des femmes et des jeunes gens.

Voici en tout cas quelques témoignages que nous avons trouvés dans les correspondances de l'époque ; on se souvient que Georges May avait situé « l'ordre de proscription dans une période allant de mars à octobre 1737 »[3]. Nous avons relevé trois témoignages de 1737, un de 1738 et un de 1739 : à sa lettre du 4 juillet 1737 adressée au marquis de Caumont, Dubuisson ajoute en post-scriptum, soit qu'il s'agisse d'un oubli, soit peut-être pour donner une nouvelle de dernière heure :

« Monsieur le Chancelier se rend extrêmement difficile sur les privilèges et permissions d'imprimer ; et M. d'Argenson, quoique chargé du détail de la librairie, paraît avoir peu de crédit sur cette matière[4]. Si M. d'Argenson tient bon, nous aurons moins de brochures et de romans, mais aussi, de quoi leurs auteurs vivront-ils ?[5]

Un mois plus tard, le marquis de Caumont recevait une lettre d'un correspondant parisien occasionnel, La Bastie. Cette lettre est datée du 9 août 1737 et dit en substance : « Monsieur le Chancelier fait tout ce qu'il peut pour purger la librairie de cette foule de romans et d'ouvrages frivoles qui l'inondent depuis si longtemps ; il serait à souhaiter qu'il en vînt à bout »[6].

Dernier témoignage de 1737 : on le trouve dans une lettre de Lévêque de la Ravalière à Lancelot : « Suivant la résolution prise contre les romans, il n'en paraît plus aucun »[7]. La lettre, malheureusement, n'est pas datée, mais deux autres passages permettent de la situer avec précision entre le 20 et le 23 juillet 1737. Un passage fait en effet allusion à l'affaire Seignelay : « Vous savez qu'il a vendu au Roi des manuscrits... Seignelay est absent ». Or Fabre écrit à Bouhier le 24 juillet : « M. de Seignelay est de retour de son voyage »[8]. L'autre passage concerne le procès du duc de Richelieu « plaidé avant-hier » : les documents de l'époque nous apprennent que l'avocat Le Normand commença sa plaidoirie le 18 juillet.

Ces trois textes confirment qu'il s'est bien passé quelque chose en 1737 et permettent d'aller plus loin que Georges May ; ce quelque chose qu'il situait « entre mars et octobre » peut être daté du mois de juillet 1737. On remarquera que, comme l'avait bien vu Georges May, il semble s'agir d'une volonté personnelle d'Aguesseau d'en finir avec le roman. Cette « résolution », pour reprendre le terme employé par Lévêque de la Ravalière, n'a probablement pas été accompagnée d'un texte juridique, mais plus subtilement d'un ordre donné oralement ; ou, plus exactement, d'une série d'ordres complémentaires et peut-être parfois contradictoires. L'affirmation catégorique de Lévêque « il n'en paraît plus aucun » est contredite et par la réalité et par la remarque faite un mois plus tard par La Bastie : « M. le Chancelier fait tout ce qu'il peut ».

Les deux témoignages de 1738 et 1739 que nous avons trouvés dans la correspondance entre le marquis de Caumont et Anfossi parlent tous deux de « romans périodiques », ce qui confirme notre hypothèse d'une série de mesures parfois contradictoires ; « l'honneur de la nation demandait la proscription des romans périodiques » écrit en effet le 13 août 1738 le marquis de Caumont en réponse à une lettre d'Anfossi probablement égarée[9]. Et Anfossi écrit le 10 avril 1739 à Caumont : « On se croyait délivré des romans et surtout des romans périodiques »[10].

Ainsi, ces textes empruntés à ce qu'on pourrait appeler la littérature épistolaire, si fragmentaires qu'ils soient, viennent comme à l'appui des conclusions provisoires esquissées à la lecture de nos « statistiques » : il y a eu en juillet 1737 une intention et des mesures prises contre le roman; ces mesures se sont vite révélées inefficaces.

On dira qu'il y a le témoignage des journaux; en fait il y a surtout celui de la *Bibliothèque française* cité par Georges May[11]. Ce texte nous semble intéressant en tant que texte de journaliste. Nous entendons par là qu'un journaliste littéraire, comme l'auteur de cet article, est en quelque sorte engagé, comme nous dirions aujourd'hui. Il donne son opinion, il prend des positions. Il y a un débat autour du roman; ce débat devient politique à partir de 1737 s'il ne l'était pas auparavant, puisque le roman est frappé d'ostracisme par le Pouvoir. On dira que la *Bibliothèque française* est un journal hollandais. Certes, mais un journal très répandu en France, et qui a ses correspondants français; il convient de rapprocher ce texte de deux commentaires parus respectivement en 1737 et en 1738 dans les *Réflexions sur les ouvrages de littérature* de l'abbé Granet : « Ce genre frivole heureusement est sur le point d'expirer »[12] et « La suppression des romans doit-elle uniquement son origine à l'utile coutume de n'en donner que des parties de loin en loin? Il me semble qu'ils ont été anéantis parce que... »[13].

Même écho dans le *Mercure* de septembre 1738 : « Le sage magistrat, devant l'abus qu'on faisait des petits romans, a jugé à propos de les supprimer et de ne permettre que ceux qui joignent au délassement de l'esprit une morale sage et qui peut fournir des règles de conduite. Il prétend surtout que l'ouvrage soit publié tout entier, et non pas par petites portions ». Ce concert de louanges est significatif; nous en retiendrons également l'insistance sur l'interdiction de donner des romans « par petites portions » : tout se passe comme si on était passé d'une interdiction générale de 1737 à une interdiction limitée aux romans périodiques en 1738.

Si on excepte la *Bibliothèque française*, la presse hollandaise ne parle guère de cette fameuse proscription. Nous avons trouvé dans le supplément du 22 avril 1738 (nouvelles de Paris du 14 avril) de la *Gazette d'Utrecht* une allusion à « Monsieur le Chancelier d'Aguesseau qui a fait de si sévères défenses contre l'impression des romans, afin de détruire par là le mauvais goût qui s'est renouvelé ici pour ces productions imaginaires ». On remarquera que le texte est de 1738 et non de 1737, et que Green, auteur d'un article qui fut à l'origine du travail de G. May[14], plaçait volontiers cette proscription en 1738.

Georges May avait noté que « le nombre total des nouveaux romans publiés en français à partir de 1738 demeure sensiblement le même qu'avant mais le lieu de publication change »[15].

Il est donc nécessaire d'examiner les « lieux de publications » réels. Comme les adresses étrangères sont surtout hollandaises, ce sont les véritables impressions hollandaises que nous allons essayer de distinguer, en complétant la liste des « nouveautés » par celle des réimpressions.

1. Voir notre étude sur « La correspondance de Bouhier et l'art épistolaire» dans F. Weil, *Jean Bouhier et sa correspondance,* tome I, 1975, p. XIII et sq.

2. Lettres de l'abbé Goujet, B.N. ms. fr. 9355.

3. G. May, *op. cit.,* p. 101,

4. Ici des points de suspension; rappelons que le manuscrit a disparu : l'éditeur a pu marquer par ces points la suppression d'un passage qu'il ne pouvait déchiffrer. Les graphies des citations que nous ferons seront modernisées, non par principe mais dans un souci d'homogénéité.

5. *Lettres du commissaire Dubuisson au marquis de Caumont* Ed. Rouxel. Paris, 1882, p. 382.

6. Avignon, Musée Calvet, ms. 2375 f° 188.

7. B.N. collection Champagne, vol. 142 f° 3 et *Revue de Champagne et de Brie,* tome 15, 1883.

8. Bibliothèque de Neuchâtel, ms 1268 f° 71.

9. Musée Calvet, ms. 2280 f° 109.

10. Musée Calvet, ms. 2280 f° 360.

11. G. May, *op. cit.,* p. 99.

12. *Réflexions sur les ouvrages de littérature,* tome IV, 1737, p. 8.

13. *Réflexions sur les ouvrages de littérature,* tome VI, 1738, p. 20.

14. F.C. Green. « The eighteenth century French critic and the contemporary novel» dans *Modern language review,* XXIII, 1928, p. 174-187.

15. G. May, *op. cit.,* p. 91.

CHAPITRE III

LES ROMANS RÉELLEMENT PUBLIÉS EN HOLLANDE
ENTRE 1728 ET 1750

On sait que le lieu d'origine indiqué sur la page de titre ne prouve rien. Nous disposons actuellement de méthodes d'investigation qui nous permettent, sinon d'identifier toutes les origines, du moins de repérer avec le maximum de probabilité les impressions hollandaises, surtout lorsqu'il s'agit d'in-12, le repérage des in-8° étant par contre moins sûr. En effet, ces in-12 hollandais présentent le pliage défini par R. Laufer[1], avec signatures centrales de 1 à 7 et réclame à chaque page ; ces in-12 sont plus petits que les in-12 français — environ 13 cm une fois reliés.

Les in-8° sont plus grands, à peu près de la taille des in-12 français (16 cm) avec évidemment les pontuseaux verticaux ; les signatures (de 1 à 5) sont centrales et on trouve une réclame à chaque page.

Enfin ces impressions hollandaises se reconnaissent encore aux lettres de départ de ce type :

et au filigrane du papier.

Mais ces types de lettres et de papier ne sont pas absolument constants alors que les habitudes typographiques le sont.

LISTE DES IMPRESSIONS HOLLANDAISES IDENTIFIÉES
1728 - 1750
I. Nouveautés[3]

Année	Titre et n° de notre corpus	Adresse	Nombre d'exemplaires dans les catalogues de ventes[4]
1728	Les amours d'Horace (n° 22)	Cologne, Marteau	14
1729	Les amours de Sainfroid et d'Eulalie (n° 32 A)	La Haye, Van der Kloot	1
-	Les avantures de l'infortuné Florentin (n° 96 A)	Amsterdam, Mortier	9
-	L'avanturier hollandois (n° 112)	Amsterdam, Wetstein et Smith	7
-	Description galante de la ville de Soissons (n° 179)	La Haye, Van den Kieboom	3
-	Le grand mistere (n° 235)	La Haye, Van Duren	3
-	Histoire... des rois d'Angleterre (n° 334)	Amsterdam, Wetstein et Smith	0
-	Mahmoud le Gasnevide (n° 385 A)	Rotterdam, Hofhoudt	15
1730	Lettres d'une Turque (n° 370 A)	Amsterdam, Mortier	2
-	Promenades d'Ariste et de Sophie (n° 556)	Amsterdam, Du Sauzet	0
-	Voyages et avantures du capitaine R. Boyle (n° 663)	Amsterdam, Wetstein et Smith	2
1731	Arrêts d'amour (n° 79 A)	Amsterdam, Changuion	9
-	Le cabinet des fées (n° 128 A)	Amsterdam, Le Cène	0
-	Hiacynte ou le marquis de Celtas Dirorgo (n° 246 A)	Amsterdam, Desbordes	7
1732	Le journaliste amusant (n° 355)	Amsterdam, L'Honoré	0
1733	*néant*		
1734	Amusemens des eaux de Spa (n° 53)	Amsterdam, Mortier	16
-	La Saxe galante (n° 589 A)	Amsterdam, Compagnie	-
1735	Bibliothèque de campagne (n° 123 A)	La Haye, Neaulme	2
1736	Amusemens des eaux d'Aix la Chapelle (n° 51)	Amsterdam, Mortier	20

Année	Titre et n° de notre corpus	Adresse	Nombre d'exemplaires dans les catalogues de ventes
1736	Les enchainemens de l'amour (n° 197 A)	La Haye, Gibert	1
-	Les Ephesiaques (n° 203)	Paris, Bauche	1
-	Mémoires de la comtesse de Mirol (n° 407 A)	La Haye, Moetjens	10
-	Mémoires de Mademoiselle de Mainville (n° 418 A)	La Haye, Paupie	9
-	Mémoires du marquis de Mirmon (n° 446 A)	Amsterdam, Wetstein	8
-	Les solitaires en belle humeur (n° 602 A)	Paris, Grande salle du Palais	0
1737	Amusemens de la campagne (n° 46 A)	Amsterdam, L'Honoré	0
-	Les avantures de dona Ines (n° 92)	Utrecht, Neaulme	0
-	Avantures du comte de Rosmond (n° 105)	Amsterdam, Desbordes	6
-	Les caprices de l'amour (n° 133)	La Haye, Paupie	9
-	Entretiens utiles et agréables (n° 202)	Amsterdam, Compagnie	0
-	Le fortuné Florentin (n° 225)	La Haye, Gallois	1
-	Histoire et avantures galantes (n° 322)	Amsterdam, Foubert	0
-	Mémoires du comte de Vaxère (n° 442 A)	Amsterdam	7
-	Mémoires et avantures du baron de Puineuf (n° 454)	La Haye, Compagnie	4
-	Nouveaux mémoires du comte de Bonneval (n° 437 H)	La Haye, Van Duren	0
-	Le philosophe amoureux (n° 529)	La Haye, Moetjens	0
1738	Amusemens des eaux de Schwalbach (n° 52 A)	Liège, Kints	5
-	Avantures du sr Lebeau (n° 108)	Amsterdam, Uytwerf	2
-	Histoire et avantures de Melle de la Rochette (n° 321)	Leyde, Van der Aa	1
-	Lettres saxonnes (n° 379)	Berlin, Compagnie	3
-	Mémoires de Mlle Bontemps (n° 416 A)	Amsterdam, Catuffe	3
-	Mémoires du chevalier de (n° 431)	La Haye, Gosse	7

Année	Titre et n° de notre corpus	Adresse	Nombre d'exemplaires dans les catalogues de vente
1738	La promenade du Luxembourg (n° 555)	La Haye, Compagnie	1
-	Récréations des capucins (n° 564)	La Haye, Paupie	0
1739	Amusemens comiques (n° 43)	La Haye, Gallois	4
-	Amusemens des bains de Bade (n° 49)	Londres, Harding	18
-	Les amusemens de la Hollande (n° 48 A)	La Haye, Van Cleef	5
-	Histoire du comte de Valcourt (n° 312)	Utrecht, E. Neaulme	1
-	L'infortunée Hollandoise (n° 348)	La Haye, Gallois	4
-	Intrigues du sérail (n° 350)	La Haye, Compagnie	7
-	Lectures amusantes (n° 361)	La Haye, Moetjens	10
-	Le législateur moderne (n° 362)	Amsterdam, Changuion	1
-	Lettres d'Aristenete (n° 366)	Londres, Compagnie	0
-	Mémoires et avantures d'une dame de qualité (n° 449 A)	La Haye, Compagnie	8
-	Mémoires historiques et secrets (n° 458)	Paris	2
1740	Amusemens des dames (n° 50 A)	La Haye, Compagnie	7
-	Anecdotes jésuitiques (n° 66)	La Haye, Compagnie	0
-	César aveugle et voyageur (n° 139)	Londres, Compagnie	7
-	La coquette punie (n° 169 A)	La Haye, Compagnie	5
-	Le diable confondu (n° 183)	La Haye, Van Dole	2
-	Entretiens des voyageurs (n° 199)	La Haye, Van der Kloot	0
-	L'heureux imposteur (n° 243)	Utrecht, E. Neaulme	4
-	Histoire de la vie du marquis d'Ozanne (n° 281)	Amsterdam, Mortier	9
-	Les mille et une faveur (n° 472)	Londres, Compagnie	12
-	Les nones galantes (n° 491)	La Haye, Van Es	0
-	Le nouveau Protée (n° 493)	Haarlem, Van Lee	1
-	La nouvelle Marianne (n° 502)	La Haye, de Hondt	10

Année	Titre et n° de notre corpus	Adresse	Nombre d'exemplaires dans les catalogues de vente
1740	Le prétendu enfant supposé (n° 536)	La Haye, Compagnie	6
1741	Avantures de Mme la duchesse de Vaujour (n° 98 A)	Utrecht, Broedelet	2
-	Le czar Pierre Ier en France (n° 176)	Amsterdam, Mortier	1
-	Le diable hermite (n° 184)	Amsterdam, Joly	2
-	Le Hollandois raisonnable (n° 338)	Amsterdam, de Coup	6
-	Mémoires du comte de Rantzow (n° 440)	Amsterdam, Mortier	4
-	Mono-Simpleatos (n° 481)	Londres, Compagnie	4
-	Le nouveau Télémaque (n° 496 A)	La Haye, Van Cleef	14
-	L'orpheline angloise (n° 512)	La Haye, Van Cleef	5
-	Le prince avanturier (n° 537)	Amsterdam, Charlois	0
-	Le triomphe de la vertu (n° 627 bis)	La Haye, Gallois	6
-	La vie d'Olympe (n° 640)	Utrecht, E. Neaulme	3
1742	Chronique burlesque (n° 143)	Londres, Du Noyer	1
-	La vertueuse Sicilienne (n° 638 A)	La Haye, Van Cleef	2
1743	Anti-Pamela (n° 75)	Amsterdam, Arkstée et Merkus	0
1744	Avantures de Don Antonio de Riga (n° 90)	Amsterdam, Uytwerf	3
-	Confessions de Mme la comtesse de (n° 152)	Londres, Harding	1
-	La vie de don Alphonse Blas de Lirias (n° 642)	Amsterdam, Uytwerf	6
1745	Mémoires secrets pour servir à l'histoire de Perse (n° 466 A)	Amsterdam, Compagnie	0
-	Le véritable ami (n° 637 A)	Amsterdam, Compagnie	2
1746	Amours de Zeokinizul (n° 36 A)	Amsterdam, Michel	-
1747	Le masque de fer (n° 392)	La Haye, de Hondt	2
-	Mémoires de Mme la Marquise de Villenemours (n° 415)	La Haye, Van Dole	0

II. Réimpressions

Nous ne donnons ici qu'une liste certainement incomplète (Voir notre corpus et les index par signatures) ; nous avons essayé surtout de chercher quelles réimpressions hollandaises pouvaient se trouver dans les bibliothèques dont nous avons les catalogues de ventes ; or, lorsqu'il s'agit de réimpressions faites en Hollande l'année même de la publication en France, les catalogues de ventes ne sont pas suffisamment précis pour nous permettre de distinguer entre les deux éditions ; c'est pourquoi nous avons affecté ces titres du signe *.

Année	Titre et nº de notre corpus	Adresse	Nombre d'exemplaires dans les catalogues de ventes
1728	Amours des dames illustres de France (nº 37)	Cologne, Marteau	2
-	Avantures de Pomponius (nº 100)	Rome, Morsini	2
-	Les journées amusantes (nº 356 A)	Amsterdam, Compagnie	-
-	* Les voyages de Cyrus (nº 659 B)	Amsterdam, Mortier	-
1729	* Les amours d'Ismène et d'Isménias (nº 23 B)	Amsterdam, L'Honoré	-
-	* Diane de Castro (nº 185 B)	Amsterdam, Ledet	-
-	* Le geomyler (nº 234 B)	Amsterdam, Compagnie	-
-	Les galanteries de la Cour de St Germain (nº 230)	Londres, Jacques Vaillant	-
-	Histoire secrète de Bourgogne (nº 327)	Amsterdam, Ledet	3
1730	Avantures de l'infortuné Florentin (nº 96 B)	Amsterdam, Mortier	8
-	Lettres persanes (nº 378 A)	Amsterdam, Desbordes	-
-	La tirannie des fées détruite (Nº 624)	Amsterdam, Le Cène	0
-	Voyages du capitaine L. Gulliver (nº 661 A)	La Haye, Vander Poel	1
1731	Les illustres Françoises (nº 343 A)	La Haye, Gosse et Neaulme	3
-	* Journées amusantes (nº 356 E)	Amsterdam, Compagnie	-
1732	Anecdotes grecques (nº 64 C)	Amsterdam, L'Honoré	0

Année	Titre et n° de notre corpus	Adresse	Nombre d'exemplaires dans les catalogues de ventes
1732	Les aventures d'Aristée et de Télasie (n° 88 B)	Amsterdam, L'Honoré	0
-	Le chef-d'œuvre d'un inconnu (n° 140 B)	La Haye, Husson	1
-	Le conte du tonneau (n° 160 A)	La Haye, Scheurleer	5
-	Lettres d'une Turque à Paris (n° 370 D)	Amsterdam, Mortier	2
-	* Mémoires de Mme de Barneveldt (n° 411 B)	Amsterdam, Compagnie	-
-	Mémoires de la vie du comte de Grammont (n° 410 B)	Utrecht, E. Neaulme	2
-	Le philosophe anglois (n° 530 C)	Utrecht, E. Neaulme	4
-	Sethos (n° 591 B)	Amsterdam, Compagnie	1
1733	* Les aventures de Robert Chevalier (n° 99 B)	Amsterdam, Compagnie	-
-	* Les cent nouvelles nouvelles (n° 138 B)	La Haye, de Hondt	-
-	* Les mille et une heure (n° 473 A)	Amsterdam, Wetstein	-
-	La vie et les aventures d'Euphormion (n° 648)	Amsterdam, L'Honoré	3
-	Les voyages de Cyrus (n° 659 F)	Amsterdam, Covens et Mortier	0
1734	L'abbé en belle humeur (n° 1)	Cologne, Marteau	1
-	Avantures de Télémaque (n° 101)	Amsterdam, Wetstein	14
-	Les faveurs et les disgrâces de l'amour (n° 215)	La Haye, Van Dole	1
-	Histoire politique et amoureuse du cardinal Portocarrero (n° 326)	Amsterdam, Pauli	1
-	La jeune Alcidiane (n° 353 B)	Amsterdam, Compagnie	0
-	Lettres de la Marquise (n° 372 B)	La Haye, Scheurleer	0
-	* Le paysan parvenu (n° 518 B)	La Haye, Rogissart	-
-	Les petits soupers de l'esté (n° 524 C)	Amsterdam, Wetstein	0
-	Le philosophe anglois (n° 530 G)	Utrecht, E. Neaulme	2
1735	Amusemens des eaux de Spa (n° 53 B)	Amsterdam, Mortier	9

Année	Titre et n° de notre corpus	Adresse	Nombre d'exemplaires dans les catalogues de ventes
1735	* Amusemens historiques (n° 55 A)	Amsterdam, Compagnie	-
-	* Anecdotes galantes et tragiques de la Cour de Néron (n° 63 B)	Amsterdam, Compagnie	-
-	* Les aventures de Zelim et de Damasine (n° 102 C)	Amsterdam, Compagnie	-
-	* Le chevalier des Essars (n° 141 C)	Amsterdam, Wetstein	-
-	L'écumoire (n° 195)	Londres, Compagnie	2
-	Histoire de don Quichotte (n° 274 C)	Amsterdam, Humbert	0
-	Histoire secrète des femmes galantes (n° 331 C)	Amsterdam, Compagnie	0
-	Mémoires et avantures d'un homme de qualité (n° 448 R bis)	Amsterdam, Wetstein	1
-	* Mémoires du comte de Comminville (n° 439 B)	Amsterdam, Compagnie	-
-	Mémoires politiques, amusans et satiriques (n° 460)	Veritopolis, chez Jean disant vrai	3
-	Mémoires secrets de la cour de Charles VII (n° 464 B)	Amsterdam, Wetstein	1
-	Nouveaux contes des fées (n° 499)	Amsterdam, Le Cène	0
-	La nouvelle Talestris (n° 504)	Amsterdam, Eoubert	0
-	Le phénix conjugal (n° 526 B)	Amsterdam, Wetstein	0
-	La retraite de la Marquise de Gozanne (n° 577 B)	Amsterdam, Compagnie	0
1736	Les cent nouvelles nouvelles (n° 137 B)	Cologne, Gaillard	2
-	Le doyen de Killerine (n° 190 C)	Utrecht, E. Neaulme	1
-	Histoire de la sultane de Perse (n° 279 B)	Utrecht, E. Neaulme	0
-	* Histoire du roi de Campanie (n° 317 B)	Amsterdam, Wetstein	-
-	Histoire secrette des amours d'Henri IV (n° 329)	La Haye, Raguet	4
-	Le songe d'Alcibiade (n° 603)	La Haye, Rogissart	0
-	Les sultanes de Guzarate (n° 613 C)	Utrecht, E. Neaulme	0
1737	Alburcide (n° 250 B)	La Haye, de Hondt	0

Année	Titre et n° de notre corpus	Adresse	Nombre d'exemplaires dans les catalogues de ventes
1737	* Les illustres Françoises (n° 343 B)	Utrecht, E. Neaulme	-
-	Mémoires de Monsieur le marquis d'Argens (n° 423 C)	Londres, Compagnie	3
-	* Mémoires posthumes du comte de D.B. (n° 461 C)	La Haye, Neaulme	-
-	* La mouche (n° 482 C)	Amsterdam, Compagnie	-
-	* Pharsamon (n° 525 B)	La Haye, Compagnie	-
1738	Galanteries des rois de France (n° 231 B)	Paris, Moette	4
-	Histoire de l'admirable dom Inigo (n° 272 B)	La Haye, Vve Le Vier	0
-	Histoires du comte d'Oxfort (n° 335 B)	La Haye, Gallois	0
-	Mémoires du comte de Vaxère (n° 442 B)	Amsterdam	0
-	Le paysan gentilhomme (n° 517 C)	La Haye, de Hondt	4
-	Pharsamon (n° 525 C)	La Haye, de Hondt	1
-	La promenade de St-Cloud (n° 553 E)	La Haye, Compagnie	4
1739	La paysanne parvenue (n° 519 AC)	Amsterdam, Arkstée et Merkus	0
1740	Académie galante (n° 3 B)	Amsterdam, Roger	1
-	Amusemens des eaux de Spa (n° 53 C)	Amsterdam, Mortier	3
-	Le bachelier de Salamanque (n° 115 E)	Amsterdam, Wetstein	0
-	Lettres persanes (n° 378 J)	Amsterdam, Desbordes	0
-	Mémoires de la comtesse d'Horneville (n° 406 B)	Amsterdam, Compagnie	2
-	La paysanne parvenue (n° 519 AG)	Amsterdam et Leipzig, Arkstée et Merkus	0
-	Le siège de Calais (n° 593 E)	La Haye, de Hondt	-
1741	Le conte du tonneau (n° 160 B)	La Haye, Scheurleer	1
-	Le doyen de Killerine (n° 190 J)	Amsterdam, Humbert	-
-	* Histoire d'une Grecque moderne (n° 259 C)	Amsterdam, Catuffe	-

Année	Titre et nº de notre corpus	Adresse	Nombre d'exemplaires dans les catalogues de ventes
1741	Histoire de Marguerite d'Anjou (nº 293 D)	Amsterdam, Catuffe	2
-	Lettres de Thérèse (nº 374 C)	Amsterdam, Compagnie	0
-	Les solitaires en belle humeur (nº 602 B)	Utrecht, E. Neaulme	1
-	La vie et les avantures de de la jeune Olinde (nº 649)	Londres, Compagnie	1
1742	Les amours de Catulle et de Tibulle (nº 25)	La Haye, Neaulme	1
-	Campagnes philosophiques (nº 130 C)	Amsterdam, Wetstein	3
-	Le doyen de Killerine (nº 190 L)	Amsterdam, Changuion	-
-	Le doyen de Killerine (nº 190 M)	Amsterdam, Chatelain	-
-	Histoires ou contes du temps passé (nº 337 B)	Amsterdam, Desbordes	-
-	Mémoires et avantures d'un homme de qualilté (nº 448 Y)	Amsterdam et Leipzig, Arkstée et Merkus	0
-	Mémoires pour servir à l'histoire de Malte (nº 462 C)	Utrecht, E. Neaulme	1
1743	Les avantures de Mme la Duchesse de Vaujour (nº 98 B)	Utrecht, Broedelet	0
-	L'écumoire (nº 195 B)	Amsterdam et Leipzig, Arkstée et Merkus	0
-	La vertueuse Sicilienne (nº 638 B)	La Haye, Van Cleef	4
1744	Les avantures de Joseph Andrews (nº 95 D)	Amsterdam, Compagnie	2
-	Histoire abrégée du chevalier de la Plume noire (nº 247)	Amsterdam, Löhner	3
1745	Les égaremens du cœur et de l'esprit (nº 196 H)	La Haye, Neaulme	0
-	Grigri (nº 236 B)	Amsterdam, Compagnie	0
-	* Mémoires secrets pour servir à l'histoire de Perse (nº 466 D)	Amsterdam Compagnie	-
-	Le sopha (nº 609 E)	Se trouve en Hollande	1

Année	Titre et n° de notre corpus	Adresse	Nombre d'exemplaires dans les catalogues de ventes
1746	Histoire du prince Soly (n° 315)	Amsterdam, Changuion	0
-	* Mémoires d'un honnête homme (n° 399)	Londres, Moyse Chastel	-
-	La vertueuse Sicilienne (n° 638)	La Haye, Van Cleef	2
1748	Mémoires turcs (n° 467 B)	Paris	0

ROMANS D'IMPRESSION HOLLANDAISE 1728-1750
DANS LES CATALOGUES DE VENTE

Années	NOUVEAUTÉS		RÉIMPRESSIONS		TOTAL	
	Titres	Exemplaires	Titres	Exemplaires	Titres	Exemplaires
1728	1	14	2	4	3	17
1729	6	38	1	3	7	41
1730	2	4	1	8	3	12
1731	2	16	1	3	3	19
1732	0	0	6	15	6	15
1733	NÉANT		1	3	1	3
1734	1	13	4	19	5	32
1735	1	2	5	16	6	18
1736	5	52	3	7	8	59
1737	6	29	1	3	7	32
1738	7	27	4	13	11	40
1739	11	62	1	1	12	63
1740	10	63	4	7	14	70
1741	9	43	3	4	12	47
1742	3	6	3	5	6	11
1743	0	0	1	4	1	4
1744	3	10	2	5	5	15
1745	1	2	1	1	2	3
1746	0	0	1	2	1	2
1747	1	2	NÉANT		1	2
1748	NÉANT		NÉANT		NÉANT	
1749	NÉANT		NÉANT		NÉANT	
1750	NÉANT		NÉANT		NÉANT	
TOTAL	69	383	45	123	114	506

Pour une liste plus complète des éditions hollandaises que nous avons retrouvées, il convient de se reporter à notre corpus, où l'on trouvera en particulier les romans parus en plusieurs livraisons. Nous n'avons donné ici que le tableau récapitulatif des titres et des exemplaires d'éditions hollandaises des 87 catalogues de ventes : au total 114 titres et 506 exemplaires ; en ce qui concerne les titres, les impressions hollandaises représentent donc un peu plus de 13 % de la production romanesque existant probablement dans ces 87 bibliothèques, puisque nous avions inventorié 821 titres ; sur ces 114 titres, 69 nouveautés et 45 réimpressions ; comme nous avions trouvé 454 nouveautés et 367 réimpressions, on peut estimer les nouveautés imprimées en Hollande à environ 15 % du total des nouveautés, et les réimpressions imprimées en Hollande à environ 12 % du total des réimpressions. On remarquera enfin que c'est entre 1738 et 1741 que les titres d'impressions hollandaises semblent les plus nombreux : ces chiffres de 11, 12, 14 et 12 représentent respectivement 20 %, 26 % 31 % et 24 % du total des titres représentés dans les mêmes bibliothèques.

Ce tableau, compte tenu des approximations de nos chiffres, approximations sur lesquelles nous devons une fois encore insister, révèle d'abord l'absence de solution de continuité dans les années 1737-38. Même en tenant compte de la présence du marquis d'Argens en Hollande en 1736-37, il n'y a pas eu à partir de 1737 un transfert de la production romanesque en Hollande.

Cependant, les deux seuls échos de la proscription dans la presse de langue française en 1739 et 1740 insistent sur ce transfert : « Depuis la proscription des romans à Paris, ils se sont réfugiés en Hollande, d'où il nous en vient de temps en temps quelques-uns », écrit le journaliste des *Réflexions sur les ouvrages de littérature*[5], tandis que celui de la *Bibliothèque française* insiste sur « cette foule innombrable de productions informes qui font sans relâche gémir les presses étrangères, depuis que de sages règlements ont mis les presses de France à l'abri de cette espèce de déluge »[6]. Nous avions déjà remarqué la coïncidence entre les points de vue des deux journalistes, et nous nous demandons s'il y a complicité entre deux journalistes différents, ou si nous n'avons pas affaire ici à un seul journaliste.

Il nous semble difficile en effet d'admettre que la marge d'erreur de nos tableaux soit suffisamment importante pour donner raison au(x) journaliste(s). On dira qu'ils écrivent en 1740, qu'ils ne disposent pas de statistiques officielles de production, et que depuis trois ans il y a, sinon plus de romans imprimés en Hollande, en tout cas apparemment plus d'achats de ces impressions (dans la mesure où ces achats se sont faits l'année de la publication, ce qui reste à prouver). On dira que nos journalistes sont mal informés, ou crédules. Nous refusons la crédulité et nous insistons sur le ton polémique de leur discours, en particulier dans le passage de la *Bibliothèque française*. Les deux journalistes voudraient-ils rassurer le Pouvoir (dont ils louent les « sages » règlements) sur l'efficacité des mesures qui ont été prises? ou inquiéter, par une exagération manifeste de l'ampleur du phénomène hollandais, ceux qui sont soucieux de l'économie française, et en particulier du profit des libraires et de l'emploi d'une main-d'œuvre française? Autrement dit, en feignant de féliciter le Pouvoir, n'essayent-ils pas d'obtenir un assouplissement des mesures?

Les notions de « documents » et de « témoignage » sont sans doute à revoir. Qu'il s'agisse d'un texte manuscrit ou d'un texte imprimé, d'une lettre ou d'un article de journal, il ne peut être dégagé de son contexte, il n'a pas de valeur absolue; il a été écrit, non seulement à une certaine époque, mais par une certaine personne, pour un lecteur ou un public donné, avec une intention précise; et c'est particulièrement vrai dans ce dix-huitième siècle où chaque mot est lourd de sous-entendus. Un journal peut fort bien créer une légende qui sera transmise à la postérité comme parole d'Evangile. C'est ainsi que l'on peut lire dans les *Mémoires* — d'ailleurs apocryphes — *de Madame la Marquise de Pompadour* parus en 1766 : « Un homme d'esprit me dit... que le cardinal de Fleury, ayant prohibé l'impression des romans dans le royaume, les sept Provinces-Unies profitèrent de cette défense pour augmenter leur main-d'œuvre. Elles multiplièrent considérablement le nombre de leurs presses, et inondèrent la monarchie de ces mêmes romans défendus : ainsi, par cette prohibition, l'Etat perdit cette industrie sans abolir les romans ».[7]

Nous étudierons dans un autre chapitre la librairie hollandaise dont on aura pu remarquer l'effrondrement, tout au moins en ce qui concerne les romans de langue française, à partir de 1742, et la disparition quasi totale à partir de 1745. On aura pu constater d'autre part à la lecture de ces tableaux que certaines éditions hollandaises sont prétendument faites à Londres, Cologne et même Paris : les choses ne sont pas simples en Hollande non plus, et il n'y a pas d'un côté de la frontière la servitude, et de l'autre la liberté et la clarté.

Dans un premier temps, ces tableaux nous ont servi essentiellement à découvrir le « vide » laissé par la librairie hollandaise, tout au plus de 25 % de la production. Que se passe-t-il donc en France?

1. R. LAUFER. *Introduction à la textologie.* Paris, 1972.

2. L'édition originale de l'*Histoire de Charles XII* faite comme on le sait à Rouen a également ce type de signature.

3. Les « suites » n'ont été prises en considération que dans deux cas : *Manon Lescaut* et la suite apocryphe du *Philosophe anglois.* Le problème des « romans périodiques » sera étudié dans un autre chapitre.

4. Le trait — correspond aux éditions pour lesquelles les catalogues de vente ne sont pas suffisamment explicites.

5. *Réflexions sur les ouvrages de littérature,* tome XI, 1740, p. 349.

6. *Bibliothèque française,* tome 31 p. 171.

7. *Mémoire de Madame la Marquise de Pompadour,* 1766, p. 39.

CHAPITRE IV

Les romans périodiques

Les contemporains ont suffisamment insisté sur le problème spécifique que consistait la publication des romans en plusieurs parties pour que nous nous y arrêtions. Nous avons d'ailleurs signalé dans notre tableau des impressions hollandaises uniquement les romans parus dès le début en Hollande, et non les suites de romans dont la première partie aurait paru en France. Un point important : les romans dits périodiques sont de plus en plus nombreux entre 1730 et 1736 et disparaissent à peu près complètement ensuite comme en témoigne le tableau qui suit :

ROMANS PÉRIODIQUES COMMENCÉS EN FRANCE AVANT LA PROSCRIPTION DE 1737

Date de retrait de la Chambre syndicale de la première partie [1]	Titre et n° de notre corpus	Année de la dernière partie publiée avant la proscription
25 juin 1728	Mémoires et avantures d'un homme de qualité (n° 448)	1731
22 mai 1731	Les veillées de Thessalie (n° 635)	1732
20 juillet 1731	La vie de Marianne (n° 645)	1741
20 novembre 1731	Le philosophe anglois (n° 530)	1739
23 décembre 1732	Les cent nouvelles nouvelles (n° 137)	1733
23 juin 1733	Anecdotes de la Cour de Philippe-Auguste (N° 61)	1738
21 juillet 1733	La nouvelle mer des histoires (n° 503)	1735
18 mars 1734	Le paysan parvenu (n° 518)	1735
22 juillet 1735	Le doyen de Killerine (n° 190)	1740
23 août 1735	Mémoires de M. le marquix de Fieux (n° 425)	1736
23 août 1735[1]	Paris ou le mentor à la mode (n° 515)	1736
23 août 1735[3]	La paysanne parvenue (n° 519)	1737
27 septembre 1735[4]	Mémoires et aventures de M. de (n° 452)	1736
25 octobre 1735	Mémoires de Selim (n° 428)	1736
???? 1735[5]	Mémoires posthumes du comte de D.B. (n° 461)	1737
22 novembre 1735[6]	La mouche (n° 482)	1736
30 décembre 1735[6]	Histoire du prince Titi (n° 316)	1736
30 décembre 1735[6]	Le siècle (n° 592)	1736
30 décembre 1735[6]	Rethima (n° 576)	1736
30 décembre 1735[6]	Lamekis (n° 359)	1737
24 janvier 1736	Les égaremens du cœur et de l'esprit (n° 196)	1736
1er juin 1736	La promenade de St Cloud (n° 553)	1737
24 mai 1737	Vie de Chimène de Spinelli (n° 641)	1737

Au total, 25 romans dont la première partie, munie d'une approbation du censeur, paraît dans la période 1728-1737. Le roman de Prévost constitue un cas particulier puisqu'il est le seul à paraître avant 1731 ; c'est également le seul dont la dernière partie dut être publiée en Hollande dès avant la proscription ; il est vrai que cette dernière partie avait pour titre *Manon Lescaut...*

Cette « mode » des romans périodiques avait gagné l'étranger, puisqu'on rencontre dès avant la proscription les *Mémoires et avantures secrètes et curieuses de M. de Saumery* (corpus n° 455) oubliés par Jones, qui parurent à Liège en 1731 et 1735. C'est encore à Liège que paraîtront en 1737 les deux premières parties de l'*Hermite sans patrie* également omis par Jones (n° 240). En 1738 paraissent sous la fausse adresse de « Paris, Société », la première partie de l'*Enfant trouvé* (n° 198), et aussi les trois premières parties de *Mizirida* (n° 478) dûment privilégiées. On trouve encore en 1738 la première partie du *Solitaire espagnol* (n° 601) ; en 1739, la première partie des *Mémoires du Signor Fioraventi* (n° 447) et la première partie des *Amusemens de la Hollande* (n° 48), et en 1741, la première partie des *Avantures de Mme la duchesse de Vaujour* (n° 98).

Le coup de frein de la proscription avait atteint en partie le but recherché : il ne paraissait plus de nouveau roman périodique en France. Deux questions se posent, ou plutôt deux séries de questions : pourquoi cette vogue des romans périodiques et cette méfiance du Pouvoir, les deux problèmes étant probablement liés : qu'en est-il advenu des romans commencés avant la proscription?

Pourquoi auteurs et éditeurs choisissaient-ils ce système qui eut tant de vogue dans les années qui précèdent immédiatement la proscription de 1737? Il est évident que la mise de fonds était minime, et que le succès ou le manque de succès décidait de la suite à donner ; on lit déjà dans le *Télémaque moderne* de Grandchamp paru en 1701 : « Les trois parties que l'on donne ici pour essai décideront de la destinée des autres qui pourront venir après ; et, selon le bon ou le mauvais accueil que le public leur fera, on se déterminera à mettre au jour les suivantes ».

Ainsi, le lecteur tenu en haleine attendait avec impatience les livraisons suivantes, et l'auteur n'avait aucun intérêt à donner trop vite sa conclusion. Le rédacteur des *Observations* écrit le 2 mars 1737, précisément quelques semaines avant la proscription : « L'auteur commence un roman et le continue dans l'intention seulement de ne le finir que le plus tard qu'il pourra »[7]. Le *Mercure* de septembre 1729, faisant sa publicité pour Mme de Gomez, écrit : « Les ouvrages de Mme de Gomez ont eu un tel succès dans le public qu'on croit lui faire plaisir d'annoncer qu'elle a composé une nouvelle suite des *Journées amusantes*, qui se vendra chez la Veuve Guillaume ».

Nous trouvons deux sortes d'annonces dans les romans périodiques : celles de ceux où l'auteur ne sait pas encore lui-même s'il donnera

une suite, et ceux où les suites sont écrites et annoncées. Dans la première catégorie, citons les conclusions des *Mémoires de M. le marquis
de* (1728) : « Il m'arriva des aventures si bizarres et si différentes des
premières que je les réserve pour un second volume »[8] ; les *Avantures
du jeune comte de Lancastel* (1728) : « Les commencements (de ce
mariage) furent très doux et très heureux, mais les suites en furent
funestes »[9] ; l'*Histoire et avantures de Dona Rufine* (1731) : « Le reste
de cette histoire nous fournira des aventures encore plus divertissantes
que celles qu'on vient de lire »; la *Catanoise* (1731) : « A moins que
les lecteurs ne soient assez contents de ce récit pour encourager l'auteur
à donner la vie de cette princesse, qui ne laisse pas d'être digne de la
curiosité du public »[10]; les *Vendanges de Brétigny* (1731) : « Quand
j'aurai pris un peu de relâche, j'écrirai... »; les *Avantures de Monsieur
Robert Chevalier* (1732) : « La suite des aventures est à Tours; si elle
me l'envoie, j'en ferai part au public »; les *Mémoires du comte de
Comminville* (1735) : « Je finis volontiers cette partie de mes Mémoires;
le souvenir de ce qui me reste à dire est trop affligeant pour ne pas
demander un peu de repos »[11]. En réalité aucune de ces suites ne vit le
jour. Dans certains cas l'auteur n'avait sans doute aucune intention de
poursuivre son récit, mais comment le savoir? En tout cas, il est vraisemblable que le manque de succès n'y est pour rien : notre enquête
sur les catalogues de bibliothèques ne nous donne des chiffres faibles
que pour les *Mémoires de M. le marquis de* (4 exemplaires) et les *Vendanges de Brétigny* (2 exemplaires). Les *Avantures du jeune comte de
Lancastel*, celles de *Dona Rufine* et celles de *M. Robert*, obtiennent les
chiffres très honorables de 9, 8 et 8 exemplaires, la *Catanoise* 10 exemplaires et les *Mémoires du Comte de Comminville* eurent du succès puisqu'on en trouve 14 exemplaires.

Nous pouvons supposer qu'en 1735 commence un nouveau système
de publications, celui de véritables romans feuilletons. A l'exception des
Mémoires du comte de Comminville, les romans que nous avons cités ci-
dessus datent de la période 1728-1732; il est vraisemblable que les
auteurs n'avaient pas écrit la suite et n'avaient peut-être pas réellement
l'intention de l'écrire. On peut se demander par exemple pourquoi la
suite de la traduction de *Dona Rufine* ne parut jamais.

L'auteur de la 19e lettre des *Observations*, lettre datée du 22 juillet
1735, commente ce nouveau phénomène dans son compte rendu du
Doyen de Killerine : « L'auteur promet de donner la deuxième partie
dans six semaines, puis une fois tous les mois. Il a, dit-il, assez d'avance
(pour) 12 parties à la fin de l'année (soit) six volumes... L'auteur de
Marianne et du *Paysan parvenu* pour cette sorte de publication succes-
sive semble lui avoir servi de modèle »[12].

Reprenons les dernières phrases des différentes parties des deux principaux romans de Marivaux; nous les disposons dans l'ordre chronologique des approbations :

28 avril 1728 : *Vie de Marianne*, 1 :

« Je vais commencer par là la seconde partie de ma vie ».

15 janvier 1734 : *Vie de Marianne*, 2 :
« nous verrons qui c'était dans la suite ; c'est ici que mes aventures vont devenir nombreuses et intéressantes ».

18 mars 1734 : *Le paysan parvenu*, 1 :
« Ce que vous verrez dans la deuxième partie de cette histoire ».

Le paysan parvenu, 2 :
« Et puis voilà notre témoin sorti ».

30 septembre 1734 : *Le paysan parvenu*, 3 :
« On verra dans la suite ce qu'il en fut ».

30 septembre 1734 : *Le paysan parvenu*, 4 :
« Et je partis pour mon faubourg ».

1er avril 1735 : *Le paysan parvenu*, 5 :
« J'en ferai le portrait dans ma sixième partie, de même que je ferai celui des acteurs et des actrices qui ont brillé de mon temps ».

17 novembre 1735 : *Vie de Marianne*, 3 :
« Le portrait que je vous en ferai dans ma quatrième partie ».

19 mars 1736 : *Vie de Marianne*, 4 :
« C'est une besogne (que)... je remets à une autre fois, c'est-à-dire dans ma cinquième partie, où elle viendra fort à propos ; et cette cinquième, vous l'aurez incessamment. J'avais promis dans ma troisième de vous conter quelque chose de mon couvent ; je n'ai pu le faire ici, et c'est encore partie remise. Je vous annonce même l'histoire d'une religieuse, qui fera presque tout le sujet de mon cinquième livre ».

4 septembre 1736 : *Vie de Marianne*, 5 :
« C'est ce que vous verrez dans la sixième partie... Je n'ai pas oublié au reste que je vous ai annoncé l'histoire d'une religieuse, et voici sa place ; c'est par là où commencera la sixième partie ».

27 octobre 1736 : *Vie de Marianne*, 6 :
« Je vous dirai le reste dans la septième partie, qui, à deux pages près, débutera, je le promets, par l'histoire de la religieuse que je ne croyais pas encore si loin quand j'ai commencé cette sixième partie-ci ».

27 janvier 1737 : *Vie de Marianne*, 7 :
« Remettons la suite de cet événement à la huitième partie, madame ; je vous en ôterais l'intérêt, si j'allais plus loin sans achever. Mais, l'histoire de cette religieuse que vous m'avez tant de fois promise, ... Oh! pour cette fois-ci, voilà sa place ».

Nous nous arrêterons là en ce qui concerne ces deux romans de Marivaux, puisqu'aussi bien survient alors la « proscription » ; notons cependant que les « annonces » à la fin des parties suivantes de la *Vie de Marianne* sont à peu près inexistantes ; cette absence est-elle en rapport avec la proscription, ou provient-elle de l'histoire de la religieuse enfin publiée?

C'est bien Marivaux l'introducteur de ce nouveau style de publication (et d'écriture) des romans. Dès l'été 1735, c'est-à-dire après la publication des deux premières parties de la *Vie de Marianne* en 1734, et de toutes les parties publiées du *Paysan parvenu* en 1735, il était en effet imité par Prévost dans le *Doyen de Killerine* : on remarquera que l'auteur des *Observations* ne pense pas un instant à rapprocher le *Doyen* de *l'Homme de qualité*, qui n'est pas un « roman feuilleton » ou « roman à épisodes » pour reprendre la formule de F. Deloffre[13]. Autre imitateur de la formule, Mouhy et sa *Paysanne parvenue*, dont « les parties paraîtront de mois en mois ». Les *Observations* notent le 29 juillet : « Je ne sais si le public attendra la suite avec impatience ». Mouhy se spécialisera en quelque sorte dans ce genre de romans, au point de commencer plusieurs ouvrages à la fois. Le journaliste relève « le pari singulier qu'il a pris de commencer tant d'ouvrages différents sans en achever aucun » (*Observations* du 12 novembre 1735). « Après tout », continue le journaliste, « si Monsieur le chevalier de Mouhy fait un peu attendre le public, il a pour se justifier d'illustres exemples ; *Marianne* (dont) on attend la 3ᵉ partie, le *Paysan parvenu* sans suite, le *Doyen de Killerine* ».

Il peut être intéressant de relever les phrases terminales des parties d'autres romans périodiques comme nous avons relevé celles de Marivaux ; les dates sont ici encore celles des approbations :

8 septembre 1735 : *Rethima*, 1 :
« Ce qu'on verra dans la partie suivante ».

Rethima, 2 :
« Ainsi qu'on le verra dans la troisième partie ».

Rethima, 3 :
« Le dénouement de ce qui se passa à la rencontre de ces deux amis se verra dans la partie suivante ».

13 décembre 1735 : *Mémoires du marquis de Fieux*, 2 :
« Ce qu'on verra dans la troisième partie ».

14 décembre 1735 : *La paysanne parvenue*, 3 :
« Que l'on verra dans la quatrième partie »... « la quatrième partie à la fin du mois ».

1ᵉʳ février 1736 : *La paysanne parvenue*, 5 :
« Que l'on verra dans la sixième partie ».

La paysanne parvenue, 6 :
« Les parties suivantes se succèderont régulièrement de mois en mois ».

29 mai 1736 : *Mémoires du marquis de Fieux*, 4 :
« Il peut encore m'arriver bien des choses, je promets, au cas qu'elles soient intéressantes, d'en faire part dans les suites au public ».

15 novembre 1736 : *Mémoires posthumes du comte de D.B.*
« La troisième partie est actuellement sous presse et paraîtra au plus tard dans trois semaines ».

En fait, à part la *Rethima* de Du Hautchamp, tous ces romans sont de Mouhy. On aura remarqué la différence entre ces brèves annonces et les longues déclarations de Marivaux. Déclarations il est vrai souvent prématurées : l'histoire de la religieuse, prévue pour le livre 5, ne paraîtra que dans le livre 9. Mais une chose est de s'engager comme l'a fait imprudemment Marivaux sur le contenu de la prochaine partie et une autre de prévoir le calendrier des parties à paraître. C'est peut-être par prudence — le compte rendu des *Observations* est du 12 novembre 1735 — que Mouhy, en 1736, prétend ne pas être certain de publier la cinquième partie des *Mémoires du marquis de Fieux* qui paraissent presque en même temps.

Le système passait pour avantageux : « L'auteur en fait mieux ses affaires », écrit Devèze à Seigneux le 6 octobre 1736 à propos du *Paysan parvenu*[14] ; « certains libraires imprimeurs... comme les Prault continuent de vendre si chers partie par partie, mal imprimés, sur de vilains papiers... » écrit l'observateur de la police le 6 avril 1737[15]. Il est probable que les libraires, se rendant compte du succès des romans de Marivaux chez Prault, engagèrent les écrivains à leur fournir des romans dans ces conditions. Les romans de Marivaux paraissent chez Prault père. C'est chez Prault fils que paraissent deux romans de Mouhy : La *Paysanne parvenue* et les *Mémoires du marquis de Fieux*, ainsi que les *Egaremens* de Crébillon et les *Mémoires et avantures de Monsieur de.* Dupuis procure trois romans de Mouhy : la *Mouche*, *Lamekis* et la *Vie de Chimène de Spinelli* ainsi que la *Promenade de St Cloud* ; Ribou deux romans de Mouhy, les *Mémoires posthumes du comte de D.B.* et *Paris*, ainsi que les *Mémoires de Selim*.

A ces noms il convient d'ajouter ceux de Didot qui, après avoir publié le *Philosophe anglois* (qui n'entre pas réellement dans la catégorie des « romans-feuilletons » parce que son cas est compliqué), donne le *Doyen de Killerine* ; de la Veuve Pissot, avec l'*Histoire du prince Titi* ; de Musier avec *Rethima* ; de Clousier avec le *Siècle*. Mais les libraires spécialisés dans cette formule sont bien les Prault, Dupuis et Ribou. Du côté auteurs, Marivaux, qui sans doute ne pensait pas faire école, et sur lequel un libraire ne pourra guère compter pour mener à bien ses romans, et le fameux Mouhy, qui utilise au maximum la formule, publiant à la fois chez Prault fils, Dupuis et Ribou.

Il nous faut revenir sur le calendrier de ces publications et poser le problème : ces retards, ces interruptions complètes, à qui, à quoi faut-il les imputer? On a beaucoup insisté, et à juste titre, sur l'incapacité de Marivaux à terminer ses romans. Il est vrai qu'il est à peu près le seul des romanciers de l'époque à n'avoir jamais écrit le mot FIN. Que les dernières parties de ses romans aient paru ou non avec une adresse parisienne, c'est ce que nous verrons. Mais il faut poser le problème de la création littéraire : quand on lançait sur le marché un roman de ce type, la suite était-elle prête? Il est évident que pour Marivaux elle n'était pas réellement écrite, puisqu'il remet sans cesse la publication du récit de la religieuse.

Et Prévost qui, dans la préface de son *Doyen de Killerine*, approuvé le 8 juillet 1735, affirme que la deuxième partie de son roman paraîtra dans six semaines? Jean Sgard écrit à ce sujet : « Il vient d'écrire la

seconde partie, elle ne paraîtra qu'en avril 1739 », et un peu plus loin :
« En 1735 il a rédigé les deux premières parties mais surtout il a conçu
le plan général de son ouvrage »[16]. Ajoutons que la deuxième partie du
Doyen ne fut présentée au Sceau que le 2 janvier 1738 par Didot, et
qu'elle fut alors refusée[17]. Pourquoi avoir attendu si longtemps pour la
présenter? Nous verrons la *Gazette d'Utrecht* annoncer le 22 avril 1738
l'autorisation donnée à Prévost de publier le 5ᵉ tome de son *Cleveland*,
et ajouter le 10 novembre 1738 que la même autorisation est donnée
pour la *Vie de Marianne*, les *Egaremens* et la *Paysanne parvenue*. Il
n'est question nulle part du *Doyen*, mais il est vraisemblable que la
permission a été également donnée en 1738, soit avant, soit après celle
accordée pour le *Cleveland*. Ces autorisations concernent toutes des
romans « à suite ».

Il est bien entendu à peu près impossible, dans l'état actuel de nos
connaissances, de faire la part des incidences personnelles et biographi-
ques de chaque auteur. On dira que Marivaux a ses problèmes de création littéraire et ne peut se résoudre à finir ses romans; on dira que la
vie de Prévost est trop agitée pour qu'il puisse s'occuper sérieusement
de ses problèmes d'édition, ou que ses ennemis l'empêchent de publier
la suite de ses romans. C'est ce qui apparaît dans la lettre qu'il écrit à
Thiriot en novembre ou décembre 1735 (cf. « Lettre de M. à l'auteur
des *Observations* », datée du 5 novembre 1735, publiée dans le *Pour et
Contre*, tome III, p. 81 à 88) : « Cleveland and that dear Fanny are not
out of my mind, but great many friends of mine, on whose counsels
and wisdom I rely, advised me to publish no love works till my retreat
be over. It is the only reason why the second part of *Killerine* has not
been printed yet »[18]. Prévost semble ici faire allusion à une autre interprétation de son silence; mais laquelle? Quant à Mouhy, il déclare en
1738 dans l'avertissement de la cinquième partie du *Lamekis* : « s'il
n'avait dépendu que de moi, il y a longtemps qu'elles seraient
achevées »[19].

Quoi qu'il en soit, on peut supposer qu'aux motifs particuliers de
chaque auteur est venue se superposer l'interdiction du Chancelier, et
que dans certains cas cette interdiction a été la seule raison des interruptions. Mesure relativement efficace apparemment, puisque la publication de ces romans ne reprendra qu'après les autorisations signalées par
la *Gazette d'Utrecht*.

A vrai dire, la méfiance du Pouvoir vis-à-vis des romans périodiques
ne date pas du retour de d'Aguesseau en 1737, elle n'a fait sans doute
alors que se cristalliser. Ainsi, lorsque le roman d'*Aben Muslu* est présenté au Sceau au début de l'année 1736, le censeur Lefèvre, qui est
chargé de l'examiner, répond : « Refusé parce qu'il n'y a qu'une partie
de faite »[20]. Il faut essayer de distinguer les attaques du Pouvoir contre
le genre romanesque, attaques qui se précisèrent avec d'Aguesseau
comme l'a souligné Georges May, des attaques contre tous les ouvrages
périodiques[21]. Nous avons vu les témoignages de 1738 et 1739. Ajoutons-y

deux remarques qui concernent les ouvrages périodiques en général : le 30 juillet 1740, à propos de la publication de l'*Echo du public*, l'abbé Goujet écrivait à Bouhier : « Il y a eu un temps où M. le Chancelier voulait supprimer tous les ouvrages périodiques, il paraît qu'il a changé d'avis »[22]. Et le 16 septembre 1752, le censeur Cahusac écrivait à Malesherbes : « on était jusqu'ici dans l'usage de ne point accorder de privilège pour les ouvrages non finis. Cet usage a des inconvénients et des avantages. J'ignore quelle est sur ce point la règle que vous vous proposez de suivre »[23].

Notre vision moderne est celle de genres littéraires bien distincts, et l'ouvrage de Georges May a eu entre autres mérites celui de montrer que pour les contemporains les genres romanesque et historique n'étaient pas autonomes. Il en est de même pour le « genre » périodique, qui n'est pas un genre à proprement parler, mais qui consacre en quelque sorte un rythme de publication de textes divers, politiques, poétiques ou romanesques : tout le contraire évidemment de l'érudition classique ou des textes de référence, y compris les livres de dévotion.

C'est ainsi que l'anglais Yorke, séjournant à Paris au printemps 1750, rapproche les deux interdictions : « The Chancellor has just forbid the two literary journals of abbé de la Porte and abbé Fréron... He has likewise forbid all romances »[24].

Cette interdiction des périodiques en 1750 succédait à au moins trois interdictions[25] :

— en 1740, suspension définitive des *Réflexions sur les ouvrages de littérature* de l'abbé Granet et suspension provisoire (d'octobre 1740 à février 1741) des *Observations* de Desfontaines.

— en septembre 1743, suspension définitive des *Observations*.

— en 1746, suspension des journaux suivants qui paraissent sans privilège ni permission.

Amusemens du cœur et de l'esprit qui paraissaient depuis 1741 ;

Jugemens sur quelques ouvrages nouveaux qui paraissaient depuis 1744 ;

Lettres de la comtesse de Fréron depuis le 1er septembre 1745 ;

Le *Glaneur littéraire* (probablement suite des *Amusemens*) qui paraissait depuis 1746 ;

Le *Spectateur littéraire* (probablement suite de l'*Observateur littéraire*) qui paraissait depuis 1746.

Lors d'une perquisition, en 1745 ou en 1746, le commissaire Rochebrune rappelait que « Monsieur le Chancelier a proscrit depuis quelques années de la littérature les ouvrages périodiques »[26]. Pour les périodiques comme pour les romans, il y a loin entre la décision et l'exécution, et il est souvent nécessaire de rappeler une décision qui n'a pas été exécutée ; conflit de pouvoirs, incapacité du pouvoir à faire respecter ses décisions, indulgence du pouvoir surtout sous la pression de personnages influents, il y a probablement un peu de tout cela, et cela n'a rien pour nous surprendre à cette époque. C'est pourquoi il nous semble inutile de chercher la trace d'une décision écrite contre les romans.

Les suppressions de périodiques de 1750 sont moins connues que celles de 1740 et 1743 et 1746. Par « the two literary journals of Abbé de La Porte and Abbé Fréron », il faut entendre respectivement les *Observations littéraires* commencées en 1748, et les *Lettres sur quelques écrits de ce temps* qui paraissent depuis 1749, et qui ont fait l'objet d'un traité entre Fréron d'une part, Cailleau et Duchesne d'autre part, le 16 février 1750[27].

Yorke poursuit en ces termes : « The Crown gives a ridiculous reason for his suppressing them, for they pretend it is owing to the complaints of two poets, Voltaire and his eleve Marmontel, whose tragedies have been a little thoughly handed in those writings; I am rather inclined to think his confessor has got hold of him in his later moments, as those gentlemen are rather afraid the eyes of the world should be open'd upon their fooleries »[24].

Précisons à ce sujet que l'*Aristomène* de Marmontel, jouée pour la première fois le 30 avril 1749, avait été violemment critiquée par les *Lettres sur quelques écrits de ce temps* du 31 décembre 1749. Il y a un intervalle considérable entre la 6e lettre du tome III des *Lettres sur quelques écrits de ce temps* datée du 22 février et la septième datée du 4 octobre, sans erreur possible puisque l'on passe de la page 144 à la page 145. La lettre n° 3 du 15 janvier était particulièrement dure pour Voltaire « souvent esclave du goût dominant » ; « je doute que la postérité le place au même rang que les beaux génies du dernier siècle » ; « il sera lu comme un écrivain de beaucoup d'esprit à qui il manquait les parties les plus essentielles » : le prétexte de cette attaque avait été la publication de la *Sémiramis* de Voltaire, et surtout d'une des annexes intitulée *Des mensonges*. Nul doute que cette interruption entre février et octobre — on connaît mieux d'ordinaire l'interruption de 1752[28] — ne soit celle à laquelle fait allusion Yorke en avril.

Or, si l'on cherche quels ont pu être les motifs de suppression des journaux entre 1740 et 1750, très souvent on y trouve des problèmes de personnes, particulièrement des plaintes de Voltaire contre tel ou tel journaliste; il n'était pas le seul d'ailleurs à reprocher à Desfontaines son « manque d'objectivité ». Les années 1730-1750 ont vu naître un nouveau type de journalisme, plus critique, plus caustique, en particulier avec le fameux abbé Desfontaines. Ce n'est pas ici le lieu d'étudier le type de critique littéraire « non objective » des *Observations sur les écrits modernes*. Et tout le monde ne pouvait se permettre de faire interdire un journal par le lieutenant de police. Nous voulons seulement insister sur ce point, et nous demander si ce motif n'a pu entrer dans l'interdiction des romans, particulièrement celle des romans périodiques plus difficiles à surveiller.

On dira qu'il y avait la censure. Mais les censeurs étaient-ils toujours « sûrs » ? Pourquoi Maunoir remplace-t-il soudain l'abbé Souchay, ami personnel de Prévost, dans l'approbation du *Pour et Contre* ? Pourquoi les *Mémoires et avantures d'un homme de qualité* sont-ils approuvés successivement par Blanchard, Maunoir et Gallyot ?

L'élément le plus fiable reste en effet l'approbation, parce que nous la trouvons dans les livres eux-mêmes. Encore que certaines pages d'approbation et de privilège puissent avoir été déplacées et même manquer. Un travail d'un intérêt non négligeable consisterait à examiner tous les exemplaires disponibles de certains romans « à suite » et de vérifier la présence de ces approbations ; nous ne l'avons pas entrepris mais on trouvera dans notre corpus quelques éléments pour une recherche de ce type. Le texte de l'approbation ne précise pas toujours en effet le numéro de la partie approuvée, et certaines approbations étaient apparemment valables pour deux parties consécutives, ce qui était en contravention avec l'article du *Code de la librairie* de 1723, stipulant que « toutes les parties d'un ouvrage seront approuvées ».

Dans la réalité, l'ouvrage n'était généralement présenté qu'une fois mais il y a des exceptions :

Les *Mémoires et avantures d'un homme de qualité* dont la *Suite* est présentée le 14 novembre 1728 ;

Les *Journées amusantes* dont la *Suite*, c'est-à-dire le tome 6, 16e journée, est présentée par Prault le 21 mai 1730 ;

Les *Anecdotes de la Cour de Philippe-Auguste*, dont la *Suite* est présentée par Mlle de Lussan le 12 avril 1737.

Dans chacun des cas, le privilège antérieur était encore valable ; la raison de ces trois exceptions nous échappe : accès de sévérité ou de zèle au Sceau ? Ce n'est pas exclu.

Si on examine les noms des censeurs chargés d'approuver les romans parus avec privilège entre 1728 et 1737, on trouve 12 noms mais surtout ceux de Maunoir et Duval. Sur 33 approbations que signe Maunoir entre 1728 et 1737, 22 concernent des parties de romans ; il s'agit de 8 romans : la *Nouvelle mer des histoires*, la *Mouche*, les *Mémoires et avantures de M. de*, le *Doyen de Killerine*, les *Mémoires posthumes du comte de D.B.*, *Lamekis*, *Paris*, la *Promenade de St Cloud* auxquels il convient d'ajouter la *Suite des Mémoires d'un homme de qualité*, dont les deux premières parties avaient été approuvées par Blanchard.

Quant à Duval, il signe 12 parties de romans sur 15 approbations données par lui à des romans. Il s'agit des 4 romans suivants : le *Paysan parvenu*, la *Paysanne parvenue*, les *Mémoires de M. le marquis de Fieux*, enfin les *Egaremens du cœur et de l'esprit*. Notons qu'entre le 25 juin et le 30 juillet 1735 Maunoir signe les approbations des deux premières parties des *Mémoires et avantures de M. de* (119 p. + 158 p.), de la première partie du *Doyen de Killerine* (252 p.) et de la première partie des *Mémoires posthumes du comte de D.B.* (182 p.) : au total 711 pages de trois romans différents en un mois; ce n'est pas impossible, bien entendu, s'agissant de romans, cependant on est sceptique. Cette densité de lectures continue au même rythme jusqu'au 11 mars 1737.

Il est vrai que nous ignorons le délai exact entre le jour où le manuscrit a été remis à l'approbateur et celui où il donne ce que nous pourrions appeler le bon à tirer. Mais le Pouvoir pouvait se demander, et nous *a fortiori,* si le censeur avait réellement lu les différentes parties. Ainsi le censeur Simon approuve le 8 septembre 1735 les parties 1, 2 et 4 de *Rethima* qui sont respectivement retirées de la Chambre syndicale les 30 décembre 1735, 21 février 1736 et 1er juin 1736. Qu'en est-il de la partie 3 retirée également le 1er juin? Les cinq parties du *Paysan parvenu* sont retirées les 25 mai, 1er juillet, 27 août 1734, 4 janvier et 26 avril 1735; la première partie a été approuvée le 18 mars 1734, la seconde ne comporte pas d'approbation, la troisième est approuvée le 30 septembre alors qu'elle a été retirée le 27 août, la quatrième partie porte la même date, enfin, la cinquième partie porte la date du 1er avril 1735. Paresseux ou débordés de travail, négligents ou complices, on ne peut avoir confiance dans les censeurs, surtout lorsqu'il s'agit d'ouvrages *déjà privilégiés,* ce qui est en principe le cas. Parfois, un nouveau privilège est demandé : pour la *Suite des Mémoires d'un homme de qualité*[29], pour la *Suite des Anecdotes de la cour de Philippe-Auguste*[30]. Et ce n'est pas un hasard si le mot *Suite* entre alors dans le titre.

Le Pouvoir n'aimait donc guère les romans périodiques, pas plus qu'il n'aimait les périodiques proprement dits. Parce que le contrôle sur les uns comme sur les autres était illusoire, et que l'on ne pouvait savoir à quoi on s'engageait en donnant un privilège pour le début d'un roman. Non seulement, d'ailleurs, la suite pouvait être plus dangereuse que le début, mais n'importe qui pouvait prétendre donner une suite. Le public s'était tellement passionné pour la *Vie de Marianne* ou pour les malheurs de Cleveland qu'il lui importait peu de savoir si la suite était de Marivaux, de Prévost ou d'un inconnu. Marivaux et Prévost avaient fait vendre le début, la suite pouvait se vendre; si le lecteur était déçu par cette suite apocryphe, tant pis pour lui, le livre avait été vendu. Et à quoi bon protester? Personne ne croyait à ces protestations. Montesquieu n'avait-il pas affirmé n'être pour rien dans les *Lettres persanes*? Marivaux n'est-il pas l'auteur du *Télémaque travesti* quoi qu'il en ait dit? Et Voltaire n'a-t-il pas refusé de reconnaître nombre de ses enfants? C'était de bonne guerre, et non seulement vous préservait des rancunes du Pouvoir ou de telle ou telle personne, mais vous permettait de ne reconnaître que les œuvres que le public avait applaudies. N'oublions pas que la notion d'auteur était très différente de ce qu'elle est aujourd'hui; et il fallait le succès d'un livre comme les Mémoires d'un homme de qualité pour mettre sur la page de titre d'autres romans de Prévost « par l'auteur des *Mémoires d'un homme de qualité*». Dans l'ensemble, un livre une fois publié, ou tout au moins son titre, tombait en quelque sorte dans le domaine public, et on assistait à l'éclosion de *Nouveau Télémaque, Nouveau Gulliver, Nouvelle Marianne...* dont les auteurs se réclamaient implicitement de Fénelon, de Swift ou de Marivaux[31].

Nous avons vu le roman d'*Aben Muslu* refusé au début de 1736 parce qu'il n'y avait qu'une partie de prête. Par la suite, le roman devait paraître dans des conditions sur lesquelles nous reviendrons. Il nous faut examiner d'abord ce qu'il advint des romans qui avaient commencé à paraître avant 1737 : nous n'examinerons pas maintenant le cas des *Mémoires d'un homme de qualité,* dont la conclusion, c'est-à-dire *Manon,* paraît en Hollande en 1731. On peut se demander d'ailleurs si le retard dans la publication de la première partie de la *Vie de Marianne,* même si Marivaux l'a rédigée à nouveau[32], n'aurait pas quelque rapport avec une éventuelle pré-proscription.

Nous n'irons pas jusqu'à prétendre que Marivaux n'a pas poursuivi le *Paysan parvenu* pour des motifs liés à une proscription, d'autant plus que la *Vie de Marianne* continue à paraître. Mais c'est peut-être à cause de la proscription — plus exactement d'une proscription — que certains romans comme les *Anecdotes de la cour de Childéric* (deux parties parues en 1735) sont restés inachevés.

Mais d'importants romans commencés avant 1737 continuent de paraître : en particulier la *Vie de Marianne,* le *Philosophe anglois,* le *Bachelier de Salamanque,* les *Egaremens du cœur et de l'esprit* : un roman de Marivaux, un de Prévost, un de Le Sage et un de Crébillon. A ces romans, il convient d'ajouter tous ceux du chevalier de Mouhy, qui sont tombés de nos jours dans l'oubli, mais qui connurent à l'époque un succès incontestable, ainsi que les *Anecdotes de la cour de Philippe-Auguste* de Mlle de Lussan.

A l'exception du roman de Mlle de Lussan, les suites de ces romans parurent sous les adresses des éditeurs étrangers suivants :

Jean Neaulme ou Gosse et Neaulme à La Haye :
  Vie de Marianne (Corpus 645)
  Lamekis (Corpus 359)
  La mouche (Corpus 482)
  La paysanne parvenue (Corpus 519)
  Les égaremens du cœur et de l'esprit (Corpus 196)
  Le philosophe anglois (Corpus 530).

Pierre Gosse à La Haye :
  Le bachelier de Salamanque (Corpus 115).

Etienne Neaulme à Utrecht :
  Le philosophe anglois (Corpus 530).

Poppy à La Haye :
  Le doyen de Killerine (Corpus 190).

Nous pouvons déjà faire une remarque : tous ces éditeurs, réels ou supposés, à l'exception d'un seul, sont à La Haye, un est à Utrecht, aucun n'est à Amsterdam. Deuxième remarque : Jean Neaulme, son frère Etienne, et son associé Pierre Gosse, publient ou sont censés publier ces suites. Une exception : un certain Poppy de La Haye, qui n'a jamais existé puisque le véritable libraire de La Haye s'appelait Paupie.

Si nous examinons les exemplaires qui nous sont parvenus de tous ces romans, nous découvrons que tous les romans de Mouhy sont imprimés en Hollande comme il n'a cessé de le proclamer[33]. Il en est de même pour certaines parties de la *Vie de Marianne* et pour le tome 6 du *Philosophe anglois*. Par contre, on ne peut considérer comme imprimés en Hollande ni le *Doyen de Killerine*, ni le *Bachelier de Salamanque*, ni les *Egaremens*, ni même les derniers volumes du *Philosophe anglois*.

La publication officielle de la *Suite des Anecdotes* de Mlle de Lussan devait être saluée comme il se doit par les journaux français, qui avaient apparemment la consigne de justifier cette exception. Ces trois volumes avaient été retirés de la Chambre syndicale pour le dépôt légal le 28 novembre 1738[34]. Le 6 décembre suivant, le journaliste des *Observations* faisait remarquer que « c'est un préjugé légitime en faveur de la *Suite des Anecdotes* que ce livre n'ait point été frappé de la foudre comme tous les autres ouvrages de cette espèce, et qu'il ait glorieusement échappé à la proscription générale des romans, dont la multitude était devenue dangereuse aux lettres et insupportable aux gens de bon goût. Les lois les plus sages souffrent de certaines dispenses. D'ailleurs, il ne faut pas s'imaginer que toute sorte de fiction eût été condamnée... Quoique nous ne soyons plus depuis longtemps dans l'usage de parler des romans dans nos lettres, nous croyons que l'exception honorable qu'a méritée de la part des Supérieurs le nouveau travail de Mlle de Lussan mérite aussi de la nôtre une distinction particulière »[35].

Précédemment, à l'occasion de la publication des *Nouveaux motifs de conversion* du chevalier de Mouhy, le journaliste des *Observations* avait osé parler d'une « funeste proscription » dont Mouhy aurait été « une des principales victimes », ce qui n'avait pas empêché les *Observations* de faire remarquer que la liste des suites parues ou à paraître de ses romans se trouvait à la fin de l'ouvrage : comme s'il n'y avait aucune difficulté pour se les procurer en France (on a vu que ces suites étaient réellement imprimées en Hollande), « quoiqu'il paraisse dans sa préface avoir renoncé aux romans, on ne laisse pas de trouver à la fin de son livre... un catalogue complet de toutes ses œuvres imprimées à Paris, et la liste de celles qui s'impriment actuellement en Hollande, entre autres les quatre dernières parties de *Lamekis*, la *Paysanne parvenue* en 12 parties, les cinq dernières parties du *Paris*, les trois premières des *Mémoires posthumes* (à Londres), l'*Art de la toilette*, enfin les *Mille et une faveur* en 6 tomes »[36]. A ce commentaire des *Observations* fait écho celui de la *Bibliothèque française* dans le tome 29 daté de 1739 : « Malgré les nouvelles occupations de M. de Mouhy, on n'a pas laissé d'imprimer en

Hollande les dernières parties de différents romans qu'il avait commencés»[37].

Dans le même volume, la *Bibliothèque française* annonce la publication des derniers volumes des *Anecdotes de la Cour de Philippe-Auguste* de Mlle de Lussan : « Malgré la proscription prononcée indistinctement contre les romans, il paraît qu'il y en a qu'on regarde comme dignes d'en être exceptés. Les *Anecdotes* de Mlle de Lussan sont sans doute de ce nombre. La veuve Pissot a publié les trois derniers volumes. Il y a tout lieu de croire qu'ils n'auront pas moins de succès que les précédents»[38].

Tandis que le *Mercure* se contente d'un entrefilet sur la suite du roman de Mlle de Lussan[39], les *Réflexions sur les ouvrages de littérature* viennent se joindre aux *Observations* et à la *Bibliothèque française*: « Rien n'est plus raisonnable que la proscription des romans, surtout des mauvais» trouve-t-on dans la deuxième feuille du tome V de 1738[40] et dans la première feuille du tome VI : « Mais la suppression des romans doit-elle uniquement son origine à l'utile coutume de n'en donner que des parties de loin en loin? Il me semble qu'ils ont été anéantis parce qu'ils tendaient à la destruction des lettres et à établir l'empire de l'ignorance et du vice»[41].

Ainsi, les quatre journaux français (car nous continuons à considérer comme un journal français la partie de la *Bibliothèque française* rédigée à Paris) signalent comme un événement la publication de la *Suite* du roman de Mlle de Lussan et font incidemment allusion aux *suites* hollandaises de Mouhy. Pas un mot sur les suites de Prévost, Crébillon, Marivaux et Lesage...

Heureusement pour notre curiosité, elle peut en partie être satisfaite par la lecture de la *Gazette d'Utrecht* : dans le numéro du 22 avril 1738 que nous avons déjà cité, c'est-à-dire dans les « nouvelles de Paris» du 14 avril, on peut lire : « Monsieur le Chancelier a bien voulu, aux instances du prince de Conti, se relâcher de sa rigidité à cet égard en faveur de M. l'abbé Prévost d'Exiles, connu par sa belle traduction d'une partie de l'*Histoire de M. de Thou*. Cet auteur a obtenu la permission d'achever son *Histoire de Cleveland* qu'il avait commencée en Hollande. Il vient d'en donner le cinquième tome, qu'il distribue lui-même à l'hôtel de Conti. Il se propose d'y joindre encore deux tomes, pour conclure l'histoire. Le prince honore M. Prévost d'une protection et d'une bienveillance toutes particulières».

Enfin, le 17 novembre, on peut lire dans les nouvelles de Paris du 10 novembre : « MM. de Marivaux, Crébillon fils et le chevalier de Mouhy, qui avaient été obligés par ordre de M. le Chancelier d'interrompre quelques ouvrages auxquels ils travaillaient, ont obtenu la permission de les achever. Ces ouvrages sont : la *Vie de Marianne* par M. de Marivaux, les *Egaremens de l'esprit et du cœur* par M. de Crébillon, la *Paysanne parvenue* par le chevalier de Mouhy».

La *Gazette d'Utrecht* ne mentionne pas la promesse qu'aurait faite Prévost de convertir Cleveland au catholicisme. Elle passe sous silence le cas de Mlle de Lussan, très protégée, dont le roman continua de bénéficier du privilège accordé aux premières parties. L'éditeur, c'est-à-dire la veuve Pissot, dut en profiter pour faire un nouveau tirage de la page de titre des trois premiers volumes, car nous n'avons trouvé aucun exemplaire daté de 1733, et si nous n'avions pas des témoignages de 1733 (Registre de retraits de la Chambre syndicale, manuscrit de la Bibliothèque Nationale, ms. fr. 25 300 dit « Journal de la Cour », *Mercure, Journal de Verdun*), nous nous interrogerions sur la réalité de l'édition de 1733.

Ce qui ressort clairement à nos yeux, c'est d'abord l'importance des protections princières, aussi bien pour Prévost que pour Mlle de Lussan ; ensuite le système de vente adopté par Prévost pour *Cleveland*, passant en quelque sorte au-dessus de la tête des libraires grâce précisément à cette protection princière. Peut-on soulever l'hypothèse d'une relation entre ces faits et les débuts de la maçonnerie dont la même *Gazette d'Utrecht* se fait l'écho?[42]

1. B.N., ms. fr. 22 023.
2. On trouvera dans le corpus les dates des différentes parties.
3. La date n'est pas certaine; cette première partie avait été approuvée le 3 juin 1735.
4. C'est la date de retrait de la deuxième partie; la première partie avait été approuvée le 25 juin, la seconde le 27 juillet : elles ont pu être publiées et retirées en même temps.
5. Pas de date de retrait; l'approbation est du 30 juillet 1735.
6. Première partie publiée avec la date de 1736.
7. *Observations sur les écrits modernes*, 2 mars 1737, tome VIII, 1737, p. 28.
8. *Mémoires de M. le marquis de*, 1728, p. 22.
9. *Avantures du jeune comte de Lancastel*, 1728, p. 310.
10. *La Catanoise*. 1731, p. 324.
11. *Mémoires du comte de Comminville* (corpus n° 439), p. 388.
12. Préface du *Doyen de Killerine* (corpus n° 190 A), p. xiij.
13. MARIVAUX. *Vie de Marianne*, Ed. Deloffre. Paris, 1962, p. 101.
14. Bibliothèque publique et universitaire de Genève, correspondance de Seigneux de Correvon (non inscrite).
15. B.H.V.P. ms. 616 f° 24.
16. J. SGARD. *Prévost romancier*. Paris, 1968, p. 322 et 323.
17. B.N. ms. fr. 21 996 n° 7157.
18. B.N. n.a.f. 22 055 f° 1.
19. *Lamekis* (corpus n° 359) 5ᵉ partie p.iij.
20. B.N. ms. fr. 21 996 n° 3712.
21. Cette hypothèse d'une sanction visant principalement les romans périodiques nous a été suggérée par Jean Sgard tout au début de cette enquête : qu'il en soit ici remercié.
22. B.N. ms. fr. 24 411 f° 339; éd. par H. Duranton *Lettres de l'abbé Claude-Pierre Goujet* (1737-1745), 1876, p. 50.
23. B.N. ms. fr. 22 137 f° 51.
24. British Library Add. mss. 3563 f° 261 et 262.
25. Sur tous ces journaux, en attendant le *Dictionnaire des journaux*, consulter le *Dictionnaire des journalistes* sous la dir. de J. Sgard, Grenoble, 1976, en particulier les notices sur Philippe de Pretot et sur Turben par Michel Gilot et nos notices sur Bauvin, Destrées et Quinsonas.
26. Bibl. Arsenal ms. 11 304 f° 263.
27. Voir à ce sujet B.N. n.a.fr. 3531 f° 4 et J. BALCOU *Le dossier Fréron*. Genève et Saint-Brieuc, 1975, p. 31.
28. *Dictionnaire des journalistes* notice de Benhamou p. 163 et Balcou, *op. cit.*, p. 29.
29. Le 14 novembre 1728 (B.N. ms. fr. 21996 n° 294)
30. Le 12 avril 1737 (B.N. ms. fr. 21996 n° 5087)
31. Sur cette question des « suites apocryphes » et des « continuations », nous attendons avec impatience le travail qu'Annie Rivara prépare sous la direction de M. Coulet.
32. H. COULET. *Marivaux romancier*. Paris, 1975, p. 41 et sq.
33. Lettre du 15 mai 1741 à Marville (Bibl. Arsenal ms. 11 498 f° 206).
34. B.N. ms. fr. 22 023.
35. *Observations sur les écrits modernes*, tome XIV, p. 72.
36. *Observations sur les écrits modernes*, tome XIV, p. 70 cité par G. MAY, *op. cit.* p. 79.
37. *Bibliothèque française*, tome XXIX, p. 147.
38. *Bibliothèque française*, tome XXIX p. 139.
39. *Mercure*, novembre 1738, p. 2436.
40. *Réflexions sur les ouvrages de littérature*, tome V, p. 48.
41. *Réflexions sur les ouvrages de littérature*, tome VI, p. 20.
42. *Gazette d'Utrecht* supplément du 5 avril 1737, supplément du 26 avril 1737 et 8 juillet 1737.

CONCLUSION

SUR LA PROSCRIPTION DE 1737

Limitée ou non aux romans périodiques, la proscription semble dès 1738 avoir échoué, comme le révélaient nos statistiques. Le 10 avril 1739, Anfossi écrivait : « on se croyait délivré des romans et surtout des romans périodiques. Ils semblent reprendre leur cours »[1]. Le 22 décembre 1739, les libraires Morel au Palais et Robinot aîné, quai des Augustins, procédaient à la vente des livres de M. P... La bibliothèque concernée comprenait uniquement des « anciens romans de chevalerie, des romans modernes, des facéties »[2]. Au total, 370 unités dont un roman de 1728, quatre de 1730 et deux de 1731.

« On a employé jusqu'ici d'inutiles efforts pour arrêter le progrès d'un genre d'écrire funeste pour l'ordinaire aux bonnes mœurs et plus souvent contraire au bon goût » écrit en 1741, dans sa préface, l'auteur du *Prince avanturier*. En 1742, les Bénédictins publient le tome VI de leur *Histoire littéraire*, consacré au sixième siècle. Ils en viennent à parler de la vogue des romans dont « la lecture délicieuse a fait et continue encore de faire tous les jours négliger des lectures incomparablement plus utiles... Les romans ne servent qu'à favoriser l'ignorance et bientôt ils la feront renaître, si l'on n'y apporte un remède efficace... Un siècle aussi éclairé que le nôtre devrait rougir de cette sorte de faux amusements et les bannir sans retour »[3]. C'est là selon nous un constat sur l'inefficacité des mesures prises par le Chancelier et un appel à une véritable proscription. « On se plaint aujourd'hui qu'il paraît trop de romans » écrit encore, dans une lettre datée du 3 juin 1742, l'auteur des *Lettres amusantes sur les romans*. « Que ne font point de sages magistrats pour en éviter le cours »[4].

Ainsi en 1742 la proscription s'est révélée un échec, et certains ne se gênent nullement pour le dire et pour demander des mesures efficaces. Nous avons étudié plus haut le parallélisme entre les mesures contre les romans et celles contre les périodiques. Georges May cite un texte de Malesherbes emprunté aux *Mémoires sur la librairie* publiés seulement en 1809 où il est dit expressément : « Dans les dernières années de la vie de M. le Chancelier d'Aguesseau, le parti que prit ce grand magistrat de ne permettre ni romans ni brochures frivoles » etc.[5]. Or d'Aguesseau ne mourra qu'en 1751. En 1737, il a encore près de 14 ans à vivre : est-ce par négligence que Malesherbes évoque les « dernières » années de sa vie? Il est vrai que d'Aguesseau a près de 70 ans en 1737. Mais il y a peut-être une autre explication. Elle est fournie par Yorke, cet Anglais qui signalait en avril 1750 les mesures prises contre les périodiques : « The Chancelier has forbid all romances, would have done much better had he begun some years ago »[6]. Autrement dit : « Le Chancelier a interdit tous les romans, il aurait mieux fait de commencer quelques années plus tôt ». Il est possible qu'il s'agisse là de nouvelles mesures, celles-là même dont parlerait peut-être Malesherbes. Ce n'est pas notre propos de chercher ce qu'il en fut ni comment Malesherbes envisagea le problème. Nous nous contenterons de décrire la situation sous le ministère d'Aguesseau.

1. Musée Calvet, ms. 2279, f° 212 et 213.
2. B.N. Δ 4463.
3. *Histoire littéraire de la France*, tome VI, Paris, 1742, p. 27.
4. *Lettres amusantes et critiques sur les romans*, 1743, p. 21.
5. G. MAY, *op. cit.* p.87.
6. British Library Add. mss. 3563 f° 262.

DEUXIÈME PARTIE

ROMAN ET POUVOIR AVANT 1737

CHAPITRE I

LES CENSEURS

Nous avons évoqué le problème des censeurs à propos des romans périodiques; il convient d'y revenir puisque aussi bien un livre ne pouvait être revêtu d'un privilège s'il n'avait été approuvé au préalable par un censeur. C'est ainsi que Dugas s'indignait après la lecture du *Paysan parvenu* : « que ne choisit-on des examinateurs qui aient un peu de religion et de piété?»[1]. Est-ce parce que Blanchard avait laissé la « sottise sur le Grand Duc» qu'il cessa d'être le censeur des *Mémoires d'un homme de qualité*»? On ne voit d'ailleurs plus son nom apparaître dans les approbations de romans.

C'est seulement à partir de 1742 que les almanachs royaux donnent les listes des censeurs; c'est pourquoi on n'y trouve pas les noms de Houdar de la Motte mort en 1731, de Moreau de Mautour mort en 1737, et de Lancelot mort en 1740. Le nombre ne changea guère entre 1742 et 1750, oscillant entre 32 et 37. Souchay et Danchet moururent pendant cette période. En 1742, on comptait 35 censeurs pour les belles-lettres et l'histoire; nous avons relevé dans les approbations des romans 26 noms qu'on trouvera dans le tableau qui suit.

Pottinger écrit : « They received no salary but the position assured the holder's social standing, opened the doors to membership in various academies and left to a pension of 400 L. after 20 years of service»[2]. A la mort de La Motte, Marais écrivait : « M. de la Motte laisse une place de censeur vacante et une pension»[3].

LISTE ALPHABÉTIQUE DES APPROBATEURS DE ROMANS
1728 - 1738[4]

Nom du censeur	Titre du roman approuvé et nº du corpus	Date de l'approbation
BEAUCHAMPS 1689-1761	Histoire de Mlle de la Charce (291)	29 mai 1730
	Le théâtre des passions (620)	11 août 1730
	Contes mogols (613)	9 novembre 1731
	L'infortuné Philope (347)	8 mars 1732
	Le repos de Cyrus (575)	14 mars 1732
	La conformité des destinées (156)	25 novembre 1735
BLANCHARD	Mémoires et avantures d'un homme de qualité (448)	13 mars 1728
BOURSAULT	La Catanoise (135)	12 février 1728
CASAMAJOR	Réflexions de T. sur les égaremens de la jeunesse (568)	2 octobre 1728
CERTAIN	Mélanie (393)	12 janvier 1729
COURCHETET 1695-1776	Le chevalier des Essars (141)	23 janvier 1735
COUTURE 1651-1728 figure en 1717	Les amusemens de l'amitié (45)	25 juin 1728
CREBILLON 1674-1762 *Almanach Royal* depuis 1742	Scanderberg (590)	15 janvier 1732
DANCHET 1671-1748	Histoire d'Hypolite (254)	5 mars 1728
	Le nouveau Gulliver (492)	13 septembre 1729
figure sur l'*Almanach royal* de 1742 à 1748 et en 1717	Argenis (78)	27 septembre 1730
	Histoire de Guzman d'Alfarache (269)	10 février 1731
	La veuve en puissance de mari (639)	21 août 1732
	Voyages de Zulma (660) ·	16 décembre 1732
	Mémoires du·chevalier de (432)	23 septembre 1733
	Histoire de Gil Blas de Santillane tome IV (265)	29 octobre 1733
	Les femmes militaires (219)	7 août 1735
	Le bachelier de Salamanque (115)	12 décembre 1735
	Persile et Sigismonde (521)	6 août 1737
	Essais sur les moyens et la néccessité de plaire	30 septembre 1737
	La pudeur (560)	18 octobre 1738

Nom du censeur	Titre du roman approuvé et n° du corpus	Date de l'approbation
DUVAL	Anecdotes grecques (64)	7 décembre 1730
	Histoire d'Emilie (252)	2 janvier 1732
	La soirée du labyrinthe (595)	14 janvier 1732
	La retraite de la marquise de Gozanne (577)	19 juin 1733
	Le paysan parvenu (518)	18 mars 1734
	Le paysan parvenu IV (518)	30 septembre 1734
	Le paysan parvenu V (518)	1er avril 1735
	Mémoires de M. le marquis de Fieux I (425)	17 mai 1735
	La paysanne parvenue I (519)	3 juin 1735
	La paysanne parvenue II (519)	30 août 1735
	Mémoires de M. le marquis de Fieux II (425)	13 décembre 1735
	La paysanne parvenue III (519)	14 décembre 1735
	Les saturnales françaises (588)	12 janvier 1736
	La paysanne parvenue IV-VII (519)	1er février 1736
	La paysanne parvenue VIII (519)	10 février 1736
	Mémoires de M. le marquis de Fieux III-IV (425)	29 mai 1736
FONTENELLE	Mémoires de Selim I (428)	16 août 1735
1657-1757 figure sur l'*Almanach Royal* depuis 1742 et en 1717	Mémoires de Selim II (428)	3 novembre 1735
GALLYOT	Le geomyler (234)	20 janvier 1729
Secrétaire du Garde des Sceaux	Les vendanges de Bretigni (636)	30 novembre 1730
	Nouveau recueil de contes de fées (494)	30 juin 1731
HOUDAR DE LA MOTTE	Journées amusantes (356)	27 juillet 1729
	Journées amusantes (356)	4 juin 1730
1672-1731 figure en 1717	Avantures d'Aristée et de Télasie (88)	26 septembre 1730
JOLLY (ne pas confondre avec l'abbé Jolly de Dijon)	Mémoires de Mme de Barneveldt (411)	10 juillet 1731
	La duchesse de Capoue (191)	18 juillet 1732
	Le solitaire de Terrasson (600)	25 août 1732
	Les cent nouvelles nouvelles (138)	18 octobre 1732

Nom du censeur	Titre du roman approuvé et n° du corpus	Date de l'approbation
JOLLY	Les cent nouvelles nouvelles (138)	18 octobre 1732
Figure sur	Diane de Montemayor (186)	1er avril 1733
L'*Almanach*	Histoires du comte d'Oxfort (335)	4 juin 1733
Royal de		
1742 à 1754	Histoire d'Osman (256)	25 août 1733
	Le comte Roger (149)	6 octobre 1733
	Le beau Polonois (116)	1er mars 1734
	Mémoires secrets de la Cour de Charles VII (464)	13 mars 1734
	Le Napolitain (487)	18 mars 1734
	Avantures de Zelim (102)	2 juin 1734
	Rhinsault et Saphira (580)	12 février 1735
	La comtesse de Mortane (150)	10 mai 1736
	Anecdotes de la Cour de Childéric (58)	20 juin 1736
	Histoire de Moncade (296)	25 juillet 1736
	Mémoires et avantures de M. de P. (453)	2 septembre 1736
	Tecserion (617)	15 novembre 1736
	Pharsamon (525)	1er décembre 1736
	Funestine (229)	20 décembre 1736
	Mémoires de Milord (419)	8 janvier 1737
LANCELOT	Sethos (591)	29 janvier 1731
1675-1740	Le philosophe anglois (530)	9 avril 1731
LA SERRE	Rhamiste et Ozalie (578)	6 mars 1729
Figure sur	Les frères jumeaux (227)	1er juillet 1729
l'*Almanach*	Relation de la découverte du tombeau de l'enchanteresse Orcavelle (569)	23 septembre 1729
Royal depuis 1742		
	Anecdotes de la Cour de Philippe-Auguste (61)	16 décembre 1732
	Avantures de Clamadès et de Clairmonde (89)	12 juin 1733
	Avantures de Flores et de Blanchefleur (93)	20 juillet 1734
LE NOBLE	Entretiens noctures de Mercure et de la Renommée (201)	7 avril 1730
	La jeune Alcidiane (353)	23 février 1733
	La constance des promptes amours (158)	25 août 1733

Nom du censeur	Titre du roman approuvé et n° du corpus	Date de l'approbation
MASSIP	Le rhume (La folette) (223)	29 juin 1733
Figure sur l'*Almanach Royal* de 1742 à 1751	Anecdotes galantes et tragiques de la Cour de Néron (63)	24 août 1734
MAUNOIR	Diane de Castro (185)	14 mars 1728
Figure sur l'*Almanach Royal* de 1742 à 1751	Le solitaire anglois (599)	22 juillet 1728
	Suite des Mémoires d'un homme de qualité (448)	19 novembre 1728
	Le coureur de nuit (170)	15 mars 1731
	Voyage au monde de la lune (651)	28 mai 1731
	Perkin faux duc d'York (520)	5 octobre 1731
	La nouvelle mer des histoires (503)	2 mai 1733
	Amusemens historiques (55)	12 septembre 1733
	Le phénix conjugal (526)	24 novembre 1733
	Mémoires du comte de Comminville (439)	31 décembre 1734
	Le songe d'Alcibiade (603)	4 janvier 1735
	Le roman espagnol (186)	4 mars 1735
	La mouche (482)	18 avril 1735
	Mémoires et avantures de M. de. II (452)	25 juin 1735
	Le doyen de Killerine (190)	8 juillet 1735
	Mémoires et avantures de M. de. II (452)	27 juillet 1735
	Mémoires posthumes du comte de D.B. I (461)	30 juillet 1735
	Lamekis (359)	15 septembre 1735
	Histoire du roi de Campanie (317)	17 septembre 1735
	Melchukina (394)	27 octobre 1735
	Mémoires et avantures de M. de. III (452)	7 novembre 1735
	Paris I et II (515)	20 novembre 1735
	La mouche II (482)	27 décembre 1735
	Mémoires et avantures de M. de. IV (452)	16 janvier 1736
	Lamekis II (359)	9 mars 1736
	Paris III (515)	11 mars 1736
	La mouche IV (482)	1er septembre 1736

Nom du censeur	Titre du roman approuvé et n° du corpus	Date de l'approbation
MAUNOIR	Avantures de don Ramire (91)	4 octobre 1736
	Lamekis III (359)	25 octobre 1736
	Mémoires posthumes du comte de D.B. II (461)	15 novembre 1736
	Lamekis IV (359)	17 novembre 1736
	Mémoires posthumes du comte de D.B. III (461)	21 novembre 1736
	Le paysan gentilhomme (517)	23 novembre 1736
	La promenade de St Cloud (553)	2 janvier 1737
	La vie de Chimène de Spinelli (641)	11 mars 1737
MOREAU DE MAUTOUR	Sapor roi de Perse (587)	28 novembre 1728
	Histoire de dona Rufine (320)	9 décembre 1730
1654-1737	Celenie (136)	7 avril 1732
	Aurore et Phoebus (84)	16 juillet 1732
	Histoire d'Estevanille Gonzales (253)	28 mai 1733
	Avantures du prince Jakaya (107)	20 juillet 1734
DE MORET	Histoire de Jean de Bourbon (270)	9 janvier 1729
ROQUEMONT Figure sur l'*Almanach Royal* depuis 1742	Les amours d'Ismène (23)	12 novembre 1728
SAURIN	Vie de Marianne (645)	28 avril 1728
	"	15 janvier 1734
	"	17 novembre 1735
	"	19 mars 1736
	"	4 septembre 1736
	"	27 octobre 1736
	"	27 janvier 1737
SECOUSSE	Les veillées de Thessalie (635)	16 mars 1731
1691-1754 Figure sur l'*Almanach Royal* de 1742 à 1753	" "	25 mai 1731
	" "	12 juillet 1731
	" "	6 août 1731
J.B. SIMON	Rethima I-II (576)	8 septembre 1735
Figure sur l'*Almanach Royal* depuis 1742	Le siècle (592)	26 octobre 1735
	Mizirida (478)	3 avril 1737
	Mémoires de la comtesse Linska (408)	15 juin 1737

Nom du censeur	Titre du roman approuvé et n° du corpus	Date de l'approbation
SOUCHAY	Rosalie (L'épouse infortunée) (204)	16 septembre 1732
1688-1746	Histoire de Lidéric (283)	5 août 1736
Figure sur l'*Almanach Royal* de 1742 à 1747		

Parmi ces 27 censeurs, on trouve des membres de l'Académie Française : Crébillon, Danchet, Fontenelle, La Motte, mais surtout des membres de l'Académie des Inscriptions et des Belles Lettres : Blanchard, Danchet, Fontenelle, Lancelot, Moreau de Mautour, Secousse, Souchay. Quant à l'âge, pour autant que nous le connaissions, il est relativement avancé : Courchetet et Secousse ont juste 40 ans lorsqu'ils approuvent les romans en question, Beauchamps et Souchay entre 40 et 50 ans, Lancelot, La Motte, Crébillon et Danchet approchent de la soixantaine, Fontenelle et Moreau de Mautour ont plus de 78 ans. Ces derniers, et surtout Moreau de Mautour, ont-ils réellement lu les romans qui leur étaient confiés? A défaut de l'âge et de la fatigue (mais Moreau de Mautour après tout était peut-être un lecteur passionné de romans) il faut envisager la complaisance et même la corruption : l'auteur d'un ouvrage intitulé *La prétendue veuve ou le faux imposteur* (roman ou comédie?) passa pour avoir donné 200 livres à La Serre pour obtenir une approbation[5].

En réalité, sur ces 27 censeurs, 13 n'ont approuvé qu'un roman, 4 n'en ont approuvé que deux, Gallyot et Le Noble en ont approuvé trois, et Simon en a approuvé quatre, Beauchamps, lui-même romancier, en a approuvé six, comme La Serre et Moreau de Mautour. Les plus sollicités sont Duval, qui approuve huit romans en seize parties, Danchet, qui approuve treize romans, Jolly, qui approuve 20 romans et surtout Maunoir, qui en approuve 25 en 35 parties.

Ce sont apparemment toujours les mêmes censeurs, comme nous l'avons vu précédémment, qui lisent les ouvrages en plusieurs parties, ou qui sont censés les lire. Danchet semble le censeur attitré de Le Sage, Marivaux est approuvé par Saurin pour la *Vie de Marianne* et par Duval pour *Le Paysan parvenu*; le même Duval est également le censeur de Mouhy. Par contre les romans de Prévost sont approuvés par plusieurs censeurs.

On peut se demander s'il n'y a pas plutôt des alliances entre libraires et censeurs; il ne faut pas oublier que ce sont les libraires qui demandent les privilèges, malgré les exceptions que nous allons constater. Il est vrai qu'on voit Dupuis utiliser les services de plusieurs censeurs : Crébillon pour le *Scanderberg* en 1732, Duval la même année pour

l'*Histoire d'Emilie*; Danchet pour les *Mémoires du chevalier de* en 1733;
La Serre pour les *Avantures de Flores et de Blanchefleur* en 1734; Maunoir pour le *Lamekis* en 1735 et pour la *Promenade de St Cloud* de
1737; Jolly pour les *Mémoires et avantures de M. de P.* en 1736. Et
Didot semble hésiter entre Souchay, qui a été l'approbateur des premiers volumes du *Pour et Contre*, et qui approuve en 1736 l'*Histoire de
Lidéric*, et le deuxième approbateur de ce journal, Maunoir, qui
approuve le *Doyen de Killerine* (dont Prévost est l'auteur comme il l'est
du *Pour et Contre*) et le *Songe d'Alcibiade* en 1735.

Par contre, les Valleyre font appel à Danchet pour l'*Histoire d'Hypolite* en 1728 et pour le *Bachelier de Salamanque* en 1735. Mais l'exemple
le plus frappant est celui de Pierre Prault, un des plus gros producteurs
de romans à cette époque : Saurin avait approuvé la *Vie de Marianne* à
partir de 1728; de Moret l'*Histoire de Jean de Bourbon* en 1729; Danchet l'*Argenis* en 1730; Beauchamps les *Contes mogols* en 1731; Souchay l'*Epouse infortunée* et Moreau de Mautour *Célénie* en 1732;
Courchetet *Le Chevalier des Essars* en 1735 : Maunoir, les *Mémoires et
avantures de M. de* en 1735 et le *Paysan gentilhomme* en 1736. Mais
c'est Jolly son censeur attitré, avec 15 romans entre 1732 et 1737.
Quant à Duval, qui avait été l'approbateur du *Paysan parvenu* en 1734,
il semble être devenu ensuite le censeur attitré de Prault fils, qui a
d'ailleurs repris à son compte les romans à suite que son père avait
commencé de publier, comme si Pierre Prault (le père) ne voulait pas
s'encombrer de ces romans périodiques.

Le libraire ou l'auteur pouvait-il choisir son censeur? Ce n'est pas
exclu. Bouhier écrit à Dunod en 1744; « Mandez-moi si vous connaissez des censeurs, sinon je tâcherai de vous en procurer un favorable »[6].
Prévost et son censeur Souchay étaient amis, et l'on trouve dans le
Pour et Contre un compte rendu fort élogieux d'un livre anglais qui
vient d'être traduit par Souchay, qui n'est, il est vrai, pas nommé par
Prévost[7]. Voltaire exprimait en 1733 dans une lettre à l'abbé Du Resnel
son étonnement devant la signature de Danchet sur l'*Eriphile* : « M.
Rouillé... m'avait promis que vous seriez mon approbateur et je n'avais
demandé que vous »[8]. Enfin, un texte dont Giles Barber prépare la
publication fait état de repas qui célébraient en quelque sorte la sortie
d'un livre et où se retrouvaient auteur, censeur et imprimeur.

On remarquera l'emploi courant du terme d'approbateur, comme si
le censeur n'était là que pour approuver. Le texte des approbations, qui
nous est conservé par les exemplaires imprimés, varie du très banal et
très courant « j'ai lu » (qui à vrai dire ne prouve rien!) à des commentaires plus longs et parfois très élogieux[9].

Mais le manuscrit n'était pas toujours accepté. Dans ce cas, nous
ignorons en général la raison du refus. On trouvera en annexe (n° 2)
une liste des 71 ouvrages refusés qui semblent être des romans. Nous
n'avons indiqué sur cette liste que les ouvrages expressément refusés, à
titre provisoire ou définitif : il suffisait parfois d'une retouche d'ordre

« stylistique » pour que l'ouvrage soit accepté[10].

Un examen du « registre des titres prohibés »[11] nous a permis d'identifier 29 ouvrages qui avaient été refusés. Bien entendu le titre d'un ouvrage pouvait être modifié ; le registre n'en tient pas compte... et nous-même ne pouvons pas toujours reconnaître un ouvrage paru finalement sans privilège avec un autre titre.

Dans la plupart des cas, un ouvrage refusé était transmis à un second censeur. Qui choisissait le second censeur? Etait-ce l'auteur ou l'éditeur qui faisait en quelque sorte appel? Ou s'agissait-il simplement d'un usage? Certains censeurs étaient-ils plus liés que d'autres aux auteurs et libraires? D'autres étaient-ils plus incorruptibles et plus liés au Pouvoir? Il est bien difficile de le savoir.

Le tableau qui suit nous montre l'évolution du nombre d'acceptations et de refus de romans entre 1728 et 1750 : la date prise en compte est celle de la présentation et non celle de la publication. Le « coup de barre » de la proscription de 1737 se fait sentir à partir de 1737 en ce qui concerne les réponses des censeurs, et à partir de 1738 en ce qui concerne les présentations. Entre 1738 et 1741 environ, les auteurs et libraires continuent à tenter leur chance mais une fois sur deux leur manuscrit sera refusé. Même remarque pour les années 1746-1748, comme s'il y avait eu une rémission...

APPROBATIONS ET REFUS
1728 - 1750

Année	Romans présentés y compris les suites	Approuvés	Refusés
1728	13	12	1
1729	8	6	2
1730	18	16	2
1731	30	20	10
1732	33	29	4
1733	16	14	2
1734	19	17	2
1735	33	26	7
1736	24	20	4
1737	16	7	9
1738	8	2	6
1739	6	3	3
1740	6	4	2
1741	4	3	1
1742	2	1	1
1743	2	1	1
1744	2	1	1
1745	1	0	1
1746	4	0	4
1747	6	0	6
1748	4	0	4
1749	0	0	0
1750	1	0	1

Venons-en aux censeurs responsables des refus : nous retrouvons 13 des 27 « approbateurs » et on peut se poser la question : auraient-ils, selon les époques, fait preuve tantôt de sévérité, tantôt d'indulgence? C'est ce qu'il nous faut vérifier :

Censeur	Approbations	Refus
Beauchamps	1730-1735 (6)	1730-1732 (6)
Danchet	1728-1738 (13)	1732-1737 (5)
Duval	1730-1736 (8) (a)	1731 (1)
Gallyot	1729-1731 (3)	1735 (1)
Jolly	1731-1737 (20)	1730-1737 (8) (b)
La Serre	1729-1734 (6)	1734-1736 (3)
Massip	1733-1734 (2)	1731-1747 (2)
Maunoir	1728-1737 (24) (a)	1731-1748 (16)
Moreau de Mautour	1728-1734 (6)	1730-1731 (3)
de Moret	1729 (1)	1728 (1)
Roquemont	1728 (1)	1741-1745 (2)
Secousse	1731 (1) (a)	1729 (1)
Souchay	1732-1736 (2)	1737-1742 (2)

(a) Nous avons tenu compte des titres et non des différentes parties.
(b) Sans tenir compte d'un refus du 5 février 1750.

En fait, le seul pour lequel on puisse émettre l'hypothèse d'une évolution, c'est La Serre qui passe en 1734 de l'indulgence à la sévérité. L'évolution aurait dans ce cas eu lieu entre le 20 juillet 1734 (approbation des *Avantures de Flores et de Blanchefleur*) et le 30 novembre de la même année (refus de l'*Histoire du prince Thelleris*); ce n'est pourtant qu'en 1737 que La Serre sera soupçonné de s'être laissé acheter; c'est peut-être une pure coïncidence. On remarquera la sévérité de Beauchamps pourtant lui-même romancier. On ne le retrouve plus après 1736; peut-être est-ce lui qui est nommé en 1737 inspecteur de la librairie : aurait-il été choisi par Hérault précisément à cause de sa relative sévérité? Ce n'est là qu'une simple hypothèse[12].

Parmi les noms des censeurs que nous n'avions pas encore rencontrés, le nom que l'on rencontre le plus souvent est celui de François-Augustin Paradis de Moncrif, né en 1687, membre de l'Académie Française. Il refuse sept fois des romans entre 1730 et 1739. Il avait commis lui-même une espèce de roman, les *Essais sur la nécessité et les moyens de plaire*, approuvé le 30 septembre 1737, en pleine proscription, par Danchet. On trouve encore les noms de Vatry, membre de l'Académie des Inscriptions et des Belles-Lettres (deux refus en 1743 et 1744) et de l'abbé Du Bos, membre de l'Académie Française, né en 1670 et mort en 1742, qui refuse un roman le 12 décembre 1737.

Mais revenons sur le « cas Maunoir » : 16 refus sur 72 sont signés de lui, mais sur ces 16 refus deux remontent à la fin de 1731. Les 13 autres refus sont des années 1738-1748 : il signe la moitié des refus de ces 11 années, exactement 13 sur 27, conjointement avec Danchet (3 refus), Vatry (2 refus) et quelques autres. De 1745 à 1748, il signe 11 refus pour 15 romans présentés au Sceau : tous refusés! La présentation au Sceau — on ne sait même pas par qui dans la plupart des cas — devient une formalité dont la raison d'être nous échappe; il est probable qu'on ne demande même plus au censeur de lire les romans, mais seulement de s'assurer qu'il s'agit bien de romans; et les titres ne laissent aucun doute sur ce point. On peut donc supposer qu'il n'y avait plus besoin de plusieurs censeurs à ce « Service » là, et que Maunoir avait été en quelque sorte chargé de cette besogne.

En conclusion sur le rôle des censeurs, nous pouvons supposer qu'il n'a pas été déterminant, et que si certains d'entre eux ont pu approuver des livres par négligence ou complaisance, ils ne pouvaient évidemment s'opposer à des ordres stricts : Maunoir précisera le 20 février 1738 (peu de temps après les concessions que fera d'Aguesseau) : « refusé comme roman »[13]; il s'agit des *Mémoires de la Comtesse d'Horneville*, présenté sous le titre de *Réflexions sur l'inconstance des choses humaines*. Maunoir avait au moins parcouru l'ouvrage dont le titre évidemment ne ressemblait pas à un titre de roman...

1. B.M. Lyon ms. 6224, III p. 480.

2. D.T. POTTINGER. *The French book trade in the Ancien Regime.* Cambridge (Mass.) 1958.

3. B.N. ms. fr. 24 414 f° 80-81; lettres publiées par Lescure dans *Journal et Mémoires de M. Marais,* tome IV. Paris, 1868, pp. 328-329.

4. Cf. p. 67.

5. B.H.V.P., ms. 616, f° 198.

6. B.M. Besançon, ms. 605, f° 113.

7. Th. BROWNE. *Essai sur les erreurs populaires* (trad. Souchay). Paris, 1733, 2 vol.; cf. *Pour et Contre,* tome II, p. 165.

8. Best. D.609.

9. Voici trois approbations de Duval :

« Cet ouvrage (*Le paysan parvenu*) qui ne dément point le génie de l'auteur paraît digne de l'empressement avec lequel on a coutume de recevoir ses écrits » (18 mars 1734).

« Il m'a paru que le lecteur y trouvera de l'intérêt, surtout de celui qui a rapport aux mœurs et qui est le plus important » (17 mai 1735; *Mémoires de M. le marquis de Fieux*).

« Je crois qu'on reconnaîtra avec plaisir dans cet ouvrage où les mœurs sont consultées la délicatesse de génie et la noblesse de style qui ont annoncé le talent du jeune auteur de ces Mémoires » (14 décembre 1735; *Les égaremens du cœur et de l'esprit*).

10. « rendu à l'auteur pour y faire des corrections » (26 mars 1730) « refusé à cause du style » (29 mai 1736).

11. B.N. ms. fr. 21 928.

12. Le *Dictionnaire de biographie française,* tome V, 1949 ne connaît que Beauchamps auteur.

13. B.N. ms. fr. 21 996 n° 7207.

CHAPITRE II

LE SCEAU ET LES PRIVILÈGES

Le libraire-éditeur ou l'auteur présente un manuscrit qu'il veut faire imprimer (ou parfois un livre à réimprimer). Ce manuscrit ne peut parvenir au Sceau que revêtu de l'approbation d'un censeur; mais l'approbation du censeur ne constitue pas une autorisation; elle est la condition nécessaire mais non suffisante de toute publication de livre privilégié.

1. Présentation par les auteurs

Sur 74 romans refusés, une vingtaine environ semblent avoir été présentés par leurs auteurs; certes cela paraît beaucoup à une époque où ce n'était pas le cas le plus fréquent. Ainsi, nous relevons les cas suivants (demandes acceptées ou restées sans réponse) :

25 (?) avril 1728	Marivaux - *La Vie de Marianne*
26 mars 1730	Castera - *Le théâtre des passions* (d'abord refusé)
4 juin 1730	Lezeau - *Les amours de Théagènes et de Chariclée,* traduction
10 septembre 1730	D'Auvigny - *Avantures d'Aristée et de Télasie*
31 décembre 1730	L'auteur de *Sethos* (Terrasson)
24 juin 1731	D'Auvigny - *Mémoires de Mme de Barneveldt*
2 décembre 1731	L'auteur de l'*Histoire d'Emilie* (Mme Meheust)
12 août 1732	Mme de Gomez - *La jeune Alcidiane*
9 septembre 1732 et 1er janvier 1734	Castera - *Les amours de Leucippe et de Clitophon*
10 octobre 1732	Mme de Gomez - *Les cent nouvelles nouvelles*
28 avril 1733	Mme Meheust - *Achille ou les mémoires de M. le Chevalier de.*
2 juin 1733	Mme de Gomez - *Histoire d'Eustache de St Pierre*
2 juin 1733	Laffichard - *Le rhume ou la folette*

12 août 1733	Mme de Gomez - *Histoire d'Osman*
25 mai 1734	De Noinville - *Les avantures de Zelim et de Damasine*[1]
20 juillet 1734	D'Auvigny - *Anecdotes de la cour de Néron*
16 novembre 1734	La Chassagne - *Le chevalier des Essars*
28 décembre 1734	D'Auvigny - *Mémoires du comte de Comminville*
15 mars 1735	Chev. de Neufville - *Les époux réunis*[2]
2 août 1735	Le chevalier de M. - *Mémoires posthumes du comte de D.B.*
17 août 1735	L'auteur de - *Les femmes militaires*[3]
6 septembre 1735	Abbé Saulnier - *Voyage d'Innigo de Biervillas*[4]
29 novembre 1735	Le Sage - *Le bachelier de Salamanque*
17 janvier 1736	Catalde - *Mémoires de M. le comte de Claize*[5]
31 juillet 1736	Saint-Hyacinthe - *Histoire du prince Titi*
13 novembre 1736	Catalde - *Le gentilhomme roturier*[6]
12 avril 1737	Mlle de Lussan - *Suite des Anecdotes de la Cour de Philippe-Auguste*
6 juin 1737	Mme de Richebourg - *Persile et Sigismonde*

Au total, 28 romans seulement ont été présentés au Sceau avec succès dès la première présentation par leurs auteurs; on peut se demander si cette procédure ne leur portait pas ombrage, puisque 20 romans environ présentés dans les mêmes conditions ont été refusés. Peut-être certains auteurs pouvaient-ils se le permettre plus facilement que d'autres. Ainsi, Mme de Gomez présente elle-même cinq romans entre 1730 et 1733; le premier de ces cinq romans, les *Entretiens nocturnes de Mercure et de la Renommée*, est d'abord refusé. Madame Meheust présente elle-même l'*Histoire d'Emilie* et les *Mémoires du chevalier de*; même chose pour Mme de Villeneuve et Mlle de Lussan : serait-ce une habitude des femmes auteurs? On n'en voit pas la raison. Castera procède de la même manière, ainsi que Catalde et Du Castre d'Auvigny qui passe pour avoir prêté tantôt sa plume, tantôt son nom à l'abbé Desfontaines.

Quarante ans plus tard, l'auteur du *Manuel de l'auteur et du libraire* écrira « parmi les auteurs, il y en a une partie qui se déchargent sur les libraires du soin d'obtenir la permission d'imprimer leurs ouvrages »[7].

En fait, les auteurs, une fois munis de leurs privilèges[8], semblent s'être empressés de les revendre à leurs libraires : ainsi Mme de Gomez, qui a obtenu le 23 juin 1730 un privilège pour ses *Entretiens nocturnes*, le cède le 28 juillet suivant à Prault; le 20 mars 1733, six mois après avoir obtenu un privilège pour la *Jeune Alcidiane* (privilège du 25 septembre 1732), elle le revend à David et Henry; on peut encore citer Laffichard, qui revend le 30 octobre 1733 à Mesnier le privilège de *La Folette* qui lui a été accordé le 22 octobre précédent. Ou encore Beauchamps, qui revend à Simart le 25 novembre 1728 le privilège des *Amours d'Ismène et d'Isménias* accordé le 12 novembre précédent.

2. Cessions de privilèges par des libraires à d'autres libraires

On rencontre d'ailleurs des transactions analogues entre les libraires eux-mêmes :

Le 30 avril 1731, Louis Josse revend à Nicolas Besnard de Chartres le privilège qu'il a obtenu le 21 avril précédent pour l'*Argenis*.

Le 4 octobre 1731, Prault revend à son fils « tous les droits sur la *Vie de Marianne* et le *Paysan parvenu* sauf les deux premières parties ».

Le 23 février 1732, Delespine revend à G.A. Dupuis le privilège obtenu la veille (!) pour *Scanderberg*.

Le 30 septembre 1732, Bauche revend à Machuel jeune le privilège obtenu le 12 avril précédent pour l'*Infortuné Philope*.

Le 10 décembre 1736, la Veuve Mazière revend à Didot son privilège de l'*Histoire de Lidéric*.

Enfin le 22 janvier 1737, H.L. Guérin revend le privilège du 31 décembre 1736 des *Mémoires d'un homme de qualité* à la Veuve Delaulne, Martin et Le Gras.

Il faut reconnaître que le système nous échappe : autant l'on perçoit pourquoi des libraires qui se mettent en société désignent l'un d'entre eux pour demander le privilège qui ne pouvait apparemment être décerné qu'à une seule personne, autant l'on comprend comment le partage ou la cession des parts ne peut avoir lieu officiellement qu'après l'obtention de ce privilège, autant le mystère reste entier pour nous de ces « combinaisons », soit entre auteurs et libraires, soit entre libraires. Il semble difficile que ce soit pour des questions d'argent, à moins que l'obtention du privilège ait été subordonnée à une liquidation de dettes que le libraire concerné ne pouvait réaliser.

3. Les délais de transmission

Un autre point demeure assez obscur, celui des délais de transmission. Précisons d'abord que les dates données par les registres de demandes de privilège ne coïncident pas exactement avec celles que l'on trouve dans l'ouvrage ; aussi n'avons-nous tenu compte des registres de demandes de privilège que pour les dates de dépôt, parce qu'elles ne se trouvent pas dans l'ouvrage.

Nous prenons, à titre d'exemples, 8 romans présentés entre le 1er février 1728 et le 21 mai 1730, et nous donnons les dates de la présentation, de l'approbation et du privilège.

Titre et n° du corpus	Date de la présentation au Sceau d'après le ms. Fr. 24995 de la B.N.	Date de l'approbation	Date du privilège
La Catanoise (135)	1ᵉʳ février 1728	12 février 1728	23 juin 1730
Diane de Castro (185)	29 février 1728	14 mars 1728	19 mars 1728
Les amusemens de l'amitié (45)	20 juin 1728	25 juin 1728	3 décembre 1728
Le solitaire anglois (599)	18 juillet 1728	22 juillet 1728	6 août 1728
Sapor roy de Perse (587)	14 novembre 1728	28 novembre 1728	12 décembre 1728
Histoire de Jean de Bourbon (270)	12 décembre 1728	9 janvier 1729	21 janvier 1729
Le nouveau Gulliver (492)	28 août 1729	13 septembre 1729	16 septembre 1729
Histoire de Mlle de la Charce (291)	21 mai 1730	29 mai 1730	23 juin 1730

On voit par ces quelques exemples que le délai entre le dépôt et l'approbation varie de 4 jours (*Le solitaire anglois*) à 3 semaines (*Histoire de Jean de Bourbon*), mais semble plus près de 4 jours que de 3 semaines.

« Tous (les auteurs) » note encore l'auteur du *Manuel* de 1777 « seront bien aises d'apprendre dans quelles mains leurs manuscrits passent et pour combien de temps il sont obligés de s'en séparer »[9].

Le délai entre l'approbation et le privilège est également très variable : 3 jours pour le *Nouveau Gulliver*, 5 jours pour *Diane de Castro*, près de six mois pour les *Amusemens de l'amitié*, plus de deux ans pour la *Catanoise*. En réalité, ce dernier roman avait obtenu le 14 mars 1728 un premier privilège, plus exactement une permission simple de 3 ans. Pourquoi le roman ne parut-il pas en 1728 alors qu'il avait été approuvé? Pourquoi fut-il à nouveau présenté le 21 mai 1730? (demande n° 1223). On ne peut s'empêcher de rapprocher ce cas de celui de la *Vie de Marianne*, présentée le 16 février 1727 (Fr. 21.994, demande n° 1223), approuvée le 28 avril 1728, qui reçoit successivement une permission simple de 3 ans le 9 mai 1728 et un privilège le 13 mai 1728. La *Vie de Marianne*, on le sait, ne paraîtra qu'en 1731, alors qu'elle avait été annoncée par le *Spectateur français* de 1728. Elle bénéficiera alors du privilège pour les *Œuvres* de Marivaux présentées par l'auteur le 15 juillet 1731 (demande n° 1203). On peut se demander si aux raisons particulières à la rédaction du roman de Marivaux ne viennent pas s'ajouter des mesures de politique générale, qui auraient empêché à la fois la publication de la *Catanoise* et celle d'une première *Vie de Marianne*. Cette première proscription, si elle a existé, serait sans doute en rapport avec la chasse aux écrits jansénistes des années 1728-1730.

4. Approbations postérieures aux privilèges
Les privilèges de Prault

Mais il nous faut nous arrêter sur quelques cas curieux : Le *Coureur de nuit*, présenté successivement le 27 août 1730 et le 19 novembre 1730, avait reçu un privilège au nom de Guillaume le 30 novembre de la même année, alors que l'approbation sera datée du 15 mars 1731! En 1732 la *Jeune Alcidiane*, présentée le 12 août par son auteur, Mme de Gomez, aura un privilège le 25 septembre, mais une approbation seulement le 23 février 1733; la *Retraite de la marquise de Gozanne*, privilégiée le 14 mars 1733, ne sera approuvée que le 19 juin 1733. Enfin Prault père et fils ont le privilège des *Amusemens historiques* le 18 juillet 1732, alors que cet ouvrage ne sera approuvé que le 12 septembre 1733. La *Retraite de la marquise de Gozanne*, publiée par Ganeau en 1734, utilise un privilège accordé le 14 mars 1733 aux *Œuvres de la composition de*^{XXX}. Prault surtout utilisait les privilèges antérieurs, et pas seulement le privilège pour les *Œuvres* de Marivaux, mais des privilèges accordés, soit aux *Avantures choisies*, soit à la *Bibliothèque de campagne*, recueils dont la liste s'allongeait indéfiniment, et l'on a là un exemple inattendu de « romans périodiques », dont les différentes parties ont des auteurs différents et sont il est vrai approuvées successivement; cela coûtait moins cher au libraire, et peut-être le contrôle était-il plus souple.

En ce qui concerne les *Avantures choisies*, un premier privilège avait été accordé à Prault pour 14 ans le 27 août 1718. Il concernait plusieurs histoires galantes sous le titre de *Vie de Pedrille del Campo*, les *Avantures choisies*, les *Belles grecques*, l'*Histoire de Demetrius*, les *Effets de la sympathie*, les *Nouvelles folies romanesques*, la *Voiture embourbée*. Remarquons au passage le *Pharasamon* de Marivaux, dont le sous-titre est « Les nouvelles folies romanesques », et qui avait déjà eu, conjointement avec la *Voiture embourbée*, un premier privilège en 1713. De ce privilège « relève » la *Fidélité récompensée* approuvée le 3 mai 1714. Le 30 mai 1732, Jolly approuve la *Duchesse de Capoue*, qui est retirée de la Chambre syndicale le 25 novembre suivant.

Nouveau privilège pour les *Avantures choisies* le 18 juillet 1732, juste avant l'expiration du privilège accordé précédemment pour 14 ans. Cette fois, il n'est plus accordé que pour 6 ans, et il concerne « le *Traité du sublime*, les *Avantures choisies*, et le *Procès des sens* ». Voilà nos *Avantures choisies* bien encadrées! Prault commence par raccrocher à ce nouveau privilège la *Veuve en puissance de mari*, que Danchet approuve comme une suite aux *Avantures choisies* le 21 août 1732; elle n'a pas dû être déposée à la Chambre syndicale, car nous n'en trouvons pas trace sur le registre des retraits.

C'est Souchay qui approuve le 16 septembre 1732 l'*Epouse infortunée*, qui sera retirée de la Chambre le 19 mai 1733. Les autres romans sont approuvés par Jolly, censeur attitré de Prault, toujours avec la mention « pour servir de suite aux *Avantures choisies* » : le 25 août 1732, le *Solitaire de Terrasson* (pas de trace de retrait); le 1er avril 1733, *Diane de Montemayor*, retiré seulement le 25 août 1735; le 6 octobre 1733, le *Comte Roger*, retiré le 23 octobre 1733; le 1er mars 1734, le *Beau Polonois*, retiré le 25 mai 1734; le 18 mars 1734 enfin, le *Napolitain*, retiré le même jour.

En fait, le *Beau Polonois* était une réimpression du roman de Préchac publié pour la première fois en 1681, et le *Napolitain* une réimpression du roman de Germont publié pour la première fois en 1682. Ils ne sont pas pour autant dispensés de l'approbation du censeur : peut-être Prault voulait-il les faire passer pour des nouveautés? En tout cas, le *Mercure* ne signale que l'*Epouse infortunée* (dans son n° de mars 1733).

Un mois après le privilège pour les *Avantures choisies* — exactement le 21 août 1732 — Prault obtient un privilège de 6 ans pour les *Œuvres* de Mme Durand. En fait, le privilège est accordé pour l'*Histoire de l'empire des Chérifs en Afrique*, la *Méthode pour apprendre l'histoire des faux dieux* par le père Pomey, et les *Œuvres* de Madame Durand.

Les *Œuvres* de Mme Durand se présentent en 1737 un peu comme les *Avantures choisies* : un « rhabillage » de romans restés en stock, puisque l'on trouve à la fois l'ancienne page de titre de chaque œuvre et de nouvelles pages de titre avec la date de 1737 (Voir Corpus n° 508 bis). On y trouve des romans comme les *Mémoires secrets de la Cour de Charles VII* (Corpus n° 464), déjà publiés en 1700 et approuvés le 13 mars 1734, ou comme la *Comtesse de Mortane* (Corpus n° 150), déjà publié en 1699 et approuvé le 10 mai 1736; ainsi ces deux approbations sont postérieures au privilège.

En outre, Prault fait passer sur le privilège des *Œuvres* de Mme Durand le *Voyage de campagne* (Corpus n° 654), qui est en réalité de la comtesse de Murat, et avait paru pour la première fois en 1699. Jolly l'approuve le 13 mars 1734 et il n'est retiré de la Chambre syndicale que le 21 août 1736 alors que les *Mémoires de la Cour de Charles VII* sont retirés dans des délais normaux le 25 mai 1734. Pourquoi ces délais importants dans deux cas? Négligence dans les retraits? Négligence dans l'impression des dates? Cette dernière hypothèse n'est pas invraisemblable, car les ouvriers imprimeurs de Prault sont coutumiers du fait.

Enfin, le 16 mars 1736, Prault reçoit un privilège de 6 ans pour la *Bibliothèque de campagne, Nouvelles histoires*, le *Livre des enfants* et le *Glaneur français*. Ce privilège donne lieu aux approbations suivantes, toutes postérieures au privilège :

15 octobre 1736 : approbation de *Tecserion*; pas de trace sur le registre des retraits; le feuillet sur lequel est imprimée l'approbation

semble avoir été ajouté.

22 octobre 1736 : approbation d'*Aben Muslu*, retiré de la Chambre syndicale seulement le 26 mars 1737.

23 novembre 1736 : approbation du *Paysan Gentilhomme* sous le titre du *Gentilhomme roturier*, retiré de la Chambre syndicale seulement le 26 juin 1737 (Dubuisson en parle le 29 mai). L'exemplaire de la Bibliothèque Nationale possède approbation et privilège, mais non l'exemplaire de l'Arsenal (Voir Corpus n° 517, en particulier pour la contrefaçon parue sous l'adresse de Prault).

20 décembre 1736 : approbation de *Funestine*, retirée de la Chambre syndicale le 26 mars 1737 (Dubuisson le signale le 5 février).

8 janvier 1737 : approbation des *Mémoires de Milord*, retirés de la Chambre syndicale le 26 juin 1737 (signalés par Dubuisson le 4 juillet).

Cette date du 26 juin 1737 marque sur le registre des retraits la fin d'une période dont le moins qu'on puisse dire, c'est qu'elle est caractérisée par un certain laxisme administratif, au moins en ce qui concerne Prault, dont d'ailleurs le *Tecserion* et la *Funestine* paraissent sans nom d'éditeur et sans véritable page de titre : premières conséquences apparemment de la proscription voulue par le Chancelier d'Aguesseau.

5. Un cas exceptionnel : la révocation du privilège des Mémoires de Mme de Barneveldt en 1732

Le 7 février 1732, Mathieu Marais écrit à Bouhier : « L'abbé Desfontaines en s'amusant avait fait les *Mémoires de Mme de Barneveldt*. Le second volume n'étant pas assez gros pour égaler le premier, il s'est avisé de faire certains portraits épisodiques de gens très connus. Le livre a été bientôt supprimé »[10]. Le 19 février, il donne des détails à son correspondant : il s'y trouve des « portraits de bien des gens de notre temps », entre autres celui de l'abbé Alary ; « mais », ajoute-t-il, « ce qu'il y a de très condamnable, c'est que (l'héroïne) se fait mahométane... » et qu'elle fait l'apologie de la religion naturelle[11]. Il faut citer le passage incriminé : « Je suis née dans la religion chrétienne : faites-moi connaître que la vôtre est meilleure et je me rendrai à vos raisons, si elles sont convaincantes... Ces ténèbres... ne servent qu'à faire douter ceux qui ont assez d'esprit pour ne point croire aveuglément et sans preuve... je vous ferai voir que la doctrine de Mahomet n'est fondée que sur la droite raison. Notre religion... n'emprunte point pour se soutenir le secours des Mystères »[12].

Marais termine son compte rendu avec un mélange d'indignation et d'humour : « Je vous fais ce petit extrait (très brûlable) d'un livre imprimé avec privilège dans Paris ; ce sera là un bon curé pour M. de Bonneval »[13]. Il s'agit bien entendu du fameux Bonneval converti à l'Islam dont les aventures réelles ou imaginaires inspireront les romanciers. (Voir Corpus n° 437, 70 et 71).

En réalité, ce privilège avait été révoqué deux jours après la première lettre de Marais. On trouve en effet dans la marge du registre des privilèges, en face du privilège accordé le 8 août 1731 pour 6 ans à Michel Gandouin, qui en avait cédé le 10 la moitié à Giffart : « Ce jour d'huy 9 février 1732, Monsieur Chauvelin a ordonné que le privilège cy à côté n'est d'aucune valeur et demeure nul et sans force et comme non avenu »[14] ; en dessous, figurent les signatures de P.H. Le Mercier, syndic, Paulus Du Mesnil, Ch. Moette et Pierre Gandouin adjoints.

Le 7 février 1732 Marais écrit à Bouhier : « On vient de me dire que le *Nouvelliste* est supprimé pour toujours[15]. L'abbé et d'autres joints à lui auraient bien pu causer cette suppression. On y donne une autre cause » etc., et de citer les *Mémoires de Mme de Barneveldt*[16].

On comprend que le Pouvoir ait hésité à recourir à une telle mesure. Révoquer un privilège, c'était se démentir, et aussi mécontenter le propriétaire du privilège qui avait acquis un bien en toute légalité et qui s'en trouvait dépossédé. Y eut-il souvent des révocations de privilèges? Nous ne le pensons pas; mais en cette année 1732 le privilège du *Dictionnaire* de Furetière sera lui aussi révoqué[17].

Quel était donc ce Pouvoir qui en 1732 se hasarde à de telles révocations?

1. Il n'est pas précisé qu'il s'agit de l'auteur. Ce roman est d'ordinaire attribué à Mme le Givre de Richebourg.
2. Sans réponse; probablement différent du roman paru en 1748.
3. Attribué d'ordinaire à Rustaing de St Jory.
4. Il n'est pas précisé qu'il s'agit de l'auteur.
5. Il n'est pas précisé qu'il s'agit de l'auteur mais le libellé du titre imprimé le confirme.
6. Paru sous le titre du *Paysan gentilhomme*. Même remarque que ci-dessus.
7. *Manuel de l'auteur et du libraire*. Paris, 1777, p. 5.
8. Nous entendons ici par privilège aussi bien les permissions simples (moins onéreuses) de 3 ans que les privilèges généraux d'au moins six ans.
9. *Manuel de l'auteur et du libraire*. Paris, 1777, 5.
10. B.N. ms. fr. 24 414 f° 118, 54 exemplaires avaient été saisis le 11 janvier chez M. Gandouin et 55 chez Giffard (B.N. ms. fr. 21 931 p. 254).
11. B.N. ms. fr. 24 414 f° 120.
12. *Mémoires de Madame de Barneveldt* (corpus n° 411) t.II, p. 21 et 22.
13. B.N. ms. fr. 24 414 f° 120.
14. B.N. ms. fr. 21 955 p. 211.
15. En réalité le *Nouvelliste* devait bénéficier d'un sursis.
16. B.N. ms. fr. 24 414 f° 118
17. B.N. ms. fr. 21 955 p. 1, 2 et 389. En réalité cette annulation semble liée aux querelles entre les associés de la Compagnie de Trévoux et au décès de la veuve Foucault, car le privilège du 24 août 1730 est remplacé par un privilège du 12 août 1732.

CHAPITRE III

LA POLITIQUE DES CHAUVELIN ET DE ROUILLÉ
EN MATIÈRE DE LIBRAIRIE
1728-1736

Il nous faut revenir de quelques années en arrière : on sait que, lorsque les Sceaux furent rendus à d'Aguesseau en 1737, ce retour succèdait à la disgrâce de Chauvelin alors Garde des Sceaux. Mais il y eut alors deux Chauvelin mêlés aux affaires de librairie. Le 4 septembre 1727, au moment de l'arrivée au pouvoir de Chauvelin, Mathieu Marais note dans ses *Mémoires* : « Le Garde des Sceaux a dans son partage tout ce qui regarde la Librairie et les censeurs de livres, les indults, les bureaux de la Chancellerie. M. le Chancelier a le reste. La librairie va loin : le Garde des sceaux y a préposé un abbé de Beaujeu qui a été son précepteur et qui est fort attaché aux Jésuites ; la liberté d'écrire sera plus gênée que jamais »[1]. Qu'advint-il de l'abbé de Beaujeu? Nous l'ignorons, mais il fut apparemment remplacé ou tout au moins coiffé par un parent du nouveau Garde des Sceaux, Jacques-Bernard Chauvelin de Beauséjour, qu'il n'est pas toujours aisé de distinguer de son cousin.

Né en 1701, Chauvelin de Beauséjour avait 27 ans lorsqu'il devint en 1728 maître des requêtes et directeur de la Librairie. Il n'y restera que trois ans : en août 1731, il épousera la fille d'un fermier général qui lui apportera en dot 400 000 livres et il sera nommé à l'intendance d'Amiens. « Ce jeune homme se fait adorer de la gent littéraire », écrit Voltaire en 1731[2]. « C'est un homme charmant que ce M. de Chauvelin, et il nous le fallait pour encourager la littérature. Il combat tous les jours pour la liberté contre M. le cardinal de Fleury *et contre M. le Garde des Sceaux* (c'est nous qui soulignons). Il fait imprimer le *de Thou* et le fait traduire en français »[3].

On peut s'interroger sur les raisons de son départ pour Amiens, si glorieux fût-il, et y voir un rapport avec cette popularité parmi les gens de lettres, popularité qu'on ne rencontrera plus avant Malesherbes. Cependant, cette hypothèse semble téméraire. Tout au plus Chauvelin de Beauséjour mit-il une note personnelle et volontiers tolérante dans les affaires de librairie. Fut-il pour quelque chose dans la Déclaration du roi du 10 mars 1728 concernant les imprimeurs, déclaration dont l'article 5 recommande « à la prudence et à la religion des juges de prononcer contre les imprimeurs et auteurs pour les ouvrages qui n'attaquent ni la religion ni les mœurs »? La diffusion clandestine des *Nouvelles ecclésiastiques* commence alors, et les écrits jansénistes de toute sorte inquiètent sérieusement le Pouvoir, qui a évidemment bien d'autres soucis qu'une éventuelle chasse aux romans. Le 17 février 1730, un certain Claude de Hansy, marchand-libraire, est arrêté et mis à la Bastille. Un *Mémoire pour Claude de Hansy, marchand libraire*[4] insiste sur le fait qu'il n'est point imprimeur mais seulement libraire, et que son commerce ordinaire consiste en *Usages* et livres de prières. L'auteur de ce *Mémoire* rappelle la Déclaration de 1728, en particulier l'article 5, et remarque que « les livres dont il est parlé dans les lettres missives... (*Poésies* de Regnier, *Mémoires* de Montpensier, *Mémoires de la Régence*) et le livre appelé *Mahmoud* qui traite de matières très indifférentes, tous les ouvrages et plusieurs autres de cette nature qui viennent de l'étranger n'intéressent ni la religion, ni l'Etat, ni les mœurs; *on les distribue publiquement* (c'est nous qui soulignons); on en voit des brochures sur toutes les boutiques volantes des libraires; tout le monde les achète, les lit, les conserve sans crainte et sans inquiétude; il est vrai même que, lors des dernières visites, on en a trouvé des exemplaires chez les libraires du Quai des Augustins dont aucun n'a été inquiété à ce sujet ».

Certes les livres énumérés par Claude de Hansy ne sont pas si innocents qu'il l'affirme. Quoi qu'il en soit, la surveillance des écrits suspects, les empoisonnements et les jugements des imprimeurs et des auteurs, tout cela ne relève pas bien entendu de la compétence de Chauvelin de Beauséjour. Mais il pouvait envoyer des instructions, soit aux responsables provinciaux de l'ordre, soit même à la Chambre syndicale de Paris. Dans une lettre adressée le 28 février 1731 à un certain Le Grand, procureur du bailliage d'Orléans, lettre probablement circulaire, Chauvelin de Beauséjour écrivait : « Je vous envoie la lettre de M. le Garde des Sceaux qui vous commet pour l'inspection de la Librairie dans la ville d'Orléans... A l'égard de l'examen et de la saisie des livres suspects ou défendus, il y en a beaucoup dans ce genre qui sont nécessaires dans les bibliothèques et utiles aux gens de lettres et ainsi, à l'exception des livres nouveaux qui peuvent intéresser l'Etat ou la Religion, on peut laisser passer tous les anciens livres tolérés, quoiqu'ils ne soient pas formellement permis, quand l'on n'a pas lieu de croire, par le nombre d'exemplaires ou par la qualité des personnes à qui ils sont adressés, que l'on a envie de les distribuer dans le public, ou d'en faire quelque mauvais usage, rien n'étant plus contraire au *commerce de la libraire* (c'est nous qui soulignons) que trop de rigueur. Quand il se trouve dans un ballot des livres défendus joints à d'autres effets ou livres permis, la saisie ou confiscation des premiers ne doit pas entraîner celle des seconds, à moins que la contravention ne fût portée à l'excès par le nombre ou par la qualité des livres défendus, ou que les gens à qui ils seraient adressés ne fussent dans l'usage d'en faire venir de pareils, ou que ce ne fussent des libraires ou commis, y ayant grande différence à faire entre ces derniers qui doivent connaître les livres prohibés... et les particuliers qui en font venir pour leur usage»[5].

L'esprit de cette lettre est bien le même que celui de la déclaration de 1728.

A l'automne de 1731, Rouillé succéda à Chauvelin : « il est des Rouillé de la Poste, et l'on dit qu'il est homme de lettres, mais voilà tout ce que j'en sais», répond Brossette le 28 novembre à la question que lui avait posée J.B. Rousseau[6]. Il était non seulement maître des requêtes comme son prédécesseur, mais intendant du commerce. Marais écrit à Bouhier le 20 février 1733 : « Monsieur Rouillé est le véritable Rouillé de la Poste, maître des requêtes, intendant du commerce, qui a cette direction de la Librairie... On en est fort content»[7]. « Il est seul chargé de la Librairie», précise Voltaire dans une lettre à Asselin du 4 octobre 1735. Et d'ajouter : « M. Hérault ne se mêle plus de la librairie»[8]. Plus tard, Voltaire prétendra que c'était « le plus inepte secrétaire d'Etat que jamais roi de France ait eu»[9], « un imbécile qui avait autrefois le département de la librairie»[10]. Mais il faut tenir compte des motifs personnels de rancune que pouvait avoir Voltaire contre lui : les *Lettres philosophiques* n'ont-elles pas paru du temps de Rouillé? Si Voltaire se plaint de Rouillé, Dubuisson au contraire, juge sévèrement la liberté d'imprimer n'importe quoi : « jamais il n'y a eu tant de liberté à cet égard», écrit-il le 21 mai 1735[11].

Tout en continuant apparemment la même politique de tolérance, Rouillé voulut sans doute être plus autoritaire. C'est en 1732 que nous avons vu la révocation de deux privilèges. C'est le 24 décembre 1732 qu'il donna l'ordre aux imprimeurs de faire la déclaration par écrit à la Chambre syndicale des ouvrages qu'ils mettaient sous presse[12]. La circulaire d'application est du 31 décembre suivant. Elle dit en substance : « M., vous êtes averti de la part de vos syndics et adjoints que l'intention de Mgr. le Garde des Sceaux est qu'aussitôt que vous mettrez sous presse un ouvrage nouveau quoique revêtu d'approbation et de privilège, vous en veniez faire votre déclaration par écrit à la Chambre syndicale»[13].

Le registre des déclarations est conservé[14] mais s'arrête à la date du 18 novembre 1735.

Autre « réforme» : les livres munis d'une permission tacite devront désormais être déposés à la Chambre syndicale comme les livres privilégiés; nous n'avons pas trouvé l'ordre, mais une conséquence de cet ordre dans le registre des retraits. A la date du 23 janvier 1733, on peut en effet lire : ... « plus le même jour retiré les livres suivants venus des pays étrangers et fournis par ordre du Garde des Sceaux, qui veut dorénavant qu'il soit fourni à la Bibliothèque du Roi un exemplaire de ces sortes de livres, quand les libraires en feront venir une certaine quantité pour les débiter à Paris»[15]. En outre, il est demandé un exemplaire des livres « imprimés à Paris par permission tacite ».

1. M. Marais, *Journal de Mémoires* t.III p. 241.
2. Lettre du 19 août 1731 à Cideville (Best. D 426).
3. Letre du 8 août 1731 à Formont (Best. D 422).
4. Archives Nationales AD VIII (8).
5. B.N. ms. fr. 22 080, 14 bis.
6. *Corespondance de J.B. Rousseau et de Brossette* publiée par Bonnefon. II. Paris, 1911.
7. B.N. ms. fr. 24 415 f° 578-579 ; lettre publiée par Lescure *op. cit.*, tome IV, p. 467-468.
8. Best. D 922.
9. *Œuvres complètes* de Voltaire. Ed. Moland, t. XXXIII. Paris, 1880, p. 313, note 4.
10. Best. D 9824.
11. DUBUISSON *op. cit.* p. 71.
12. Archives Nationales AD VIII (8).
13. Archives Nationales AD VIII (6).
14. B.N. ms. fr. 21 982.
15. B.N. ms. fr. 22 023 f° 157.

CHAPITRE IV

LES PERMISSIONS TACITES

1. Le fonctionnement du système

La publication en 1737 de deux romans par Prault sans page de titre pouvait nous faire penser à une sorte de permission tacite. En réalité, seul le privilège (qui a réellement été attribué) manque ; la caution de l'approbateur, en l'espèce Jolly, a été donnée, alors que le système des permissions tacites consiste essentiellement à dégager toute responsabilité, celle du censeur comme celle du Chancelier ou Garde des Sceaux, selon les époques. Le censeur, souvent homme de lettres lui-même, était un peu dans la même position que le journaliste par rapport à ses collègues auteurs : si le journaliste se trouvait surtout en butte aux attaques d'auteurs qui lui reprochent de manquer d'impartialité — c'est le grand reproche qu'on adresse à Desfontaines — le censeur risque plutôt d'être accusé d'un excès de complaisance. Il est évident que tous ces gens se connaissaient, pouvaient se rendre des services, soit par leurs relations, soit sous forme de livres, et qu'ils avaient intérêt à se ménager. Et que dire quand les imprimeurs se mettent à écrire : c'est pourtant le cas de C.F. Simon (*Mémoires de la Comtesse d'Horneville*) et de Coustelier (*L'heureuse foiblese*; *Lettres de Montmartre*; *Petites nouvelles parisiennes*; *La rapsodie galante*).

Un des avantages de la permission tacite, c'était précisément que « le public ignorait qui avait donné l'approbation »[1]. Bien entendu, comme le faisait déjà remarquer Belin[2], il ne faut pas la confondre avec la permission du lieutenant de police. Surtout, il faut tenir compte de l'époque dont on parle, car le système a été appliqué diversement.

Le *Manuel du libraire* de 1777 définira ainsi la permission tacite : « Elle s'accorde pour les ouvrages dont la nature ou l'objet ne permettent point d'obtenir un privilège. Tels sont les *romans* » (c'est nous qui soulignons) « ou poésies, etc. (sic) qui, quoique modérés et décents, respirent cependant une certaine licence ou une liberté que le gouvernement ne peut autoriser d'une manière authentique. En conséquence, l'ouvrage revêtu de cette espèce de permission paraît sous un frontispice étranger, et ne semble se vendre chez un libraire national que parce qu'il a déjà été imprimé chez l'étranger»[3]. L'auteur rappelle que, comme les privilèges et les permissions simples, elles sont accordées par « le Garde des Sceaux ou le magistrat qui le représente».

Il semble que l'abbé Bignon ait été un des promoteurs du système à la fin du règne de Louis XIV; un document conservé aux Archives départementales de la Seine-Maritime explique ainsi la procédure : « M. l'abbé Bignon était convenu avec Messieurs les intendants de donner des permissions tacites pour l'impression de certains livres en envoyant seulement dans une lettre le titre du livre écrit de la main de M. l'abbé Bignon, et, afin cependant qu'il n'y eût pas d'abus, M. de Courson» (Lamoignon de Courson, alors intendant de Rouen), « avait chargé son délégué de parapher le premier et dernier feuillet de l'exemplaire sur lequel se faisait l'impression». Suit une liste de titres avec des dates s'échelonnant entre le 19 avril 1709 et le 15 mars 1714; le document se termine par un rappel de la législation sur les privilèges : « A l'égard des autres livres, ils s'impriment sur des privilèges ou permissions scellées du Grand Sceau, qui doivent être visés préalablement par Monsieur l'Intendant, et dont il a chargé son subdélégué de tenir une note»[4].

C'est ainsi que les permissions tacites sont en principe, comme le rappelle R. Estivals, des « permissions pour le débit des ouvrages étrangers»[5] avant de devenir des permissions pour des « livres nouvellement écrits non imprimés»[6].

Le registre Fr. 21 990 est intitulé « Registre des livres d'impression étrangère présentés à Mgr le Garde des Sceaux pour la permission de débiter» : c'est nous qui soulignons. Il commence en mai 1718. Malheureusement, les demandes sont numérotées et non datées. Le registre comporte trois colonnes : titres des livres; noms des censeurs; jugements. On trouvera ci-après la liste des romans dont nous avons relevé les titres pour la période 1728-1736, en tenant compte de l'année de publication.

La lecture de ce registre est d'autant moins aisée qu'il n'est pas tenu de la même façon à toutes les époques. A partir du n° 911, c'est-à-dire peu avant mars 1732 (date du n° 915), apparaît une petite écriture; c'est cette écriture que l'on reconnaît dans les annotations « permis» (qui ne figurait pas auparavant), « approuvé», « refusé». Cette petite écriture disparaît avec le n° 1277, c'est-à-dire peu avant le 21 juin 1745, date du n° 1282 : détails qui peuvent avoir leur importance.

N° du registre Fr. 21 990	Demande de permission tacite	Censeur	Réponse
864	Voyages du capitaine Boyle, Amsterdam, Wetstein, 1730 2 vol. ; présenté pour débit (Corpus n° 663)	Gallyot	approuvé le 20 novembre 1730
869	Lettres d'une Turque à Paris écrite à sa sœur au sérail, Amsterdam, Mortier ; présenté par Rollin pour débit (Corpus n° 370)	Gallyot	approuvé le 11 février 1731
884	Daphnis et Chloé, traduction Amyot ; présenté par Jacques Guérin pour impression (Corpus n° 40)		approuvé
886	Mémoires de la vie du Comte de Gramont ; présenté par Josse pour impression (Corpus n° 410)		approuvé
891	Histoire de Mme de Mucy ; présenté par Morin pour impression (Corpus n° 286)		approuvé
892	Histoire maccaronique de Merlin Cocaye ; présenté par Rollin fils pour impression (Corpus n° 323)	Massip	approuvé
896	La suite des Mémoires d'un homme de qualité ; présenté par Martin pour impression (Corpus n° 448)	Gallyot	approuvé
898	Letres de Mme Dunoyer, 5 vol. ; présenté par la Compagnie de Trévoux pour impression (Corpus n° 376)		approuvé
898	Anecdotes de la Cour Ottomane ; présenté par la Compagnie de Trévoux pour impression (Corpus n° 66 bis)		approuvé
899	Contes de des Périers ; présenté par Clouzier pour impression (Corpus n° 168)		approuvé
"	Contes d'Eutrapel ; présenté par Clouzier pour impression (Corpus n° 163)		approuvé

N° registre Fr. 21 990	Demande de permission tacite	Censeur	Réponse
900	Académie galante; présenté par David le Jeune (Corpus n° 3)	Beauchamps	approuvé
927	La Rosalinde, La Haye, Gosse 1732; présenté par Guérin l'aîné pour débit (Corpus n° 585)	Souchay	approuvé
945	Les amours de Leucippe et de Clitophon, traduits du grec d'Achilles Tatius par le sieur de Castera; présenté par l'auteur pour impression (Corpus n° 28)	Crébillon	approuvé avec des corrections et retranchements le 10 février 1733
951	Mémoires secrets de la Cour de France; présenté par Ganeau pour débit (Corpus n° 465)	Du Bos	approuvé
953	Mémoires du comte de Varack; présenté par Ferrand libraire à Rouen pour débit (Corpus n° 442)	Jolly	approuvé le 1er septembre 1733
973	Mémoires du duc de Villars, La Haye, Gosse, 1734; présenté par la Chambre pour débit (Corpus n° 443)		refusé
1003	Le Télémaque travesti par M. de Marivaux; présenté par Didot pour impression (Corpus n° 618)	La Serre	approuvé en supprimant l'avis du libraire
1004	Histoire de Madame la Comtesse des Barres à madame la marquise de Lambert, Anvers, 1735; présenté par Didot (Corpus n° 287)	La Serre	refusé
1005	Mémoires de la comtesse de Mirol par M. le marquis d'Argens, La Haye, 1736, présenté par la Chambre pour débit (Corpus n° 404)	La Serre	refusé

Au total, 20 demandes de permissions tacites auxquelles correspondent 3 refus. Nous avons retrouvé quatre de ces titres sur le registre des titres prohibés (l'un de ces ouvrages, l'*Académie galante*, est donné comme approuvé : changement d'attitude? édition différente? nous ne pouvons le dire). Deux de ces refus sont en fait les derniers sur la liste ; on peut se demander si c'est le début d'une politique plus restrictive, antérieure au retour de d'Aguesseau. A moins qu'il ne s'agisse de demandes faites en 1737, ce que nous croirions volontiers, car le Garde des Sceaux Chauvelin passait pour « accorder volontiers des permissions tacites »[7].

En tout cas, le fait que l'on retrouve sur le registre des titres prohibés les titres d'ouvrages pour lesquels la permission tacite n'a pas été accordée confirme qu'il s'agit là d'un système émanant des mêmes autorités et aboutissant aux mêmes mesures de surveillance. Les permissions tacites sont accordées également par des censeurs, mais leur nom ne figure pas plus dans l'ouvrage que le nom de l'éditeur sur la page de titre.

En ce qui concerne les censeurs, on retrouve les mêmes noms que pour les privilèges, mais beaucoup moins souvent ceux des « approbateurs » habituels : ainsi le nom de Jolly n'apparaît plus qu'une fois, celui de Maunoir quatre fois. Y avait-il des censeurs spécialisés dans les permissions tacites? tout ce que nous savons, c'est que l'abbé Du Bos, qui accorde vers 1733 une permission tacite de débit aux *Mémoires secrets de la Cour de France* (Corpus n° 465), et qui refusera le 12 décembre 1737 les *Anecdotes des règnes de Charles VIII et de Louis XII* présentées au Sceau, « n'est pas un censeur ordinaire », au moins en 1731. L'abbé d'Olivet, écrivant à Bouhier le 4 février 1731 au sujet de la publication du *Traité de la dissolution du mariage* de Bouhier, précise en effet : « je ne désespère plus d'obtenir la permission tacite, car j'ai déjà obtenu ce qu'il y avait de plus difficile, un censeur de mon choix. J'ai pris le bon abbé Du Bos, qui n'est pas censeur ordinaire, mais le Garde des Sceaux (Chauvelin) a bien voulu à ma prière le nommer »[8].

Il y avait donc en quelque sorte des censeurs « extraordinaires » pour les permissions tacites, et peut-être aussi pour les privilèges. On remarquera d'autre part que les noms de censeurs qu'on rencontre le plus souvent à propos des permissions tacites sont ceux de censeurs qui avaient toujours refusé d'accorder des privilèges : ainsi Moncrif, qui avait refusé sept approbations entre 1730 et 1739 sans en avoir signé une seule, refuse trois permissions tacites vers 1740-41. La Serre, qui avait signé 6 approbations entre 1729 et 1734, mais avait ensuite refusé 3 romans entre 1734 et 1736, refuse quatre permissions tacites vers 1736 ; tout se passe comme s'il était « passé du côté des durs » ; il faudrait bien entendu comparer ces attitudes (personnelles ou imposées) vis-à-vis des romans aux attitudes des mêmes censeurs vis-à-vis d'autres ouvrages ; nous ne pouvions le faire dans les limites de ce travail.

Mais, une fois encore, l'uniformité règne à partir de la proscription, et une fois encore ce sont presque toujours les mêmes censeurs : Simon, Danchet, Maunoir, Moncrif, Foucher.

Les demandes de permissions tacites, qui vont parfois de pair avec des demandes de privilèges[9], ne portent pas toujours le nom des demandeurs ; on y trouve le nom d'un libraire de Rouen, Ferrand ; par contre, on n'y trouve ni le nom des libraires du Quai des Augustins, ni surtout celui de Prault, pourtant spécialisé dans l'édition des romans.

Deux cas de permissions tacites retiendront notre attention : celui de la *Rosalinde* et celui de la *Suite des Mémoires d'un homme de qualité*.

2. La Rosalinde (demande de permission tacite n° 927)

« Je ne sais ce que c'est qu'un roman nommé *Rosalinde* traduit de l'anglais[10] », écrivait Mathieu Marais à Bouhier le 30 décembre 1730. Et il ajoutait que l'ouvrage avait été « imprimé au Louvre » et qu'on n'en avait « livré que quelques exemplaires ; (il) a été supprimé sur le champ et (il) est orné de vignettes, cadres, figures et autres ornements fort chers. Je n'en ai entendu parler que par une seule personne »[11].

Six mois plus tard, croyant apprendre quelque chose de nouveau à son correspondant parisien, le président Bouhier lui écrit : « Nos intendants se mêlent de faire des livres. On me mande que celui du Dauphiné[12] s'est avisé de traduire ou plutôt de refondre un roman italien intitulé *Rosalinde*. Mais il n'en a fait tirer qu'un petit nombre d'exemplaires pour les distribuer à ses amis. Il n'a pas fait fortune à Grenoble. On y a surtout ri d'un endroit où il représente son héros trouvant sa maîtresse endormie à l'écart, la baisant au front et la réveillant par la *fraîcheur* (souligné dans le manuscrit) de ses larmes »[13]. A cette information, Marais répond le 2 juillet 1731 : « J'ai ouï parler de *Rosalinde* dès cet hiver, et je crois vous avoir dit qu'il avait été imprimé au Louvre, et qu'il ne se vendoit point »[14].

Dugas, signalant en août 1734 l'*Usage des romans* à son ami Bottu, écrit : « L'auteur n'oublie pas *Rosalinde*, ouvrage de M. de Fontanieu imité de l'italien, et voici ce qu'il en dit : « Ce livre est d'un maître des requêtes intendant de province qui aurait beaucoup mieux fait de s'occuper des affaires de son intendance que de faire un mauvais livre ». M. de Fontanieu ne s'est pas détourné des affaires de son intendance pour faire cet ouvrage, car il y a peu d'intendant aussi laborieux que lui. Il n'a tenu qu'à moi de le lire, mais je ne m'en suis pas soucié, parce que je crois que j'aurais perdu mon temps. *Je juge tout livre de cette espèce mauvais* (C'est nous qui soulignons). Le bruit a couru qu'on n'était pas content de M. de Fontanieu en Italie »[16].

La *France Littéraire* de Quérard[17] nous apprend que *Rosalinde* a été imprimée à Grenoble sur un manuscrit volé à l'auteur par son valet(!) et n'a été tirée qu'à quinze exemplaires. L'information provient peut-être de la note manuscrite de l'exemplaire de 1730 (Corpus n° 585 A), conservé à la Bibliothèque Nationale sous la cote Res Y^2 791 : « Cette édition a été faite sous les yeux de l'auteur ; il n'en a fait tirer que 14 exemplaires ; elle a été imprimée à Grenoble, où il était alors intendant ; l'édition in-12 de 1731 (Corpus n° 585 B) est pleine de fautes et de phrases dauphinoises; on la doit au larcin d'un valet, qui la fit imprimer sur un manuscrit informe de l'auteur». On peut être sceptique sur ces histoires de larcins lorsqu'on connaît les aventures de Voltaire.

En tout cas, point d'écho autre que celui que nous avons trouvé chez Marais sur cette mystérieuse impression du Louvre. L'hypothèse n'est pourtant pas aussi invraisemblable qu'on pourrait le croire : un manuscrit de nouvelles de la Bibliothèque de la Ville de Paris fait allusion le 3 juin 1738 à un « bruit (de) diverses choses importantes qu'on prétend qu'on imprimait secrètement au Louvre»[18].

Cela dit, nous retiendrons l'information apportée par Marais généralement bien informé, et qui confirme en juillet 1731 ce qu'il avait écrit six mois auparavant à son correspondant. Passons sur l'erreur « anglais» au lieu d'« italien». Ainsi, le petit nombre d'exemplaires de l'édition originale viendrait non pas du propos délibéré de l'auteur de faire un tirage extrêmement limité, mais de la suppression de l'édition par le Pouvoir, suppression quasi totale à laquelle n'auraient survécu que très peu d'exemplaires.

Quant à l'édition « La Haye, Gosse et Neaulme, 1732» (Corpus 585 B) elle n'est pas hollandaise; aucun journal hollandais ne la mentionne; par contre le *Mercure* de juillet et le *Journal de Verdun* d'octobre annoncent : « Imprimé à la Haye et se trouve chez G. Martin et H.L. Guérin rue St-Jacques et chez J. Guérin quai des Augustins»[19], Lenglet dans sa *Bibliothèque des romans*, donne comme adresse « La Haye (Paris)». L'ouvrage ne figure pas sur le registre de retraits. Présenté au Sceau pour permission simple par Martin le 5 avril 1732, il fut distribué à Souchay (comme pour la permission tacite) et approuvé. Il y eut même une permission de 3 ans accordée le 22 juillet 1732. Mais l'ouvrage ne parut jamais avec privilège : sans doute s'aperçut-on en haut lieu qu'il était indécent d'accorder sa protection à un intendant qui vous avait déjà berné avec cette édition à tirage limité et tout à fait clandestine de 1730, et ne voulut-on pas renouveler l'incident des *Mémoires de Mme de Barneveldt*.

Il faut reconnaître que l'auteur en avait pris à son aise avec l'original de Morando. Il s'en explique avec une (feinte?) maladresse : « J'avoue que cette conclusion d'un roman dans lequel tous les héros finissent une vie amoureuse par se faire moines m'a paru ridicule et digne d'un capucin... Je les marie, et puisqu'un roman n'est qu'un mensonge, je mens, je crois, plus agréablement»[20].

En plus de cette édition 4° de la Bibliothèque Nationale et de la Méjanes et de l'édition in-12 dont nous avons trouvé 6 exemplaires dans les catalogues de ventes, il existe à la Bibliothèque Nationale un manuscrit de ce roman[21]. Or, si les deux éditions ont sensiblement le même texte[22], le manuscrit en diffère parfois. Voici un exemple, où nous soulignons les différences :

Manuscrit	Editions
la religion mêlée *partout indécemment* avec l'amour	la religion mêlée *indécemment partout* avec l'amour
dont je ne donne *point* la traduction (id. éd. 4°)	éd. in 12 : dont je ne donne *pas* la traduction
le vieillard *étoit* touché	le vieillard *fut* touché

Mais ce ne sont là que des sondages, et il faudrait collationner les trois textes dont l'un se trouve au département des Imprimés, un autre à la Réserve et le troisième au département des Manuscrits. Le manuscrit porte des corrections, mais peut-on parler de manuscrit informe? C'est en tout cas un manuscrit d'auteur selon toute apparence, précisément à cause de ces corrections. Il a pu être offert à la Bibliothèque du Roi par Fontanieu en même temps que l'édition 4°.

C'est Martin qui avait fait la demande de privilège de la *Rosalinde* en 1732 et Guérin celle de permission tacite, probablement en même temps ou après juillet ; ce sont évidemment deux demandes complémentaires de deux associés. Gabriel Martin né en 1679, était un libraire important, célèbre par ses compétences bibliographiques. Il avait formé entre autres Prosper Marchand[23]. Il venait précisément en 1732 d'être élu syndic, exactement le 22 juin 1732. Un *catalogue des livres imprimés ou qui se trouvent chez Gabriel Martin, libraire rue St-Jacques à l'Etoile* paru en 1756[24] pourrait nous faire penser qu'il était imprimeur. Or il ne fut jamais imprimeur. Mais peut-être dirigeait-il en sous-main une imprimerie dont il n'était pas officiellement titulaire.

La *Rosalinde* de 1732 figure sur ce catalogue de 1756, sans précision ni sur le format, ni sur le nombre de volumes. Elle est vendue 3 livres. Elle figurait également sur le catalogue que publièrent en 1741 H.L. et J. Guérin « rue St-Jacques à St-Thomas-d'Aquin vis-à-vis des Mathurins »[25] qui la proposaient pour 3 livres 10, avec la précision « deux volumes in-12 ».

Hyppolyte-Louis Guérin, fils aîné de Louis Guérin, était également un libraire très compétent, connu lui aussi pour ses connaissances bibliographiques. Né en 1698, donc beaucoup plus jeune que G. Martin, il était devenu libraire en 1718 ; il avait épousé la fille d'Osmont, deviendra imprimeur en 1752 et mourra en 1765. Une fiche de police nous précise que « son père premier libraire de ce nom (était) venu à Paris avec ses sabots ; celui-ci a gagné son bien, ou du moins a commencé en assemblant pour ses confrères... Berryer en fait beaucoup de cas et lui a fait avoir en 1750 la place d'imprimeur de la police... Il est beaucoup lié avec les Jésuites »[26].

Son nom ne figure pas parmi les demandeurs de privilèges de romans. On a vu que c'était lui qui avait demandé une permission tacite de débit pour la *Rosalinde*.

Son frère cadet, Jacques Guérin, libraire en 1722, imprimeur en 1729, devait devenir ajoint en 1743 et imprimeur de Mesdames. Il mourut en 1752, ce qui permit à son frère aîné de devenir alors imprimeur. Dès 1728, Gabriel Martin avait tout fait apparemment pour que Jacques Guérin obtint cette place : on trouve dans un manuscrit de la Bibliothèque de la Ville de Paris une lettre d'abdication d'un certain Gabriel Janot, imprimeur-libraire à Paris, en faveur de Jacques Guérin. La lettre est datée du 13 août 1728 et c'est seulement le 11 octobre suivant qu'Augeard (?) écrivit à Martin : « Enfin le Garde des Sceaux se laissa fléchir hier au soir sur l'affaire de Guérin et me permit d'envoyer son mémoire à M. d'Argenson... Mais ne publiez point tant cette victoire »[27].

C'est ainsi que, le 22 décembre 1728, « la dame Marie Mérigot, veuve du sieur Antoine-Urbain Coustelier, imprimeur-libraire », déclara à la Chambre syndicale « qu'elle a vendu son imprimerie à Jacques Guérin, à condition qu'il soit reçu maître-imprimeur »[28]. C'est cette même année 1728 qu'elle aurait épousé Jacques Guérin[29]. Quant à Antoine-Urbain Coustelier junior, qui n'avait que 14 ans à l'époque de la vente et du remariage, « il aurait épousé une fille du libraire hollandais Gosse »[29] et serait ainsi devenu le beau-frère de Pierre Gosse, l'associé de Jean Neaulme, deux libraires hollandais dont nous aurons l'occasion de parler.

C'est Jacques Guérin qui demande une impression tacite pour les *Amours de Daphnis et Chloé*, qui paraissent sans indication de lieu, et qu'il retire de la Chambre syndicale le 19 juin 1731, comme s'il s'agissait d'un livre privilégié. Le même jour, il retire le *Sethos* de l'abbé Terrasson ; c'est l'auteur qui avait présenté l'ouvrage, mais c'est Jacques Guérin qui est titulaire du privilège général de six ans ; certains exemplaires portent le nom et l'adresse de Jacques Guérin (Bibliothèque de Lyon), d'autres ceux de son frère (Bibliothèque Municipale de Dijon).

Le 4 mai de cette même année, il avait racheté la moitié du privilège que Didot avait obtenu le 21 avril précédent pour le *Philosophe anglois*, présenté le 2 avril. On trouve d'ailleurs à la fin du tome 4 de *Cleveland* de cette édition la mention « de l'imprimerie de Jacques Guérin, quay des Augustins ». Nous ne serions pas étonnés que Jacques Guérin ait été en quelque sorte « l'homme de paille » de G. Martin, en tout cas un de ses imprimeurs attitrés.

3. La suite des Mémoires d'un homme de qualité
(demande de permission tacite n° 896)

C'est Gabriel Martin qui présente cette demande, malheureusement non datée : la demande n° 869 avait été approuvée le 11 février 1731 ; les *Amours de Daphnis et Chloé*, présentés par Jacques Guérin pour

impression, sous le n° 884, sont retirés de la Chambre syndicale le 19
juin 1731. On peut donc situer cette demande approximativement entre
février et juin 1731. A peu près en même temps que le partage du privilège du *Philosophe anglois* entre Didot et Jacques Guérin (4 mai).

Un document capital vient nous apporter quelques informations
complémentaires : il est constitué par une série de lettres adressées par
le chevalier Folard au marquis de Caumont; Folard est à Paris, Caumont à Avignon.

Le 30 mai, le chevalier Folard écrit à son correspondant : « Que
dites-vous de deux traductions françaises de M. de Thou, dont l'une
s'imprime à Paris et l'autre en Hollande? cette dernière est d'un béné-
dictin défroqué, qui n'a fait *que des romans bien écrits*» (c'est nous qui
soulignons)[30]. Le 28 juin, répondant à une lettre disparue de Caumont,
Folard écrit : « Pour les *Avantures d'un homme de qualité*, Martin les
imprime, c'est-à-dire les 5e et 6e volumes. Il m'a dit qu'il en avait
encore pour 15 jours. Je serai alerté pour vous servir en tout ce que
vous souhaitez de moi»[31]. La lettre suivante n'est pas datée : « Je ne
sais si M. de Calvière est parti (pour Avignon). je voudrais qu'il retar-
dât encore de quelques jours, je lui remettrais ce que vous demandez
des *Mémoires de l'homme de qualité*». Et il ajoute à la fin de sa lettre
: « n'est-ce pas la 5e, 6e, etc. des *Mémoires d'un homme de qualité* que
vous demandez?»[32].

Le 26 juillet 1731, il évoque le départ de Calvière prévu pour le lendemain[32]. Dans la lettre suivante, également non datée, il écrit : « M.
de Calvière est enfin parti. J'attends que les *Mémoires de l'homme de
qualité* soient achevés d'imprimer. Je vous les enverrai tout aussitôt»[33].
Enfin, le 23 août : « J'ai remis à M. le marquis d'Aubais les deux derniers volumes des *Avantures de l'homme de qualité*; comme il part en
poste, vous les recevrez bientôt; je les ai lus avec plaisir, il s'en faut
bien que l'auteur soit épuisable en matière de roman, j'en ai été
charmé.

Nous avons cité intégralement les passages des lettres de Folard
concernant la publication de la *Suite des Mémoires d'un homme de
qualité*, même si l'auteur de ces lettres semble se répéter, car nous disposons de si peu de documents que tout a son importance. Cette correspondance soulève en effet deux problèmes : celui de la publication
en France des tomes 5 et 6 des *Mémoires*, et celui de la publication en
France du tome 7, c'est-à-dire de *Manon Lescaut*.

Reprenons l'historique de la publication des volumes précédents :

Le 16 avril 1728, la Veuve Delaulne obtient un privilège général de
10 ans, ce qui est assez rare pour un roman. Le titre indiqué dans le
privilège est «Mémoires et avantures de M. le marquis de X qui s'est
retiré depuis quelques années dans une maison des pères N». Le privilège est valable également pour les *Sentiments de Cléante*. Ce privilège
se trouve à la fin du tome II. A la suite du privilège, se trouve la
déclaration de partage avec Martin et Le Gras « pour les *Mémoires et*

avantures seulement ». Et ensuite, la mention de « l'imprimerie de la Veuve Delaulne ».

La Veuve Delaulne était devenue libraire et imprimeur en 1723 à la mort de son mari Florentin Delaulne. Née Marie-Magdeleine Le Gras, elle était la sœur de Théodore Le Gras, à qui elle cède en 1728 un tiers de son privilège pour les *Mémoires d'un homme de qualité*. Ce Théodore Le Gras, né vers 1682, était devenu libraire en 1699. En 1729 il sera adjoint, et syndic en 1749. Il avait sa boutique dans la grande salle du Palais[35].

Les exemplaires des *Mémoires* portent le nom de l'un ou l'autre des privilégiés. Ils sont retirés de la Chambre syndicale le 25 juin suivant, donc guère plus de deux mois après l'obtention du privilège. Le *Mercure* en rend d'ailleurs compte dès le mois de juin[36].

Le 14 novembre 1728, la Veuve Delaulne présente les deux volumes suivants. Maunoir — et non plus Blanchard — les approuve le 19 ; le privilège est considéré comme « subsistant », les volumes sont retirés de la Chambre le 4 février 1729, et le *Mercure* les signale en mars[37]. Les pages de titre continuent à être au nom de chacun des trois libraires. Le nom de l'imprimeur n'apparaît pas.

C'est probablement la Veuve Delaulne ou Guérin qui imprime pour Martin les tomes 5 et 6 des *Mémoires* ; le même Guérin a sans doute déjà imprimé les tomes 3 et 4 du *Cleveland* ; l'impression des tomes 5 et 6 de l'*Homme de qualité* semble traîner en longueur ; y aurait-il des difficultés avec la publication des suites des romans de Prévost? « Je doute », écrivait Prévost à la fin du tome 6 de l'édition hollandaise, « que cette dernière partie puisse être imprimée en France avec l'approbation des inquisiteurs de la presse ». Nous avons déjà fait remarquer que Prévost en était à son troisième approbateur pour les *Mémoires* : Blanchard, puis Maunoir, enfin Gallyot.

Ces tomes 5 et 6 portent comme adresse : « A Amsterdam, aux dépens de la Compagnie, 1731 ».

Le *Mercure* devait rester muet, ce qui était normal, les volumes n'étant pas privilégiés ni retirés de la Chambre. Par contre, le *Journal de Verdun* annonce en octobre « la suite et conclusion des *Mémoires d'un homme de qualité qui s'est retiré du monde*, tomes 5 et 6 chez G. Martin et la Veuve de Laulne rue St-Jacques et Théodore Le Gras au Palais »[38]. Ainsi un journal français privilégié annonce un ouvrage paru sous adresse étrangère comme s'il s'agissait d'un ouvrage revêtu d'un privilège et d'une adresse française. Il n'y a pas eu d'exemplaires avec adresse française, mais les éditeurs français sont en apparence dépositaires d'une édition hollandaise dont ils sont en réalité les éditeurs. Ce n'est pas une supercherie : ils ont obtenu une permission tacite, donc ils doivent mettre une adresse hollandaise et ne pas indiquer le nom du censeur.

Un autre périodique français signale la parution de ces tomes 5 et 6 : c'est le *Nouvelliste du Parnasse* : on trouve en effet dans le n° 28, qu'on

peut dater du 6 août[39], le commentaire suivant : « Comme je sais que
vous avez donné des éloges aux *Mémoires et avantures d'un homme de
qualité*, je crois que vous serez bien aise d'apprendre que l'auteur,
transplanté en Hollande, vient de publier deux nouveaux volumes. Il a
profité de cette lliberté dont il vante les avantages dans son projet *de
Thou*. Cette suite est en général intéressante... Je vous communiquerai
bientôt mes réflexions »[40]. Remarquons que le lieu d'édition n'est pas
précisé ; il y a bien une allusion à la Hollande devenue le séjour de
Prévost. Mais cet oubli du « y » (publier) ne nous semble pas un
hasard ni une coquille.

La suite du compte rendu se trouve dans le n° 33, que nous datons
du 10 septembre : « J'avais résolu, Monsieur, de vous entretenir des 6
volumes imprimés sous le titre de *Mémoires et avantures d'un homme de
qualité*. J'ai changé de dessein parce que, dès que ces sortes d'ouvrages
n'ont plus la fleur de la nouveauté, on s'y intéresse faiblement. Je me
borne donc à vous parler des deux derniers volumes qui ont paru
depuis peu... » Et le compte rendu d'une dizaine de pages s'achève par
cette conclusion : « on peut dire, en général, que l'Auteur ne réussit pas
dans ces fictions qui demandent l'usage des intrigues du monde ; mais il
tourne assez bien ce qui regarde les sentiments »[41].

Le nouvelliste semble embarrassé. Il arrive au *Nouvelliste du Parnasse*
de signaler des éditions parues avec permission tacite : par exemple
l'*Histoire de Mme Muci* et les *Lettres turques* dans le n° 30, paru précisément entre les deux comptes rendus des *Mémoires*. Il n'est pas
absurde de penser que le *Nouvelliste* s'est vu interdire des comptes rendus de livres parus avec permission tacite : ni le *Mercure* ni le *Journal
de Verdun* n'ont annoncé ces deux romans. Mais l'embarras du journaliste provient plutôt de la difficulté de parler des tomes 5 et 6 du
roman de Prévost sans parler du tome 7, c'est-à-dire de *Manon* ; c'est-à-
dire de parler de l'édition française (de 5 et 6) et non de l'édition hollandaise (de 7). D'où l'imprécision sur le lieu d'édition et l'insistance
sur le nombre de volumes qui viennent de paraître. Si le nouvelliste a
reçu des ordres, il s'en tire par de mauvaises raisons.

Le nouvelliste ne peut pas ignorer le 6 août que les tomes 5 et 6
sont sous presse chez (?) Gabriel Martin au moins depuis la fin du
mois de juin. Il ne peut pas ignorer non plus les annonces répétées de
la *Gazette d'Amsterdam* :

22 mai : « On trouve chez Changuion les *Mémoires d'un homme de
qualité* tomes 5, 6 et 7 » ;

26 juin : « On trouve chez Mortier la *Suite des Mémoires d'un homme
de qualité* tomes 5, 6 et 7 » ;

5 juin : « On trouve chez Changuion... »

12 juin : « On trouve chez Changuion... »

19 juin : « On trouve chez Mortier la *Suite...* »

Il s'agit de l'édition faite en Hollande de ces trois tomes[43].

Faut-il aller plus loin dans cette tentative de décryptage du texte, et supposer que cette espèce de rétractation embarrassée vise à sous-entendre l'existence d'un tome 7? On comprend mal en tout cas pourquoi il s'excuse de ne pas recenser les quatre premiers volumes parus en 1728, avant la naissance du *Nouvelliste* : c'est sur les derniers volumes parus qu'il avait annoncé précédemment des réflexions, et c'est sur ces volumes qu'il s'étend longuement. Les « deux derniers volumes parus depuis peu» sont évidemment les volumes que Martin vient d'imprimer.

Revenons à la publication en France de la *Suite des Mémoires*. Cette publication coïncide avec le départ de Chauvelin de Beauséjour. Départ apparemment inattendu puisque le 8 août Voltaire se félicite de sa présence à la tête de la Librairie[44] : ce départ a-t-il un rapport avec la publication des *Mémoires*? Il serait évidemment téméraire d'avancer une telle hypothèse; mais la promotion de Chauvelin de Beauséjour cache peut-être un limogeage doré dû à sa complaisance envers auteurs et libraires; ce qu'on peut supposer, c'est que les éditeurs des tomes 5 et 6 avaient reçu des assurances, sinon pour le tome 7, du moins pour les tomes 5 et 6, et que le changement de pouvoir déjoua leurs plans.

Pourquoi d'ailleurs Gabriel Martin demande-t-il une permission tacite pour un ouvrage dont il possède le privilège (avec ses deux associés) jusqu'en 1738[45]? Si les tomes 3 et 4 ont obtenu la continuation de privilège malgré les incidents provoqués par le passage sur les Médicis, pourquoi ne pas demander également une continuation de privilège pour les tomes 5 et 6?

Deuxième question sur la publication des tomes 5 et 6 : A peu près en même temps paraissent en Hollande les tomes 5, 6 et 7, et en France les tomes 5 et 6. Le texte de l'édition française n'a pas été recopié simplement sur le texte hollandais, étant donné les différences importantes du début et de la fin du tome 6 entre les deux éditions. Mais il est impossible d'affirmer que l'édition française soit simplement une édition expurgée. L'édition hollandaise est mise sous presse vers mars si l'on en croit la *Bibliothèque raisonnée*. Elle sort à Amsterdam en mai; or la permission tacite semble avoir été demandée vers le mois de mai : si Gallyot a réellement eu le texte entre les mains, était-ce un manuscrit ou le texte déjà imprimé en Hollande et qui se termine ainsi : « D'ailleurs, je doute que cette dernière partie puisse être imprimée en France avec l'approbation des inquisiteurs de la Presse»[46].

Nous terminerons ce chapitre avec ces deux questions et nous essayerons d'y voir plus clair dans la publication du tome 7.

1. BELIN. *Le commerce des livres prohibés à Paris de 1750 à 1789.* Paris, 1913.
2. *Ibid.*, p. 25, note 3.
3. *Manuel de l'auteur et du libraire.* Paris, 177, p. 21.
4. A.D. Seine-Maritime C 145.
5. R. ESTIVALS. *La statistique bibliographique de la France sous la Monarchie au XVIIIe siècle.* Paris, 1965, p. 44.
6. R. ESTIVALS *op. cit.*, p. 46.
7. B.H.V.P. ms. 617 f° 75 (20 juillet 1737).
8. B.N. ms.fr. 24 421 f° 113 ; H. Duranton. *Lettres de l'abbé d'Olivet* (1719-1745). 1976, p. 160.
9. *Le solitaire anglois* (Corpus n° 599); L'*histoire maccaronique de Merlin Cocaye* (n° 323); *Rosalinde* (n° 585); *Amours de Leucippe et de Clitophon* (n° 28).
10. En réalité de l'italien, comme on le verra.
11. B.N. ms.fr. 24 415 f° 362.
12. Fontanieu.
13. B.N. ms.fr. 25 542 f° 418 (28 juin 1731).
14. B.N. ms.fr. 24 415 f° 342.
15. LENGLET-DUFRESNOY. *Usage des romans.* Amsterdam, 1734.
16. B.M. Lyon ms. 6224 t. III, 25e centurie, n° 18 p. 412.
17. QUÉRARD. *La France littéraire*, t. III, p. 154.
18. B.H.V.P. ms. 618 f° 168.
19. *Mercure de France*, juillet 1732, p. 1592; *Journal de Verdun*, octobre 1732, p. 261.
20. *La Rosalinde.* (S.l.), 1730 (corpus 585 A) p. 323.
21. B.N. ms.fr. 15 119.
22. L'édition 4° a des notes en bas de page expliquant chaque fois, comme dans le passage que nous avons cité, les différences entre l'original et la traduction; par exemple : « j'ai retranché quatre pages qui ne contiennent que des invectives contre la débauche » (p. 31).
23. Sur P. Marchand voir Ch. BERKVENS-STEVELINCK, *Prosper Marchand et l'histoire du livre.* Brugge 1978.
24. B.N. Q 9075 et Arsenal 8°H 24 859 (3).
25. Bibliothèque Mazarine 42 901.
26. B.N. ms.fr. 22 107 f° 53.
27. B.H.V.P. ms. 3993.
28. B.N. ms.fr. 21 857 p. 193.
29. D'après M. ZÉPHIR. *Les imprimeurs-libraires parisiens à la fin du XVIIIe siècle, 1750-1789*, thèse de l'Ecole de Chartes malheureusement inédite dont nous avons tiré le plus grand profit.
30. B.N. n.a.fr. 11 635 f° 140.
31. B.N. n.a.fr. 11 635 f° 144.
32. B.N. n.a.fr. 11 635 f° 146 et 147.
33. B.N. n.a.fr. 11 635 f° 151.
34. B.N. n.a.fr. 11 635 f° 158.
35.
36. *Mercure de France*, juin 1728, p. 1412.
37. *Mercure de France*, mars 1729, p. 513.
38. *Journal de Verdun*, 1731, p. 264.
39. Le *Nouvelliste* paraît chaque lundi depuis le 22 janvier; le *Journal de Verdun* de mai annonce d'ailleurs qu'il y a eu 12 numéros; dans la lettre n° 16 que nous datons du 7 mai, le journaliste avertit que « la lettre suivante qui commencera le second tome ne paraîtra que le lundi 21 mai à cause des fêtes ».
40. *Nouvelliste du Parnasse*, t. III, 1731, p. 3.
41. *Nouvelliste du Parnasse*, t. III, 1731, p. 14.
42. *Nouvelliste du Parnasse*, t. II, 1731, p. 323 et 335.
43. Corpus 448G
44. Best. D 422.

45. Privilège accordé le 16 avril 1728 pour dix ans à la Veuve Delaulne qui le partage avec Martin et Legras (exemplaires des premières éditions françaises).

46. *Œuvres de Prévost*. Ed. Sgard. Tome I p. 477. Grenoble 1978. note sur la ligne 31 de la p. 32.

CHAPITRE V

LES ÉDITIONS DE MANON LESCAUT
DATÉES DE 1733

La publication des tomes 5 et 6 des *Mémoires d'un homme de qualité* s'est faite en deux temps : d'abord en Hollande, ensuite en France sous adresse hollandaise avec permission tacite ; le décalage n'a pas dépassé 3 mois. Par contre, la publication du tome 7, c'est-à-dire de *Manon Lescaut*, s'est faite dans des conditions tout à fait différentes : publication en Hollande en 1731 en même temps que les tomes 5 et 6 ; publication en France en 1733. Autant qu'on puisse le savoir, il n'y a pas de témoignages antérieurs à 1733, et il n'y a pas d'édition française portant la date de 1731 ou de 1732, mais trois éditions portant la date de 1733. Nous écarterons celle qui porte le titre d'*Avantures du Chevalier des Grieux et de Manon Lescaut par Monsieur D.* (Corpus n° 104 A), édition dont le titre et même le texte (amputé des premières pages présentant le récit comme un témoignage de l'Homme de qualité) marquent une distance par rapport à l'auteur et aux volumes précédents. Nous essayerons de situer les deux autres éditions portant la date de 1733, parues toutes deux sous le titre de *Suite des Mémoires* (*etc*) avec l'adresse de la Compagnie d'Amsterdam (Corpus n° 448 N et P) et exactement le même nombre de pages. Ces éditions sont-elles françaises? Laquelle a paru la première? ou encore, les deux choses étant liées, une de ces deux éditions a-t-elle pu être faite sous la direction de G. Martin? Car il nous semble probable que Gabriel Martin a envisagé de sortir ce tome 7 en même temps que les tomes 5 et 6, et qu'il a peut-être commencé à l'imprimer en août 1731.

Tout d'abord, un calendrier de l'année 1733 semble indispensable ; ce calendrier doit répondre aux questions suivantes : que faisait Prévost? que disait-on de lui? que disait-on de *Manon*?

PRÉVOST ET L'ANNÉE 1733

24 mars	Présentation par Didot du *Pour et Contre*; approbation par Souchay.
16 juin	La veuve Paulus Dumesnil déclare qu'elle commence à imprimer le *Pour et Contre*.
17 juin	Privilège accordé pour six ans à François Didot pour les *Mémoires de Montecuculi* et le *Pour et Contre*.
21 juin	Le « Journal de la Cour et de Paris » annonce : « il paraît depuis quelques jours un nouveau volume des *Mémoires d'un homme de qualité* contenant l'Histoire de Manon Lescaut »[1].
23 juin	Retrait du n° 1 du *Pour et Contre* de la Chambre syndicale.
26 juin	(Date donnée par la *Bibliothèque française* tome 18, deuxième partie pour la lettre de Paris qu'elle insère).
	« M. Prévost connu sous le nom de M. d'Exiles a commencé le *Pour et Contre*. Didot ne contribuera pas à augmenter sa réputation ».
11 juillet	Marais écrit à Bouhier : « Prévost arrivé à Londres s'est avisé pour gagner du pain de faire un journal qui s'imprime en France ».
13 juillet	« Nouvelles de la Cour » : le *Pour et Contre* n'a pas beaucoup de vogue »[2].
14 juillet	Voltaire à Cideville : (Le *Pour et Contre*) « est réellement du bénédictin défroqué »[3].
	Voltaire à Thiriot (à Londres) : « Don't fail to see the uncowl'd benedictine Prevost d'Exile. He would not have him write against me. The abbot Souchai is his correspondant »[4]
21 juillet	Retrait des n° 2 à 5 du *Pour et Contre* de la Chambre syndicale
24 juillet	Voltaire à Thiriot : « Remerciez l'auteur du *Pour et Contre* de ses éloges »[5].
26 juillet	**Le Blanc à Bouhier : « Dès la première semaine je me doutai que (l'auteur du *Pour et Contre* était) Thiriot[5]».**
juillet	Le *Mercure* annonce la publication du *Pour et Contre* « par l'auteur des *Mémoires d'un homme de qualité* tome I, Didot, 1733 »[7].
7 août	Linant à Cideville : « Ma lettre est faite, elle sera adressée à l'auteur du *Pour et Contre* qui aura la bonté de la faire imprimer dans sa feuille hebdomadaire »[8].
21 août	Retrait des n° 6 à 9 du *Pour et Contre de la Chambre syndicale*.
août	Le *Mercure* recense les n° 3 à 5 et 8 du *Pour et Contre*[9].
9 septembre	Caumont à Mazaugues : « Je crains que le *Pour et Contre* ne nous soit retranché; il manque depuis quelques jours »[10].
17 septembre	Souchay signe l'approbation du n° 11 du *Pour et Contre*.
22 septembre	Souchay signe l'approbation du n° 12 du *Pour et Contre*.
3 octobre	« Journal de la Cour de Paris » : « On a imprimé ici depuis quelques jours, l'*Histoire de Manon Lescaut* qui est la suite des *Mémoires d'un homme de qualité*[11].

5 octobre	Saisie de la *Suite des Mémoires d'un homme de qualité contenant l'histoire du chevalier des Grieux et de Manon Lescaut*. 2 vol. Amsterdam 1733 brochés.
	5 exemplaires chez Guillaume David.
	2 exemplaires chez J.B. Mazuel[12].
	La saisie a eu lieu par ordre de Rouillé et il en est référé à Rouillé.
	Les exemplaires seront supprimés le 18 juillet 1735 comme tous les livres (non contrefaits!) saisis depuis juin 1733[13].
1ᵉʳ décembre	Marais à Bouhier : « cet ex-bénédictin est un fou qui vient de faire un livre abominable qu'on appelle l'*Histoire de Manon Lescaut* »[14].
8 décembre	Marais à Bouhier : « avez-vous lu *Manon*? »[15].
15 décembre	Marais à Bouhier : « voyez donc *Manon* et puis la jettez au feu ».

Arrêtons-nous en cette fin d'année 1733 et demandons-nous quels enseignements nous pouvons tirer de tous ces documents.

Ce que nous cherchons à savoir, c'est de quelles éditions il s'agit et dans le registre des saisies et dans les « Nouvelles de la Cour ». Les deux libraires chez lesquels s'effectue la saisie d'octobre 1733 n'étaient imprimeurs ni l'un ni l'autre : Guillaume-Denys David, fils de Michel David, frère de Michel-Etienne David et de Christophe II David, serait mort avant 1740 et n'a pas laissé beaucoup de traces dans l'histoire de la librairie. Quant à Jean-Baptiste Mazuel, il était le second fils du libraire Mazuel et avait sa boutique au Palais[17]. Cette boutique était tenue par sa femme, probablement cousine des Clousier, qui passait pour fort suspecte et spécialisée dans les « drogues » et nouveautés.

L'édition saisie le 5 octobre est bien datée d'Amsterdam, 1733 (en deux volumes brochés, ce que n'avons jamais rencontré) et s'appelle bien *Suite*. Mais on ne peut affirmer qu'elle soit la même que celle que lit Marais en novembre, ni la même que celle qui est imprimée à Paris fin septembre.

Tout ce qu'on peut affirmer, c'est que les deux libraires n'ont pu imprimer eux-mêmes le livre puisqu'ils n'étaient pas imprimeurs ; le livre saisi (en très peu d'exemplaires, ce qui laisse supposer que des dépôts importants ont échappé à la saisie) a pu être imprimé en province ou à Paris.

En fin de compte, les documents extérieurs ne nous ont pas permis de situer ces deux éditions, que ce soit dans le temps : quelles sont les éditions auxquelles fait successivement allusion le « Journal de la Cour »? Quelle est l'édition saisie en octobre? — ou en quelque sorte dans l'espace : quelle édition se trouvait chez Mazuel et David? Quels en étaient les imprimeurs? S'agissait-il d'une édition faite sous la responsabilité de G. Martin?

Devant cet échec de la critique externe, nous avons eu recours à la critique interne : les éditions dites D et E (448 N et P dans notre corpus) ont le même nombre de pages et semblent à première vue ne différer que par le fleuron de la page de titre et les graphies. Le texte suivi est-il réellement identique? Nous n'avons pas tenté la comparaison intégrale des deux éditions, ce qui reste à faire; mais nous avons comparé ces deux éditions de *Manon Lescaut* datées de 1733 à deux éditions postérieures imprimées en France :

— L'édition de 1738 des tomes 7 et 8 des *Mémoires d'un homme de qualité* (Corpus 448 W) dont les tomes 1 à 4 sont officiellement publiés par la Veuve Delaulne, G. Martin et Th. Le Gras; le privilège a été renouvelé le 31 décembre 1736 en faveur de H.L. Guérin qui l'a cédé à ces trois libraires; quant aux tomes suivants (5 à 8), ils portent comme en 1731 et 1733 l'adresse de la Compagnie d'Amsterdam.

— L'édition de 1753 de l'*Histoire du Chevalier des Grieux et de Manon Lescaut* qui ne figure pas dans notre corpus à cause de sa date, et dont on sait qu'elle fut revue et augmentée par Prévost.

Or ce sont les variantes de l'édition D (448 N de notre Corpus) que l'on retrouve dans les éditions de 1738 et 1753, et non celles de l'édition E.

Voici d'ailleurs la liste de ces 16 variantes. Nous avons donné les références de l'édition Sgard[18] qui, comme on le sait, n'a pas pris en considération les éditions de 1733 et de 1738. Comme dans l'édition Sgard, nous avons modernisé les graphies

Edition Sgard	Texte des éditions de 1731 et des éditions de 1733 à l'exception de l'édition 448 N	Texte des éditions 448 N et W	Texte de l'édition de 1753
p. 368 1.51	venu pendant ce temps-là nous rejoindre	revenu pendant ce temps-là	venu nour rejoindre
p. 371 1.35	j'appuyai la tête sur les deux mains	mes deux mains	mes deux mains
p. 371 1.38	il me paraissait si impossible que Manon pût me trahir	que Manon dût me trahir	que Manon m'eût trahi
p. 373 1.37	ce qui m'occupait continuellement le cœur	ce qui m'occupait continuellement l'esprit	l'esprit
p. 375 1.36	je pris un goût infini pour l'étude	je repris un goût infini pour l'étude	je repris
p. 377 1.1	il ne se réservait le droit	il ne se réserverait que le droit	réserverait
p. 379 1.51	mon bonheur me parut alors établi	mon bonheur me parut d'abord établi	d'abord

Edition Sgard	Texte des éditions de 1731 et des éditions de 1733 à l'exception de l'édition 448 N	Texte des éditions 448 N et W	Texte de l'édition de 1753
p. 380 l.6	le plan que je lui proposai	le plan que je me proposai	que je me proposai
p. 381 l.52	il connaissait parfaitement son Paris	il connaissait parfaitement Paris	Paris
p. 391 l.33	il était charmé de me voir prendre un ton si raisonnable	un ton raisonnable	un ton raisonnable
p. 397 l.43	qui est-ce donc qui vous amène si tard	qu'est-ce donc qui vous amène si tard?	qu'est-ce donc
p. 399 l.9	l'idée qui m'était venue à la tête	l'idée qui m'était venue en tête	le dessein que j'avais conçu
p. 399 l.41	l'incertitude où il me paraissait être de son crédit	l'incertitude où il paraissait être de son crédit	cette incertitude de son crédit
p. 405 l.22	il s'était contenté de répondre.. qu'on faisait tout pour la liberté	qu'on fait tout pour la liberté	on fait tout
p. 427 l.52	il croyait cette ressource très faible	il croyait cette ressource très simple	il croyait cette ressource inutile
p. 428 l.14	J'appréhendais... qu'il ne m'y fît retenir	J'appréhendais qu'il ne me fît retenir	qu'il ne me fît retenir

En définitive, sur 16 variantes communes à l'édition de 1733 prise en considération (448 N) et à l'édition de 1738 (448 W), 11 se retrouvent dans l'édition définitive revue par Prévost, qui prétend s'être « déterminé à purger (l'ouvrage) d'un grand nombre de fautes grossières qui se sont glissées dans la plupart des éditions ». (Ed. Sgard p. 364). Doit-on prendre ce commentaire au pied de la lettre et l'appliquer en particulier aux variantes que nous avons relevées? Dans ce cas, on trouvera effectivement « *venu* nous rejoindre » et non « revenu » en 1753 comme en 1731; par contre la leçon de 1733 est préférée en 1753 à celle de 1731 dans 11 passages : « *mes* deux mains »; « l'esprit »; « je *re*pris »; « réserveroit »; « d'abord »; « le plan que je *me* proposai »; « Paris »; « un ton raisonnable »; « qu'est-ce donc »; « on *fait* tout pour la liberté »; « qu'il ne *me* fît retenir ».

On pourrait être tenté de supposer le texte de l'édition de 1733 que nous avons retenue antérieur au texte de l'édition hollandaise de 1731. Cela n'est pas impossible, mais le témoignage apporté par Prévost dans son commentaire demeure insuffisant. Il peut s'agir tout simplement de corrections faites par Prévost, corrections que sa vanité d'auteur préfère présenter comme un retour à son texte primitif.

Il convient de préciser que cette édition de 1733 est aujourd'hui très rare, et les exemplaires conservés ne semblent pas avoir été aussi manipulés par des lecteurs que l'autre édition française de 1733. Au début de cette édition (D pour Brun, N pour nous), on trouve un bandeau que nous avons trouvé dans les éditions suivantes :

> La mouche (1736) (Corpus n° 482 A)
>
> La promenade de St-Cloud (1736) (Corpus n° 553 A)
>
> Lamekis (1737) (Corpus n° 359 B).

Le bandeau de Manon Lescaut semble plus abîmé que celui de La Promenade de St-Cloud et à peu près dans le même état que celui de La Mouche. Nous n'avons pas trouvé d'autre utilisation de ce bandeau; jusqu'à preuve du contraire, nous pouvons seulement dire qu'il est attesté en 1736 et 1737 et que cette édition de 1733 est peut-être postérieure à 1733.

Quant à l'autre édition de Manon Lescaut datée de 1733, celle qui semble avoir été la plus répandue et la plus lue si on en juge par le nombre et l'état des exemplaires subsistants (Corpus n° 448 P), nous la considérons comme imprimée à Rouen. Peut-être s'agit-il de cette édition dans les deux passages du « Journal de la Cour et de Paris» cités ci-dessus, celui de juin et celui d'octobre (malgré le « on a imprimé ici»).

Pour conclure, nous dirons que l'édition de 1733 dont nous avons relevé les variantes (448 N) :

— ou bien est une édition imprimée et diffusée à peu d'exemplaires, et peut-être dès 1731; l'autre édition de 1733 (448 P) serait alors une contrefaçon rouennaise où se seraient en effet introduites des « fautes grossières»;

— ou bien est une édition de 1736 environ, avec des corrections qui pourraient bien être des corrections d'auteur, faites par Prévost après son retour en France.

En tout cas, cette contrefaçon rouennaise de 1733 n'a pas été faite d'après une édition hollandaise. Elle appartient à la même famille — du point de vue du texte — que les autres éditions françaises de Manon Lescaut parues avant 1753, dont aucune d'ailleurs ne porte une adresse française.

Cette constatation est le résultat de la comparaison que nous avons faite de ces éditions avec les éditions étrangères de Manon : éditions d'Amsterdam, la Compagnie (1731); Wetstein (1735); Arkstée (1742); éditions de « Paris, 1731» et de Tourneisen (1744) dont le texte est identique; autrement dit, nous n'avons pas tenu compte des différences de texte entre ces diverses éditions, mais uniquement de leurs différences avec les éditions françaises. Nous avons trouvé quatorze variantes :

Ed. Sgard	Editions étrangères	Editions françaises
p. 363 1.17	un jeune homme aveugle	un jeune homme aveuglé
p. 367 1.19	il me répondit en deux mots	il me répondit
p. 374 1.51	ses traits charmants	les traits charmants
p. 378 1.30	sa félicité (l'édition Wetstein de 1735 donne : sa fidélité)	toute sa félicité
p. 379 1.15	de ma condition, de mes exercices	de ma condition et de mes exercices
p. 380 1.10	nous y irons trois fois	nous irons trois fois
p. 382 1.20	un sentiment pour votre sœur tout opposé	un sentiment tout opposé
p. 385 1.51	vous me retrouverez disposé	vous me trouverez disposé
p. 390 1.26	je lui trouve de l'air de Manon	je lui trouve l'air de Manon
p. 390 1.41	sous le prétexte	sous prétexte
p. 399 1.33	la ressemblance de nos âges me fait espérer qu'il s'en trouvera quelques uns dans nos inclinations	la ressemblance de nos âges me fait espérer qu'il s'en trouvera quelqu'une dans nos inclinations
p. 430 1.39	Je pris une résolution... et loin d'attaquer les archers d'aller	Je pris une résolution... et loin d'attaquer les archers je résolus d'aller
p. 437 1.29	Je n'étois point fort	Je n'étois pas fort

Il y a peut-être eu deux manuscrits de *Manon Lescaut*, il y a en tout cas deux textes de base et deux familles d'éditions ; c'est ainsi que le rameau bâlois ou germanique (corpus 448 I et Z) vient se greffer sur le rameau hollandais.

Nous ne voyons pas d'autre explication du parallélisme total entre ces deux familles de textes. Si la différence entre « aveugle » et « aveuglé » relève de la coquille typographique, si les variantes *ses/les, de l'air/l'air, sous le prétexte/sous prétexte* peuvent être le fait aussi bien des typographes que d'un correcteur (ce correcteur pouvant être l'auteur lui-même), certaines omissions ou additions sont plus troublantes ; l'imprimeur français, s'il a réellement copié le texte de 1731 de la Compagnie d'Amsterdam, a :

supprimé   *en deux mots*
               pour votre sœur
               toujours

ajouté   *toute*
               je résolus

remplacé   *retrouverez* par *trouverez*
               point par *pas.*

Certaines variantes — ou hésitations — rappellent celles que nous avons relevées dans le tableau des éditions 1731-33-38-53. Ainsi la variante *trouverez/retrouverez* : dans notre tableau précédent nous avions « venu » et « pris » en 1731 et 1733, « revenu » et « repris » dans l'édition correcte de 1733 et dans celle de 1738 ; mais si l'édition de 1753 adopte « repris », elle revient par contre au « venu » de 1731-33. Si bien qu'il est difficile de conclure à une préférence délibérée de Prévost pour l'une ou l'autre forme.

L'alternance *pas/point* prêcherait en faveur de l'antériorité effective de l'édition hollandaise, si nous en avions plusieurs exemples : en effet, un examen des variantes retenues par l'édition Sgard[19] nous montre la disparition de vingt *point* contre un exemple inverse. Ces vingt modifications se traduisent ainsi :

— 11 remplacements de *point* par *pas*

— 3 remplacements de *point* par *plus*

— 1 suppression simple

— 5 modifications de groupes de mots.

Il est certain que le maintien de *point* est archaïsant, ce qui ne signifie pas pour autant que Prévost ait supprimé chaque fois ce mot.

Il nous faut reconnaître notre impossibilité de conclure sur les rapports entre ces deux familles de textes ; nous pouvons seulement supposer qu'il y a eu deux textes presque dès l'origine. Ni l'étude des documents extérieurs, ni la comparaison des textes, ni l'examen des ouvrages eux-mêmes ne nous ont apporté d'éléments décisifs.

1. B.N. ms.fr. 25 000 f° 150.
2. B.N. ms.fr. 25 000.
3. Best.D 630.
4. Best.D 631.
5. Best.D 635.
6. B.N. ms.fr. 24 412 f° 423-424 ; éd. dans Monod-Cassidy, *Un voyageur philosophe au*
XVIIIe siècle, l'abbé Jean-Bernard Le Blanc. Cambridge (Mass.) 1941 n° 19.
7. *Mercure de France,* juillet 1733, p. 1593.
8. Best.D 643.
9. *Mercure de France,* août 1733, p. 1835.
10. B.M. Nîmes f° 127.
11. B.N. ms.fr. 25 000 f° 151.
12. B.N. ms.fr. 21 931 p. 266 et 283.
13. B.N. ms.fr. 21 931 p. 281.
14. B.N. ms.fr. 24 414 f° 483.
15. B.N. ms.fr. 24 414 f° 482.
16. B.N. ms.fr. 24 414 f° 489.
17. M. ZÉPHIR, *Les imprimeurs - libraires parisiens...* p. 307.
18. *Œuvres de Prévost,* éd. Sgard, t. I, p. 368 à 428.
19. Il s'agit de l'ensemble des *Mémoires et avantures d'un homme de qualité.*

CHAPITRE VI

LA SURVEILLANCE ET LES SAISIES

Nous avons vu les responsables de la librairie donner des instructions aux représentants de l'ordre. Suzanne Pillorget a rappelé que le lieutenant général de police de Paris était « tenu en vertu de son office, de surveiller l'exécution des règlements de la Librairie » et qu'en particulier il avait « sous sa juridiction les communautés de métiers »[1]. « Grâce au soutien de la monarchie » la lieutenance générale de Paris était « devenue peu à peu une sorte de ministère »[2]. En fait, pour être efficace, la « répression » supposait une entente parfaite, non seulement entre les responsables de la librairie et le lieutenant de police de Paris (puisque nous limitons notre étude sur ce point à la situation parisienne), mais encore entre le lieutenant de police et les officiers de la Chambre syndicale des libraires. La révocation du privilège des *Mémoires de Madame de Barneveldt* en 1732 avait été suivie de la saisie des exemplaires : 54 chez Michel Gandouin et 55 chez Giffart, les deux libraires titulaires du privilège[3] ; le tirage était certainement très supérieur, et comme toujours les intéressés avaient dû être prévenus par leurs confrères ; les libraires étaient parents entre eux et il était rare qu'un des officiers de la Chambre ne pût faire passer le message. Nous avons vu de même l'insuccès de la saisie de *Manon*.

L'élection des officiers de la Chambre syndicale était un événement important. On peut remarquer que Pierre Prault ne fut jamais élu ; il n'était pas question d'« élections libres » ; il est dit en substance dans une lettre du 9 mai 1729 adressée par Chauvelin au lieutenant de police Hérault : « La précaution que vous avez prise de différer l'élection des libraires-imprimeurs est très sage... jusqu'à ce que vous les ayez ramennés à ce que vous jugerez le plus convenable. Mon neveu (Chauvelin de Beauséjour) m'a mandé vous avoir mandé ce qu'il avait appris... vos sages conseils... »[4].

C'est ainsi que l'affaire de l'*Histoire du concile du Trente* devait coûter sa place de syndic à Gabriel Martin en juillet 1737, au moment précisément où le Chancelier d'Aguesseau essaye de reprendre en main la Librairie[5].

Malgré nos efforts, nous n'avons pu exploiter de façon positive les registres de saisies de la Chambre syndicale[6] et nous avons renoncé à présenter ici des tableaux de romans saisis ; de tels tableaux auraient contenu des données équivoques, et cela pour deux raisons :

1. Le résultat de l'examen d'un livre est noté diversement selon les époques ; un terme comme « rendu » est particulièrement ambigü ; signifie-t-il « restitué au destinataire » ou « renvoyé à l'expéditeur » ou « rendu au personnel de la Chambre syndicale » ?

2. Le but des saisies n'est pas clair ; on verra plus tard le lieutenant de police Marville utiliser ces saisies comme un moyen d'information... et d'enrichissement de sa bibliothèque et de celles de ses amis... Surtout, les libraires chargés de la surveillance s'intéressaient beaucoup plus aux contrefaçons qu'aux impressions clandestines de nouveautés. Or l'ouverture des paquets à la Chambre syndicale de Paris ainsi que les différentes saisies devaient permettre de déceler les unes commes les autres, et les registres ne portent pas toujours les mentions de « contrefait » et de « prohibé » (ces mentions apparaissent davantage sous d'Aguesseau).

Le *Manuel du libraire* de 1777, auquel nous avons une fois de plus recours malgré sa date, dans la mesure où il semble avoir codifié des pratiques non écrites, précise sur « l'entrée des livres à Paris » : « Par grâce, si le libraire prouve qu'ils lui ont été envoyés sans qu'il les ait demandés, (ils sont) renvoyés... Sauf si, (imprimés en) France ou venant d'un pays étranger, ils sont d'une liberté ou d'une licence outrées », auquel cas ils seront mis au pilon[7]. Et c'est ce qu'on voit, en particulier après 1745. Quant aux livres contrefaits, ils étaient soit rendus aux propriétaires, soit vendus au profit de la Chambre syndicale : c'est ce que nous avons conclu de la lecture de ces registres de saisies, ou de certains procès-verbaux de perquisitioins, comme celle faite par l'inspecteur Vanneroux le 9 mars 1732 chez un certain Duval, grand valet de pied du roi. Dans le plus gros des deux ballots que trouve Vanneroux, il découvre « 125 volumes de l'*Eloge de la folie* et 94 volumes des *Mémoires de Dugué-Trouin*, le tout imprimé à Amsterdam en apparence mais comme tous les livres ci-devant écrits sont imprimés sans permission ou contrefaits et que (Duval) n'a pas voulu dire de qui il les tenait », Vanneroux procède à la saisie des livres qu'il fait transporter à la Chambre syndicale[8].

Les tentatives de remise en ordre par le Chancelier devaient être connues en province, puisque le 6 octobre 1737 le Lyonnais Dugas écrit à son ami Bottu : « Il est presqu'impossible d'empêcher que les mauvais livres qui viennent de Hollande et d'Angleterre ne se glissent en France »[9]. Dugas pense évidemment aux « mauvais livres » pendant que les libraires pensent aux contrefaçons : on trouve quarante ans plus tard la remarque suivante sous la plume de l'abbé Pluquet : « Les libraires savent que toute la vigilance de la police n'a jamais pu ou n'a jamais voulu empêcher ces vols »[10]. Les contrefaçons étaient-elles l'exclusivité des libraires hollandais? C'est ce que nous verrons. Retenons en tout cas l'importance du problème, la confusion entre surveillance des écrits dangereux (par le Pouvoir) et surveillance des contrefaçons (par les libraires), enfin impuissance évidente de la Police. Impuissance due en partie sans doute à l'interférence de ces différents objectifs et à la divergence des intérêts, sans omettre les inévitables conflits à la fois entre les institutions et les personnes.

Retenons enfin que l'on ne peut isoler le problème du roman de ces problèmes communs à toutes « catégories » d'ouvrages.

1. S. PILLORGET. *C.H. Feydeau de Marville lieutenant général de police de Paris* 1740-1747. Paris, 1978, p. 118.

2. S. PILLORGET *op. cit.* p. 72.

3. B.N. ms.fr. 21 931 p. 254.

4. Bibl. Arsenal, ms.10 296 f° 239.

5. B.N. ms.fr. 22 080 f° 39 à 47.

6. B.N. ms.fr. 21 931 et 21 932.

7. *Manuel de l'auteur et du libraire*, 1777, p. 29.

8. Bibl. Arsenal ms. 10 297 (non folioté).

9. B.M. Lyon ms. 6224 t. III p. 731, lettre du 6 octobre 1737.

10. Pluquet. *Lettre à un ami sur les arrêts... concernant la librairie et l'imprimerie*, 1777, p. 18.

B - Les attaques contre les romans et les motifs de la Proscription

On pourrait écrire : la proscription DU ROMAN puisque la question est de savoir s'il y a eu réellement tentative de destruction d'un genre littéraire bien défini. Nous avons vu précédemment que, si en 1737 la suppression des romans fut envisagée, très vite la lutte contre les romans se limita à la lutte contre les romans périodiques ; s'attaquer à la forme de publication et non pas à son contenu, c'était reconnaître implicitement que le danger n'était pas d'ordre littéraire ou moral ; comment une œuvre littéraire cesserait-elle d'être pernicieuse à partir du moment où elle est donnée au public en une seule fois? Il n'empêche que ce sont des arguments littéraires et moraux qui ont été avancés ; s'ils n'ont pas été les motifs de la tentative de proscription, ils en ont été au moins les prétextes. Il convient donc de reprendre l'étude de ce double débat sur le Roman : le débat moral et le débat littéraire.

CHAPITRE I

L'ATTAQUE AU NOM DES VALEURS MORALES ET RELIGIEUSES

Cette attaque, que l'on pourrait appeler l'attaque des Dévots, s'est présentée tantôt comme radicale, tantôt comme nuancée. La plus nuancée est en réalité une défense implicite du Roman, puisqu'elle considère que pour écrire un roman moral il suffit de respecter la règle suivante : la vertu doit être récompensée et le vice puni. Les textes qui vont dans ce sens sont nombreux. Ainsi, les *Observateurs* soulignent le 31 mars 1735 le « triomphe de la vertu sur le vice » dans les *Trois nouveaux contes de fées*[1] et font remarquer en 1736 que dans l'*Histoire du prince Titi* la fée « ne protège que la vertu et se plaît toujours à humilier le vice »[2], tandis que le *Mercure* de juin 1736 signale que dans *Rethima* « le crime est puni et la vertu récompensée »[3]. L'auteur précise par ailleurs que « dans cette quatrième partie le personnage est opposé au rôle qu'il a joué dans les trois précédentes » : la troisième partie avait été approuvée le 8 septembre 1735 et retirée le 1er juin 1736, tandis que la quatrième partie est retirée le 25 septembre 1736 : toutes deux donc après le sermon du père Porée et avant la proscription, sans qu'aucun de ces « événements » ne semble avoir réellement été déterminant. La préface des *Ames rivales* (1739), évoquant le vice et la vertu, insiste sur le fait que « l'un est puni et l'autre récompensée, une condition à laquelle tout roman doit être assujetti ». Dans *Oronoko*, ainsi que le font remarquer les *Jugemens sur quelques ouvrages nouveaux*, « l'injustice est punie comme elle devrait toujours l'être, du moins dans les romans où la vertu est reconnue et couronnée »[4]. « C'est une des règles essentielles (du roman) de nous montrer le vice puni et la vertu récompensée », lit-on encore en 1745 dans *Theresa*[5]. L'auteur de l'*Histoire d'Amenophis* (1745) se vante de n'avoir « représenté jusqu'ici que la vertu triomphante ». « Dans les romans », affirme l'auteur des *Mémoires de deux amis* (1754), « les crimes (sont) toujours punis, la vertu toujours récompensée »[6]. Fréron fait remarquer que dans l'*Histoire de la comtesse de Montglar* « la vertu est exaltée, le vice abhorré et puni »[7]. Enfin en 1759 le *Journal des dames* écrit : « La vertu dans le monde n'est pas toujours heureuse, mais dans les romans c'est une règle générale qu'après avoir essuyé des travers elle doit être récompensée »[8].

Ces déclarations ne se trouvent pas bien entendu sous la plume de ceux qu'on a pu appeler les « antiromanciers » ; mais ceux-ci n'ont guère pu faire de reproches précis : si certains romans comme le *Paysan parvenu* ont pu être considérés comme dangereux, le reproche le plus grave fait à l'ensemble des romans est d'être frivoles et inutiles. L'interdiction des romans au nom de la morale avait donc été bien préparée, elle répondait apparemment à des attaques anciennes ; on ne peut qu'être frappé, à la lecture des citations que nous avons rassemblées, et qui ne sont certainement pas exhaustives, du caractère quasi incantatoire du refrain « le vice puni, la vertu récompensée » ainsi que du caractère impératif de cette « règle ».

La monotonie de ces proclamations de moralité et la pauvreté des arguments moralisants des adversaires du roman ne semblent pas avoir été affectées par le discours latin du Père Porée en 1736. Georges May avait cru y voir un épisode particulièrement important de la guerre entre défenseurs et adversaires du roman, épisode qui aurait amené les mesures du Chancelier d'Aguesseau ; or, non seulement une année entière s'est écoulée entre ce sermon et l'arrivée au pouvoir de d'Aguesseau, mais les échos que l'on peut en trouver dans les journaux se limitent à ceux signalés par Georges May : les *Mémoires de Trévoux*, les *Observations* et la *Bibliothèque française*. Si Bouhier et Marais évoquent ce discours, c'est apparemment à cause des allusions à Bayle. Dès 1731, Bouhier écrivait à Marais : « Si vous êtes piqué comme de raison de ce que le p. Porée a dit que votre ami Bayle n'avait point de probité, vous n'êtes pas mal vengé par la manière dont ce bon Père est berné dans la 17e lettre du *Nouvelliste du Parnasse* »[9]. Cinq ans plus tard, il lui écrit : « Je n'ai point encore vu la nouvelle harangue du p. Porée. Je ne suis nullement partisan de sa latinité affectée... Il me paraît si singulier qu'il ait mis Bayle parmi les faiseurs de romans, lui qui au contraire a travaillé à dépouiller nos histoires de tout ce qu'elles pouvaient avoir de romanesque. C'est mal prendre son champ de bataille »[10].

Le père Porée a alors 60 ans ; il est professeur de rhétorique au Collège Louis-le-Grand ; chaque année, il prononce un discours public en latin devant le tout Paris, et les gazettes relèvent le nom des auditeurs les plus illustres. C'est une cérémonie essentiellement mondaine. En 1733, le titre du sermon était *theatrum sit ne, vel esse possit schola informandis moribus idonea* ; il n'est dit nulle part que les Français cessèrent pour autant d'aller au théâtre. La querelle sur le roman a d'ailleurs des analogies avec la querelle sur le théâtre, et ce n'est pas un hasard si roman et comédie sont souvent comparés. On dira qu'exceptionnellement la harangue sur le roman a été traduite en français. La raison est claire : le public traditionnel des lecteurs de romans était féminin et ne lisait pas le latin. Et il semble probable que les Jésuites avaient décidé de se jeter dans la bataille, ou de ranimer une bataille très ancienne. L'année précédente avait paru le *Voyage de Fanferedin* attribué au père Bougeant. « Je soupçonnerais volontiers », écrit le 30 juillet Bottu à Dugas, « que l'auteur de ce mauvais roman est ami des Jésuites » ; deux mois auparavant, le 30 mai 1735, il lui écrivait : « Je n'ai guère été plus content de la suite de cet ouvrage que nous ne l'avions été vous et moi du commencement. Je vous avoue que je n'ai pas encore bien pu deviner quel est le but de l'auteur... loin de donner du dégoût pour les romans[11]... ».

Dix ans plus tard, ce sont les Jansénistes qui passent pour être les adversaires farouches de la littérature romanesque : « Les vaines déclarations d'un parti schismatique, si je puis me servir de ce terme, ne pourront rien sur l'esprit du général. Les romans ont trop de crédit dans la société pour craindre les plaintes de quelque pédant ignoré », lit-on en 1745 dans *Theresa*[12]. Dans *Themidore*, paru également en 1745, on voit un certain M. Le Doux, grand janséniste, « gronder amicalement » le héros sur plusieurs livres, surtout à l'occasion des romans : « Je fis la controverse sur cet article ; il ne brilla pas ; il m'avoua que son fort n'était pas la dispute ; qu'il était persuadé que les romans étaient mauvais, mais qu'il n'en avait jamais lu, et qu'ainsi il n'en pouvait pas juger ».

Est-ce un simple hasard si ces deux romans de 1745 mettent en scène deux jansénistes antiromanciers, et si l'on ne voit pas à notre connaissance le même rôle joué par des Jésuites entre 1737 et 1750? Les Jésuites auraient-ils abandonné le combat contre le roman? Dans son *Usage des romans* paru en 1734, Lenglet-Dufresnoy écrivait : « On s'est déchaîné contre les romans ; cependant il n'en sont pas moins lus, toutes ces déclamations leur servent de relief. Il faut qu'on y trouve bien de l'agrément, puisqu'on a fait tout ce qu'on a pu pour les interdire : car c'est un régal pour certains bigots de proscrire tout ce qui peut satisfaire l'esprit de l'imagination »[13]. Citant l'article de 1703 des *Mémoires de Trévoux* auquel se réfère Georges May[14], Lenglet relate que les « deux partis » convinrent alors « de les proscrire »[15]. « Depuis ce concert mutuel », ajoute-t-il, « ces sortes de livres sont en grande réputation, il s'en est vendu beaucoup plus qu'auparavant »[16]. « Les Jansénistes ont imité les Jésuites en voulant exterminer entièrement ces sortes de livres... ainsi, proscrivez les romans tant qu'il vous plaira,... on y reviendra toujours »[17]. Et Lenglet de s'interroger sur les raisons qui ont fait « crier autrefois contre les romans »[18].

Les attaques religieuses et singulièrement celles des Jésuites contre les romans sont donc des attaques qui remontent en 1737 à plus de trente ans ; pour le public, l'affaire est en quelque sorte classée ; comment un épisode aussi mince que le sermon rituel d'un Jésuite, peut-être aussi ridicule que célèbre[19], pourrait-il obtenir la défaite d'un genre aussi populaire? Le sermon du Père Porée, comme le *Voyage de Fanferedin*, dont l'auteur entre dans le jeu du Roman en écrivant lui-même un roman, ne sont que des combats d'arrière-garde, sans effet ; peut-être le Chancelier d'Aguesseau, naguère janséniste et maintenant allié des

Jésuites, a-t-il cru ce combat possible? Il devait être à peu près le seul à y croire.

L'attitude des Jésuites à l'égard du Roman fut d'ailleurs plus ambigüe qu'on se l'imagine; la lecture des *Mémoires de Trévoux* est à cet égard fort révélatrice : le chroniqueur d'avril 1734 ne parle-t-il pas de jeter au feu « plus des trois quarts et demi de ces ouvrages»[20] : c'est faire grâce à quelques romans dont bien entendu ceux écrits par des Jésuites, qui ne s'en sont pas privés comme le fait remarquer Lenglet[21]. Chaque fois que l'on fait des exceptions en lançant ces anathèmes, c'est que l'on ne condamne pas le genre romanesque, et cela est très important. Comme l'ont bien vu Michel Gilot et Jean Sgard, la nouvelle équipe des *Mémoires de Trévoux* constituée en 1734 « se préoccupe en même temps de l'audience du journal et de sa vente»[22]; « les journalistes paraissent se soucier de l'actualité plus que de leur propre curiosité... Ils ne négligent plus la littérature»[23]. Bien loin, nous semble-t-il, de « préparer leur offensive contre le roman» sans dévoiler leurs batteries par l'éreintement de la *Bibliothèque des romans*, ils font doucement entrer le roman dans la littérature, par le biais de « brèves et incisives remarques sur de petits romans mineurs et parfois anciens».

L'éreintement du livre de Lenglet par les *Mémoires de Trévoux* vise surtout celui qui a osé attaquer Rousseau, ami des Jésuites. Le reste, c'est-à-dire la critique des romans, ne va pas bien loin, et répète des arguments vieux de près de trente ans. Les journalistes de 1734, qui cherchent à conquérir un nouveau public (même leur public traditionnel les boude depuis longtemps et accueille avec satisfaction le changement), et qui veulent cerner l'actualité et même la mode, ne peuvent pas rejeter explicitement le Roman, genre à la mode. Ils ne l'ont d'ailleurs pas rejeté complètement, puisque leurs prédécesseurs ont recensé en 1731 les *Voyages de Cyrus* de leur ami Ramsay, en 1732[24] l'*Argenis* de Barclay — « c'est un roman mais qui est allégorique» et « ce roman est un chef-d'œuvre en son genre»[24], enfin en 1733 le *Repos de Cyrus* de leur ami Pernetti « tout cela est dans les règles de la composition d'un roman»[25].

L'équipe de 1734 n'en restera pas là : non seulement le nombre de romans signalés — un par an pendant les trois dernières années comme on vient de le voir — passera à DOUZE en 1734, mais la table des matières pour 1734 comporte une rubrique « Poésie Grammaire Eloquence ROMANS». Et si l'article sur l'*Usage des romans* prétendait que « l'amour vertueux des romans n'est pour l'ordinaire qu'une chimère»[26], le chroniqueur de mai annonçait : « Ceux qui aiment à se nourrir de chimères en trouveront à souhait dans les livres suivants...»[27]. Même essai de justification un peu plus loin : « C'est le goût de ces petites historiettes qui inondent depuis peu le public français, toujours avide de ce qui amuse son imagination aux dépens même de son esprit et de son cœur»[28], et encore : « Ces sortes d'ouvrages sont excellents pour enrichir la bibliothèque des esprits oisifs ennemis de la réflexion...

Encore faut-il savoir gré aux auteurs de ces livres romanesques lorsqu'ils y respectent les bonnes mœurs et l'honnêteté publique. Car il n'en paraît que trop où l'on choque ouvertement la pudeur et les bienséances»[29].

Si ces protestations sont particulièrement fréquentes immédiatement après la sortie du livre de Lenglet, on les trouvait dès janvier à propos d'*Aurore et Phœbus*. Dans le numéro de janvier 1734, les Jésuites déclaraient : « Il faut que ceux qui s'occupent de pareils ouvrages ayent ou bien du temps à perdre ou un merveilleux penchant aux chimères... Il suffit pour justifier la disposition des esprits romanesques et indiquer les premières démarches de Phœbus... On voit assez qu'ils font tour à tour le récit de leurs belles inclinations, récit qu'on ne doit toucher dans un journal que pour en faire voir l'inutilité dangereuse»[30].

Les comptes rendus du mois de janvier sont encore en quelque sorte « signés» : celui d'*Aurore et Phœbus* est signé BU. On sait que « les numéros d'octobre et de novembre ont été déposés chez le Garde des Sceaux les 22 janvier et 23 février 1734»[31] et que le numéro de janvier sera retiré seulement le 20 avril[32]. Il avait été en tout cas rédigé avant la « bombe» que constituait l'ouvrage de Lenglet, et il se peut que cette « bombe» les ait embarrassés par rapport à leurs comptes rendus de romans. Quant à la signature BU, elle pourrait bien être celle du père Brumoy : « Je sais que B était Bougeant et BR Brumoy parce que le p. d'Anthon me les expliquait, je ne me ressouviens pas des autres», écrit Dugas le 10 janvier 1735[33]. Bottu lui avait en effet expliqué le 7 décembre précédent que les autres signaient par « une ou deux lettres majuscules». Il lui répond : « Ce sont apparemment les initiales du nom de l'auteur. Ils n'ont pas continué»[34].

En tout cas, ces justifications répétées, le nombre important de romans recensés, la présence du mot « romans» dans la table, tout cela nous confirme dans l'hypothèse que la nouvelle équipe entend bien, sinon s'engager sous la bannière des défenseurs du Roman, ce qui lui est impossible, du moins faire la part des choses et peut-être attirer un nouveau public. Le *Nouvelliste du Parnasse* n'a pas été remplacé. Est-ce un hasard si le nouvel éditeur des *Mémoires de Trévoux* n'est autre que Chaubert, naguère éditeur du *Nouvelliste*? Il a pris sans doute l'habitude de vendre les nouveautés signalées par le journal de Desfontaines, et il n'est pas exclu qu'il ait fait pression sur les Jésuites pour qu'ils signalent eux aussi les nouveautés. Les Jésuites iront jusqu'à annoncer les *Amusemens des eaux de Spa*! Souvent ils donneront de brefs comptes rendus, mais ils renoncent aux longs extraits pour les romans.

avril 1734   *La nouvelle mer des histoires* (Corpus n° 503)

mai 1734   *Les mille et une heure* (Corpus n° 473)
                  La constance des promptes amours (Corpus n° 158)

octobre 1734   *Les amusemens des eaux de Spa* (Corpus n° 53)
                  Histoire d'Osman (Corpus n° 256)
                  La jeune Alcidiane (Corpus n° 353)

novembre 1734   *Les amours de Daphnis et Chloé* (Corpus n° 40)
                  Le philosophe anglois (Corpus n° 530)

février 1735   *Les avantures de Zélim* (Corpus n° 102)

avril 1735   *Les anecdotes de la Cour de Néron* (Corpus n° 63)

juillet 1735   *Gil Blas* tome IV (Corpus n° 265)

août 1735   *Le songe d'Alcibiade* (Corpus n° 603)

février 1736   *Melchukina* (Corpus n° 394)
                  Les égaremens du cœur et de l'esprit (Corpus n° 196)

septembre 1736   *Le siècle* (Corpus n° 592)

Au total, 19 romans signalés par les *Mémoires de Trévoux* entre janvier 1734 et septembre 1736. Nous ne chercherons pas ici à comprendre les raisons de cette sélection ; mais nous soulignerons la contradiction entre l'existence même de ces comptes rendus et la teneur du discours prononcé le 25 février 1736 par le p. Porée. Un front commun des Jésuites contre les romans dès le début de l'année 1736, c'est-à-dire avant ce sermon, supposerait l'arrêt de ces comptes rendus avant la publication du volume de février ; ce qui n'est pas le cas. Ce front commun a fini apparemment par se faire, puisqu'on ne trouve plus de compte rendu après septembre 1736, mais les contradictions que nous relevons laissent supposer des attitudes différentes.

Ajoutons qu'à la fin de l'année 1736 comme à la fin de l'année 1735 on trouve dans les *Mémoires de Trévoux* une rubrique « romans » dans la table : cette rubrique ne disparaît qu'en 1737.

1. *Observations sur les écrits modernes*, tome I, 1735, p. 63.
2. *Ibid.*, tome III, 1735, p. 355.
3. *Mercure de France*, juin 1736, p. 1150.
4. *Jugemens sur quelques ouvrages*, tome V, 1744, p .357.
5. *Theresa*, 1745, p. XI.
6. *Mémoires de deux amis*, 1754, p. XXXIII.
7. *Année littéraire*, 1755, tome VV, p. 29.
8. *Journal des dames*, 1759.
9. Lettre du 29 mai 1731 B.N. ms.fr. 25 541 f° 409.
10. Lettre du 14 juin 1736 B.N. ms.fr. 25 541 f° 375.
11. B.M. Lyon ms. 6224 t. III p. 506.
12. *Theresa*, 1745, p. IV.
13. *Usage des romans*, p. 3.
14. G. MAY, *op. cit.*, p. 27.
15. *Usage des romans*, p. 11.
16. *Ibid.*, p. 12.
17. *Ibid.*, p. 26.
18. *Ibid.*, p. 29.
19. Un *Recueil de vers sur la mort du père Porée* fut publié en 1741 ; le préfacier signale l'étonnement du public devant l'absence de témoignages en l'honneur du Jésuite.
20. *Mémoires de Trévoux*, avril 1734, p. 688.
21. *Usage des romans*, p. 21.
22. M. GILOT et J. SGARD « Le renouvellement des *Mémoires de Trévoux* en 1734 » dans *Dix-huitième siècle*, n° 8, 1876, p. 207.
23. M. GILOT et J. SGARD *op. cit.*, p. 211.
24. *Mémoires de Trévoux*, 1732, p. 557 et 533.
25. *Ibid.*, 1733, p. 1043.
26. *Ibid.*, 1734, p. 690.
27. *Ibid.*, 1734, p. 956.
28. *Ibid.*, 1733, p. 956 et 957.
29. *Ibid.*, 1733, p. 957.
30. *Ibid.*, 1733, p. 140 à 143.
31. M. GILOT et J. SGARD *op. cit.*, p. 208.
32. M. GILOT et J. SGARD *op. cit.*, p. 209.
33. B.M. Lyon ms. 6224, t. III, p. 443.
34. B.M. Lyon ms. 6224, t. III, p. 434.

CHAPITRE II

L'ATTAQUE AU NOM DES VALEURS LITTÉRAIRES

L'attaque contre les romans au nom de la morale, lorsqu'elle n'était pas radicale, aboutissait à une conception du roman où l'intrigue était en quelque sorte, sinon préfigurée, du moins imposée par la nécessité d'une conduite vertueuse des protagonistes et d'une fin rassurante pour la morale — en général un sinon plusieurs mariages. Ainsi les considérations esthétiques n'étaient pas indépendantes des prétentions morales. Nous retrouvons le problème de l'invraisemblance du roman qu'évoque Georges May. Et nous voyons se dessiner ici le dilemme du roman, pris entre la nécessité de la morale et celle du réalisme. Si nous n'examinons pas davantage ce problème, c'est non seulement parce qu'il a été longuement étudié par Georges May, mais parce que nous cherchons les origines de la proscription de 1737 — si limitée qu'ait été cette proscription. Or, comme nous l'avons dit précédemment, cette proscription ne peut avoir été provoquée par des accusations d'ordre purement esthétique, pas plus qu'elle ne peut s'expliquer par des causes morales.

Plus que l'ombre des valeurs esthétiques de l'Antiquité se profile ici, selon nous, la silhouette de la République des Lettres. Le débat qui s'instaure sur l'utilité du roman ne nous semble pas avoir son origine dans les conceptions du réalisme[1], mais dans les réactions des tenants de l'érudition devant la montée du Roman.

L'inutilité du roman avait en fait été affirmée bien avant 1737 par certains défenseurs du Roman. « Ce livre n'est ni pour les grammairiens ni pour les pédants », proclamait l'auteur de l'*Avanturier hollandais* (1729). « Les longues préfaces ne conviennent qu'aux ouvrages d'érudition et les miens ne sont pas de ce genre », trouve-t-on dans la préface des *Mémoires du chevalier de* de Madame Meheust (1734). A ces textes de 1734, il faut ajouter celui déjà cité des *Mémoires de Trévoux* : « Ces sortes d'ouvrages sont excellents pour enrichir la bibliothèque des esprits oisifs ennemis de la réflexion et de ce qu'on appelle penser, qui préfèrent à des lectures sérieures et utiles celles qui sont de pur amusement »[2]. On remarquera l'ambiguïté de la formulation : le journaliste désapprouve mais ne condamne pas et joue le jeu du public supposé des lecteurs de romans : femmes, aristocrates, etc.

En réalité tout le monde était bien conscient d'une décadence de l'érudition et de la nécessité de tenir compte de plus en plus d'un autre public que celui de la République des Lettres. « Les livres en latin sont pour nos bibliothèques où on les laisse d'ordinaire fort en repos, parce que le nombre des savants est toujours médiocre » : cette remarque est dans une lettre de l'abbé Desfontaines à Carte[3]. C'est probablement le même Desfontaines qui écrit en décembre 1733 dans le *Pour et Contre* n° 22 : « J'appelle ici savants de profession ceux qui passent leur vie à recueillir des faits et des noms propres, et dont l'esprit s'épuise sur d'antiques minuties, ce qui les rend dédaigneux pour tous ceux qui les environnent, parce que, n'étant que leurs contemporains, ils ne méritent pas de partager leurs égards qu'ils réservent pour les seuls Anciens »[4].

Ainsi, comme l'avait bien vu Georges May, la querelle littéraire sur le roman est liée aux dernières vagues de la Querelle des Anciens et des Modernes ; moins à notre avis parce qu'il n'y aurait pas de modèle littéraire du roman dans l'Antiquité[5], que parce que la lecture des textes anciens *en général* suppose une conception des belles-lettres qui tend à passer de mode : « Ces sortes de livres ne font pas aujourd'hui la fortune des libraires », note un autre journaliste du *Pour et Contre*, peut-être Saint-Hyacinthe, dans le n° 28 de février 1734[6]. Remarque à laquelle fait écho celle du *Sage Moissonneur* en 1751 : « C'est aujourd'hui la mode d'imprimer les mauvais livres parce qu'ils se vendent et de négliger les bons parce qu'ils ne se vendent pas »[7]. Et l'auteur du *Journal littéraire* de 1735 évoque « certaine sorte de savants un peu trop graves et trop attachés à leur cabinet, qui trouveront mauvais qu'on fasse mention dans ce journal de livres semblables à celui-ci (*Les petits soupers de l'esté*). J'avoue que je pense autrement et que je regarde ces sortes de nouvelles comme fort utiles aux savants »[8].

« Il est bien à craindre », répond l'auteur du *Pour et Contre* de janvier 1734[9] « que la paresse, l'oisiveté, l'éloignement du sérieux et le goût du frivole ne nous plongent dans l'ignorance totale ». Cet auteur est peut-être Granet, dont les *Réflexions* de 1738 proclameront : « La paresse et le dégoût se sont emparés de nos écrivains modernes »[10] ; même écho en 1739 : « il y aura toujours des romans en France tant qu'on y verra régner le bel esprit ignorant et l'oiseveté libertine »[11]. Les *Nouveaux Mémoires* de d'Artigny affirment en 1750 que « les vrais savants gémissaient à la vue de tout ces désordres, mais leurs efforts étaient inutiles » et en 1753 les *Lettres sur quelques écrits de ce temps* évoquent « cette foule prodigieuse d'ouvrages de fiction nés de l'oisiveté des écrivains et des lecteurs »[12].

On veut donc persuader les contemporains que les romanciers perdent leur temps (et font perdre celui des lecteurs) à écrire des ouvrages frivoles sinon nuisibles ; ils feraient mieux de se consacrer à d'autres travaux, de participer à des entreprises comme le *Recueil des historiens de France* ou les histoires des différentes académies[13] ou à des éditions de textes, comme les véritables membres de la République des lettres[14].

En réalité, la République des Lettres est morte. Déjà les grandes entreprises historiques relèvent d'un souci plus moderne, plus collectif également. Les membres de la République des Lettres qui disparaît, les membres des nouvelles académies sont des dilettantes, des amateurs, si sérieux soient-ils dans leurs travaux. Les romanciers et les journalistes sont des professionnels. Ils se veulent auteurs.

Mais pourquoi est-on auteur, particulièrement auteur de romans? Celui des *Avantures de l'infortuné Florentin* (Corpus n° 96) a beau déclarer « être uniquement poussé par l'envie de (s') occuper», celui des *Mémoires de M. le marquis de Fieux* (Corpus n° 425) prétendre écrire « parce qu'il faut (s') occuper et qu'(il) n'aime point l'oisiveté», le journaliste du premier volume des *Réflexions sur les ouvrages de littérature* affirmer en 1736 qu'il « travaille uniquement par amusement et par plaisir», ces protestations de deux romanciers et d'un journaliste ne nous trompent guère, et n'ont pas plus trompé sans doute les contemporains. « Je déclare que je n'aspire ni au nom, ni à la gloire, ni au profit du métier d'auteur» écrit encore l'auteur des *Avantures de l'infortuné Florentin*; « ce n'est point pour acquérir le nom d'auteur que j'écris», ajoute comme en écho celui des *Mémoires du marquis de Fieux*. « Un auteur de profession écrit pour se faire un nom ou pour avoir de quoi vivre», trouvera-t-on en 1752 dans la préface de *Cassandre*; et on lira en 1756 dans les *Romans appréciés* : « Tout le monde est auteur, les uns composent par vanité, beaucoup par besoin »[15].

S'il est évident qu'on n'écrit guère par simple amusement, la vanité peut être un aiguillon; mais le motif le plus important est le besoin d'argent. Les citations ci-dessus font déjà allusion au « profit du métier d'auteur » et au besoin de « vivre ». Prévost avoue dans la préface du *Doyen de Killerine* « travailler pour vivre » et « il est à cet égard » selon Dubuisson[16] « à l'unisson de bien des auteurs ». En 1738, le même Prévost écrira à Dom Le Sueur que c'est « l'état de (sa) fortune » qui le tient « renfermé » malgré lui dans un « labyrinthe de bagatelles »[17]. Les rapports de police s'étendront complaisamment sur la misère des auteurs qui les rend particulièrement suspects, car, comme le fait remarquer Morand dans sa gazette manuscrite du 12 décembre 1753, « l'homme de lettres qui travaille pour vivre abuse quelquefois de sa réputation bien ou mal acquise pour faire de l'argent et donner des « drogues » au public »[18]. Ces rapports de police signalent par exemple en 1749 que les frères Parfaict « n'ont point de bien et ne vivent que de leurs ouvrages »[19], en 1753 que Chevrier « vit de ses mauvais livres »[20]. Déjà en 1733 le bruit avait couru que « depuis quelque temps (Lesage) ne travaille que pour vivre »[21]. On retrouve la même perspective en 1745 dans le *Fantasque* de Saint-Hyacinthe : « Si on ne faisait de livres que comme vous voulez qu'ils soient faits, vous feriez un tort considérable à un grand nombre de gens. La preuve en est claire... Ainsi, par plusieurs raisons, ne fût-ce que par celles de faire du bien au commerce, les libraires doivent être encouragés à faire beaucoup imprimer »[22].

Nous pourrions multiplier ces citations ; ce que nous voulons montrer, c'est que les membres de la République des Lettres, eux, ne se souciaient pas d'argent, du moins telle était leur réputation ; de toutes façons, ils avaient des ressources financières et ne comptaient pas sur leurs productions littéraires pour subsister. Tel n'est pas le cas des auteurs « de profession » ; tout au plus, comme Mlle de Lussan, vivent-ils d'une médiocre pension et de (leurs) ouvrages[23]. Parmi ces auteurs de profession, on remarque surtout les romanciers et les journalistes, confondus dans une même réprobation, objets d'une même méfiance du Pouvoir. Ce n'est pas un pur hasard si Desfontaines, plus connu comme journaliste, écrit aussi des romans, dont certains sont attribués à son disciple d'Auvigny ; et si Prévost, plus connu comme romancier, est le journaliste du *Pour et Contre*. L'abbé d'Olivet écrit le 29 novembre 1745 à Bouhier que « les faiseurs de romans et de feuilles périodiques se font bien payer »[24].

Le terme de « brochures » désigne des ouvrages qu'on n'a pas jugé utile de relier, en particulier des journaux et des romans. « Fréron et Desfontaines sont obligés de vivre de brochures », écrit le 30 décembre 1744 Bonardy, autre correspondant du président Bouhier[25]. Et Dubuisson, commentant le 4 juillet 1737 la « proscription des romans », écrit au marquis de Caumont : « Si M. d'Argenson tient bon, nous aurons moins de brochures et romans ; mais de quoi leurs auteurs vivront-ils? »[26]. Il faut poser le problème : à qui pouvait profiter cette littérature considérée à la fois comme frivole et pernicieuse, aux auteurs ou aux libraires? En 1733, Voltaire considérait que le roman faisait vivre « et l'auteur et le libraire ». On remarquera que l'auteur est nommé avant le libraire. D'autres témoignages insistent sur le profit du libraire : « si on imprime ici clandestinement (le *Télémaque travesti*) écrit de Lyon Dugas le 13 mars 1736, « je suis persuadé que le libraire n'y perdra pas, parce que le nombre des sots est très grand »[27] : Il est vrai qu'il s'agit ici d'une réimpression. En 1743, l'auteur des *Lettres amusantes* considère que « le plus grand mérite » de *Pamela* est « de faire le profit des libraires qui en ont le débit »[28]. L'éditeur des *Mémoires de M. le Comte de Claize* (Corpus n° 422) place à la tête de l'ouvrage un frontispice représentant « un pauvre auteur ruiné par les libraires ». Le héros de ce roman déclare avoir « choisi une profession où on s'enrichit difficilement » ; il est « d'un pays où les libraires rendent si peu de justice aux auteurs qu'après bien des veilles ils retirent peu de fruit de leurs ouvrages »[29]. « En France », prétend Fréron en 1751, « le meilleur roman donne à peine à son auteur de quoi vivre une année »[30].

Il est bien difficile de connaître la vérité, mais il est probable que, plus que les auteurs, c'étaient les libraires-éditeurs qui faisaient fortune.

« Etre un auteur », note l'*Agenda des auteurs* (1755), « c'est un état aujourd'hui. Il ne donne guère ce qu'on appelle aujourd'hui le solide, c'est-à-dire les richesses »[31]. « L'imprimerie est une affaire comme une ferme »[32] ; « que le public accueille davantage les livres nouveaux, les auteurs fourmilleront et l'imprimeur y fera son profit »[33].

Parmi les livres nouveaux, les romans tiennent le premier rang : Granet ou un de ses collaborateur des *Réflexions* affirme en 1739 que « chaque libraire se donnait mille mouvements pour se procurer un romancier, comme d'autres pour chercher des faiseurs d'*almanachs* et d'*Etrennes* »[34] et en 1754 le Bâlois Falckner, en séjour à Paris, écrit à son ami Iselin : « Les libraires disent franchement qu'avec (les romans) ils gagnent du pain, et qu'ils se ruineraient avec les livres utiles »[35].

Nous avons vu précédemment la silhouette de l'auteur se profiler derrière celle du lecteur ; nous voyons maintenant apparaître celle du libraire, avec cette ambiguïté fondamentale : l'auteur et le libraire complices, ou l'auteur exploité et peut-être même aux gages du libraire. Si l'on se reporte aux témoignages sur les « événements » de juillet 1737, on trouve dans le manuscrit de la Bibliothèque historique de la Ville de Paris à la date du 18 juillet : « les auteurs et libraires imprimeurs se plaignent fort qu'on leur fait grand tort, et à la République des lettres disent-ils de ce qu'on ne veut plus permettre l'impression d'ouvrages solides et utiles en rejettant les romans nouveaux... ce qui est capable de faire tomber la librairie en France... Les auteurs de feuilles périodiques disent qu'on est plus ridicule que jamais à l'approbation pour ne pas vouloir passer *bien des choses qui ne portent pas coup*, et qui sont tout le sel d'un écrit, que cela va dégoûter de travailler, et qu'insensiblement le goût des belles-lettres se perdra par la captivité où on les met »[36].

Nous avons souligné l'expression « bien des choses qui ne portent pas coup », parce qu'elle nous semble essentielle à la compréhension de l'histoire de la librairie à cette époque, qu'il s'agisse des périodiques ou des romans qui sont attaqués en même temps que les périodiques, et cela dès juillet 1737.

Nous avons respecté la ponctuation du manuscrit de l'agent de la police car c'en est un, et il ne faut pas confondre nouvelles à la main destinées au public et nouvelles à la main destinées au lieutenant de police. Ces rapports ne brillent certes pas par la beauté du style, pas davantage par la clarté ; faut-il attribuer aux hésitations de la ponctuation la difficulté que nous éprouvons à saisir le lien entre « ouvrages solides et utiles » et « en rejettant les romans nouveaux »? Il convient peut-être de comparer ce texte tout simplement à des notes rapides prises en sténo, ou à une cassette où le tumulte des voix plus ou moins proches du magnétophone aboutit à une certaine confusion intellectuelle. Dans une première lecture, tout semble mis dans un même sac : le domaine de la République des lettres et celui, parallèle, des romans et des feuilles périodiques ; la confusion est-elle voulue? il semble plus vraisemblable d'admettre que le mouchard (la « mouche » comme l'on disait) n'a rien compris et a relaté les conversations comme il les a entendues.

Les libraires, eux, ne s'y trompent pas ; ils savent distinguer les livres qui se vendent bien de ceux qui se vendent mal. Or les romans se vendent bien ; et on a vu que les romans périodiques se vendaient particulièrement bien : « Certains libraires imprimeurs qui ont le plus de débit de petits ouvrages comme les Prault continuent de vendre si chers partie par partie mal imprimés, sur de vilains papiers, tandis qu'on voit les tomes si considérables des Rolin se donner à très bon compte ; il ne faut que cet exemple, dit-on, pour condamner les autres et les obliger à mieux satisfaire le public »[37]. Le rapport de la mouche est du 6 avril 1737. Ainsi les libraires qui sont les plus concernés financièrement ne peuvent être indifférents au débat sur les ouvrages d'érudition et les livres d'amusement.

1. G. MAY *op. cit.*, p. 139 et sq.

2. *Mémoires de Trévoux*, 1734, p. 257.

3. Lettres inédites de l'Abbé Desfontaines (1728-1735) éd. par M.R. de Labriolle dans *Revue des sciences humaines*, 1966, p. 405.

4. Bibl. Arsenal, ms. 10 296, f° 239.

5. Il y a en tout cas une vogue du roman traduit ou adapté de l'Antiquité grecque : *Amours d'Ismène et d'Ismenias* de Beauchamp (1729) *Amours pastorales de Daphnis et de Chloé* (édition de 1718 dite du Régent et autres éditions); *Amours de Theagenes et Chariclée* (réimpr. en 1743).

6. *Pour et Contre*, tome II, 1733, n° 28, p. 290.

7. *Le sage moissonneur*, tome II, 1741, p. 103.

8. *Journal littéraire*, tome 22, p. 442.

9. *Pour et Contre*, n° 26, tome II, p. 257.

10. *Réflexions sur les ouvrages de littérature*, tome V, 1738, p. 45.

11. *Ibid.*, tome IX, 1739, p. 51.

12. *Nouveaux Mémoires* de d'Artigny, tome VIII, 1753, p. 21.

13. Voir D. ROCHE. *Le siècle des lumières en province...* Paris, 1978.

14. Voir K. POMIAN. «L'histoire de la science et la science de l'histoire» dans *Annales* 1975, pp. 935-852 et notre introduction «La correspondance de Bouhier et l'art épistolaire» in F. WEIL. *Jean Bouhier et sa correspondance*, Paris, 1975.

15. *Les romans appréciés*, 1756, p. 15.

16. DUBUISSON. *op. cit.*, P. 91.

17. Lettre du 8 octobre 1738 citée par HARISSE. *L'abbé Prévost* Paris, 1896, p. 284.

18. B.M. Nîmes ms 238 f° 62 à propos des *Pensées sur l'interprétation de la nature* de Diderot.

19. B.N. n.a.fr. 10 783 f° 16.

20. B.N. ms.fr. 22 158.

21. B.N. ms.fr. 25 000 p. 62.

22. *Le Fantasque*, 1745, p. 11 et 13.

23. Bibl. Arsenal ms. 6290 p. 95, catalogue de Paulmy.

24. B.N. ms.fr. 24 417 f° 283 et 284 et *Lettres de l'abbé d'Olivet*, éd. Duranton, 1976, p. 339.

25. B.N. n.a.fr. 4300 f° 71.

26. DUBUISSON *op. cit.*, p. 382.

27. B.M. Lyon ms. 6224 III, p. 564.

28. *Lettres amusantes et critiques sur les romans*, Paris, 1743, p. 75.

29. *Mémoires de M. le comte de Claize*, 1738, p. 476.

30. *Lettres sur quelques écrits de ce temps*, tome IV, 1751, p. 122.

31. *Agenda des auteurs*, 1755, p. 63.

32. *Ibid.*, p. 17.

33. *Ibid.*, p. 22.

34. *Réflexions sur les ouvrages de littérature*, tome IX, 1739, p. 50.

35. Bâle, Staadtsarchiv Iselin, 25, p. 131.

36. B.H.V.P. ms. 617 f° 66.

37. B.H.V.P. ms. 616 f° 24.

CHAPITRE III

LA QUERELLE DU VRAISEMBLABLE

Il faut distinguer les débats internes des débats externes; en d'autres termes, essayer de voir dans quelle problématique littéraire se situe le roman, et ne pas confondre cette problématique avec les conditions économiques et politiques de sa survie. Or il nous semble bien que le véritable problème littéraire du roman est alors celui de sa confrontation non pas avec le genre historique mais avec ses ancêtres dans l'histoire du genre romanesque. Le conflit réel serait alors entre les exigences de vraisemblance d'une partie de plus en plus grande sans doute des lecteurs, et les exigences de moralité de la Société — celle des dévots et du Pouvoir.

« Le grand roman précieux », écrit fort justement Georges May, « s'il n'observait guère la vraisemblance, en revanche observait assez scrupuleusement les bienséances »[1]. Le vraisemblable s'oppose essentiellement au merveilleux, celui des contes de fées, mais aussi celui des situations extravagantes. L'article de l'*Encyclopédie* sur le roman (1765) définit le roman comme un «récit fictif de diverses aventures MERVEILLEUSES OU VRAISEMBLABLES de la vie humaine». Les Observateurs évoquent dans leur lettre n° 23 de 1735 un ouvrage où l'on « voit régner partout le merveilleux au préjudice du vraisemblable »[2]; dans leur lettre n° 236 de 1739, ils font remarquer que l'auteur des *Mémoires de la comtesse Linska* (Corpus n° 408) « s'est quelquefois servi du merveilleux usité dans cette sorte d'ouvrages et qui consiste dans une combinaison de circonstances heureuses »[3]. Dans son « Discours sur le roman » qui se trouve à la tête de *Theresa* (1745), Baculard d'Arnaud écrit : « Qu'entend-on en effet par le romanesque? un merveilleux peu vraisemblable »[4]; on remarquera qu'il s'agit ici d'une définition non du roman, mais du romanesque. Moncrif critique en 1741 les « romans qui ne sont fondés que sur le merveilleux et le surnaturel »[5] et La Dixmérie critiquera en 1769 « ces longs romans du dernier siècle... (où) la vraisemblance est sacrifiée au merveilleux »[6].

Prenons donc garde au sens du terme « merveilleux » qui s'oppose à «vraisemblable» comme «fabuleux» s'oppose à «vrai». Henri Coulet fait remarquer : «On ne s'aventurera pas beaucoup en disant que le roman au cours du XVIIᵉ siècle passe de l'aventure héroïque et princière à l'aventure des particuliers; qu'il abandonne le romanesque pour le surnaturel et le vraisemblable dans les sentiments et dans les événements; que les romans longs ont été remplacés par des œuvres plus courtes»[7]. Processus certes engagé dès le XVIIᵉ siècle, mais qui ne semble pas terminé au début du XVIIIᵉ siècle. Le roman à la Scudéry garde ses lecteurs, témoin la réimpression du *Cassandre* en 1731. Et ce que Georges May appelle réalisme semble alors plus ressenti en ce qui concerne l'intrigue proprement dite que la situation sociale, et même que les sentiments des personnages. Comme le souligne H. Coulet dans l'article cité ci-dessus, les notions de romanesque, de naturel et de vraisemblable sont fort relatives.

En réalité — et c'est là que nous apercevons un «dilemme», celui de la vraisemblance et de la moralité — on semble surtout sensible à l'impossibilité de la chasteté dans d'aussi longues amours. Déjà Sorel avait fait le procès de ces romans où «vous voyez des chevaliers qui rompent des lances avec autant de facilité que si ce n'étaient que des brins de chenevière... qui ont couru le pays avec leurs maîtresses et n'ont jamais rien eu d'elles qui ait préjudicié à leur honneur... Cela est pourtant fort difficile à croire... Des filles qui n'ont jamais sorti d'auprès de leur mère se disposent à faire de grands voyages avec un homme auquel elles n'auront jamais parlé qu'une fois ou deux par quelque fenêtre, ou en quelque lieu dérobé... Elles ne vont en aucun lieu avec leurs amants qu'elles ne trouvent toujours des gens qui les reçoivent courtoisement, et qui les nourrissent plus de six mois sans qu'il leur coûte rien, car tout le monde est courtois et libéral dans les romans»[8].

Le *Berger extravagant* avait paru en 1627-1628; le titre de la réimpression de 1633-34 est l'*Antiroman ou l'histoire du berger Lysis*. Il sera réimprimé en 1739 sous le titre du *Berger extravagant* à en croire le catalogue de la bibliothèque de Gilbert de Voisins[9]. C'est dire qu'il n'avait pas perdu toute son actualité; l'abbé Desfontaines le cherche en février 1729 pour son correspondant anglais Carte : «C'est un assez mauvais livre», lui précise-t-il; «on ne (le) trouve plus. Ce qu'il a de bon est une critique de nos romans qu'il renferme»[10].

Le *Geomyler* paru en avril 1729, donc peu de temps après la réflexion de Desfontaines, contient une intéressante «Lettre au sujet de la traduction du *Geomyler*» adressée à la soi-disant traductrice de ce roman pseudo-arabe. «C'est l'essence du roman», y lit-on, «d'étaler de ces sagesses singulières et qui ne sont vraisemblables que dans la supposition que l'on fait d'une vertu héroïque peu vraisemblable elle-même, mais qui pourtant est en possession de plaire au lecteur. Le Geomyler est un héros tel que les fait le roman, c'est-à-dire outrant toujours un peu la magnanimité et la chasteté, aimant mieux mourir qu'aimer par force, ou que jouir sans aimer».

Ce qui paraît plus nouveau, c'est une apparente exigence de vérité sociologique : l'auteur du *Geomyler* s'en prend à « nos romanciers qui assemblent des héros des quatre coins du monde, qui ont tous mêmes mœurs, même façon d'aimer et de combattre, même sorte de civilité, même notion de la vertu et du vice, et mêmes aventures si vous voulez ».

Curieusement, c'est Prévost qui fait rebondir le débat, et cela dès la parution des deux premiers volumes des *Mémoires d'un homme de qualité* en 1728 : « L'auteur de ce livre », écrit le chroniqueur du *Journal de Verdun*, « a pris le parti, dont plusieurs autres lui ont donné l'exemple, pour se dispenser de la loi qu'on voudrait imposer aux romanciers, de ne hasarder aucune aventure qui ne soit vraisemblable. Il a donné pour véritables celles que son imagination a enfantées... »[11]. Lorsque Dugas lit les premiers volumes des *Mémoires* à la fin de 1730, il est frappé par ce qu'il considère comme des défauts de vraisemblance : « Le vraisemblable n'est pas assez ménagé », écrivit-il le 7 décembre 1730 ; et le 8 janvier 1731 : « Ce livre m'aurait encore plus amusé si la vraisemblance avait été plus ménagée »[12].

Cette accusation d'invraisemblance se retrouvera tout au long de la « carrière romanesque » de Prévost. Ainsi celui des romanciers de cette époque qui nous paraît peut-être le plus « vrai » est accusé d'invraisemblance. En particulier à partir de 1742, les journalistes se déchaînent contre lui, et un de leurs reproches est celui-là : « Tout pèche dans cet ouvrage (les *Campagnes philosophiques*) écrit le marquis d'Argens, je ne dirai pas contre le vrai mais contre le vraisemblable »[13]. Il s'agit d'ailleurs cette fois, non pas d'une invraisemblance de situation, mais d'une invraisemblance par rapport au personnage réel que Prévost a pris comme héros. En 1744, il sera accusé par les *Jugemens* de Desfontaines de présenter « des aventures sans liaison et sans vraisemblance »[14] : Prévost a osé être invraisemblable dans ses romans comme Marivaux a osé présenter des cochers et des lingères.

Le *Journal de Verdun* ne s'explique pas autrement sur le « on » qui prône le vraisemblable, mais pense sans doute entre autres à Huet qui écrit dans sa *Diane de Castro* « la vraisemblance suffit » (1728). C'est certainement une règle d'or du roman comme celle du dénouement moral : on voit que le roman est un genre bien défini. Après 1728 nous avons relevé les affirmations suivantes, la plupart dans des préfaces de romans :

1729 *Rhamiste et Ozalie* (Corpus n° 578)
« Tout est inventé, j'ai seulement tâché de rendre les faits intéressants et vraisemblables ».

1731 *Nouvelles de Cervantès* (Corpus n° 505)
« On n'y trouve pas cette vraisemblance que les Français observent aujourd'hui dans les ouvrages de cette nature ».

1732 *Mémoires de Mme de Barneveldt* (Corpus n° 411)
« Celui qui invente est toujours réduit à la nécessité d'imaginer

rien que de très vraisemblable. Il n'osera même avancer des choses vraies si elles sont difficiles à croire»[15].

1734 *Les faveurs et les disgrâces de l'amour* (Corpus n° 215)
« L'extraordinaire joint au vraisemblable».

1735 Dubuisson, écrivant à Caumont en août 1735 à propos du *Doyen de Killerine* : « Je l'ai lu avec le même plaisir qu'on lit tous les romans imaginés avec vraisemblance»[16].

1736 *Rethima* (Corpus n° 576)
« Ces trois parties sont pourtant dans le vraisemblable» (avertissement de la quatrième partie).

1736 *Amusemens historiques* (Corpus n° 55)
« Dans les bons romans, on trouve presque toujours le vraisemblable; dans l'histoire, on voit souvent des vérités qui répugnent au bon sens».

1736 *Lilia* (Corpus n° 382)
Dans «un roman il faut que les événements soient vraisemblables».

1736 *Le mentor cavalier* (Corpus n° 468)
« On a réduit depuis quelque temps les romans et les histoires galantes au point de devenir utiles... On a fait succéder à ces combats... le naturel et le vraisemblable».

1736 *Journal littéraire* «Le goût du vrai, du moins du vraisemblable, l'emportera sur le fabuleux»[17].

1736 *Bibliothèque française* à propos des *Mémoires du Comte de Comminge*
« La vraisemblance des faits»[18].

1737 *Histoire de Lidéric Premier* (Corpus n° 283)
« Les fables les moins soutenables prennent un air de vraisemblance quand on sait les lier avec .art...».

1740 *Anecdotes Jésuitiques* (Corpus n° 66)
« J'ai su tellement dans mes amusantes fictions mêler le vrai avec le faux que je suis bien assuré de ne m'être jamais écarté de la plus rigide vraisemblance».

1740 *Réflexions sur les ouvrages de littérature*
« C'est le vraisemblable qu'il faut représenter dans un roman»[19].

1741 *Lettre à l'auteur de Mme de Luz*
« Dès lors on exigea plus de vraisemblance». « On veut que chaque aventure soit vraisemblable en elle-même».

1742 *Lettre sur les romans*
« L'imagination s'est toujours contentée de la vraisemblance»[20].

1744 *Anecdotes politiques et galantes de Samos* (Corpus n° 67)
« L'ouvrage a pour base des traits historiques auxquels l'auteur a joint des épisodes vraisemblables».

1745 *Theresa* (Corpus n° 623)
« Toute l'imposture du roman sans en avoir l'intérêt, les grâces, le style et même le vraisemblable»[21].

Nous avons vu que les critiques n'avaient pas été ménagées à Prévost sur cette question de la vraisemblance. Mais d'autres n'y échappent pas : Dubuisson, qui vient de lire en 1736 les nouvelles parties de la *Paysanne parvenue* et de la *Mouche*, pense que « c'est toujours la même imagination, c'est-à-dire des tirades d'aventures sans vraisemblance »[22]. Les *Observations sur les écrits modernes* reprochent ce manque de vraisemblance successivement au *Doyen de Killerine* : « Ce roman est une fiction qui heurte partout la vraisemblance »[13] ; à la *Paysanne parvenue* : « La vraisemblance n'est point observée en plusieurs endroits »[24] ; à Crébillon à propos des *Egaremens* : « Des aventures toujours hors du vraisemblable »[25] ; aux *Mémoires de la Comtesse Linska* (Corpus n° 408) : « Quelque défaut de vraisemblance dans cet endroit du roman »[26] ; au *Siège de Calais* (Corpus n° 593) : « événements la plupart peu vraisemblables »[27]. Les *Réflexions* de Granet s'attaquent de même aux romans de Le Sage[28] et aux portraits des *Mémoires d'une dame de qualité* (Corpus n° 449)[29].

Cette liste de citations n'est probablement pas complète. Nous en retiendrons la monotonie, et aussi le manque d'originalité par rapport à la période ou aux périodes précédentes. L'opposition entre, d'une part vrai historique et invraisemblable, d'autre part imaginaire, vraisemblable remonte au moins à l'époque baroque.

On remarquera également un certain parallélisme entre les proclamations des romanciers et les accusations des journalistes : les premiers affirment la vraisemblance de leurs récits tandis que les journalistes les accusent d'invraisemblance. Ajoutons que la plupart des proclamations des romanciers sont datées de 1736. Il serait abusif selon nous d'y voir des réponses au discours du p. Porée; en fait, tout au long de l'année 1735, on s'est plaint de « l'inondation» des romans, sans que nous sachions bien si l'on se plaint du nombre de titres ou du tirage. Si l'on se reporte à nos tableaux précédents on y voit que les chiffres que nous avons obtenus passent de 27 à 43 pour le nombre des titres des catalogues de ventes (mais ce chiffre est pratiquement le même que celui de 1732) et de 43 à 68 pour le nombre d'éditions que nous avons retrouvées. Dans les deux cas, le saut est important, et a pu inquiéter les «antiromanciers».

Une autre constatation sur laquelle nous reviendrons, c'est l'unité du combat que semblent mener les *Observations* de Desfontaines et Granet et les *Réflexions* de Granet. Mais est-on bien clair lorsqu'on parle de vraisemblance? entend-on toujours l'irréalité des situations et l'invraisemblance de l'intrigue? On peut se le demander lorsqu'on voit les Observateurs évoquer le 10 décembre 1735 l'abandon par les auteurs comiques français de la « vraisemblance bourgeoise, objet naturel de la comédie »[39]. On peut aussi se le demander lorsqu'on voit sans cesse la vraisemblance opposée à la vérité, autrement dit le roman à l'histoire : allons-nous retrouver le « dilemme » littéraire présenté par Georges May? En tout cas, la notion de vraisemblance reste confuse et la critique

littéraire, sur ce point au moins, semble n'avoir guère évolué entre 1640
et 1740.

1. G. MAY op. cit., p. 24.
2. Observations sur les écrits modernes, tome II, p. 182.
3. Ibid., tome XVI, p. 259.
4. Theresa, p. X.
5. MONCRIF « Réflexions sur quelques ouvrages faussement appelés d'imagination »
dans Œuvres, Paris, 1791, tome I, p. 306-317.
6. La DIXMERIE. Les deux âges du goût et du génie français, Paris, 1769, p. 2.
7. H. COULET, « Un siècle, un genre? » dans Revue d'histoire littéraire de la France,
1977, p. 65.
8. Ch. SOREL. Le berger extravagant, 1639, p. 380 et sq.
9. Catalogue de la bibliothèque de Gilbert de Voisins B.N. n.a.fr. 3182.
10. Desfontaines à Carte op. cit., p. 394.
11. Journal de Verdun, tome 23, 1728, p. 161
12. B.M. Lyon ms 6224 III p. 163 et 183.
13. Nouvelle Bibliothèque, avril 1742, tome XI, p. 559 et 560.
14. Jugemens sur quelques ouvrages nouveaux, tome II, 1744, p. 171.
15. Mémoires de Mme de Barneveldt, p. 13.
16. DUBUISSON op. cit., p. 92.
17. Journal littéraire, tome XXIII, 1736, p. 205.
18. Bibliothèque française, tome XXII, 1736, p. 376.
19. Réflexions sur les ouvrages de littérature, tome XI, 1740, p. 317.
20. Lettre sur les romans, 1742, p. 413.
21. Theresa, 1745, p. iij.
22. DUBUISSON op. cit., p. 277.
23. Observations sur les écrits modernes, tome II, 1735, p. 95.
24. Ibid., tome II, 1735, p. 119.
25. Ibid., tome IV, 1736, p. 50.
26. Ibid., tome XVI, 1739, p. 257.
27. Ibid., tome XVIII, 1739, p. 39.
28. Réflexions sur les ouvrages de littérature, tome I, 1736, p. 63; tome VI, 1738, p. 223.
29. Ibid., tome XI, 1740, p. 315.
30. Observations sur les écrits modernes, tome III, 1735, p. 228.

CHAPITRE IV

LE DÉBAT SUR LA VÉRITÉ

Vraisemblance ou vérité? Le vraisemblable ne se situe que par rapport au vrai, immédiatement en deçà et parfois au-delà du vrai. « On commence à préférer la vérité aux vraisemblances les plus flatteuses et les plus agréables», écrit en 1732 l'auteur des *Réflexions sur les grands hommes*. « Ces trois parties sont pourtant dans le vraisemblable et même dans le vrai pouvant s'appliquer à des événements connus», explique en 1736, l'auteur de *Rethima* (Corpus n° 576).

Comme l'a remarqué Georges May, « les préfaces de l'époque sont innombrables qui avertissent le lecteur que l'ouvrage qu'il va lire n'est pas un roman mais un récit d'événements authentiques»[1]. Peut-être ces préfaces sont-elles plus fréquentes avant la proscription qu'après. Nous les relevons particulièrement dans les années 1729 (*Le solitaire anglois, Mélanie, L'infortuné Napolitain, Avantures de l'Infortuné Florentin, Histoire véritable et secrete des vies et des règnes des rois d'Angleterre*) et 1735 (*Mémoires du Comte de Comminville, Le chevalier des Essars, Rethima histoire véritable*) et il nous a semblé qu'elles avaient tendance à disparaître après 1740.

Cette prétention à la vérité concerne d'abord les faits eux-mêmes : « les faits sont sincères et extrêmement vrais» (*Le chevalier des Essars*); « les histoires sont très véritables» (*La nouvelle mer des histoires*); « les histoires que je donne étant vraies» (*Amusemens historiques*); «sans vouloir changer les faits» (*Mémoires du comte de Comminville*); «je les rapporte tels que je les ai appris» (*L'infortuné Philope*). Le chevalier des Essars et L'infortuné Philope sont particulièrement extravagants; cependant il n'est pas certain que les déclarations de ce genre soient amenées par des intrigues particulièrement invraisemblables; plus que des justifications, il s'agit à nos yeux d'affirmations de caractère publicitaire; et aussi d'une espèce de rite, comme l'éloge du cardinal de Richelieu dans les discours de réception à l'Académie Française.

Mais, si les faits sont présentés comme vrais, leurs héros ont existé ou même existent encore. Or le roman des années 30 n'admet pour personnages que des gens de condition : on sait l'espèce de scandale que provoqua Marivaux en osant introduire dans ses romans d'autres personnages ; le débat devait rebondir avec les traductions des romans anglais. Ce n'est pas notre propos d'aborder ce problème ; nous voulions seulement souligner que la quasi-totalité des personnages de romans sont alors des personnages nobles. Si les faits sont réels, les personnes nobles à qui ces faits sont arrivés sont connues de tous les lecteurs. D'où l'alternative : donner de faux noms, ou de vrais noms, ou encore l'initiale de noms. « Les premiers personnages (sont) encore vivants, ce sont des gens de condition » lit-on dans la *Nouvelle mer des histoires* ; « j'ai jugé à propos de déguiser les noms », déclare la préface du *Chevalier des Essars* ; « les noms seuls sont supposés » trouve-t-on encore dans la *Vie de Chimène de Spinelli*.

Il est évidemment exceptionnel de rencontrer les noms véritables : nous en connaissons au moins deux exemples ; il s'agit de deux romans parus tous deux — coïncidence? — en 1731 : l'*Histoire de Madame de Muci* (Corpus n° 286) et l'*Histoire de Mlle de La Charce* (Corpus n° 291). Le premier, paru sous l'adresse (fictive) d'Amsterdam, narre la vie peu édifiante d'une jeune femme qui a réellement existé : « J'ai connu Madame de Muci et l'aie vue fort aimée et fort aimable, écrit M. Marais à Bouhier[2] ; « L'*Histoire de Mme de Muci* est ridicule et grossière, il n'y a que le fait de Stanhope qui intéresse et on dit qu'il est vrai... Les libraires sont des misérables qui abusent bien de leur métier »[3]. Il s'agit probablement d'une demoiselle de Filzjean, famille de parlementaires bourguignons, mariée à 14 ans à Antoine de Mucie, conseiller au Parlement de Dijon de 1697 à 1720[4].

Quant à l'*Histoire de Mademoiselle de la Charce*, elle parut sous deux pages de titres différentes, probablement à la suite d'une intervention de la famille. L'exemplaire de la Bibliothèque de Versailles porte le titre habituel : *Histoire de Mademoiselle de la Charce, de la maison de la Tour-Dupin en Dauphiné ou Mémoires de ce qui s'est passé sous le règne de Louis XIV.* _ A Paris, chez Pierre Gandouin, 1731. L'approbation a été signée par Beauchamps le 29 mai 1730. L'exemplaire de la Bibliothèque de Moulins a la page de titre suivante : *Histoire de Mademoiselle D.L.C. sous le règne de Louis XIV.* _ A Paris, chez Pierre Gandouin, 1731. Cette seconde page de titre porte, comme la précédente, la mention « avec approbation et privilège du roi », mais ni l'approbation ni le privilège ne figurent en tête du texte qui est apparemment le même (452 p.).

Nous ne pouvons dire s'il existe d'autres exemples de cette petite supercherie ; le hasard nous a fait rencontrer celui-là, et il nous a semblé très significatif.

Il est certain que ces romans, dont les personnages avaient réellement vécu sous le règne de Louis XIV ou sous la Régence ou parfois vivaient encore, connaissaient un succès très vif entre 1730 et 1750. Les goûts des lecteurs de romans avaient apparemment changé, et l'on était las des romans à la Scudéry qu'on jugeait à la fois trop fades et trop éloignés du réel. Les amateurs sont blasés, et recherchent du piquant, et ce piquant, ils le trouvent dans ces romans pseudo-historiques.

On peut d'ailleurs se demander si ces besoins ne révèlent pas l'existence d'une nouvelle couche de public. Le public traditionnel des lecteurs de romans, c'étaient les femmes et les jeunes gens. On voit maintenant des personnages très sérieux avouer en quelque sorte leurs faiblesses pour des « livres d'amusement » qui les délassent de leurs occupations austères. Peut-être après tout ce qui est nouveau n'est pas le goût des membres de la République des Lettres pour ces lectures, mais l'aveu de ces lectures : preuve que le roman prend ses lettres de noblesse. Bottu profite d'un voyage en carrosse où il est d'ailleurs monté sur un des chevaux pour tirer *Gil Blas* une fois sa prière finie[5] et Bouhier, suivant le conseil de l'abbé Le Blanc, « malgré (son) aversion naturelle pour les romans, garde (*Cleveland*) pour le premier petit voyage » qu'il fera[6].

Parmi les amateurs de romans, et peut-être parmi ceux qui jusqu'alors ne lisaient guère de romans, certains lisent avec avidité ce qu'on a coutume d'appeler alors des romans « allégoriques » ou « à applications ». Cette forme de romans se développera surtout vers 1745, et les « clefs » manuscrites circuleront, qui ne sont pas toujours dues aux auteurs des romans. Et une apparente renaissance du conte cache en réalité des contes allégoriques.

Avant la proscription de 1737 ces romans se présentaient sous forme de récits historiques romancés. Les noms pouvaient être donnés comme dans l'*Histoire de Mme de Muci* ou l'*Histoire de Mlle de la Charce*. Ils pouvaient être suggérés par de simples initiales, ce qui permettait évidemment plusieurs « applications », ainsi que des protestations d'innocence de la part de l'auteur. Dans un cas comme dans l'autre, les familles les plus illustres se considéraient comme déshonorées. Les deux romans dont nous avons parlé mettent en scène des familles provinciales ; est-ce parce que ces familles, plus éloignées de la capitale, moins influentes sans doute, ne risquaient guère de se plaindre ? ou est-ce parce que les Provinciaux étaient considérés comme un peu ridicules par les Parisiens, qui donnaient le ton et faisaient la mode pour les romans comme pour le reste ? Ce type de roman contenait en tout cas toutes les possibilités de critiques personnelles et politiques.

Beaucoup de ces romans sont écrits à la première personne. Ce n'est là qu'un procédé littéraire comme un autre, qui entraîne le choix du mot *Mémoires* dans le titre alors que les *Histoires* sont en général écrites à la troisième personne : ainsi l'*Histoire de Madame de Muci* est racontée par sa femme de chambre.

Nous pensons que le mot « histoire » n'est pas un « mot magique » que l'on peut opposer au mot roman[7], mais un terme équivoque qui tient à la fois de « storia » et « istoria ».

On trouve sans doute les termes histoire et roman opposés :

« Ce n'est point un roman que je donne au public, c'est une histoire »
(*Crémentine* 1728).

« Ces romans qu'on nous donne hardiment pour des histoires » ;
« cette nouvelle pourrait passer pour une histoire » (*Journal littéraire,*
tome 22, 1735).

« Soit histoire soit roman » (*id.* à propos de la *Saxe galante*).

« Le *Paysan parvenu* n'est point une histoire c'est un roman » (*Glaneur français,* 1735).

« Le héros de cette histoire ou ce roman » (*Mercure et Minerve,* 1735
à propos de *Mémoires de Bonneval*).

« On ne prétend pas que les contes de fées soient un genre d'écrit
comparable à l'histoire, ni même au simple roman ». (*Tecserion,* 1737).

« Quand un ouvrage, soit histoire roman ou autre... quand on parle
comme un Fénelon, un Marivaux, l'auteur de *Cleveland,* des *Mémoires
d'un homme de qualité,* alors on ne saurait trop parler. Ferai-je un
roman ou une histoire? belle demande ». (*L'amour apostat,* 1739).

« Cette histoire ressemble beaucoup à un roman ». (*Le Sage moissonneur,* 1741 à propos de l'*Histoire d'une Grecque moderne*).

Enfin en 1749 Clément commente ainsi la sortie du nouveau roman
de Mlle de Lussan intitulé *Marie d'Angleterre* : « Mlle de Lussan nous
donne peut-être son histoire pour un roman tandis que d'autres nous
donnent des romans pour des histoires ».

Il reste que le terme « histoire » garde une connotation équivoque et
qu'une histoire c'est encore un récit : le livre de Perrault paru en 1697
s'intitulait *Histoires ou contes du temps passé* (Corpus n° 337). L'opposition entre le roman et l'histoire est si peu claire qu'on éprouve le
besoin de préciser : « Faits *purement* imaginés » (*Mémoires et avantures
de M. de,* 1735) et surtout « histoire véritable », expression qui est bien
antérieure à la proscription de 1737 : nous l'avons recensée huit fois
dans les titres de romans du 17e siècle, grâce à la Bibliographie de
Maurice Lever[9] : 1603, 1604, 1610, 1638, 1661, 1678, 1699 et 1700.
Avant 1728 nous avons trouvé : *Les amours d'Eumène et de Flora, histoire véritable* (1701), l'*Histoire véritable de Gil-lion de Trazegbies*
(1703), l'*Histoire véritable de Monsieur Du Prat et de Mlle Angélique*
(1703), *Henry duc des Vandales, histoire véritable* (1714), *Les amours et
les avantures d'Arcan et de Belize, histoire véritable* (1714), *Les amours
du chevalier Du Tel et de dona Clementina, histoire nouvelle et véritable*
(1716).

Pourquoi y a-t-il des lacunes entre 1638 et 1661, entre 1661 et 1678,
entre 1703 et 1714, entre 1716 et 1729? hasards ou modes? quoi qu'il
en soit, nous avons relevé pour la période 1728-1737 les titres suivants[10] :

1729 *Les amours de Sainfroid, histoire véritable* (Corpus n° 32).

1729 *Histoire véritable et secrète des vies des rois d'Angleterre* (Corpus
n° 334).

1734 *La retraite de la marquise de Gozanne contenant diverses histoires galantes et véritables* (Corpus n° 577).

1735 *Rethima ou la belle géorgienne, histoire véritable* (Corpus n° 576).

1737 *Avantures de dona Inès, histoire véritable* (Corpus n° 92).

A ces cinq titres, il convient d'ajouter le titre suivant : *Avantures de Rhinsault et de Sapphira, histoire véritable*; ce roman fut présenté le 11 mars 1731 et refusé au Sceau. Il devait paraître cinq ans plus tard, en 1736, sous le titre modifié de *Rhinsault et Sapphira, histoire tragique* (Corpus n° 580). Le changement de l'épithète n'est peut-être pas un pur hasard.

Rethima avait été présenté une première fois le 25 mai 1734 et refusé; le titre n'en avait pas été modifié. Il convient de préciser que trois de ces cinq romans ont paru sous des adresses hollandaises et sont effectivement d'impression hollandaise : il s'agit des numéros 32, 334 et 92.

Il est évident que l'adjectif « véritable» n'est pas fait pour plaire au Pouvoir; le contenu d'une « histoire véritable» risque d'être explosif, et le titre risque d'allécher les lecteurs, comme nous l'avons souligné précédemment.

L'adjectif « secrette» est très employé, soit après *Histoire* soit après *Anecdotes*. Au 17ᵉ siècle, nous l'avons rencontré dans huit titres, donc exactement comme l'adjectif « véritable», mais il n'apparaît qu'en 1691 avec l'*Histoire secrette de la duchesse de Portsmouth*, alors que l'adjectif « véritable» se trouve dès 1603. On trouve encore « secrette» en 1694, en 1695, en 1696 (3 fois), en 1698 et en 1700. On le retrouve en 1702 dans *La guerre d'Italie, ou Mémoires du comte Dˣˣˣ. contenant quantité de choses particulières et secrètes...*; en 1703 dans l'*Anecdote galante ou Histoire secrette de Catherine de Bourbon*; en 1709 dans le *Mémoire historique, ou anecdote galante et secrète de la duchesse de Bar*; en 1711 dans les *Avantures secrètes arrivées au siège de Constantinople* en 1716 dans *Amanzolide, nouvelle... qui contient les avantures secrètes...*; en 1718 dans les *Femmes des 12 Césars contenant la vie et les intrigues secrètes des impératrices*; en 1719 dans l'*Histoire secrète de la conqueste de Grenade*; en 1722 dans les *Anecdotes ou Histoire secrette de la maison ottomane*; en 1726 dans l'*Histoire secrète des femmes galantes de l'Antiquité* : soit 9 fois entre 1700 et 1726, alors que « véritable» était attesté seulement 6 fois pendant la même période.

Enfin nous avons rencontré ce terme de « secrette» 5 fois entre 1728 et 1750, comme le terme « véritable» : une fois en 1730 : *Histoire secrette du connetable de Lune* (Corpus n° 332); trois fois en 1731 : *Anecdotes grecques ou avantures secrettes...* (Corpus n° 64); *La Catanoise ou histoire secrette...* (n° 135); *Mémoires et avantures secrettes et curieuses d'un voyage au Levant* (Corpus n° 455), enfin une fois en 1736 : *Melchukina ou anecdotes secrettes et historiques* (Corpus n° 394).

Ainsi, « secrette» est plus récent que « véritable». On le trouve 13 fois entre 1691 et 1726 contre 7 emplois de « véritable». Entre 1728 et 1750 les deux termes sont également employés. Quant au terme *Anecdotes*, qu'il faut prendre bien entendu dans son acceptation originelle de « recueil d'inédits », nous l'avons trouvé deux fois au 17ᵉ siècle (1685 et 1700), une fois en 1701, une fois en 1702, une fois en 1703, deux fois en 1731 : *Anecdotes grecques*[11] ; *Sethos, histoire ou vie tirée des monumens anecdotes de l'ancienne Egypte*[12] ; une fois en 1733 : *Anecdotes de la Cour de Philippe Auguste* ; une fois en 1735 : *Anecdotes galantes et tragiques de la cour de Néron* ; deux fois en 1736 : *Anecdotes de la cour de Childéric* ; *Melchukina ou anecdotes...*

L'auteur des *Observations* pourra dire des *Mémoires du marquis d'Argens* : « ces aventures sont semées de quelques traits historiques qui piqueront la curiosité des chercheurs de frivoles anecdotes, telles celles qui regardent nos rois modernes »[13].

Quant au terme *Mémoires*, on le trouve comme premier mot du titre :

deux fois en 1728 (Corpus n° 424 et 448)
deux fois en 1731 (Corpus n° 455 et 465)
deux fois en 1732 (Corpus n° 411)
deux fois en 1734 (Corpus n° 432 et 443)
huit fois en 1735 (Corpus n° 423, 425, 428, 432, 438, 439, 452)
sept fois en 1736 (Corpus n° 197, 404, 418, 444, 446, 453, 457)
quatre fois en 1737 (Corpus n° 419, 437, 442, 454).

C'est donc en 1735 et en 1736 que l'on rencontre le plus souvent « mémoires » comme premier mot du titre. L'emploi est courant dans les romans du marquis d'Argens, ce qui n'a pas empêché leur saisie en janvier 1736. Il ne s'agissait pas pour les romanciers, ni avant ni après 1737, de « faire passer leurs ouvrages pour ce qu'ils n'étaient pas »[14], sinon Mme Meheust n'aurait pas mis son nom sur la page de titre des *Mémoires du chevalier de* en 1734, ni Mouhy sur celle des *Mémoires de M. le marquis de Fieux* en 1735 (tous les lecteurs sachant à quoi s'en tenir sur l'identité du chevalier de M.), ni le marquis d'Argens — il est vrai en Hollande — sur les *Mémoires du marquis de Mirmon* et les *Mémoires de Mlle de Mainville* en 1736.

Bien loin de dissimuler des romans, le terme de « Mémoires » annonce au contraire alors dans la plupart des cas une catégorie de romans ; c'est pourquoi, présentant au Sceau le 20 février 1738 les *Mémoires de la comtesse d'Horneville*, le romancier-imprimeur C.F. Simon n'inscrit que le sous-titre : *Réflexions sur l'inconstance des choses humaines* : peine inutile, on l'a vu, puisque le censeur Maunoir répondit « refusé comme roman »[15].

L'année suivante, l'auteur des *Réflexions sur les ouvrages de littérature* écrira : « Il y a longtemps que les romans qui portent le titre de mémoires annoncent des ouvrages où règne la vraisemblance par rapport aux mœurs et aux événements » ; le même article fait allusion à « la manière dont le critique apprécie aujourd'hui les romans décorés du titre de *mémoires* »[16]. C'est également en 1739 que le correspondant

parisien de la *Bibliothèque française* affirme qu'« il y a longtemps que
ce titre de « mémoires» n'en impose plus au public; et en particulier les
Mémoires de la comtesse Linska ne sont pas d'une espèce à tromper
personne»[17].

En 1740, l'auteur de la *Coquette punie* confirme : « il n'y a point de
livres qui demandent plus la vérité que ceux qui portent le titre de
Mémoires; et cependant, presque tous ceux qu'on nous donne aujour-
d'hui ne sont guère que de purs romans»; il cite à ce propos les
Mémoires de Mme Du Fresne, ceux du marquis *d'Argens* et les *Avantures de Roselli* qu'il «regarde comme des romans tachés de quelques
vérités».

Il est probable que le terme de « mémoires» est encore très proche
de son sens juridique et sous-entend l'exposé de faits en quelque sorte
à l'état brut. « Anecdotes» insisterait davantage sur les aspects d'inédit
et de secret, alors que les mémoires, narrés à la première personne,
donneraient l'impression d'authenticité : ainsi ces *Mémoires de Berwick*,
de *Bonneval* et de *Villars*, tantôt considérés comme romans, tantôt
comme mémoires.

Les catalogues de bibliothèque privées ne nous apportent pas d'éclair-
cissements importants. Nous n'avons trouvé la rubrique «romans historiques» avant 1750 que dans le catalogue de vente de la bibliothèque
de Pontcarré père en 1739. On y trouve les *Anecdotes de la Cour de
Philippe Auguste*, l'*Histoire de Jean de Bourbon* et l'*Histoire secrète
de la duchesse d'Hanover*, mais aussi les *Amours d'Horace*, les *Galanteries des rois de France*, les *Amusemens des eaux de Spa* et la *Saxe
galante* : le rédacteur du catalogue — bibliothécaire ou libraire —
entend sans doute par «roman historique» un roman qui raconte
« l'histoire» de personnages qui existent ou ont existé. Seuls *Mémoires*
à figurer sous la rubrique «romans historiques» dans ce catalogue,
ceux du *marquis d'Argens*. Le catalogue de vente de la bibliothèque de
Giraud de Moucy (1753) rassemble dans une même catégorie «romans
héroïques et historiques», et celui d'Isenghien (1756) donne tous les
romans sous la rubrique «romans de chevalerie, historiques et autres».
Deux autres catalogues semblent à première vue plus intéressants, car
ils divisent les romans en trois catégories :

1. d'amour, moraux et allégoriques,
2. de chevalerie ou de Table Ronde,
3. historiques.

Il s'agit des catalogues de la bibliothèque de la Marck (1751) et de
celle de Girardot de Préfond (1757), publiés respectivement par Damonneville et de Bure. Mais on trouve par exemple dans le catalogue de
La Marck comme romans historiques aussi bien *Pamela* et le *Philosophe anglois* que la *Paysanne Parvenue* et la *Vie de Marianne*.
Encore une fois, un roman historique est apparemment un roman qui
raconte une histoire, et pas toujours celle d'un personnage « historique».

Ces catalogues ont pu s'inspirer de la *Bibliothèque des romans* de

Lenglet (1734), qui consacre son article IV aux « romans historiques et histoires secrettes » ; on y trouve pêle-mêle, sous la rubrique « France », la *Princesse de Clèves*, l'*Histoire amoureuse des Gaules*, les *Mémoires de Grammont*, les *Avantures de Pomponius*, les *Illustres Françoises*, etc, autrement dit les romans qui mettent en scène des personnages réels : conception qui semble être encore en 1739, comme on l'a vu, celle du rédacteur du catalogue de Pontcarré père.

Trente ans plus tard, Fevret publiera une deuxième édition de la *Bibliothèque historique* du Père Lelong[18]. Le Père Lelong avait déjà fait un choix très large de tous les ouvrages qui peuvent « servir pour l'histoire » en incluant *Artamène* et *Clélie*[19]. Fevret ajoute les *Anecdotes de la Cour de Philippe Auguste*[20], les *Mémoires du maréchal de Tourville*, tout au moins les deux derniers volumes qui peuvent « servir pour l'histoire. Le premier contient les aventures particulières de sa jeunesse qui ont l'air un peu romanesques »[21]. On y trouve également l'*Histoire de Marguerite d'Anjou* avec la remarque suivante : « Cette histoire tient beaucoup du roman »[22].

Déjà en 1732 l'auteur de *Célénie* se vante d'avoir « orné de beaucoup de vérités » une histoire romanesque, mais, pour la grande majorité des romanciers, c'est le « fond » qui au contraire est historique. « Les romans pour être goûtés se doivent tirer du fond de l'histoire », lit-on au début de *Rethima* (1735). « L'ouvrage a pour base des traits historiques auxquels l'auteur a joint des épisodes vraisemblables », écrira l'auteur des *Anecdotes de Samos* (1744) et celui des *Mémoires de deux amis* (1754), tentant de définir le « roman historique », le comparera à une tragédie : « L'histoire y sert de texte, l'imagination produit le reste ». Nous ne pouvons citer les très nombreuses références à cette conception d'un « nouveau roman » plus court que le roman français traditionnel, se voulant à la fois plus vrai et plus vraisemblable : « les auteurs des nouveaux (romans) affectent de s'éloigner de l'air romanesque, ils donnent leurs prétendues histoires comme des faits constants tirés de certains manuscrits anecdotes »[23].

Ce dernier texte est extrait du *Mercure de France* de 1758. Le même *Mercure* — ce qui bien entendu ne signifie pas pour autant le même journaliste — avait, vingt-cinq ans plus tôt, salué en ces termes les *Anecdotes de la Cour de Philippe-Auguste* dont les trois premiers volumes venaient de paraître : « il arrive souvent que la nouveauté éblouisse, surtout dans un *genre d'écrire inconnu et original* (c'est nous qui soulignons)... Ici les applaudissements universels de la Cour, de la Ville, des gens de lettres, des judicieux critiques... cette clameur unanime... C'est beaucoup hasarder que d'oser faire la planche (sic) d'un *nouveau genre d'écrire* (c'est nous qui soulignons). En liant à un fond d'histoire bien choisi et très convenable des épisodes, sans sortir du vrai ton historique, (ils) servent à rendre son objet plus intéressant et plus instructif. Le vrai et le vraisemblable se perdent dans un mélange imperceptible, et à la faveur de cette liberté du théâtre tragique... »[24].

Mademoiselle de Lussan avait-elle réellement inventé ce « nouveau genre d'écrire »? Nous l'ignorons. En tous cas, si l'on en croit le journaliste du *Mercure*, le public a eu avec ce roman la révélation d'un nouveau genre qui devait aboutir à cette floraison de *Mémoires* des années 1735 et 1736. Il est incontestable que cette espèce de roman qui faisait semblant d'être vrai plaisait au public qui faisait semblant d'y croire. Il n'est pas exclu d'ailleurs que certaines couches de ce public y aient cru réellement, mais là nous soulevons à nouveau un autre problème, celui du public des lecteurs de romans.

Plutôt qu'un « minutieux dosage de la fiction et de la vérité »[25], nous voyons là une espèce de folie créatrice presque baroque, à laquelle les romanciers devaient prendre un plaisir quelque peu « diabolique » : mais c'est bien de plaisir et de création qu'il s'agit, et non pas d'« habileté » comme le suppose G. May. La seule habileté, c'est de parvenir à se faire lire et vendre. Si on parle d'« utilité » dans les préfaces, c'est pour sacrifier à l'usage comme à celui de faire une préface où l'on prétend avoir trouvé le manuscrit dans un tonneau ou une cassette.

Les auteurs de la *Bibliothèque historique* ont gardé quelques romans sous prétexte qu'ils « peuvent servir à l'histoire », entendez Histoire avec une majuscule; mais ils sont en pleine contradiction, car ils se plaignent en même temps de « ces romans historiques dont on a tant vu paraître depuis quelques années, mêlés à plaisir d'historique et de fabuleux... divertissants à la vérité, mais d'autant plus nuisibles à un lecteur peu instruit que ce qu'il y trouve de vrai et d'ordinaire le porte à croire facilement ce qu'il y rencontre de faux et de merveilleux »[26].

Dès 1729, le *Journal littéraire* de la Haye, s'en prenant aux *Anecdotes persanes* de Mme de Gomez, rappelait un texte du *Dictionnaire* de Bayle où celui-ci déclare « à propos d'une autre dame de même caractère » : « On s'est laissé prévenir que ses ouvrages ne sont qu'un mélange de fictions et de vérités, moitié roman, moitié histoire, et l'on n'a point d'autre voie de discerner ce qui est fiction d'avec les faits véritables, que de savoir par d'autres livres si ce qu'elle narre est vrai. C'est un inconvénient qui s'augmente tous les jours, par la liberté qu'on prend de publier les *Amours secrètes*, l'*Histoire secrète*, etc. Les libraires et les auteurs font tout ce qu'ils peuvent pour faire accroire que ces *histoires secrètes* ont été puisées dans des manuscrits anecdotes. Ils savent bien que les intrigues d'amour et telles autres aventures plaisent davantage quand on croit qu'elles sont réelles que quand on se persuade que ce ne sont que des inventions. De là vient que l'on s'éloigne autant qu'on peut de l'air romanesque dans les nouveaux romans; mais par là on répand mille ténèbres sur l'histoire véritable »[27].

On s'attendrait à ce que l'offensive contre ce type de roman si ambigu, à la frontière non seulement de la fiction et de l'histoire, mais surtout de la satire, provienne soit des *Mémoires de Trévoux*, soit d'un des journaux français contrôlés par le pouvoir : *Journal des Savans*, *Mercure de France*, *Journal de Verdun*. Il n'en est rien. Même si on peut trouver d'autres attaques, il nous paraît significatif que celle de 1729 émane d'un journal protestant de la Haye, et que ce journal se réfère à Bayle. Le texte est à la fois ancien et protestant. Qui plus est, le *Journal littéraire* lance un véritable appel à une proscription qui interdirait ce mélange des genres : « Je crois qu'enfin on contraindra les puissances à donner ordre que ces nouveaux romanistes aient à opter : qu'ils fassent ou des histoires toutes pures, ou des romans tout purs, ou qu'au moins ils se servent de crochets pour séparer l'une de l'autre la vérité et la fausseté »[18].

En fait, ce reproche de confusion que l'on trouve en 1768 sous la plume de l'éditeur de la nouvelle édition de la *Bibliothèque historique* n'est que l'écho de toute une série de reproches analogues : l'auteur des *Réflexions sur les ouvrages de littérature* se plaint dans le tome I (1736) de cette confusion : « Ce que l'histoire a de plus respectable est défiguré par des fables insoutenables qui cependant font l'amusement du public »[29]. « Il est fâcheux que dans la plupart de ces livres on trouve ainsi le romanesque et l'historique alliés ensemble », écrit le correspondant parisien de la *Bibliothèque française* en 1738[30].

En cette même année 1738, la modération des *Mémoires de Trévoux* peut surprendre, d'autant plus qu'elle est postérieure à la proscription de 1737 : « Il est de la nature de cette espèce d'ouvrage de lui substituer la simple vraisemblance, mais cette vraisemblance a ses règles, dont une des plus essentielles est de ne pas contredire formellement les faits historiques trop connus. En un mot, la vérité doit servir de guide à la fable »[31].

S'agit-il seulement d'un débat littéraire? Il convient de s'interroger sur le rôle qu'ont pu jouer dans ce débat les deux journaux de l'abbé Desfontaines : le *Nouvelliste du Parnasse*, qui paraît en 1731 et au début de 1732; et les *Observations sur les écrits modernes*, publiées à partir de 1735. Il convient enfin de revenir sur le parallélisme des commentaires des *Réflexions sur les ouvrages de littérature* et de la *Bibliothèque française* que nous avons souligné précédemment[32].

1. G. MAY *op. cit.*, p. 144.

2. B.N. ms.fr. 24 414 f° 382.

3. B.N. ms.fr. 24 415 f° 363.

4. Renseignements aimablement communiqués par Mlle Clotilde Madelin de Dijon.

5. Lettre de Bottu du 14 septembre 1730, B.M. Lyon, ms. 6224 III, p. 118.

6. Lettre de Bouhier à l'abbé Leblanc, 27 juin 1732, B.M. Dijon, collection d'autographes.

7. G. MAY *op. cit.*, p. 143.

8. *Cinq années littéraires*, 1749, p. 231.

9. M. LEVER. *La fiction narrative en prose au XVIIIe siècle. Répertoire bibliographique du genre romanesque en France.* Paris, 1976.

10. Pour la période 1728-1750, nous prenons bien entendu non pas la *List* de Jones, mais notre corpus, c'est-à-dire les éditions que nous avons vues.

11. Lenglet-Dufresnoy ajoute : « c'est-à-dire traduit à la manière des romanciers ou tiré de leur imagination », *Usage des romans*, p. 68.

12. Lenglet ajoute : « feint traduit d'un manuscrit grec. On sait ce que cela veut dire dans le style de ses confrères. Cette particularité fait partie du roman », *Usage des romans*, p. 278.

13. *Observations sur les écrits modernes*, tome III, 1735, p. 283.

14. G. MAY. *op. cit.*, p. 145.

15. B.N. ms.fr. 21 996 n° 7207.

16. *Réflexions sur les ouvrages de littérature*, tome VIII, 1739, p. 12.

17. *Bibliothèque française*, tome XXVIII, 1739, p. 169.

18. *Bibliothèque historique de la France*, éd. Fevret. Paris, 1768.

19. n° 23 833 à 23 835.

20. n° 16 779.

21. n° 24 399.

22. n° 25 420. Voir à ce sujet notre communication au colloque d'Aix-en-Provence de 1975 sur l'*Histoire*.

23. *Mercure de France*, 1758, p. 35.

24. *Mercure de France*, juin 1733, p. 1378.

25. G. MAY *op. cit.*, p. 145.

26. LELONG *op. cit.*, n° 24 370.

27. *Dictionnaire* de Bayle, article « Nitard », C 2091 et *Journal littéraire*, tome XIV, 1729, p. 207 et 208.

28. *Journal littéraire*, tome XIV, 1729, p. 208.

29. *Réflexions sur les ouvrages de littérature*, tome I, 1736, p. 338.

30. *Bibliothèque française* tome XXVI, 1738, p. 172.

31. *Mémoires de Trévoux*, octobre 1738, p. 1747 et 1748.

32. Voir ci-dessus p. 27 et 41.

CHAPITRE V

LES « FEUILLES » DE L'ABBÉ DESFONTAINES
ET DE L'ABBÉ GRANET
ET LA POLÉMIQUE SUR LE ROMAN

En janvier 1731, Chaubert lançait le *Nouvelliste du Parnasse*. Il paraîtra jusqu'en mars 1732 pour ressusciter en mars 1735 sous le nom des *Observations sur les écrits modernes*. « On ne parlera que des ouvrages absolument nouveaux. On s'étendra particulièrement sur les nouvelles pièces de théâtre et sur les petits livres qui ont le plus de cours dans le monde, préférant la liberté des réflexions à la régularité des extraits, ce dont on est résolu de s'abstenir pour n'avoir aucunement l'air d'un journaliste »[1]. « Pour en revenir aux ouvrages des prosateurs, ceux qui sont d'un style léger et badin sont souvent plus recherchés que d'autres ouvrages plus sérieux et plus considérables. Nous sommes devenus insensibles pour la savante littérature »[2]. Autrement dit, Desfontaines s'engage délibérément dans le camp de ceux qui ne respectent plus l'érudition de la République des lettres. Enfin le 12 mars, dans la lettre n° 8, on peut lire : « Puisque j'ai commencé à vous parler d'un roman... Je me permets d'autant plus volontiers ces détails que les journaux littéraires, remplis de choses plus sérieuses et plus utiles, ne disent presque rien de cette sorte d'ouvrages qui sont proprement du ressort du *Nouvelliste du Parnasse* »[3].

Anfossi, pourtant lié avec son compatriote l'abbé Granet (provençal alors qu'Anfossi est du Comtat), écrira en avril 1735 : « Ces écrits sont aujourd'hui ce qui flatte le plus les auteurs, en leur offrant une ressource assez sûre pour le gain et très commode à la paresse. Il ne s'agit que de lire assez superficiellement les nouveautés qui paraissent, que les libraires leur fournissent, d'aller dans les cafés écumer les sentiments du public. Si par hasard on travaille de compagnie, comme cela est presque nécessaire, on se rassemble pour se communiquer ses découvertes. Il n'est pas difficile après cela de donner au tout une tournure que l'on assaisonne de quelques traits, suivant ses préjugés, ses engagements, ses intérêts littéraires. Voilà comme le public se trouve inondé de ces ouvrages informes qu'il reçoit pourtant avec une certaine avidité, parce que des faits et des faits nouveaux font toujours plaisir »[4]. Bouhier avait écrit de son côté en 1731 à M. Marais : « Convenons pourtant que ces sortes d'ouvrages sont dangereux dans la République des lettres. Car si on n'est pas ami des auteurs, quel écrivain peut s'assurer de n'être pas tourné en ridicule? »[5].

La disparition des « feuilles » des deux abbés au début de 1732 laissera le champ libre en 1734 aux *Mémoires de Trévoux* de la nouvelle équipe, dans la mesure où les *Mémoires de Trévoux* comme le *Nouvelliste du Parnasse* prétendaient conquérir un public que ne satisfaisaient pas les austères et officiels *Mercure* et *Journal de Verdun*, sans parler du *Journal des savans*. Non pas que ces trois journaux aient éliminé les annonces de romans; avec le *Journal de Verdun* on a même parfois l'impression que les annonces de romans permettent de compléter des numéros un peu squelettiques, et il serait sans doute vain de tirer des conclusions hâtives de la présence ou de l'absence de tel ou tel titre dans ces annonces. En fait, comme leurs confrères, les deux abbés annoncent presque exclusivement des romans privilégiés déposés à la Chambre syndicale; là aussi la plupart des lacunes ne semblent pas correspondre à des choix. Peut-être certains libraires hésitaient-ils à envoyer des livres, se méfiant sans doute du jugement de ces feuilles.

C'est seulement à partir de la lettre n° 8 datée du 12 mars 1731 que le *Nouvelliste* commence à recenser des romans de l'année. Au total, nous avons trouvé 14 romans privilégiés signalés entre le 12 mars 1731 et le 9 mars 1732, alors que, pendant la même année 1731-32 (plus exactement entre le 14 décembre 1730 et le 22 janvier 1732), 24 romans privilégiés et un roman avec permission tacite (*Les amours de Daphnis et Chloé*) ont été retirés de la Chambre syndicale. En outre, ont été signalés deux romans parus avec permission tacite : l'*Histoire de Mme de Muci* dans le n° 30 du 20 avril 1731 et la *Suite des Mémoires d'un homme de qualité* dont nous avons déjà parlé (n° 28 et 33). Ajoutons-y les *Promenades d'Ariste et de Sophie*, « roman venu de Hollande »[6], les *Lettres d'une Turque à Paris*, « petit livre venu depuis peu de Hollande »[7] et les *Mémoires de la Cour de France* « qu'on vient de publier en Hollande »[8].

L'année 1732 commence mal pour le *Nouvelliste du Parnasse*. Le n° 49 est daté du 15 janvier, mais il faut attendre le 3 mars pour voir paraître le n° 50 où l'on trouvera les comptes rendus de six romans.

Ce sera la fin des comptes rendus de romans, puisque les lettres 51 et 52 des 8 et 15 mars 1732 n'en contiennent pas, et qu'ensuite le *Nouvelliste* disparaît. Les commentaires sur le silence du *Nouvelliste* entre le 15 janvier et le 3 mars 1732 et sur sa disparition après le 15 mars n'ont pas manqué : le 26 février, Bouhier écrivait à Marais : « La réalité de la chute du *Nouvelliste du Parnasse* n'est que trop vraie à ce que je vois... Je ne plains pas trop (Desfontaines) s'il est vrai qu'on l'ait consolé par une cure de 3 à 4 000 livres de rente... Nous n'avons point encore ici les *Mémoires de Madame de Barneveldt* »[9]. Précédemment, il avait rappelé à Marais : « Vous pouvez vous souvenir que j'ai prédit que le *Nouvelliste du Parnasse* ne vivrait pas longtemps. Je suis pourtant fâché d'avoir prophétisé si juste, il ne laissait pas de nous amuser et de nous mettre dans le courant des bagatelles littéraires. Je soupçonne que l'article de sa table où il est parlé de M. Bernard ou Bénard a plus de part à sa chute qu'aucune autre chose »[10]. Un autre correspondant de Bouhier, l'abbé Le Blanc, lui écrit le 19 mars[11] 1732 : « Dans le temps que les *Mémoires de Mme de Barneveldt* ont fait du bruit, l'abbé Desfontaines, bien loin d'être mis à la Bastille, fut nommé à la cure de Thorigny et, sans quelque contestation, il aurait déjà pris possession de ce bénéfice. Vous aviez bien prédit la chute du *Nouvelliste*. Mais vous n'auriez pas cru qu'il pût se relever. C'est ce qui vient cependant d'arriver tout nouvellement. Il reparaît de la semaine dernière »[12]. En fait Bouhier, après la lecture de la 52ᵉ lettre qui sera la dernière, écrit le 1ᵉʳ avril à Marais : « Il est vrai que le *Nouvelliste du Parnasse* a recommencé mais je ne trouve pas que ce soit avec la même vigueur »[13], et le 14 juin : « Il me semble qu'il était beaucoup plus réservé dans ses dernières lettres et qu'il avait évité de rien dire qui pût blesser le Ministère »[14].

Nous n'irons pas jusqu'à attribuer la suppression du *Nouvelliste du Parnasse* à l'existence de comptes rendus de romans. Ce serait simplifier le problème. Nous estimons cependant que l'existence et la nature de ces comptes rendus font partie des éléments nouveaux et inquiétants qui devaient fatalement amener la disparition du *Nouvelliste*.

Non seulement le *Nouvelliste* est un journal littéraire audacieux qui se permet de critiquer les ouvrages et à travers eux leurs auteurs, alors que les journalistes jusqu'alors se contentaient de donner des extraits, mais le *Nouvelliste* se désintéresse des disciplines traditionnelles de la République des Lettres, et privilégie des ouvrages frivoles comme les romans. Ainsi, l'auteur de la lettre 49 feint de s'adresser au libraire en ces termes : « Vous voulez donc, Monsieur, que nous continuions encore cette année de vous écrire les nouvelles du Parnasse et de la République des lettres, et de votre côté vous voulez continuer de les donner au public toutes les semaines. A la vérité, ce succès ne ressemble point, ce me semble, à celui de plusieurs livres qui, étant au niveau de la foule ignorante, se débitent quelquefois mieux que d'excellents ouvrages. Nos lettres au contraire ont l'avantage d'être recherchées par des personnes d'un esprit cultivé et orné, par des curieux et des savants... »[15].

On se souvient que le *Nouvelliste* fut interrompu pendant 7 semaines après cette lettre n° 49. Dans la lettre n° 50 qui est celle de la reprise, on peut lire une espèce de justification de la présence de 6 comptes rendus : « C'est avec une espèce de scrupule que je vais vous entretenir de quelques ouvrages dont le genre passe pour frivole et même dangereux. Mais, obligé de vous rendre compte de toutes les nouveautés littéraires qui paraissent, il me semble que je ne dois pas omettre les romans, surtout lorsqu'on y remarque une invention heureuse et qu'ils paraissent d'ailleurs écrits avec esprit. On peut mettre de ce nombre le *Philosophe anglois...* »[16].

L'augmentation du nombre de comptes rendus de romans dans la lettre n° 50 du 3 mars 1732 est remarquable; la suppression du *Nouvelliste* intervient deux mois plus tard. Peut-être la méfiance du Pouvoir envers le roman, genre un peu équivoque qui peut cacher des critiques contre les individus et les valeurs fondamentales de la société, n'est-elle pas tout à fait étrangère à cette interdiction.

Nous voyons en tout cas dans le *Nouvelliste* un organe de propagande des romans, même si les catalogues de ventes ne nous ont révélé aucun rapport entre tel compte rendu et le nombre d'exemplaires dans les bibliothèques. On dira que le *Nouvelliste* a dénoncé l'immoralité de certains romans. Mais ces dénonciations restent timides; cette dénonciation risquait fort d'augmenter le succès des ouvrages. La mention « interdit aux moins de 18 ans » sur les affiches de certains films relève du même procédé. Il faut décoder la critique littéraire de l'époque. En tout cas, le nombre même de comptes rendus même défavorables est révélateur d'une attitude délibérément moderne et même contestataire.

Découvrant dans la lettre n° 15 « plusieurs traits sur la religion en général », M. Marais ajoutait : « Il faut qu'il y ait dans cette petite société-ci quelque scrupuleux et quelque libertin, un bon et un mauvais soldat, et chacun nous donne sa besogne tour à tour. Il faut la prendre comme elle vient »[17].

Or ce libraire avait prétendu dans son avis liminaire que le journal était rédigé par « une société de quatre personnes » : cela ne trompait apparemment personne, malgré la présence de quatre lettres : A, E, P et Z. Sur la page de garde du tome I d'un des exemplaires de la Bibliothèque Nationale[18], on lit la note manuscrite suivante : « Les lettres marquées P et Z sont de moi, les autres sont de M. l'abbé Desfontaines ». L'article consacré à Granet par le *Dictionnaire* de Moreri donne la même information : « Toutes les lettres du *Nouvelliste du Parnasse* qui ne sont pas marquées A et E sont de l'abbé Granet »[19].

Le 1er mars 1735, le *Nouvelliste du Parnasse* ressuscite sous le titre d'*Observations sur les écrits modernes*; il va constituer un concurrent redoutable pour les *Mémoires de Trévoux* dans le domaine littéraire. Les 11 premières lettres et la lettre n° 15 sont signées D et G, ce qui permet d'identifier les abbés Desfontaines et Granet. G. May avait remarqué que « les comptes rendus d'œuvres romanesques se font extrêmement rares » à partir du 6 décembre 1738. En fait, après le compte rendu de *Philoctète* publié le 7 juillet 1737, on ne trouve plus en 1737 que celui de l'*Histoire des rats* (Corpus n° 307), publié le 7 septembre 1737, donc après la proscription; celui de *Lilia* (Corpus n° 382) publié le 5 octobre 1737; et celui des *Essais sur la nécessité et sur les moyens de plaire* (Corpus n° 208), publié le 28 décembre 1737; encore peut-on s'interroger sur l'appartenance de ce dernier ouvrage au genre romanesque.

Puisque nous connaissons le nom des auteurs de comptes rendus pour ces deux périodes, il nous paraît intéressant de les récapituler (l'astérisque désigne les réimpressions).

A. Nouvelliste du Parnasse 1731-32.

Titre et n° du corpus	Desfontaines	Granet
* L'illustre malheureuse (340)	n° 1 (A)	
Promenades d'Ariste et de Sophie (556)		n° 2 (Z)
Avantures d'Aristée et de Télasie (88)		n° 8 (P)
Anecdotes grecques (64)		n° 8 (P)
Voyages et avantures du capitaine Boyle (663)		n° 8 (P)
Mémoires du comte de Grammont (410)	n° 9 (A)	
Le théâtre des passions (620)	n° 9 (A)	
Histoire de Mlle de la Charce (291)	n° 9 (A)	
* Voyages de Cyrus. N. ed. (659)		n° 11 (Z)
Lettres d'une Turque (370)	n° 13 (E)	
La Catanoise (135)	n° 19 (E)	
Mémoires de la Cour de France (409)	n° 19 (E)	
Les veillées de Thessalie (635)	n° 21 (A) et 25 (A)	
Vie de Marianne (645)	n° 25 (A)	
Sethos (591)	n° 26 (A), 41 (I), 42 (A) 43 (A)	
Suite des Mémoires d'un homme de qualité (448)		n° 28 (P) et 33 (P)
Histoire de Mme de Muci (286)	n° 30 (E)	
* Avantures du baron de Fœneste (103)		n° 33 (P)
* L'Astrée (82)	n° 35 (E)	
Mémoires de Mme de Barneveldt (411)	n° 49 (A)	
Le philosophe anglois (530)		n° 50 (P)
Histoire de Guzman d'Alfarache (269)		n° 50 (P)
Les désespérés (179 bis)		n° 50 (P)
Lettres de la Marquise (372)		n° 50 (P)
Avantures du prince Jakaya (107)		n° 50 (P)
* Histoire négrepontique (324)		n° 50 (P)

Au total, 26 romans dont cinq réimpressions. Sur ces 26 romans, 13 sont recensés par Desfontaines et 13 par Granet; ils sont donc également répartis. On remarquera que Desfontaines recense les *Mémoires de Mme de Barneveldt* dont il est probablement l'auteur, et que l'*Histoire négrepontique* a été confiée à un certain censeur Granet avant d'être recensée par un journaliste du même nom : s'agit-il d'un homonyme, compatriote peut-être ou parent? Ou bien l'abbé Granet a-t-il servi occasionnellement de censeur?

B. *Observations* 1735-37

Titre et n° du corppus	Desfontaines (D)	Granet (G)
Anecdotes de la Cour de Néron (63)	n° 2	
Mémoires du comte de Comminville (439)	n° 2	
Trois nouveaux contes de fées (629)		n° 3
Le songe d'Alcibiade (603)		n° 8
Avantures de Gil Blas t. IV (93 bis)	n° 10	

Là encore les comptes rendus sont également partagés. Il faut souligner que les deux premiers romans sont signés par Du Castre d'Auvigny, disciple de Desfontaines, qui en est peut-être l'auteur comme il était probablement l'auteur des *Mémoires de Mme de Barneveldt*.

On connaît mieux Desfontaines que Granet, dont l'abbé Le Blanc écrivait à Bouhier le 4 février 1734 : « Cet abbé n'est autre qu'un homme qui connaît bien les livres et la littérature courante, et qui vit du trafic des livres, et peut-être de ce qu'il reçoit des libraires pour qui il fait des préfaces ou des traductions... »[20]. Rappelons qu'en 1734 les « feuilles » sont provisoirement arrêtées. Le 1er avril 1735, lorsque les *Observations* succèdent au *Nouvelliste*, Anfossi écrit au marquis de Caumont : « Voilà donc l'abbé Granet de nouveau associé avec l'abbé Desfontaines. Vous ne vous plaindrez plus de son silence, cette brochure périodique tiendra lieu des nouvelles littéraires que vous lui demandiez. Ces messieurs les auteurs n'écrivent des lettres qu'au public, sauf aux lecteurs de se regarder comme ceux à qui l'on s'adresse »[21].

Anfossi admet que Granet « a des talents et des connaissances, mais pas le sel piquant (de Desfontaines). Je le croirais plus propre à un journal réglé, la brochure demande plus de feu »[22]. Par contre, Marais estime que « l'un vaut l'autre »[23] et qu'« ils ont tous deux de l'esprit et de la malice... ce sont toujours des personnalités. L'abbé Desfontaines a là un collègue en malice assez bien choisi »[24]. Mais les relations entre les deux compères se gâtent parfois, particulièrement lorsqu'ils rencontrent des adversaires : au début de 1737 l'abbé d'Olivet reçoit la visite de Granet à propos de la *Dissertation sur Pétrone* de Bouhier : « Je compris par son discours que ces deux endroits pourraient avoit été insérés par son collègue, qui se réserve le droit de revoir les épreuves et d'y faire des changements[25]. « Vous avez été avec raison satisfait de la feuille dont vous me parlez », écrit Anfossi à Caumont; « elle est de l'(abbé notre ami) et non de l'abbé Desfontaines, il me la montra lorsqu'il y travaillait »[26]; par contre, deux mois plus tard, il lui écrit : « Vous serez peut-être content d'une dernière feuille des *Observations* sur la *Mérope* de Maffei ». Notre ami l'abbé Granet assure qu'il n'y a aucune part, son associé a fait paraître cette feuille à son insu, et au préjudice de la sienne qui était toute prête »[27].

Il n'est certes pas indifférent que ce soit Desfontaines l'auteur du compte rendu de la *Vie de Marianne*[28] et peut-être de celui du *Paysan parvenu*, et Granet l'auteur du compte rendu de la *Suite des Mémoires d'un homme de qualité* et peut-être de celui du *Philosophe anglois*. Et que ce soit le même Granet qui ait donné dans le n° 50 du *Nouvelliste du Parnasse* six comptes rendus de romans, alors que l'abbé Desfontaines consacre quatre comptes rendus au *Sethos* de l'abbé Terrasson. Il semble que l'abbé Granet se soit particulièrement intéressé au problème du roman : une étude qui pourrait être fructueuse serait l'étude comparée du style et du vocabulaire de deux auteurs, et même de leurs jugements.

Il nous a paru que Granet employait souvent les expressions de « vraisemblance », « bienséance », « usage du monde ». Ainsi il souligne l'« urbanité » et l'« usage du beau monde » qui règnent dans les *Mémoires de la cour de France*[29] ; par contre il reproche à Prévost d'ignorer les « usages du monde » : « L'auteur (des *Mémoires d'un homme de qualité*) ne réussit pas dans ces fictions qui demandent l'usage des intrigues du monde »[30]. Dans le *Philosophe anglois*, on ne voit « rien de conforme aux usages du monde, qu'il paraît en vérité ne point connaître »[31]. Il se pourrait fort bien que Granet ait également écrit la critique du *Doyen de Killerine*, traditionnellement attribuée à Desfontaines[32], où l'on lit que « l'auteur (est) aussi peu versé dans la connaissance du monde que son doyen » et qu'il a une « ignorance absolue des mœurs des hommes et des usages du monde »[ii]. Mais bien entendu nous n'avons aucune preuve permettant d'étayer ce qui n'est que pure hypothèse.

Une étude sémantique et stylistique de ce type devrait bien entendu tenir compte des textes des *Réflexions sur les ouvrages de littérature*. Après la mort de Granet (1741), le libraire Briasson écrivit à Prosper Marchand : « L'abbé Granet est en particulier l'auteur des *Réflexions sur les ouvrages de littérature*, quoiqu'il travaillât de moitié pour les *Observations*. Le premier de ces deux livres avait été projeté et commencé par M. Boistel et quelques autres jusqu'au quatrième volume, mais depuis le cinquième c'est l'abbé Granet qui est seul, excepté quelques feuilles, qui ont été faites par ses amis en temps de maladie »[34]. « C'est le vraisemblable qu'il faut représenter dans un roman », trouve-t-on dans le tome XI de 1740. A vrai dire, les *Réflexions* n'ont pas la concision et le piquant des *Observations*, et l'auteur de la notice sur Granet dans le *Dictionnaire* de Moreri fait remarquer qu'il ne « fait souvent que répéter aux termes et au tour près ce qu'il avait déjà dit dans les *Observations* ». En voici quelques exemples :

Observations	Réflexions
En général, il confond toujours le langage naturel de la Prose avec celui qui est consacré à la Poésie ; ce qui est une erreur. (tome XV, p. 313)	notre auteur confond les règles de la Prose avec les usages de la Poésie. (tome VII, p. 121)
un petit ouvrage intitulé la *Pudeur* L'Auteur a cru devoir expliquer ce que c'est que l'allégorie en général ; son origine, son utilité, quel en doit être le sujet, la forme et le style ; enfin il laisse entrevoir à ses lecteurs la vérité cachée sous le voile de la fiction. En parlant de l'utilité des allégories, il s'exprime ainsi : toutes les vertus y sont... (tome XVI, p. 165 à 168)	le petit ouvrage intitulé la *Pudeur* L'Auteur, dans une courte préface, expose la nature, l'origine, l'utilité, le sujet, la forme et le style de l'allégorie. Voici comment il peint l'utilité que les jeunes gens peuvent en retirer. Ils retrouvent dans une allégorie... Toutes les vertus y sont... (tome VII, p. 352 et sq.)

Par contre, les comptes rendus parus en 1739 d'un roman qui échappa à la proscription, les *Mémoires de la comtesse Linska* (Corpus n° 408), sont très différents dans les deux journaux. L'auteur des *Réflexions* reproche au roman son invraisemblance : « Il tomba en apoplexie d'amour, c'est l'effet de la sorcellerie romanesque ; une pareille équipée était bonne pour les anciens romans... Disons le sans détour, ces métamorphoses et ces enlèvements ne trouvent plus créance dans les esprits »[35]. Alors que l'auteur des *Observations* écrit sur le même roman : « Si le mérite d'être amusant distingue le bon romancier du mauvais, on ne balancera point à mettre dans la première classe M. Milon de la Valle... Qu'on ne dise pas que le hasard n'amène pas des événements qui se répondent avec tant de justesse »[36].

Encore une fois, nous ne faisons qu'indiquer là des directions de recherche ; mais un autre problème doit être envisagé : celui des liens éventuels entre les *Réflexions sur les ouvrages de littérature* et les « nouvelles de Paris » de la *Bibliothèque française* ; nous avons relevé à plusieurs reprises des citations très voisines dans ces deux journaux, dont l'un paraît à Paris et l'autre à Amsterdam.

Devèze écrivait en octobre 1725 à son correspondant suisse Seigneux de Correvon : « La *Bibliothèque française* est entièrement proscrite en ce pays et n'y saurait pénétrer » ; le 15 février 1737 : « Vous ne sauriez croire combien l'on est attentif à ne pas laisser entrer ce journal en France, sans savoir trop pourquoi, y en ayant d'autres qui passent librement et où pourtant il y aurait bien plus à dire » ; le 22 avril 1727 : « elle est toujours proscrite en ce pays. Il en venait deux exemplaires à un de mes amis, qui ont été arrêtés à Valenciennes »[37].

Le même Devèze écrit le 16 septembre 1728 que « depuis quelque temps l'abbé Granet a la principale part à la *Bibliothèque française* »[37]. Le changement de direction — Du Sauzet ayant racheté le fonds de

Bernard et publiant le journal à partir du tome XIV de 1730 — ne semble pas avoir supprimé la participation de Granet, puisque le *Dictionnaire* de Moreri écrit que cette participation continua jusqu'au tome 19 inclus, bien que ce journal fût toujours publié en Hollande. Le tome XIX est daté de 1734; il est possible que Granet ait quitté la *Bibliothèque française* pour se consacrer davantage aux *Observations*, puis parallèlement aux *Réflexions*.

Le nouvelliste parisien rend compte de la plupart des romans recensés par le *Nouvelliste du Parnasse*; nous nous limiterons à cette comparaison, puisque Granet ne collabore plus (dit-on) à la *Bibliothèque française* en 1735. Voici la liste des comptes rendus :

ROMANS RECENSÉS A LA FOIS PAR LE *NOUVELLISTE DU PARNASSE* ET PAR LA *BIBLIOTHÈQUE FRANÇAISE* (NOUVELLES DE PARIS) 1731-1752

Date de retrait de la Chambre Syndicale	Titre et n° du Corpus	*Nouvelliste du Parnasse*	*Bibliothèque Française*
17 avril 1731	La Catanoise (135)	n° 19 (Desfontaines)	Tome XVI, 1
22 mai 1731	Les veillées de Thessalie (635)	n° 21 et 25 (Desfontaines)	id.
20 juillet 1731	Vie de Marianne (645)	n° 25 (Desfontaines)	id.
20 juillet 1731	Sethos (591)	n° 26, 41, 42, 42 (Desfontaines)	id.
20 novembre 1731	Avantures du prince Jakaya (107)	n° 50 (Granet)	Tome XVII, 1
18 décembre 1731	Histoire de Guzman d'Alfarache (269)	n° 50 (Granet)	id.
22 janvier 1732	Mémoires de Mme de Barneveldt (411)	n° 49 (Desfontaines)	id.
22 janvier 1732	Les désespérés (179 bis)	n° 50 (Granet)	id.

En fait, le nouvelliste parisien ne rend compte que des romans parus avec adresse française et retirés de la Chambre syndicale. Ce qui explique sans doute les absences, y compris celle du *Philosophe anglois* paru à Utrecht et à Paris.

Nous n'avons pas d'indication sur la date de parution du tome XVI de la *Bibliothèque française*. Par contre, la *Gazette d'Amsterdam* du 27 juin 1732 nous apprend que « Du Sauzet vient d'acheter la première partie du tome XVII ». Or le n° 49 du *Nouvelliste du Parnasse* est daté du

15 janvier 1732 et le n° 50 du 3 mars 1732. Les auteurs de la *Biblio-thèque française* ont donc fort bien pu avoir entre les mains les numé-ros du *Nouvelliste* et se contenter pour l'essentiel de les démarquer. On retrouvera d'ailleurs le même phénomène en 1735-36 avec le compte rendu des *Mémoires du Comte de Comminge* (*Observations sur les écrits modernes*, n° 41 du 17 décembre 1735, compte rendu de Desfon-taines; *Bibliothèque française*, tome XXII, deuxième partie, p. 376).

Ce qui nous semble plus remarquable est le contenu des références à l'abbé Desfontaines : En 1730 : « M. l'abbé Desfontaines a fait impri-mer... un livre qu'on lit avec plaisir. C'est le *Nouveau Gulliver*»[38]. En 1731 : « L'abbé Desfontaines fait imprimer sous le nom de M. d'Auvi-gny un roman intitulé *Alsinoé*. On joue actuellement aux Italiens une jolie pièce du même abbé sous le nom de ce jeune homme. Elle est intitulée *Le triomphe de l'intérêt*. Cette pièce a fait grand bruit»[39]. Toujours en 1731 : « Chaubert a commencé cette année à publier un ouvrage périodique intitulé le *Nouvelliste du Parnasse*... Quatre personnes ont entrepris ce *Nouvelliste*, où l'on croit que M. l'abbé Desfontaines a la meilleure part»[40].

En 1732, on trouve le compte rendu suivant des *Mémoires de Madame de Barneveldt*, compte rendu où d'ailleurs Desfontaines n'est pas nommé : «Giffart et Gandouin ont imprimé les *Mémoires de Mme de Barneveldt*. C'est un pur roman bien écrit où tout est inventé... L'auteur est nommé dans le privilège, c'est M. d'Auvigny. Ces *Mémoires* ont fait du bruit et ont été supprimés à cause de quelques portraits satiriques et surtout de la conversation d'un iman avec Mme de Barne-veldt sur la religion. On a cru reconnaître dans ces portraits quelques gens de lettres, mais l'auteur désavoue avec raison ces applications injurieuses. Il s'agit de quelques prétendus savants d'Italie, et on veut les trouver à Paris ou dans un pays voisin; est-ce la faute de M. d'Au-vigny qui ne les a ni nommés ni décriés? Il pourrait avouer les por-traits qu'on applique à Messieurs de Fontenelle, Rousseau et Voltaire et Crébillon qui y sont loués finement. Quoi qu'il en soit, on attend avec l'impatience l'édition de ces *Mémoires* qui se fait à Amsterdam. L'auteur pourrait fournir des additions curieuses aux libraires»[41].

Avant de poursuivre cette étude des « nouvelles de Paris» données par la *Bibliothèque française*, il convient de s'interroger sur ces surpre-nantes références à l'abbé Desfontaines. Surprenantes parce qu'en contradiction avec ce que nous croyons savoir de Desfontaines sur trois points :

1. Le roman d'*Alsinoé*, qu'il soit de Desfontaines ou de son élève d'Auvigny, est totalement inconnu.

2. Le *Triomphe de l'intérêt* n'est pas de Desfontaines mais de Boissy.

3. Enfin une rapide lecture de l'édition hollandaise des *Mémoires de Mme de Barneveldt* ne révèle aucune des « additions curieuses» annoncées.

Sur les deux premiers points, nous avons à notre disposition la bibliographie des œuvres de Desfontaines que l'on trouve dans le manuscrit n. a. fr. 25 145 de la Bibliothèque Nationale. On n'y trouve aucune allusion à *Alsinoé*. Mais on trouve sous le n° 44 la remarque suivante : « Il s'est attribué la *Tragédie en prose* et le *Triomphe de l'intérêt*, mais M. de Boissy a réclamé ces deux comédies »[42]. *L'esprit de l'abbé Desfontaines*, publié en 1757, soit 12 ans après sa mort, attribue il est vrai, cette comédie à Du Castre d'Auvigny et Boissy[43]. Nous avons sur cette pièce le témoignage de Mathieu Marais, généralement bien informé ; il écrit le 22 novembre 1730 à Bouhier : « Je n'avais point été à la comédie depuis 10 ans, on m'y a entraîné et j'ai vu au Théâtre Italien une pièce intitulée le *Triomphe de l'intérêt...* Il y a des portraits frappés et un peu trop reconnaissables. C'est un Molière naissant... Notre ami M. Bernard a eu le crédit de faire ôter une scène que tout le public lui appliquait. L'auteur est un jeune homme de 18 ans »[44]. Le 4 décembre, il précise : « Le nouveau Molière s'appelle Dovignies. Il est de Mons en Hainaut. C'est M. l'abbé Du Bos qui me l'a nommé »[45]. Enfin, le 12 janvier 1731 : « La comédie du *Triomphe de l'intérêt* a été imprimée sans permission avec les scènes retranchées. On assure que l'abbé Desfontaines est caché sous le nom du petit auteur flamand »[46].

Ainsi l'erreur d'attribution commise par le correspondant parisien de la *Bibliothèque Française* n'est qu'une demi-erreur, ou une erreur volontaire. Ou bien, en effet, Desfontaines a réellement collaboré avec Boissy, peut-être par l'intermédiaire de son disciple et prête-nom d'Auvigny ; ou bien il s'est attribué la paternité de cette pièce. Mais notre propos n'est pas ici d'identifier le(s) véritable(s) auteur(s) du *Triomphe de l'intérêt*. Il est de cerner la personnalité du mystérieux nouvelliste parisien de la *Bibliothèque française*. Or il n'y a pas de doute qu'il est lié de très près à Desfontaines : ses ignorances et ses confusions apparentes en sont une preuve. Comme Desfontaines le fit un temps, il laisse entendre que Desfontaines a écrit cette comédie. Quant à *Alsinoé*, il pourrait s'agir des *Avantures d'Aristée et de Télasie* (?) qui parut en 1731, sans que nous sachions la raison de ce titre inconnu. Enfin tous les détails sur l'édition hollandaise des *Mémoires de Mme de Barneveldt* sont ceux d'une publicité bien orchestrée. Peut-être la Compagnie d'Amsterdam n'accepta-t-elle pas les compléments promis. Il est plus probable que Desfontaines ne les écrivit jamais. L'article vise surtout à attirer les lecteurs, en particulier les lecteurs non-Français. Nous retrouvons ici la forme de publicité que nous avons cru trouver dans le *Nouvelliste*, avec cette différence qu'elle n'a pas besoin de se cacher sous une indignation vertueuse. En fait, plus que de morale il s'agit de satires personnelles, d'« applications » comme on disait alors.

Revenons à notre nouvelliste parisien. S'agit-il de Desfontaines ou de Granet ? L'un et l'autre sont souvent mentionnés dans la *Bibliothèque française* proprement dite, c'est-à-dire en dehors des « nouvelles de Paris ». Le tome XV de 1731 consacre 27 pages au *Nouveau Gulliver* : « Cet auteur est M. l'abbé Desfontaines connu par quelques traductions

estimées et par divers autres ouvrages... M. l'abbé Desfontaines a
autant lieu de redouter la critique que de l'aimer, quoiqu'il en fasse sa
principale occupation... Nous n'avons rien trouvé d'utile ni qui soit
propre à représenter la vérité dans toutes les fictions... Nous avons
tâché de lui faire voir qu'il est plus facile de reprendre les autres qu'il
n'est aisé de faire mieux », et le recenseur termine en conseillant à Desfontaines de faire « un meilleur usage de ses talents dont nous recon-
naissons d'ailleurs avec plaisir toute l'étendue »[47]. On voit par ces quelques extraits que le compte rendu n'est guère élogieux. C'est dans ce
même tome XV (deuxième partie) que le nouvelliste parisien annonce
la publication du *Nouvelliste du Parnasse* « où l'on croit que M. l'abbé
Desfontaines a la meilleure part »[48].

L'attribution des « nouvelles de Paris » à l'abbé Desfontaines semble
difficile à admettre lorsqu'on a lu le compte rendu du *Nouveau Gulliver*. Il est plus vraisemblable que le nouvelliste parisien est alors l'abbé
Granet, dont Desfontaines fera la notice nécrologique dans les *Observations* du 6 mai 1741, en précisant qu'« il avait travaillé longtemps à un
journal littéraire de Hollande »[49]. *La Bibliothèque française* mentionne le
nom de Granet au moins à deux reprises : « M. Granet a été surpris de
voir dans la *Bibliothèque raisonnée*... qu'on le faisait éditeur de l'*Histoire de la mère et du fils*. Il vous prie d'apprendre au public qu'il n'a
point composé la préface qui est à la tête de cette *Histoire*; que c'est
une fausseté déjà débitée à Paris par un homme qui lui est bien
connu »[50]. « M. l'abbé Granet ne mérite pas moins de reconnaissance de
la part des gens de lettres. Il a fait imprimer les *Œuvres diverses de
Corneille* »[51].

En fait, si Granet dirige les *Réflexions sur les ouvrages de littérature*
et dirige avec Desfontaines les *Observations*, il est difficile de préciser sa
participation à la rédaction de la *Bibliothèque française*. La parenté
d'intention et d'expression entre deux chroniques peut aussi bien être
imputée à l'adaptation de textes écrits par un autre journaliste qu'à la
rédaction de deux textes légèrement différents destinés à deux journaux.
Quoi qu'il en soit, l'inspiration des trois journaux est souvent stricte-
ment la même, et en particulier les commentaires sur la proscription
proviennent d'une même source. Il ne faudrait donc pas attacher trop
d'importance à ces soi-disant témoignages. Quoi qu'aient pu affirmer
les journalistes de ces trois journaux, les mesures de 1737 se sont révélées inefficaces et la proscription n'a nullement profité aux imprimeurs
et libraires hollandais.

1. *Nouvelliste du Parnasse* tome I, 1731, Avis du libraire.
2. *Ibid.* tome I, 1731, p. 11.
3. *Ibid.*, tome I, 1731, p. 165 et 169.
4. Musée Calvet ms. 2278 f° 240.
5. B.N. ms.fr. 25 541 f° 403.
6. *Nouvelliste du Parnasse*, tome I, 1731/ p. 42-43.
7. *Ibid.*, 1731, p. 314.
8. *Ibid.*, tome II, 1731, p. 91.
9. B.N. ms.fr. 25 542 f° 11.
10. B.N. ms.fr. 25 542 f° 9.
11. et non février comme nous l'avons signalé par erreur dans notre *Inventaire de la correspondance de Bouhier* sous le n° 1302. Le contexte permet de rétablir la date.
12. H. MONOD-CASSIDY. *Un voyageur philosophe au XVIIIe siècle*, 1940, lettre n° 9.
13. B.N. ms. fr. 25 542 f° 17.
14. B.N. ms.fr. 25 542 f° 41.
15. *Nouvelliste du Parnasse*, tome IV, 1732, p. 3 et 4.
16. *Ibid.*, tome IV, 1732/ p. 37 et 38.
17. B.N. ms.fr. 24 415 f° 363.
18. B.N. Z 21 882.
19. *Grand dictionnaire historique* de Moreri, Paris, 1759.
20. H. MONOD-CASSIDY *op. cit.*, lettre n° 23.
21. Musée Calvet ms. 2278 f° 236.
22. Musée Calvet ms. 2278 f° 244.
23. B.N. ms.fr. 24 414 f° 401.
24. B.N. ms.fr. 24 414 f° 249.
25. B.N. ms.fr. 24 417 f° 173 et *Lettres de l'abbé d'Olivet*, éd. Duranton, 1876, p. 232.
26. Musée Calvet ms. 2279, f° 12.
27. *Ibid.*, 2279, f° 19.
28. Voir *Vie de Marianne*, éd. Deloffre, Paris 1963, p. LXV et LXVI.
29. *Nouvelliste du Parnasse*, tome II, 1731, p. 94.
30. *Ibid.*, tome III, 1731, p. 14.
31. *Ibid.*, tome IV, 1732, p. 43.
32. J. SGARD. *Prévost romancier*, Paris, 1968, p. 321.
33. *Observations sur les écrits modernes*, tome II, 1735, p. 94 et 95.
34. B.U. Leyde, fonds Marchand, lettre de Briasson du 22 août 1742.
35. *Réflexions sur les ouvrages de littérature*, tome VIII, 1739, p. 10 et 11.
36. *Observations sur les écrits modernes* tome XVI, 1739, p. 255.
37. B.P.U. Genève, correspondance de Seigneux de Correvon.
38. *Bibliothèque française*, tome XIV, 1730, p. 169.
39. *Ibid.*, tome XV, 1731, p. 170 et 171.
40. *Ibid.*, tome XV, 1731, p. 365.
41. *Ibid.*, tome XVII, 1732.
42. B.N. n.a.fr. 25 145 f° 175.
43. *L'esprit de l'abbé Desfontaines*, Londres 1757, tome III, p. 273.
44. B.N. ms.fr. 24 415 f° 413.
45. Ibid f° 409.
46. Ibid f° 401.
47. *Bibliothèque française*, tome XV, 1731, p. 286-312.
48. *Ibid.*, tome XV, 1731, p. 365.
49. *Observations sur les écrits modernes*, tome XXIV, 1741, p. 165.
50. *Bibliothèque française*, tome XVII, 1732, p. 197.
51. *Ibid.*, tome XXIX, 1739, p. 151.

CONCLUSION

LES VÉRITABLES MOTIFS DE LA PROSCRIPTION

Quelles raisons ont pu pousser le Chancelier d'Aguesseau et son entourage à tenter de supprimer les romans? Certainement pas des raisons littéraires. Si les romans paraissent de plus en plus sous le nom de *Mémoires*, ce n'est pas pour échapper à la surveillance du Pouvoir, mais pour satisfaire au goût du public. C'est pour les *Mémoires de Madame de Barneveldt* que Desfontaines a été inquiété en 1732, et c'est en partie à cause de ces *Mémoires* que le *Nouvelliste du Parnasse* est supprimé. Trois catégories d'ouvrages étaient suspects au Pouvoir : les périodiques (et par conséquent les romans dits périodiques) à cause de leur rythme de publication; les comédies et les romans à cause des applications. On a vu que le *Triomphe de l'intérêt*, attribué à l'abbé Desfontaines que nous retrouvons ainsi dans ces trois genres littéraires, contenait « des portraits frappés et un peu trop reconnaissables »[1]. La pièce sera finalement « imprimée sans permission avec les scènes retranchées »[2]. Il était relativement facile d'arrêter le cours d'une comédie : suspension des représentations et en principe surveillance de la publication. Rien de tel avec les romans. Le Pouvoir était sans doute excédé par les doléances qu'il recevait. Le Roman traitait sans ménagement à la fois les grandes familles, dont les représentants venaient se plaindre, et des personnalités « de la Cour et de la Ville », comme on disait alors. Il jouait un rôle satirique un peu comparable à celui du *Canard enchaîné*. Par-là même, et en quelque sorte à son insu, le Roman était politique : en critiquant les individus, il mettait en cause les institutions et toute la société de l'Ancien Régime, Aristocrates, Financiers, Jésuites, etc. Bientôt la famille royale, le Roi lui-même, seront attaqués : cela vers 1745.

Est-ce à dire que le Pouvoir mesurait la portée de ces attaques implicites contre les institutions? En tout cas, ce n'est pas pur caprice du Chancelier à son retour si les privilèges ne sont plus accordés aux romans. Cette décision fait partie d'une petite guerre que se livrent depuis un certain temps les auteurs et éditeurs de romans et le Pouvoir et que les mesures de 1737 n'interrompront pas.

Quant aux raisons morales, elles ne sont pour le Pouvoir guère plus qu'une façade habile, car en alléguant ces raisons il savait s'appuyer sur une partie du Public, en particulier sur ceux qui ne lisaient guère de romans. Le prétexte valait aussi pour les comédies : on lit par exemple dans l'*Esprit de l'abbé Desfontaines* que le *Triomphe de l'intérêt* « pèche essentiellement contre les règles fondamentales de la comédie, puisque c'est le triomphe du vice depuis le commencement jusqu'à la fin »[3].

Il ne faut pas perdre de vue que ce que nous avons qualifié de petite guerre entre auteurs et éditeurs d'un côté, Pouvoir de l'autre, n'est pas le propre du Roman. On ne peut pas dissocier la production romanesque de l'ensemble de la production. Les mesures prises par le Chancelier d'Aguesseau contre le Roman appartenaient en fait à un ensemble de mesures prises alors pour contrôler davantage la publication et la circulation des livres. C'est ce que nous allons examiner.

1. B.N. ms.fr. 24 415 f° 413.
2. *Ibid.*, f° 409.
3. *L'esprit de l'abbé Desfontaines*, Londres, 1757, t. III, p. 274.

TROISIÈME PARTIE

ROMAN ET POUVOIR DE 1737 A 1750

Nous avons pris conscience de deux réalités : d'une part, il y a bien eu des mesures de proscription en juillet 1737, d'autre part les romans continuent à paraître, et sont même imprimés pour la plupart en France. Il nous faut maintenant chercher à expliquer cette contradiction : quelles mesures ont été réellement prises contre les romans? Y a-t-il eu complicité de la part de certains de ceux qui étaient chargés de faire appliquer ces mesures, ou incapacité fondamentale du Pouvoir à maîtriser leur exécution?

Nous étudierons successivement :

— le personnel chargé des problèmes de librairie

— les privilèges accordés à des romans

— les permissions tacites accordées à des romans.

CHAPITRE I

LES RESPONSABLES DU CONTRÔLE DE LA PRODUCTION ET DE LA CIRCULATION DES OUVRAGES DE 1737 A 1750

1. D'Aguesseau et d'Argenson

Le 20 février 1737, le Chancelier d'Aguesseau remplace Chauvelin comme Garde des Sceaux : « charge insigne et influente dont il avait été privé depuis 1722 »[1]. En tant que Garde des Sceaux, il est « le protecteur né de la Librairie »[2]. Mais un Chancelier a certainement plus de prestige et probablement plus de pouvoir qu'un simple Garde des Sceaux. Il a alors près de 70 ans, et il est connu pour son caractère autoritaire et intransigeant ; il fut naguère un janséniste notoire : il sera un fidèle serviteur du pouvoir royal et du cardinal Fleury auquel il survivra.

Cependant, il ne pouvait tout faire par lui-même, et comme Chauvelin il s'entoure de collaborateurs, qui sans doute auront moins d'initiatives qu'en avait eu Chauvelin de Beauséjour et Rouillé. S. Pillorget rappelle que « le Chancelier... délègue ses pouvoirs à un chef du Bureau de la librairie qui délivre privilèges et permissions »[2]. C'est ainsi que Pontchartrain, lorsqu'il devint Chancelier en 1699, avait confié à son neveu l'abbé Bignon la tâche de « diriger sous (son) autorité tout ce qui avait trait aux affaires de librairie ». A cette occasion, il avait été « amené à donner à la section de la chancellerie qui s'occupait de (librairie) et qui prit officiellement le nom du Bureau de la Librairie une importance accrue »[3]. « Désormais », comme le souligne H.J. Martin, « le livre apparaît placé sous le signe du Registre. Dès qu'il est question d'éditer un manuscrit, celui-ci est porté à la chancellerie aux services de l'abbé Bignon »[4]. Aucune trace de conflit entre Pontchartrain et son neveu ne nous est parvenue : c'est pour sa soumission, pour la concordance entre ses propres vues et celles de Bignon, que Pontchartrain lui a confié cette mission.

Les relations entre d'Aguesseau et le comte d'Argenson, choisi dès mars 1737, semblent tout à fait comparables à celles qu'avaient eues 30 ans auparavant Pontchartrain et Bignon. D'Argenson, né en 1696, a donc 40 ans ; condisciple de Voltaire au Collège Louis-le-Grand, il passe pour un disciple des Jésuites et même pour le chef du parti moliniste. Même s'il avait voulu contrecarrer d'Aguesseau dans sa politique contre les romans, il n'aurait sans doute guère pu le faire : « il paraît avoir peu de crédit sur cette matière », notait Dubuisson le 4 juillet 1737[5]. Les *Nouvelles ecclésiastiques* remarqueront en 1742 que « lorsque les sceaux ont été rendus au Chancelier, il a été en même temps déchargé du soin qui y est attaché de droit par rapport à la librairie, et ce soin a été pleinement confié au comte d'Argenson, le Chancelier ne s'étant réservé que la faculté de sceller ou ne pas sceller les privilèges dont M. d'Argenson lui présente seulement les titres sur une feuille »[6]. D'Argenson n'avait donc, en fait de privilèges, que le pouvoir de ne pas présenter au Chancelier les demandes qu'il jugeait sans intérêt, et surtout de retarder la présentation de ces demandes.

En fait, il règne une certaine ambiguïté sur le nom des nouvelles fonctions qu'assume d'Argenson en 1737, peut-être parce que depuis longtemps il est à la tête du « Bureau pour les affaires de chancellerie et de librairie », ainsi que le révèle l'*Almanach Royal*. Un arrêt du Conseil d'Etat du Roi en date du 12 décembre 1719 avait en effet commis le jeune maître des requêtes « pour conjointement avec les autres commissaires nommés par l'arrêt du Conseil du 24 décembre 1718 connaître des affaires qui concernent tant les chancelleries que la librairie et l'imprimerie »[7]. Cette activité ne concernait que les affaires contentieuses et nullement les demandes de privilèges. Quoi qu'il en soit, certains contemporains parlent du « Bureau de la Librairie » pour évoquer sa nouvelle responsabilité, comme un correspondant de l'abbé Bignon dans une lettre du 18 décembre 1737[8] ou comme l'abbé d'Olivet qui qualifie d'Argenson de « président du Bureau des Libraires »[9], et qui écrit qu'il est « revenu de Fontainebleau pour tenir le Bureau de la Librairie »[10]. Par contre son frère, le marquis d'Argenson, préfère le terme d'« Inspection de la librairie », sans doute pour distinguer cette nouvelle fonction de la précédente. Et il précise : « Cet emploi n'est lucratif que par les présents de livres, mais... donne du crédit. Il avait déjà sous Monsieur Chauvelin le Bureau des affaires contentieuses de la Chancellerie et de l'Imprimerie. Ceci peut passer pour une suite »[11]. En fait, si d'Argenson est « chargé du détail de la librairie » comme l'écrivait Dubuisson[5], toute une partie du contrôle lui échappe : « l'entrée des livres étrangers » confiée au lieutenant de police, « ce qui morcelle pour toujours ce district du Chancelier », comme le remarque le marquis d'Argenson[11].

Pouvoir limité, puisque le Chancelier garde le pouvoir de décision en matière de privilèges, et puisque le lieutenant de police surveille l'entrée des livres étrangers. Le comte d'Argenson a probablement d'autres ambitions et ne s'est guère soucié de réformes. Il a gardé comme secrétaire Courchetet, qui était le secrétaire de son prédécesseur : « On est surpris », lit-on dans un gazetin de la police de la semaine 9-16 mars 1737, « que M. d'Argenson ait pris M. Courchetet pour travailler avec lui comme ce dernier faisait (sic) à M. Rouillé parce qu'il était la créature de M. Chauvelin ; quoi qu'il en soit, il passe pour un honnête homme, et très capable dans la librairie »[12]. C'est à lui qu'aura affaire également l'abbé Olivet, qui écrit à Bouhier le 9 juillet 1738 : « Le secrétaire du Bureau de la Librairie est un nommé Courchetet, fils d'un conseiller au Parlement de Besançon et mon ami particulier »[13] et le 21 juin 1741 : « J'ai consulté Courchetet, qui tient la plume au Bureau de la Librairie »[14].

Ce Courchetet s'appelait Luc Courchetet d'Esnans ; né en 1695, il a donc 13 ans de moins que l'abbé d'Olivet ; il avait été jésuite. Il ne faisait il est vrai, que « tenir la plume », mais ce sont parfois, à toutes les époques, les employés subalternes qui ont le pouvoir de déterrer des dossiers oubliés. On remarquera, et cette absence de pouvoir réel de tous les collaborateurs du Chancelier, et une certaine continuité du personnel. Nous avons vu précédemment la continuité de la politique anti-romanesque. Le remplacement de Chauvelin par d'Aguesseau est un changement de ministère et non de régime. Chauvelin était devenu suspect à Fleury par son attitude en matière de politique extérieure, et non pour sa conception de la censure et de la librairie.

En 1740, d'Argenson obtint la place d'intendant de la généralité de Paris, ce qui ne l'empêchait pas de continuer à présider le Bureau de la Librairie : l'abbé d'Olivet se plaint de lui le 9 juillet 1742 en ces termes : « Un intendant de Paris qui veut présider au Bureau des libraires et faire ni plus ni moins ses tournées est cause qu'on est quelquefois deux mois de suite sans pouvoir faire expédier un privilège »[7]. Le mois suivant, il devait être nommé ministre d'Etat, nomination que Barbier commente ainsi : « ceci est pour lui une distinction respectable... Il a tout au plus cinquante ans... (Il) est intimement lié à Maurepas, et ceci le désigne ou à être à la tête des finances, ou pour avoir la place de Chancelier de France après la retraite de M. d'Aguesseau »[15].

2. Les successeurs du comte d'Argenson : Maboul et De Boze

En 1742, donc, d'Argenson est déchargé des fonctions de responsable de la librairie, qu'il assumait fort mal depuis qu'il était intendant de Paris. Le gazetin de la police, dont Mouhy est en réalité l'auteur, écrit alors : « on assure que M. de Fresne n'est pas dans l'intention de se charger de la Librairie »[16]. Ce M. de Fresne n'était autre que le second fils du Chancelier, J.B. Paulin d'Aguesseau de Fresne, conseiller d'Etat depuis 1734. S'il dément être candidat, c'est sans doute parce qu'il l'a été naguère. Le marquis d'Argenson n'écrivait-il pas en 1738 que son frère a obtenu « la commission de la librairie, qu'il a finalement sous-traité au Chancelier et à sa famille »[17].

Le Chevalier de Mouhy, qui rédige son gazetin pour le lieutenant de police Marville, ajoute : « on nomme Monsieur d'Ormesson pour cette place. Le public semble indiquer M. de Marville. Presque tous les gens de lettres le désirent à leur tête »[16]. En fait, ce fut le maître des requêtes Maboul qui fut nommé : « M. Maboul a la Librairie qu'avait M. d'Argenson », annonce le 4 septembre 1742 le nouvelliste de Mme de Souscarière[18]. « Les affaires ne vont pas mieux pour la littérature », écrira le 15 novembre suivant Bougerel à Mazaugues[19]. Le 26 mai 1745, le correspondant de Mme de Souscarière annonce que « Monsieur Maboul a remis sa place à la librairie »[20]. Le 2 juin 1745, Michault écrit à Bouhier : « M. de Boze vient d'être nommé Inspecteur de la Librairie à la place de M. Maboul qui est dans les douleurs de l'opération de la fistule à l'anus »[21]. L'abbé Le Blanc se plaint de de Boze : « On ne veut point ici que les auteurs se mêlent de raisonner. M. de Boze est actuellement (la lettre est du 3 juillet) celui qui a la confiance de M. le Chancelier »[22]. Cependant, Mlle de Lisle, sœur de l'astronome, écrit le 22 juillet 1746 : « Il est fort aimé des libraires, ils s'en louent tous »[23].

Le 16 septembre 1746, Mlle de Lisle annonce le retour de Maboul : « Depuis ma lettre du 22 juillet, M. Maboul malade a repris »[23]. Un des registres de la librairie porte d'ailleurs la note suivante : « clos par moi soussigné le 26 juillet 1746 », note suivie de la signature de de Boze[24].

Cet intérim de Gros de Boze, membre de l'Académie Française et de l'Académie des Inscriptions, n'a pas, semble-t-il, attiré l'attention des historiens. Il paraît indiquer pourtant à première vue une volonté de changement dans le recrutement du personnel du Bureau de la Librairie. L'académicien (né en 1680, il mourra en 1753), aurait-il définitivement remplacé Maboul si celui-ci n'avait pu reprendre ses fonctions? Cela est peu probable. Mais ce choix nous paraît intéressant même si nous n'en voyons pas les raisons. Il serait tentant d'admettre que Gros de Boze est un représentant de la tradition érudite. On pourrait tout aussi bien suggérer qu'il est avant tout le représentant de l'Académie des Inscriptions, qui passait pour plus « éclairée » que l'Académie Française. Mais ses pouvoirs sont sans doute nuls. Il faudrait faire une lecture attentive des registres de privilèges pour être certain que son rôle a été celui d'un simple exécutant. En tout cas, une telle étude ne nous apprendrait rien sur la politique de de Boze en face des romans, qui n'ont plus grand chose à voir avec les demandes de privilèges.

3. Les lieutenants de police de Paris

Lorsque d'Aguesseau reprend les sceaux en 1737, c'est Hérault qui est lieutenant de police. René Hérault, né en 1691, a donc 46 ans. Il semble avoir été alors candidat à la Direction de la Librairie : « Il avait attenté (à cette Direction) plus honorable que lucrative »[12]. Il est intéressant de noter que Hérault en 1737 et Marville en 1742 sont considérés comme candidats à ces fonctions et que Berryer, après avoir été lieutenant de police puis ministre de la marine, deviendra Garde des Sceaux.

Le lieutenant général de police était en tout cas « tenu en vertu de son office de surveiller l'exécution des règlements de la Librairie »[25]. A l'origine, la lieutenance de police avait été introduite dans le cadre du Châtelet; le Châtelet était classé « immédiatement après les cours souveraines » et la lieutenance de police rangée « parmi les juridictions subordonnées »[26]. Cependant, elle était « devenue peu à peu, grâce au soutien de la monarchie, une sorte de ministère »[27] et son titulaire connaissait des attributions de plus en plus étendues »[25].

Hérault, 1737-1740

Dans le domaine de la librairie, cette extension des pouvoirs du lieutenant de police de Paris est concrétisée officiellement en 1737 par « l'arrangement pris avec le Chancelier sur la librairie » : Hérault aura désormais « La Chambre syndicale c'est-à-dire l'entrée des livres étrangers »[11].

On lit dans la *Description de la ville de Paris* de Piganiol de la Force (1742) : « c'est dans cette Chambre où les officiers de la Communauté des Libraires et imprimeurs visitent le mardi et le vendredi après-midi les livres qui arrivent de tous les pays du monde dans cette grande ville et où les libraires et les imprimeurs tiennent leurs assemblées »[28]. En fait, la lecture des registres de cette période nous révèle qu'il s'agit de tous les ballots de livres qui entrent dans Paris, sans compter les livres saisis sur le territoire français et envoyés à la Chambre syndicale par les autorités locales de police. Pourquoi cette erreur commise à la fois par le Marquis d'Argenson et Piganiol de la Force? Croyaient-ils qu'il ne s'agissait que de l'examen des livres étrangers? C'était en tout cas la mission officielle de la Chambre syndicale. Mais, comme on saisissait souvent des livres étrangers aux frontières du Royaume, il est évident que les ballots examinés contenaient aussi bien des livres imprimés à Rouen. Or le Pouvoir avait toutes les raisons de se méfier d'éventuelles impressions provinciales, dans la mesure où il avait tout fait depuis Colbert pour anéantir l'imprimerie de province, difficile à contrôler. Il faut relire les excellentes pages que H.J. Martin a consacrées à ce problème : « le Pouvoir semble avoir été guidé dans sa politique en matière de privilèges par le désir d'encourager les éditeurs d'ouvrages savants, presque tous établis à Paris. Du même coup, le Chancelier (Pontchartrain) accélère là encore une concentration typique du climat de récession qui caractérise l'époque. Mais en même temps il place l'édition provinciale dans une situation difficile. De plus, les statuts corporatifs interdisant à un éditeur de mettre un livre sous presse hors de la ville où il demeure, l'action autoritaire de l'Etat apparaît contre nature, en ce sens qu'elle favorise les Parisiens qui travaillent plus cher que les provinciaux »[29].

On retiendra l'hypothèse de H.J. Martin sur la politique d'encouragement des éditions savantes, en grande majorité parisiennes. C'est ce même souci qui se retrouve, comme nous l'avons souligné, dans la poli-

tique « anti-romanesque » du Pouvoir. L'harmonie parfaite ne régnait
certes pas entre les libraires et imprimeurs parisiens eux-mêmes. Ce
n'est pas un hasard si les Prault, pourtant nombreux dans la profession, n'accédèrent pas aux charges syndicales à l'exception de Laurent-
François, fils aîné de Pierre Prault, qui fut adjoint en 1772, à l'âge de
60 ans. Ce serait simplifier les choses que de dire que tous les éditeurs
de romans furent tenus à l'écart des charges syndicales ; ainsi Th. Le
Gras fut adjoint de 1729 à 1731, puis syndic en 1749, et Gabriel Martin syndic en 1737 comme nous allons le voir, et sa charge, comme la
première charge de Le Gras, se situe avant la Proscription. Quant aux
Prault, ils devaient être très mal considérés par leurs collègues et par le
Pouvoir, et l'on pouvait se plaindre à la fois de la mauvaise qualité des
impressions des in-12 de Pierre Prault (le père) et de son interprétation
des notions d'approbation et de privilège. Rappelons l'écho donné par
le gazetin de la police : « On se plaint très fort de certains libraires-
imprimeurs qui ont le plus de débit de petits ouvrages comme les
Prault... tandis qu'on voit les tomes si considérables des Rollin se donner à très bon compte »[30].

Ce qu'il faut souligner, c'est la subtilité des rapports entre le lieutenant de police et les officiers de la Chambre syndicale. Apparemment,
le lieutenant de police était leur allié lorsqu'il s'agissait de découvrir les
contrefaçons provinciales ou étrangères. En fait, les libraires et imprimeurs étaient très jaloux de leurs prérogatives et préféraient que le lieutenant de police ne mît pas le nez dans leurs affaires.

Dès 1737, un incident grave survint entre Hérault et les officiers de
la chambre syndicale : il découvrit en effet que ceux-ci « faisaient eux-
mêmes entrer l'*Histoire du Concile de Trente* du P. Le Courayer qui
paraissait alors et dont on faisait une recherche rigoureuse[31] ». Voici la
version des Officiers de la Chambre : « En 1737, les officiers de la
Librairie qui se trouvaient en place reçurent de M. Chauvelin, pour
lors Garde des Sceaux, un ordre de laisser passer à la Chambre syndicale 200 exemplaires du *Concile de Trente* imprimés en Hollande (et
qui) ne devaient être fournis qu'aux bibliothèques publiques et à divers
gens de lettres désignés par le Ministère... Ce silence (des officiers)
affecta ceux de leur corps que des défauts personnels ou le plus souvent un dérangement de conduite placent toujours dans le dernier rang
et excluent pour l'ordre des charges. Ils s'imaginèrent que les syndic et
adjoints tiraient de leurs places un avantage dont ils étendaient les prérogatives jusqu'à s'arroger le droit de *profiter eux seuls des nouveautés
de l'étranger* (c'est nous qui soulignons) ». A la suite d'un « complot »
ces libraires qui n'avaient « ni talent ni capacité » et « le seul droit de
succession » auraient persuadé Hérault de créer un inspecteur de la
librairie de Paris, « chose inconnue jusqu'alors »[32].

Auparavant, Hérault fit destituer le syndic qui n'était autre que
Gabriel Martin dont nous avons déjà parlé, et qui avait obtenu six ans
plus tôt une permission tacite pour la *Suite des Mémoires d'un homme de*

qualité. Le 5 juillet, on procéda à de nouvelles élections (sic). Gabriel Martin, J.B. Coignard et François Didot furent remplacés par Langlois, Mouchet et Huart. L'élection eut lieu « en la présence de M. le lieutenant général de police en la manière accoutumée »[33]. Cette immixtion du lieutenant de police dans les affaires de la Chambre syndicale ne doit pas nous étonner : il avait sous sa juridiction de magistrat les communautés de métiers.

Un ordre du roi daté du 24 juin 1737 nomma M. de Beauchamps inspecteur de la librairie. En voici les termes exacts : « Sa Majesté étant informée qu'il se commet plusieurs abus dans le commerce des livres, même dans la visite des balles, ballots et paquets qui se fait en la Chambre syndicale des Imprimeurs et Libraires de Paris, tant par les particuliers que par les syndic et adjoints de la librairie, soit par défaut d'attention de leur part, soit qu'ils profitent de la liberté qu'ils ont de visiter seuls les dites balles ; ce qui donne lieu à l'introduction et à la vente et distribution d'une infinité de livres prohibés par les règlements, dont les dits imprimeurs et libraires font souvent eux-mêmes un commerce public, et voulant remédier aux désordres et inconvénients qu'un pareil abus a causés et pourrait causer par la suite, Sa Majesté a commis et commet le sieur de Beauchamps pour être présent à l'ouverture de toutes les balles, ballots et paquets contenant des ouvrages d'impression, et à la visite qui en sera faite par les dits syndic et adjoints les mardi et vendredi de chaque semaine, lequel rendra compte à la fin de chaque visite au sieur Lieutenant général de police des livres qui se seront trouvés dans les dites balles, Sa Majesté conservant au surplus aux dits syndic et adjoints les autres fonctions de leur charge »[34].

Une lettre datée du 19 juillet 1737, adressée par Hérault aux Officiers de la Chambre, commentait ainsi la décision royale : « Le sieur de Beauchamps se présentera aujourd'hui, Messieurs, à la Chambre syndicale, avec un ordre du Roi qui le prépose pour assister, conjointement avec vous, à la visite de tous les livres et ballots qui y sont transportés de la douane ; ne soyez ni surpris ni peinés de l'établissement de cet inspecteur ; si la librairie avait toujours été dans des mains aussi sûres et aussi fidèles que les vôtres, et si on pouvait espérer que tous vos successeurs vous ressemblassent, Sa Majesté aurait jugé elle-même la précaution qu'elle prend absolument inutile, mais vous savez ce qui s'est passé et vous ne pouvez ignorer les sujets de crainte qui peuvent y a avoir (sic) pour l'avenir. Ces deux motifs doivent vous tranquilliser sur le changement qui se fait pour votre syndicat ; vous verrez même, par la date de l'ordre du Roi, qu'il avait été décidé avant que vous fussiez en place »[35].

La réaction des libraires ne se fit pas attendre : « Les libraires crient fort haut » relate le 11 juillet une mouche de la police « de ce que le Roi leur a donné un inspecteur général sans lequel les libraires ne pourront ouvrir ni délivrer aucun paquet ni ballot de livres qui y seront apportés ; ils regardent cela comme la destruction de leur juridiction et la fin de leur liberté »[36]. Même écho dans la *Gazette d'Utrecht* du 25 juillet (lettre de Paris du 15 juillet) : « Les nouvelles de Versailles portent que le 15... les syndic et adjoints de la Communauté des libraires de cette ville sont allés à Versailles faire des remontrances au cardinal de Fleury au sujet d'un inspecteur qu'on leur a donné pour l'examen des livres qui entrent en France et qui sont visités à la Chambre syndicale. La chose avait été jugée nécessaire pour prévenir les abus qui se sont introduits à cet égard ». La *Gazette d'Amsterdam* du 23 juillet, rapportant les mêmes événements (lettre de Paris du 15 juillet), ajoute : « Ils prétendent qu'il faut un arrêt du Conseil pour les assujettir à cette nouveauté ». Cet arrêt ne devait être signé que dans les dernières années du ministère de Malesherbes.

Quelles furent les conséquences de cette nomination? Pour les officiers, « le sieur Beauchamps, nommé par motif d'intérêt, se chargea de la fonction odieuse de veiller sur des officiers élus et reçus avec serment en justice ». « Communément fatigué des excès de quelques longs repas, il se livre à l'assoupissement, quelquefois se dispense » de la visite. « Pendant la dernière année de la dernière guerre (1748?) il a été absent de Paris près de quatre mois... On sait qu'il a plusieurs fois offert à prix d'argent sa protection pour imprimer certains livres prohibés »[37]. Un autre mémoire, daté du 1er octobre 1750, qui se trouve dans le même dossier, s'exprime ainsi : « ... M. de Beauchamps, qui avait été secrétaire de M. le prince de Monaco avec lequel il était sorti fort mal, et qui était singulièrement attaché à M. le comte d'Argenson, a été le premier inspecteur. M. d'Argenson l'ayant donné à M. Hérault comme un bon sujet capable de bien remplir cette place, M. Hérault l'accepta sans s'apercevoir que B. était un homme fait pour l'épier et qui ne prenait cette place que pour avoir un titre et être placé à portée de servir M. d'Argenson »[38].

Nous sommes bien dans le contexte de l'Ancien Régime, et en particulier d'une société où les conflits de juridictions sont permanents et où l'espionnage est la grande ressource des gens au pouvoir qui se méfient les uns des autres.

Un rapport, rédigé le 22 mars 1751 pour ou par Malesherbes, exprime un point de vue quelque peu différent : « Les libraires... sont juges et parties dans l'examen de ces ballots, et par les avis de leurs correspondants ils savent à peu près ce qu'ils contiennent. Ils en font le plus souvent une visite très superficielle. Ils ne manquent pas de saisir avec rigueur tout ce qui appartient aux particuliers qui n'ont pas eu la précaution de les prévenir et de les gagner. Mais ordinairement ils se relâchent de leur sévérité et ils partagent les saisies entre eux et les coupables, qui sont fort aises d'en être quittes à ce prix, et d'être dispensés de paraître devant les magistrats ». Le rapport reconnaît que la nomination de Beauchamps est restée à peu près sans résultat, « soit par la négligence de l'inspecteur qui n'est pas fort exact aux assemblées » (sur ce point ce témoignage rejoint celui des Libraires!) « soit par l'adresse des officiers qui le trompent lors même qu'il est présent »[31].

Marville 1740-1747

Le 20 juillet 1738, Hérault avait marié sa fille Louise-Adélaïde à Claude-Henri Feydeau de Marville, alors président au Grand Conseil; le roi avait signé le contrat de mariage[39]. En décembre 1739, une révolution de palais comme il y en avait sous l'Ancien Régime enleva à Hérault son poste de lieutenant de police; « on a regardé comme une grande sottise du Cardinal (Fleury) », écrit le marquis d'Argenson, « de se défaire de M. Hérault et une encore plus grande de laisser passer la place de lieutenant de police à Marville. Il n'a ni fonds ni science, ni réputation ni usage du monde, et est incapable de se soutenir par lui-même »[40].

« M. de Marville n'est qu'un polisson » écrit encore le marquis d'Argenson; « il n'est qu'un petit garçon, joue le Cardinal et s'est totalement soumis à M. de Maurepas »[41]. Le 3 janvier 1740, « un traité d'office relatif à la lieutenance de police est passé entre Marville et son beau-père »[42]. En août 1740, Hérault meurt à 49 ans, laissant une « succession difficile, longue à régler »[42].

Qui est exactement Marville qui prend ses fonctions au moment même où le comte d'Argenson, devenu intendant de Paris, s'occupe de moins en moins des affaires de la librairie, et qui restera lieutenant de police presque jusqu'à la fin de l'activité du Chancelier vieillissant? Suzanne Pillorget avoue que, « si nous connaissons désormais, au moins dans les grands traits, la famille, la carrière et les biens de Feydeau de Marville, nous ne savons en revanche que peu de choses concernant l'homme... Maladroit et cassant, il était connu pour ses réactions abruptes et son manque de souplesse »[43]. « Le fait d'avoir joué à diverses reprises un rôle au Grand Conseil donne à penser qu'il n'était certainement pas janséniste. Successeur de Hérault, il est d'emblée classé dans le camp moliniste par l'opinion parisienne »[44]. Cependant, « après avoir poursuivi quesnellistes et francs-maçons en tant que lieutenant de police, Marville se retrouvera dans la commission chargée de la liquidation des biens des Jésuites ». Et son biographe de s'interroger sur la présence dans la salle de bains de l'hôtel d'Avejan du seul crucifix trouvé après son décès[45].

Quelles qu'aient été ses convictions profondes, il était friand de lectures « frivoles » ou osées. Mme Pillorget a retrouvé dans son inventaire après décès les romans de Mme de Gomez[43]. La Bibliothèque de l'Arsenal conserve quelques feuilles hebdomadaires de saisies envoyées en 1740 par Beauchamps au lieutenant de police Marville. On y trouve aussi une lettre qui est très révélatrice d'un des rôles — peut-être du rôle principal — qui était devenu celui de l'Inspecteur : « On n'a pu vous envoyer que deux exemplaires complets des *Mille et une faveur*, les quatre restants sont incomplets, je les ais vérifiés moi-même et, selon toute apparence, les officiers de la Chambre, qui craignent que vous n'en doutiez, auront joint quelques-uns de ces derniers aux autres. Le chapitre des livres arrêtés de ma feuille du 8 de ce mois ne laisse pas d'être intéressant. Daignez le parcourir, et me donner vos ordres sur les nouveautés qu'il contient. La *Critique des ouvrages* de M. Rollin fait du bruit, et mérite une place dans votre bibliothèque, par le fond plus que par la forme. J'en dis autant des *Amusemens de la campagne* en 9 vol., des *Amusemens littéraires* en 3 vol. Il y a d'ailleurs des *Lettres Juives* d'une bonne édition. Quant aux livres intitulés... *César aveugle*, je ne les cite que comme nouveaux, ne les connaissant point du tout »[46].

Une annotation de Marville à l'intention de son secrétaire Duval sur une lettre du 15 juillet 1741 nous confirme l'intérêt « personnel » du lieutenant de police à ces saisies : « Dire en même temps à Dubut de me faire relier une demi-douzaine de *Portier* » ce qui fut « fait »[47]. Il s'agit bien entendu du célèbre *Portier des Chartreux*. Trois semaines environ avant cette note, Marville écrivait à Maurepas : « La personne qui m'avait parlé si affirmativement sur le *Portier* m'est venue trouver hier et s'est dédiée de ce qu'elle m'avait avancé, ainsi je crois, comme vous, que nous ne verrons pas si tôt cet ouvrage »[48].

Les saisies manquent décidément de sérieux, au moins sous le ministère de Marville, et ces textes nous confirment dans notre scepticisme à l'égard des registres de saisies. Ce personnage aimable et nonchalant, amateur de livres érotiques, nous semble loin du magistrat cassant que S. Pillorget a retrouvé. Il est vrai que ce sont deux facettes du même homme et que ses goûts en matière de lecture ne permettent pas de conclure à une grande tolérance en matière de librairie. Cependant la reprise en mains par son successeur Berryer laisse supposer une gestion assez souple

C'est sous son ministère que le Roi signa l'arrêt du Conseil du 24 mars 1744 ordonnant que le règlement en vigueur à Paris sur la librairie (celui de 1723) soit désormais exécuté dans tout le royaume et celui du 10 juillet 1745 portant règlement sur l'examen, l'approbation, l'impression et le débit des livres et autres ouvrages. Goujet le commente ainsi dans une lettre à Bouhier : « Je n'ai point vu cet arrêt. Celui qui m'en parlait m'a dit qu'il gênait extrêmement les auteurs et les libraires. Il y est défendu de réimprimer aucun livre [sans] qu'il soit soumis de nouveau à l'approbation... On dit que le but de M. le Chancelier est d'arrêter par cette police sévère tous les écrits qui s'impriment sans permission. Je doute que ce projet réussisse. On est aujourd'hui hérissé de tant de difficultés que je ne suis point surpris que l'on cherche à se soustraire aux lois ordinaires. On a certainement raison de sévir contre tout ce qui est opposé à la Religion, aux bonnes mœurs et à l'Etat. Mais si les entraves dans lesquelles on met les auteurs et les libraires durent encore longtemps, je crains beaucoup pour l'entier dépérissement des lettres. Mais je m'aperçois que je politique à mon tour »[49].

Cinq mois plus tard, l'inspecteur Tapin se plaint au lieutenant de police de ce que lorsque les imprimeurs « présentent leurs manuscrits à Monseigneur le Chancelier, l'impression en est presque faite... Ils en sont quittes pour des cartons... S'il est refusé à l'approbation, ils le font distribuer dans le public tel que»[50].

Il est évident que ce renforcement de sévérité venu du Pouvoir central devait être suivi d'un renforcement de sévérité de la part des autorités de police chargées de faire exécuter les nouvelles mesures. Il ne semble pas que ce fut le cas.

Berryer - 1747.

« En 1747, Marville démissionne de ce poste qui faisait de lui un véritable ministre de la capitale»[51]. Le 27 mai, il est remplacé par Nicolas Berryer qui a 44 ans. Président au Grand Conseil, intendant du Poitou, puis maître des requêtes en 1739, il restera lieutenant de police jusqu'en 1757 et mourra en 1762. On sait qu'il fut un des protégés de la Marquise de Pompadour, maîtresse officielle de Louis XV depuis 1745. Ce n'est pas notre propos d'étudier les relations entre Berryer et Malesherbes, autre protégé de la Marquise de Pompadour. Pierre Chevallier explique par l'amitié entre la Marquise de Pompadour et Berryer « la quiétude dont jouit l'ordre (des Francs-Maçons) après le départ du gendre de Hérault, dernier représentant de la politique de Fleury à l'égard des loges»[52]. Mais les choses ne sont jamais aussi simples qu'on le croit, notre vision un peu trop cartésienne ou manichéenne imagine des clivages sinon entre bons et méchants, du moins entre libéraux et despotes. Puisque Malesherbes, protégé de la Marquise de Pompadour, a favorisé les Philosophes, il devrait en être de même pour Berryer, pourtant célèbre pour son intransigeance et sa férocité (emprisonnements et déportations d'enfants).

Barbier le considère en 1761 comme « un homme d'esprit et grand travailleur»[53], alors que d'Argenson parle en 1756 d'un « pauvre petit magistrat, assidu travailleur mais d'un esprit très médiocre»[54]. Ainsi tous deux s'accordent, sinon sur son intelligence, du moins sur sa puissance de travail. Dans le domaine de la librairie, il est probable qu'il essaya de reprendre les choses en main. Dès le 5 octobre 1747, un arrêt du Conseil nommait responsable pour la surveillance de la police de la librairie parisienne (il ne s'agit pas bien entendu de remplacer Beauchamps à la chambre syndicale) le sieur Tapin qui, depuis l'arrêt du Conseil du 6 décembre 1743, était commis à « l'exécution de l'arrêt du Conseil du 14 septembre 1741 pour le transport des livres à Paris». Un arrêt du 10 juin 1748 nommait d'Hemery à la place de Tapin pour le transport des livres et estampes de Rouen à Paris, et le 7 mai 1749, « les libraires» demandaient que d'Hemery soit affecté à la place de Tapin à la surveillance « des étalages qui se multiplient»[55]. Y eut-il d'autres arrêtés de nomination? En tout cas le sieur d'Hemery, exempt de robe courte, avait reçu le 22 juin 1742, une « commission pour la librairie»[56].

Le lieutenant de police Lenoir racontera beaucoup plus tard : « A l'époque où M. Berryer fut appelé en 1747 pour exercer la charge et les fonctions de lieutenant de police, tous les commissaires de police, au nombre de 48, y participaient indistinctement. Le nombre des principaux agents de police, sous les titre et dénomination d'exempts, était peu considérable, quoique indéterminé. Les bureaux de la police n'étaient composés que d'une petite quantité d'employés dont un secrétaire ou premier commis... M. Berryer demanda et obtint du gouvernment que la police serait faite gratuitement; on fixa des appointements à sa place, en sus des gages appartenant à son office, dont la finance était de 150 000 livres... On créa 20 charges d'inspecteurs de police en titre avec finance et attribution »[57].

C'est en 1748-49 que d'Hemery commença ses fiches de police avant d'entreprendre le 12 novembre 1750 son fameux « Journal ». Le 12 décembre, Malesherbes était chargé de la Librairie à la place de Maboul. Mais, dès la fin d'octobre 1747, quelques mois seulement après sa nomination, Berryer avait instauré un système de délation des impressions clandestines : il accorda aux compagnons-imprimeurs Bonin et La Marche et à la femme La Marche l'autorisation bien entendu tacite de tenir une imprimerie « clandestine », en leur faisant miroiter la possibilité d'obtenir la maîtrise d'imprimeur. Ces imprimeurs dits clandestins ne devaient pas bien évidemment éveiller la méfiance, afin que les auteurs puissent continuer, soit à leur proposer des manuscrits (ils demandaient alors des consignes à Berryer), soit à fournir des informations. Nous ne nous étendrons pas ici sur cet ingénieux système d'imprimerie clandestine protégée par la police[58]. Nous poserons deux questions : les responsables de la Librairie étaient-ils au courant? Le système arrêta-t-il le cours des véritables impressions clandestines?

En vérité, nous serions tentées de répondre par la négative à ces deux questions que nous voulions présenter comme des conclusions à ce chapitre. Il nous semble en effet probable que Berryer avait voulu par là se constituer un pouvoir personnel et en quelque sorte parallèle. On perd la trace de Bonin, très déçu de n'avoir pas obtenu l'imprimerie de la Veuve David, objet de sa convoitise. Les *Bijoux indiscrets* et autres productions scandaleuses avaient pu paraître et se répandre dans la France et l'Europe malgré le système mis en place par Berryer. Car le bon fonctionnement du système exigeait une saisie *a posteriori* qui venait contredire l'espèce de permission d'imprimer accordée par Berryer à Bonin et La Marche.

Il ne faut pas confondre ce système machiavélique, destiné à tromper et les auteurs et Bonin et le Pouvoir, avec le droit qu'avaient les lieutenants de police de Paris d'accorder des permissions à des ouvrages de moins de deux pages ou à des pièces de théâtre. C'est sans doute par extension de ce droit que Hérault accorda officiellement le 24 juillet 1738 une permission d'imprimer à *Prodige de vertu* « lu et approuvé par le censeur pour la police».

Nous reviendrons sur le système des permissions tacites accordées par le lieutenant de police. Ce qu'il faut garder présent à l'esprit, c'est que les formes sous lesquelles se manifeste le pouvoir du lieutenant de police sont variées mais qu'en définitive, comme le remarquera le mémoire rédigé en 1761 par ou pour Malesherbes : « il n'y a que le lieutenant de police qui ait en mains les moyens d'exécution »[59].

1. G. MAY, *op. cit.*, p. 82.
2. S. PILLORGET, *op. cit.*, p. 119.
3. H.J. MARTIN, *op. cit.*, p. 760 et 761.
4. H.J. MARTIN, *op. cit.*, p. 764.
5. DUBUISSON, *op. cit.*, p. 382.
6. *Nouvelles ecclésiastiques*, 4 février 1742.
7. B.H.V.P. ms. CP 3997.
8. B.N. ms.fr. 22 231 f° 181.
9. Lettre du 9 juillet 1742 ; B.N. ms.fr. 24 417 f° 256, *éd. Duranton*, p. 318.
10. Lettre du 17 octobre 1737 ; B.N. ms.fr. 24 417 f° 195, *éd. Duranton*, p. 258.
11. *Journal et mémoires de d'Argenson*, mars 1737.
12. Bibl. Arsenal, ms. 10 166.
13. B.N. ms.fr. 24 417 f° 210 et 211 ; *éd. Duranton*, p. 288.
14. B.N. ms.fr. 24 417 f° 244 et 245 ; *éd. Duranton*, p. 311.
15. BARBIER, *Journal historique et anecdotique du règne de Louis XV*, Paris 1847-1856, tome II, p. 327 et 329.
16. 2 septembre 1742, Bibl. Arsenal, ms. 3866 p. 171 et 172, éd. dans *Revue rétrospective*, 1834.
17. D'ARGENSON, *op. cit.*, II, p. 357.
18. B.N. n.a.fr. 4089 f° 78.
19. B.M. Nîmes, ms. 151 f° 17.
20. B.N. ms.fr. 13 701 f° 109.
21. B.N. ms.fr. 24 421 f° 101.
22. B.N. ms.fr. 24 412 f° 568 ; éd. Monod-Cassidy, *op. cit.*, n° 100.
23. Assemblée Nationale, ms. 1508.
24. B.N. ms.fr. 21 997 f° 132.
25. S. PILLORGET, *op. cit.*, p. 118.
26. *ibid.*, p. 76.
27. *ibid.*, p. 72.
28. PIGANIOL DE LA FORCE, *Description de Paris*. Paris, 1742, tome V, p. 453.
29. H. J. MARTIN, *op. cit.*, p. 695.
30. B.H.V.P. ms. 616 f° 34.
31. B.N. ms.fr. 22 079 f° 251, Mémoire de 1751.
32. B.N. ms.fr. 22 080 f° 46.
33. B.N. ms.fr. 21 857 f° 181.
34. B.N. ms.fr. 22 080 f° 17 (ordre imprimé).
35. B.N. ms.fr. 22 080 f° 19.
36. B.H.V.P. ms. 617 f° 47.
37. B.N. ms.fr. 22 080 f° 48.
38. B.N. ms.fr. 22 080 f° 39.
39. S. PILLORGET, *op. cit.*, p. 55.
40. D'ARGENSON *op. cit.*, tome II, p. 387.
41. *ibid.*, tome III, p. 3.
42. S. PILLORGET, *op. cit.*, p. 55

43. *ibid.*, p. 66.
44. *ibid.*, p. 67.
45. *ibid.*, p. 68.
46. Bibl. Arsenal, ms. 10 298 non folioté 11? novembre 1740.
47. Bibl. Arsenal, ms. 10 299 lettre à d'Auneuil du 15 juillet 1741.
48. B.H.V.P. ms. Res.21 (ex-719) f° 160.
49. B.N. ms.fr. 24 411 f° 371.
50. Bibl. Arsenal, ms. 11 593 f° 382 21 décembre 1745.
51. S. PILLORGET, *op. cit.*, p. 45.
52. P. CHEVALLIER, *Les ducs sous l'acacia.* Paris, 1964, p. 127.
53. *Journal* de Barbier, tome IV, p. 411.
54. D'ARGENSON, *op. cit.*, tome IX, p. 220.
55. B.N. ms.fr. 21 858 f° 114.
56. B.N. ms.fr. 21 814 f° 34 et Bibl. Arsenal ms. 10 301.
57. B.M. Orléans, ms. 1422 f° 965.
58. Bibl. Arsenal, ms. 10 300 et 10 301.
59. B.N. n.a.fr. 3348 f° 232 et sq.

CHAPITRE II

LES PRIVILÈGES DES ROMANS
APRÈS LA PROSCRIPTION DE 1737

A partir de juillet 1737, le Chancelier n'accorde plus de privilèges aux romans, et le nombre de ceux qui sont présentés au Sceau est insignifiant. Voici d'ailleurs la liste des romans refusés du 4 juillet 1737 au 5 février 1750[1] d'après les registres.

Titre	Présenté par	Date de présentation	Censeur	N° du corpus et date de publication
Xenophon d'Ephese ou les Amours d'Abrocomus et d'Anthie (Les Ephesiaques)	Le Prestre	4 juillet 1737 Figure sur le répertoire des titres prohibés	Souchay	N° 203 (1736)
Vie de Tibulle et de Sulpicie par Gillet de Moivre	Jorry	22 juillet 1737 Figure sur le répertoire des titres prohibés avec la date 1738	Secousse puis Danchet puis Maunoir 4 oct. 1742	N° 647 (1743)
L'innocent et le pauvre offensé	?	18 juillet 1737 Figure sur le répertoire des titres prohibés avec la date 1738	?	
Voyages de M. Bonart	?	18 juillet 1737	?	
La nouvelle Marianne	?	14 novembre 1737 Figure sur le répertoire des titres prohibés	Massip	N° 502 (1740)

Françoise WEIL

Titre	Présenté par	Date de présentation	Censeur	N° du corpus et date de publication
Gaston de Foix		5 décembre 1737 Figure sur le répertoire des titres prohibés	Danchet	N° 232 (1739)
Anecdotes des règnes de Charles VIII et de Louis XII	?	12 décembre 1737	Du Bos	N° 68 (1741)
Le doyen de Killerine tome II	Didot	2 janvier 1738	M.	N° 190 (1739)
Le tendre Olivarius (publié en 1717)	Guillaume	16 janvier 1738 ; déjà présenté le 24 juin 1731 et refusé par Duval	Simon	
Réflexions sur l'inconstance des choses humaines	Simon	20 février 1738 « refusé comme roman »	Maunoir	N° 406 (1739)
L'espion italien	?	29 juin 1738 Figure sur le répertoire des titres prohibés avec le sous-titre « ou la vie de toutes sortes de gueux »	Maunoir	
Le geomyler tome II	Didot	3 juillet 1738	Danchet	N° 234
Mémoires du chevalier de T.	Ganeau	31 juillet 1738	Danchet	N° 435 (1738)
Le fourbe puni ou les amours romanesques	Simon	18 juin 1739 Figure sur le répertoire des titres prohibés	?	N° 226
Anecdotes historiques de la Cour et du sérail	?	29 octobre 1759 sans doute le même ouvrage que les « Anecdotes historiques de la Cour du Maroc » qui figurent sur le répertoire des titres prohibés à la date de 1739 et qui sont présentées le 23 février 1741	Moncrif	
La reine de Sicile	?	11 décembre 1739	Danchet	
Monosimpleatos ou les avantures du comte de Lurilia	?	4 février 1740	Maunoir	N° 481 (1741)

Titre	Présenté par	Date de présentation	Censeur	N° du corpus et date de publication
César aveugle et voyageur	?	4 février 1740 Figure sur le répertoire des titres prohibés	Maunoir	N° 139 (1740)
Nouvelles historiques, curieuses et amusantes	?	15 juin 1741	Roquemont	
Les avantures de Joseph Andrews	David aîné	25 octobre 1742 Figure sur le répertoire des titres prohibés avec la date 1742	Souchay (1743)	N° 95
Mémoires du maréchal de Tourville	1) Huart 2) Ballard	12 septembre 1742 14 novembre 1743 Figure sur le répertoire des titres prohibés	Vatry ?	N° 44 bis (1742)
Lettres philosophiques et galantes (déjà publiées en 1721)	Le Mercier	7 mai 1744 Figure sur le répertoire des titres prohibés	Vatry	
Mémoires du chevalier Jaune	?	16 juillet 1745	Maunoir (barré) Roquemont	
La fille vertueuse malgré elle ou les avantures de Marceline	?	15 septembre 1746 Figure sur le répertoire des titres prohibés	Maunoir	
Les rivales napolitaines	?	15 septembre 1746	Maunoir	
Histoire de la princesse Jaiven, reine du Mexique	Guillyn	1er octobre 1746 Figure sur le répertoire des titres prohibés	Maunoir	
La vertu victorieuse du préjugé ou Mémoires du marquis et de la marquise de Fontenoy	Génard	1er décembre 1746 Figure sur le répertoire des titres prohibés avec la date 1746	Maunoir	
L'hymen de Célimène ou les surprenantes lumières de l'aveugle amour	Moreau	2 mars 1747 Figure sur le répertoire des titres prohibés	Maunoir	
Kamil ou le prince infortuné	Bordelon	20 avril 1747	Maunoir	

Titre	Présenté par	Date de présentation	Censeur	N° du corpus et date de publi-cation
Mémoires de M. de Blandac	Delepine	20 avril 1747	Maunoir	
Mémoires du marquis de Montmort	? ?	3 août 1747 3 août 1747	Abbé Foucher	
Mémoires du marquis de	?	14 septembre 1747	Maunoir	
La vie et les avantu-res du sieur Zebédée de Barhas, gentil-homme bas-breton	?	14 mars 1748	Cahusac	
Erotée	?	18 juillet 1748	Maunoir	N° 207 (1748)
Les jeux de l'amour et de la fortune ou Mémoires du comte de	?	12 septembre 1748	Mugler?	
L'innocence opprimée, histoire espagnole	?	12 décembre 1748	Maunoir	
Callisthène ou le modèle du véritable amour et de la véritable amitié	Guer?	5 février 1750 Figure sur le répertoire des titres prohibés	Jolly	

Autrement dit :

Année	Romans refusés	Romans refusés et publiés
1737	7	5 (1736-1743)
1738	6	3 (1738-1739)
1739	3	1 (1740)
1740	2	2 (1740-1741)
1741	1	0
1742	1	1 (1743)
1743	1	1 (1742)
1744	1	0
1745	1	0
1746	4	0
1747	5	0
1748	4	1 (1748)
1749	0	
1750	1	0

On remarquera que deux d'entre eux avaient été publiés peu de temps avant la demande : *Ephesiaques* en 1736 et les *Mémoires du maréchal de Tourville* en 1742. D'autres avaient été imprimés plusieurs années auparavant : le *Tendre Olivarius* en 1717, les *Lettres philosophiques et galantes* en 1721. Toutes les adresses sont étrangères, sauf pour les *Ephesiaques*, mais la bibliographie matérielle nous a montré qu'il s'agissait d'une impression hollandaise.

On remarquera enfin que ces impressions cessent, à une exception près, après 1743. Georges May a donné la liste des romans parus en 1738 sous adresse parisienne[2]. L'un d'eux a bénéficié en réalité d'une permission de police. Quant à *l'Enfant trouvé*, il porte bien le nom de Paris, mais il parut sans privilège et nous ignorons le nom de son éditeur et celui de son imprimeur, probablement français. C'est à la faveur d'un assouplissement tout provisoire de ces mesures que paraissent en cette année 1738 *Mizirida* et aussi les *Anecdotes de la Cour de Philippe-Auguste* de Mlle de Lussan dont nous avons déjà parlé. Dès 1738, les seuls romans privilégiés, à l'exception des réimpressions, sont pseudo-littéraires (*Entretiens littéraires et galants*), pseudo-moraux (*Essais sur la nécessité de plaire*), enfin pseudo-historiques (*Histoire de Guillaume le conquérant*).

Les rares romans qui paraissent après 1737 sous adresse parisienne sont en fait pour la plupart des réimpressions des œuvres de Mme d'Aulnoy, de Gueulette, de Mme de Villedieu ou du *Don Quichotte* : donc pas de nouveautés récentes. Ces diverses réimpressions (qui sont sans doute souvent des réutilisations avec une page de titre nouvelle) sont le fait de compagnies de librairies qui avaient déjà donné ces réimpressions avant 1737. En voici la liste (depuis 1728) :

Année	Titre et N° du corpus	Auteur	1re édition	Nom de la compagnie de libraires
1729	Les mille et un jour (n° 469)			Compagnie des libraires
1729	Le comte de Warwick *réimpr. en 1740* (n° 148)	Mme d'Aulnoy	1703	Compagnie des libraires = Didot, Osmont, Charpentier et Compagnie
1730	Les mille et un quart d'heure (n° 470) *réimpr. en 1753*	Gueulette	1715	Le Clerc, Morin et Saugrain
1738	Nouvelles avantures de Don Quichotte[3] (n° 274)	Avellaneda ou Le Sage	1704	
1740	Le comte de Warwick (n° 148)			
	Contes et nouvelles de Marguerite de Valois (n° 165)			Paris, aux dépens de la Compagnie

Année	Titre et N° du corpus	Auteur	1re édition	Nom de la compagnie de libraires
	L'illustre parisienne (n° 340 bis)	Mme de Villedieu		Compagnie des libraires
1741	La princesse de Clèves (n° 546)	Mme de Lafayette	1678	Compagnie des libraires associés
1741	Œuvres de Mme de Villedieu (n° 508)	Mme de Villedieu		Compagnie des libraires = Gandouin, Rollin fils, Prault
1742	Contes des fées (n° 161)	Mme d'Aulnoy	1696	Paris, Compagnie des libraires
1743	Amélie (n° 13)			Compagnie des libraires
1745	Les mille et une nuit (n° 474)	Galland		Compagnie des libraires
1747	Histoire de Gil Blas (n° 265)	Le Sage	1714	Libraires associés

Amélie est la seule nouveauté de cette liste.

Trois de ces romans avaient été publiés au dix-septième siècle par Claude Barbin, libraire au Palais, qui passait pour « le libraire des gens de goût » et dont H. J. Martin a montré la fortune, avec sa spécialisation dans ce genre de productions : *la Princesse de Clèves*, *Lettres de la Religieuse portugaise* et la première édition des *Contes* de la Fontaine[4]... depuis lors interdits.

Comme pour les *Mémoires d'un homme de qualité*, nous retrouvons quelques continuations de privilèges accordées en 1738 : toutes les deux à Giffart le 25 septembre 1738 pour une période de neuf ans. Il s'agit des *Mille et une nuit* et des *Mille et un jour*[5]. Quant à la *Suite de Don Quichotte* par Avellaneda/Lesage et aux *Œuvres* de Mme de Villedieu, nous trouvons trace de ventes à la fois d'exemplaires et de portions de privilège dans les registres de la Chambre syndicale :

Pour la *Suite du don Quichotte* d'Avellaneda :

25 avril 1739 : vente par Sevestre au nom des enfants David de 84 exemplaires en 2 vol. in-12 ½ 1/12e du privilège[6]. A la même vente était vendu 1/96e de la *Suite* de Benengeli[7].

4 avril 1742 : cession de G. Desprez et G. Cavelier fils, libraires associés, à Robert-Marc d'Espilly de 19 exemplaires et d'1/48e de privilège[8].

Pour les *Œuvres* de Mme de Villedieu, qui avaient été publiées en 10 volumes par Barbin en 1702, et par la Compagnie des Libraires en 12 volumes en 1720-1721[9], nous trouvons successivement :

le 22 octobre 1732 : l'état des livres du magasin de Guinet qui reviennent à la Veuve Clouzier[10].

le 1er décembre 1737 : la vente d'1/24e de Christophe David à Poilly[11].

le 13 octobre 1738 : la cession de Nicolas Gosselin à Jacques Rollin fils, parmi le 1/16ᵉ provenant du fonds de M. Guinet.

le 31 janvier 1739 : la vente par Poilly (qui les a achetés à la vente du 1ᵉʳ décembre 1737) d'1/24ᵉ[12].

le 25 avril 1739 : la vente par Sevestre au nom des enfants David à Ganeau d'1/12ᵉ[12].

Deux des romans de cette liste sont saisis le 23 avril 1743 sur un certain Taconnet ; il s'agit des *Mille et une nuit* et des *Mille et un jour* ; ils sont décrits comme « brochés » et aussi comme « contrefaits ». Ils sont « supprimés » et non « pas rendus aux privilégiés »[13].

Enfin, l'inventaire après décès de Cavelier en date du 1ᵉʳ mars 1752 révèle que Cavelier possédait 1/18ᵉ du privilège de la Compagnie de Barbin, à savoir :

Le *Don Quichotte* avec 14 exemplaires

La *Princesse de Clèves* avec 94 exemplaires

Le *Comte de Warwick* avec 70 exemplaires[14].

Les inventaires après décès des libraires, qu'il faudrait pouvoir tous retrouver et tous dépouiller, nous révèlent un phénomène intéressant : celui de la continuation de privilèges (et *a fortiori* de portions de privilèges) après la proscription ; la plupart des inventaires que nous avons dépouillés sont de l'époque Malesherbes et non plus de l'époque d'Aguesseau, mais il n'y a aucune raison de penser que Malesherbes ait changé quelque chose à une situation qui satisfaisait apparemment tout le monde : les privilèges existants n'avaient nullement été révoqués, et il suffisait de considérer qu'ils étaient toujours valables.

Il faut bien comprendre que le privilège n'est pas seulement un moyen de contrôle instauré au XVIᵉ siècle, moyen « basé sur le principe de la censure préventive »[15], mais qu'il est aussi un droit de propriété. Il est vrai que la Déclaration du 20 décembre 1649 et l'arrêt du Conseil du 14 août 1663 stipulaient que ceux qui souhaitaient une continuation de privilège seraient tenus de se pourvoir un an avant l'expiration du premier privilège[16]. Mais l'impossibilité d'obtenir un renouvellement de privilège pour un roman à partir de 1737 eut ce résultat inattendu : les libraires-éditeurs firent l'économie du renouvellement de leurs privilèges qu'ils continuèrent de négocier comme auparavant.

C'est ainsi que nous avons pu retrouver dans l'inventaire après décès de Damonneville, dressé en 1760, un grand nombre de romans qu'avait naguère publiés Pierre Prault. Il n'y a rien d'étonnant à cela, puisque l'inventaire de 1760 note par ailleurs une dette de 4 500 livres « à M. Prault pour une partie de son fonds »[17]. Nous avons voulu faire le bilan des romans de Prault se trouvant en 1760 dans le fonds de Damonneville, en nous limitant à ceux pour lesquels le privilège avait été accordé de 1728 à 1736 inclus ; nous avons trouvé 25 titres, tous avec privilège entier ; à 22 de ces titres correspond un certain stock d'exemplaires, soit 6 223 exemplaires estimés à 1 163 livres ; le total du fonds de

librairie de Damonneville est alors estimé à un peu plus de 49 000
livres, les romans de la période 1728-1750 (ou leurs réimpressions puisqu'il n'y a jamais de date indiquée) représentent environ 16 670 livres,
soit plus de 50 % du fonds. Le fonds Damonneville est un fonds
important à la fois dans l'absolu et en ce qui concerne les romans ; les
trois premiers titres de l'inventaire sont des titres de romans,... mais
nous n'avons pas l'intention d'étudier ici une vente de romans en 1760.
Damonneville nous intéresse comme acquéreur du fonds de Prault, qui
ne mourra qu'en 1768 mais dont l'inventaire après décès est sans grand
intérêt, puisqu'il n'est plus ni libraire ni imprimeur[18].

Damonneville n'a évidemment pas pu acheter les privilèges de romans
ou de parties de romans que Pierre Prault avait vendus antérieurement
à son fils : essentiellement les romans « à suite » de Marviaux : le *Paysan parvenu*, la *Vie de Marianne*.

Nous joignons ci-après la liste de ces privilèges dont nous avons
trouvé la trace dans ce précieux inventaire ; nous y avons joint le 1/5ᵉ
de privilège pour les *Sultanes de Guzarate* dont l'indication nous a été
fournie par l'inventaire du fonds Brocas.

Nous donnons à la suite de cette liste des privilèges appartenant jadis
à Prault une liste plus succincte reconstituée grâce aux inventaires dressés à l'occasion des ventes de fonds de librairie de la veuve Ganeau en
1748[19], de Brocas en 1756[20], et de Didot en 1762[21].

LES MAINTENANCES DE PRIVILÈGES DE ROMANS
D'APRÈS LES INVENTAIRES DE LIBRAIRES

A. Privilèges de Prault (1727-1736).

Privilège de Prault		Inventaire de libraire			
Année	Titre, n° du corpus, nature et date du privilège	Nom du libraire	Date de l' inventaire	Privilège	Nombre d' exemplaires
1727	Avantures du jeune comte de Lancastel (n° 106) p.s.[22] 26 décembre 1727 à Mesnier partagée le 8 février 1728 avec Prault et Huet	Damonneville	1760	entier	50
1729	Histoire de Jean de Bourbon (n° 270) p.g. 6 ans 21 janvier 1729 partagé le 24 janvier 1729 avec Prault père et fils	Damonneville	1760	entier	

Privilège de Prault		Inventaire de libraire			
Année	Titre, n° du corpus, nature et date du privilège	Nom du libraire	Date de l' inventaire	Privilège	Nombre d' exemplaires
1730	Entretiens nocturnes (n° 201) p.s. du 23 juin 1730 à l'auteur cédée à Prault le 28 juillet	Damonneville	1760	1/20ᵉ	
1731	Histoire de Célénie (n° 260) p.g. 6 ans du 1ᵉʳ mai 1731	Damonneville	1760	entier	50
1731	Les sultanes de Guzarate (n° 613) p.g. 6 ans 1ᵉʳ mai 1732	Brocas	1756	1/50ᵉ	26
18 juillet 1732 (6 ans)	Amusemens historiques (n° 55)	Damonneville	1760	entier	90
	Avantures choisies (n° 86)	"	1760	"	250
	Le beau Polonois (n° 116)	"	1760	"	300
	Le comte Roger (n° 149)	"	1760	entier	400
	La Diane de Montemayor (n° 186)	"	1760	"	148
	La duchesse de Capoue (n° 191)	"	1760	"	450
	L'épouse infortunée (n° 204)	"	1760	"	180
	Rhinsault et Saphira (n° 580)	"	1760	"	970
	Le solitaire de Terrasson (n° 600)	"	1760	"	370
	La veuve en puissance de mari (n° 639)	"	1760	"	268
21 août 1732 (6 ans)	La comtesse de Mortane (n° 150)	"	1760	entier	340
	Mémoires secrets de la cour de Charles VII (n°464)	"	1769	"	
	Les petits soupers de l'esté (n° 524)	"	1760	"	140
	Voyage de campagne (n° 654)	"	1760	"	366
1733	Histoire d'Estevanille Gonzales (n° 253) p.g. 6 ans 3 mai 1733	Damonneville	1760	entier	218
16 mars 1736 (6 ans)	Aben Muslu (n° 2)	Damonneville	1760	entier	70
	Funestine (n° 229)	"	1760	"	995
	Histoire de Moncade (n° 296)	"	1760	"	392
	Mémoires de Milord (n° 419)	"	1760	"	46
	Tecserion (n° 617)	"	1760	"	30

B. Privilèges divers

Privilège de Prault		Inventaire de libraire			
Année	Titre, n° du corpus, nature et date du privilège	Nom du libraire	Date de l' inventaire	Privilège	Nombre d' exemplaires
1733	La jeune Alcidiane (n° 353) p.s. 25 septembre 1732 à l'auteur cédée le 20 mars 1733 à David et Henry	Ganeau	1750	1/3	160
1734	Les mille et une heure (n° 473)	Brocas Damonneville	1756 1768	1/16ᵉ 1/4	97
1734	La retraite de la marquise de Gozanne (n° 577) p.g. 14 mars 1733 cédé le 17 septembre 1733 à Ganeau[23]	Veuve Ganeau	1748	entier	409
1735	Le chevalier des Essars et la comtesse de Bercy (n° 141) p.s. 9 avril 1735 à Paulus Dumesnil qui y associe le 14 avril Huart, Clousier, Didot, de Nully et Nyon fils	Didot	1762	1/8ᵉ	70
1735	Anecdotes galantes et tragiques de la Cour de Néron (n° 63) p.p. 16 novembre 1734 à Rollin fils	Veuve Ganeau	1748	1/2	115
1735	Les femmes militaires (n° 219) p.g. 6 ans 27 août 1735 à l'auteur	Didot	1762	entier	720
1735	Le doyen de Killerine (n° 190) p.g. 6 ans 10 juillet 1734 à Didot	Didot	1762	entier	888

Ces privilèges ont été prorogés, probablement par entente entre libraires parisiens et sans intervention des services de la Chancellerie, encore que cette absence d'intervention soit probable et non prouvée. Nous croirions volontiers que ce marché était une source de profit, mais à qui allait l'argent? aux services de la Chancellerie? à la Chambre syndicale des Libraires? Sans doute nos listes ne sont-elles pas exhaustives, dans la mesure où nous n'avons pas retrouvé les inventaires après décès de tous les libraires concernés (par exemple celui de Gabriel Martin, éditeur des *Mémoires d'un homme de qualité*). Dans tous les cas énumérés ci-dessus, il s'agit de romans parus précédemment, conservés en stocks ou parfois réimprimés. La liste des titres du fonds de Didot, dressée à l'occasion de la vente de ce fonds le 7 janvier 1762, nous révèle que ce genre d'entente sur le droit de propriété existait également pour des romans dont l'édition originale est postérieure à 1737, donc non privilégiée[24].

Titre	Date de la première édition	Privilège appartenant à Didot en 1762	Nombre d' exemplaires du stock de Didot en 1762	Acquéreur de 1762
Pamela	1741	1/3	31	Musier Fils
Histoire de Marguerite d'Anjou	1740	entier	106	Samson et Dufour
Histoire d'une Grecque moderne	1740	entier	152	Nyon, Savoye et Durand
Mémoires du commandeur (= Mémoires pour servir à l'histoire de Malte)	1741	entier	250	Nyon, Savoye et Durand
Campagnes philosophiques	1741	entier	350	Nyon Savoye et Durand
Voyages de Robert Lade	1744	entier	440	Pissot, Nyon, Savoye et Durand

Il est malheureusement impossible de savoir de quelle édition ou de quel tirage il s'agit. Il reste plus d'exemplaires des deux romans de 1741 que des deux romans de 1740. Est-ce parce qu'ils se sont moins bien vendus ou au contraire parce qu'ils ont été réimprimés à cause de leur succès?

Quant à Nyon, qui devait sans doute avoir en sa possession en 1762 le tiers de chaque stock, soit environ 420 exemplaires des *Campagnes* et 364 exemplaires des *Mémoires de Malte*, il lui restait en 1768 266 du premier et 318 du second; autrement dit, en six ans il avait vendu 154 exemplaires des *Campagnes* — environ 25 par an — et 46 des *Mémoires de Malte* — sept ou huit par an.

Nous avons trouvé une trace de privilège de ce type pour trois autres romans :

L'enfant trouvé. Paris, Société, 1738-1740.
vente Brocas 1756 : 1/4 de privilège et 216 exemplaires.

Voyages et avantures du comte de. Amsterdam, Marteau, 1744-1745.
vente Ganeau 1750 : 1/9ᵉ de priv. 112 exemplaires[19].
inventaire Damonneville 1760 : 1/16ᵉ de privilège. 6 exemplaires[17].
inventaire Lambert 1764 : 1/16ᵉ de privilège. 4 exemplaires[25].
Mémoires de Mme de Saldaigne. Londres, 1745.
vente Ganeau 1750 : 1/9ᵉ de privilège, 28 exemplaires[19].
inventaire Damonneville 1760 : 1/16ᵉ de privilège. 65 exemplaires[17].
inventaire Lambert 1764 : 1/32ᵉ de privilège. 4 exemplaires[20].

Une confirmation de ce nouveau système de privilèges, dans la mesure où privilège signifie droit de propriété, nous est fournie par les registres de saisies : le *Siège de Calais*, paru pour la première fois en 1739 sous l'adresse de Jean Neaulme à la Haye, est saisi au moins deux fois à la Chambre syndicale *comme contrefait* : 12 exemplaires sont saisis le 9 novembre 1740 sur Rollin dans un paquet en provenance de Rouen et rendus par ordre de d'Argenson[26] et l'exemplaire est saisi le 7 avril 1741 sur un certain Turpin[27]. Le 10 mai 1743, sont saisis comme contrefaits dans un ballot en provenance de Lyon 1 exemplaire de l'*Histoire de Marguerite d'Anjou* et 3 exemplaires des *Campagnes philosophiques*[28]. Nous venons de voir que jusqu'en 1762 Didot fut le propriétaire du privilège entier des deux romans de Prévost, parus respectivement en 1740 et 1741, tous deux sous l'adresse de Desbordes à Amsterdam. Nous ignorons le nom du propriétaire-éditeur du *Siège de Calais*.

La contrefaçon suppose évidemment l'existence d'une édition privilégiée. Il ne faut pas oublier en effet que l'examen des ballots à la Chambre syndicale par les représentants de la communauté des libraires, et en principe en présence de l'inspecteur Beauchamps, avait un double but : repérer les ouvrages parus sans privilège parce que sans autorisation préalable ; et repérer les ouvrages de contrefaçon, dont le texte a été approuvé, mais dont le privilège appartient à un autre libraire. C'est cette deuxième catégorie bien entendu qui intéressait en priorité les libraires parisiens.

Ce qui est troublant dans ce nouveau droit de propriété, c'est que jusqu'alors les ouvrages paraissant sous permission tacite n'étaient pas considérés comme la propriété du libraire-éditeur ayant obtenu la permission tacite.

Mais s'agit-il de permissions tacites?

1. La liste des romans refusés de 1728 à 1737 figure à l'annexe n° II.
2. G. MAY, *op. cit.*, p. 710.
3. Nous ne donnons dans ce tableau que la *Suite d'Avellaneda.*
4. H. J. MARTIN, *op. cit.*, p. 710.
5. B.N. ms.fr. 21 957 p. 107.
6. B.N. ms.fr. 21 957 p. 229.
7. B.N. ms.fr. 21 957 p. 212.
8. B.N. ms.fr. 21 857 p. 580.
9. JONES *op. cit.*, p. 4.
10. B.N. ms.fr. 21 857
11. B.N. ms.fr. 21 957 p. 150.
12. B.N. ms.fr. 21 957 p. 235.
13. B.N. ms.fr. 21 932 f° 7.
14. Inventaire après décès de Cavelier, M.C./XLIX-692.
15. H.J. MARTIN, *op. cit.*, p. 690.
16. Id. *ibid.*, p. 693.
17. Inventaire après décès de Damonneville, M.C./XXIII-629.
18. Inventaire après décès de Prault M.C. LVIII-430.
19. M.C. XLIX-687.
20. B.N. ms.fr. 21 823 f° 5 et sq.
21. B.N. ms.fr. 21 823 f° 126 et sq.
22. p.s. : permission simple de 3 ans
    p.g. : privilège de 6 ans et plus.
23. « ayant obtenu un privilège général pour toutes mes œuvres que je voudrais faire imprimer j'ai cédé à Ganeau... le dit privilège m'est resté entre les mains promettant à Ganeau de lui remettre toutes les fois quand il en aura besoin » (B.N. ms.fr. 21 955 p. 602.)
24. B.N. ms.fr. 21 823 f° 126 à 142.
25. B.N. ms.fr. 21 963.
26. B.N. ms.fr. 21 931 p. 327.
27. B.N. ms.fr. 21 931 p. 333.
28. B.N. ms.fr. 21 932 f° 8.

CHAPITRE III

PERMISSIONS TACITES ET PERMISSIONS EXPRESSES APRÈS 1737

Nous donnons ci-après la liste des demandes de permissions tacites déposées à partir de la fin de l'année 1736 : on verra que ces demandes sont systématiquement refusées à partir de la *Promenade du Luxembourg* qui sera imprimée en Hollande et annoncée dans la *Gazette d'Amsterdam* du 13 mai 1738 : à la même époque l'abbé Prévost obtenait une dérogation pour la suite du *Cleveland...*

Les ouvrages refusés sont portés sur le registre des titres prohibés comme les ouvrages refusés au Sceau. Quelques-uns sont proposés à la fois pour privilège et pour permission tacite : c'est le cas de *Gaston de Foix*, qui risquait de profiter de son titre historique, mais aussi celui de la *Nouvelle Marianne* et du *César aveugle et voyageur*.

LES DEMANDES DE PERMISSIONS TACITES
FIN 1736-1750

N° du registre Fr. 21990	Présentation	Censeur	Réponse
1018	Tiran le Blanc roman de chevalerie traduit de l'espagnol présenté par la Veuve Pissot pour impression	La Serre	Approuvé le 10 décembre 1736
1028	La famille infortunée ou les Mémoires de M. de la Feuille présenté pour débit		Approuvé
1038	Mémoires du maréchal de Berwick présenté pour débit	Courchetet	Permis
1075	Amusemens de la campagne 6 vol. in-12	Simon	«Refusé parce qu'il contient des romans dont il y a des privilèges »

N° du registre Fr. 21990	Présentation	Censeur	Réponse
1077	La promenade du Luxembourg (n° 555)	Simon	Refusé. (Figure sur le répertoire des titres prohibés)
1078	Anecdotes historiques, galantes et littéraires (n° 65 ?)	Maunoir	Refusé. (Figure sur le répertoire des titres prohibés)
1091	Nouvelles œuvres meslées du chevalier de St Jorry présenté par Didot	Danchet	
1095	Les amusemens de la Hollande (n° 40) présenté par Huart pour débit	Maunoir	Refusé. (Figure sur le répertoire des titres prohibés)
1102	La nouvelle Marianne (n° 502)	Moncrif	demande de privilège le 14 novembre 1737. Refusé. (Figure sur le répertoire des titres prohibés)
1103	Gaston de Foix 4e du nom par M. de V. (n° 232)	Moncrif	demande de privilège le 5 décembre 1737. Refusé. (Figure sur le répertoire des titres prohibés)
1126	Les caprices de l'amour et de la fortune ou les avantures de la signora Rozalina par le marquis d'Argens (n° 133)		Refusé. (Figure sur le répertoire des titres prohibés)
"	La coquette punie ou le triomphe de l'innocence et de la perfidie (n° 169)		Figure sur le répertoire des titres prohibés
"	César aveugle et voyageur (n° 139)		demande de privilège du 4 février 1740. Refusé. (Figure sur le répertoire des titres prohibés)
"	Lectures amusantes ou les délassemens de l'esprit (n° 361)		
1131	Le Nouveau Télémaque (n° 496) pour permis de débiter		
1138	Le triomphe de la vertu ou voyages sur mer et avantures de la comtesse de Bressol. -La Haye, 1741, 3 vol. (n° 627 bis)	Moncrif	Refusé
1143	Intrigues du sérail, histoire turque par Mallebranche (n° 350)		Refusé
1153	Daphnis et Chloé (n° 40) présenté par Coustelier		Refusé. (Figure sur le répertoire des titres prohibés)

N° du registre Fr. 21990	Présentation	Censeur	Réponse
1155	La vie et les avantures de Robinson Crusoé (n° 650)	Moncrif	«Approuvé, permis d'imprimer»
1164	Lettres galantes du chevalier d'Anteuil et de Mlle Thélis (n° 375)	Danchet	Refusé. (Figure sur le répertoire des titres prohibés)
1165	L'orpheline angloise ou histoire de N. Buthler (n° 512) présenté par la Chambre		Refusé. (Figure sur le répertoire des titres prohibés)
1167	La coquette punie (n° 169) arrêté à la Chambre		Refusé
1179	Histoire du comte de Valcourt écrite par lui-même (n° 312) envoyé par M. de Pontcarré et saisi à Rouen	Simon	Refusé. (Figure sur le répertoire des titres prohibés)
"	La vie d'Olympe ou les avantures de Madame la marquise de (n° 640) id.	Simon	Refusé
1202	Mémoires du comte de Rantzaw (n° 440) 2 vol. arrêtés à Lyon par la Chambre	Foucher	Refusé
1210	L'Antipamela (n° 75 ou 76) présenté par Huart	abbé Vatry (barré) Maunoir	Refusé. (Figure sur le répertoire des titres prohibés)
1219	Les tisons, lettres infernales L'amour magot (n° 19) Amusemens de Spa (n° 53) Amusemens d'Aix la Chapelle (n° 51) L'écueil de la vie (n° 194) L'infortuné Florentin (n° 96) présentés par Huart	Souchay	« Refusé mais renvoyer en Hollande les articles croisés (1) qu'Huart a fait venir»
1222	La vertueuse Sicilienne (n° 638) présenté par Coustelier	Souchay	Refusé. (Figure sur le le répertoire des titres prohibés)
1224	Le canapé couleur de feu (n° 131) présenté par Huart		Refusé et doit être mis au au pilon. (Figure sur le répertoire des titres prohibés)
1242	L'heureux infortuné (n° 244)	Souchay	Refusé. (Figure sur le répertoire des titres prohibés)
1266	Avantures de don Antonio de Riga comte de St Vincent (n° 90) présenté par la Chambre	Maunoir	Refusé. (Figure sur le répertoire des titres prohibés)
1271	Le guerrier philosophe (n° 239) présenté par Coustelier	Souchay	Refusé. (Figure sur le répertoire des titres prohibés)

N° du registre Fr. 21990	Présentation	Censeur	Réponse
1274	Amusemens des dames (n° 50) présenté par Rollin	Souchay	Refusé. (Figure sur le répertoire des titres prohibés)
1279	Histoire d'Amenophis (n° 250 bis)	Vatry	Refusé
1280	Zulmis et Zelmaïde (n° 668)	Vatry	Refusé. (Figure sur le répertoire des titres prohibés)
1281	Neraïr et Melhoé (n° 489)	Vatry	Refusé. (Figure sur le répertoire des titres prohibés)
1286	Le petit toutou (n° 522) présenté par Bibiena le 19 août 1745	Souchay	Refusé. (Figure sur le répertoire des titres prohibés)
1301	Histoires intéressantes (?) présenté par l'abbé de Moraval	Souchay	Refusé. (Figure sur le répertoire des titres prohibés)

A quoi bon ces demandes, dira-t-on, puisqu'elles ne pouvaient aboutir? espérait-on tenter sa chance, peut-être en profitant d'une complaisance occasionnelle? A moins que l'inscription elle-même n'ait parfois signifié une demi-tolérance?

D'autre part, il est évident que ce registre ne tient compte que d'une partie des demandes de permissions tacites. C'est ainsi qu'on ne trouve pas trace des autorisations données en 1738 à la continuation de la *Vie de Marianne* et des *Egaremens du cœur et de l'esprit* (*Gazette d'Utrecht* du 17 novembre 1738).

Une fois encore, nous ne pouvons tout expliquer par la négligence des employés. On a déjà souligné l'absence des « suites » autorisées en 1738 par d'Aguesseau. Mais certaines permissions ont pu être accordées par d'autres que lui. Il faut relire à ce sujet les différents mémoires de Malesherbes sur la librairie : dans le mémoire de 1759, Malesherbes, évoquant ce qu'il appelle « mélange des différentes autorités », rappelle que « dans les dernières années de la vie de M. le Chancelier d'Aguesseau, le parti que prit ce grand magistrat de ne permettre ni romans ni brochures frivoles engagea d'autres ministres à établir une espèce de tribunal de tolérance où on assurait les auteurs et les libraires qu'ils ne seraient point poursuivis »[2]. Le texte est devenu en 1761 : « Je ne peux m'empêcher... de me plaindre de cet usage abusif de donner des permissions indirectes. Il peut y avoir des ouvrages que le gouvernement protège et cependant qu'on ne doive permettre que tacitement, mais ceux qui favorisent ces impressions devraient naturellement se concerter avec M. le Chancelier qui a la Librairie dans son département. C'est ce qui s'est toujours passé jusqu'aux dernières années de la vie de M. le Chancelier d'Aguesseau. Ce fut alors qu'on établit un nouveau genre de permissions. Le prétexte fut que l'extrême piété de ce grand magistrat le portait à refuser son approbation aux romans, ouvrages de galanterie et autres de ce genre, qu'il n'était pas d'une bonne police de défendre trop sévèrement; en conséquence, le lieutenant de police fut autorisé à donner des permissions d'un nouveau genre, c'est-à-dire à faire examiner ces livres pour lesquels M. le Chancelier ne voulait pas donner de permission (et à les tolérer), c'est-à-dire à ne poursuivre ni les auteurs, ni les imprimeurs, ni les distributeurs. C'était l'équivalent d'une permission expresse, puisqu'il n'y a que le lieutenant de police qui ait en main les moyens d'exécution »[3].

Cette notion de permission est très difficile à saisir, et très mouvante. On voit à peu près ce que sont les véritables privilèges : autorisations d'imprimer après avis favorable du censeur, mais aussi droits de propriété. Les permissions tacites sont ambiguës à plusieurs égards : tout d'abord, on joue sur la notion de « tacite » puisque, comme le rappelle M. Zéphir, ces permissions tacites avaient été à l'origine « véritablement tacites et orales au début du siècle, puis consignées sur un registre à partir de 1718 »[4]. D'autre part, on confond volontairement débit et impression ; enfin les permissions tacites, dans la mesure où elles sont de plus en plus souvent des permissions d'imprimer sous l'alibi d'autorisations de débit, tendent progressivement à être assimilées à de véritables privilèges. M. Zéphir remarque : « Les registres jusqu'à la fin de l'Ancien Régime continuèrent de parler d'ouvrages étrangers et d'autorisations de les vendre, mais, dans leur correspondance avec les directeurs de la librairie, les libraires assimilaient les permissions tacites aux privilèges jusqu'à réclamer quand un éditeur obtenait le droit de faire imprimer un des dits ouvrages en vue d'une collection complète ». Et de conclure : « Mais ces permissions elles-mêmes étaient devenues trop courantes et trop officielles pour être accordées à tous les ouvrages que le pouvoir royal ne pouvait pas autoriser et ne voulait pas interdire »[4]. M. Zéphir a bien vu dans quelles contradictions se trouvait le Pouvoir : les responsables de la Librairie ont le pouvoir d'autoriser et d'interdire, mais non celui de veiller à l'exécution des décisions prises. Le pouvoir royal interdit certaines œuvres ou même certaines catégories d'ouvrages comme les romans ; il ne peut ni faire exécuter ses décisions, ni se dédire. Reste la parole, non compromettante, la promesse verbale de ne pas poursuivre le contrevenant ; mais qui peut promettre, sinon celui qui entame les poursuites, à savoir le lieutenant de police ? Le mémoire de 1761 est très clair sur ce point, et tout le reste est littérature.

On en revient au problème des permissions accordées par le lieutenant de police ; il n'est plus question ici d'autorisations portées sur les livres eux-mêmes, comme celle qui figure dans *Prodige de Vertu*. Faut-il voir un rapport entre les allusions de Malesherbes à des « permissions expresses » et la remarque de Belin selon laquelle « déjà en 1753, au dire de d'Argenson, le lieutenant de police Berryer aurait été chargé d'accorder des privilèges ; la chose est douteuse »[5]. Les manuscrits de l'Arsenal nous révèlent l'existence de permissions de ce type pour deux romans :

21 septembre 1748 pour les *Lettres de la Grenouillère* (corpus n° 371) envoyé à Crébillon (ce roman avait été présenté au Sceau le 18 juillet 1748, distribué à d'Ayles et rendu).

15 janvier 1749 pour le *Temple de l'hymen* « lu et approuvé par Crébillon, permis par M. Berryer »[6].

Mais un document de première importance vient nous apporter quelques lumières sur le pouvoir du lieutenant de police en matière de permissions (tacites? expresses?) après 1737 : c'est la lettre autographe de Didot qui se trouve jointe à un des exemplaires de l'*Histoire d'une Grecque moderne* de la Bibliothèque de l'Arsenal, lettre publiée en 1968 dans la *Revue des sciences humaines* par Y. Breuil. Rappelons l'essentiel de ce texte : « J'ai l'honneur de vous envoyer la *Grecque Moderne*. Messieurs d'Argental[7], Daydie et Dussé avaient pris l'alarme sur le seul titre, mais la lecture de l'ouvrage que l'auteur leur a faite à l'hôtel de Conti en présence du Prince les satisfait, et ils n'ont exigé que de changer le nom de chevalier D. en celui du comte de... Une petite difficulté roule sur la préface que l'on veut supprimer, et que l'auteur veut qui subsiste par le changement qu'il y a fait ; je la joins ici telle qu'elle était d'abord. Pardonnez s'il vous plaît, Monsieur, la liberté que je prends de vous informer de ces bagatelles. J'ai cru qu'il était de mon devoir de vous les communiquer. Le nouvel ouvrage de l'abbé Prévost intitulé *Mémoires d'un chevalier de Malte*, dont je crois avoir eu l'honneur de vous parler, est sous presse. Il contiendra deux parties comme celui-ci, je les mets ainsi que moi sous votre puissante protection. J'attends toujours vos ordres, Monsieur, sur l'ouvrage de M. de St Aubin. Comme ils me seront toujours respectables quels qu'ils puissent être, je les recevrai avec une parfaite soumission. Je ferai de bon cœur le sacrifice pour le bien de la paix du *Peuple de Dieu*[8]. Si vous jugez qu'il ne doit pas en rester, on en cherchera quelque autre pour le remplacer, et dans ce cas je ferai faire des cartons pour les premières pages »[9].

Cette lettre est certainement adressée au lieutenant de police Marville et concerne en fait deux romans de Prévost : l'*Histoire d'une Grecque moderne* et les *Mémoires pour servir à l'histoire de Malte* parus respectivement en 1740 et 1741. Tous deux portent l'adresse de François Desbordes à Amsterdam et tous deux figurent sur la liste des ouvrages appartenant à Didot et vendus en janvier 1762 avec privilège entier (cf. ci-dessus p. 203). L'*Histoire de Marguerite d'Anjou* parut également en 1740 sous l'adresse de François Desbordes, et les *Campagnes philosophiques* devaient paraître en 1741 sous l'adresse de Desbordes sans indication de prénom. Il n'est pas question de ces deux romans dans cette lettre, mais, comme les deux romans mentionnés, ils appartiennent à Didot jusqu'en 1762. D'ailleurs, il n'existait pas à notre connaissance de François Desbordes; le libraire d'Amsterdam se prénommait Jacques. Et le pseudonyme est transparent : François Desbordes pour François Didot.

Retenons au passage ce cadre de l'hôtel de Conti où deux ans auparavant Prévost vendait lui-même son *Cleveland*. Retenons surtout ce tribunal aristocratique qui décide des mérites et des possibilités de publication d'un roman où est racontée l'histoire de personnes qui le touchent de près: Mlle Aïssé, morte en 1733, et le Chevalier d'Aydie.

La préface ou avertissement qui, on le sait, ne figure pas dans tous les exemplaires (cf. corpus n° 259; l'article déjà cité de Y. Breuil; l'introduction de R. Mauzi à l'édition 10/18 parue en 1965) précise : « Celle-ci (cette préface) ne servira qu'à déclarer au lecteur qu'on ne lui promet, pour l'ouvrage qu'on lui présente, ni clef des noms, ni éclaircissement sur les faits, ni le moindre avis qui puisse lui faire comprendre ou deviner ce qu'il n'entendra pas par ses propres lumières».

On retrouve toujours ce problème des « applications» qui nous a paru une des causes de la Proscription de 1737. Il est évident que les livres parus sans autorisation et privilège pouvaient toujours être saisis, que cela concernait même les livres parus avec permission tacite, orale, expresse... et que le lieutenant de police recevait les exigences des plaignants. Le mieux était pour l'auteur et l'éditeur de s'entendre au préalable avec les plaignants. D'où les tractations au sujet de l'*Histoire d'une Grecque moderne* et de sa préface, tractations dont la lettre de Didot se fait l'écho.

Didot n'avait sollicité auprès de la Chancellerie ni privilège ni permission tacite pour ces deux romans dont l'un s'appelle *Histoire* et l'autre *Mémoires*, et qui sont « dangereux» par le mélange de vérité et de mensonge qu'ils contiennent.

Cette lettre de Didot à Marville nous confirme donc tout ce que nous savions déjà sur la lutte contre les romans; mais nous ne savons ni si le lieutenant de police avait l'exclusivité de ces autorisations, ni si ce pouvoir lui avait été donné ou s'il se l'était attribué sans autre forme de procès. Nous ne savons pas s'il y avait plusieurs formes de permissions orales du lieutenant de police; nous ne savons pas s'il y a eu évolution de cette procédure; nous ignorons enfin la concordance entre ces permissions et les « privilèges» des libraires tels qu'on les trouve mentionnés dans les inventaires après décès et les ventes.

Bien entendu tout ce que nous évoquons là, toutes les questions que nous posons sans pouvoir y apporter de réponses, concerne toute la production non autorisée, et pas seulement les romans. La lettre de Didot le prouve bien.

Le remplacement de d'Aguesseau par Malesherbes modifiera-t-il profondément les conditions de production des romans? Pour ce qui regarde les nouveautés, nous avons constaté une remontée assez spectaculaire dès l'année 1750, puisque, après 3 ans de faible production (12, 15, 16 pour les années 1747-1749), nous trouvons 32 nouveautés; c'est beaucoup plus que pendant toute la période 1728-1749 où le maximum avait été de 1728 en 1735 et 1736; Angus Martin et ses collaborateurs ont trouvé 35 nouveautés en 1751, mais en 1756 seulement 30 nouveautés, et en 1757 seulement 13; après 1763, les chiffres seront plus importants, allant jusqu'à 66 en 1769 et 73 en 1770. Quant à l'ensemble de la production romanesque, nouveautés et réimpressions, que nous avons vu à son maximum en 1735 et 1739 (78 romans en 1739), il oscillait pour les années 1748 et 1750 entre 43 et 49. Angus Martin trouve des totaux d'au moins 80, c'est-à-dire dépassant les records de la période que nous avons étudiée[10]. Ainsi les différences sont surtout importantes pour les réimpressions, phénomène que nous avons déjà observé.

Il n'en est pas moins vrai que sous Malesherbes la production romanesque connaît un nouvel essor, même s'il concerne essentiellement les réimpressions. Les adresses portent désormais « A Londres (etc.) et se trouve à Paris chez Bauche (etc.)». Autrement dit, le nom du véritable éditeur est présenté comme s'il était celui du dépositaire parisien d'un éditeur étranger. L'éditeur étranger est fictif, bien entendu. En fait, il s'agit d'une réorganisation du système des permissions tacites sous l'autorité du responsable de la Librairie, y compris pour les romans. Il faudrait voir ce qu'il advint alors des permissions tacites accordées par le lieutenant de police, qui jusqu'en 1757 est toujours Berryer.

Mais Malesherbes n'engage qu'en partie sa responsabilité puisqu'il n'y a pas de retour pour les romans au régime des privilèges. Aucun censeur n'engage sa responsabilité par une approbation et même l'éditeur peut toujours prétendre n'être pas responsable de la publication. Les romans paraissent donc dans un contexte plus officiel que sous d'Aguesseau : celui des permissions tacites; mais cette généralisation des permissions tacites pour les romans a pour contrepartie, comme nous venons de le voir, une généralisation de l'irresponsabilité : celle du Pouvoir, celle du censeur et même celle du Libraire-éditeur.

Nous avons jusqu'ici surtout parlé des éditeurs; ce sont des impressions parisiennes que nous avons pu identifier grâce à la bibliographie matérielle.

1. C'est-à-dire précédés d'une croix.
2. B.N. ms.fr. 21 963.
3. B.N. ms.fr. 21 858 f° 114.
4. M. ZÉPHIR, *Les imprimeurs-libraires à la fin du XVIIIᵉ siècle*. Paris, 1973, p. 143.
5. BELIN, *Le commerce des livres prohibés à Paris de 1750 à 1789*. Paris, 1913, p. 119.
6. Bibl. Arsenal, ms. 10 300 et 10 301.
7. D'Argental, fils de Mme de Ferriol et neveu de l'ambassadeur à Constantinople mort en 1722, avait été élevé avec Mlle Aïssé.
8. *Histoire du peuple de dieu* du Père Berruyer.
9. Y. BREUIL, « Une lettre inédite relative à l'*Histoire d'une Grecque moderne* de l'abbé Prévost » dans *Revue des Sciences humaines*, tome 33, n° 131, 1968, p. 391 et sq.
10. A. MARTIN, V. MYLNE, R. FRAUTSCHI, *Bibliographie du genre romanesque français*, 1977, p. XXXVI.

QUATRIÈME PARTIE

LES IMPRESSIONS PARISIENNES DE ROMANS NON PRIVILÉGIÉS

CHAPITRE I

CHOIX D'UNE MÉTHODE D'IDENTIFICATION

Le hasard des documents (inventaires après décès, ventes de fonds, registres de saisies, lettre de Didot à Marville) nous a fait rencontrer quelques romans, la plupart publiés par Didot, probablement imprimés à Paris, sans que nous sachions exactement en vertu de quelle permission ils ont pu être publiés. Mais cette liste reste fort courte ; et le nom de l'éditeur ne nous donne pas celui de l'imprimeur. Ainsi, dans la période qui nous intéresse, Didot n'est pas encore imprimeur. Ainsi Prault fils n'est pas imprimeur, et il n'est nullement prouvé qu'il ait utilisé les services de son père de façon régulière. Il est probable que ces éditeurs avaient leurs imprimeurs attitrés, mais ils pouvaient, pour une raison ou une autre, recourir à plusieurs imprimeurs, y compris pour un seul ouvrage. Ils ont pu même faire imprimer leurs livres par des imprimeurs non parisiens.

On a vu au début de ce travail que nous avions considéré comme imprimés en Hollande les romans qui présentaient les deux caractéristiques suivantes :

— in-12 carton dehors[1], c'est-à-dire en pratique cahiers de 24 pages : A p. 1, B p. 25.

— signatures jusqu'à 7 : A, A2, A3, A4, A5, A6, A7.

Rappelons qu'on entend par signature « le codage alphanumérique porté au bas de certaines pages »[2] et par réclame la répétition en bas de page du dernier mot de cette page, évitant omission ou répétition[3]. Les signatures sont en général en chiffres romains dans les livres français de cette époque, et en chiffres arabes dans les livres hollandais ; mais on trouve aussi des livres français avec signatures en chiffres arabes ; de même les réclames à chaque page sont constantes dans les livres hollandais, mais se rencontrent aussi dans les livres français ; enfin certains in-12 français sont des in-12 avec carton dehors. Autrement dit, certaines constantes des in-12 hollandais ne sont pas rares dans les in-12 français, peut-être surtout dans les impressions provinciales. Nous résumons comme suit ces considérations :

	In-12		Signatures		Réclames	
	Cartons dehors	Cartons dedans	Chiffres arabes	Chiffres romains	Page	Cahier
Hollande	toujours		presque toujours (jusqu'à 7)		presque toujours	
France	parfois	souvent	parfois : jusqu'à 6 (cartons dehors)	souvent : jusqu'à vj (cartons dehors)	parfois	souvent
			4/2 (cartons dedans)	iiij/ij (cartons dedans)		

On voit que la méthode d'identification des impressions françaises par les trois caractères ci-dessus : format, signatures, réclames, reste incertaine puisque les in-12 hollandais ne se distinguent finalement que par l'emploi de la signature 7. D'autre part, tout ce qui n'est pas hollandais n'est pas forcément français.

On dira que la lecture du filigrane du papier donne des indications précieuses[4]. Mais ce n'est qu'en 1742 qu'un règlement rendit obligatoire l'inscription de l'année, et la contremarque du fabricant (« Limosin », « Auvergne », « Angoumois »), ne semble pas être apparue avant cette date. Nous sommes donc démunis avant 1742 ; il est vrai que certains papiers hollandais sont très aisément repérables. Mais, d'une façon générale, nous devons considérer avec beaucoup de prudence les identifications d'après le papier : d'abord notre lecture des filigranes est souvent hésitante ; enfin le papier a pu être acheté à l'étranger : c'est ainsi que le président de Pontcarré, qui a pourtant toutes les facilités à Rouen pour s'approvisionner en papier de Normandie, préfère utiliser pour sa correspondance du papier hollandais![5].

De toutes façons, dans un premier temps c'est la recherche des impressions parisiennes qui nous intéresse. Il nous faut donc une méthode plus précise que les méthodes traditionnelles. C'est pourquoi nous avons constitué une banque d'ornements typographiques avec les photocopies que nous avons pu obtenir dans différentes bibliothèques provinciales et étrangères. Et nous sommes allée du connu à l'inconnu comme en témoignent les deux colonnes de notre tableau.

Chaque fois que le nom de l'*imprimeur* figure à l'achevé d'imprimé, nous l'avons indiqué entre parenthèses ; nous avons mis le signe * devant les romans de la colonne de gauche considérés comme parisiens par un catalogue de vente.

ROMANS D'IMPRESSION PARISIENNE PUBLIÉS
SOUS FAUSSE ADRESSE

N° du corpus	Titre et adresse	Identifié grâce aux ornements typographiques de
5 C	Acajou et Zirphile. - Minutie 1749	Histoire de Lidéric. - Paris, Didot, 1737 (n° 283)
7	* Adélaïde de Messine. - Amsterdam L'Honoré et Chatelain, 1742	1 et 2 Le bachelier de Salamanque. I. - Paris, Valleyre et Gissey, 1736 (Valleyre imprimeur) (n° 115 C et D)
		2. Lamekis. - Paris, de Poilly, 1737 (n° 359)
		La mouche. - Paris, Dupuis, 1736 (n° 482)
		Paris. - Paris, Ribou, 1735 (Valleyre imprimeur) (n° 515 A) etc.
38	* Les amours du comte de C. - Amsterdam, 1743	Les avantures d'Aristée et de Télasie. - Paris, Veuve Guillaume, 1731 (Gissey impr.) (n° 88)
		Les avantures du prince Jakaya. - Paris, David et Clousier, 1732 (n° 107 A)
		Les avantures de la belle Grecque. - Paris, Lesclapart, 1742 (n° 97)
		Les mille et une nuit. - Paris, David jeune, 1747 (Veuve Delormel impr.) (n° 474)
45	Les amusemens de l'amitié rendus utiles. - Amsterdam L'Honoré, 1729	Mélanges Michault. - Paris, 1754 (Veuve Quillau impr.) (hors corpus)
59	Anecdotes de la cour de Dom Jean. - Amsterdam, L'Honoré, 1744	Description de la ville de Paris. - Paris, Veuve Delaulne, 1742 (Veuve Delaulne impr.) (hors corpus)
115 C	* Le bachelier de Salamanque. - La Haye, Gosse, 1738	Recueil de dissertations sur plusieurs tragédies de Corneille et de Racine. - Paris, Gissey et Bordelet, 1740 (hors corpus)
		La promenade de St Cloud. - Paris, Dupuis, 1737 (n° 553) Paris. - Paris, Ribou, 1737 (Valleyre impr.) (n° 515 E)
118 B	* La belle allemande. - Amsterdam, Z. Chatelin, 1745	*Même bandeau que n° 38*

N° du corpus	Titre et adresse	Identifié grâce aux ornements typographiques de
119	* Les belles solitaires. - Amsterdam, P. Marteau, 1745	1. Histoire du roi de Campanie. - Paris, Veuve Delatour, 1736 (n° 317) Les mille et une nuit. - Paris, David jeune, 1747 (Veuve Delormel impr.) (n° 474) 2. Le siècle. - Paris, Clousier et Rollin, 1736 (n° 592) Histoire de l'admirable don Quichotte. - Paris, Nyon, 1741 (n° 274) L'âne d'or d'Apulée. - Paris, Nyon fils, 1745 (Bullot impr.) (n° 56)
122	Bibi. - S.l.n.d.	Melisthenes. - Paris, Prault, 1732 (n° 395) Les sultanes de Guzarate. - Paris, Prault, 1732 (n° 613 A) La Diane de Montayor. - Paris, Prault, 1733 (n° 186) etc.
129	* Le caloandre fidèle. - Amsterdam, Westein et Smith, 1740	La conformité des destinées. - Paris, Veuve Pissot, 1736 (Veuve Paulus Dumesnil impr.) (n° 156) Le prince Titi. - Paris, Veuve Pissot, 1748 (Veuve Paulus Dumesnil impr.) (n° 542) Entretiens littéraires et galans. - Paris, Veuve Pissot, 1738 (Veuve Paulus Dumesnil impr.) (n° 200) Anecdotes de la cour de Philippe-Auguste. - Paris, Veuve Pissot, 1738 (Veuve Paulus Dumesnil impr.) (n° 610) etc.
130 A	* Campagnes philosophiques. - Amsterdam, Desbordes, 1741	Le Mexique conquis. - Paris, Desaint et Saillant, Durand et Le Prieur, 1752 (hors corpus)
147	Le cocq. - Amsterdam, Du Sauzet, 1742	Nouveaux mémoires de d'Artigny tome II. - Paris, Debure, 1749 (hors corpus)
153 A	* Les confessions du comte de. - Amsterdam, 1741	Mémoires et avantures d'un homme de qualité. Tome II. - Paris, G. Martin 1738 (n° 448 v) Voyages du capitaine Robert Lade. - Paris, Didot, 1744 (Cl. Simon père impr.) (n°662) Les cent nouvelles nouvelles de Mme de Gomez. Deuxième partie. - Paris, Gandouin et Veuve Guillaume, 1733 (n° 138 B)
167	* Contes orientaux. - La Haye, 1743	Le théâtre des passions. - Paris, Brunet, 1731 (n° 620)

N° du corpus	Titre et adresse	Identifié grâce aux ornements typographiques de
180	Deux contes de cette année. - Amsterdam, s.d. (1743)	Le comte de Warwick par Mme Daulnoy. Nouv. éd. Tome premier. - Paris, Compagnie des libraires, 1729 (n° 148 A) Dissertation historique sur l'origine des Bretons. Tome second. - Paris, Clousier, 1739 (hors corpus)
188 A	Les nouvelles françoises. - La Haye, Paupie, 1741	1. Les femmes militaires. - Paris, Simon et Debats, 1735 (n° 219 B) 2. Prodige de vertu. - Paris, Edouard, 1738 (Bullot impr.) (n° 552) La pudeur. - Paris, Pierre Simon, 1739 (n° 560)
190 G	Le doyen de Killerine. Parties 4 et 6. - S.l., 1740	Le Pour et Contre, nombres 235 à 237. Paris, Didot, 1738 (hors corpus)
196 G	Les égaremens du cœur et de l'esprit. Deuxième partie. - La Haye, Gosse et Neaulme, 1741	*Même bandeau que n° 153 (Mémoires et avantures...)*
196 bis	Les emblêmes de Cocrocbrocfroc. - Genève, Mandestras, 1730	L'âne d'or d'Apulée. - Paris, Nyon fils, 1745 (Bullot impr.) (n° 56) Réflexions sur différens sujets. - Paris, Le Breton, 1731 (hors corpus) Le nouveau secrétaire du Cabinet. -Paris, Le Gras, 1739 (hors corpus). Les époux réunis, comédie. - Paris, Prault, 1739 (hors corpus)
205	* Les époux malheureux. - La Haye, 1749	*Même bandeau que n° 122*
217	La femme foible. - Nancy, 1733	*Même bandeau que n° 122*
232	* Gaston de Foix. Tome premier. - Constantinople, Imprimerie du G.-S., 1741	Traité des superstitions. Tome IV. - Paris, Compagnie des Libraires, 1741 (hors corpus)
244	L'heureux infortuné. - Amsterdam, Wetstein, 1743	*Même bandeau que n° 122, 205 et 217*
257	* Histoire d'un gentilhomme écossois. - La Haye, Gosse, 1750	1. Histoire de Guzman d'Alfarache. - Paris, Ganeau, 1732 (n° 269) 2. Les mille et un quart d'heure. - Paris, Morin, 1930 (n° 470) Les sultanes de Guzarate. - Paris, Prault, 1732 (n° 613 A)

N° du corpus	Titre et adresse	Identifié grâce aux ornements typographiques de
		Les sultanes de Guzarate. - Paris, Prault, 1732 (n° 613 A)
266	Histoire de Gogo. - La Haye, B. Gilbert, 1739	1. *Même bandeau que n° 38 et n° 118 B* 2. *Même bandeau que n° 119*
285 A	* Histoire de Mme de Luz. - La Haye, de Hondt, 1741	1. *Même bandeau que n° 129* 2. *Même bandeau que n° 119*
285 B	* Histoire de Mme de Luz - La Haye, de Hondt, 1744	*Un des deux bandeaux des n° 129 et 285 A*
299	Histoire de Tom Jones. Tome II. - Londres, Jean Nourse, 1750	Cléopâtre, tragédie par Marmontel. - Paris, Jorry, 1750 (hors corpus) Histoire naturelle du Groënland. - Paris, Jorry, 1750 (hors corpus)
308 310	Histoire des trois fils d'Hali-Bassa. - Leyde, 1745 * Histoire du chevalier du soleil. - Londres, 1749	1. Histoire de Mlle de la Charce. - Paris, Gandouin, 1731 (n° 291) 2. *Même ornement que n° 119 et 266* 1. *Même ornement que n° 59* 2. *Même ornement que n° 129, 285 A et 285 B*
311	* Histoire du cœur humain.- La Haye, 1743	*Même bandeau que n° 257*
319 A	* Histoire du vaillant chevalier Tiran le Blanc. - Londres, s.d.	1. Suite des Anecdotes de la Cour de Philippe-Auguste. Tome VI. - Paris, Veuve Pissot, 1738 (Veuve Paulus Dumesnil impr.) (n° 61 C) 2. *Même bandeau que n° 129* 3. *Même bandeau que n° 129 et 285 A* 4. *Même bandeau que n° 199 et 285 A*
319 B	* Histoire du vaillant chevalier Tiran le Blanc. - Londres, Compagnie, 1737	1. *Même bandeau que n° 5* 2. *Même bandeau que n° 122, 205, 217 et 244*
331	Histoire secrette des femmes galantes de l'Antiquité. - Amsterdam, Chatelain, 1745	1. Histoire de l'admirable Don Quichotte. - Paris, Mouchet, 1733 (Quillau impr.) (n° 274) 2. *Même bandeau que n° 45*

N° du corpus	Titre et adresse	Identifié grâce aux ornements typographiques de
370 B	Lettres d'une Turque. - Amsterdam, P. Mortier, 1731	Argenis. - Paris, Prault, 1728 (n° 78) Histoire secrette de la conqueste de Grenade. - Paris, Prault, 1729 (n° 328) Histoire d'Osman. - Paris, Prault, 1734 (n° 256)
374 A	* Lettres de Thérèse. - La Haye, Neaulme, 1739	*Même bandeau que n° 119, 285 A, 319 A* *Même bandeau que n° 119, 266, 308, 47*
378 E	Lettres persanes augmentées de Lettres turques. - Cologne, Marteau, 1731	Traité des superstitions. Tome IV p. 499. - Paris, Compagnie des Libraires, 1741 (hors corpus)
378 I	Lettres persanes. - Cologne, Marteau, 1739	Dialogues des vivans. - Paris, Prault, 1717 (hors corpus)
397	* Mémoires anecdotes de Duliz. - Londres, Harding, 1739	Nouveaux mémoires de d'Artigny III. - Paris, Debure, 1750 (hors corpus) Lettres choisies de La Rivière. - Paris, Debure et Tilliard, 1751 (hors corpus)
398 A	Mémoires d'Anne-Marie de Moras. - La Haye, de Hondt, 1739	*Même vignette que n° 308* *Dans l'avertissement même bandes que n° 119, 285, 319A, 374 A*
399	* Mémoires d'un honnête homme. - Amsterdam, 1745	*Même bandeau que ci-dessus*
412	Mémoires de Mme de Saldaigne. - Londres, 1745	*Même bandeau que n° 129 et 319 A*
413	* Mémoires de Mme la comtesse de XXX. - La Haye, Beauregard, 1744	Le nouveau secrétaire du cabinet. - Paris, Le Gras, 1739 (hors corpus) *Même bandeau que n° 147*
417 B	* Mémoires de Melle de Bonneval. - Amsterdam, J. Desbordes, 1738	*Même bandeau que n° 190, 257, 311*
427 B	* Mémoires de Rantzi. - La Haye, P. Mortier, 1745	L'âne d'or d'Apulée. - Paris, Nyon fils, 1745 (Bullot impr.) *Même bandeau que n° 153 (n° 56) A et 196 G*

N° du corpus	Titre et adresse	Identifié grâce aux ornements typographiques de
430	* Mémoires de Wuillame-Northingham. La Haye, Pierre Gosse, 1741	*Même bandeau que n° 147 et 413* *Même bandeau que n° 115 C*
	* Mémoires du comte d'Aubigny. - La Haye, Van Duren, 1746	*Même bandeau que n° 119, 285 A, 39 A, 374, 398, 399*
	Mémoires du comte de Comminge. - La Haye, Neaulme, 1736	*Même bandeau que n° 5 et 319 B* *Même bandeau que n° 122, 205, 217, 244, 319 B*
	Suite des Mémoires et avantures d'un homme de qualité. Tome VI. - Amsterdam, 1731	*Même vignette que 319 A*
	Ibid. Tome VII (Manon Lescaut). - Amsterdam, Compagnie, 1733	La mouche. - Paris, Dupuis, 1736 (n° 482) La promenade de St Cloud. - Paris, Dupuis, 1736 (n° 553) Lamekis. - Paris, de Poilly, 1737 (n° 359)
	* Mémoires turcs. - Paris, La Haye, 1743	*Même bandeau que n° 190 G, 257, 311, 417* *Même vignette que n° 11*
	Les mille et une heure. - Amsterdam, Wetstein et Smith, 1734	*Même vignette que n° 180*
	Suite de la Mouche. - La Haye, Neaulme, 1742	Histoire d'Hypolite. II. - Paris, Valleyre et de Poilly, 1738 (n° 254) *Même bandeau que n° 119, 285 A, 319 A, 374, 399, 436* *Même bandeau que n° 115.*
509	* Œuvres de Rabelais. - S.l., 1732	*Même bandeau que n° 257*
530 N	* Le philosophe anglois. - Utrecht, Neaulme, 1741	1.-2. Histoires tragiques et galantes. - Paris, Briasson, 1731 (n° 337 bis) 3. Vie de Marianne. 3e partie. - Paris, Prault fils, 1735 (corpus 645 F) 4. *Même bandeau que n° 370*
547	La princesse de Phaltzbourg. - Cologne, Marteau, 1739	*Même vignette que n° 378*

N° du corpus	Titre et adresse	Identifié grâce aux ornements typographiques de
579	Le rhinocéros. - S.l, 1750	*Même vignette que n° 196 bis*
586 609 A et B	* La salamandre. - Venise, 1744 * Le sopha. - Gaznah, 1120	*Même bandeau que n° 188 C* *Même bandeau que n° 119, 266, 308 et 374* *Même vignette que n°427*
634	* La veillée galante. - La Haye, 1747	*Même vignette que n° 180 et 473*
645 AB	Vie de Marianne. 11ᵉ p. - La Haye, Neaulme, 1741	*Même bandeau que 196 G et 427*
646	* La vie et les amours de Properce. - Amsterdam, Mortier, 1744	*Même vignette que n° 378* *Même bandeau que n° 132, 205, 217, 244, 319 B, 438*
657	Le voyage de St Cloud. - La Haye, Compagnie, 1749	Essai sur les bienséances oratoires. Tome premier. - Paris, Prault fils, 1743 (hors corpus) *Même bandeau que n° 397*

Mais nous pouvons aller plus loin : les romans ainsi identifiés possèdent des ornements typographiques que nous considérons comme parisiens. C'est pourquoi la sphère armillée des *Lettres persanes augmentées des lettres turques* - Cologne, Marteau, 1731 (n° 378) nous permet d'identifier dans l'ordre chronologique :

1730 Histoire secrète du connétable de Lune. - Amsterdam, P. Humbert (n° 332)

1737 La paysanne parvenue, 9ᵉ partie. - La Haye, Gosse et Neaulme (sic) (n° 519 T)

1738 Nouveaux contes de fées. - La Haye (n° 497)

1739 Lettre d'Angélique à Thérèse. - La Haye (n° 364)

1741 Mémoires et avantures de Monsieur de, 5ᵉ partie. - La Haye, J. Neaulme (n° 452)

1743 Le prince glacé. - La Haye (n° 541)
La princesse Camion. - La Haye (n° 543)
La princesse Couleur de rose. - La Haye (n° 545)
La princesse Lionnette. - La Haye (n° 549)
La princesse Sensible. - La Haye (n° 550)

1743 Sec et Noir. - La Haye (n° 617 B)
1745 Les époux malheureux. - Avignon (n° 205)
      Mémoires d'une fille de qualité. - Amsterdam, Compagnie (n° 401)
1748 Le triomphe de la vérité. - Nancy, Thomas (n° 627)
L'Histoire du vaillant chevalier Tiran Le Blanc (n° 319 B) nous permet d'identifier :
Le siège de Calais. - La Haye, Jean Neaulme, 1739 (n° 593);
Zelinga. - Marseille, 1750 (n° 666) ;
Les confessions du comte de. - Amsterdam, 1742 (n° 153 C)

Les Mémoires du comte de Comminge (n° 438)
Le Doyen de Killerine. - La Haye, Poppy, 1742 (n° 190 F).

Les Campagnes philosophiques (n° 130 A)
L'Histoire d'une Grecque moderne. - Amsterdam, François Desbordes, 1740 (n° 259).

La Vie et les amours de Properce (n° 646)
Les Anecdotes politiques et galantes de Samos et de Lacédémone. - La Haye, Neaulme, 1744 (n° 67)

---

1. R. LAUFER, *Introduction à la textologie.* Paris, 1972, p. 111.
2. R. LAUFER, *op. cit.,* p. 108.
3. R. LAUFER, *op. cit.,* p. 107.
4. R. LAUFER, *op. cit.,* p. 113.
5. Lettre de Pontcarré à P. Marchand du 8 juillet 1744. B.U. Leyde fonds Marchand.

CHAPITRE II

LES ROMANS PARUS SANS PRIVILÈGE
ET IDENTIFIÉS COMME PARISIENS

Voici, dans l'ordre chronologique, la liste des romans que nous avons pu identifier par cette méthode :

Année	Titre et adresse fictive	Remarques
1730	Les emblêmes de Cocrocbrocfroc. - Genève, Mandestras (n° 196 bis)	nouveauté. Aucun exemplaire dans les catalogues de ventes
1730	Histoire secrette du connétable de Lune. - Amsterdam, P. Humbert (n° 332)	
1731	Suite des Mémoires d'un homme de de qualité, tome VI. - Amsterdam, Compagnie (n° 448 H)	édition faite par le libraire Martin avec permission tacite
1731	Lettres persanes augmentées des Lettres turques. - Cologne, Marteau, 1731 (n° 378)	réimpression
1731	Œuvres de Rabelais. - S.l. (n° 509)	réimpression avec permission tacite
1733	La femme foible. - Nancy (n° 217)	nouveauté
1733	Suite des Mémoires d'un homme de qualité (Manon D). - Amsterdam, Compagnie (n°448 N)	
1736	Mémoires du comte de Comminge. - La Haye, Neaulme (n° 438)	réimpression
1737	Histoire du vaillant chevalier Tiran le Blanc. - Londres, Compagnie (n° 319 B)	réimpression de l'édition non datée parue au début de l'année
1737	La paysanne parvenue, 9ᵉ partie. - La Haye, Gosse et Neaume (sic) (n° 519 P)	
1737	Les saturnales françoises. - La Haye, Gosse et Neaulme (n° 588)	réimpression
1738	Le bachelier de Salamanque. - La Haye, Gosse (n° 115)	
	Tome I	2ᵉ émission avec le nom de Valleyre

Année	Titre et adresse fictive	Remarques
	Tome II	nouveauté. Le catalogue de La Vallière donne « Paris» pour le T. II dont Anfossi annonce ainsi la parution le 17 août 1739 : « il paraît furtivement, c'est-à-dire sous permission tacite, une seconde partie...»[1]
1738	Mémoires de Mlle de Bonneval. - Amsterdam, J. Desbordes (n° 417 A)	Il a paru la même année une édition hollandaise chez Van den Kieboom à La Haye. Celle-ci est sans doute une réimpression. Le catalogue de Rieux la donne comme parisienne
1738	Nouveaux contes de fées. - La Haye (n° 497)	réimpression, parisienne selon le catalogue de La Vallière
1739	Lettre d'Angélique à Thérèse. - La Haye, (n° 364)	nouveauté
1739	Mémoires d'Anne-Marie de Moras. - La Haye, de Hondt (n° 398)	Le catalogue de vente de Charost (1742) le donne comme parisien
1739	La princesse de Phaltzbourg. - Cologne, Marteau (n° 547)	réimpression
1739	Le siège de Calais. - La Haye, Jean Neaulme, 1739 (n° 593)	nouveauté
1740	Le caloandre fidèle. - Amsterdam, Westein et Smith (n° 129)	signalé comme parisien par de nombreux catalogues de ventes (Rieux, Giraud de Moucy, La Marck, etc.), le catalogue de Mlle Leduc rédigé par Prault fils[2] et le catalogue de La Vallière
1740	Le doyen de Killerine IV-VI. - s.l. (n° 190 G et H)	se vend chez Didot selon le Journal de Verdun de février et mai 1740
1740	Histoire d'une Grecque moderne. - Amsterdam, François Desbordes, 1740 (n° 259)	nouveauté publiée par Didot ; voir ci-dessus.
1741	Campagnes philosophiques. - Amsterdam, Desbordes (n° 130 A)	Nous avons vu ci-dessus que Didot possédait le «privilège». Les catalogues de Rieux, Villemur, Courtanvaux et La Vallière donnent « Paris» mais il faut prendre garde qu'il y a deux éditions avec la même adresse
1741	Les confessions du comte de. - Amsterdam (n° 153 A)	permission tacite selon Bonardi, 5 janvier 1742[3]

Année	Titre et adresse fictive	Remarques
1741	Les égaremens du cœur et de l'esprit. - La Haye, Gosse et Neaulme (n° 196 G)	nouveauté, parisienne selon les catalogues de Rieux, Champigny, Vallée, Pont-de-Veyle, Figueur et Paulmy réimpression
1741	Gaston de Foix. - Constantinople, Imprimerie du G.S. (n° 232)	privilège refusé le 5 décembre 1737 et permission tacite refusée ; imprimé en 1739 sous l'adresse fictive de Gosse à la Haye, saisi le 17 novembre 1739. L'édition de 1741 est beaucoup plus répandue dans les catalogues de vente. Les catalogues de La Marck, Pont-de-Veyle et La Vallière la donnent comme parisienne
1741	Histoire de Mme de Luz. - La Haye, de Hondt (n° 285)	nouveauté donnée comme parisienne par les catalogues de Thiboust, de Mlle Leduc[2], de Mme de Pompadour et de La Vallière
1741	Mémoires de Wuillame-Northingham. - La Haye, P. Gosse (n° 430)	nouveauté donnée comme parisienne par la *Gazette de Cologne* du 21 mars 1741 et par les catalogues de Rieux et la Vallière
1741	Mémoires et avantures de Monsieur de, 5ᵉ partie, - La Haye, J. Neaulme (n° 452)	
1741	Nouvelles françoises. - La Haye, Paupie (n° 188 A)	réimpression qui ne figure pas dans les catalogues de ventes. On la trouve dans le supplément au catalogue Kints (Liège) de 1742
1741	Le philosophe anglois. - Utrecht, Neaulme (n° 530 N)	sans doute l'édition saisie le 10 janvier 1741 sur Mérigot[4], édition parisienne selon le catalogue de Mlle Leduc[2], celui de Paulmy, etc.
1741	Vie de Marianne. 11. - La Haye, Neaulme (n° 645)	dernière partie écrite par Marivaux
1742	Adélaïde de Messine. - Amsterdam, L'Honoré et Chatelain (n° 7)	réimpression, parisienne selon le catalogue de La Vallière
1742	Le cocq. - Amsterdam, Du Sauzet (n° 147)	nouveauté, parisienne selon les catalogues de Rieux et de Mme de Pompadour
1742	Les confessions du comte de ***. - Amsterdam, 1742 (n° 153)	réimpression

Année	Titre et adresse fictive	Remarques
1742	Le doyen de Killerine. - La Haye, Pierre Poppy (n° 190)	
1742	La mouche, parties VI et VIII. - La Haye, Neaulme (n° 482)	
1743	Les amours du comte de C***. - Amsterdam (n° 38)	réimpression, parisienne selon le catalogue de Bonnier de La Mosson
1743	Contes orientaux. - La Haye (n° 167)	nouveauté, parisienne selon les catalogues de Mlle Leduc[2], de Rieux, d'Esclimont, de Mme de Pompadour et de Paulmy
1743	L'heureux infortuné. - Amsterdam, Wetstein (n° 244)	nouveauté
1743	Mémoires turcs. - La Haye (n° 467)	nouveauté, parisienne selon le catalogue de Paulmy
1743	Le prince glacé et la princesse étincelante. - La Haye, (n° 541)	nouveauté donnée comme parisienne par les catalogues de Mme de Pompadour et de la Vallière. Damonneville en possède en 1760 le privilège entier[5]
1743	La princesse Camion. - La Haye (n° 543)	nouveauté donnée comme parisienne par les catalogues de Mme de Pompadour et de la Vallière. Damonneville en possède en 1760 le privilège entier[5]
1743	La princesse Couleur de rose et le prince Celadon. - La Haye (n° 545)	nouveauté donnée comme parisienne par les catalogues de Rieux, de Villemur et de La Vallière. Damonneville en possède en 1760 le privilège entier[5]
1743	La princesse Lionnette et la princesse Coquerico. - La Haye (n° 549)	nouveauté donnée comme parisienne par les catalogues de Rieux, de Villemur et de La Vallière. Damonneville en possède en 1760 le privilège entier[5]
1743	La princesse Sensible. - La Haye (n° 550)	nouveauté donnée comme parisienne par les catalogues de Mme de Pompadour et de La Vallière. Damonneville en possède en 1760 le privilège entier[5]
1743	Sec et Noir. - La Haye (n° 617 B)	réimpression donnée comme parisienne par les catalogues de Rieux et Villemur
1744	Anecdotes de la Cour de dom Jean. - Amsterdam, L'Honoré (n° 59)	nouveauté parisienne selon les catalogues de Rieux et de La Vallière

Année	Titre et adresse fictive	Remarques
1744	Anecdotes politiques et galantes de Samos et de Lacadémone. - La Haye, Neaulme (n° 67)	nouveauté, parisienne selon le catalogue de La Vallière
1744	Histoire de Mme de Luz. - La Haye, de Hondt (n° 285 B)	réimpression, parisienne selon les catalogues de La Marck, Gascq et Pont-de-Veyle
1744	Mémoires de Mme la Comtesse de. - La Haye, Beauregard (n° 413)	nouveauté, parisienne selon le catalogue de La Vallière
1744	La salamandre. - Venise (n° 586)	nouveauté, parisienne selon le catalogue de La Vallière
1744	La vie et les amours de Properce. - Amsterdam, Mortier (n° 646)	nouveauté, parisienne selon le catalogue de La Marck
1745	La belle allemande. - Amsterdam, Z. Chatelin (n° 118)	réimpression, parisienne selon le catalogue de La Vallière
1745	Les époux malheureux. - Avignon (n° 205)	nouveauté, parisienne selon le catalogue de La Vallière
1745	Histoire des trois fils d'Hali-Bassa. - Leyde (n° 308)	réimpression
1745	Histoire secrète des femmes galantes de l'Antiquité. - Amsterdam, Chatelain (n° 331)	réimpression, parisienne selon les catalogues de Mme de Pompadour et de La Vallière
1745	Mémoires d'un honnête homme. - Amsterdam (n° 399)	nouveauté, parisienne selon les catalogues de Rieux, Villemur et Fonspertuis
1745	Mémoires de Rantzi. - La Haye, Mortier (n° 427)	nouveauté
1746	Mémoires du comte d'Aubigny. - La Haye, Van Duren (n° 436)	nouveauté, parisienne selon les catalogues de Villemur, Mme de Pompadour et La Vallière
1747	Mémoires d'une fille de qualité. - Amsterdam, Compagnie (n° 401)	nouveauté
1747	Mémoires de Rantzi. - La Haye, Mortier (n° 427 B)	réimpression parisienne selon les catalogues du marquis d'Argenson, Villemur et La Vallière
1747	La veillée galante. - La Haye (n° 634)	nouveauté, parisienne selon le catalogue de La Vallière
1748	Le triomphe de la vérité. - Nancy, Thomas (n° 627)	
1749	Acajou et Zirphile. - Minutie (n° 5)	réimpression
1749	Les époux malheureux. - La Haye (n° 205)	réimpression, parisienne selon le catalogue de Villemur
1749	Histoire du chevalier du soleil. - Londres (n° 310)	nouveauté, parisienne selon la *Bibliothèque annuelle et universelle* et selon le catalogue de Villemur

Année	Titre et adresse fictive	Remarques
1749	Le voyage de St Cloud. - La Haye, Compagnie (n° 657)	réimpression
1750	Histoire d'un gentilhomme écossais. - La Haye, Gosse (n° 257)	nouveauté, parisienne selon les catalogues d'Esclimont, Champigny et Villemur
1750	Histoire de Tom Jones. - Londres, Jean Nourse (n° 299)	
1750	Le rhinocéros. - s.l. (n° 579)	nouveauté
1750	Zelinga. - Marseille, (n° 666)	**réimpression inconnue de Jones et ne figurant pas sur les catalogues de ventes; elle est proposée par le catalogue de 1752 du libraire bordelais Chapuis**
Sans date	Histoire du vaillant chevalier Tiran le Blanc. - Londres (n° 319 A)	nouveauté « sous le manteau »[6] permission tacite à la Veuve Pissot du 10 décembre 1736[7] Le *Journal de Verdun* de juin 1737 annonce que le livre se vend chez la Vve Pissot. C'est l'édition la plus répandue actuellement
Sans date	Deux contes de cette année. - Amsterdam, (n° 180)	réimpression
Sans date	Bibi. - s.l. (n° 122)	nouveauté
Sans date	Le sopha. - Gaznah, 1120 (n° 609 B)	

Au total, 74 éditions de romans que nous considérons comme parisiennes. Il y en a certainement davantage; les repérer suppose à la fois un enrichissement de notre collection de photocopies et une nouvelle visite aux bibliothèques dont nous avons examiné les exemplaires au début de la constitution de notre collection.

On remarquera que sur ces 74 éditions 8 sont antérieures à la proscription de 1737 : l'impression dans les ateliers parisiens de romans paraissant sous permission tacite ou sans aucune permission ne date pas de 1737.

Le format et les signatures les plus répandues à Paris sont l'in-12 à la française avec cartons dedans : A p. 1, B p. 17, C p. 25, et les signatures en chiffres romains (iiij et ij). Mais on trouve aussi les chiffres arabes entre 1739 et 1745 dans les éditions suivantes :

1739 - *Mémoires d'Anne-Marie de Moras* (n° 398)
1739 - *La princesse de Phaltzbourg* (n° 547)
1743 - *Contes orientaux* (n° 167)

1743 - *Le prince glacé* (n° 541)
1743 - *La princesse Camion* (n° 543)
1743 - *La princesse Lionnette* (n° 549)
1745 - *La belle allemande* (n° 118) deuxième partie seulement
1745 - *Mémoires de Rantzi* (n° 427 B).

On remarquera que trois de ces romans (n° 541, 543 et 549) ont été sinon imprimés, du moins publiés par Pierre Prault (sphère armillée sur la page de titre).

Mais on trouve également des in-12 à la hollandaise avec cartons dehors soit dans les romans privilégiés imprimés par la Veuve Paulus Dumesnil : *Mémoires du chevalier de* (n° 432), *Anecdotes de la Cour de Philippe-Auguste* (n° 61), *Entretiens littéraires et galans* (n° 200), soit dans des romans non privilégiés comme l'*Histoire du chevalier du soleil* (n° 310) et l'*Histoire de Tom Jones* (n° 299). Tous ces romans ont des signatures en chiffres romains jusqu'à vj, mais on trouve également des signatures en chiffres arabes (jusqu'à 6) dans le *Caloandre fidele* de 1740 (n° 129) et dans l'*Histoire de Madame de Luz*, éditions de 1741 et 1744 (n° 285). Ces deux romans ont en outre des réclames à chaque page.

On trouve en outre des éditions avec cahiers de 6 feuillets au lieu de 12 : *Zelinga*, paru en 1750, (n° 666) a des signatures en chiffres romains jusqu'à iij ; et la *Veillée galante*, parue en 1747 (n° 634), a des signatures en chiffres arabes jusqu'à 3.

Ajoutons quelques 8° : les deux éditions de l'*Histoire du chevalier Tiran le Blanc* de 1757 (n° 319) et le *Rhinocéros* de 1750 (n° 579).

Il ne nous semble pas que, dans l'état actuel de nos connaissances, on puisse tirer beaucoup de conclusions de cette liste. Les imprimeurs parisiens sont certes habitués au premier type d'in-12, dit à la française, avec signatures en chiffres romains ; mais ils ne dédaignent pas pour autant l'in-12 hollandais, en général il est vrai avec chiffres romains. La veuve Dumesnil utilise les deux procédés : s'agit-il des mêmes ouvriers ? Les romans non privilégiés où nous trouvons le type classique sont nombreux : 18 éditions repérées à ce jour de 1736 à 1750. Les autres types s'expliquent-ils par le recours à d'autres ateliers ? Par l'embauche d'ouvriers étrangers ? Ou par le désir de brouiller les cartes ? Toutes les hypothèses sont permises, quand on voit que Jore a publié à Rouen l'*Histoire de Charles XII* avec des cahiers signés de 1 à 7...

1. Musée Calvet, ms. 2779 f° 177.
2. Bibl. Arsenal, ms. 4636.
3. B.N. n.a.fr. 4 300 f° 46, éd. *Duranton*, p. 77.
4. B.N. ms.fr. 21 931 p. 329.
5. Inventaire après décès de Damonneville M.C./XXIII-629.
6. B.M. Orléans, ms. 1422 f° 965.
7. Bibl. Arsenal, ms. 10 300 et 10 301

CHAPITRE III

LES ADRESSES FICTIVES

Il nous a paru intéressant de dresser la liste des adreses utilisées. On peut les diviser en trois catégories :

A. *Adresses réelles* (nous suivons l'ordre de notre tableau chronologique)

1730 Amsterdam, P. Humbert
1731 Amsterdam, Compagnie
1733 Amsterdam, Compagnie
1736 La Haye, Neaulme
1737 La Haye, Gosse et Neaulme (deux fois)
1738 La Haye, Gosse
1738 Amsterdam, J. Desbordes
1739 La Haye, de Hondt
1739 La Haye, Neaulme
1740 Amsterdam, Westein et Smith
1741 Amsterdam, Desbordes
1741 La Haye, Gosse et Neaulme
1741 La Haye, de Hondt
1741 La Haye, Gosse
1741 La Haye, Neaulme (deux fois)
1741 La Haye, Paupie
1741 Utrecht, Neaulme
1742 Amsterdam, L'Honoré et Chatelain
1742 Amsterdam, du Sauzet
1742 La Haye, Neaulme
1743 Amsterdam, Wetstein
1744 Amsterdam, L'Honoré
1744 La Haye, Neaulme
1744 La Haye, de Hondt
1744 La Haye, Beauregard
1744 Amsterdam, Mortier
1745 Amsterdam, Chatelain (deux fois)
1746 La Haye, Van Duren

1747 Amsterdam, Compagnie
1748 Nancy, Thomas
1749 La Haye, Compagnie
1750 La Haye, Gosse
1750 Londres, Nourse

Sur ces 36 adresses, on compte :

19 fois des libraires de La Haye dont 12 fois Gosse ou Neaulme ou les deux associés; 3 fois de Hondt; 1 fois Paupie; 1 fois Van Duren; 1 fois Beauregard; 1 fois la Compagnie.

14 fois des libraires d'Amsterdam dont 3 fois la Compagnie; 2 fois Desbordes; 2 fois Wetstein avec ou sans Smith; 4 fois Chatelain ou L'Honoré ou les deux associés; 1 fois du Sauzet; 1 fois Humbert; 1 fois Mortier.

1 fois Neaulme d'Utrecht.

1 fois Nourse de Londres.

1 fois Thomas de Nancy.

B. Adresses imaginaires

1730 Genève, Mandestras
1731 Cologne, Marteau
1737 Londres, Compagnie
1739 Cologne, Marteau
1740 Amsterdam, François Desbordes
1741 Constantinople, Imprimerie du G.S.
1742 La Haye, Pierre Poppy
1744 Minutie
1745 La Haye, Mortier
1747 La Haye, Mortier
1749 Minutie
s.d. Gaznah

Soit 11 adresses imaginaires dont deux fois celle du célèbre Pierre Marteau de Cologne.

C. Sans adresse

1732 sans lieu
1738 La Haye
1739 La Haye
1740 sans lieu
1741 Amsterdam
1742 Amsterdam
1743 Amsterdam
1743 La Haye (8 fois)
1744 Venise
1745 Avignon
1745 Leyde
1745 Amsterdam
1747 La Haye

1749 La Haye
1749 Londres
1750 sans lieu
1750 Marseille
s.d. Londres
  ''   Amsterdam
  ''   sans lieu

Soit 27 impressions sans véritable adresse : 12 avec le nom de la Haye, 5 avec celui d'Amsterdam, 2 avec Londres, 1 avec Venise, 1 avec Avignon, 1 avec Leyde, 1 avec Marseille, et 4 sans aucun nom de ville.

Cette répartition ne peut être interprétée statistiquement, puisque nous ne prétendons nullement avoir donné avec cette liste de 73 éditions parisiennes toutes les éditions parisiennes « clandestines » de romans parus entre 1728 et 1750. On remarquera cependant l'importance des adresses hollandaises : au total on recontre 31 fois le nom de La Haye et 19 fois celui d'Amsterdam.

Nous retiendrons deux cas : celui du libraire-imprimeur P. Prault et celui du libraire F. Didot. Pierre Prault, qui dès 1732 avait publié les *Œuvres* de Rabelais sans indication de lieu et la *Femme foible* sous l'adresse de Nancy, emprunte en 1737 et en 1741 le nom des libraires de la Haye Gosse et Neaulme pour continuer la publication de la *Paysanne parvenue*; ces neuvième et onzième parties paraissent avec la sphère qu'on retrouve en 1738, en 1739 et en 1743 dans des romans publiés avec le simple nom de la Haye. Nous avons déjà dit que pour nous cette sphère est assimilable à une véritable marque de libraire et que Pierre Prault ne pouvait en tout cas espérer tromper un public averti ; or dans ce public averti il faut compter en premier lieu les officiers de la Chambre syndicale, les collaborateurs du lieutenant de police, et tous ceux qui étaient chargés de surveiller la circulation des ·livres. Pourquoi alors indiquer les noms de Gosse et Neaulme sur les pages de titre de la *Paysanne parvenue* en 1737 et en 1741? Les éditeurs de la Haye étaient-ils d'accord avec ce subterfuge? Lui ont-ils ensuite retiré leur accord? Pourquoi les romans parus en 1738, en 1739 et surtout en 1743 portent-ils simplement le nom de la Haye? C'est une question qui restera sans réponse.

Quant à François Desbordes-Didot, s'il avait voulu se faire passer pour Jacques ou Jaques ou Henry Desbordes, il n'aurait pas choisi le prénom de François en publiant l'*Histoire d'une Grecque moderne*, et il n'aurait pas transformé à ce point la « marque » de Jacques Desbordes telle qu'on la trouve dans les *Mémoires secrets de la République des lettres* (1737). On croirait à un jeu, à une espèce de clin d'œil au « public averti » auquel nous faisions allusion. C'est en effet un jeu, celui des permissions tacites ou orales, et les éditeurs parisiens ne font même pas semblant de publier en Hollande. Les représentants du Pouvoir leur ont demandé de mettre une fausse adresse, et ce sont peut-être eux qui exigent que cette adresse soit presque vraie. Ne nous y trompons pas : ce ne sont pas les libraires qui simulent l'origine hollandaise, mais le Pouvoir, et les affirmations que nous avons lues dans la presse franco-hollandaise sont destinées à entretenir cette légende.

CINQUIÈME PARTIE

LA LIBRAIRIE HOLLANDAISE
ET LE ROMAN DE LANGUE FRANÇAISE

LA LIBRAIRIE HOLLANDAISE
ET LE ROMAN DE LANGUE FRANÇAISE

Les deux noms de villes qui reviennent le plus souvent dans les fausses adresses utilisées par les libraires parisiens après la Proscription sont ceux d'Amsterdam et de la Haye. Nous avons donné, au début de ce travail, la liste de toutes les impressions hollandaises de la période 1728 - 1750 que nous avons pu trouver. Il nous semble intéressant de revenir sur cette production, ville par ville et libraire par libraire.

CHAPITRE I

LES LIBRAIRES D'AMSTERDAM

1. La production romanesque

Nous nous limiterons, comme nous l'avons fait jusqu'alors, aux éditions que nous avons *vues*, et ne tiendrons pas compte des annonces des gazettes, parfois erronées, et en tout cas trop vagues pour que l'on puisse en tirer des certitudes.

Nous donnons ci-dessous, dans l'ordre alphabétique des 23 libraires concernés (plus la Compagnie des libraires d'Amsterdam), la liste de ces éditions, avec les références de la *Gazette d'Amsterdam*. L'astérisque indique les nouveautés.

ÉDITIONS RÉELLEMENT HOLLANDAISES

Page de titre Nom du libraire	Date	Titre	N° corpus	Gazette d'Amsterdam
ARKSTÉE ET MERKUS	1739	La paysanne parvenue	519 AC	« ont imprimé et débitent » 11 août 1739[1]
-	1740	*id.*	519 AG	*id.* 22 avril et 16 août 1740
-	1742	Mémoires et avantures d'un homme de qualité	448 Y	« débitent » 14 août 1742
-	1743	L'écumoire	195 BC	*id.* 14 août 1742
-	1750	Soliman	598	non dépouillée
Jean-Frédéric BERNARD	1731	Mémoires de la Cour de France	409	
Jean CATUFFE	1738	* Mémoires de Mademoiselle Bontemps	416 A	« a imprimé et débite » 15 juillet 1738

Page de titre Nom du libraire	Date	Titre	N° corpus	Gazette d'Amsterdam
Jean CATUFFE (suite)	1741	Histoire d'une Grecque moderne	259 C	
-	1741	Histoire de Marguerite d'Anjou	293 D	
François CHANGUION	1731	Arrêts d'amour	79 B	
-	1738	Essais sur la nécessité et sur les moyens de plaire	308	
-	1739	* Le législateur moderne	362	
-	1742	Le doyen de Killerine	190 L	
-	1746	Histoire du prince Soly	315 B	
P.H. CHARLOIS	1741	Le prince avanturier	537	
Zacharie CHATELAIN	1742	Le doyen de Killerine	190 M	
Jacques DESBORDES	1730	Lettres persanes	378 A	« a imprimé et débite » 30 juin 1730
-	1731	* Hyacinthe ou le marquis de Celtas Dirorgo	246 A	« sous presse » 30 juin 1730
-	1737	* Avantures du comte de Rosmond	105	« imprime » 15 mars 1737
Vve DE COUP et KUPER	1741	* Le hollandois raisonnable	338	
Vve DE COUP et PAULI voir PAULI et Vve DE COUP				
Henri DU SAUZET	1730	* Promenades d'Ariste et de Sophie	556	« on trouve chez H.D.S. » 30 juin 1730
Pierre HUMBERT	1736	Histoire de l'admirable don Quichotte	274 C	
-	1741	Le doyen de Killerine	190 J	
Jean-François JOLY	1741	* Le diable hermite	184	« a imprimé et débite » 1er novembre 1740
KUPER voir Vve DE COUP				

Page de titre Nom du libraire	Date	Titre	N° corpus	Gazette d'Amsterdam
Michel-Charles LE CENE	1730	La tirannie des fées	624	
-	1731	Le cabinet des fées	128	
-	1735	Nouveaux contes des fées	499	
Elie-Jacob LEDET et Compagnie	1729	Diane de Castro	185 B	« impriment » 25 février 1729 « commencent à débiter » 13 mai 1729
-	1729	Histoire secrète de Bourgogne	327	
François L'HONORÉ	1729	Les amours d'Ismène et d'Ismenias	23 B	« imprime et aura achevé dans peu » 24 juin 1729
-	1732	Anecdotes grecques	64	« a imprimé et débite » 11 mars 1732
-	1732	Les avantures d'Aristée et de Télasie	88 B	id.
-	1732	Le journaliste amusant	355	id.
-	1733	La vie et les avantures d'Euphormion	648	« a acquis » 3 juillet 1733; « débite » 3 novembre 1733
F. L'HONORÉ et fils	1737-1741	Amusemens de la campagne	46	« ont imprimé et débitent » 13 mars 1739
-	1739	La jeune Alcidiane	353 C	« ont sous presse » 13 mars 1739[2]
H.G. LOHNER	1744	Histoire abrégée du chevalier de la Plume Noire	247	« a imprimé et débite » 24 juillet 1744
Pierre MORTIER	1729	* Avantures de l'infortuné Florentin	96 A	
-	1730	Avantures de l'infortuné Florentin	96 B	
-	1730	* Lettres d'une Turque	370 A	
-	1732	Lettres d'une Turque à Paris	370	

Page de titre Nom du libraire	Date	Titre	N° corpus	Gazette d'Amsterdam
Pierre MORTIER (suite)	1734	* Amusemens des eaux de Spa	53 A	« imprime et débitera sous peu » 11 mai 1734
-	1735	Amusemens des eaux de Spa	53 B	
-	1736	* Amusemens des eaux d'Aix-la-Chapelle	51	« imprime et débitera sous peu » 17 avril 1736
-	1740	Amusemens des eaux de Spa	53 C	
-	1740	* Histoire de la vie du marquis d'Ozanne	281	
-	1741	* Le czar Pierre 1er en France	176	
-	1741	* Mémoires du comte de Rantzow	440	
Jean PAULI et Veuve P. de COUP	1733	Anecdotes de la Cour de Philippe Auguste	61 A	
Jean PAULI	1734	Histoire politique et amoureuse du cardinal Portocarrero	326	
Estienne ROGER	1731	Histoire de la sultane de Perse et des visirs	279 A	
SMITH voir WETSTEIN				
Herman UYTWERF	1735	Les avantures de Gil Blas IV	95 bis A	
-	1738	* Avantures du sieur Lebeau	108	« a imprimé et débite » 13 juin 1738
-	1739	Les avantures de Gil Blas IV	93 bis B	« a imprimé et débite » 10 avril 1739
Meinard UYTWERF	1744	* La vie de don Alphonse Blas de Lirias	642	« a imprimé et débite » 27 décembre 1743
-	1744	* Avantures de don Antonio de Riga	90	« a imprimé depuis peu » 4 décembre 1744
J. WETSTEIN et G. SMITH	1729	* L'avanturier hollandois	112	
-	1729	* Histoire véritable et secrette... des rois d'Angleterre	334	« débitent » 3 mai 1729

Page de titre Nom du libraire	Date	Titre	N° corpus	Gazette d'Amsterdam
J. WETSTEIN et G. SMITH (suite)	1730	* Voyages et avantures du capitaine Boyle	663	
-	1733	Les mille et une heure	473 A	
-	1734	Les petits soupers de l'esté	524 C	
-	1735	Le Chevalier des Essars	141 C	
-	1735	Mémoires et avantures d'un homme de qualité	448 S	
-	1735	Mémoires secrets de la Cour de Charles VII	464 B	
-	1735	Le phénix conjugal	526	
-	1736	Le bachelier de Salamanque tomes 1 et 2	115 B	
-	1736	Histoire du roi de Campanie	317 B	
-	1736	* Mémoires du marquis de Mirmon	446 A	
-	1739	Le solitaire philosophe	446 C	
-	1740	Le bachelier de Salamanque nouv. éd.	115 E	« débitent » 26 avril 1740
Jacques WETSTEIN	1742	Campagnes philosophiques	130 C	
LA COMPAGNIE DES LIBRAIRES D'AMSTERDAM	1729	Le geomyler	234 B	« imprime » 8 juillet 1729
-	1729	Mémoires et avantures d'un homme de qualité 4 vol.	448	« imprime » 8 juillet 1729
-	1730	Le nouveau Gulliver	492	
-	1731	Journées amusantes, 6 vol.	356	
-	1731	* Suite des Mémoires et avantures d'un homme de qualité	448	

Page de titre Nom du libraire	Date	Titre	N° corpus	Gazette d'Amsterdam
LA COMPAGNIE DES LIBRAIRES D'AMSTERDAM (suite)	1732	Mémoires de Mme de Barneveldt	411 B	
-	1733	Avantures de Monsieur Robert Chevalier	99 B	
-	1734	La Saxe galante	589	
-	1735	* Amusemens historiques	55 A	
-	1735	Anecdotes galantes et tragiques de la Cour de Néron	63 B	
-	1735	Les avantures de Zélim et de Damasine	102 C	
-	1735	Histoire secrète des femmes galantes de l'Antiquité	331 C	
-	1735	Mémoires du comte de Comminville	439	
-	1735	Retraite de la marquise de Gozanne	577 B	
-	1737	La mouche	482 C	
-	1740	Mémoires de la comtesse d'Horneville	406	
-	1741	Lettres de Thérèse	374	
-	1744	Les avantures de Joseph Andrews	95 D	
-	1745	Grigri	236 B	
-	1745	Mémoires secrets pour servir à l'histoire de Perse	466	
-	1745	* Le véritable ami	637	

2. La compagnie des libraires d'Amsterdam

La Compagnie des Libraires d'Amsterdam est nettement en tête avec 22 éditions dont 3 nouveautés ; viennent ensuite, par ordre d'importance, Wetstein et Smith avec 15 éditions dont 7 nouveautés, et François L'Honoré avec 7 éditions, toutes de réimpression.

On pourrait s'étonner du petit nombre d'annonces de la Compagnie. L'explication est simple : chacun des associés annonçait les livres qu'il avait imprimés ou qu'il débitait, ce qui nous permet d'ailleurs d'identifier les différents associés : les *Amusemens historiques,* les *Lettres de Thérèse* et les *Mémoires de la comtesse d'Horneville* sont annoncés par Pierre Humbert; les *Avantures de Robert Chevalier* sont annoncées à la fois par Humbert et Changuion; les *Mémoires d'un homme de qualité* à la fois par Changuion et L'Honoré; les *Journées amusantes* par Changuion. En 1745, L'Honoré et fils annoncent *Le véritable ami* et *Grigri* est présenté par Uytwerf qui l'année suivante présentera la nouvelle édition des *Mémoires secrets pour servir à l'histoire de Perse.* Les annonces de Changuion portent seulement « débite » alors que les annonces Humbert, L'Honoré et Uytwerf portent (sauf pour le *Sethos*) « ont imprimé et débitent ». On peut donc supposer, dans la mesure où il est permis de prendre à la lettre le terme « imprimer », que Pierre Humbert et Uytwerf furent les principaux imprimeurs de la Compagnie tout en étant également libraires, alors que François L'Honoré n'a imprimé qu'à titre exceptionnel les *Mémoires d'un homme de qualité* et que Changuion était uniquement libraire.

La Compagnie publiait parfois des catalogues. On en trouve un à la fin de la *Retraite de la marquise de Gozanne* (1735) : « Catalogue des livres imprimés par la Compagnie de libraires à Amsterdam ». Détail qui n'est pas sans importance : les *Mémoires d'un homme de qualité* n'y figurent pas; l'ouvrage est sans doute épuisé; c'est d'ailleurs l'année où Wetstein le publie à son tour.

Nous avons encore trouvé des catalogues de la Compagnie d'Amsterdam dans un exemplaire du *Guerrier philosophe* de 1744 (intercalé entre les p. 215 et 216 de l'exemplaire 8° BL 22 097 de l'Arsenal), au début du *Véritable ami* (1745) et après l'avertissement des *Mémoires secrets pour servir l'histoire de Perse,* (1745). Le titre de ces catalogues est « Livres nouveaux imprimés depuis peu par la Compagnie d'Amsterdam ». Dans ces deux catalogues, on trouve en réalité des titres suivis de dates anciennes, dix ans maximum. Le terme « nouveaux » est donc parfaitement trompeur. A noter la présence sur ces deux catalogues de l'*Amour magot* (1738) paru en réalité avec l'adresse de « Londres, Compagnie ».

Au total, si on considère comme membres de la Compagnie des Libraires Changuion, Humbert, L'Honoré et Uytwerf, le tableau chronologique de la production de la Compagnie devient ce qui suit.

1728	néant
1729	3
1730	2
1731	3
1732	4
1733	2
1734	1

1735	2
1736	1
1737	3
1738	2
1739	3
1740	1
1741	3
1742	1
1743	néant
1744	2
1745	2
1746	1

TOTAL : 36 éditions sur 88, soit 40 % de la production d'Amsterdam. Sur ces 36 éditions, on compte seulement 6 nouveautés, en admettant que l'édition hollandaise des *Amusemens historiques* soit réellement l'édition originale. Mais la Compagnie des Libraires peut à juste titre se prévaloir de l'édition originale de *Manon Lescaut*.

3. Autres sociétés : Desbordes et Uytwerf; Wetstein et Smith

Des sociétés provisoires pouvaient se constituer entre libraires et imprimeurs pour la publication de certains ouvrages importants, particulièrement d'ouvrages en souscription; tel n'est pas le cas des romans, qui ne demandaient pas une mise de fonds considérable. Des sociétés moins importantes ont pu exister entre des libraires, mais il semble que la Compagnie d'Amsterdam ait fini par les absorber.

Une association de ce genre devait exister entre Jacques Desbordes et Herman Uytwerf. Desbordes annonce en effet le 15 mars 1737 qu'il « imprime et débitera dans peu les *Avantures du comte de Rosmond*, de même que *Don Antonio de Riga*»; or, si le premier de ces romans porte bien l'adresse de Desbordes, il n'en est pas de même pour les *Avantures de don Antonio de Riga* qui portent l'adresse de Uytwerf; en réalité elles ne paraîtront qu'en 1744, après une annonce du 5 décembre 1741, toujours par Desbordes qui prétend « avoir sous presse et débiter l'année prochaine ce roman...».

Quant à Wetstein et Smith, ils publiaient depuis 1728 la *Bibliothèque raisonnée*. On trouve dans la première partie du tome 27 de ce journal, datée de juillet-septembre 1741, l'annonce suivante : « Wetstein et Smith, venant de rompre leur société après avoir exposé en vente publique leur fonds de librairie, le premier... (reste) seul possesseur (du journal)». Un des fondateurs du *Journal littéraire d'Allemagne*, Jacques de Pérard, écrivait de Berlin le 12 octobre 1740 à Prosper Marchand : « Humbert voudrait trancher du Wetstein, et que toutes les pièces étrangères fussent à son bénéfice, mais la différence est grande, les Wetstein sont maîtres de leur journal, et c'est eux qui en assemblent les pièces, qui dirigent le tout à leur fantaisie, il n'en est pas de même de Humbert». Le 2 février 1742, donc après la dissolution de la société Wetstein et Smith, il reprend la comparaison avec le libraire du *Journal d'Allemagne* (qui n'est plus Humbert mais Beauregard de La Haye) : « mon collègue est fort disposé à avoir des égards pour son libraire, mais il ne s'en laissera jamais maîtriser. Il est permis à Wetstein et à Du Sauzet (l'éditeur de la *Bibliothèque française*) de dire « mon journal », ils en sont les maîtres despotiques... On dit que (Wetstein) est une vraie bestiasse, et que le pauvre Smith était le héros de cette société »[4].

Quatre ans après l'annonce par la *Bibliothèque raisonnée* de la dissolution de la société Wetstein et Smith, le volume de juillet-septembre 1745 (tome 35, première partie) donne un « catalogue de livres français, la plupart nouveaux, que J. Wetstein a fait imprimer seul ou dans l'impression desquels il a part ». Sur cette liste n'apparaissent plus les *Mémoires d'un homme de qualité* publiés en 1735 : probablement épuisés, ils avaient été réimprimés en 1742 par Arkstée et Merkus. On y trouve deux romans portant l'adresse de Wetstein et Smith[5] : le *Bachelier de Salamanque*, « 3 volumes 12 fig. 1740 » (déjà publié par les mêmes éditeurs en 1736) et le *Chevalier des Essars* « 12,2 volumes » publié en 1735. Les *Campagnes philosophiques* « 12,2 volumes » 1742 portaient l'adresse du seul Jacques Wetstein. Tous les autres romans de ce catalogue ont paru entre 1743 et 1745 avec l'adresse de la Compagnie :

Avantures de Joseph Andrews 12,2 volumes fig. 1744.
Guerrier philosophe 8° 1744.
Mémoires secrets de Perse 8° 1745
Pamela 4 vol. fig. 12 1743
Rouwe (Mme) *L'amitié après la mort* 12,2 vol. (1740?)
Vie de David Simple 2 v. 1745.

Il est donc certain qu'après sa rupture avec G. Smith Wetstein se rallia à la Compagnie d'Amsterdam avec laquelle quelques libraires de la Haye durent également travailler comme nous le verrons. L'histoire de cette illustre Compagnie reste à faire, car bien entendu nous n'avons pu qu'esquisser ses activités dans la production romanesque. C'est la Compagnie et ses associés qui publient le plus de nouveautés ; ils disposent pour leur publicité et de ces catalogues et des annonces de la *Gazette d'Amsterdam* au contraire de Wetstein (*Bibliothèque raisonnée*) — Wetstein rallié il est vrai à la Compagnie comme nous venons de le voir — et de Du Sauzet (*Bibliothèque française*) qui ne publie pas à vrai dire beaucoup de romans.

4. Ryckhoff fils et le *Télémaque travesti*

Ryckhoff s'est surtout illustré dans l'histoire de la librairie romanesque par la publication du *Télémaque travesti*. Nous n'apportons ici que peu d'éléments nouveaux à la pertinente analyse faite naguère par Frédéric Deloffre[6]. On sait que la publication du *Télémaque travesti* est liée à celle de la *Vie de Marianne*, dans la mesure où la lettre de désaveu de Marivaux parut avec certaines éditions de la troisième partie de la *Vie de Marianne*. F. Deloffre a examiné deux éditions conservées, l'une (corpus n° 61 A) à la British Library et à la Bibliothèque Royale de Bruxelles, l'autre (n° 618 B) à la Bibliothèque Nationale, à la Bibliothèque de l'Arsenal et à la Bibliothèque du Congrès. La première partie aurait 168 pages dans la première de ces éditions et serait celle signalée par les journaux hollandais, *Bibliothèque française* d'Amsterdam et *Journal littéraire* de La Haye ; elle aurait 163 pages dans la deuxième de ces éditions, qui par ailleurs serait dépourvue de l'avis du libraire. Ce serait l'édition signalée par Desfontaines.

Nous n'avons vu ni l'édition du Congrès, ni même à ce jour celle de Bruxelles. Par contre, nous avons trouvé trois autres exemplaires du *Télémaque travesti* : à Mannheim (75/342), aux Fontaines à Chantilly (B 360/16), et à la Bibliothèque historique de la Ville de Paris (935.477).

Nous avons dégagé les éléments suivants :

	British Library 1456 b3 (Corpus n° 618 A)	Chantilly (Les Fontaines) B 360/16 (Corpus n° 618 X)	Mannheim 75/342 (Corpus n° 618 A et B)	BHVP 935 477 (Corpus n° 618 B)
Page de titre du tome premier	rouge et noire Ryckhoff M.D.CC. XXXVI porte en plus « I. Parie »	noire Ryckhoff M.D.CC. XXXVI	rouge et noire Ryckhoff M.D.CC. XXXVI	*id.* Mannheim
Avis du libraire		néant	néant	néant
Format et signature	in-8° sign. centrales 1 à 5	in-12 français 4/2	in-12 français iiij/ij	*id.* Mannheim
Réclames	par page	par cahier	par cahier	*id.*
Papier			raisin	*id.*
Livre I	p. 1-106	p. 1-108	p. 1-107	*id.*
Livre II	p. 107-137	p. 110-139	p. 108-135	*id.*
Livre III	p. 139-168	p. 140-168	p. 136-163	*id.*
Mémoire de Mme Rapalli p. (1)-(75)	néant	néant	imprimé par Jacques Guérin 1736	néant
Page de titre du tome premier, seconde partie	entre la page 168 et la page 171 non paginée			
Livre IV	p. 171-216			
Livre V	p. 219-266			

	British Library 1456 b3 (Corpus n° 618 A)	Chantilly (Les Fontaines) B 360/16 (Corpus n° 618 X)	Mannheim 75/342 (Corpus n° 618 A et B)	BHVP 935 477 (Corpus n° 618 B)
Livre VII	p. 309-348			
Page de titre du tome second, partie I	rouge et noire	id. British Library	id. British Library	néant
Livre VIII	p. 5-48			
Livre IX	p. 50-81			
Livre X	p. 83-136			
Livre XI	p. 139-172			
p. 172	«fin de la troisième partie» (sic)			
Page de titre du tome second partie 2	noire			
Livre XII	p. 175-221			
Livre XIII	p. 224-260			
p. 260	«fin de la troisième partie» (sic)			
Livre XIV	p. 262-303			
Livre XV	p. 306-356			
p. 356	«fin de la IV et dernière partie de cet ouvrage»			

Ainsi, le seul exemplaire complet est celui de la British Library (n° 618 A). Il s'agit apparemment de la véritable édition Ryckhoff annoncée par les journaux hollandais. Dubuisson écrivait le 4 mai 1736 : « imprimée en Hollande dont je n'ai que la première partie »[7]. Elle se présente comme les 8° hollandais, avec des signatures centrales allant jusqu'à 5 et réclame à chaque page. La *Gazette d'Utrecht* signale le 25 avril 1737 que Ryckhoff « a achevé (de l') imprimer et (le) débite en *2 volumes in 8° en 4 parties* » (c'est nous qui soulignons). On trouve d'ailleurs dans cette édition trois vignettes hollandaises.

L'édition évoquée par les Observateurs est certainement la première partie qui se trouve à Mannheim et à la Bibliothèque historique (n° 618 B); elle se présente comme un in-12 classique à la française avec signatures en chiffres romains et réclame à chaque cahier. Le bandeau de départ est celui du *Pour et Contre* et du *Voyage d'Innigo de Biervillas* (1736) tous deux publiés par Didot; le *Voyage d'Innigo* étant imprimé par Simon fils, on peut supposer qu'il a également imprimé le *Télémaque travesti*. En tout cas c'est bien une édition Didot. On remarquera une fois de plus le parallélisme entre les informations des *Observations* et des nouvelles de Paris de la *Bibliothèque française* : « Il paraît depuis peu une brochure de 163 pages chez Didot» écrivent les Observateurs, tandis que le nouvelliste de Paris de la *Bibliothèque française* signale que « Didot débite depuis peu un assez méchant livre» (tome 23, seconde partie).

Quant à l'édition n° 618 B de Chantilly, elle pourrait être provinciale. En tout cas, on peut supposer que la suite ne fut jamais imprimée en France, ni par les soins de Didot, ni par un imprimeur provincial. Peut-être avait-on averti les imprimeurs français qu'il serait imprudent de publier la deuxième partie : initiative des amis ou des ennemis de Marivaux?

---

1. La *Gazette d'Amsterdam* des 22 juillet 1738, 11 août 1739 et 25 septembre 1739 les donne «libraires à Leipzig»; les gazettes de 1740 et 1742 ne précisent pas; Arkstée a dû venir s'installer à Amsterdam vers 1740.

2. « ont imprimé et débitent» (*Gazette de Cologne*, 23 juillet 1739).

3. « Mortier débitera à Francfort» (*Gazette de Cologne* 28 mars 1741).

4. B.U. Leyde, fonds Marchand : lettres de Pérard des 12 octobre 1740 et 2 février 1742.

5. Le nom de l'éditeur n'est bien entendu jamais précisé sur ce catalogue qui donne en général la date.

6. MARIVAUX, *Le Télémaque travesti*, éd F. Deloffre, Paris, 1956.

7. DUBUISSON, *op. cit.*, p. 200.

CHAPITRE II

LES LIBRAIRES DE LA HAYE

1. La production romanesque

Nous la récapitulerons dans la présentation que nous avions adoptée pour les libraires d'Amsterdam : ordre alphabétique des libraires, ordre chronologique des éditions, astérisque pour les nouveautés.

Nom du libraire (page de titre)	Date	Titre	Nº du corpus	Gazette d'Amsterdam
Pierre DE HONDT	1733-37	Les cent nouvelles nouvelles de Mme de Gomez	138	
-	1736	Histoire d'Alburcide	250 B	
-	1738	Pharsamon	525 C	
-	1739	* Mémoires d'Anne-Marie de Moras	398 A	« a imprimé et débite » 23 octobre 1739
-	1740	Mémoires d'Anne-Marie de Moras	398 B	
-	1740	La nouvelle Marianne	502	
Jean GALLOIS	1737	* Le fortuné Florentin	225	« imprime et débitera sous peu » 15 janvier 1737
				« a imprimé et débite » 5 avril 1737
-	1739	* Amusemens comiques ou histoire de Folidor	43	« a imprimé et débite » 19 décembre 1738
-	1739	* L'infortunée Hollandoise	348	« imprimera dans peu » 10 mars 1739

Nom du libraire (page de titre)	Date	Titre	N° du corpus	Gazette d'Amsterdam
				« a imprimé et débite» 29 septembre 1739
Jean GALLOIS (suite)	1741	* Le triomphe de la vertu	627 bis	«imprimera dans peu » 3 juin 1740
Benjamin GIBERT	1736	* Les enchaînemens de l'amour et de la fortune	197	« débite » 13 novembre 1736
-	1736	Histoire de Mathilde d'Aguilar	295 A	id.
Pierre GOSSE & Jean NEAULME	1728 1731	Contes chinois Les illustres Françoises	160 bis A 343	
Pierre GOSSE & COMPAGNIE	1738	Contes chinois	160 bis B	
Pierre HUSSON	1732	Le chef-d'œuvre d'un inconnu	140	
Veuve LE VIER	1738	Histoire de l'admirable don Inigo	272	
Adrien MOETJENS	1736	* Mémoires de la Comtesse de Mirol	404	« a imprimé » 27 juillet 1736
-	1739	* Lectures amusantes	361	
Jean NEAULME (voir aussi GOSSE & NEAULME)	1735 1743	Vie de Marianne	645 H	« débite 2 parties » 22 mars 1735
			645 T	« débite 3e partie » 10 janvier 1736
				«sous presse 4e partie » 6 mars 1736
			645 AG	« débite 4e partie » 22 juin 1736
				« débite 6e partie » 4 janvier 1737
				« débite 7e partie » 21 mai 1737
				« débite 9, 10, 11 » 20 mars 1742
-	1735 à 1745	Bibliothèque de campagne ou Amusemens de l'esprit	123	« sous presse publiera incessamment » 5 avril 1735
				« donnera incessamment le tome II » 11 novembre 1735
				« débite le tome II » 13 décembre 1735

Nom du libraire (page de titre)	Date	Titre	N° du corpus	Gazette d'Amsterdam
Jean NEAULME (suite)				« débite le tome IX » 7 avril 1739
				« a imprimé et débite le tome X » 15 septembre 1739
				« débite les tomes 11 et 12 » 21 décembre 1742
-	1735	Paris ou le Mentor à la mode	519	« donnera incessamment » 11 novembre 1735
				« débite 2e partie » 25 septembre 1736
				« débite 3e partie » 21 mai 1737
-	1735	La paysanne parvenue	519	« donnera incessamment » 11 novembre 1735
				« débite 2e parties » 10 janvier 1736
				« débite la 3e partie » 6 mars 1736
				« débitera dans quelques jours la 6e partie » 23 octobre 1736
				« débite la 7e partie » 4 janvier 1737
				« a sous presse la 8e partie » 21 mai 1737
				« a sous presse 9, 10, 11, 12 » 14 janvier 1738
-	1738	Le philosophe anglois (suite)	530	« la suite écrite par l'auteur des 4 premiers volumes est sous presse » 22 avril 1738
				« imprime » 7, 8 et 17 mars 1737
				« a imprimé et débite en grand et petit in-12 » 15 septembre 1739

Nom du libraire (page de titre)	Date	Titre	N° du corpus	Gazette d'Amsterdam
Jean NEAULME (suite)	1738 1745	Les égaremens du cœur et de l'esprit	196 D, F, H	« imprime la seconde partie » 24 janvier 1738
				« débite la seconde partie » 28 mars 1738
				« la 3ᵉ partie est sous presse » 22 avril 1738
-	1739	Anecdotes de la Cour de Philippe-Auguste tomes 4, 5, 6, 7	61 D	« a imprimé et débite » 15 septembre 1739
-	1742	Les amours de Catulle et de Tibulle	25	« débite » 20 mars 1742
Pierre PAUPIE	1736	* Mémoires de Mlle de Mainville	418 A	« imprime et débitera dans peu » 30 mars 1736
				« a imprimé et débite » 13 juillet 1736
-	1737	* Les caprices de l'amour et de la fortune	133	« imprime et débitera dans peu » 12 février 1737
Pierre PAUPIE & Jean SWART	1740	* Amusemens des dames	50 A	« Paupie a sous presse » 4 mars 1740
C. de ROGISSART sœurs	1734	Le paysan parvenu	518 B	« avertissent qu'elles impriment » 27 avril 1734
-	1737	id. (5 parties)	518 I	« ont imprimé et débitent » 26 mars 1737
Henri SCHEURLEER	1732	Le conte du tonneau	160 A	« débite une nouvelle édition » 22 août 1732
-	1733	id.	160 B	
-	1734	Lettres de la marquise	372 B	« vient de publier » 6 avril 1734
-	1741	Le conte du tonneau	160 C	
Jean SWART	1740	* Amusemens des dames Voir Paupie et Swart		
-	1744	Amusemens des dames	50 C	
Pierre VAN CLEEF	1739 1740	* Les amusemens de la Hollande	48	« imprime et débitera dans peu » 21 août 1739

Nom du libraire (page de titre)	Date	Titre	N° du corpus	Gazette d'Amsterdam
Pierre VAN CLEEF (suite)		* Les amusemens de la Hollande (suite)		« vient d'imprimer et débite » 9 octobre 1739
				«débitera dans peu le tome II » 27 novembre 1739
-	1741	* Le nouveau Télémaque	496 A	« imprime et débitera dans peu » 13 mai 1740
				« vient d'imprimer et débite » 23 décembre 1740
-	1741	* L'orpheline angloise	512	
-	1742	* La vertueuse Sicilienne	638 A	
-	1743	La vertueuse Sicilienne	638 C	
Jean VAN DEN BERGH	1739	* Intrigues monastiques	351	« débite » 18 septembre 1739
Jacques VAN DEN KIEBOOM	1729	* Description galante de la ville de Soissons	179	« débite » 22 novembre 1729
Isaac VAN DER KLOOT	1729	* Les amours de Sainfroid et d'Eulalie	32	1
-	1740	* Entretiens des voyageurs sur la mer	199	
Gérard VAN DER POEL	1730	Voyages de Gulliver	661 A	
Antoine VAN DOLE	1734	Les faveurs et les disgrâces de l'amour	215	
-	1740	Le diable confondu	183	2
Jean VAN DUREN	1729	* Le grand mistere	235	« a imprimé et débite » 22 février 1729
-	1737	* Nouveaux mémoires du Comte de Bonneval	437	« publiera dans peu de jours les *Mémoires* en 3 volumes » 13 septembre 1737
-	1739	Pharsamond	525	
J. VAN ES	1740	Les nones galantes	491	
LA COMPAGNIE DES LIBRAIRES DE LA HAYE	1737	* Mémoires et avantures du baron de Puineuf	454	
-	1737	Pharsamond	525 B	
-	1738	* La promenade du Luxembourg	555	

Nom du libraire (page de titre)	Date	Titre	N° du corpus	Gazette d'Amsterdam
LA COMPAGNIE DES LIBRAIRES DE LA HAYE (suite) -	1738	* Les récréations des Capucins	564	
	1738	La promenade de Saint-Cloud	553 E	
-	1739	Histoire de l'expédition des trois vaisseaux	274 bis	
-	1739	* Intrigues du sérail	350	
-	1739	* Mémoires et avantures d'une dame de qualité	449	
-	1740	* Anecdotes jésuitiques	66	
-	1740	* La coquette punie	169 A	
-	1740	* Le prétendu enfant supposé	536	

Au total, 20 libraires pour 72 éditions ainsi réparties chronologiquement. Rappelons que pour Amsterdam nous avions 23 libraires et 88 éditions. Les chiffres sont donc sensiblement les mêmes. Pour obtenir des résultats à peu près exhaustifs, il nous faudrait poursuivre notre enquête en Allemagne et peut-être en Pologne et en Union Soviétique. Ces chiffres correspondent en effet aux éditions que nous avons retrouvées et ne tiennent pas compte des annonces et catalogues. Un article publié en néerlandais et que nous n'avons pu nous procurer[3] fait état d'une crise de la librairie de La Haye vers 1740. Nous reviendrons sur quelques libraires de La Haye; cependant nous pouvons d'ores et déjà nous demander si cette crise n'a pas également touché la librairie d'Amsterdam.

2. La compagnie des libraires de La Haye

Cette compagnie semble moins intéressée par la publication des romans que celle d'Amsterdam puisqu'on ne trouve que 11 romans avec son nom sur la page de titre, alors que la Compagnie d'Amsterdam avait 22 romans. Mais la Compagnie d'Amsterdam avait surtout publié des romans avant la Proscription : 15 romans de 1729 à 1735, alors que la Compagnie de la Haye, comme si elle avait voulu profiter de cette Proscription, a publié ces 11 romans entre 1737 et 1740, et parmi ces 11 romans, 8 sont des nouveautés. La perspective des deux Compagnies semble tout à fait différente.

Comme à Amsterdam, les annonces des divers associés devraient nous permettre de compléter cette liste : c'est ainsi que la Veuve Levier « un des libraires de la Haye» annoncera dans la *Gazette d'Amsterdam* du 1er avril 1740 qu'elle a « imprimé et débite» les *Anecdotes jésuitiques* et la *Coquette punie*, tous deux parus avec l'adresse de la Compagnie de la Haye. Cette Veuve Levier semble avoir été en étroites relations avec Prosper Marchand, libraire de la Haye dont Christiane Berkvens a récemment révélé le rôle d'intermédiaire des libraires et des auteurs[4]. Elle nous est connue également comme correspondant et fournisseur de livres de Pontcarré, Président au Parlement de Rouen[5]. Elle publia au moins deux catalogues de livres : en 1735 et en 1744. De ce dernier catalogue, Beyer, correspondant de P. Marchand, pouvait écrire le 3 mai 1744 : « Le catalogue de la Veuve Levier est très bien fait et ne pouvait manquer de l'être puisque vous vous en êtes mêlé »[6].

Les annonces parues en 1737 dans la *Gazette d'Amsterdam* et dans la *Gazette d'Utrecht* rappellent celles que nous avions trouvées en 1731 pour les *Mémoires d'un homme de qualité* publiés par la Compagnie d'Amsterdam : les annonces sont faites, non pas au nom de la Compagnie dont le nom est porté sur la page de titre, mais par chacun des associés. C'est ainsi qu'on lit successivement dans la *Gazette d'Amsterdam* de 1737 :

Le 6 septembre : « P. de Hondt débite le *Pharsamon* en 2 volumes ».

Le 1er octobre : « P. Gosse a imprimé et débite les *Mémoires et avantures du baron de Puineuf* et le *Pharsamon* 2 volumes en 7 parties ».

Le 4 octobre : « P. de Hondt a imprimé le *Pharsamon* 10 parties en 2 volumes in-12 ».

Le 22 octobre : « Moetjens a imprimé le *Pharsamon* en 2 volumes in-8° ».

Pendant ce temps, la *Gazette d'Utrecht* publie les annonces suivantes :

Le 5 septembre : « P. de Hondt a imprimé et débite le *Pharsamon* en 2 volumes ».

Le 28 octobre : J. Van Duren a imprimé et débite le *Pharsamon* 2 volumes in 8° et les *Mémoires du baron de Puineuf* ».

Si l'on se fie à ces annonces des deux gazettes, il s'ensuit que le *Pharsamon* a été imprimé à la fois par Pierre Gosse, P. de Hondt, Moetjens et Van Duren, et que les *Mémoires du baron de Puineuf* ont été imprimés à la fois par Pierre Gosse et Van Duren.

Il est évident que ces quatre libraires sont associés et qu'ils peuvent tous « débiter » les mêmes romans. Mais quel sens convient-il d'attribuer au mot « imprimer »? Faut-il admettre que chaque associé imprime de son côté une partie des exemplaires? Cela semblerait surprenant. Sans doute l'un d'eux seulement a-t-il réellement imprimé la totalité. Ou encore l'imprimeur est-il un autre imprimeur ou libraire. En tout cas, il convient d'être prudent lorsqu'on trouve le mot « imprimer ».

Pierre de Hondt nous est connu également par la correspondance de P. Marchand, et Le Prévost (à ne pas confondre avec l'abbé Prévost) voit en lui le 3 avril 1736 un « ami de Marchand »[7]. Le 19 août 1737 et les jours suivants, c'est-à-dire quelques jours avant les annonces auxquelles nous venons de faire allusion, il procède à une vente de livres en blanc (c'est-à-dire en feuilles) entre les libraires, vente dont le catalogue a été imprimé et conservé.

Moetjens, qui publie en 1737 le *Philosophe amoureux* de d'Argens, est qualifié par celui-ci de « bon homme »[8], de « brave et valeureux »[9]. Par contre, Jordan, l'auteur du *Voyage littéraire*, se plaint en 1734 du même libraire : « On a changé mon titre... on a retranché toute l'histoire de la Pelissier... Je ne suis point surpris si vous êtes dégoûté de tout commerce avec les libraires. Si j'avais prévu tout cela, et que j'eusse été instruit de la tyrannie qui s'exerce sur les livres, j'aurais fait imprimer cet ouvrage à Genève. Il paraît que vous avez été peu maître de l'esprit de M. Moetjens, et qu'il n'a consulté que son intérêt et les liaisons qu'il peut avoir, sans vouloir déférer à vos conseils »[10]. Il publiera plusieurs catalogues : nous avons retrouvé ceux de 1728, 1734-35, 1740.

Jean Van Duren publia également des catalogues : en 1729, en 1737, et surtout en 1748 un « catalogue d'un magasin de livres français sur toutes sortes de matières vendus le 18 mars 1748 et jours suivants ». La *Gazette d'Utrecht* du 28 avril 1738 fit passer une annonce selon laquelle il « a imprimé les *Lettres saxonnes* et la *Promenade de Saint-Cloud* ». Le premier de ces ouvrages porte l'adresse « Berlin, Compagnie » et sera saisi dès le 29 avril 1738 sur Briasson à qui on le rendit[11]. Quant à la *Promenade de Saint-Cloud*, parue sous l'adresse de la Compagnie de la Haye, elle est également annoncée le 13 mai 1738 dans la *Gazette d'Amsterdam* par Pierre Gosse qui déclare lui aussi l'avoir « imprimée et débitée ». Nous retrouvons le problème de l'« impression » que nous avions évoqué à propos des annonces de 1737.

Nous parlerons plus longuement de Pierre Gosse ci-après.

3, Autres libraires de La Haye

Scheurleer publie des catalogues en 1745 et 1755.

Van Cleef publie un catalogue en 1741.

Un autre libraire de la Haye en relations avec le marquis d'Argens est Paupie, qui publie ses *Lettres juives*. Dans son ouvrage sur P. Marchand, Mme Berkvens cite une lettre du 14 janvier 1737 dans laquelle Marchand insiste auprès de d'Argens sur sa ponctualité à payer[12]. Mais les choses se gâtèrent entre Paupie d'une part, Marchand et d'Argens d'autre part, et Pérard pouvait écrire le 3 juin 1740 à Marchand « quoique vous ne soyez plus en liaison avec Paupie, (pouvez-vous) me procurer une bonne épreuve du titre planche des *Lettres cabalistiques?* »[13] Paupie pourrait être imprimeur, avec les réserves que nous avons indiquées ci-dessus. En tout cas Gaspar Fritsch écrit le 7 novembre 1737 de Leipzig : « J'ai eu 20 *Berwick* de M. Neaulme, ce n'est pas P. Paupie qui les a imprimés, cela est de Paris ou de Rouen »[14].

Paupie, qui est en commerce avec le libraire parisien Huart selon une lettre de d'Argens, semble avoir fait imprimer au moins occasionnellement à Amsterdam, puisque d'Argens écrit à Marchand dans une lettre de 1736 ou 1737 : « les manuscrits que j'ai donnés à Amsterdam consistent en un roman que Paupie a donné à Changuion dont je n'ai aucune nouvelle, un autre intitulé le *Faux rabbin*, que Chatelain a imprimé mais qui ne paraîtra qu'à la foire de Francfort »[15].

C'est probablement de Gallois qu'il s'agit dans une lettre où d'Argens écrit à Marchand : « Vous me parlez d'un jeune homme qui doit imprimer le *Fortuné Florentin* : ... si par hasard vous vous intéressez pour lui, et qu'il faille augmenter son roman, (je peux) lui faire une préface plus longue »[8]. Quelque temps après, il répond à Marchand : « Quant à la préface que vous demandez pour le *Florentin*, j'en ai fait une que le libraire doit avoir »[16].

Dans tout ce monde de l'édition de la Haye, l'ancien libraire Prosper Marchand sert d'intermédiaire et de correcteur, trouvant des éditeurs, négociant les conditions de publication, retirant parfois les manuscrits, surveillant leur impression, recevant remerciements et reproches des auteurs, car c'est surtout les auteurs que nous trouvons dans sa correspondance, sans doute parce que plusieurs auteurs résidaient dans une autre ville de Hollande ou en Allemagne.

Contrairement aux libraires d'Amsterdam, les libraires de la Haye semblent avoir peu imprimé eux-mêmes. Contrairement aux libraires d'Amsterdam, ils procèdent assez régulièrement à la vente de leurs fonds de librairies. Enfin, ils publient souvent des catalogues, soit à l'occasion de ces ventes, soit pour les nouveautés ou les stocks qu'ils détiennent. « Si je ne me trompe », écrit Beyer à Marchand le 12 juin 1743, « quelques libraires de ces provinces ont déjà eu recours à cette invention ; mais je ne saurais dire s'ils y ont trouvé leur profit »[17].

4. La Société Gosse et Neaulme

La Société Gosse et Neaulme est attestée de 1726 à 1733 par la publication du *Journal littéraire* de la Haye ; on lit en effet les deux noms sur la page de titre depuis la deuxième partie du tome XII jusqu'en 1733. Cette-année-là Van Duren racheta le *Journal*.

Le 3 juin 1732, la *Gazette d'Amsterdam* nous apprend que : « Pierre Gosse et Compagnie vendront le 16 (et suivants) entre les libraires un fort bel assortiment... » et celle du 13 janvier 1733 : « Gosse et Neaulme débitent actuellement le 1er volume de *de Thou* ».

La vente de juin 1732 marquait probablement le début de la dissolution de cette société. On lit dans la *Gazette d'Amsterdam* du 15 avril 1732, la déclaration suivante : « Gosse et Neaulme ayant vu avec la dernière surprise que l'on a imprimé au bas de quelques gazettes ecclésiastiques qui s'impriment actuellement à Utrecht le nom de leur associé Nicolas Prévost, libraire à Londres, ils déclarent que leurs associés ni eux-mêmes n'en ont eu aucune connaissance, et qu'ils le désavouent publiquement, ne se mêlant jamais d'imprimer de ces sortes d'ouvrages. Etienne Neaulme à Utrecht désavoue particulièrement ». La même *Gazette* nous apprend le 1er janvier 1734 que « Nicolas Prévost leur associé à Londres » a « abandonné leur société ». Ce Nicolas Prévost était un libraire de Londres qui publia à Londres dès avril 1731 *The life of Mr Cleveland, natural son of Olivier Cromwell, written by himself*, autrement dit la traduction anglaise du *Philosophe anglois*[18].

Gosse et Neaulme, tous deux établis à la Haye, avaient en dépôt la *Bibliothèque italique* de Genève dès le début de sa publication (*Gazette d'Amsterdam* 2 novembre 1728). Au début de 1731, ils avaient « acheté et débitent les *Œuvres* de Marot in-12 et in-4° » (*Gazette d'Amsterdam* 19 janvier 1731). Surtout, ils se lancèrent dans la publication d'une traduction française de l'*Histoire de de Thou*; «le traducteur est M. Pxxxx employé ci-devant à Paris à travailler au *Gallia Christiana* et connu par quelques ouvrages français dont le style a été fort goûté du public» (*Gazette d'Amsterdam* 23 janvier 1731). Ce « Monsieur P. » est bien entendu l'abbé Prévost dont l'activité romanesque est ainsi fort discrètement évoquée. Le 10 avril 1731, Gosse et Neaulme annoncent dans la *Gazette d'Amsterdam* qu'ils « distribuent gratuitement un projet de traduction du *de Thou* in-4° dont il paraîtra incessamment un volume. Ce projet se trouve aussi à Paris chez les principaux libraires ». Mais, dès le volume d'avril-juin 1731, la *Bibliothèque raisonnée* signale que cette traduction « selon le bruit public ne sera pas la seule qui va paraître puisqu'on travaille fortement à Paris à une autre qui sera poussée avec plus de diligence et pour laquelle, dit-on, on n'aura pas moins de secours ». Le rival de l'abbé Prévost, l'année où paraissent à la fois les premiers volumes du *Philosophe anglois* et les derniers volumes des *Mémoires d'un homme de qualité*, n'est autre que l'abbé Desfontaines.

C'est seulement le 13 janvier 1733 que Gosse et Neaulme annonceront la vente du premier volume de l'*Histoire* de de Thou. Au cours de l'année 1732, ils avaient annoncé la vente de deux romans publiés à Paris : *Les désespérés* et les *Mémoires de Madame de Barneveldt* (*Gazette d'Amsterdam* du 4 avril 1732). Jusqu'alors, il ne s'agit pas pour les deux associés de publier des romans en Hollande même.

5. Pierre Gosse

Pierre Gosse, né en 1676 au Luxembourg, était le fils d'un réfugié de Sedan installé libraire à la Haye. Lui-même imprimeur-libraire à la Haye, il passa en 1724 un contrat avec les libraires genevois Pellissari et Bousquet. Il mourra en 1755. De ses trois fils libraires, l'aîné, Henri-Albert, 1712-1780, fut envoyé par lui à Genève en 1730. Il devait s'y installer imprimeur-libraire, et fut reçu habitant en 1739, bourgeois en 1744. Le second, Pierre Gosse junior, 1717-1794, établi libraire à la Haye, y fonda en 1744 la société « Pierre Gosse junior et Compagnie ». Le troisième enfin, Jean, 1727-1805, établi imprimeur-libraire à Genève, y fut reçu habitant en 1752[19].

Pierre Gosse apportait à Neaulme ou à ses autres associés ses relations avec la librairie genevoise, traditionnellement plus liée semble-t-il aux libraires d'Amsterdam qu'à ceux de la Haye. Mais il est possible qu'une Gosse ait épousé Coustelier, libraire dont la mère s'était remariée avec Jacques Guérin[20]; même si cette tradition n'est qu'une légende, elle indique probablement l'existence de liens commerciaux entre les Gosse et les libraires parisiens.

Le 20 août 1734, Pierre Gosse signale dans la *Gazette d'Amsterdam* qu'il débite l'*Histoire maccaronique* publiée à Paris en 1732; le 17 septembre suivant, il annonce l'impression des *Lettres de Mme de Sévigné* « suivant l'édition qui vient de paraître à Paris et dont il a acquis le droit de copie ». Le 7 juin 1735, il annonce qu'il imprime « actuellement » les *Mémoires du Comte de Comminville* « et en attendant que son édition soit achevée, on trouve chez lui celle de Paris ». Ce roman de d'Auvigny (ou de l'abbé Desfontaines) avait été publié à Paris par J.-F. Josse avec un privilège de 3 ans daté du 21 janvier 1735; l'ouvrage avait été retiré de la Chambre syndicale le 23 mars 1735[21]. Nous avons trouvé une édition hollandaise datée de 1735 (corpus n° 439 B), mais l'adresse est celle de la Compagnie d'Amsterdam. L'édition hollandaise du *Pour et Contre* donne le compte rendu suivant de cette édition : « Les *Mémoires du Comte de Comminville*, imprimés à Amsterdam par la Compagnie des libraires, ne fournissent pas un article fort intéressant. Ils avaient déjà paru à Paris, où le succès n'a pas trop bien répondu à l'attente de l'éditeur »[22].

La contradiction mérite d'être soulignée. La Compagnie d'Amsterdam n'a jamais fait passer d'annonce pour l'édition hollandaise des *Mémoires du Comte de Comminville*, ni dans la *Gazette d'Amsterdam*, ni dans la *Gazette d'Utrecht*. Pierre Gosse travaille-t-il alors pour la Compagnie d'Amsterdam? Ou se vante-t-il d'une publication qu'il ne fera pas? Et, une fois encore, nous nous interrogerons sur le sens réel du mot « imprimer ».

Nous avons vu précédemment les annonces de P. Gosse dans la *Gazette d'Amsterdam* de 1737 et 1738, c'est-à-dire après la Proscription. Le 15 août 1738 : « Pierre Gosse et Adrien Moetjens, libraires à la Haye, débiteront dans peu *Mizirida, princesse de Firando* » : il s'agit des trois premiers volumes de ce roman, publiés en 1738 (corpus n° 478 A). Nous avons en fait trouvé trois émissions de ces trois volumes; l'une (n° 478 A) porte l'adresse de la Veuve Musier, Michel Gandouin, Cailleau, Mouchet et Chardon, tous libraires parisiens; une autre émission (n° 478 B) porte l'adresse d'Adrien Moetjens; enfin, l'émission que nous avons appelée 478 C porte l'adresse de Pierre Gosse. Les pages de titre seules diffèrent, et on trouve même l'approbation et le privilège dans les émissions de la Haye. Nous ne connaissons pas d'émission hollandaise des trois autres volumes publiés à Paris en 1743 (n° 478 D).

Le 12 décembre 1738, Pierre Gosse rappelle ce débit des trois volumes de *Mizirida* et annonce le débit des *Mémoires du chevalier de T.* qui est une impression hollandaise. Le 22 mai 1739, il annonce qu'on trouve chez lui les *Lectures amusantes* qui portent l'adresse de Moetjens, avec lequel il poursuit apparemment son association. Le 26 septembre 1741, il déclare qu'il débite les *Mémoires de Wuillame-Northingham* en 2 parties, la Haye 1741, et qu'on trouve aussi à Genève chez H.A. Gosse (c'est-à-dire son fils aîné Henri-Albert Gosse) et Compagnie et à Paris chez A.U. Coustelier libraire ; précédemment, le 21 mars 1741, il avait publié dans la *Gazette de Cologne* l'annonce suivante : « Pierre Gosse libraire à la Haye, débitera à Francfort l'*Histoire de Marguerite d'Anjou Reine d'Angleterre*, par l'abbé Prévost, in-12, quatre parties 1741 ; l'*Histoire d'une Grecque moderne* par le même in-12, 1741, les *Mémoires de Wuillame-Northingham* Paris 1741, 2 volumes ». Ainsi, à l'occasion de la Foire de Francfort Pierre Gosse publie trois romans : deux réimpressions hollandaises de romans de l'abbé Prévost et une nouveauté parisienne. Mais, dans la *Gazette d'Amsterdam*, il ne reconnaît plus l'origine parisienne de cette nouveauté.

Le 27 février 1742, Gosse déclare dans la *Gazette d'Amsterdam* qu'il « vient de recevoir entre autres les livres nouveaux suivants : *Les amours traversés, Le fourbe puni, La patte du chat, La jeune Amériquaine*, Paris 1741 » ainsi que « les *Mémoires de Wuillame-Northingham*, La Haye 1741 ». Et il ajoute : « On trouvera tous ces livres dans la boutique de P. Gosse à Francfort et à Leipzig à la foire prochaine de 1742, ainsi qu'à Genève et à Paris chez Coustelier ». Le 19 juin 1742, il « vient de recevoir le livre nouveau *Le cocq* Paris 1742 ». Le 14 septembre 1742, il « débite les *Nouvelles Françoises*, 2 volumes Paris 1741, les *Amusemens de la campagne*, 3 volumes Paris 1742 » qui se trouvent à Paris chez Coustelier.

Le 2 novembre 1742, il précise qu'« on trouve chez lui les livres suivants dont il a acquis toutes les éditions avec le droit de copie et les planches de cuivre » : outre le *Dictionnaire de Bayle* et le *Dictionnaire de Moreri* dans les éditions publiées à la Haye en 1740, on relève dans la liste deux romans parus pour la première fois en 1734 et dont il ne donne pas les dates : La *Description galante de la ville de Soissons* (corpus n° 179) et l'*Histoire véritable et secrette des rois d'Angleterre* (corpus n° 334) ; on y trouve aussi *Les nones galantes*, la Haye 1741, alors que nous n'avons trouvé que l'édition publiée en 1740 à la Haye par Van Es. L'annonce ajoute qu'on trouve également ces ouvrages à Genève et à Londres chez Nourse.

Le 14 décembre 1742, P. Gosse « vient de recevoir et débite », outre l'*Apologie pour l'ordre des Francs Maçons* 1742, « l'*Antipamela*, Londres 1742, les *Amours de Théagènes* 8° dans une très belle édition, les *Histoires ou contes du temps passé*, nouvelle édition ».

En 1743, il publie un catalogue que Prosper Marchand propose à Beyer : « Je le verrai avec plaisir », répond celui-ci le 12 juin 1743[17]. Le 6 août, il « vient de recevoir » les tomes 4, 5 et 6 de *Mizirida*, Paris, 1743 (voir ci-dessus) et l'*Histoire du cœur humain*, Paris 1743. Le 17 janvier 1744, il « vient de recevoir nouvellement de Paris les *Mémoires turcs* en 3 volumes ».

A partir de juin 1744 apparaît le nom de son fils cadet, Pierre Gosse junior, né en 1717 : le 9 juin, « Pierre Gosse junior et Compagnie, libraires à la Haye, viennent de recevoir et débitent... *Le prince des aigues marines*, Paris 1744. »

Les noms de Pierre Gosse père et fils disparaissent ensuite des annonces de la *Gazette d'Amsterdam*. On aura remarqué le nombre de romans publiés à Paris et que Pierre Gosse vend à la Haye : *Histoire maccaronique* (1732), *Mizirida* (1738-1743), *Mémoires de Wuillame Northingham* (1741), *Les amours traversés* (1741), *Le fourbe puni* (1741), *La patte du chat* (1741), *Les nouvelles Françoises* (1741), *les Amusemens de la campagne* (1742), *Le cocq* (1742), l'*Histoire du cœur humain* (1743), les *Mémoires turcs* (1743), et le *Prince des aigues marines* (1744). C'est donc surtout entre 1741 et 1744 qu'il fait venir des romans parus à Paris sous fausse adresse.

6. Jean Neaulme

Nous trouvons des témoignages sur Jean Neaulme à la fois dans la correspondance de Prosper Marchand et dans celle du Nîmois Séguier. Le marquis d'Argens se plaint de Neaulme en ces termes (nous transcrivons le passage tel quel ; on constatera qu'il n'est pas très clair) : « Le sieur Neaulme est la dupe de ses finesses. Ignorez-vous qu'il a mis mon nom au *Mentor cavalier* et qu'il n'y a pas mis le sien qu'il n'obtienne de moi l'agrément d'y mettre le mien qu'en me protestant qu'il avait envoyé à Paris les feuilles de son livre à son correspondant qu'il entrerait à l'examen. Il n'y avait rien de si faux »[14]. Le roman avait en effet paru avec la précision « par M. le marquis d'Argens » et sous l'adresse « Londres, aux dépens de la Compagnie » ; ce qui n'empêche pas Neaulme de publier dans la *Gazette d'Amsterdam* du 22 juin 1736 une annonce selon laquelle il débitait l'ouvrage.

D'autre part Séguier, qui se trouvait à Vérone où il avait accompagné Maffei, écrivit au début de l'année 1738 à un certain Van Swieden de la Haye pour lui demander de trouver un éditeur pour sa *Bibliotheca botanica*. Ce qui nous laisse penser que Prosper Marchand n'était pas le seul à faire office d'intermédiaire entre les auteurs et les éditeurs. Quoi qu'il en soit, Van Swieden répond à Séguier le 4 mars 1738 en ces termes : « Neaulme me parut surpris quand il entendit que vous traduisiez votre livre en latin. Il me représenta que son plus grand débit se faisait en France, ailleurs même il débitait beaucoup plus aisément des ouvrages écrits en cette langue qu'en latin »[23]. Finalement, Van Swieden ayant imaginé un imprimeur parisien concurrent, Neaulme se déclare intéressé : « Il est sûr que ces messieurs », commente Van Swieden, « ne consultent que leurs intérêts. Cependant, on ne peut se passer d'eux ; et ceux qui les entendent le mieux, je veux dire qui n'épargnent point la dépense pour la beauté et l'exactitude de leurs impressions, s'accordent le mieux avec les nôtres. Tel est celui-ci (= Neaulme) qui surtout paye grassement ses correcteurs, aussi en a-t-il parmi les gens de lettres intéressés »[24]. Il est évident que les éditions de romans n'étaient pas l'objet de soins aussi attentifs, mais peut-être étaient-elles relativement soignées.

Le 14 janvier 1738, la *Gazette d'Amsterdam* annonçait que « Jean Neaulme a sous presse la *Paysanne parvenue*, 9e, 10e, 11e et 12e parties qui rendront cet ouvrage complet et la *Vie de Marianne*, 8 parties 8° dont il a aussi reçu quelques exemplaires séparés de l'édition originale et qu'il débite actuellement à 12 sols en attendant que son édition paraisse ».

Au cours des années 1738 et 1739, il publie des réimpressions du *Philosophe anglois*, des *Egaremens du cœur et de l'esprit* dont nous ne connaissons que les derniers volumes ; Van Swieden, le correspondant de Séguier, s'excuse dans une lettre du 17 novembre 1739 du retard apporté à la publication de la *Bibliotheca botanica* : « Les désordres de l'imprimerie dont je vous ai parlé il y a quelque temps ont causé ce retardement »[25]. Ainsi, la crise de la librairie de la Haye analysée dans l'article de Beyer dont nous avons déjà parlé aurait commencé avant 1740[26].

En 1740, on ne trouve aucune annonce de Jean Neaulme dans la *Gazette d'Amsterdam*. Par contre, le 18 octobre 1740, un ballot à son nom est saisi à la Chambre syndicale de Paris ; il contenait entre autres 6 exemplaires des *Mille et une faveurs*[27]. Il a probablement passé à Paris une partie de l'année 1740 et l'hiver 1740-41. En effet, une lettre de Van Swieden à Séguier, datée du 10 mars 1741, nous apprend que Neaulme « est à Paris depuis bien du temps »[28]. C'est d'ailleurs de Paris que Neaulme écrit à Prosper Marchand le 9 mars 1741 pour lui proposer la bibliothèque de Lancelot qui vient de mourir. Transportée en Hollande, elle pourrait être vendue au détail ; « une pareille bibliothèque ferait grand plaisir à M. de Bentinck... dont je voudrais obtenir s'il était possible la permission de loger la bibliothèque à la Cour... où a été celle de feu M. Saurin »[29].

Jean Neaulme cherche-t-il à s'établir à Paris ou à Berlin ou à avoir un point de vente dans chacune de ces villes? En décembre 1740 Beyer, correspondant de Marchand, lui écrit : « J'ai appris que le sieur Neaulme de la Haye va faire (à Berlin) un établissement considérable dont Bernard d'Amsterdam sera le directeur »[30]. Projet lié à la présence à Berlin de Voltaire et de d'Argens à en croire les informations de Beyer : « C'est peut-être un simple projet poétique, en tous cas si ces gens sont assez fous pour se fier à Voltaire, je plains leur aveuglement. Ce sont leurs affaires ». En avril 1741, Formey cherche un magasin pour Neaulme : « Le facteur de M. Neaulme peut fort bien venir sans qu'il y ait de boutique arrêtée », écrit-il à P. Marchand le 21 avril... « En attendant qu'il ait trouvé, il sera aisé de le loger et de recevoir les ballots au cas où il en amène »[31]. Le projet semble alors tourner court.

On retrouve le nom de Neaulme dans la *Gazette d'Amsterdam* : le 6 juin 1741, nous apprenons que « Jean Neaulme publie actuellement un catalogue de livres d'assortiment en blanc... (qui) se vendront entre les libraires le 17 juillet et jours suivants ». Le 20 mars 1742, le nom de Jean Neaulme apparaît à nouveau dans les annonces : « Jean Neaulme débite la *Vie de Marianne* 8°, parties 9, 10 et 11 et les *Amours de Catulle et Tibulle*, nouvelle édition, 5 volumes in-12 ». Nouvelle annonce le 21 décembre 1742 pour les tomes 11 et 12 de la *Bibliothèque de campagne* et l'*Histoire de dona Rufine* qui ne figure pas sur notre liste des éditions de Neaulme parce que nous n'avons pas retrouvé d'exemplaire, mais que Van Duren proposera en 1748.

En février 1743, Formey trouve à Berlin « vis-à-vis du château une boutique avec ses appartenances, une arrière-boutique à plain pied avec un petit poêle et au haut de la maison un grand poêle et une chambre. A louer avec un contrat d'au moins un an ». Le 16 mars 1743, il envoie à Marchand le contrat du logement. Il affirme que c'est « la situation la plus avantageuse de Berlin » et que la boutique d'à côté était « la librairie française la mieux achalandée »[32]. Le 21 juin 1743, on lit dans la *Gazette d'Amsterdam* qu'on trouvera « à Berlin dans la boutique de Jean Neaulme et d'Etienne de Bourdeaux et Compagnie un assortiment général de toutes sortes d'ouvrages ». En juillet 1743, arrivent Bourdeaux naguère « garçon » de Neaulme et Mme Neaulme « d'abord surpris de la petitesse du logement »[32]. Enfin la *Gazette d'Utrecht* du 3 octobre 1743 annonce que « Jean Neaulme libraire à la Haye associé avec Etienne de Bourdeaux libraire à Berlin débitent actuellement à la foire de Saint-Michel à Leipzig un certain nombre d'ouvrages parmi lesquels les *Mémoires de M. de Saint Martin de Chassonville* ».

Pendant que Bourdeaux et Mme Neaulme s'installent à Berlin, on ne trouve qu'une annonce de Jean Neaulme dans la *Gazette d'Amsterdam* : le 14 mai 1743, il débite les *Contes de ma mère l'oye*, probablement publiés à Amsterdam en 1742 (Catalogue Neaulme 1755). Un an plus tard, en mai 1744, Formey fait enfin la connaissance de Neaulme, « aimable homme et qui a de fort belles connaissances »[33]. Le 15 septembre 1744, il annonce dans la *Gazette d'Amsterdam* qu'il a « résolu de vendre ses livres en blanc (c'est-à-dire en feuilles) entre les libraires le 11 novembre et les jours suivants ».

C'est la *Gazette d'Utrecht* du 2 avril 1745 qui nous apprend qu'il « distribue un catalogue de vente de livres en blanc par une vente entre les libraires à partir du 22 avril. Le 4 février 1746, il « distribue un petit catalogue de quelques beaux livres en blanc qu'il vendra avec ceux de Pierre Gosse junior et Compagnie ». Le 1er décembre 1747, il a « résolu de vendre son fonds de librairie », vente qui commencera le 18 décembre par « un assortiment de livres en blanc entre les libraires ». Le 2 avril 1748, il a « résolu de se défaire généralement de tous ses fonds consistant entre autres en quantité d'éditions complètes d'excellents livres... Attendu la difficulté d'écouler en masse, il va en distribuer un catalogue pour les vendre en détail ou par plusieurs exemplaires à la fois »[34].

Nous n'avons pas dépouillé la *Gazette d'Amsterdam* au-delà de 1748, mais nous avons trouvé au Centre bibliographique de la librairie d'Amsterdam deux importants catalogues de Jean Neaulme, l'un de 1755, l'autre de 1764–65. Le premier est intitulé : *Catalogue d'une belle collection de livres et d'estampes propre à former une bibliothèque des plus estimables*. La vente aura lieu à Berlin chez Jean Neaulme, libraire privilégié du roi (de Prusse) à partir du 30 juin 1755. Les catalogues se distribuent à Berlin chez Jean Neaulme, à la Haye chez B. Gibert, et à Amsterdam chez La Caze. Il est précisé que tout doit être payé comptant dès le lendemain matin ; la vente ne peut donc intéresser des libraires étrangers (c'est-à-dire ne se trouvant pas à Berlin) que dans la mesure où ils ont des correspondants sur place, capables de payer comptant. Le catalogue commence curieusement par cette phrase : « On avertit aussi le public que Monsieur l'abbé Prévost, si connu par ses travaux littéraires, s'est chargé de la direction du *Journal étranger* qui s'imprime à Paris ».

Le catalogue de 1755 comporte 3455 numéros, l'équivalent d'une bibliothèque parisienne telle que nous en avons rencontré dans nos catalogues de ventes. Sur ces 3455 numéros, nous avons trouvé 237 romans des années 1728–1750, soit moins de 7 % du catalogue. Ces romans se répartissent ainsi :

Année	Romans	
1728	2	avec la mention « Paris »
1729	9	″
1730	3	″
1731	8	″
1732	9	″
1733	10	″
1734	7	″
1735	17	″
1736	22	″
1737	9	″
1738	12	″
1739	11	″
1740	16	″
1741	11	″
1742	10	″
1743	7	″
1744	19	″
1745	7	″
1746	7	″
1747	10	″
1748	6	″
1749	8	″
1750	15	″
sans date	2	″

Les années les mieux représentées sont donc, dans l'ordre décroissant :
1736, 1744, 1735 et 1750.

103 de ces romans, soit près de la moitié, sont proposés dans le catalogue de 1755 avec l'indication « Paris » ; on trouve ainsi 12 romans « parisiens » en 1736 et en 1750 ; en 1736, c'est un peu moins de la moitié des romans proposés ; en 1750 par contre, ils représentent 80 % des romans proposés.

La plupart de ces romans (y compris les *Bijoux indiscrets*) sont proposés en 1755 comme simplement cousus, ce qui laisse supposer qu'il ne s'agit nullement de livres achetés dans des ventes de bibliothèques particulières. Font exception à cette règle : l'*Astrée* de 1733 avec la clef, 5 volumes en veau (n° 1111 du catalogue), la *Cassandre* de 1731, 10 volumes en veau (n° 1342 du catalogue), le *Démon marié* de 1749 en veau (n° 1444 du catalogue), l'*Histoire de don Quichotte* de 1741, en veau, 14 volumes, bel exemplaire (n° 1777 du catalogue), les *Lettres angloises* de 1746 en veau fauve, « magnifique exemplaire » (n° 2186 du catalogue).

Certains ouvrages sont signalés par Neaulme comme rares : ainsi le *Démon marié* de 1749 « sous le manteau, très rare » (n° 1444 du catalogue), la *Guerre séraphique* de 1740 « rare » (n° 1738 du catalogue), l'*Histoire maccaronique* de 1734 (n° 1778 du catalogue), l'*Histoire négrepontique* de 1731 (n° 1998 du catalogue), les *Mémoires du Duc de Villars*, La Haye 1736 en 3 volumes (n° 2400 du catalogue), le *Paysan parvenu*, Amsterdam 1735 en 5 volumes (n° 2754 du catalogue), le *Philosophe anglois* en 6 volumes in-12, Utrecht 1731 (n° 2833 du catalogue) ; un commentaire précise : « Ceci est la première de toutes les éditions, et la plus rare d'ailleurs, parce qu'il y a un tome 5 de conclusion qui n'est pas de l'auteur, parce qu'il refusait de le donner, la sienne venue après y est ajoutée aussi » ; le *Roman de la rose* de 1735 « devenu rare » (n° 2908 du catalogue), le *Sapor* de 1730 « devenu rare » (n° 3014 du catalogue), le *Triomphe du sentiment* de 1750 « devenu rare » (n° 3146 du catalogue), le *Voyage d'Innigo* de 1736 « devenu rare » (n° 3350 du catalogue), la *Vie et les Amours de Tibulle* de 1743 « devenus rares » (n° 3354 du catalogue), enfin l'*Histoire véritable des vies et règnes des rois d'Angleterre* de 1729, elle aussi « devenue rare » (n° 3444 du catalogue). Ainsi, sur 13 romans considérés comme rares en 1755, on en trouve 1 de 1729, 1 de 1730, 2 de 1731, 1 de 1734, 2 de 1735, 2 de 1736 ; 1 de 1740, 1 de 1743, 1 de 1749 et 1 de 1750.

Les prix sont indiqués en écus ; comparons des ouvrages (tous in-12 ou in-8°) comportant le même nombre de volumes. Le prix d'un volume cousu ordinaire varie entre 0-4 et 0-8. La *Guerre séraphique* est proposée pour 0-8, les 2 volumes du *Triomphe du sentiment* et les 2 volumes du *Voyage d'Innigo* pour 0-16, les 2 volumes de la *Vie et amours de Tibulle* pour 0-20. Le *Démon marié* est sensiblement plus cher avec 1 écu. Ajoutons que les deux volumes des *Bijoux indiscrets* dont les éditions se sont multipliées ne sont proposés qu'à 0-8 !

Nous avons donné ces quelques exemples de prix; nous trouverions des exemples analogues dans les catalogues de ventes des bibliothèques particulières : la relative rareté d'un ouvrage qui a cessé d'être une nouveauté ne fait guère monter son prix; c'est la qualité de la reliure ou éventuellement des illustrations qui renchérit un petit in-12.

C'est semble-t-il en plusieurs livraisons que Jean Neaulme publia un volumineux catalogue en 1764 et 1765. Il est intitulé *Catalogue d'une nombreuse collection de livres de tout genre rares et curieux rassemblés par Jean Neaulme libraire* dont la vente... au plus offrant... aura lieu à la Haye chez Van Daalen et B. Gibert le 24 juin 1765 et les jours suivants. On remarquera que la vente a lieu cette fois à la Haye et non plus à Berlin, et il faudrait chercher ce qu'il est advenu de l'établissement prussien de Neaulme. Celui-ci explique dans un long avertissement qu'après « plus de 50 ans dans la librairie »... il a été « plus malheureux que beaucoup d'autres dans sa profession ». Il fait allusion ensuite à ses « associations », à ses « établissements florissants », à sa « grande confiance », à ses « crédits à long terme » qui l'ont amené à être « trompé à plus d'une reprise ».

Les livres sont classés par formats, comme déjà en 1755. Les livres in-8° et in-12 représentent à eux seuls 6242 numéros plus un supplément de près de 800 numéros. Au total environ 265 romans (dont certains ont une double entrée) pour cette même période 1728–1750. Nous ne nous arrêterons pas davantage sur ce catalogue ni sur Jean Neaulme. Nous espérons avoir suffisamment montré que l'on ne doit pas sous-estimer la place de Jean Neaulme dans la librairie hollandaise. Grâce à lui, la librairie de la Haye a dans une certaine mesure remplacé celle d'Amsterdam. Ce n'est plus à des imprimeurs-libraires que nous avons affaire, mais à des négociants, en tout cas avec Jean Neaulme. Peut-être était-ce son frère Étienne, établi à Utrecht, qui un certain temps lui imprima une partie de ses productions. On remarque que l'*Histoire du Japon* de Kaempfer parut en édition in-12 « à la Haye chez Gosse et Neaulme » l'année même — 1732 — où Étienne Neaulme publiait à Utrecht le *Philosophe anglois*, et qu'on y trouve les mêmes ornements typographiques.

Cette alliance entre les deux frères Neaulme apparaît à travers les importants documents que Ph. Stewart a publiés dans son pertinent article sur « Prévost et son *Cleveland* »[35]. En décembre 1730, d'après un de ces documents, Jean Neaulme « étant à Amsterdam, fit l'accord pour (son frère) avec l'auteur »[36]. On sait que les derniers volumes parurent avec l'adresse de Jean Neaulme et non plus celle d'Étienne.

Dans un avertissement publié par Stewart, Jean Neaulme précise que « le droit de copie de cet ouvrage (lui) appartient incontestablement, l'ayant acheté publiquement en vente entre les libraires le 27 août 1736 d'Étienne Neaulme »...[37]. Cet avertissement est daté du 13 mai 1738. Ph. Stewart l'a trouvé dans des exemplaires du tome V de l'édition Arkstée et Merkus de 1744. Or, dans l'exemplaire de la Bibliothèque Universitaire d'Utrecht, cet avertissement est placé dans le tome V de 1738 où il est évidemment davantage à sa place.

1. *Bibliothèque raisonnée* janvier—mars 1729, « imprimé chez... ».
2. *Gazette d'Utrecht* 15 novembre 1740 : « imprime et débitera dans peu de jours. »
3. H. BEYER, « De crisisperiode in de Haagse boekhandel omstreeks 1740 » dans *De Economist* t. 1001, 1952, pp. 112-113.
4. Ch. BERKVENS-STEVELINCK, *Prosper Marchand et l'histoire du livre*, Brugge 1978.
5. B.U. Leyde, fonds Marchand : lettres de Pontcarré à la veuve Levier.
6. B.U. Leyde, fonds Marchand : lettre de Beyer du 3 mai 1744.
7. B.U. Leyde, fonds Marchand : lettre de Le Prevost du 3 avril 1736. Comme Mme Berkvens, nous pensons qu'il ne peut s'agir de l'abbé Prevost.
8. B.U. Leyde, fonds Marchand : lettres du marquis d'Argens, lettre n° 1.
9. B.U. Leyde, fonds Marchand : lettres du marquis d'Argens, lettre n° 6.
10. B.U. Leyde, fonds Marchand : lettre de Jordan du 25 janvier 1735.
11. B.N. ms. fr. 21 931 p. 305.
12. Ch. BERKVENS-STEVELINCK, *o.c.* p. 66 note 2.
13. B.U. Leyde, fonds Marchand : lettre de Pérard du 3 juin 1740.
14. B.U. Leyde, fonds Marchand : lettre de Fritsch du 7 novembre 1737.
15. B.U. Leyde, fonds Marchand : lettres du marquis d'Argens n° 12.
16. B.U. Leyde, fonds Marchand : lettres du marquis d'Argens n° 22.
17. B.U. Leyde, fonds Marchand : lettre de Beyer du 12 juin 1743.
18. Voir J. SGARD, *Prevost romancier*, Paris 1968 p. 128 et surtout Ph. STEWART « Prevost et son *Cleveland* » dans *Dix-huitième siècle* 1975 p. 183 et sq.
19. Sur les Gosse voir J.R. KLEINSCHMIDT, *Les imprimeurs et libraires de la République de Genève 1700–1798*. Genève, 1948.
20. Voir M. Zephir. *op. cit.*
21. B.N. ms. fr.22 023.
22. Édition hollandaise du *Pour et Contre*, tome VI, 1735, nombre 208.
23. B.M. Nîmes, ms. 151, lettre de Van Swinden 4 mars 1738.
24. B.M. Nîmes, ms. 151 f° 199.
25. B.M. Nîmes, ms. 151 f° 198.
26. Ch. BERKVENS-STEVELINCK, *op. cit.*, p. 69 note 26.
27. B.N. ms. fr. 21.931 p. 326.
28. B.M. Nîmes, ms. 151, lettre de Van Swinden du 10 mars 1741.
29. B.U. Leyde, fonds Marchand : lettre de J. Neaulme du 9 mars 1741.
30. B.U. Leyde, fonds Marchand : lettres de Beyer de décembre 1740.
31. B.U. Leyde, fonds Marchand : lettre de Formey du 21 avril 1741.
32. B.U. Leyde, fonds Marchand : lettre de Formey du 13 juillet 1743.
33. B.U. Leyde, fonds Marchand : lettre de Formey du 20 mai 1744.
34. Toutes ces citations sont empruntées à la *Gazette d'Amsterdam*.
35. *Dix-huitième siècle*, 1975, p. 181 et sq.
36. *Ibid.*, 1975, p. 186.
37. *Ibid.*, 1975, p. 202.

CHAPITRE III

ETIENNE NEAULME À UTRECHT

1. La production romanesque

Les annonces insérées par Etienne Neaulme concernant le roman de Prévost comptent parmi les premières annonces de romans de ce libraire dans la *Gazette d'Amsterdam*.

On trouve en effet à la date du 2 octobre 1731 : « Etienne Neaulme a imprimé et débite le *Philosophe anglois* en 4 volume in-12, figures ».

Nous voudrions, à propos du *Cleveland*, préciser un point d'histoire littéraire (et surtout bibliographique). On sait que la *Bibliothèque belgique* de juillet 1731 fait allusion aux deux premiers volumes. Stewart suppose, avec vraisemblance, que E. Neaulme « imprime les tomes I et II mais les garde presque tous en magasin afin de les vendre en même temps que les tomes III et IV »[1]. En tout cas, la *Bibliothèque belgique* de septembre 1731 écrit : « Nous étions du très petit nombre de privilégiés qui par hasard avaient anticipé le débit public des exemplaires... Ces deux volumes (III et IV) paraissent »[2].

Selon Ph. Stewart, le seul exemplaire conservé de ces deux premiers volumes de 1731 serait celui de Wolfenbüttel. Mais l'annonce citée ci-dessus est également insérée dans le *Mercure* du mois d'octobre 1731[3]. On sait que les ouvrages parus en octobre portaient généralement la date de l'année suivante. L'édition annoncée par le *Mercure* d'octobre est probablement celle qui se trouve à la Bibliothèque Nationale (Y^2 60.613 et suivants). On y trouve bien les vignettes d'Etienne Neaulme et en particulier la ruche qui se trouve sur la page de titre du tome II de l'*Histoire du Japon*. Mais, si elle est à l'endroit à la page 266 du tome I, elle est inversée à la page 174 du même tome . Or l'exemplaire de Wolfenbüttel comporte la même erreur, alors que la ruche est à l'endroit dans l'exemplaire de la Bibliothèque de Rouen.

Nous avons ici un nouvel exemple de la précarité des preuves apportées par les pages de titre. Il nous semble à peu près certain que les exemplaires de Wolfenbüttel et de la Bibliothèque Nationale appartiennent à deux *émissions* différentes de la même *édition*. Voyant les choses traîner en longueur, E. Neaulme aurait remplacé les pages de titre de 1731 par des pages de 1732, puisque de toutes façons l'édition sortait en octobre 1731. Quant à distinguer — avec certaines pages de titre et annonces — les éditions avec figures et les éditions sans figures, c'est encore bâtir sur du sable. Rien de plus courant que d'ajouter des figures, et cette addition n'est pas forcément opérée par l'éditeur. Les planches pouvaient être vendues séparément ou enlevées ou encore reproduites. Ainsi, dans l'exemplaire de Rouen, la figure 1 a été placée dans le tome I et la figure 2 dans le tome II. Il nous a semblé que toutes les planches avaient été tirées sur un autre papier que le texte des quatre volumes. L'exemplaire de Rouen comporte un avis au relieur pour la place des planches. Il faudrait avoir les microfilms des trois exemplaires (Wolfenbüttel, Paris et Rouen), afin de poursuivre plus loin ces sortes de recherches.

Quant à l'édition de Didot et Guérin, retirée de la Chambre syndicale le 20 novembre 1731, elle ne devait être recensée par le *Nouvelliste du Parnasse* que dans cette lettre n° 50 si riche en comptes rendus de romans. La lettre est du 3 mars 1732. L'édition parisienne, elle, est datée de 1731, sans doute pour paraître antérieure à celle d'Etienne Neaulme. Le *Nouvelliste* la prétend « réimprimée sur l'édition de Hollande ». Prévost lui-même n'écrivait-il pas à P. Marchand, dans une lettre que les bibliothécaires ont datée du 12 février 1732 : « Outre les traductions qu'on en a déjà faites en allemand et en hollandais, l'édition française (c'est-à-dire en langue française) a été contrefaite à Paris et s'y vend avec beaucoup de succès »[4].

Mais il nous faut revenir à Etienne Neaulme et à sa contribution à la publication de romans de langue française.

2. Les annonces dans les gazettes

Nous rencontrons le nom d'Etienne Neaulme à plusieurs reprises dans la *Gazette d'Amsterdam* et il nous a paru intéressant, d'une part d'en dresser la liste même si nous n'avions pas retrouvé les éditions annoncées, d'autre part de comparer ces annonces avec celles publiées dans la *Gazette d'Utrecht* à partir de mars 1734 (premiers numéros conservés à notre connaissance). Nous ne tiendrons pas compte des répétitions d'annonces.

Titre du roman	Libellé de l'annonce	Gazette d'Amsterdam	Gazette d'Utrecht à partir de mars 1734
Mémoires de la vie du Comte de Grammont	Débite	17 avril 1731	
Le philosophe anglois — 4 volumes — 5 volumes in-12 nouvelle édition d'un volume que l'on peut avoir séparément	a imprimé et débite a imprimé et débite	2 octobre 1731 14 mai 1734	
Même annonce avec le titre : *Histoire de Mr Cleveland*	a imprimé et débite	3 septembre 1734	
Contes chinois	débite a imprimé et débite	19 décembre 1732 8 septembre 1733	
Les mille et un jour, contes persans	débite	14 mai 1734	
Histoire de la sultane de Perse, contes turcs	débite	3 septembre 1734	19 décembre 1735
Histoire secrète des amours d'Henri IV	débite	3 septembre 1734	
Historiettes galantes	débite	3 septembre 1734	
Les belles solitaires	a imprimé		4 avril 1735
Les illustres Françoises — 4 volumes nouv. éd.	a imprimé et débite imprime et débitera dans quelques jours a imprimé et débite	21 juin 1735 20 août 1737	2 septembre 1737 23 septembre 1737
Voyages de Cyrus 2 volumes in-12	a imprimé et débite	21 juin 1735	
Le doyen de Killerine	a imprimé et débite		14 novembre 1735
Les sultanes de Guzarate	a imprimé et débite débite	31 janvier 1736	19 décembre 1735
Mémoires posthumes du Comte de D.B.	a imprimé et débitera dans quelques jours débite débite la seconde partie	15 mars 1737 20 août 1737	9 avril 1736 2 mai 1737
Mémoires de Sélim	imprime et débitera dans quelques jours		9 avril 1736

Titre du roman	Libellé de l'annonce	Gazette d'Amsterdam	Gazette d'Utrecht
Avantures de dona Inès de Las Cisternas	imprime et débitera dans peu débite	15 mars 1737	11 mars 1737 2 septembre 1737
Mémoires de M. le marquis d'Argens	imprime et débitera dans quelques jours a imprimé et débite	30 avril 1737 19 août 1737	22 avril 1737 13 juin 1737
Les mille et un quart d'heure contes tartares	débite a imprimé et débite	20 août 1737	19 août 1737
Histoire du Comte de Valcourt	a imprimé et débite	5 septembre 1738	4 septembre 1738
Mémoires et avantures d'une dame de qualité La Haye 1739	On trouve chez E. Neaulme	21 mai 1743	22 juin 1739
L'enfant trouvé Paris 1739 — 4 volumes — 5 volumes	" "		22 juin 1739 7 septembre 1739
Crémentine La Haye 1739	"		22 juin 1739
La Paysanne parvenue La Haye 1738	"		"
La nouvelle Marianne La Haye 1739	"		"
Les égaremens du cœur et de l'esprit La Haye 1739	"		"
L'infortunée Hollandoise Paris 1739	"		"
Mémoires d'Anne-Marie de Moras La Haye 1739	"		12 octobre 1739
Intrigues monastiques La Haye 1739	"		"
Le siège de Calais La Haye 1739	"		"
Les solitaires en belle humeur	débite a imprimé et débite	24 novembre 1739 11 octobre 1740	23 novembre 1739
Le solitaire espagnol Leyde 1739 seconde partie	débite		"

Titre du roman	Libellé de l'annonce	Gazette d'Amsterdam	Gazette d'Utrecht
L'heureux imposteur	imprime a imprimé et débite	29 janvier 1740 9 août 1740	12 août 1740
Mémoires de la Comtesse d'Horneville Amsterdam 1740	débite		23 août 1740
L'amitié après la mort Amsterdam 1740	débite		"
César aveugle Londres 1740	débite		"
La vie d'Olympe	imprime et débitera a imprimé et débite	11 octobre 1740	13 septembre 1740 20 septembre 1740
Avantures du Comte de Lurilia (= Mono Simpleatos) Londres 1740	débite		21 octobre 1740
La vie et les avantures de la jeune Olinde Londres 1740	débite		21 octobre 1740
Histoire des amours de Valérie	a imprimé et débite		25 octobre 1740
Mémoires pour servir à l'histoire de Malte	imprime et débitera dans peu a imprimé et débite	11 août 1741	14 mai 1742

Les annonces d'Etienne Neaulme disparaissent ensuite; mais, sans nous attarder davantage, nous voudrions dégager quelques conclusions, et sur le rôle d'Etienne Neaulme dans la production des romans, et sur la fonction publicitaire des gazettes.

1. Nous n'avons indiqué les adresses des romans que lorsque les gazettes les donnaient : on remarquera que les romans « importés » par Etienne Neaulme se trouvent annoncés exclusivement par la *Gazette d'Utrecht* en 1739 et 1740. Le nom de « Paris » figure deux fois; mais l'*Enfant trouvé* n'est certainement pas imprimé à Paris, non plus que l'*Infortunée hollandoise*, qui porte d'ailleurs l'adresse de Gallois à la Haye.

2. Les annonces ne portant pas d'adresse concernent 24 romans. L'expression « a imprimé » manque pour 5 romans annoncés en 1731 et 1734 :

Les *Mémoires de la vie du Comte de Grammont* (corpus n° 410) dont nous avons trouvé une édition datée de 1731 (n° 410 A), portant

l'adresse de Gosse et Neaulme mais en réalité imprimée en France; et
une édition datée de 1732 et publiée réellement par Etienne Neaulme
(n° 410 B); on peut supposer que Etienne Neaulme a commencé par se
procurer l'édition A avant de la réimprimer.

Les *Mille et un jour* (corpus n° 469) dont nous ne connaissons que
l'édition publiée en 1729 par la Compagnie des Libraires de Paris.

L'*Histoire de la sultane de Perse* (corpus n° 279) dont nous avons
trouvé une édition publiée apparemment par E. Roger d'Amsterdam en
1731 et une réimpression de 1736 par E. Neaulme.

L'*Histoire secrète des amours d'Henri IV* : probablement le même
ouvrage que les *Amours de Henri IV* (Corpus n° 27) dont nous avons
trouvé une édition datée de 1730 avec l'adresse fictive de Pierre Marteau à Cologne.

Les *Historiettes galantes* que nous n'avons pas identifiées.

Nous n'avons pas retrouvé non plus les éditions qui auraient été
imprimées par E. Neaulme de : les *Belles solitaires*, les *Voyages de
Cyrus*, les *Mémoires posthumes du comte de D.B.*, les *Mémoires de
Sélim*, les *Mémoires de M. le marquis d'Argens* (peut-être l'édition 423 C
de notre corpus), les *Mille et un quart d'heure*, l'*Histoire des amours de
Valérie*.

Restent, dans l'ordre chronologique, 12 éditions identifiées et retrouvées (sauf confusion avec d'autres éditions) :

Les *Contes chinois* — La Haye, Gosse et Neaulme, 1728 (n° 160 bis A)

Le *Philosophe anglois* — Utrecht, E. Neaulme, 1731 et 1734 (n° 530).

Les *Illustres Françoises* — La Haye, Gosse et Neaulme, 1731
(n° 343 A). Utrecht, E. Neaulme, 1737 (n° 343 B).

Le *Doyen de Killerine* — Utrecht, E. Neaulme, 1736 (n° 190 C).

Les *Sultanes de Guzarate* — Utrecht, E. Neaulme, 1736 (n° 613).

Les *Avantures de dona Inès* — Utrecht, E. Neaulme, 1737 (n° 92).

Histoire du Comte de Valcourt — Utrecht, E. Neaulme, 1739.

L'*Heureux imposteur* — Utrecht, E. Neaulme, 1740.

Les *Solitaires en belle humeur* — Utrecht, E. Neaulme, 1741.

La *Vie d'Olympe* — Utrecht, E. Neaulme, 1741.

Mémoires pour servir à l'histoire de Malte — Utrecht, E. Neaulme,
1742.

Il ressort de cette liste que, jusqu'en 1732 (*Histoire du Japon*),
Etienne Neaulme semble avoir surtout travaillé pour son frère de la
Haye; la publication du *Philosophe anglois* en 1731 marque le début
d'une nouvelle période où il prend en quelque sorte son indépendance,
et publie sous son propre nom les 12 romans ci-dessus, parmi lesquels
on remarquera deux réimpressions de romans de Prévost.

3. Il faut souligner enfin la différence entre les annonces des deux
gazettes; la concordance n'apparaît qu'à deux reprises : de mars 1737 à

septembre 1738 et de novembre 1739 à octobre 1740. Il serait évidemment nécessaire de procéder à une comparaison analogue pour d'autres libraires hollandais. Mais certaines conclusions semblent déjà pouvoir être dégagées sur la fonction des gazettes hollandaises.

(1) *Dix-huitième siècle*, 1975, p. 188.
(2) *Ibid.*, 1975, p. 188-189.
(3) *Mercure de France*, octobre 1731, p. 2373.
(4) B.U. Leyde, fonds Marchand : lettres de Prévost.

CONCLUSION

LA FONCTION DES GAZETTES HOLLANDAISES
LES ACHETEURS DES ROMANS IMPRIMÉS EN FRANCE

Les deux problèmes sont liés dans la mesure où ces gazettes qui, rappelons-le, ne sont pas des gazettes littéraires, publient des annonces de libraires hollandais.

Il ne faut pas perdre de vue que la *Gazette d'Amsterdam,* souvent appelée *Gazette de Hollande,* est vendue et lue en France : on la trouve citée dans la correspondance du président Bouhier jusqu'en 1733 inclus[1] et Michel-Etienne David en a l'exclusivité officielle pour la France, d'où les annonces de libraires parisiens qu'on y rencontre, soit pour des ouvrages (il s'agit rarement de romans), soit pour des ventes de bibliothèques.

Dans l'ordre alphabétique des 32 libraires concernés, nous avons relevé des annonces aux dates suivantes :

Bauche	11 mai 1736
Bauche fils	3 décembre 1743, 16 janvier 1748, 13 décembre 1748
Briasson (et Chaubert)	11 avril 1730, 28 octobre 1735, 16 septembre 1738, 11 août 1741, 25 juin 1743, 14 février 1744, 26 novembre 1745, 17 décembre 1745, 30 août 1748
Cavelier père	14 juin 1743, 1er mars 1748
Clouzier	19 janvier 1748
Coustelier	27 février 1742, 14 septembre 1742
M.E. David (père) Quai des Augustins dépositaire de la *Gazette d'Amsterdam* Cette liste n'est probablement pas complète	29 avril 1735, 20 janvier 1736, 4 avril 1738, 17 octobre 1738, 16 septembre 1740, 25 avril 1741 4 août 1741, 8 décembre 1741, 13 février 1742, 10 juillet 1742, 25 janvier 1743, 8 mars 1743, 3 décembre 1743, 10 janvier 1744, 26 novembre 1745
David l'aîné Michel-Etienne I Quai des Augustins	28 juillet 1739, 22 avril 1740

David l'aîné	19 septembre 1741, 3 octobre 1741, 6 octobre 1741,
Michel-Antoine	1er janvier 1743, 16 décembre 1746, 9 mai 1747,
rue St-Jacques	30 août 1748
David fils	19 avril 1743, 16 juin 1744, 15 mars 1746
Michel-Etienne II	
Quai des Augustins	
Desprez et Cavelier	9 avril 1745, 10 décembre 1745, 9 avril 1748
Didot	29 décembre 1733, 9 janvier 1739, 20 septembre 1743, 17 septembre 1745, 17 mai 1746
Durand	2 novembre 1742, 29 novembre 1743, 26 novembre 1745, 16 décembre 1746, 9 mai 1747
Gandouin	23 octobre 1744
Veuve Ganeau et	24 février 1741
David fils	16 novembre 1745
Giffard	21 octobre 1735
Gissey	2 janvier 1731
Guérin	16 décembre 1746
Ch. Guillaume	7 octobre 1735
D'Houry fils (Laurent-Charles)	13 décembre 1748
Huart	17 février 1741, 1er juin 1742, 14 février 1744
Jombert	14 août 1731, 12 juillet 1743
Th. le Gras	26 août 1735, 17 mai 1743, 18 mars 1746, 1er mars 1748
P.G. Le Mercier	24 avril 1736
G. Martin	30 avril 1728, 24 janvier 1738, 22 novembre 1743
Mesnier	13 avril 1728, 24 février 1733, 16 mars 1734
Montalant	25 mai 1731, 3 avril 1736, 11 septembre 1739
de Nully	21 octobre 1735
Pierre Prault	15 juin 1731, 23 juillet 1734, 15 mai 1736, 27 décembre 1737, 23 septembre 1740, 6 août 1745
Prault fils	26 août 1735, 21 octobre 1735, 16 janvier 1743, 17 mai 1748
Quillau père	25 octobre 1743
Veuve Ribou	23 mars 1728
Rollin fils	18 juillet 1730, 24 avril 1731, 12 février 1732, 13 décembre 1735, 27 avril 1736, 4 mai 1736, 11 mai 1736, 16 décembre 1738, 1er mars 1748, 18 juin 1748
Thiboust	4 mai 1742

Dans l'ordre chronologique, 93 annonces sont ainsi réparties :

1728	2	1735	9	1742	7
1729	0	1736	8	1743	15
1730	2	1737	1	1744	4
1731	5	1738	6	1745	5
1732	1	1739	3	1746	3
1733	2	1740	3	1747	1
1734	2	1741	8	1748	6

Ce dépouillement des années 1728-1748 n'a pas été absolument systématique. On peut pourtant remarquer un fléchissement en 1737 et une pointe en 1743. Vendue officiellement en France, la *Gazette d'Amsterdam* n'était certainement pas libre de publier n'importe quoi (il faudrait voir les répercussions de ce manque de liberté sur les informations politiques). Ce n'est pas un hasard si les David ont le maximum d'annonces : au moins 27/93 soit 29 %, et probablement davantage. Bien entendu les libraires parisiens ne peuvent annoncer des romans après 1737 puisque leur nom ne figure jamais sur les pages de titre. Une exception, celle de Coustelier, par le subterfuge des annonces de son correspondant de la Haye, et peut-être parent, Pierre Gosse.

A qui sont destinées les annonces des libraires hollandais et parisiens qu'on trouve dans la *Gazette d'Amsterdam*? Bien entendu à un public de langue française. Or les Hollandais lisent probablement peu le français, à l'exception des réfugiés huguenots ; on peut remarquer d'ailleurs l'exceptionnelle qualité de certaines impressions hollandaises, alors que d'autres impressions contiennent des fautes révélant une ignorance manifeste de la langue française. Le public de langue française, ce sont les Français mais aussi les Allemands : on sait que le français était la langue maternelle de Frédéric II. Les Allemands et probablement toute l'Europe princière et aristocratique, même les Anglais, gens du commerce comme les Hollandais, ont une « élite » qui lit couramment le français, et il est probable que les imprimeurs anglais ont d'abord publié certains romans en français à un nombre restreint d'exemplaires avant de les traduire en anglais pour un public étendu.

Il semble que la *Gazette d'Amsterdam* soit restée longtemps en tête des « annonceurs» du domaine français. Mais d'autres gazettes surgissent et se développent : *Gazette d'Utrecht, Gazette de Cologne*, en attendant la *Gazette de Leyde*. Ces nouvelles gazettes signalent plus volontiers la foire de Leipzig, alors que la *Gazette d'Amsterdam* reste plus concernée par la foire de Francfort, et tout laisse supposer qu'elles cherchaient à conquérir ce public allemand et européen auquel nous faisions allusion et qui achète volontiers les réimpressions hollandaises de romans français. Ce n'est pas un hasard si nous avons trouvé dans les bibliothèques de Stuttgart et de Heidelberg quelques-unes de ces réimpressions que nous avions vainement cherchées ailleurs. Ce n'est pas un hasard non plus si le catalogue manuscrit de Caroline duchesse des deux Ponts (1704-1774) conservé aux archives de Darmstadt[2] contient essentiellement des réimpressions hollandaises.

En conclusion sur la librairie hollandaise, nous dirons que, si elle n'a pas supplanté la librairie française sur le territoire français, elle a gagné le marché européen, et cela grâce à des libraires comme Pierre Gosse et surtout Jean Neaulme.

(1) F. Weil, *Jean Bouhier et sa correspondance*, 1975, tome II Index operum.
(2) Archives de Darmstadt D4 Nr 563/7

SIXIÈME PARTIE

LES ROMANS IMPRIMÉS
À LIÈGE

CHAPITRE I

KINTS, BRONCART ET JACOB

Dans sa *Bibliographie liégeoise* parue en 1885[1], de Theux de Montjardin signale les romans suivants :

1735 *Mémoires de M. le marquis de Fieux.* — J. Jacob, 1735-1736, 3 vol. (corpus n° 425 B et 425 D).

1737 *La bergère russienne ou avantures de la princesse Dengudeski* traduit du moscovite par Monsieur M***. — G. Broncart (n° 121).

1737 *L'hermite sans patrie ou avantures de Paul Seroni, premier ministre d'Etat par M.D..* — Jacob, 1737-1738, 3 vol. (n° .240).

1738 *Amusemens des eaux de Schwalbach.* — E. Kints (n° 52 A)

1742 *L'infortunée Sicilienne.* — Paris, et se vend à Liège chez Kints[2]

1744 *Mémoires de l'Académie des sciences de Troyes.* — G. Barnabé (n° 405)

La collection Capitaine, léguée à la Bibliothèque de la ville de Liège, dont le catalogue a été publié en 1872 par Helbig et Grandjean[3], nous permet d'ajouter à cette liste les romans suivants :

1732 *Les veillées de Thessalie.* — 1re-3e parties. — Broncart (n° 635 C).

1736 *La paysanne parvenue.* — Kints (n° 519 M et R).

1737 *La fille errante ou mémoires de mademoiselle de Paisigny.* — Kints, 1737-1741, 5 vol. (n° 222).

1744 *Pamela.* — Broncart (n° 513).

La collection Capitaine contenait encore un *Bastien* de 1737 mais il a disparu, et nous ne l'avons pas rencontré ailleurs. Par contre, nous ajouterons deux romans ayant également des adresses liégeoises : les *Mémoires et avantures secrettes et curieuses d'un voyageur du Levant* par M. de Mirone (autrement dit le Liégeois Lambert de Saumery) (n° 455). Les tomes I-II ont paru en 1731, les tomes III-IV en 1732 et les tomes V-VI en 1735 (sous le titre de *Suite*). Ce roman a été publilé par Kints; c'est Jacob qui a procuré une édition de la *Paysanne parvenue*, probablement en 10 « volumes » : aurait-il renoncé à donner les deux suivants? Ou le catalogue que nous avons trouvé est-il antérieur à la parution des deux dernières parties? Quelques fascicules de cette édition, parus en 1735 et 1736, se trouvent à la Bibliothèque Universitaire de Liège.

Deux de ces éditions ne sont certainement pas liégeoises : les *Amusemens des eaux de Schwalbach*, désavoués avec indignation par Kints dans la *Gazette de Cologne* du 23 janvier 1739, en réalité hollandais, et les *Mémoires de l'Académie de Troyes*, parisiens selon le catalogue de la bibliothèque de Falconet. Restent donc 10 éditions que l'on peut classer à la fois chronologiquement et par libraire, l'astérisque signalant les nouveautés :

Année	Kints	Broncart	Jacob
1731	* Mémoires de Mirone		
1732	″	Les veillées de Thessalie	
1735/36	″		Mémoires de M. le marquis de Fieux La paysanne parvenue
1736	La paysanne parvenue		
1737	* La fille errante III	* La bergère russienne	* L'hermite sans patrie
1738			″
1741	* La fille errante I-II ; IV-V		
1742	* La fille errante VI-IX * L'infortunée Sicilienne		
1744		Pamela	

Ce tableau appelle plusieurs remarques :

1. Sur ces 10 éditions, on trouve cinq nouveautés : trois publiées par Everard Kints, une par Broncart et une par Jacob.

2. Sur les cinq réimpressions, trois sont des romans de Mouhy; et deux libraires de Liège réimpriment en même temps la *Paysanne parvenue*; ces réimpressions suivent de près d'ailleurs l'édition parisienne.

3. Si la publication de trois nouveautés en 1737 peut faire supposer une réaction de libraires (ou d'auteurs puisque l'*Hermite sans patrie* est du Liégeois de Saumery), libraires et auteurs pensant que la librairie liégeoise va profiter de la Proscription, il n'en est pas de même des réimpressions des romans de Mouhy.

KINTS

Le libraire Kints est le plus connu de ces trois libraires. De classe internationale comme Jean Neaulme, il publie en 1742 un *Catalogue de livres de théologie, de morale, spirituels, de droit, d'histoire, de littérature et autres qui se trouvent à Liège chez Everard Kints.* Outre de nombreuses impressions hollandaises, nous y avons relevé 63 éditions de romans français des années 1728-1740, sans compter les éditions annoncées dans les trois suppléments.

Parmi ces titres, signalons :

La *Fille errante*; 5 parties in-8°; et dans le troisième supplément : 9 parties 1742.

L'*Infortunée Sicilienne* 4 vol. 1743 (dans le troisième supplément).

Mémoires et avantures secrètes et curieuses de Mr de Saumery. — Liège 1735, 6 vol. 8°.

La *Paysanne parvenue*, 12 parties 8°, complètes.

LES RÉIMPRESSIONS DES ROMANS DE MOUHY

Il nous faut examiner de plus près ces diverses impressions des romans de Mouhy.

Titre	Editeur parisien	Partie	Attesté à Paris	Edition liégeoise
La paysanne parvenue	Prault fils	1	29 juillet 1735 (*Observations*)	Jacob
		2	décembre 1735 (*Mercure*)	Jacob
		3	?	Jacob
		4	1er juin 1736 (retrait de la Chambre syndicale)	Jacob
		5	juin 1736 (*Mercure*)	Jacob
		6	août 1736 (*Mercure*)	Kints 1736
		7	?	?
		8	10 février 1737 (approbation)	Kints 1737
Mémoires de M. le marquis de Fieux	Prault père	1	23 août 1735 (retrait)	Jacob 1735
		2	21 février 1736 (retrait)	Jacob 1736
		3	?	Jacob 1736
		4	21 août 1736 (retrait)	Jacob 1736
Lamekis	Dupuis	1	20 décembre 1735 (retrait)	Kints sous l'adresse « Londres, Compagnie, 1736 »
		2	24 avril 1736 (retrait)	
		3	26 février 1737 (retrait)	
		4	26 février 1737 (retrait)	

Nous ferons sur ce tableau les remarques suivantes :

Deux romans de Mouhy parus à la même époque n'y figurent pas :
le *Paris*, retiré par Ribou de la Chambre syndicale le 13 août 1735 ; la
Mouche, retirée par Prault le 22 novembre 1735 et le 23 mars 1736. Il
faut cependant ne pas écarter l'éventualité de la disparition d'éditions
liégeoises de ces deux romans. Les éditions françaises en sont rares ;
peut-être ces deux romans ont-ils eu moins de succès et les imprimeurs
liégeois n'ont-ils pas jugé intéressant de les réimprimer?

Aucune trace non plus des romans de Mouhy qui commencent à
paraître en 1737 : les *Mémoires posthumes* et la *Vie de Chimène de Spinelli*, publiés tous deux par Ribou en 1737.

Surtout, la réimpression de la *Paysanne parvenue* et du *Lamekis* se
limite aux parties privilégiées. A partir de la publication sous l'adresse
de Jean Neaulme de la suite des deux romans, la réimpression semble
interrompue. On sait que ces suites sont en réalité publiées en France.
Pourquoi Kints renonce-t-il? Il y a là une conséquence évidente des
mesures prises en 1737, que cette conséquence soit directe ou indirecte :
les libraires liégeois peuvent être soumis à des sanctions possibles dans
un pays allié et même vassal en quelque sorte de la France, d'autant
plus que Kints est un libraire officiel ; les livres français peuvent aussi
lui parvenir plus difficilement par suite d'une surveillance momentané-
ment accrue ; ou encore tels accords — s'il y a eu accords et non
contrefaçons — ont pu se trouver subitement caducs ; ou Neaulme peut
être partie prenante dans ces continuations et avoir fait comprendre à
Kints, avec qui il est en relation d'affaires, qu'il a intérêt à cesser ses
contrefaçons.

On remarquera également la quasi-simultanéité entre la publication
en France et la publication à Liège et aussi l'importance de la famille
Prault : non seulement Prault père publie les *Mémoires de M. le marquis de Fieux* intégralement de 1735 à 1736 et Prault fils les huit premières parties de la *Paysanne parvenue* de 1735 à 1737, mais le privilège
du *Lamekis* avait été en réalité accordé pour 6 ans le 10 juin 1735 à
Prault fils qui le cède le 16 novembre suivant à Mouhy, lequel, le
même jour, le cède à Dupuis. Le sens de ces transactions nous
échappe ; aussi, des transactions entre les Prault et les libraires liégeois
ne sont pas exclues : d'abord avec Jacob, ensuite avec Kints ; il est en
effet curieux que nous n'ayons trouvé que les cinq premières parties de
la *Paysanne parvenue* de l'édition Jacob et seulement les parties 6 et 8
de l'édition Kints : hasard?

JACOB

Ce Jacques Jacob publie également en 1736 *L'hermite sans patrie*,
relié avec *Lamekis* à Göttingen. mais, ce qui nous a paru intéressant,
c'est la parenté entre certains des ornements typographiques employés
par Jacob et des ornements employés par des imprimeurs français.
Tout se passe comme si Jacob avait commandé des ornements à des

graveurs comme Nioul, ou comme si on les avait «contrefaits» en reproduisant même la signature N du graveur.

(1) DE THEUX DE MONTJARDIN, *Bibliographie liégeoise*, 2ᵉ édition. Bruges 1885.
(2) G. MAY, *op. cit.*, p. 82.
(3) HELBIG et GRANDJEAN, *Catalogue des collections Capitaine*. Liège, 1872.

CHAPITRE II

DELORME DE LA TOUR
ET *THÉRÈSE PHILOSOPHE*

Bassompierre est suffisamment connu par ailleurs pour que nous n'insistions pas sur ses publications; par contre, Delorme de la Tour l'est beaucoup moins. On voit son nom apparaître par deux fois dans la *Gazette de Cologne* à la fin de l'année 1743 : le 26 novembre 1743 Delorme est dépositaire du catalogue de la prochaine vente Schouten et Mortier à Amsterdam; le 17 décembre suivant, « J.-F. Bassompierre et J. de Lorme de la Tour libraires à Liège vont mettre sous la presse une nouvelle édition des *Actions chrétiennes* en 15 vol. 8° » : en 1744 paraît un *Eloge de G.L. de Bergues* par J.F.B. : « A Breuxelles et se vend à Liège chez Bassompierre et Delorme de la Tour ».

Nous n'avons pas de trace avant 1743 de l'association entre Bassompierre et Delorme de la Tour. Mais Delorme était libraire dès 1742 puisqu'il publie alors un fascicule de 82 pages (que nous n'avons malheureusement pas vu) intitulé « *Supplément du catalogue des livres les plus nouveaux* qui se trouvent en la boutique de J. Delorme de la Tour libraire au Palais de S.A. à Liège au 1ᵉʳ janvier 1742 et dont les plus curieux se trouvent chez le même aux foires prochaines de Maastricht et d'Aix-la-Chapelle et à Spa, dans la saison des eaux ».

Grâce à P.M. Gason, nous avons pu retrouver la trace de Delorme dans les archives d'Etat à Liège : « Le recensement de 1740 le mentionne alors parmi les paroissiens de Saint-Nicolas-aux-Mouches où il s'est installé apparemment en 1739. Il y réside avec sa famille, mais, au moment de ce recensement, occasionné par des difficultés d'approvisionnement en subsistances, il est donné comme absent. Le document précise qu'il est libraire au Palais et qu'il est né à Paris ».

Le 20 mai 1745, Jacques Delorme fait baptiser son fils Jean-Marie-Claude à Notre-Dame-aux Fonts, autre paroisse de Liège; les registres paroissiaux de Liège nous apprennent encore que la femme de Jacques Delorme s'appelait Anne Clerc, qu'ils étaient domiciliés alors dans la paroisse Sainte-Ursule, et que le parrain se nommait Claude de Pichard, enseigne dans les troupes de Son Altesse Celcissime le prince de Liège. On retrouve ce Jean-Marie Claude Delorme près de 30 ans plus tard à Chalon-sur-Saône : le 15 juin 1772 sont publiés les bans de « J.M.C. Delorme Delatour imprimeur du roi, demeurant à Chalon, fils majeur de Jacques Delorme Delatour bourgeois de Paris et de dame Anne Leclerc d'une part, et de demoiselle Anne Lebrun, fille mineure du sieur Joseph Lebrun lieutenant major de la citadelle de cette ville y demeurant, et de dame Annie Gougon (?)[1] ». Sa femme devait mourir quelques mois plus tard ; retenons qu'il était fixé comme imprimeur à Chalon, où il acquit l'imprimerie de la Veuve Desaint ; il produisit alors des certificats d'apprentissage de Grangé et de Hérissant pour les années 1765 et 1766[2].

Mais revenons à Delorme père, qui vivait toujours au moment du mariage de son fils en 1772 ainsi que sa femme, et qui habitait proba-blement Paris. Son séjour à Liège ne fut sans doute pas très long. « Les parents (de J.M.C. Delorme Delatour) étaient français, et son aïeul tenait dans un riche quartier de la capitale un important magasin d'an-tiquités et d'objets d'art dont quelques restes très intéressants se voient encore chez plusieurs de ses descendants », écrivait un historien des imprimeurs chalonnais[3]. Nous ne désespérons pas d'en découvrir un jour davantage ; pour le moment, il faut nous contenter de supposi-tions : Jacques Delorme a quitté Paris très jeune apparemment, et est venu tenter sa chance à Liège ; entre 1744 et 1748, la présence des troupes françaises offre bien des chances aux « aventuriers » de tout bord : ainsi, Garrigues de Froment est à Liège au cours de l'été 1748, et le gouvernement français cherche à le faire enlever secrète-ment : « Sa Majesté n'a pu voir qu'avec indignation qu'on laisse imprimer (à Liège) une brochure aussi insolente que celle que vous m'avez envoyée », écrit-on le 18 juin 1748 de Versailles à Beauchamp, représentant de la France à Liège[4]. Une lettre écrite le lendemain et remise directement à un émissaire insiste pour qu'on « tâche de prendre tous les exemplaires en même temps qu'on l'arrêterait... les maréchaux de Saxe ni de Lowendal n'en peuvent point être instruits »[5]. Il s'agit d'un « ouvrage (qu'il) a fait imprimer sur les préliminaires de la paix ». Le 26 juin, le représentant de la France avoue : « Je n'y comprends rien : il faut qu'il ait fait imprimer en deux endroits différents » ; on apprend en effet que l'ouvrage « a été envoyé à Aix-la-Chapelle chez un nommé Barchon, libraire et imprimeur, qui a acheté tous les exem-plaires, et celui qui les imprimait à Liège s'en est défait au plus vite, d'abord qu'il a su que Garrigues était arrêté »[6].

Nous avons voulu évoquer cette atmosphère de Liège à la fin de la guerre de la Succession d'Autriche[7] ; Delorme bénéficia-t-il lui aussi un temps de la protection d'officiers aussi illustres que les maréchaux de Saxe et de Lowendal? On a vu en tout cas que le parrain de son fils était enseigne dans les troupes du prince de Liège. Mais nous allons retrouver Delorme de la Tour mêlé à des affaires de publication de romans. Il est signalé en effet le 17 mars 1750 comme ayant « imprimé à Liège le *Thérèse philosophe* et le *Dom B.* » et caché à Paris depuis 15 jours. Le lieutenant de police demande que de Saint-Marc, qui a fait le rapport, « examine s'il ne fait pas des manœuvres de livres à Paris avec des libraires » et lui enjoint de faire « un relevé de ce qui regarde cet imprimeur pour en écrire à M. de Puysieulx » (alors ministre des affaires étrangères)[8]. A son tour, d'Hémery écrit le 20 mars : « Il vient de quitter (Liège) pour se raccommoder avec sa famille avec laquelle il est présentement à Paris, et où il compte faire un établissement à demeure »[9]. L'enquête donne les résultats suivants : « natif de Paris, établi à Liège depuis plusieurs années, a imprimé *Thérèse philosophe*, le *Portier*, a fait imprimer à Auxerre pour son compte les *Voltairiana*, les *Poésies gaillardes*, l'*Académie des dames*. Il faut convenir que la Tour est hardi de venir à Paris, sachant que ses associés (Arles de Montigny et Boscheron) sont encore à la Bastille »[10].

D'Arles de Montigny est qualifié de « gentilhomme de Besançon ». Les de Montigny de Franche-Comté étaient originaires d'un village aujourd'hui dans la Haute-Saône; malgré les recherches des archivistes, nous n'avons pu vérifier que d'Arles appartenait à cette famille, encore moins qu'il était neveu de Bret, Doyen de l'Université de Dijon, comme il le prétendra lors de la mort de ce dernier[11].

« En mars 1744, d'Arles eut des affaires fâcheuses à la police... (Il fut) accusé de faire jouer de malheur et de faire faire des lettres de change à des personnes à qui il faisait prêter de l'argent à usure, d'avoir fait faire de mauvaises affaires au sieur Grizot de Bellecroix, jeune homme riche de Lorraine. Pendant qu'il était en prison, il envoyait des lettres anonymes infâmes au commissaire Camuset et à son fils le notaire, qui avaient sollicité sa détention... Sorti de prison en mai 1744, il fut relégué à Besançon... Sa femme avait été la maîtresse du Comte de Saint-Florentin, l'avait fait entrer dans les fermes, mais s'y étant mal conduit, et sa femme étant venue à mourir, Saint-Florentin l'avait fait chasser, parce qu'il lui faisait des scènes... Ensuite (il) avait suivi l'armée des Flandres du Comte de Lowendal et du Maréchal de Saxe en qualité de Mercure »[12]. Un autre mémoire ajoute : « A la fin de 1744, le bail des sous-fermes dans lequel était le sieur de Montigny étant fini, il se rendit à l'armée du Rhin sous la protection de Mgr le Prince de Conti, où (il devint) inspecteur des fourrages pour 600 livres par mois; en 1746 (il devint) commissaire des guerres... M. le marquis de Villemur, lieutenant général, l'honorait de ses bontés. Lorsque les deux armées furent réunies en 1746, il se rendit à Liège avec M. de Chenevière... Au commencement de 1748, il découvrit qu'un certain particulier qui a été conduit à la Bastille composait un livre indigne... il en informa M. de Beauchamp »[13].

On retrouve bien entendu Arles de Montigny dans les lettres entre le Ministère des affaires étrangères et de Beauchamp, envoyé de France à Liège : « Le sieur de Montigny » se plaint en avril 1748 « d'avoir servi avec zèle depuis le mois de novembre 1746 jusqu'à présent n'ayant reçu qu'une gratification de 1000 livres »[14] ; mais de Beauchamp a des consignes strictes de Versailles : « Je suis persuadé que vous ne distribuerez qu'en connaissance de cause et point en dupe l'argent que vous emploierez par ordre de M. le Comte de Saxe à ces sortes de missions. M. le comte d'Argenson m'a dit que le sieur de Montigny avait bien servi, mais qu'il lui paraissait qu'il étendait beaucoup ses prétentions »[15]. Et le 12 avril 1748, d'Argenson écrit à Puysieulx : « Je connais d'ailleurs le sieur de Montigny pour un homme très dérangé, qui cherche à se faire autoriser à donner des nouvelles fort médiocres, pour se les faire payer bien cher »[16].

Garrigues de Froment n'est pas nommé mais il y a tout lieu de penser que c'est bien lui que d'Arles « donne » en 1748. Depuis quand connaît-il Delorme, qui vit à Liège depuis au moins 1740? Nous l'ignorons.

Berryer pouvait être renseigné grâce à des compagnons imprimeurs, Bonin et La Marche, qui avaient une imprimerie « clandestine » en plein Paris. Le 12 octobre 1748, « la femme La Marche est venue dire que Joly et Boscheron sont revenus de Liège, ont proposé à Bonin de leur prêter son imprimerie pour faire des ouvrages curieux, entre autres *Thérèse philosophe* ». Le 15 octobre, le dit Bonin signale que « Boscheron et Joly (ont) fait difficulté de lui remettre le manuscrit de *Thérèse philosophe*, qu'il croit être les aventures du p. Girard et de la Cadière » et qu'ils ont dit « qu'ils le feraient eux-mêmes... Ils ont donné à entendre qu'une personne de la première distinction était à la tête de cette entreprise ». Le 17 octobre, La Marche ajoute que « les personnes qui sont à la tête de l'entreprise sont venues exprès de Liège avec Boscheron et Joly, ne trouvant point à Liège assez de caractères, ni de facilité pour débiter... Ces deux compagnons sont gens d'esprit ». Le 14 novembre, « Bonin mande que lui, Boscheron et La Marche comptent finir dans trois semaines... La femme La Marche en avertira à temps l'exempt de M. Berryer... Il y a lieu de présumer que l'auteur est à Liège. Un seigneur qui est l'âme de cette affaire va tous les jours... Il est bien avec le maréchal de Saxe et le prince de Conti »[17].

Nous apprenons ensuite que les imprimeurs « clandestins » ont reçu l'*Histoire de Mlle Bois Laurier*, suite de *Thérèse philosophe*, et qu'ils comptent la finir « la semaine prochaine » (on est en novembre 1748). Les compagnons-mouchards affirment qu'il s'agit là d'un ouvrage tout aussi « dangereux pour la jeunesse » que le précédent, et que « tous les ouvrages scandaleux qui paraissent viennent de Liège ». Le 27 novembre, ils signalent que « le chef est ici incognito, attendant (la fin de l'impression) pour en emporter 500 »[17].

Le 5 février 1749, Bonin annonce que « Simon imprimeur du Parlement pourrait bien réimprimer *Thérèse philosophe* ». Dans l'intervalle, Arles de Montigny a été arrêté dans « le cabaret de la Croix Blanche avec le nommé Louis Boscheron compagnon imprimeur »[18]. C'étaient eux qui avaient dirigé l'impression du livre de *Thérèse philosophe* et d'une nouvelle édition du *Portier* ». Le 4 février, d'Arles de Montigny écrit (au lieutenant de police?) une lettre où il « demande miséricorde pour (son) imprudence » et « la même grâce que celle qu'(il) a accordée à Boscheron pour lui et pour les personnes qu'il (lui) indiquerait ». Et de donner les renseignements suivants : « Les *Portier* sont au Petit Montreuil, pas à Saint-Cloud. Ce n'est pas en Hollande qu'on imprime l'*Académie des dames*, mais en France dont je sais la ville ainsi que l'imprimeur. Je sais où on imprime les *Voltairiana*, les *Poésies gaillardes* et mille autres choses où je n'ai aucune part. Je sais deux bureaux d'entrée dans le royaume où des libraires ont des correspondances. Je connais de vue un fiacre à la Grève qui fait métier d'entrer à Paris, et qui fait ici une imprimerie clandestine... (Quant aux) exemplaires de *Thérèse* qui restent..., il faut que je parle à une personne qui seule peut m'indiquer où je pourrais trouver l'agent du sieur de Lorme qui les a, ainsi que le manuscrit »[19].

Le 20 février 1749, d'Arles de Montigny, toujours à la Bastille, subit un second interrogatoire : « Il résulte du second interrogatoire... qu'il a contribué aux frais de l'impression du *Thérèse philosophe* aussi bien que de plusieurs autres mauvais livres comme le *Portier* etc., comme il a déjà convenu le 2 février. Que l'imprimeur du *Portier* est un nommé de Lorme la Tour libraire à Liège, lequel en a envoyé 1200 exemplaires en 12 petits ballots tout près de Paris pour les y faire entrer quand l'occasion s'en présenterait... Que le nommé Julien, qui est à Paris le commissionnaire du dit de Lorme La Tour, les a fait transporter de Bourg-la-Reine au petit (Montreuil?) près de Versailles le 31 janvier par un nommé La Londe, (qui) les a cachés dans la maison d'un officier de justice de M(ontreuil). Que c'est l'imprimeur d'Auxerre appelé Fournier qui a imprimé les *Voltairiana*, le *Nouveau recueil de poésies gaillardes* et la nouvelle traduction de l'*Académie des dames*. Que c'est le nommé Julien qui se mêle aussi de cette opération. Que ce même Julien doit avoir actuellement en sa possession deux manuscrits écrits de la propre main de l'auteur de *Thérèse philosophe*... Qu'il y a deux bureaux d'entrée : le village de Jussey en Franche-Comté sur la frontière de Lorraine, et Charleville »[20].

A la suite de ces révélations, d'Hémery fait le 13 mars 1749, une « perquisition chez le sieur Dessalles, commissaire du grand Montreuil » et ensuite chez Lafond, « ci-devant procureur fiscal dudit endroit. (Il n'y trouve) aucun ballot de livres »[21].

Ce n'est qu'en août 1750 que sera signé le « bon pour la liberté » de d'Arles de Montigny, qui remet alors « de lui-même les planches de cuivre des estampes de *Thérèse philosophe* et 140 exemplaires du livre »[22]. Nous avons vu plus haut que Delorme de la Tour était resté impuni, ayant poussé l'audace jusqu'à se cacher en plein Paris au début de l'année 1750.

Affaire véritablement exemplaire, pour laquelle nous possédons une documentation d'une exceptionnelle richesse. Essayons maintenant de dégager quelques conclusions.

Il est évident que nous sommes loin des ambitions des imprimeurs liégeois des années 1735-1737. Les enjeux sont différents, les méthodes des uns et des autres, c'est-à-dire des inspirateurs et artisans de ces impressions comme de ceux qui ont vocation à les empêcher, ont changé. Un, plusieurs grands seigneurs font écrire et peut-être écrivent eux-mêmes la très matérialiste *Thérèse philosophe*; car il est difficile de croire que la parodie de l'affaire Girard continue, vingt ans après, à inquiéter les Jésuites. Cette difficulté a conduit Pascal Pia, dans sa préface à la dernière édition du roman, à supposer que cette édition de 1748 n'était pas la première. (Nous) « inclinons à penser » écrivait Pascal Pia, « que l'éditeur découvert par la police, loin de vouloir publier de l'inédit, ne se proposait que d'exploiter à son profit un article de librairie devenu rare et recherché »[23]. Nous ne partageons pas l'avis de Pascal Pia; nous pensons que *Thérèse philosophe* est réellement un livre nouveau. Vingt ans plutôt, en 1728, avaient paru les *Amours de Sainfroid et d'Eulalie*, et l'on pourrait croire que l'histoire du p. Girard est banale ou que l'auteur savait ce qui allait se passer trois ans plus tard; le roman ne peut être daté, il a bien paru en 1728, mais le texte que nous pouvons trouver aujourd'hui n'est peut-être pas celui de 1728 et il pourrait fort bien avoir été « actualisé » après 1731. En 1748, l'histoire du p. Girard et de la Cadière est connue de tout le monde, et continue d'intéresser les lecteurs; on peut écrire un nouveau livre dont le noyau est cette histoire; ce sera *Thérèse philosophe*.

Qui est l'auteur de ce roman que l'on pourrait qualifier de « philosophique »?[24]. L'attribution au marquis d'Argens nous semble pour le moins douteuse; d'Argens est d'ailleurs probablement en Prusse, à l'écart de ce petit scandale littéraire. Quant à d'Arles de Montigny, il n'est apparemment qu'un maillon de la chaîne, un intermédiaire de la production. *Thérèse philosophe* nous semble plutôt l'œuvre d'un aristocrate désinvolte se sachant à l'abri des représailles. Nous y verrions volontiers l'œuvre collective d'officiers supérieurs qui ont des loisirs, surtout dans les derniers mois de cette guerre de la Succession d'Autriche virtuellement terminée. On retrouve dans les dépositions les noms de deux maçons : le Maréchal de Saxe, le Prince de Conti grâce à qui, rappelons-le, Prévost put poursuivre la publication de son *Cleveland* en 1738. Roman de maçons, œuvre collective, pourquoi pas?

Mais ce n'est pas seulement par son contenu que *Thérèse philosophe* annonce l'époque des Lumières. Le type même de co-production préfigure des entreprises plus importantes, entreprises qui se situeront souvent du côté de la Meuse, à ce carrefour de trois villes : Liège, Maastricht, Aix-la-Chapelle.

Nous n'avons pas retrouvé l'édition originale de la *Thérèse philosophe*, ni celle du *Portier des Chartreux*; ni l'un ni l'autre n'avaient certainement bénéficié d'aucune permission du Pouvoir; la coïncidence entre cette disparition des exemplaires et cette absence de permission n'est pas fortuite. Il s'agit là d'écrits interdits, qui n'ont rien à voir avec les écrits dits prohibés dont nous avons trouvé la liste[25]. Nous verrons que, dès 1745, un roman intitulé *Tanastès* avait été composé à Versailles même et diffusé par ce qu'on pourrait appeler un réseau de librairie parallèle, réseau dirigé et protégé par des gens « du monde ».

Dans ces réseaux parallèles la diffusion est en partie assurée par des colporteurs dont le plus illustre est sans doute Julien : « Je vous écrirai quelquefois et je serai votre Julien » écrira Montesquieu au Chevalier d'Aydie le 12 mars 1754[26]. Quant au Chevalier d'Aydie, il parle de Julien à la même époque (hiver 1753-54) dans deux lettres adressées à madame Du Deffand « Le brave Julien m'a totalement abandonné. Il ne m'envoie ni livres, ni nouvelles »[27]; « Julien est-il mort? Il m'a bien averti que les ministres lui ont fait défendre d'écrire les nouvelles; mais il m'avait promis de me mander celles qui regardent la santé de Mme du Châtel et de ses amis, et de continuer à m'envoyer le *Mercure* auquel je comptais qu'il joindrait un almanach suivant sa coutume. Or les ministres ne peuvent pas s'opposer à cela »[28].

Julien est certes plus qu'un simple colporteur puisqu'en 1738 il a « en sa possession deux manuscrits écrits de la propre main de l'auteur de *Thérèse philosophe* »[20] et l'on peut supposer que son rôle dans la diffusion des écrits clandestins n'en est pas resté là.

1 A.D. Saône et Loire GG 14.

2 P. GAUTHIER «Recherches sur les anciens maîtres imprimeurs chalonnais... » dans *Mémoires de la Société d'Histoire et d'archéologie de Chalon*, 1913, p. 133 § 198.

3 *Ibid.*, p. 135.

4 Affaires étrangères, correspondance politique, Liège, vol. 42, f° 158.

5 Corr. politique Liège, vol. 42, f° 162 et 163.

6 *Ibid.*, vol. 42, f° 184 et 353.

7 A la même époque Jore, l'imprimeur des *Lettres philosophiques*, est lui aussi en Belgique.

8 Bibl. Arsenal, ms. 11 694 f° 185.

9 *Ibid.*, f° 187.

10 *Ibid.*, f° 189.

11 *Ibid.*, f° 123.

12 *Ibid.*, f° 56.

13 *Ibid.*, f° 67.

14 Corr. politique Liège vol. 42, f° 34.

15 *Ibid.*, vol. 42, f° 29.

16 *Ibid.*, vol. 42, f° 42.

17 Bibl. Arsenal, ms. 10 300 et 10 301 (non foliotés).

18 Bibl. Arsenal, ms. 11 694, f° 56.

19 *Ibid.*, f° 47.

20 *Ibid.*, f° 54.

21 *Ibid.*, f° 74.

22 *Ibid.*, f° 198.

23 *Thérèse philosophe*, éd. Pascal Pia. Paris, 1979, p. 15. Nous avions écrit à Pascal Pia qui est mort peu de temps après avoir reçu notre lettre.

24 Voir GRANDEROUTE, *Le roman pédagogique de Fénelon à Rousseau*, thèse Grenoble.

25 Registre des titres prohibés B.N. ms.fr. 21 928.

26 Montesquieu, *Œuvres complètes*, éd. Masson. Paris, 1950-1955, tome III, p. 1498.

27 Lettre du chevalier d'Aydie à Mme Du Deffand du 29 décembre 1753 dans *Correspondance inédite* de Mme Du Deffand. Paris, 1809, tome I, p. 116.

28 Lettre du même 14 janvier 1754, *Ibid.* tome I, p. 119.

SEPTIÈME PARTIE

UN IMPRIMEUR PROVINCIAL : FRANÇOIS FOURNIER À AUXERRE

De Liège, nous sommes revenus à Paris; mais l'affaire de *Thérèse philosophe* nous a également fait découvrir au passage François Fournier, soupçonné d'avoir « imprimé les *Voltairiana*, le *Nouveau recueil des poésies gaillardes* et la nouvelle traduction de l'*Académie des dames* »[1]. Une lettre de Douxfils nous confirme d'ailleurs la dénonciation relative aux *Voltairiana*, dont le titre exact est *Voltairiana ou Éloges amphigouriques de F.M. Arouet, sieur de Voltaire... discutés et décidés pour sa réception à l'Académie Françoise.* On sait que la première édition (1748) de ce recueil de libelles contre Voltaire passe pour avoir été imprimée en Hollande[2]. Quant à Douxfils, il écrit le 9 avril 1753 à P. Marchand : « Gosse et Van Dole n'ont pas tort s'il est vrai qu'il y ait eu à Francfort une édition en Bourgogne, aussi en 2 volumes in-8°, d'un plus gros caractère et qui est exactement copiée, n'ayant rien de plus à la fin qu'un conte plaisant *La male prove* »[3].

Si nous consacrons un court chapitre à François Fournier, c'est parce qu'il est le seul imprimeur provincial, en dehors des importantes imprimeries de Rouen et de Trévoux, dont nous ayons pu identifier une impression de roman, grâce au perroquet qu'on retrouve dans plusieurs de ses ouvrages, en particulier dans l'*Almanach à l'usage d'Auxerre* : on voit en effet ce même perroquet sur la page de titre de *Mysis et Glaucé* (corpus n° 484) considéré comme un roman par Jones et dont l'adresse porte « Genève, 1748 » : bel exemple de « marque de libraire » malgré l'adresse genevoise, puisque le perroquet était l'enseigne de la boutique de Fournier, dans la rue de Lormerie. Cette boutique est aujourd'hui une pharmacie. On sait que Restif de la Bretonne prit le 14 juillet 1751 le chemin d'Auxerre et qu'il lut chez Fournier les romans de Mme de Villedieu[4].

François Fournier était le frère du fameux graveur de caractères[5]. Baptisé à Auxerre le 1er décembre 1710, il présente en 1742 pour devenir imprimeur-libraire différents certificats : trois certificats de capacité datés respectivement des 19 août 1737, 3 mars 1738 et 19 septembre 1741 signés par Langlois, syndic de la Communauté des Libraires de Paris, Coignard et Simon, et un certificat pour le latin et le grec signé le 2 février 1740 par Guillier, ci-devant professeur de rhétorique au collège des Grassins à Paris; il présente également un certificat de catholicité signé le 6 janvier 1740 par le curé de Saint-Étienne-du-Mont à Paris[6]. Tous ces certificats sont ceux exigés des nouveaux imprimeurs; ils nous apprennent que François Fournier réside alors à Paris, au moins depuis 1737; nous n'en savons pas davantage.

Le 21 mai 1742, muni de ces certificats, il obtient l'autorisation de s'installer imprimeur-libraire à Auxerre : « Ce jourd'hui 21 mai 1742 en notre hôtel et devant nous Edme-Jean Baudesson écuyer, conseiller du roi, lieutenant général de police de la ville, est comparu le sieur François Fournier, lequel nous aurait dit que depuis notre procès-verbal du 7 octobre 1741 fait en exécution de l'Arrêt du Conseil privé du 24 octobre 1740... il aurait obtenu un autre arrêt du conseil du 7 mai

1742 par lequel il aurait plu à Sa Majesté sur l'avis de Monseigneur le Chancelier... que le dit sieur Fournier serait reçu imprimeur-libraire en cette ville »[7].

Cette installation officielle de François Fournier à Auxerre en 1742, avant même la première édition du *Manuel typographique* de son frère[8], mérite réflexion; elle est en effet en contradiction à la fois avec la politique de limitation du nombre des imprimeurs provinciaux, et avec la politique de répression du jansénisme; or Auxerre est devenue la capitale de la résistance janséniste, à cause de la personnalité de l'évêque d'Auxerre, Charles de Caylus, frère du Comte de Caylus. C'est une fois de plus par des questions et non par des réponses que nous terminerons un chapitre.

1. Bibl. Arsenal, ms. 11 694 f° 54.
2. *Bibliothèque Nationale. Voltaire, un homme, un siècle*, 1979, p. 74.
3. Fonds Marchand : lettre de Douxfils du 9 avril 1753.
4. FUNCK-BRENTANO, *Retif de la Bretonne*, Paris, 1928.
5. Sur les Fournier, voir les travaux de Mme Veyrin-Forrer.
6. A.D. Yonne, F74, p. 26 et 27.
7. A.D. Yonne, F74, p. 25.
8. FOURNIER, *Manuel typographique*. Paris, 1764–1766.

HUITIÈME PARTIE

LIBRAIRES ET IMPRIMEURS DE ROUEN

INTRODUCTION

François Fournier est un nouveau venu dans ce monde qui n'a pas fini de nous étonner. A Rouen, nous trouvons une ville d'imprimeurs-libraires fort actifs : l'index du livre de H.J. Martin nous apprend que le nom de Rouen apparaît dans 63 pages[1]. Et Queniart a pu consacrer un ouvrage entier à l'imprimerie de Rouen[2]. La situation géographique de Rouen était idéale et lui permettait de jouer le rôle d'intermédiaire entre la Hollande et Paris, qu'il s'agisse de ventes de livres hollandais ou de réimpressions de ces livres.

En 1732, on comptait à Rouen 38 boutiques de libraires imposées à 15 livres et 19 imprimeries imposées à 30 livres ; en 1739, on comptait 30 libraires et 17 imprimeurs[3]. Le responsable de la Librairie était le Président Camus de Pontcarré, qui avait succédé à son père comme responsable de la librairie en Normandie. Né en 1698, il était fils du premier lit de Nicolas-Pierre Camus de Pontcarré (1667–1734) qui fut premier président de 1703 à 1730. Conseiller au Parlement en 1718, maître des requêtes en 1722, il avait eu la survivance de la charge de son père en 1726 et exerça les fonctions de premier président à partir de 1730. Démissionnaire en 1757, il vécut alors à Paris ou dans sa terre de Viarmes et mourut en 1767[4]

1. H.J. MARTIN, *op. cit.*, p. 1059.
2. QUÉNIART, *L'imprimerie à Rouen au XVIIIe siècle.* Paris, 1969.
3. A.D. Seine-Maritime, 5E 484.
4. H. de Frondeville, *Les présidents au Parlement de Normandie*, 1953.

CHAPITRE I

L'IMPORTATION DE LIVRES HOLLANDAIS ET L'ACTIVITÉ DE J.B. MACHUEL

Pontcarré nous est connu par sa bibliothèque et par ses lettres à Prosper Marchand[1]. Dans ces lettres, on le voit se préoccuper d'achats de livres hollandais, dont il trouve les « prix fort raisonnables » ; « nos libraires », ajoute-t-il le 10 décembre 1739, « ne m'auraient pas sûrement si bien traité ». Il veut être tenu au courant de « ce qui s'imprimera de nouveau en Hollande » (18 mai 1740), traite les *Mille et une faveur* de livre « pitoyable » (1er juin 1741). Il reproche à son correspondant de ne pas lui avoir parlé de « quelques nouveautés de (ses provinces) » qui ont dû lui échapper et qu'il a eues entre les mains à Rouen, comme le *Czar Pierre 1er en France* (20 juillet 1741). Il s'excuse en quelque sorte de lui commander certains livres dont, malheureusement pour nous, les titres étaient détaillés dans un mémoire qui n'est pas resté avec les lettres : « Vous trouverez dans ce mémoire des livres que vous blâmerez avec raison ; mon dessein est de les envoyer à ma campagne, où les dames s'en amusent plus volontiers que d'autres lectures » (9 décembre 1741). « Les livres du premier état sont pour moi, et ceux du second sont pour un de mes amis, qui les destine pour sa campagne » (10 octobre 1742). Le 20 juin 1743, il remercie Marchand en ces termes : « Je ne puis vous exprimer combien je suis encore reconnaissant de l'attention que vous avez à m'annoncer jusqu'aux moindres bagatelles que fournissent vos presses, et des jugements que vous prenez la peine d'en porter. Cette exactitude vous fait perdre un temps que vous pourriez employer plus utilement ; mais comme je ne rejette pas absolument les ouvrages qui ne sont que de pur amusement, parce que les femmes s'en occupent volontiers à la campagne, je vous prie de vouloir bien continuer à me faire part de vos réflexions sur ceux de ce genre ». Le 13 décembre 1743, il réclame à Marchand « la feuille N du 10e volume de la *Bibliothèque de campagne ou amusemens...* » qui manque à ce livre, qui faisait partie du dernier ballot envoyé par Marchand. Le 16 août 1744, il lui demande le nom de « celui qui a fait imprimer l'*Histoire de Melle de Barres* », et le 1er octobre suivant le remercie de lui avoir pré-

cisé qu'il s'agissait du secrétaire de l'Académie Française, en fait l'abbé
d'Olivet, qui n'est point secrétaire. « La plupart des livres que je vous
demande», lui écrit-il encore le 28 décembre 1744, « ne sont que
d'amusement pour la campagne»; « et c'est à quoi je les destine»
ajoute-t-il le 14 février 1745. En 1745, une contestation surgit à propos
de *Persile et Sigismonde* qui manque à un ballot. Ce sont là les seules
allusions à des romans. Nous trouvons en effet dans le catalogue de la
bibliothèque de Pontcarré, sous le n° 1593, les *Amusements de la campagne, de la cour et de la ville*, Amsterdam 1739; et sous le n° 1595 (le
catalogue est dans l'ordre chronologique), *Persile et Sigismonde, histoire
septentrionale*, Amsterdam, 1740 : ce n'est pas une nouveauté, mais la
réimpression par Changuion de l'édition française de 1738, réimpression
annoncée par la *Gazette d'Amsterdam* du 10 février 1741, et que nous
n'avons jamais vue.

A travers ces lettres de Pontcarré à Marchand apparaît une certaine
image des libraires de Rouen : celle de libraires mal placés pour acheter les nouveautés hollandaises; à moins que la protection de Pontcarré
et ses relations avec les libraires hollandais n'aient favorisé le commerce
des libraires de Rouen.

Dans son ouvrage sur l'*Imprimerie à Rouen au XVIII*^e *siècle*[2], Queniart
cite une lettre de Pontcarré du 4 mars 1743 d'après un ouvrage paru à
la Haye en 1914–1916[3]. Nous l'avons retrouvée dans le fonds Marchand[1]. Nous la supposons adressée au marquis de Fénelon, ambassadeur de France aux Pays-Bas. Voici l'essentiel de cette lettre : « Je n'ai
différé jusqu'à présent à répondre à la lettre que Votre Excellence m'a
fait l'honneur de m'écrire le 17 du mois passé en faveur du sieur
Neaulme négociant libraire à la Haye que parce que j'ai été obligé de
me faire rendre compte de l'état de la succession du sieur Machuel
décédé, libraire en cette ville, dont il est créancier pour marchandises
de librairies qu'il lui a envoyées. J'ai appris que cette succession était
surchargée de dettes, en sorte que les créanciers perdront plus de 60 %.
Il est vrai que le sieur Neaulme se réduit à la réclamation de ceux des
livres qu'il a vendus au sieur Machuel qui se trouveront dans sa succession, mais cette protection, toute juste qu'elle est, sera contestée par
les autres créanciers, attendu... qu'il n'y a d'autres preuves que c'était
le sieur Neaulme qui les ait vendus que les factures qui sont entre les
mains de son fondé de procuration; d'ailleurs, il y a une partie de ces
livres qui sont ou prohibés ou de contrefaçon, ce qui seul empêcherait
de faire droit judiciairement sur la réclamation du sieur Neaulme; dans
ces circonstances, je ne puis, Monsieur, rien prendre sur mon compte,
et j'ai eu l'honneur d'écrire aujourd'hui à Monsieur le Chancelier pour
l'informer de l'état des affaires de Machuel, ainsi que de l'intérêt que
vous portiez au sieur Machuel, et recevoir ses ordres à ce sujet; si
Votre Excellence veut bien prendre la peine de le voir, elle saura ce
qu'il aura décidé sur la réclamation en question...»

Remarquons la présence de Jean Neaulme parmi les créanciers de
Machuel. Mais de quel Machuel s'agit-il?

Ce Machuel, c'est Jean-Baptiste Machuel, mort le 23 mars 1742. Il était le fils de Jean-Baptiste Machuel, que Queniart considère comme le premier de la dynastie de ces imprimeurs Machuel, frère de Robert II Machuel et père de Jean-Baptiste Machuel III et de Pierre Machuel. Il demeurait rue Damiette, paroisse Saint-Maclou ; son père était mort le 6 décembre 1729, et il est question de lui dans des lettres écrites au lieutenant de police Hérault au cours de l'hiver 1729-30 par le capitaine général des fermes du Pecq. Ce capitaine déclare alors avoir trouvé, parmi les paquets déchargés par le voiturier par eau, « cinq paquets, pesant environ 200 livres, d'imprimés adressés à Gaillot, marchand à St-Germain dont les titres sont ci-joints ». (La liste ne nous est pas parvenue...). « J'ai reconnu plusieurs notes écrites de la main de Jean-Baptiste Machuel libraire à Rouen ». Nous ne savons pas comment il connaissait l'écriture de Machuel; quoi qu'il en soit, il affirme que « la communauté des libraires, suivant toutes les apparences, est d'accord avec le sieur Jean-Baptiste Machuel » (Lettre du 9 décembre 1730). Deux mois plus tard, il est avisé que « le bateau de Roger Huau, resté à Conflans-Sainte-Honorine à cause des glaces, est chargé de 6 ou 7 ballots d'imprimés à l'adresse de quatre libraires de Paris, soit que les adresses soient vraies ou fausses (sic) » [4].

Ce Jean-Baptiste Machuel avait épousé le 16 juillet 1720 Marie-Barbe Le Vavasseur, fille d'un conseiller du roi, maître es ports, ponts et passages de Normandie [5]. Par la suite, il hérita de cette charge. L'inventaire après décès, commencé le 27 avril 1743, dit qu'il « faisait aussi le commerce de librairie »[6]. Cet inventaire révèle l'existence dans son fonds de nombreux romans dont voici la liste :

Exemplaires de romans trouvés chez J.-B. Machuel en juin 1742

Titre donné par l'inventaire éventuellement complété	Nombre d'exemplaires du stock	N° du corpus Catalogues de libraires hollandais
Amusemens de la Hollande 2 vol. 8°	5	Corpus n° 48, La Haye, Van Cleef, 1739–1740
		Figure dans les catalogues de Van Cleef (1741) et Van Daalen (1764)
		Prohibé; saisi le 4 septembre 1739 sur Huart[7]
Amusemens des dames 4 vol.	8	Corpus n° 50, La Haye, Paupie, 1740–1741
		Figure dans les catalogues Kints (Liège) de 1742, Van Duren de 1748 et Jean Neaulme de 1755
		Saisi le 5 décembre 1741[8]
Amusemens des eaux de Schwalbach 8°	5	Corpus N° 52 Impressions hollandaises de 1738, 1739 et 1740 parues sous l'adresse de Kints à Liège
Anecdotes du seizième siècle, 2 vol.	5	Corpus n° 62 bis, Amsterdam, Compagnie, 1741
		Figure dans le catalogue Kints de 1742
Avantures de don Ramire de Roxas	13	Corpus n° 91; nous ne connaissons que l'édition Cailleau de 1737
		Figure dans les catalogues Van Duren (1737 et 1748), Pellissari à Genève (1737) Kints à Liège (1742) Jean Neaulme (1755)
Avantures de Gil Blas, 4 vol. in-12	8	Corpus n° 93
Avantures de Robert Chevalier de Beauchesne, 2 vol.	6	Corpus n° 99, Paris, Ganeau 1732 et Amsterdam, Compagnie, 1733
Avantures de Télémaque	18	Corpus n° 101
Bibliothèque de campagne	31 + 31 du tome 6	Corpus n° 123, La Haye, Neaulme, 1735–1742
Les caprices de l'amour et de la fortune	6	Corpus n° 133, La Haye, Paupie, 1737

Titre	Stock	Corpus
Les caprices... (suite)		Impression étrangère refusée Prohibé Figure sur le catalogue Van Duren de 1737
Les cent nouvelles nouvelles 2 vol.	10	Corpus n° 137
Le doyen de Killerine 6 vol.	6 + 13	Corpus n° 190
Les égaremens du cœur et de l'esprit	5	Corpus n° 196
Entretiens (littéraires et) galans		Corpus n° 200
Les femmes militaires	327	Corpus n° 219
Histoire d'une Grecque moderne 2 vol.	66 + 46	Corpus n° 259
Histoire de don Quichotte 6 vol. in-12	10 1	Corpus n° 274
Histoire de Marguerite d'Anjou	117 14	Corpus n° 293
Histoire (maccaronique) de Merlin Cocaye, 2 vol.	2	Corpus n° 323
Histoire des amours de Valérie (et de Barberigo)	93 33 2	Corpus n° 332, Lausanne et Genève, Bousquet, 1741
(Histoire et) avantures de Melle de la Rochette	4	Corpus n° 321, Leyde, Van der Aa, 1738
Le Hollandois raisonnable, 3 vol.	69 + 13 imparfaits[9]	Corpus n° 338, Amsterdam, Vve de Coup et Kuper, 1741
Les illustres Angloises	2	Corpus n° 341, La Haye, Beauregard, 1735
L'infortuné Philope	8	Corpus n° 347
Le journaliste amusant	1	Corpus n° 355, Amsterdam, L'Honoré, 1732
Journées amusantes 8 vol.	21	Corpus n° 356
Lettres d'amour d'une religieuse portugaise	2	Corpus n° 365 bis

Titre	Stock	Corpus
Lettres de Mme Desnoyers 5 vol. in-12	6 9 3	Corpus n° 376
Lettres turques	22	Corpus n° 370
Mémoires d'Anne-Marie de Moras 4 vol.	7 1	Corpus n° 398, 1739 et 1740 Figure dans le supplément du catalogue Kints (Liège) de 1742 avec la précision « 4 parties» Figure sur les catalogues Beauregard de 1754 et Jean Neaulme de 1755 Saisi chez Mérigot le 14 juillet 1740
Mémoires (et avantures) d'un homme de qualité 2 vol. in-12	21	Corpus n° 448
Mémoires de Melle (de) Bontemps	444 68	Corpus n° 416, Amsterdam, Catuffe, 1738 Figure sur les catalogues de Van Duren (1748) et de Jean Neaulme (1755)
Mémoires (historiques) du comte Betlem-Niklos 2 vol.	7	Corpus n° 457, Amsterdam, Jean Swart, 1736 Publié par Machuel lui-même selon le catalogue
Mémoires politiques, amusans et satiriques 5 vol.	14	Corpus n° 460 Figure sur le catalogue Van Duren, 1748
(Monosimpleatos ou) les avantures du comte de Lurilia	11	Corpus n° 481, Londres, Compagnie, 1741 Figure dans le catalogue Kints de 1742
Le nouveau Télémaque 3 vol. 8°	83	Corpus n° 496, La Haye, Van Cleef, 1741 Figure sur les catalogues de Van Cleef (1741), Chareau à Amsterdam (1742) Saisi le 14 octobre 1740
Œuvres de Rabelais 3 vol. 4°	2	Corpus n° 509

Titre	Stock	Corpus
L'orpheline angloise	17	Corpus n° 512, La Haye, Van Cleef, 1741
Le paysan gentilhomme	57 216	Corpus n° 517 Figure sur le catalogue Van Duren de 1748
Le (prétendu) enfant supposé	5	Corpus n° 536, La Haye, Compagnie, 1740
		Figure sur le catalogue Van Duren de 1748
		Saisi le 14 mars 1741[10]
La promenade de Versailles	1	Corpus n° 554, 1736 et 1737
Les quinze joyes de mariage	3	Corpus n° 563, La Haye, Rogissart, 1734
Roger Bontemps (en belle humeur)	2	Corpus n° 583
La Saxe galante	17	Corpus n° 589
Le solitaire espagnol 2 vol.	2	Corpus n° 601, Leyde, Van der Aa, 1738-1739
Les sultanes de Guzarate 2 vol.	23	Corpus n° 613
Le théâtre des passions	7	Corpus n° 620, Paris, Brunet, 1731
Le triomphe de la vertu 3 vol.	28	Corpus n° 627 bis, La Haye, Gallois, 1741
		Figure dans le catalogue Chareau Amsterdam de 1742
(La vie et) les avantures de la jeune Olinde	3	Corpus n° 649, Londres, Compagnie, 1741
		Annoncé par E. Neaulme dans la *Gazette d'Utrecht* du 4 octobre 1740
		Figure dans le catalogue Kints de 1742
		Saisi le 10 janvier 1741 chez Mérigot[11]

Au total, 48 titres de romans et 2016 exemplaires de ces romans.

Parmi ces 48 titres, nous distinguerons les titres suivants qui correspondent certainement à des éditions hollandaises :

Titre	N° du corpus	Adresse	Année	Nombre d'exempl. du stock de Machuel	Nombre d'exempl. des catalogues de vente
Amusemens de la Hollande	n° 48	La Haye, Van Cleef	1739-1740	5	5
Amusemens des dames	n° 50	La Haye, Paupie	1740-1741	8	7
Amusemens des eaux de Schwalbach	n° 52	Liège, Kints (Hollande)	1738 et réimpr.	5	5
Bibliothèque de campagne (contient surtout des réimpressions)	n° 123	La Haye, J. Neaulme	1735-1742	31	2
Les caprices de l'amour et de la fortune	n° 133	La Haye, Paupie	1737	6	9
Histoire et avantures de Mlle de la Rochette	n° 321	Leyde, Van der Aa	1738	4	1
Le Hollandois raisonnable	n° 338	Amsterdam, Veuve de Coup et Kuper	1741	72	6
Les illustres Angloises	n° 341	La Haye, Beauregard	1735	2	4
Le journaliste amusant	n° 355	Amsterdam, L'Honoré	1732	1	0
Mémoires de Mlle de Bontemps	n° 416	Amsterdam, Catuffe	1738	512	8
Monosimpleatos	n° 481	Londres, Compagnie	1741	11	4
Le nouveau Télémaque	n° 496	La Haye, Van Cleef	1741	83	14
L'orpheline angloise	n° 512	La Haye, Van Cleef	1741	17	5
Le prétendu enfant supposé	n° 536	La Haye, Compagnie	1740	5	6
Le triomphe de la vertu	n° 627 bis	La Haye, Gallois	1741	28	6
La vie et les avantures de la jeune Olinde	n° 469	Londres, Compagnie	1741	3	14
	16 titres			793 exemplaires en stock	96 exemplaires dans les catalogues de ventes

Ainsi, les romans « hollandais» trouvés chez J.B. Machuel en 1742 représentent le tiers de son stock si on considère le nombre de titres et près de 40 % si on considère le nombre d'exemplaires. Ces romans sont tous des nouveautés, et la moitié des titres a été publiée entre 1740 et 1742 (le tome VI de la *Bibliothèque de campagne* est de 1742).

Il est évidemment toujours possible que certains des livres en stock soient des contrefaçons rouennaises dont nous n'aurions pas trouvé d'exemplaires; mais cela nous semble difficile à admettre pour un tiers des titres. Ce que nous voulons souligner ici, c'est le rôle qu'ont pu jouer des libraires de Rouen comme J.B. Machuel dans la diffusion en France des nouveautés hollandaises. La plupart de ces nouveautés ne seront d'ailleurs pas réimprimées en France à notre connaissance. On remarquera enfin qu'il s'agit dans au moins 9 cas de romans publiés à la Haye.

Aucun n'a été publié sous le nom de Jean Neaulme; mais, lorsque Jean Neaulme réclame son dû, c'est pour « des livres qu'il a vendus au sieur Machuel» et « il n'y a d'autres preuves que c'était le sieur Neaulme qui les ait vendus que les factures qui sont entre les mains de son fondé de procuration»[12]. Il n'y a donc aucune raison particulière de supposer qu'il s'agit de livres parus avec l'adresse de Neaulme. Il est vrai que nous n'avons cherché à identifier que les romans.

Parmi les créanciers nommément désignés lors du règlement de la succession de J.B. Machuel, on trouve Pierre Humbert d'Amsterdam, représenté par « Horntenu (?) et fils, négociants à Rouen rue des Bonnetiers»[13]. Or aucun roman avec l'adresse de Pierre Humbert ne figure dans notre liste; les romans d'Amsterdam y sont peu nombreux; et certaines nouveautés publiées à Amsterdam auraient pu y figurer : le *Czar Pierre Ier en France* publié par Pierre Mortier (corpus n° 176) que Prosper Marchand avait négligé de signaler à Pontcarré; les *Mémoires du comte de Rantzow* également publiés par Pierre Mortier (corpus n° 440); le *Diable hermite* publié par F. Joly (corpus n° 184); le *Prince avanturier* publié par Charlois (corpus n° 537).

Nous n'avons pas trouvé dans ce document le nom de Jean Neaulme; peut-être nous a-t-il échappé; peut-être aussi Pierre Humbert et Jean Neaulme sont-ils associés. C'est au cours des années 1740 et 1741 que Jean Neaulme cherche à s'établir à la fois à Paris et à Berlin[14]. Pierre Humbert est un des membres de la Compagnie d'Amsterdam. Mais la Compagnie d'Amsterdam et Jean Neaulme ont certainement eu des relations étroites.

En fait, la prédilection que semble avoir J.B. Machuel pour les romans publiés à la Haye s'explique sans doute par la date : en 1742, la librairie de la Haye, malgré la crise où elle s'est trouvée, a supplanté la librairie d'Amsterdam, au moins dans le domaine romanesque. La lettre de Pontcarré prétend qu'« une partie de ces livres sont prohibés ou de contrefaçon». Nous sommes malheureusement mal renseignés sur certains titres commes les *Avantures de Télémaque*, le *Doyen de Killerine,* les *Egaremens du cœur et de l'esprit,* l'*Histoire de don Quichotte,* les *Mémoires et avantures d'un homme de qualité.* Dans la mesure où ce sont des romans à grand succès ayant eu de nombreuses éditions, nous ne pouvons absolument pas dire de quelles éditions il s'agit. Sans doute s'agit-il de contrefaçons, mais quelle est leur origine? Hollandaise ou normande? Quant aux romans prohibés, il n'y en a apparemment que deux : les *Amusemens de la Hollande* et les *Caprices de l'amour et de la fortune.*

A qui étaient destinés ces livres? Si l'on s'en tient aux nouveautés hollandaises, on s'aperçoit que 15 de ces 16 titres se trouvent dans un certain nombre de catalogues de ventes de bibliothèques. Deux romans publiés en 1741 ont eu un succès incontestable : le *Nouveau Télémaque* et la *Vie et les avantures de la jeune Olinde,* qui se trouvent dans 14 des 87 catalogues que nous avons retenus. Cela ne signifie pas pour autant que les propriétaires de ces bibliothèques avaient acheté ces romans à J.B. Machuel. Mais il a pu en être le principal diffuseur en France. Dans l'inventaire après décès de Machuel figurent deux billets à l'ordre de M. J.B. Machuel, chacun de 300 livres, signés C. Labottière aîné, datés du 17 mars 1742, et trois billets au profit de J.B. Machuel ou à son ordre signés par Vatar l'aîné : ils sont respectivement de 544 livres 17 sols (21 juillet 1741), 167 livres 10 sols (8 septembre 1741) et 301 livres 15 sols (14 janvier 1742)[5]. Ainsi, Machuel fournissait-il deux libraires provinciaux fort connus : Labottière de Bordeaux et Vatar de Rennes.

Enfin, l'existence de relations entre Machuel et Huart, que nous pouvions déduire de la saisie le 4 septembre 1739 sur Huart des *Amusemens de la Hollande*[6], nous est confirmée par la présence dans les papiers de Machuel du « privilège obtenu par le sieur Huart d'un livre qui a pour titre l'*Education des enfans,* cédé au dit défunt par le sieur Huart en date du 17 septembre 1737»[6].

Nous en resterons là avec Jean-Baptiste Machuel, qui nous semble avoir été surtout un intermédiaire entre les libraires de la Haye et les libraires parisiens et provinciaux.

1 B.U. Leyde, fonds Marchand : lettres de Pontcarré.

2 Quéniart, *L'imprimerie à Rouen au XVIIIe siècle*. Paris, 1969.

3 Kleerkooper *De boekhandel te Amsterdam voornamelijk in de 17e eeuw*. La Haye, 1914-1916, p. 455.

4 Bibl. Arsenal, ms. 10 297.

5 A.D. Seine-Maritime 4E 2130 (Registre paroissial de Saint-Martin-sur-Penelle).

6 Inventaire après décès de Jean-Baptiste Machuel, A.D. Seine-Maritime, 5E 484.

7 B.N. ms.fr. 21 931 p. 314.

8 *Ibid.*, p. 342.

9 Signifie probablement qu'il n'y a qu'un ou deux volumes par exemplaire.

10 B.N. ms. fr. 21 931 p. 332.

11 B.N. ms. fr. 21 931 p. 329.

12 H. de Frondeville, *Les présidents au Parlement de Normandie*, 1953.

13 A.D. Seine-Maritime 4BP 5275.

14 Voir ci-dessus p. 268.

CHAPITRE II

LE RÔLE DU PRÉSIDENT PONTCARRÉ

Pontcarré était un amateur de livres, mais son intervention auprès des libraires et des imprimeurs est fort éloignée de celle d'un Marville, qui faisait saisir les ouvrages défendus pour enrichir sa bibliothèque. Le président Pontcarré, comme sans doute déjà son père, protège les libraires de Rouen et travaille avec eux. Il défend le commerce de Rouen contre les prétentions des libraires de Paris et contre les vues centralisatrices des successeurs de Colbert. Nous en avons eu un aperçu par sa lettre de 1743 concernant la succession de J.B. Machuel. Des « observations sur l'administration de la police de la librairie et imprimerie de Rouen» rédigées en mars 1758 à l'intention de Malesherbes, et remises par un imprimeur de Rouen nommé Besoigne (probablement syndic en 1758), rappellent le « règne» de 32 ans exercé par Pontcarré, « extrêmement lié avec le Chancelier d'Aguesseau». « Les permissions tacites de faire quelque livre ou plutôt les tolérances se demandaient au Premier Président, qui souvent les accordait, ou ne les accordait pas. L'ouvrage ne s'en faisait pas moins»[1]. Des visites avaient lieu tous les 15 jours dans les imprimeries, le procès-verbal en était dressé par le syndic et envoyé au Chancelier par l'intermédiaire de Pontcarré. En janvier 1731, Voltaire demande conseil à Cideville : convient-il ou non de solliciter une permission tacite de Pontcarré pour l'*Histoire de Charles XII* ?[2]. Et il accepte la suggestion de Cideville : « Je m'imagine que le parti de parler au Premier Président est le seul raisonnable. Il ne peut nous refuser... Il a déjà permis l'impression du *Triomphe de l'intérêt*, qui était proscrit au Sceau»[3].

Le document de 1758 ajoute qu'« en 1740 Pontcarré changea de secrétaire» et prit « Desforges, homme de lettres qui entendait très bien cette partie»[1]. En réalité, un certain Desforges est déjà « Inspecteur de la Librairie» à l'époque du père de Pontcarré, en 1729 et 1730[4]. C'est à lui que Voltaire a affaire en 1731 lors de la publication des *Lettres philosophiques*[5].

Les libraires et imprimeurs de Paris voyaient certainement dans leurs collègues de Rouen de dangereux concurrents. Et les représentants du

Pouvoir savaient fort bien qu'ils étaient incontrôlables. Déjà en 1726 le lieutenant de police Hérault demandait à Maurepas « deux ordres du Roi, l'un pour aller à Troyes et l'autre à Rouen, y faire visite chez les imprimeurs des différents libelles qui ont jusqu'ici paru». Et il ajoutait : « Je crois qu'il serait à propos que vous eussiez la bonté d'accompagner l'ordre pour Rouen d'une lettre pour l'intendant»[6].

Même scénario en 1754. Une perquisition doit se faire chez les imprimeurs de Rouen à la demande des imprimeurs de Paris David et Durand : « David me paraît craindre que Machuel et Ferrand ne soient protégés et par conséquent avertis, mais, quand ces craintes seraient fondées, je pense qu'il pourra aisément s'arranger de façon que les imprimeurs ne puissent pas mettre leurs livres à couvert»[7]. Malesherbes avait averti Pontcarré, qui normalement aurait dû assister à la perquisition du 23 avril 1754 « chez Ferrand imprimeur rue Gantoise et chez Machuel aussi imprimeur rue Saint-Lo»[8]. Mais Pontcarré prétendit qu'il n'était pas à Rouen et envoya pour le représenter l'abbé Ruellon, alors inspecteur de la Librairie. Ce dernier ne se gêna pas pour expliquer que « ces imprimeurs sont autorisés tacitement par M. de Pontcarré à faire des contrefaçons»[9]. Quant à Pontcarré, il se plaignit le 9 mai à Malesherbes : les imprimeurs de Rouen avaient été selon lui « suspectés par quelques libraires de Paris d'imprimer des livres dont ils avaient le privilège». Le procès-verbal de la perquisition n'avait pas été laissé aux imprimeurs « comme je crois», ajoute-t-il, « qu'il est de règle; je serai plus informé de ce qui s'est trouvé»[10].

Ainsi, en 1754, les imprimeurs et libraires parisiens continuent à redouter les contrefaçons rouennaises; méfiance partagée par les libraires hollandais qui réservaient pour les derniers envois les ballots destinés à Rouen comme nous l'apprenons par une lettre de Prosper Marchand au Marquis d'Argens[11].

1 B.N. ms.fr. 22 129 f° 235.
2 Lettre du 30 janvier 1731 à Cideville (Best. D 397).
3 Lettre du 3 février 1731 (Best. D 399).
4 A.D. Seine-Maritime 5E 484.
5 Par exemple Best. D 446.
6 Bibl. Arsenal, ms. 10 296 f° 26.
7 Bibl. Arsenal, ms. 10 304, f° 123 (lettre de Malesherbes du 18 avril 1754).
8 B.N. n.a.fr. 1214 p. 57.
9 B.N. n.a.fr. 1214 p. 112.
10 Bibl. Arsenal, ms. 10 303 f° 133.
11 B.U. Leyde, fonds Marchand : lettre n° 14 bis à d'Argens.

CHAPITRE III

LES IMPRESSIONS ROUENNAISES

1. L'imprimerie de J.B. Machuel

L'inventaire de 1742 nous a révélé un Machuel davantage libraire qu'imprimeur, dans la mesure où ce sont réellement les nouveautés hollandaises qu'il vend et non des contrefaçons rouennaises. Mais J.B. Machuel a suivi la tradition familiale en publiant des récits de voyages comme le *Recueil de voyages au Nord* de 1716. Il s'agit parfois d'éditions partagées avec son père. Ceux qui procèdent en 1742 à l'inventaire après décès de J.B. Machuel découvrent dans le grenier « un paquet d'imperfections des *Mémoires du maréchal de Villars*, un autre assemblage d'imprimés imparfaits des *Mémoires de la marquise de Fresne* et de l'*Eloge de la folie*, un paquet d'imperfections de l'*Histoire du comte de Duglas*, de l'*Histoire de Charles XII*, des *Mémoires de Betlem Niklos*, de l'*Infortuné Philope* et du *Nouveau voyage d'Italie*». Il n'y a pas d'inventaire de matériel d'imprimerie mais l'inventaire complémentaire de 1744 révèle l'existence d'une « boîte pleine de figures de bois de l'*Eloge de la folie*».

Il y a tout lieu de penser que ces divers ouvrages ont été imprimés chez J.B. Machuel. Deux des ouvrages ci-dessus sont identifiables : l'*Eloge de la folie*, Amsterdam, L'Honoré, 1728, et les *Mémoires historiques du comte Betlem Niklos*, La Haye, Jean Swart, 1733. Quant à l'*Histoire d'Hypolite*, après élimination de l'édition D postérieure à 1746 et de l'édition parisienne, il reste les éditions A (La Haye, Swart 1733) et C (Amsterdam, L'Honoré et Chatelain 1740) qui pourraient être de Rouen; des 8 éditions des *Mémoires du Duc de Villars*, il nous faut éliminer les éditions A, B et F qui sont hollandaises; enfin nous avons les nombreuses éditions de l'*Histoire de Charles XII*.

Grâce à ce « paquet d'imperfections» de l'inventaire après décès de J.B. Machuel, nous allons pouvoir aller plus loin dans notre recherche des impressions de J.B. Machuel, d'une part en dressant une liste d'ouvrages possédant ces six ornements, d'autre part en cherchant d'autres ornements dans ces ouvrages. On verra que nous avons poursuivi notre enquête au-delà de 1742, date de la mort de J.B. Machuel.

Nous avons trouvé six ornements dans les ouvrages suivants (romans et *Histoire de Charles XII*) :

1732	Mémoires et avantures d'un homme de qualité	n° 448 K
1733	Histoire d'Hypolite	n° 245 A
1735	Mémoires du Duc de Villars	n° 443 E
1737	Histoire de Charles XII	Bengesco 1265
1737	Histoire de Charles XII	Bengesco 1266
1738	Mémoires de Monsieur le Comte de Claize	n° 422 B
1739	La paysanne parvenue	n° 519 AF
1739	Mémoires et avantures d'un homme de qualité	n° 448 X
1739	Lettres historiques et galantes	n° 376 E
1740	Histoire d'Hypolite	n° 254 C
1740	Mémoires ou avantures de M. le Comte de Kermalec	n° 459 A
1742	Confessions du comte de	n° 153 F
1742	La famille infortunée	n° 212 B
1743	Pamela	n° 513 E
1744	Le doyen de Killerine	n° 190 N
1744	Le nouveau Télémaque	n° 496 B
1744	Le philosophe anglois	n° 530 Q
1744	Le philosophe anglois	n° 530 R

Cette liste nous procure, par l'examen des ornements typographiques, une nouvelle liste :

1731	Histoire de Charles XII	BN 16° M 4004
1732	Histoire de Charles XII	Bengesco 1261
1732	Histoire secrette de la duchesse d'Hanover	n° 330
1734	Avantures ou Mémoires de la vie d'Henriette Sylvie de Molière	n° 110 B
1734	Journées amusantes	n° 356 G
1737	Le paysan parvenu	n° 518 L
1737	Avantures de Télémaque	n° 101 D
1737	La paysanne parvenue	n° 519 Z
1739	L'infortuné Napolitain	n° 346 C
1739	Mémoires du maréchal de Berwick	n° 444 H
1739	Le diable boiteux	n° 182 B
1740	Journées amusantes	n° 356 H
1741	Mémoires et avantures d'une dame de qualité	n° 449 C
1741	Mémoires pour servir à l'histoire de Malte	n° 462 B
1741	Mémoires du maréchal de Berwick	n° 444 I
1743	Pamela	n° 513 E
1743	Pamela	n° 513 F

1744	Jeannette seconde	n° 352 B
1744	Le diable boiteux	n° 182 C
1744	Le nouveau Télémaque	n° 496
1745	Mémoires et avantures d'un homme de qualité	n° 448 AA
1745	Tanastès	n° 615
1746	Lettres de la marquise	n° 372 G
1746	La paysanne parvenue	n° 519 AH
1747	Avantures de Télémaque	n° 101 K
1747	Le diable boiteux	n° 182 D

Les ornements typographiques des ouvrages de la liste ci-dessus nous procurent enfin la liste suivante :

s.d.	Mémoires et avantures d'un homme de qualilté	n° 448 L
s.d.	Les funestes effets de l'amour	n° 228 B
1732	Contes du sieur d'Ouville	n° 162
1733	Suite des Mémoires et avantures d'un homme de qualité	n° 448 P
1733	Histoire de Charles XII	Bengesco 1264
1734	Les quinze joyes de mariage	n° 563
1741	Campagnes philosophiques	n° 130 B
1744	Les libertins en campagne	n° 381
1744	Jeannette seconde	n° 352 A
1745	Histoire de Marguerite d'Anjou	n° 293 E
1749	Mémoires de Mlle Bontemps	n° 416 B

Nous nous arrêterons là, en sachant fort bien que cette enquête doit être continuée; nous avons présenté nos premiers résultats,[1] qui nous ont permis d'identifier 59 ornements typographiques, 52 éditions de romans et 4 éditions de l'*Histoire de Charles XII*.

Ces attributions sont confirmées par le catalogue de la bibliothèque de Pontcarré pour les éditions du *Diable boiteux* (n° 182 B et 182 D) et pour celle(s) de la *Jeannette seconde* (n° 352).

Le nom de Rouen dans le filigrane du papier apparaît rarement : on le trouve en particulier dans les éditions de 1744 et 1747 du *Diable boiteux*, comme si les papetiers normands avaient alors commencé à suivre les instructions royales de 1742.

La page de titre est le plus souvent rouge et noire. Mais les exceptions sont relativement nombreuses. C'est ainsi que la page de titre est noire dans les *Contes du sieur d'Ouville* de 1732 (n° 162), dans la *Suite des Mémoires et avantures d'un homme de qualité* de 1733, qui n'est autre que l'édition courante de *Manon Lescaut* (n° 448 P), dans l'*Infortuné napolitain* (n° 346 C) et dans les *Lettres historiques et galantes* de 1739 (n° 376 E), dans les *Mémoires de Kermalec* de 1740 (n° 459 A), dans la *Famille infortunée* de 1742 (n° 212 B) et dans les *Mémoires de Mlle Bontemps* de 1749 (n° 416 B). Soit 8 exceptions sur 52 éditions.

La date est en général en chiffres arabes, mais nous avons trouvé une date en chiffres romains dans les 10 éditions suivantes : les *Contes du sieur d'Ouville* de 1732 (n° 162), l'*Histoire d'Hypolite* de 1733 (n° 254 A), la *Suite des Mémoires et avantures d'un homme de qualité* de 1733 (n° 448 P), les *Mémoires du comte de Betlem Niklos* de 1736 (n° 458), les *Mémoires du comte de Claize* de 1738 (n° 422 B), les *Lettres historiques et galantes* de 1739 (n° 376 E), la *Famille infortunée* de 1742 (n° 212 B), *Pamela* de 1743 (n° 513 E et F) et les *Mémoires de Mlle Bontemps* de 1749 (n° 416 B). Ce n'est probablement pas un hasard si on retrouve dans cette dernière liste 5 éditions de la liste précédente. La page de titre rouge et noire et les signatures en chiffres arabes ont été adoptées dans la plupart des cas, sans doute sous l'influence des impressions hollandaises; mais les exceptions confirment la règle.

L'examen des signatures et des réclames devrait être plus concluant : la plupart de ces romans sont des in-12 à la hollandaise, mais avec des signatures en général assez à droite, et surtout indiquées jusqu'à 6 en chiffres arabes. On trouve cependant quelques éditions in-12 de romans à la française (cartons en dedans), toujours avec signatures en chiffres arabes, alternées cette fois 4 et 2, alors que les impressions parisiennes classiques ont iiij et ij. Voici ces exceptions :

Histoire d'Hypolite (n° 254 A et C)
Mémoires pour servir à l'histoire de Malte (n° 462 B)
Jeannette seconde (n° 352 A et B).

Les réclames sont généralement à droite, mais là encore il faut relever les exceptions : on retrouve 4 éditions dont nous avions remarqué à la fois la page de titre noire et la date en chiffres romains : les *Contes du sieur d'Ouville* de 1732 (n° 162), la *Suite des Mémoires et avantures d'un homme de qualité* de 1733 (n° 448 P), les *Lettres historiques et galantes* de 1739 (n° 376 E), la *Famille infortunée* de 1742 (n° 212 B); on retrouve aussi les *Mémoires de Kermalec* de 1740 (n° 459 A) qui ont une page de titre noire, les *Mémoires de Betlem Niklos* de 1736 et les *Mémoires du comte de Claize* de 1738 qui ont la date en chiffres arabes. Il faut y ajouter la *Jeannette seconde* de 1744 (n° 352 A et B).

Ainsi, en général on trouve dans les impressions rouennaises une page de titre rouge et noire avec date en chiffres arabes, des signatures en chiffres arabes et des réclames à chaque page; mais les exceptions à ces quatre « règles» sont suffisamment nombreuses pour poser problème, même si beaucoup de ces exceptions sont de 1732 et 1733.

Mais l'inventaire partiel que nous avons dressé des productions de l'imprimerie Machuel nous amène à étudier plus en détail les éditions de l'*Histoire de Charles XII* publiées d'abord, comme on le sait, par Jore, les *Mémoires et avantures d'un homme de qualité* et les éditions postérieures au décès de J.B. Machuel, en particulier le *Philosophe anglois*.

2. L'imprimerie des Jore[1]

Tout semble avoir été dit sur les Jore. Nous nous contenterons d'ajouter quelques indications à l'excellent résumé donné par Quéniart de la vie de Jore fils[2]. Les registres de la paroisse Saint-Lo de Rouen nous apprennent que le « vieux bonhomme» comme l'appelle Voltaire[3] avait, en 1734, 66 ans puisque l'acte de décès du 31 mars 1736 lui donne 68 ans[4]. L'inhumation eut lieu en présence de son fils Claude-François et de son neveu Jean-Baptiste Yeury. Il n'est peut-être pas sans intérêt de signaler que Claude Jore père avait assisté le 10 décembre 1733 à l'inhumation d'un libraire de 72 ans nommé Pierre Cailloué qui figure parmi les libraires protestants cités par l'auteur d'un article sur « les Imprimeurs et libraires rouennais protestants avant 1789»[5]. Les Jore étaient également en relation avec une famille d'imprimeurs dont nous aurons l'occasion de reparler : les Yeury. Un certain Louis-Claude Yeury, acolyte, avait été le parrain de Marie-Elisabeth Jore, fille de Claude François, le 9 mai 1732[4]; c'est probablement le même Claude Yeury « prêtre curé des Ventes» qui sera parrain le 8 juillet 1749 à Saint-Lo, la marraine étant la femme de Claude-François Jore qui est alors à Malines[6].

L'imprimerie de Jore devait être une des plus importantes de Rouen; lorsque Guillaume Jeannot, garçon imprimeur, est interrogé à Besançon le 30 juillet 1728 sur ses activités passées, il reconnaît avoir travaillé à deux reprises à Rouen chez Jore, citant bien entendu des ouvrages aussi innocents que le *Voyage de Paul Lucas* et le *Traité du blason*[7]. On sait que Voltaire s'adressa le 30 janvier 1731 à Cideville pour « un imprimeur qui se chargeât de l'ouvrage» des *Lettres philosophiques*[8] et que Cideville lui indiqua les Jore. En cette même année 1731 est publiée l'*Histoire secrete des femmes galantes de l'Antiquité* dont l'adresse est « à Rouen et se vend chez Estienne Ganeau rue Saint-Jacques proche la rue du Plâtre aux armes de Dombes et à Rouen chez Jore père et fils imprimeurs-libraires de Monseigneur l'archevêque et du clergé aux armes et à côté de Monseigneur le Premier Président». Autrement dit, les Jore étaient protégés par Pontcarré jusqu'à un certain point, puisqu'ils n'auraient pu sans son autorisation prendre comme enseigne ses propres armes! Quant à Ganeau et aux « armes de Dombes», nous aurons l'occasion d'en reparler.

L'imprimerie, en 1731, est donc celle de « Jore père et fils». Quéniart signale que le fils avait été « reçu libraire et imprimeur en 1725, mais sans pouvoir cependant avoir son propre atelier avant la mort ou la démission de son père»[4]. Au début de 1745, un certain Jore fils, probablement Claude-François, né le 21 juin 1725, filleul de son grand-père[9], est inculpé avec un certain Ferrand dans une affaire de nouvellistes à la main. Le rapport de police précise alors que « Jore fils n'est pas imprimeur en titre, il n'a que la survivance de son père»[10]. Le 24 juillet 1748, Jore, devenu contrôleur pour le Roi à l'hôpital militaire de Malines, envoie son consentement au mariage de sa fille Marie-

Magdeleine, âgée de 20 ans, avec Nicolas Dumouchel, officier mesureur au grenier à sel de Rouen[11]. Queniart considère l'existence de Claude-François Jore comme « en définitive ratée »[12]. Cependant, l'imprimerie Jore est suffisamment prospère en 1748 pour permettre un mariage probablement avantageux. Et Jore signe le 4 décembre 1748 à Malines une procuration à sa femme en tant qu'« héritier de dame Marie-Anne Ratault, veuve Claude Jore sa mère »[11], révoquant la procuration qu'il avait faite précédemment pour son gendre...

La veuve de Claude Jore était décédée en effet le 19 novembre 1748 à 77 ans[13]. Elle avait sans doute dirigé l'imprimerie de son mari avec l'aide de sa belle-fille puis de son petit-fils[14]. L'inventaire après décès est dressé le 23 décembre 1748 par deux libraires de Rouen : Nicolas Besogne fils et Antoine le Boucher. Cet inventaire signale « trois presses montées avec leurs ustensiles, deux mauvais corps de presse », trois marbres, des vignettes de différents corps, des lettres de bois, une boîte de lettres grises en bois, une boîte de vignettes, d'écussons et de fleurons en bois[15]. L'imprimerie n'avait donc nullement cessé son activité.

Quant aux livres, qui occupent le magasin du troisième étage, on y trouve :

Un paquet de 36 *Heureux esclave,*
250 *Mémoires de la Cour de France* incomplets,
150 *Histoire des dames galantes* incomplets,
  2 *Voyages* de Misson en deux volumes sans les figures,
 24 paquets de défaits ou imperfections du *Processionnal diurnal*, des *Dames galantes*, du *Roselli* et de l'*Espion turc.*

L'inventaire précise à propos de l'*Histoire secrète des femmes galantes de l'Antiquité* qu'« ayant été imprimée moitié pour Paris et ayant été partagée, il n'en est resté à la succession que les trois derniers volumes »[16]. Dans une salle donnant sur le jardin, se trouvent d'ailleurs 100 volumes reliés de cette *Histoire* « appartenant à Messieurs Ganeau, marchand-libraire (sic) à Paris ». Ce dépôt d'ouvrages, imprimés en principe en 1731, est assez étonnant; ou bien on a continué de réimprimer avec la date 1731, ou bien l'édition a été rendue en quelque sorte caduque par l'édition parisienne de 1745.

Si nous examinons cette édition de 1731 de l'*Histoire secrète des femmes galantes*, nous nous apercevons qu'il s'agit d'un in-12 avec cartons en dehors et signatures en chiffres arabes jusqu'à 6, comme la plupart des in-12 imprimés à Rouen.

Claude-François Jore est surtout connu par ses démêlés avec Voltaire. Avant d'imprimer les *Lettres philosophiques*, Jore avait publié « la première édition de l'*Histoire de Charles XII*, suivie dans les deux années suivantes de quatre éditions dont l'une semble être une contrefaçon éditée par les Machuel »[17]. Queniart s'appuie évidemment sur la *Bibliographie* de Bengesco.

3. Les éditions rouennaises de l'*Histoire de Charles XII*

Notre méthode d'identification par les ornements typographiques devrait nous permettre de confirmer les hypothèses de Bengesco et des auteurs des récents volumes du *Catalogue général de la Bibliothèque Nationale* consacrés aux œuvres de Voltaire en ce qui concerne les éditions de l'*Histoire de Charles XII*[19]. C'est pourquoi nous avons évoqué dans les tableaux du chapitre précédent les ornements que nous avions trouvés dans les premières éditions de cet ouvrage. Il s'agit, rappelons-le, des cinq éditions suivantes :

1. L'édition non signalée par Bengesco de l'exemplaire 16° M 4004 de la Bibliothèque Nationale, même adresse et même date; c'est un 8° avec réclame à chaque page.

2. L'édition Bengesco 1261 « 3ᵉ édition» toujours chez Christophe Revis à Bâle, et avec le même nombre de pages, mais avec la date de 1732.

3. L'édition Bengesco 1264, toujours chez Christophe Revis, cette fois avec la date de 1733, est un in-12 en 2 volumes avec cartons dedans, signatures jusqu'à 4, réclame à chaque page.

4. L'édition Bengesco 1265 « 7ᵉ édition» datée de 1737. Le prénom de Revis est orthographié « Chrystophe». C'est un in-12 avec cartons dehors, signatures jusqu'à 6 et réclames par cahier.

5. Enfin l'édition Bengesco 1266 qui est également un in-12 avec cartons dehors paru en 1737.

Au total, 5 éditions que nous avons attribuées à Machuel à cause de l'utilisation de 10 bandeaux.

Mais Jore a déjà utilisé deux de ces bandeaux dans l'édition originale de l'*Histoire de Charles XII* (Bengesco 1257) et l'un d'eux dans l'*Histoire secrète des femmes galantes*; d'autre part, deux vignettes de l'édition Bengesco 1264 ont été utilisées dans l'édition de 1733 des *Œuvres diverses* de Chaulieu; or Voltaire dit explicitement que c'est Jore l'imprimeur des *Œuvres* de Chaulieu[20].

Nous avons admis jusqu'à présent comme hypothèse de travail l'unicité des ornements typographiques; lorsque nous avons rencontré le même ornement dans les impressions parisiennes signées d'imprimeurs différents, nous avons eu des doutes sur la véracité de ces achevés d'imprimer, mais nous avons considéré comme plus vraisemblable le prêt de certains ornements à des imprimeurs voisins et souvent associés. Rien ne nous a permis jusqu'alors de remettre en question l'existence en un seul exemplaire de chaque ornement. Notre étude des impressions rouennaises, pour partielle qu'elle soit, ne détruit pas nos précédentes hypothèses. Ainsi un de ces bandeaux est particulièrement intéressant parce qu'on peut en étudier la dégradation : le seul ouvrage vu jusqu'à présent où nous l'ayons trouvé intact, sans l'encoche dans la partie droite du cadre, est l'édition 16° M 4004 de l'*Histoire de Charles XII* datée de 1731; cette encoche commence à apparaître dès 1733 dans l'édition Bengesco 1264 de l'*Histoire de Charles XII*.

Si nous nous en tenons à cette hypothèse de prêt (ou de vente) d'ornements existant en un seul exemplaire, il n'y a aucune raison de restituer à Jore toutes les éditions contenant ces ornements : c'est-à-dire d'une part toutes les éditions de l'*Histoire de Charles XII* jusqu'en 1733 inclus, d'autre part les *Mémoires du Maréchal de Berwick* (n° 444 H et I; 1739); l'*Histoire de Marguerite d'Anjou* (n° 293 E; 1740) et *Pamela* (513 F; 1743). Ces romans sont d'ailleurs difficilement imputables à C.F. Jore qui a alors quitté Rouen. Par contre, l'interruption des réimpressions de l'*Histoire de Charles XII* entre 1733 et 1737 pourrait indiquer un changement d'éditeur; les éditions Bengesco 1257, 1261, 1264 et l'édition 16° M 4004 seraient dues à Jore alors que J.B. Machuel serait responsable des trois éditions Bengesco 1265 et 1266 ainsi que de l'édition 16° M 2256 de la Bibliothèque Nationale, toutes trois datées de 1737. Dans l'intervalle auraient paru des éditions non rouennaises comme les éditions Bengesco 1260 et 1262 de 1732, l'édition « Londres, Vandenhoeck, 1732» et l'édition de 1734 (Rés. Z Bengesco 216).

Bengesco écrivait à propos de l'édition Bengesco 1260 de 1732 : « nous ne croyons pas que cette édition ait été imprimée à Rouen chez Jore. Peut-être est-ce la contrefaçon de Machuel dont Voltaire parle dans ses lettres à de Cideville et à Formont»[21]. En fait, il s'agit surtout pour Voltaire, à la fin de 1731, d'« empêcher Machuel» de faire une contrefaçon[22]. Y a-t-il réussi ou non?

4. Les éditions rouennaises des *Mémoires et avantures d'un homme de qualité* et de *Manon Lescaut* entre 1732 et 1739

Ces éditions, que nous avons appelées respectivement 448 K et 448 X, ont les mêmes bandeaux. L'un d'eux se retrouve également dans l'*Histoire du Chevalier des Grieux et de Manon Lescaut* de 1737 (n° 309). Or, comme nous l'avons vu, le cadre de ce bandeau présente une cassure à partir de l'édition Bengesco 1264 de l'*Histoire de Charles XII* (1733). Non seulement cette cassure n'existe pas dans une édition de 1731 de l'*Histoire de Charles XII* (16° M 4004), mais elle est à peine marquée dans une édition de 1733 (Bengesco 1264) et même dans une édition de 1737 (16° M 2256), alors qu'elle est complète dans l'*Histoire du chevalier des Grieux* également de 1737 et même dans l'édition de 1732 des *Mémoires*.

L'explication est simple : non seulement ces deux et même trois éditions (si on considère les deux volumes de *Manon Lescaut*) des *Mémoires et avantures d'un homme de qualité* ont la même composition, mais il s'agit en fait du rhabillage avec de nouvelles pages de titre d'une seule et même édition, autrement dit de trois émissions d'une seule et même édition. Un sondage nous a permis de repérer les coquilles suivantes dans les trois éditions du second volume de *Manon Lescaut* (cahier K, pages 20 et 36) :

page 20, dernière ligne : « n'aïantrien vû»

page 36, avant-dernière ligne : « chuager de posture».

Ainsi les coquilles n'ont même pas été corrigées en cours de tirage, ni entre deux tirages s'il s'agit de tirages différents. Les seules différences sont entre les deux éditions des *Mémoires* d'un côté, l'édition de *Manon Lescaut* de l'autre. On trouve en effet dans le premier cas « fin du septième tome», « fin du huitième tome» et les indications « tome VII», « tome VIII» en bas de la première page de chaque cahier, alors que l'imprimeur a mis « fin du premier tome», etc. dans les volumes de *Manon Lescaut*.

En fait, il ne s'agit pas exactement d'un rhabillage d'exemplaires invendus. Selon toute probabilité, l'imprimeur (J.B. Machuel?) a prévu *en même temps* les deux émissions des tomes VII et VIII avec les différences que nous venons d'indiquer, mais sans aucune correction des coquilles des pages 20 et 36 du tome VIII (-II). Il faudrait bien entendu aller plus loin, et comparer les trois « éditions» avec des microfilms; celle de 1732 se trouve à Laon, celle de 1737 à Amsterdam et Besançon, celle de 1739 à la Bibliothèque Méjanes, la seule à notre connaissance à posséder une collection complète de l'édition de 1739.

Pourquoi ces trois émissions? Sans doute par souci commercial de « ne pas mettre tous ses œufs dans le même panier». Le « pourquoi» est d'ailleurs lié au « quand» : si ces trois émissions sont exactement contemporaines comme nous le supposons, quelle date leur attribuer? L'état d'usure du bandeau nous a amenée précédemment à considérer que ces éditions sont postérieures à 1737; la date de 1739 est donc fort plausible, et il serait imprudent d'imaginer une édition de *Manon Lescaut* faite dès 1732 à Rouen.

Max Brun avait bien vu certaines ressemblances entre les éditions de 1732, 1737 et 1739[23], mais il avait supposé que ces éditions avaient sans doute été faites à Amsterdam par Changuion et il leur avait ajouté l'édition de 1745 (n° 448 AA) dont les tomes VII et VIII ont un filigrane de 1745 (exemplaire de Bruxelles). Comme nous, il avait considéré que les exemplaires datés de 1737 et de 1739 avaient été antidatés 1732, mais nous ne sommes pas convaincue par l'explication qu'il propose : ces exemplaires auraient été antidatés « aux dépens des bibliophiles qui désiraient posséder une des premières impressions de *Manon Lescaut*»[24]. Plus exactement, avant de parler de bibliophilie à propos de *Manon Lescaut*, il faudrait savoir si les contemporains avaient des soucis de ce genre : l'étude que prépare Michel Marion sur les collectionneurs nous permettra sans doute d'y voir plus clair.

Une des éditions de 1733 est d'ailleurs également de Rouen : c'est notre édition 448 P, autrement dit l'édition E de l'édition Deloffre, édition assez courante dans les bilbiothèques. Cette édition possède un bandeau rouennais que l'on trouve également dans l'édition de 1747 des *Avantures de Télémaque* (n° 101 K), édition parue avec une page de titre des libraires d'Amsterdam et Rotterdam. Ce bandeau se trouve enfin dans l'édition de 1749 des *Mémoires ou avantures de M. le comte de Kermalec* (n° 459 C). Il n'est donc attesté avant 1747 que dans cette « édition de 1733» (448 P) de *Manon Lescaut*; il faut cependant remarquer que le bandeau est encore intact dans cette édition de *Manon* alors qu'il commence à se fêler en 1747.

Jusqu'à preuve du contraire, on peut supposer que cette édition de *Manon Lescaut* est réellement de 1733 et qu'elle sort des presses de J.B. Machuel, bien que les caractères utilisés ne soient absolument pas ceux utilisés d'ordinaire par J.B. Machuel. Mais en 1733 une certaine prudence s'imposait, qui n'était plus nécessaire en 1739.

Nous en resterons là avec les questions qui se posent à propos de ces différentes éditions rouennaises de *Manon Lescaut*. Mais cette brève étude nous a permis de remettre en cause les dates portées sur les pages de titre et de tirer profit de l'étude des bandeaux, surtout lorsque ces bandeaux sont en mauvais état. Nous allons retrouver des problèmes analogues avec le *Philosophe anglois*.

5. Les éditions de 1744 du Philosophe anglois

En fait, la situation est exactement l'inverse de celle que nous avons trouvée pour l'édition de 1732-37-39 de *Manon Lescaut*. Nous avions affaire à 3 émissions d'une même édition, avec 3 pages de titre différentes. Cette fois, nous trouvons en réalité deux éditions différentes que nous confondons en une seule édition parce que la page de titre est le même. Il s'agit de nos deux éditions 530 Q et R « Amsterdam, J. Rychkoff, 1744». La composition semble la même; en tout cas le nombre de pages des 8 volumes est le même : 210 p. + 206 p. + 231 p. + 216 p. + 261 p. + 223 p. + 282 p. + 288 p. Les ornements employés sont différents, à l'exception d'une vignette qui se trouve dans les deux éditions; cette vignette est également employée dans l'édition 1732-39 des *Mémoires et avantures d'un homme de qualité* que nous venons d'étudier. Certains bandeaux nous avaient amenée à rattacher l'édition Q au « premier groupe» des éditions Machuel, celui qui comprend les éditions de 1731, 1732 et 1733 de l'*Histoire de Charles XII*; d'autres bandeaux nous avaient fait rattacher l'édition au second groupe, celui qui semble appartenir de façon plus incontestable à l'imprimerie de J.B. Machuel. Les *Mémoires du comte de Claize* de 1738 et la *Jeannette seconde* de 1744 comportent également deux éditions sous l'apparence trompeuse d'une même page de titre, particularité qui semble donc très « rouennaise».

Mais un élément décisif nous permet de distinguer ces deux éditions : c'est celui du papier, qui nous a déjà empêchée de rattacher l'édition de 1745 des *Mémoires d'un homme de qualité* à l'édition de 1732-39. En effet le papier comporte un filigrane daté dans les deux éditions : on lit dans l'édition Q « 1743» et « 1744», alors que le papier de l'édition R porte nettement « 1751». Ainsi l'édition R est antidatée. Là encore on peut se demander pourquoi Machuel (ou plutôt son successeur) a reproduit la date de l'édition précédente. Peut-être ici parce que 1744 est également la date de l'édition Arkstée et Merkus (n° 530 P) et que l'éditeur veut profiter de la confusion possible avec une édition réellement hollandaise. Rappelons que le *Philosophe anglois* avait été publié d'abord en Hollande; Ph. Stewart signale que l'édition de Paris « parut dans une forme émasculée : la plus grande partie du livre 6 et tout le livre 7 étaient notamment supprimés... Les variantes de cette édition servent surtout à nous révéler l'influence potentielle ou effective du censeur»[25]. Ce qui rend plausible cette hypothèse, l'éditeur cherchant à appâter l'acheteur par l'espoir de lire le texte in-extenso.

Effectivement le texte des éditions de Rouen datées de 1744 est un texte différent de celui que les lecteurs français avaient pu lire jusque là dans des éditions françaises. Il est regrettable que les contraintes d'une édition destinée à un large public n'aient pas permis aux derniers éditeurs de Prévost de donner le texte de 1744 (édition de Rouen).

En fait, l'édition de Rouen donne la fin du livre 6 (pp. 293 à 336 de l'édition Sgard) et le livre 7 (pp. 337 à 357) qui avaient disparu dans l'édition Didot-Guérin de 1732. Mais le texte donné par l'édition de Rouen est un texte en partie nouveau puisque nous avons relevé 27 variantes dans 17 passages du livre 7 (pp. 338 à 340), sans compter le remplacement systématique de « J» par « P». Nous les donnons, avec les graphies modernes adoptées par l'édition Sgard.

Texte des éditions hollandaises	Texte des éditions de Rouen

Livre 6

1. Ed. Sgard p. 309 1.35 à 1.37

   C'étoit un J. Je ne connoissois cet ordre que de nom
   ou, s'il m'étoit arrivé quelquefois d'en entendre parler plus particulièrement, ce n'avoit point été d'une manière qui m'en eût fait prendre une idée avantageuse.

   Prévenu
   donc (etc.)

2. Ed. Sgard p. 310 1.50 à p. 311 1.11

   Je réussirais mal à représenter le feu, la facilité, l'air de politesse et d'enjouement avec lequel ce discours fut prononcé.
   La première idée qu'il me fit naître fut que j'avais affaire à un petit-maître de l'Eglise catholique; et l'ayant communiqué le soir à Madame, elle m'apprit que ce nom convenait non seulement à celui qu'elle m'avait envoyé, mais à la plupart de ceux qui composent le même corps. Je ne sais si c'est faire

Texte des éditions hollandaises	Texte des éditions de Rouen

leur éloge, ajouta-t-elle, mais ils me plaisent de cette façon-là; et parmi toute cette espèce d'hommes qu'on appelle m..., je n'en trouve point de si divertissants qu'eux. Ces gens-là prennent toutes sortes de formes. Vous apercevez dans tout ce qu'ils font un air du monde et quelque chose de si galant qu'on est charmé quand on a un peu de goût pour le plaisir de les avoir sans cesse auprès de soi. Leur présence et leur habit justifie mille choses et l'on se livre sans remords à ce qui plaît. Pour moi, ajouta la princesse, je vous avoue qu'ils me font aimer la religion; et je ne vois pas pourquoi on lui trouve tant de sévérité, si elle est telle qu'ils la représentent.

Ce jugement me parut d'autant plus juste que j'avais déjà remarqué la même chose dans le reste de l'entretien que j'avais eu avec le J.

3. Ed. Sgard p. 312 1.10
Vous ne sauriez croire combien ces gens-là sont comiques

4. Ed. Sgard p. 312 1.41 à 1.51   p. 312 1.51
Il m'offrit d'abord un petit catéchisme en français composé par un Jésuite nommé Canisius. Voilà, me dit-il, un petit livre d'or. C'est l'essence et l'élixir de la religion. Avec ce livret qui n'est pas si gros que le petit doigt, vous en saurez en moins d'une heure autant que tous les docteurs
et tous les évêques;   ensemble.
autant même que le Pape, ajouta-t-il avec un souris et en me regardant du coin de l'œil
Bornez-vous là, n'y changez rien et vous pourrez vous vanter d'être aussi ferme sur la religion qu'un concile. Il me présenta ensuite un ouvrage
dont le titre étoit

Texte des éditions hollandaises	Texte des éditions de Rouen
La Dévotion aisée	La Pratique aisée de la Dévotion

et l'auteur encore un Jésuite.
Voici pour les mœurs, reprit-il; l'autre était pour la doctrine. Le premier contient la loi, et celui-ci la manière de la pratiquer. Vous trouverez ici tout ce qui est nécessaire à un honnête homme pour le salut
et vous serez surpris de voir de
quelle façon tout cela est adouci.

5. Ed. Sgard p. 313 1.13 et 1.4
Il me lut le titre de quantité de poésies

de nouvelles galantes et de romans	et d'autres livres d'amusement

6. Ed. Sgard p. 313 1.44 et 1.45
Vous avez le goût trop bon, ajouta-t-il
avec un souris mystérieux

7. Ed. Sgard p. 318 1.22 et 1.23
Je m'étendis alors sur les belles qualités de cette jeune personne avec le plaisir qu'on sent à parler de ce qu'on aime; et
regardant le J. comme une espèce
de confident,
je lui laissai voir à découvert tout ce qui se passait au fond de mon cœur

8. Ed. Sgard p. 318 1.30 à 1.32
Il me fit

une réponse qui ne me parut point alors si plaisante qu'elle m'a semblé depuis	la réponse suivante

9. Ed. Sgard p. 318 1.37 à 1.41
Loin qu'un homme d'esprit doive se plaindre de ce que nous ne lui demandons que de la docilité
et que nous ne laissons rien à
faire à sa raison,
Il devrait regarder notre méthode comme un avantage infini. En le délivrant de l'embarras de l'examen, elle lui laisse tout son loisir et toute sa liberté pour s'appliquer à ces objets

Texte des éditions hollandaises	Texte des éditions de Rouen
Plus agréables	*moins sérieux*

10. Ed. Sgard p. 318 1.45 à 1.47

Voyez, tout ce qui est nécessaire pour le salut est renfermé dans

le	*ce*

livret que je vous ai donné.

Un quart d'heure de lecture en	Une lecture de quelques heures
fait l'affaire. Avec cela vous entrez	vous introduit

dans tous les droits de la religion

11. Ed. Sgard p.319 1.5 à 1.9

Je n'eus pas de peine à reconnaître qu'il entrait

plus de vanité que de véritable zèle	autant de vanité que de zèle

dans l'entreprise qu'il avait formée
de me guérir, et que son but était
de s'en faire un mérite auprès de
Madame.

Je consens, lui dis-je, que vous
appreniez à la princesse que je me
trouve plus tranquille et que

je dois, si vous voulez, ce changement	je vous suis redevable de
à vos bons offices	ce changement

12. Ed. Sgard p. 319 1.22 à 1.27

Comptez, me dit-il en me quit-
tant, sur mon zèle et sur ma dis-
crétion.

Le voyant partir avec cet air d'empressement, je me souvins de ce
que j'avais entendu dire à Madame : que tous les gens de son
espèce étaient un peu comédiens.

Il alla effectivement chez M. de R.

Son projet, comme je le sus peu après, était

de me servir de Mercure, et

de disposer le cœur de Cécile à m'aimer.

Il s'y prit avec une adresse merveilleuse; car il était bien plus
entendu à conduire une intrigue
qu'à traiter solidement un point
de religion.

Texte des éditions hollandaises	Texte des éditions de Rouen

13. Ed Sgard p. 319 1.30 à 1.35

Je fus surpris moi-même de trouver dès le lendemain dans Cécile des dispositions

que mes soins n'avaient pas fait naître et qui prévenaient même mes désirs

Je ne manquai point d'aller l'après-midi chez elle. Je la rencontrai dans les avenues de sa maison, où elle se promenait seule

avec le J.   avec le P.

Il est vrai que c'était vis-à-vis les fenêtres du logis; mais je ne laissai pas d'admirer l'empire

que cet étrange homme   qu'il

avait pris sur Monsieur et Madame de R.

14. Ed. Sgard p. 319 1.44 à 1.47

Le J me prévint,   Le P me prévint.

C'est de vous, Monsieur, me dit-il, que j'avais l'honneur d'entretenir Mademoiselle Cécile. J'ai cru lui rendre service en lui faisant connaître votre mérite, et une partie des sentiments que vous avez pour elle.

Je vous assure que son cœur n'est pas capable d'ingratitude

15. Ed. Sgard p. 320 1.11 et 1.12

Le J. me regardait quelquefois en souriant, comme s'il se fût applaudi du service qu'il venait de me rendre.

16. Ed. Sgard p. 320 1.24 à 1.30

Il ajouta que, me connaissant plein d'honneur et de raison, il n'appréhendait point que j'usasse mal de la victoire

qu'il m'avait fait obtenir   que j'avais obtenue

sur le cœur de Mademoiselle Cécile. Car elle vous aime déjà, me dit-

Texte des éditions hollandaises	Texte des éditions de Rouen

il; je lui ai fait de vous un por-
trait si aimable, et je vous ai
représenté si tendre et si passionné
pour elle que

j'ai vu son petit cœur s'enflammer peu à peu en m'écoutant. Je

j'ai cru apercevoir les dispositions favorables de son cœur pour vous

main, que c'est un petit trésor que ce cœur-là.

17. Ed. Sgard p. 320 1.36 et 1.37

il est certain que ses officieuses
inclinations n'en furent pas plus
refroidies

et qu'il continua dans la suite à me servir avec le même soin.

et, persuadé qu'il n'y avait point d'obstacle à la conclusion d'un mariage prochain, il continua à s'employer pour la perfection de son entreprise

Livre 7

1. Ed. Sgard p. 338 1.32 à 1.44

Madame Lullin l'avait choisi pour son

confesseur   directeur.

Ce fut d'elle qu'il crut pouvoir
tirer toutes les lumières qu'il dési-
rait. Effectivement, après l'avoir
ménagée de la manière la plus
adroite,

en lui faisant entendre qu'il avait à l'entretenir d'une affaire où le salut éternel de, son âme était intéressé,

et avoir employé les discours les plus insinuants,

il lui demanda s'il n'était pas vrai
que Melle de R. était cachée chez
moi, et si la religion n'était pas
mêlée dans la comédie que je
jouais avec M. de R. Madame
Lallin, qui ne

croyait pouvoir déguiser la vérité sans crime à son père confesseur, demeura fort embar-rassée. J'ai su depuis d'elle-même que,

s'attendait pas à une pareille demeura fort interdite; mais le P. profitant de son embarras et

Texte des éditions hollandaises	Texte des éditions de Rouen

la voyant dans le doute de ce qu'elle avait à répondre,

Il leva tous ses scrupules par ce dilemne : Ce que vous craignez de me dire blesse la religion ou ne la blesse point. S'il la blesse, vous ne pouvez me le cacher sans vous rendre digne de l'enfer. S'il ne la blesse pas, vous assurez la paix de votre confesseur; et vous savez que vous ne courez aucun risque, puisque cela demeure caché sous le secret de la confession.	*la détermina si bien par tous les motifs de religion qu'il crut propres à l'alarmer qu'elle lui découvrit enfin tout ce qu'il voulut savoir*

2.   Ed. Sgard p. 339 1.13 à 1.23

mais il crut trouver quelque chose de si offensant pour lui dans ma conduite qu'il n'écouta plus que

ce ressentiment de la haine et le désir de se venger. Je ne puis attribuer à une autre cause les excès auxquels il se porta aussitôt.	son ressentiment.

Les ménagements que M. de R. gardait en recevant ses instructions lui avaient toujours fait espérer qu'il viendrait à bout de le convertir. Il se flattait encore plus de vaincre Cécile.

Le service qu'il m'avait rendu lui faisait compter aussi que j'en serais plus disposé à l'écouter, et	Il comptait aussi

qu'il pourrait m'amener tôt ou tard à la religion romaine. Trois conquêtes de cette importance

eussent flatté extrêmement sa vanité car rien n'était alors plus à la mode parmi les gens d'église que la charité et le zèle pour la conversion de leurs frères errans : c'est le nom qu'ils donnaient aux protestants.	l'eussent flatté extrêmement.

3.   Ed. Sgard p. 339 1.30 à 1.32

L'archevêque, qui se nommait M.

Texte des éditions hollandaises	Texte des éditions de Rouen

> *de Perefixe, avait trop de pruden-*
> *ce pour se livrer aveuglément*

aux impulsions du zélé J.   au zéle du P.

4. Ed. Sgard p. 339 1.41 et 1.42

> *il tirait d'elle tout ce qui pouvait*
> *contribuer au succès de*

sa vengeance   son projet

5. Ed. Sgard p. 339 1.44 et 1.46

> *Ce serait peut-être un excellent*
> *moyen*

de procurer   d'avancer

> ma conversion; parce qu'étant
> passionnément amoureux de Melle
> de R., j'aurais alors deux motifs
> pour

embrasser la religion romaine.   cela.

6. Ed. Sgard p. 340 1.5 et 1.6

> *tout ce qui s'était passé entre elle*

et son confesseur   le P.

A ces 39 variantes (qui ne sont peut-être pas les seules), il convient d'ajouter la suppression de trois passages du livre 15 et dernier : ces passages se trouvent dant l'édition Sgard :

1. p. 602 et 603 depuis « Elle me pria de lui apprendre ce qu'elle devait penser de cette question» jusqu'à « l'exercice continuel de toutes ses vertus»

2. p. 604, depuis « Je le répète» jusqu'à « des voies moins terribles».

3. p. 628, depuis « je tremble néanmoins» jusqu'à « les différentes sectes qui partagent le christianisme».

Ces suppressions du livre 15 sont d'autant plus étonnantes que les passages concernés figuraient dans les deux éditions de 1739 aussi bien dans celle donnée sous le nom d'Etienne Neaulme (corpus n° 530 L) que nous avons considérée comme parisienne, que dans l'édition 530 M donnée par Jean Neaulme. Nous avons d'autant moins de raisons de remettre en question l'origine parisienne de l'édition 530 L qu'elle est annoncée à la fois par Desfontaines le

21 mars 1739, par le *Mercure* d'avril 1739 et par le catalogue 1746 de Didot[26].

L'étude de ces variantes mérite d'être reprise, complétée et approfondie. Dès maintenant cependant on aperçoit l'intention des suppressions et corrections des livres 6 et 7 : elles sont destinées à atténuer fortement les critiques contre les Jésuites. Ainsi la *Dévotion aisée*, titre fort impertinent[27], devient la *Pratique aisée de la dévotion*; les sourires ou plutôt « souris» du Jésuite disparaîssent à trois reprises (p. 312 l. 10, p. 313 l. 45, p. 320 l. 11); les allusions au côté comédien des Jésuites sont deux fois supprimées (p. 312 l. 10 et p. 319 l. 23) et même celles à leur rôle de confesseurs (p. 338 l. 32, l. 38, l. 43 et 44; p. 340 l. 6). On a gommé les références à leur « zèle» et à leur génie de l'intrigue. Dans son élan, le brillant réviseur a même remplacé l'expression « nouvelles galantes et romans» par celles de « autres livres d'amusemens» (p. 313 l. 14).

Qui est ce réviseur? Est-ce Prévost lui-même? L'hypothèse ne nous semble pas invraisemblable. Les modifications du texte s'expliquent par le lieu de la nouvelle édition; d'une part l'édition a pu très bien bénéficier d'une permission tacite octroyée par Pontcarré, d'où les concessions au prestige des Jésuites et même à la proscription des romans. D'autre part, le public qu'on veut atteindre par cette édition, même s'il n'est pas toujours favorable aux Jésuites (sur ce point les lecteurs sont certainement partagés), peut être choqué par les attaques virulentes du texte; les allusions aux conversions des Protestants ne l'intéressent guère. Les éditions précédentes étaient avant tout destinées à un public protestant; les éditions faites à Rouen et datées de 1744 sont destinées à un public français et catholique.

6. — Laurent Dumesnil et le doyen de Killerine

Les romans de Prévost semblent avoir séduit les imprimeurs de Rouen et au début de 1752 une impression du *Doyen de Killerine* est en cours chez Laurent Dumesnil. Celui-ci mourut le 28 janvier 1752[5] et l'impression continua; un mémoire fut dressé « des ouvrages faits depuis le décès du sieur Laurent Dumesnil père imprimeur-libraire à Rouen dont la veuve s'est soumise de rendre compte aux créanciers du feu sieur Dumesnil son mari jusqu'au 2 mai inclusivement qui est le jour de la clôture de la vente».

Laurent Dumesnil, mort à 61 ans, demeurait comme les Jore et plusieurs Machuel sur la paroisse Saint-Lo; il avait marié trois ans auparavant sa fille Marie-Madeleine-Élisabeth, âgée de 23 ans, à Jean Malassis, veuf de 62 ans et imprimeur à Évreux[28]. Il faudrait faire également des recherches sur l'imprimerie Malassis... En tout cas, Laurent Dumesnil était un des plus importants libraires-imprimeurs de Rouen.

D'après les indications fournies par ce mémoire nous avons vainement essayé d'identifié l'édition Dumesnil du *Doyen de Killerine*.

Aurait-elle complètement disparu? Ou s'agirait-il en fait de l'édition
datée de 1744? C'est ce que nous ignorons.

7. La veuve Ferrand et l'affaire du Tanastès

Ce sont encore des romans de Prévost qu'on trouvera en août 1745
lors d'une perquisition chez la Veuve Ferrand : les *Mémoires d'un
homme de qualité*, le *Doyen de Killerine*, le *Philosophe anglois*, les
Campagnes philosophiques. Le procès-verbal précise : « plusieurs feuilles
imprimées de l'*Histoire de la Tourière des Carmélites* à la Haye 1745,
le premier et second tomes du *Tableau de l'amour considéré dans l'état
du mariage*, plusieurs feuilles imprimées du *Doyen de Killerine*, des *Mémoires
d'un homme de qualité*, du *Traité du vrai mérite*, 18 volumes brochés
et plusieurs feuilles pliées du *Cleveland*, 4 volumes brochés des *Confessions de M. le Comte D.*, 3 volumes brochés des *Amours de Leucippe
et de Clitophon*, 2 volumes des *Campagnes philosophiques*» (etc.). [29].

Avant de chercher à identifier ces éditions, et à faire l'historique de
cette perquisition inhabituelle dans un atelier de Rouen, il convient de
situer le personnage.

La famille Ferrand

La Veuve Ferrand était sans doute Marie-Madeleine La Bulle, veuve
de Charles Ferrand « marchand-libraire» dans la paroisse Saint-Lo,
décédé entre le 15 mars 1738, date à laquelle il obtient une permission
simple au Sceau pour l'impression d'*Heures*[30], et le 15 janvier 1741,
date de la mort de « Marie Ferrand, fille de feu Charles Ferrand»[5]; il
meurt donc peu de temps avant Jean-Baptiste Machuel; c'est probablement lui qui demanda une permission tacite pour le débit des
Mémoires du comte de Varack, permission accordée le 1er septembre
1733[31]. C'est avec son fils Jacques que Voltaire fut en relations, et ce
Jacques Ferrand est attesté au moins jusqu'en 1756 comme libraire-
imprimeur. Son fils Pierre-Robert était également marchand-libraire.
Un mois avant la perquisition chez sa mère, le 13 juillet 1745, il avait
épousé à Saint-Lo Catherine-Espérance Mouard également de cette
paroisse Saint-Lo, en présence de sa mère et de ses frères Charles-
David, Antoine et Jacques Ferrand[5].

Jacques Ferrand est le correspondant rouennais de Voltaire. Quant à
Antoine, qui sera inculpé avec ses sœurs Anne et Marie[23], il est impli-
qué la même année avec un des Jore dans une affaire de nouvelles à
la main : « Ferrand n'a aucun titre, il travaille sous celui de Romain
Yeury qui n'est pas même demeurant dans sa maison»[10]. Romain
Yeury fut syndic de 1729 à 1732 et de 1745 à 1747, sinon davantage[33].
Il habitait la paroisse Saint-Pierre l'Honoré en 1728[34]. Ces Yeury
étaient apparentés aux Machuel comme nous l'avons vu.

Ainsi, on retrouve presque toujours les mêmes familles d'imprimeurs : les Jore, les Machuel, les Ferrand; ils étaient alliés et voisins et
sans doute pas assez nombreux pour former de véritables clans comme
à Paris. Aussi, les éditions du *Doyen de Killerine*, des *Mémoires d'un homme*

de qualité et du *Cleveland* dont on trouve des feuilles chez la Veuve Ferrand en 1745 sont-elles probablement les éditions que nous avons évoquées précédemment : les éditions de 1744 du *Doyen de Killerine* (corpus n° 190 N), du *Cleveland* (corpus n° 530 Q) et l'édition de 1745 des *Mémoires et avantures d'un homme de qualité* (corpus n° 448 AA). La veuve Ferrand, qui travaille sans autorisation officielle avec son fils Antoine (les veuves semblent n'avoir aucun droit à Rouen), imprime pour les successeurs de J.B. Machuel, ou a elle-même succédé à J.B. Machuel.

Les romans trouvés lors de la perquisition de 1745

L'édition n° 130 B des *Campagnes philosophiques*, parue comme l'édition originale en 1741 sous le nom de Desbordes, est une contrefaçon rouennaise de l'édition Didot. Elle possède une vignette qu'on retrouve dans l'édition de 1747 des *Avantures de Télémaque* (corpus n° 101 K) et dans l'édition n° 416 B des *Mémoires de Mademoiselle Bontemps* (1749). Dans cette dernière édition existe également la vignette que nous avons vue dans les *Amours de Leucippe et de Clitophon* (corpus n° 28); nous ne connaissons pas d'autre édition que celle datée de 1733, et ignorons si c'est de cette même édition qu'il s'agit dans la perquisition de 1745.

L'édition des *Confessions du comte de* saisie en 1745 est probablement l'édition de 1742 que nous avons appelée 153 F et qui porte l'indication « troisième édition». Elle possède une vignette que nous avons rencontrée également dans une édition de la *Paysanne parvenue* (n° 519 AH).

Enfin l'édition de l'*Histoire de la tourière des Carmélites*, La Haye 1745, saisie chez la Veuve Ferrand est probablement celle acquise par la British Library : elle n'est caractérisée par aucun bandeau (prudence oblige), mais le papier a le filigrane de 1744 (corpus n° 280).

L'affaire du *Tanastès*

Le dossier se trouve à la Bibliothèque de l'Arsenal. Le *Tanastès* était un « livre qui a été fait sur les amours du roi et de Madame de Chateauroux et sur la maladie du roi à Metz»[35]. On remonta jusqu'à l'auteur, une certaine Marie-Madeleine-Joseph Bonafon, dont nous avons pu trouver la trace sur le registre paroissial de Versailles : « L'an 1716, le 20e du mois d'octobre, a été baptisée Marie-Magdeleine-Joseph, née hier de M. Jean-Pierre de Bonafon, écuyer du sieur d'Albert, et de dame Marie Le Noir son épouse de cette paroisse. Le parrain (est) Marin Marchand, commis à la recette du sixième, la marraine, demoiselle Marie-Magdeleine Godoneche, fille de feu Jacques Godoneche, de son vivant ordinaire de la musique du roi»[36].

Elle était « femme de chambre de Madame la Princesse de Montauban, qui la destinait pour élever Madame de Rohan sa fille chanoinesse depuis devenue comtesse de Brionne, (qui) avait alors 12 à 13 ans»[37]. Cette Princesse de Montauban se prénommait Catherine-Eléonore et était née en 1707; mariée au Prince Charles de Montauban, elle était dame du palais de la Reine. Elle passait pour avoir « beaucoup d'esprit» et en mars 1738 on lui attribua des lettres anonymes qui avaient fait beaucoup de bruit[38]. On ne peut s'empêcher de penser que, si elle n'a pas écrit le *Tanastès* elle-même, elle n'était pas totalement étrangère à sa composition.

Interrogée à la Bastille le 29 août 1745, M. Bonafon répondit « n'avoir composé qu'un roman imprimé en deux parties ayant pour titre *Tanastès*, plus la comédie du *Destin* point encore jouée qui est entre les mains du fils Minet[19] à la Comédie Française. Elle a commencé aussi un autre roman, le *Baron* ***, qui est une simple histoire. Interrogée qui est-ce qui lui a donné le goût d'écrire, et si elle ne s'est pas adressée à quelque personne accoutumée à composer des ouvrages pour lui prescrire l'ordre qu'elle devait tenir dans ceux qu'elle se proposait de composer... a dit qu'elle ne s'est adressée à personne; comme elle lit beaucoup, cela lui a donné le goût d'écrire... en s'occupant... moyen de se procurer quelque argent; que personne ne lui a enseigné les règles du théâtre; elle a consulté quelquefois le sieur Minet...

« Que pour *Tanastès* et l'autre roman, elle y a travaillé toute seule, et qu'elle n'a parlé de *Tanastès* qu'au sieur Mazelin lorsqu'elle a voulu le faire imprimer... Mazelin (lui ayant fait quelques) observations, elle lui dit que ce n'était qu'un conte, qu'il en paraissait tous les jours de pareils, et qu'on n'en faisait point d'applications..., qu'elle aurait dû le relier..., qu'elle était pressée d'argent. ... (Pour la clef) elle l'a vue il y a environ trois semaines... la clef n'est point d'elle»[50].

Le 3 décembre 1746, elle fut transférée de la Bastille au couvent des Bernardines à Moulins où elle est encore le 26 novembre 1757[35]. On perd ensuite sa trace.

Nicolas Mazelet ou Mazelin, valet de chambre de Mme de Lahaude, sous-gouvernante des dames de France, demeurait sur le carré de l'appartement de Mme de Lahaude, au-dessus de l'appartement de Mme la Dauphine. On trouva chez lui des livres reliés et brochés et des manuscrits, parmi lesquels « le portefeuille de Pecquet, ci-devant premier commis du Bureau des Affaires Etrangères, remis lors de sa détention à Mazelin par le concierge de l'appartement de Pecquet à Fontainebleau»[41].

Mlle Bonafon affirma dans son interrogatoire avoir communiqué la première partie du livre à Mazelin « pour qu'il cherchât un imprimeur»[23]. Mazelin « s'adressa à un libraire de Versailles appelé Dubuisson, étalant au château, pour qu'il lui indiquât un imprimeur. Dubuisson se chargea de faire imprimer le manuscrit, sous promesse de donner à la demoiselle Bonafon et à Mazelin 200 exemplaires gratis pour en faire profit. Il le proposa à la veuve Ferrand imprimeur à Rouen, qui le fit imprimer. L'édition fut apportée à Versailles, et distribuée en partie par Dubuisson, Mazelin et la demoiselle Bonafon, le reste envoyé à Paris à différentes personnes pour le vendre»[42].

Les perquisitions du lieutenant de police ne devaient pas se limiter à Paris, où l'on arrêta le relieur Dubuisson, sa femme, son garçon de boutique et leur servante, et un certain nombre de « dépositaires» et de colporteurs»[53]. « On envoya à Rouen arrêter la Veuve Ferrand, son fils, ses deux filles et les garçons de l'imprimerie»[44].

Lors de la perquisition faite à Rouen chez la Veuve Ferrand, on trouva, outre les éditions de romans que nous avons énumérées, « plusieurs feuilles imprimées non pliées de la *Suite du Tanastès*, corrigées pour servir d'épreuves, la préface imprimée, le frontispice imprimé»[29].

Un des deux exemplaires de la Bibliothèque de l'Arsenal porte l'ex-libris de l'inspecteur d'Hemery. Le roman est imprimé sur papier de la généralité de Rouen avec filigrane daté de 1743 et 1744. Comme l'*Histoire de la tourière des Carmélites*, il comporte des cahiers de 6 feuillets avec signatures en chiffres arabes jusqu'à 4, et des réclames par cahier.

8. Les fils de J.B. Machuel

Jean-Baptiste Machuel laissait en 1742 deux fils, Jean-Baptiste et Pierre, tous deux libraires; l'aîné, Jean-Baptiste, avait acquis à son tour la charge de maître des ports, ponts et passages de Normandie; il avait épousé Marie-Catherine Gaillard et mourut en 1764; on trouve, parmi ses papiers, ses lettres de maîtrise de libraire-relieur, son journal de commerce depuis 1750, une liasse de 39 pièces et lettres missives du sieur Chambeau d'Avignon, c'est-à-dire Jean-Louis Chambeau, installé libraire à Avignon depuis 1746[45]; et 10 poèmes de Voltaire en feuilles. Le «catalogue de tous les livres trouvés dans le magasin au second étage de la maison de J.B. Machuel» est beaucoup moins intéressant pour nous que celui de son père; on y remarque 678 exemplaires du *Roman Comique*, 16 exemplaires du *Gil Blas* en 4 volumes, 5 exemplaires des *Mémoires d'un homme de quallité* en 2 volumes, 14 exemplaires de l'*Orpheline angloise* en 4 volumes, 286 exemplaires de *Daphnis et Chloé* in-12 et seulement 1 exemplaire de la *Nouvelle Héloïse*, le tout en 3 volumes in-12 : «Tous les dits livres étant en feuilles et non reliés; le surplus de livres étant dans le magasin sont des feuillets de différents livres non complets de différents formats en petit nombre, tant en feuilles qu'en brochures et reliures»[46].

Le cabinet du premier étage de J.B. Machuel contenait également des livres, « le tout relié tant en veau que basane», ainsi qu'un « petit lot de différents volumes tant in-12 qu'in-16 dépareillés et de peu de valeur»; on y trouva aussi 3 exemplaires des *Mémoires et avantures d'un homme de qualité* en 2 volumes[46].

Pierre Machuel, « marchand-libraire à Rouen y demeurant rue Ganterie, paroisse Saint-Laurent» assistait à l'inventaire après décès en tant qu'oncle paternel et tuteur du fils mineur du défunt. Né en 1722, il a alors 42 ans; il était absent le 23 mars 1742 lors de la pose des scellés sur les biens de son père[47]. Il avait beaucoup travaillé avec son oncle Robert Machuel, auquel une note de police le dit « fort attaché»[48]. Cet attachement coûtera à la fin de 1752 à Pierre Machuel un séjour à la Bastille, une amende de 500 livres et la fermeture de sa boutique[49]. Il avait obtenu la réouverture de sa boutique, mais une note de mars 1767 fait allusion à deux séjours à la Bastille[50].

Il faut rappeler enfin la forte personnalité de Robert Machuel, déchu de sa maîtrise d'imprimeur-libraire par le même arrêt du 30 janvier 1753 qui fermait la boutique de son neveu. Cet arrêt précise « avec défense de faire commerce de livres, directement ou indirectement». « La place d'imprimeur qu'il occupait à Rouen» est « supprimée, les presses, caractères et autres ustensiles confisqués en la Chambre Syndicale de la Communauté des Libraires et imprimeurs de Rouen»[59]. Déjà en 1728, il avait été détenu dans les prisons du bailliage de Rouen pour avoir imprimé les *Lettres persanes* et la *Suite du Parallèle de la religion avec celle des Païens*[51].

CONCLUSION
SUR LES LIBRAIRES-IMPRIMEURS DE ROUEN

Les libraires les plus importants de Rouen étaient en même temps imprimeurs; leurs relations de famille et d'affaires semblent avoir été assez cordiales et il est probable qu'ils ont travaillé en commun dans bien des cas. Déjà spécialisés dans les impressions in-12 de voyages, ils se sont lancés dans des contrefaçons de romans à succès, en particulier ceux de Prévost. Il ne se sont pas contentés de ces contrefaçons probablement autorisées par Pontcarré, mais ont imprimé les *Lettres persanes*, la *Tourière des Carmélites* et le *Tanastès*.

1 Nous préférons la graphie Jore à la graphie Jorre, adoptée par Quéniart.

2 QUENIART, *op. cit.*, p. 211 et sq.

3 Best. D 739.

4 A.D. Seine-Maritime 4E 2075.

5 A.D. Seine-Maritime 4E 2075 et « Imprimeurs et libraires rouennais protestants avant 1789» dans le *Bulletin d'histoire du protestantisme*, 1887, p. 336.

6 A.D. Seine-Maritime 4E 2076.

7 Bibl. Arsenal ms. 10 296 f° 193.

8 Best. D 397.

9 QUENIART, *op. cit.*, p. 213 d'après Archives Nationales V6 873.

10 Bibl. Arsenal, ms. 11 576 f° 82.

11 Etude Le Jars 1748.

12 QUENIART, *op. cit.*, p. 216.

13 Bibl. Arsenal, ms. 11 694, f° 185.

14 Lors de son inhumation, ce n'est pas son petit fils Claude-François qui signe, car il n'est probablement plus à Rouen, mais un certain Pierre Jore. Le fils de Claude-François Jore qui porte ce prénom n'a alors que 14 ans, étant né le 21 juin 1734. A.D. Seine-Maritime 4E 2076.

15 Etude Le Jars 1748 et 4BP 5301.

16 B.U. Leyde, fonds Marchand : Lettre n° 14 bis à d'Argens.

17 QUENIART, *op. cit.*, p. 213.

18 *Voltaire, Bibliographie de ses œuvres* par G. Bengesco, tome I. Paris, 1882.

19 *Bibliothèque Nationale. Catalogue général des livres imprimés.*

20 « La plupart des exemplaires ont été faits à Rouen» (Granet 21 avril 1725, B.M. Nîmes, ms. 151 f° 135).

21 BENGESCO, *op. cit.*, p. 378.

22 Best. D 446.

23 PRÉVOST. *Histoire du Chevalier des Grieux et de Manon Lescaut.* Ed. établie par C.E. Engel et Max Brun. Paris 1968, p. 334 et 335.

24 *Histoire du Chevalier des Grieux...* Paris, 1960, p. 367.

25 *Œuvres de Prévost sous la dir. de Jean Sgard*, tome II. Note sur l'établissement du texte.

26 Voir Ph. STEWART. « Prévost et son *Cleveland*», *op. cit.*, p. 204 et note 3 et p. 205 et note 1.

27 Il existe un ouvrage de ce titre « par le Moine, 1652».

28 Bibl. Arsenal, ms. 11 694, f° 185.

29 Bibl. Arsenal, ms. 11 582 f° 59.

30 B.N. ms.fr. 21 957 permission simple n° 7214 du 15 mars 1738.

31 B.N. ms.fr. 21 990 registre des permissioins tacites n° 953.

32 Bibl. Arsenal, ms. 11 582 f° 22.

33 Aff. étrangères, corr. politique Liège vol. 42 f° 162 et 163.

34 A.D. Seine-Maritime 4E 2130 (Registre paroissial de St-Martin-sur-Penelle).

35 Bibl. Arsenal, ms. 11 582 f° 4.

36 A.D. Yvelines, registre paroissial de Versailles.

37 Bibl. Arsenal, ms. 11 582 f° 20.

38 Bibl. Arsenal, ms. 10 166 f° 538.

39 Minet était le souffleur de la Comédie Française.

40 Bibl. Arsenal, f° 55 et 56.

41 Bibl. Arsenal, ms. 11 582 f° 19 et 42.

42 Bibl. Arsenal, ms. 11 582 f° 21.

43 Bibl. Arsenal, ms. 11 582 f° 29.

44 Bibl. Arsenal, ms. 11 582 f° 22.

45 Voir Moulinas, *L'imprimerie, la librairie et la presse à Avignon au XVIIIe siècle*. Grenoble, 1974.

46 Inventaire après décès de J.B. Machuel, 10 juillet 1764, étude Varengue.

47 A.D. Seine-Maritime 4BP 5275.

48 B.N. ms.fr. 22 107 f° 208.

49 Bibl. Arsenal, ms. 11 792 f° 50.

50 B.N. ms. fr. 22 129 f° 265.

51 Préfecture de Police de Paris, carton 5, n° 441, f° 490 et B.N. n.a.fr. 1891, f° 213.

NEUVIÈME PARTIE

L'IMPRIMERIE DE TRÉVOUX

1. Historique

Les conditions du fonctionnement de l'imprimerie de Trévoux sont tout à fait différentes de celles des imprimeries de Rouen : la Hollande est loin, Paris est loin, il n'y a à Trévoux qu'une seule imprimerie; mais son importance vient de la situation historique et en quelque sorte administrative de Trévoux.

La généralité de Dombes ou de Trévoux était en effet comme un Etat dans l'Etat; il serait sans doute abusif de comparer sa situation à celle qu'occupe de nos jours la principauté de Monaco; il n'empêche qu'il s'agissait d'une propriété privée de la duchesse de Montespan, princesse souveraine de Dombes, puis de son fils Louis-Auguste de Bourbon, duc du Maine, auquel succèda à sa mort, survenue en 1736, son fils aîné Louis-Auguste II, qui mourut en 1755[1].

Le 26 juin 1699, le duc du Maine avait accordé un privilège à Jean Boudot, imprimeur de l'Académie des sciences, qui s'associa avec Etienne Ganeau. En 1707, Ganeau fonda la Compagnie de Trévoux avec une dizaine de libraires parisiens[2].

Le nom de Ganeau est intimement lié à l'histoire de cette Compagnie. L'enseigne de la librairie parisienne est « aux armes de Dombes». Lorsqu'en juin 1748 la veuve d'Etienne Ganeau vend son fonds de librairie à son fils Louis-Etienne Ganeau, à Bauche fils et à d'Houry fils, tous libraires à Paris, elle vend à son fils 1/14ᵉ qu'elle possède «dans le fonds de la société de l'imprimerie et librairie de la ville de Trévoux, ensemble dans les plancher et effets qui sont tant en la ville de Trévoux qu'en cette ville de Paris et ailleurs»[3].

Le même Louis-Etienne Ganeau vend le 7 juin 1760 à Briasson « le privilège de l'imprimerie établie en la ville de Trévoux, capitale de la Souveraineté de Dombes, accordé par lettres patentes du 20 décembre 1717 au sieur Etienne Ganeau; plus le terrain accordé à E. Ganeau et à ses associés par lettres patentes de mai 1723... Les ustensiles, le tout appartenant au sieur Ganeau, savoir un dixième de son chef, les 9 autres dixièmes, comme les ayant acquis de ses associés et intéressés, suivant le contrat passé devant Me Bellanger le 18 février 1760»[t].

En fait, entre 1717 et 1741 était intervenue une modification de la société, puisque deux mémoires imprimés contradictoires de 1742 font allusion à une vente du 21 février 1731. Ces mémoires nous apprennent que « l'ancienne société de Trévoux formée pour l'impression de différents ouvrages était composée dans le principe de sept libraires, qui avaient tous un égal intérêt». Pierre Gandouin et Théodore Le Gras, auteurs de ce mémoire, disent être entrés dans cette société (en 1725?), Gandouin pour 1/21ᵉ, Le Gras pour 1/42ᵉ. Ganeau était distributeur et caissier et Gandouin directeur. En décembre 1730, un état de tous les livres fut dressé. A la suite de la délibration du 1ᵉʳ février 1731, il fut décidé de « vendre les bâtiments et les ustensiles de l'imprimerie de Trévoux qui appartenaient à la Compagnie et de partager». Le surplus de la vente devait être partagé en sept parts et portions, mais, au dire des plaignants, après la mort de Ganeau (survenue en 1737), deux personnes supprimèrent le registre de 1726-1731. A quoi leurs adversaires rétorquent qu'il « y a eu deux partages, l'un de ce qui revenait de la vente de l'imprimerie de Trévoux qui fut faite le 21 février 1731», l'autre après la dissolution de la société survenue le 27 février 1741⁵.

Nous retiendrons de ces contestations le fait que les associés de Trévoux sont des libraires parisiens fort connus. Il n'en avait pas toujours été ainsi et un document de 1697 nous paraît particulièrement éclairant : en 1697 il s'agissait d'une supplique de libraires et imprimeurs adressée au roi : « Les libraires-imprimeurs de votre ville de Paris et des autres villes de votre royaume... (remontrent) que le nommé Pierre Le Rouge, ayant surpris la religion de Mgr le duc du Maine... aurait obtenu... un prétendu privilège par lequel il lui est permis, non seulement d'établir des imprimeries dans la ville de Trévoux, mais aussi d'imprimer ou faire imprimer généralement tous les livres de quelque lieu qu'il les puisse tirer, même sur les copies imprimées dans le royaume dont il y aurait privilège de Votre Majesté, ou sur des copies manuscrites, sous prétexte de les faire débiter seulement dans la ville de Trévoux et aux sujets de S.A.S., ce qui est une pure illusion, le dessein du sieur Le Rouge étant uniquement de contrefaire tous les bons livres imprimés avec privilège dans votre royaume, pour les y vendre et distribuer... Il est notoire qu'ils n'y pourraient pas distribuer une douzaine d'exemplaires (à Trévoux)... Ils ont déjà commencé d'imprimer la *Bible* de Sacy, le *Nouveau Testament* du p. Quesnel... Ces livres étant une fois imprimés à Trévoux, il est impossible d'en empêcher l'entrée et le débit dans votre royaume, par la facilité du transport que l'on peut faire de tous côtés sans qu'ils soient visités... étant au milieu de votre royaume, et n'y ayant point de bureau de douane à passer où l'on visite les marchandises qui sortent de Trévoux... Les pouvant donner à meilleur marché, à cause que le papier et les ouvriers leur coûtent moins et qu'ils n'ont point de frais à faire, ni de copies à acheter des auteurs, ils se trouveront qu'eux seuls auroient tout le commerce de la librairie et détruiroient tous les libraires et imprimeurs de votre royaume, réduiraient à la mendicité les ouvriers imprimeurs et relieurs, et frustreraient

Votre Majesté des droits qu'elle perçoit sur le papier et sur les denrées qu'usent les ouvriers... qui seraient obligés de quitter le royaume... Il est à craindre que la liberté qu'auraient les imprimeurs et libraires qui s'établiraient à Trévoux d'imprimer toutes les copies qu'on leur enverrait ne leur donnât occasion d'imprimer des livres dangereux, et d'ailleurs, l'éloignement de Trévoux ne permettant pas que les auteurs pussent revoir les ouvrages qui s'y imprimeraient, il serait impossible qu'ils ne fussent imparfaits et pleins de fautes»[6].

Ce n'est pas notre propos d'analyser les conditions historiques de ce document, et en particulier les résonances de jansénisme (*Bible* de Sacy, *Nouveau Testament* de Quesnel). Retenons l'explication de la finalité de cette imprimerie, qui allait, au dire de ses adversaires parisiens, pouvoir impunément publier n'importe quoi, et en tout cas des contrefaçons. Le 22 janvier 1701, Bourret signe l'approbation de la traduction du *Nouveau Testament* et le 13 février 1701 Desrioux de Messimy accorde la permission d'imprimer à « Etienne Ganeau directeur de l'imprimerie»; à cette autorisation est joint un certificat du Premier Président au Parlement des Dombes, de Montezan, assurant que Ganeau est notre seul et unique libraire, « un privilège pour trente ans pour imprimer, faire imprimer, vendre et relier toutes sortes de livres, tant sur les éditions anciennes et étrangères que sur les manuscrits originaux, sans être obligé d'obtenir de nous ni de nos officiers autre privilège ou permission».

Ce choix de Ganeau comme directeur de l'imprimerie de Trévoux était la réponse du pouvoir royal aux plaintes des libraires parisiens. Ganeau n'était libraire que depuis 1695.

On a vu que Gandouin et Le Gras avaient fait partie de la Compagnie de Trévoux. Enfin, l'inventaire après décès du fonds de Cavelier, effectué le 1er mars 1752, met dans une catégorie particulière « les livres qui sont actuellement à Trévoux dans le magasin de la Compagnie, appartenant au dit feu sieur Cavelier, suivant l'état certifié du sieur Ganeau, libraire directeur de la Compagnie, et qui doivent être apportés à Paris sur les ordres de la succession et à ses frais... le tout avec et y compris les droits d'impression et de l'intérêt d'un dixième dans le bâtiment de l'imprimerie étant à Trévoux et dans les caractères, presses, et ustensiles appartenant à la nouvelle compagnie qui s'y est formée»[7].

2. L'inventaire après décès de Cavelier (1752)

Les inventaires après décès et les ventes de fonds de libraires distinguent les « livres de sortes avec privilège ou droit de privilège» et les « livres d'assortiment». Dans la première catégorie, figuraient les ouvrages pour lesquels le libraire était propriétaire du privilège ou d'une partie du privilège; c'est ce que nous avons déjà vu avec l'inventaire de Damonneville qui possède à la fois les romans publiés naguère par Pierre Prault et les privilèges de ces romans; nous l'avons vu également avec la vente de Didot. Par contre les livres d'assortiment étaient des livres français ou étrangers dont le libraire concerné ne possédait pas le privilège, ou qu'il avait achetés sans acheter en même temps une part de privilège. C'est pourquoi les exemplaires d'un même ouvrage pouvaient se trouver dans les deux catégories lors d'un inventaire.

L'inventaire après décès de Cavelier (1752) fait apparaître des livres de Trévoux dans les deux catégories. Dans la première catégorie, celle des livres avec portion de privilège, on trouve :

43 exemplaires du *Dictionnaire de Bayle*, 5 vol. f°, édition de Trévoux : 1290 livres,

87 exemplaires des *Elemens de Newton* par Voltaire 43 livres 10; un peu plus haut figuraient 250 exemplaires sans la précision « Trévoux», prisés la même valeur « avec le droit à la permission d'imprimer» : 125 livres.

Il faut ajouter 1/42ᵉ du droit de privilège du *Dictionnaire universel* dit de Trévoux, 7 vol. f°, et 1/42ᵉ dans le *Supplément* aux précédentes éditions qui « viennent d'être achevées».

Dans la seconde catégorie, celle des livres d'assortiment, on trouve parmi les livres en feuilles du magasin :

120 exemplaires de l'*Histoire de Louis XIII et de Louis XIV*, suite du Mézeray, 3 vol. in-12 de Trévoux, 240 livres,

2 exemplaires du *Dictionnaire de Bayle*, édition de Trévoux, 5 vol. f°,

1 exemplaire des *Œuvres* de Bayle en 4 volumes de Trévoux,

16 exemplaires du *Dictionnaire néologique* in-12 de Trévoux,

40 exemplaires de l'*Abrégé de Locke* in-12 de Trévoux,

3 exemplaires des *Mémoires de Brantôme*, 10 vol. in-12 de Trévoux,

36 exemplaires des *Mémoires de Choisy* in-12 de Trévoux,

3 exemplaires des *Œuvres* de Voltaire en 6 volumes in-12 de Trévoux,

5 exemplaires de la *Psychologie* de Wolf in-12 de Trévoux.

Dans le cabinet du premier étage donnant sur la cour, étaient placés :

1 exemplaire des *Œuvres* de Voltaire, 6 vol., de Trévoux,

1 exemplaire des *Œuvres* de Bayle, 4 vol. f°, de Trévoux.

Enfin, dans la boutique, 2 exemplaires des *Œuvres* de Bayle en 4 vol. f° de Trévoux.

3. La publication du dictionnaire de Bayle (1731-1734)

Nous connaissons Trévoux surtout par les célèbres *Mémoires* des Jésuites, qui ne furent d'ailleurs publiés à Trévoux, que jusqu'en 1731[8]. Mais Trévoux était aussi pour les contemporains l'endroit où parut en 1734 une édition du fameux *Dictionnaire* de Bayle. On connaît le texte de la *Lettre sur la liberté de la presse* de Diderot : « Vous savez quel fut le succès du *Dictionnaire* de Bayle... Les particuliers qui n'en trouvaient point chez nos commerçants s'adressaient à l'étranger; l'ouvrage venait par des voies détournées et notre argent s'en allait. Le libraire excité par son intérêt pallié d'une considération saine et politique s'adressa au ministre, et n'eut pas de peine à lui faire sentir la différence d'un commerce d'argent à papier ou de papier à papier. Le ministre lui répondit qu'il avait raison, cependant qu'il n'ouvrirait jamais la porte du royaume au *Bayle*. Cet aveu de la justesse de sa demande et de refus décidé de la chose demandée l'étonnèrent; mais le magistrat ajouta tout de suite : *C'est qu'il faut faire mieux; il faut l'imprimer*; et le *Bayle* fut imprimé ici»[9].

Bouhier parle à Marais le 11 avril 1733 d'«un *Dictionnaire* qui s'imprime à Trévoux»[10]. Mais si on est bien renseigné à Dijon, on l'est sans doute plus rapidement à Lyon. Ce qui ne doit pas nous étonner : Bouhier est en correspondance avec l'abbé Leclerc de Lyon, auteur d'une *Lettre critique sur le Dictionnaire*. Dugas rencontre Cholier de Cibeins à Lyon. « Croirez-vous», écrit Dugas le 17 février 1731, « qu'on va imprimer à Trévoux le *Dictionnaire* de Bayle et que cela est toléré? On dit pour raison qu'on ne l'achèterait et qu'on ne le lirait pas moins, et qu'il vaut mieux que les Français profitent de la vente que les Hollandais et les Genevois»[11]. Et Bottu de rétorquer : « Belle raison! Les *Contes* de la Fontaine et mille autres livres orduriers seront lus, donc il faut les imprimer avec privilège en France. Aussi l'a-t-on fait, du moins pour les *Contes*, et l'édition en est magnifique. Vous l'avez vue autrefois chez la Veuve Boudet»[12].

Le 29 mai 1731, l'abbé de la Poype écrivait de Paris à Desmaizeaux : « Monsieur Ganeau, libraire de cette ville, qui est en correspondance avec ceux de Trévoux, veut aujourd'hui cacher (cette nouvelle édition). Il me dit que c'était à Avignon»[13]. Le 6 juillet 1731, il précise à son correspondant que Ganeau a bien vu « qu'il était inutile de (lui) en faire un mystère plus longtemps... C'est lui qui est le directeur de l'Imprimerie de Trévoux. Son adresse est aux armes de Dombes, rue Saint-Jacques»[14].

Les Archives départementales de l'Ain possèdent quelques documents sur l'Imprimerie de Trévoux, en particulier sur les problèmes qui se posèrent en 1732 pour la continuation de l'impression du *Dictionnaire* de Bayle. Le duc du Maine avait en effet interdit le 10 mars 1732 aux associés de vendre leur *Dictionnaire* sans la Critique de l'abbé Joly. Pierre Cholier de Cibeins, « intendant de cette souveraineté et commissaire de S.A.S. à l'Imprimerie de Trévoux», se rendit le 15 mars à l'Imprimerie avec son subdélégué Jean Laurens, avocat au Parlement, et Louis Balmont, notaire du duc du Maine. « Etant entrés dans les deux chambres de travail, nous y aurions trouvé François Boulay, directeur de la dite imprimerie, auquel nous avons fait savoir le sujet de notre transport, et lui aurions fait défense de la part de S.A.S. de continuer l'impression du *Dictionnaire* de Bayle, et sur le champ fait cesser les ouvriers qui y travaillaient, lesquels étaient au nombre de 30 y compris le dit Boulay, savoir M. Claude Bizeux avocat en Parlement et M. Garnier prêtre (un mot illisible) correcteur, dix compositeurs... douze imprimeurs à la presse, cinq magasiniers... Boulay lui a dit qu'il y a 2500 exemplaires du tome I... Etant rentré dans les deux chambres de travail, nous aurions de nouveau ordonné au dit Boulay de faire cesser le travail du *Dictionnaire* de Bayle... et d'employer ses ouvriers à d'autres ouvrages, il nous aurait dit qu'il n'y avait nulle autre sorte de travail, qu'il sera obligé de congédier ses ouvriers, qu'il sera presque impossible de retrouver des gens aussi capables, qu'il a formés avec grand peine et fait venir à grands frais lorsqu'on lui en a indiqué à Genève et même en Allemagne, et que le sieur Ganeau (et ses associés) sont dans des avances de plus de 50 000 écus pour les frais du travail, outre que la Compagnie a délivré des souscriptions pour plus de 40 à 50 000 livres qu'il faudra restituer, ajoutant que le *Dictionnaire* est répandu dans toute l'Europe, qu'on le vend publiquement à Paris et dans nombre d'autres villes... et que, si on se donne la peine de jeter les yeux sur Bayle, l'on n'y trouvera au sujet de la religion que ce qui est écrit dans tous les livres des Protestants, et surtout à l'occasion de la révocation de l'Edit de Nantes; ayant interpellé le sieur Boulay de nous représenter la minute ou l'original sur lequel l'on imprime le *Dictionnaire* de Bayle, et de nous faire voir l'article de Louis XIV,... il nous a affirmé n'y avoir aucun article sur Louis XIV...

« L'ayant interpellé de nous dire ce que les compositeurs et imprimeurs gagnent : chacun quarante sols, et qu'il ne croit pas qu'on puisse les retenir qu'au même prix... La plus grande partie (des ouvriers) nous représentant qu'ils avaient nombre d'enfants, et que c'était leur faire grand tort de ne pas leur laisser aller travailler à Lyon ou ailleurs, nous avons ordonné au sieur Boulay de leur payer chaque jour trente sols à chacun jusqu'à ce que S.A.S. ait ordonné sur la continuation ou suppression du travail et fait défense aux dits ouvriers de sortir de la ville de Trévoux pour aller travailler ailleurs»[15].

Le procès-verbal est signé de 27 personnes. Un arrangement devait intervenir entre le duc du Maine et les libraires, qui se soumirent. Le mémoire rappelle les principaux faits du procès-verbal, et ajoute que « le bâtiment où est l'imprimerie a coûté plus de 30 000 livres», et que « Ganeau depuis 32 ans a toujours travaillé pour perfectionner ce grand établissement». Ont signé : P.F. Emery, J. Rollin fils, J. Rollin père, Giffart, Ganeau, Le Gras et Cavelier.

Le même scénario se reproduit en février 1734, à propos des *Œuvres mêlées* de Bayle; cette fois, le directeur de l'imprimerie n'est plus Boulay, mais Jean-François Crevier, imprimeur parisien. M. Zéphir fait état d'une note de d'Hémery et nous apprend qu'il mourut à Trévoux en 1764, après avoir quitté le commerce en 1749[16]. Crevier répondit alors à Cholier que « dans le temps qu'on imprimait le *Dictionnaire* de Bayle il y avait sept presses qui travaillaient, mais que, depuis la fin du mois de janvier (1734) que le travail est achevé, il n'y a plus que deux presses qui sont employées depuis 15 jours à l'impression des *Œuvres mêlées* de Bayle et d'un autre livre qui porte pour titre *Intérêts présens des puissances souveraines de l'Europe*... La visite se termina par l'assurance donnée par Crévier et Bizeux « que dans l'espace de 15 jours on ne pourra imprimer que 12 à 15 feuilles, n'y ayant plus dans l'imprimerie que 7 compositeurs et 4 imprimeurs»[15].

Nous n'avons malheureusement pas trouvé dans ce précieux dossier d'informations sur le fonctionnement de l'imprimerie après 1734. Le rôle de cette importante imprimerie n'a jusqu'à maintenant jamais été révélé; avec trente ouvriers en 1732 et une quinzaine en 1734, nous sommes loin de l'artisanat de Rouen et même de Paris, et l'on travaillait à Trévoux d'une manière plus fonctionnelle, sans la dispersion imposée à Paris, non seulement par la situation des maisons et appartements, mais aussi par l'éventualité des perquisitions. Disons qu'à Trévoux on travaillait tranquillement, sous la protection du Duc du Maine; ce qui ne veut pas dire pour autant qu'on y imprimait des ouvrages scandaleux. Imprimer Bayle était un scandale toléré et même officiel.

Ce qu'on aimerait savoir bien entendu, c'est le nombre d'ouvriers après 1734. Il est probable qu'il diminua encore. Quoi qu'il en soit, nous avons identifié quelques romans comme étant imprimés à Trévoux.

4. Les impressions de Trévoux

Nous aurons une fois de plus recours à notre méthode d'identification par les ornements typographiques, partant du connu pour aller à l'inconnu. Nous n'avons pas limité notre enquête aux romans, peu nombreux.

1. Ouvrages portant l'adresse de la Compagnie de Trévoux

1708 *Nouveau traité de la thériaque par Chr. de Jussieu.* - Trévoux, chez E. Ganeau, libraire de Paris et directeur de l'Imprimerie de Trévoux.

1712 *Les divertissemens de Seaux.* - A Trévoux et se vendent à Paris chez E. Ganeau.

1717 *Recueil des méthodes approuvées des écoles de médecine.* - Trévoux.

1741 *Journal du voyage de Siam.* - Trévoux, Compagnie.

1741 *Voyage de messieurs Bachaumont et La Chapelle.* - Trévoux, Compagnie (corpus n° 655).

1744 *Histoire des avanturiers flibustiers.* - Trévoux, Compagnie.

1748 *Recueil de pièces galantes de Mme la Comtesse de la Suze.* - Trévoux, Compagnie.

2. Dans ces sept éditions on trouve 15 ornements dont 10 permettent de considérer comme originaires de Trévoux les éditions suivantes :

1732 *Lettres historiques et galantes.* - Amsterdam, Brunel (corpus 376 A).

1734 *Les intérêts présens des puissances de l'Europe*. - La Haye, Moetjens. (ci-dessus p. 359).

1736 *Le mentor cavalier*. - Londres, Compagnie (corpus 668 B)

1738 *Histoire de la papesse Jeanne* par Lenfant. - La Haye, Scheurleer.

1739 *Essais* de Montaigne. - Londres, Nourse.
Bouhier écrit à Bourguet le 14 juillet 1739 : « on vient d'imprimer à Trévoux sous le nom de Londres une nouvelle édition des *Essais* de Montaigne... On y a joint un mémoire de ma façon»[17].

1740 *Mémoires et réflexions sur les principaux événements du règne de Louis XIV* par M.L.M.D.L.F. (La Fare). - Amsterdam, J.F. Bernard.

1741 *Abrégé de l'essay de M. Locke sur l'entendement humain*. - Londres, J. Nourse. Voir aussi Inventaire Cavelier et catalogue Vercheres.

1741 *Les devoirs de l'homme et du citoyen*. - Londres, Nourse.

1741 *Traité philosophique de la foiblesse de l'esprit humain*. - Londres, Nourse.

1742 *Les œuvres meslées de Mr de Remond de Saint-Mard*. - La Haye, Neaulme.

1743 *Description du Cap de Bonne Espérance par Kolbe*. - Amsterdam, Jean Catuffe.

1745 *Histoire de Marguerite de Valois*. - Amsterdam, Mortier (corpus 294 B).

1745 *Histoire du prince Eugène de Savoye*. - Vienne, Briffaut.

1745 *Recherches sur les vertus de l'eau de goudron* (Berkeley. - Amsterdam Mortier).

1746 *Mémoires de Mademoiselle de Montpensier*. - Amsterdam, Wetstein.

1746 *Œuvres diverses* de M. de Voltaire. - Londres, Nourse (Bengesco 2127) (Voir Inventaire Cavelier).

1748 *Vie de Mahomet* par Gagnier. - Amsterdam, Wetstein et Smith.

1 LENAIL, *Le Parlement de Dombes.* Lyon, 1900.

2 Bibl. Arsenal, ms. 11 582 f° 21.

3 M.C./XLIX-678 et XLIX-687.

4 M.C./XLIX-726.

5 Mémoire pour Gandouin et Legras B.N. ms. fr. 22 109 f° 1 et sq.

6 B.N. ms.fr. 22 126 f° 221 à 223.

7 M.C./XLIX-692.

8 M. GILOT et J. SGARD, « Le renouvellement des *Mémoires de Trévoux en 1734»* dans *Dix-huitième siècle,* n° 8, 1976, p. 206.

9 DIDEROT, *Œuvres complètes,* éd. D.P.V., tome VIII, 1976, p. 555.

10 B.N. ms.fr. 24 415 f° 562.

11 B.M. Lyon, ms. 6224 tome III p. 69.

12 B.M. Lyon, ms. 6224 tome III p. 72.

13 British Library add.mss. 4287 f° 237.

14 British Library add.mss. 4287 f° 239.

15 A.D. Ain C552.

16 Voir M. Zéphir, *op. cit.*

17 Bibl. Neuchâtel, ms. 1268 f° 97-98.

DIXIÈME PARTIE

LES IMPRIMEURS D'AVIGNON

Si nous nous reportons à la liste des imprimeurs et libraires d'Avignon établie par R. Moulinas, nous en trouvons environ 28 pour les années 1740-1750[1]. C'est beaucoup pour une ville de 24 000 habitants. Rappelons que « à Avignon les privilèges royaux n'avaient pas cours : les imprimeurs pouvaient donc mettre sous presse sans risque tout ce qui leur plaisait, à condition que le livre n'offensât pas la religion ni les bonnes mœurs et ils avaient beaucoup de facilités pour répandre leurs productions dans tout le royaume à bien meilleur marché que les éditions originales». C'est pourquoi « à partir de 1730 ou 1740 l'imprimerie était devenue une des principales activités de la ville».

Mais le nom d'Avignon dans une adresse comme ceux d'Amsterdam et de la Haye peut cacher une impression française. Et inversement des impressions d'Avignon peuvent se dissimuler sous une autre adresse. Dans notre corpus nous relevons les éditions suivantes sous l'adresse d'Avignon :

réimpressions de *La Paysanne parvenue* et de la *Vie de Marianne* (n° 519 N et 645 P) en 1736

plusieurs éditions des *Epoux malheureux* (n° 205 A, 205 B, 205 C) en 1745 et 1746.

Ces adresses (sans nom d'éditeur) sont certainement mensongères. Par contre notre méthode d'identification grâce aux ornements typographiques nous a permis de retrouver des impressions avignonnaises de romans dues sans doute, les unes à Charles Giroud, les autres à François Girard et ses associés.

1. Charles GIROUD (1681-1746) d'origine grenobloise, propriétaire du *Courrier d'Avignon*

Nous avons retenu deux vignettes.

La première se trouve dans la *Quaestio medica* de J.J. Athenosy publiée en 1732 (Musée Calvet 8° 24 809). Elle figure également dans les ouvrages suivants :

Avantures du chevalier des Grieux et de Manon Lescaut. - Amsterdam, Compagnie, 1733 (corpus n° 104 A).

Lettres historiques et galantes tome II. - Cologne, Marteau, 1733 (corpus n° 376 B).

Les petits soupers de l'esté. - Paris, Prault père, 1734 (corpus n° 524 B).

Vie de Marianne. - Amsterdam, Ryckhoff fils, 1737 (corpus n° 645 S).

Le roman de Mme Durand intitulé *Les petits soupers de l'esté* avait paru en 1702 chez Musier et Rolin avant d'être publié par Prault en 1733 (corpus n° 524 A). Il s'agit ici d'une contrefaçon dans laquelle on trouve également la vignette de la *Lettre apologétique de F. Vernet à son frère* publiée par Charles Giroud en 1740. Cette vignette figure également dans les éditions de romans suivantes :

Le Paysan parvenu cinquième partie. — Paris, Prault fils, 1735 (corpus n° 518 H).

Histoire du prince Titi. - Amsterdam, Moetjens, 1736 (corpus n° 316 C).

Mémoires d'un homme de qualité, tome I. - La Haye, Merville et Van der Kloot, 1737 (corpus n° 448 U).

A ces deux vignettes il convient d'ajouter un bandeau qui figure non seulement dans les *Avantures du chevalier des Grieux et de Manon Lescaut* de 1733 (corpus n° 104 A) et dans les *Mémoires d'un homme de qualité* de 1737 (corpus n° 448 U) mentionnés ci-dessus, mais la *Suite des Mémoires d'un homme de qualité*. - La Haye, Merville et Van der Kloot, 1729 (corpus n° 448 D) et dans les *Avantures de Joseph Andrews*. — Londres, Meyer, 1750 (corpus n° 95 F).

Au total, neuf éditions de romans dont deux de Marivaux et trois de Prévost.

2. François GIRARD (1688-1753), originaire de Besançon, et ses associés Fortunat Labaye et Dominique Séguin.

Nous avons retenu deux vignettes.

La première (signée CS) se trouve dans trois ouvrages de F. Girard : les *Réflexions morales et affectueuses sur chaque verset des Pseaumes de David* par le p. Bonaventure Barbaza publiées en 1738 par Girard et Labaye (Musée Calvet 8° 22 871)

les *Flores sapientum* du p. Auriol publiées en 1741 par Girard et Séguin, (Musée Calvet 8° 8556) et les *Lettres théologiques touchant l'état de grace* du p. J. Galien publliées par Girard en 1745. Cette vignette se retrouve dans les *Mémoires du duc de Villars*, La Haye, Gosse, 1735 (corpus n° 443 D).

L'autre vignette se trouve dans l'*Histoire de la Constitution Unigenitus* de Lafitau publiée par Labaye en 1743. On la voit encore dans le *Sethos*. - Amsterdam, F. Girardi, 1732 (corpus n° 591 C) et dans les *Mémoires et avantures d'un homme de qualité*. - La Haye, Merville et

Van der Kloot, 1750 (corpus n° 448 AC). Ainsi François Girard publia certains livres sous le nom de Girardi à Amsterdam : les *Mémoires du comte de Forbin* en 1729, l'*Histoire de la Congrégation des filles de l'Enfance* en 1734, les *Mémoires de Tourville* en 1742, et une contrefaçon du *Sethos*. Les *Mémoires de Tourville*, les *Mémoires du duc de Villars* et le *Sethos* ont le même bandeau.

Ce n'est là qu'une esquisse de l'étude qui reste à faire sur les contrefaçons d'Avignon et nous en resterons là pour le moment.

Le roman de Mme Durand intitulé *Les petits soupers de l'esté* avait été réimprimé par Prault en 1733 avec le privilège « collectif» du 21 août 1732. Il est réimprimé en 1735 à la fois en Hollande et à Trévoux. L'édition de Trévoux porte l'adresse de Prault et la mention « avec privilège du roi». Nous nous apercevons une fois de plus qu'on ne peut se fier aux pages de titre : le lieu d'édition et le nom du libraire peuvent être faux même, quand il s'agit de libraires parisiens. C'est ainsi que nous avons trouvé à Oxford une contrefaçon anglaise de la *Vie de Marianne* datée de 1742 avec l'adresse de Prault fils! (Bodleian Library).

---

1 MOULINAS, *L'imprimerie, la librairie et la presse à Avignon au XVIIIe siècle*. Grenoble, 1974, p. 407 et sq.

BILAN ET PERSPECTIVES

Cette enquête sur le roman et la librairie pendant le second quart du dix-huitième siècle nous a entraînée assez loin de l'idée de départ de cette recherche, qui était de vérifier l'effet de la Proscription de 1737. Nous nous sommes aperçue peu à peu que le roman n'était pas aux yeux des lecteurs et des libraires de l'époque un genre littéraire aux contours bien définis; ou plutôt que ses contours n'étaient pas exactement ceux que nous aurions tendance à lui dessiner pour le dix-huitième siècle. C'est un « genre qui se porte bien» comme le souligne Jean Ehrard[1] : il continue de satisfaire les lecteurs qui réclament des histoires plus ou moins vraies, et les libraires qui gagnent facilement de l'argent avec ces in-12 imprimés ou réimprimés souvent à la hâte.

Nous ne prétendons pas avoir terminé notre enquête; mais il convient de faire le point à la fois sur les méthodes que nous avons utilisées et sur les enseignements à en tirer, en particulier sur les notions de contrefaçon, d'interdiction et de tolérance.

CHAPITRE I

LES MÉTHODES D'APPROCHE :
CATALOGUES DE VENTES ET BIBLIOGRAPHIE MATÉRIELLE

Nous ne reviendrons pas sur les méthodes utilisées dans la première partie de ce travail; ou plutôt nous insisterons sur la nécessité d'avoir recours à plusieurs méthodes en ce qui concerne les « statistiques» de production; les catalogues de vente ne montrent bien entendu que les bibliothèques d'une élite socio-culturelle parisienne; il s'agit de propriétaires et de collectionneurs plus que de lecteurs, et certains livres ont échappé aux recensements des catalogues, soit parce qu'ils n'avaient qu'une valeur marchande minime (Bibliothèque bleue), soit parce que leur caractère scabreux ou satirique ne permettait pas de les signaler. Il n'en reste pas moins que la présence de romans dans ces catalogues prouve une fois de plus que le genre n'était pas ou n'était plus honteux vers 1750.

En vérité l'enquête la plus révélatrice, riche de surprises sur la production réelle, reste l'enquête « sur le terrain», dans les endroits où les livres ont subsisté : les bibliothèques publiques de France et de l'étranger; cette enquête, dont les résultats ne pourront jamais être considérés comme exhaustifs, devra être complétée, en particulier en Ecosse, en Italie et dans les pays d'Europe Centrale. Cette enquête nous a appris essentiellement que de nombreuses contrefaçons s'étaient répandues en France et en Europe. Elle nous a souvent renseignée sur l'origine de ces impressions, car on ne peut se fier aux lieux indiqués par les catalogues de ventes.

Quelles données de la bibliographie matérielle avons-nous utilisées? On a vu que, dans un premier temps, nous avons pu établir une liste des in-12 hollandais identifiables grâce à leur petite taille et aux cartons dehors avec signatures en chiffres arabes jusqu'à 7; mais toute règle présente des exceptions; ainsi la première édition de l'*Histoire de Charles XII*, publiée par Jore à Rouen, a, elle aussi, des signatures jusqu'à 7! L'examen du papier est certes nécessaire, mais il est surtout utile après 1742, lorsque les papetiers indiquent la date de la fabrication, même si la date de 1742 a certainement été mise par erreur pendant plus d'un an; il semble que ce soit également à partir de 1742 que les papetiers de Rouen aient mis « Rouen» dans le filigrane de leurs papiers.

Par contre, nous n'avons pas retenu comme preuve d'un lieu d'impression la présence de tel ou tel papier. On peut hésiter sur la lecture du filigrane dans l'état actuel de nos moyens d'investigation; surtout, un stock de papier peut avoir été racheté par un imprimeur d'une autre région. Des indications comme « Auvergne», « Normandie», ou « Rouen» ne nous ont donc apporté que des éléments complémentaires, jamais une preuve véritable; c'est ainsi que nous avons considéré comme probablement de Rouen certaines impressions sur papier « Rouen» dans les cas où nous n'avions pas d'autres indices. Ces indices, qui sont peu à peu devenus pour nous des preuves, nous ont été fournis essentiellement par la comparaison des ornements typographiques.

La diffusion des méthodes de reproduction permet en effet aujourd'hui d'ajouter à des méthodes plus traditionnelles l'étude des ornements typographiques. C'est à Genève en 1978, lors du « Colloque international sur l'histoire de l'imprimerie et du livre à Genève», organisé par la Société d'histoire et d'archéologie de Genève, que nous avons pris conscience de l'intérêt de cette méthode, et que nous avons eu l'idée de l'appliquer à notre travail. Au cours de notre démonstration, nous avons posé les questions suivantes, qui sont complémentaires et nous semblent essentielles :

1. Un ornement est-il la propriété d'un seul imprimeur?

2. Les imprimeurs d'une même ville se prêtaient-ils leurs vignettes et bandeaux?

Il nous a paru qu'on pouvait en tout cas déterminer la ville où avait été imprimé un ouvrage, mais qu'il était plus délicat d'identifier l'imprimeur lui-même. C'est à des conclusions analogues que semble être parvenu Giles Barber, conclusions qu'il a rappelées dans une intervention à une « Table Ronde sur la bibliographie matérielle» (Paris 1979).

Nous avons vu que les filigranes des papiers postérieurs à 1742 nous renseignaient, non seulement sur l'origine de ces papiers, mais sur la date de leur fabrication. De même, les ornements typographiques sont riches d'enseignements non seulement sur le lieu d'impression d'un exemplaire, mais sur la date de cette impression. C'est à la fois grâce à l'examen du papier et à celui des ornements typographiques que nous avons pu découvrir l'existence de deux « éditions» différentes du *Cleveland* de 1744, et inversement l'identité d'édition des trois émissions de 1732, 1737 et 1739 de *Manon Lescaut*; en comparant un bandeau de cette triple émission de *Manon* au même bandeau utilisé dans différentes éditions de l'*Histoire de Charles XII*, nous avons pu conclure avec le maximum de vraisemblance que cette édition était probablement de 1739.

Il y a probablement des cas analogues qui nous ont échappé. Ce qui est certain, c'est que les futurs éditeurs de textes du 18ᵉ siècle ne pourront désormais ignorer ces problèmes.

Mais cette méthode d'identification demande à être employée avec beaucoup de prudence; la constitution d'une collection de photocopies, aussi imparfaites soient-elles, est absolument indispensable : on ne peut pas se fier à la mémoire visuelle du chercheur. Même avec nos photocopies, nous avons pu commettre des erreurs; nous espérons qu'elles sont rares; en tout cas, nous ne pensons pas qu'elles puissent remettre en question l'essentiel de notre démonstration.

A plusieurs reprises, nous avons fait passer au second plan certains éléments de la bibliographie matérielle tels que format, signatures, réclames, existence de chiffres romains ou arabes. Peut-être a-t-on parfois dans le passé attaché trop d'importance aux « habitudes typographiques» des différents ateliers : la co-existence d'habitudes différentes (chiffres romains et arabes en particulier) dans un même ouvrage n'est pas exceptionnelle; pourquoi cette différence ne pourrait-elle se rencontrer dans des ouvrages provenant du même atelier? Les choses en tout cas ne sont pas simples, si l'on en juge par la grande variété de ces habitudes dans les in-12 de cette période.

Nous nous bornerons à poser les questions suivantes :

— Pourquoi les imprimeurs continuaient-ils à utiliser des ornements en mauvais état?

— Pourquoi certains ornements semblent-ils à peine attestés? Autrement dit, certains ornements servaient-ils à peine deux ou trois fois?

Enfin le style des ornements devra un jour être étudié. On ne doit certes pas ignorer les intentions de « contrefaçon» et le désir d'orienter sur de fausses pistes ceux qui pouvaient être dupes; mais dans la plupart des cas seul un certain public risquait d'être dupe. Les ornements typographiques sont dignes d'intérêt pour l'historien de l'art et d'un art qu'on qualifierait volontiers de populaire. Il faudrait essayer de définir à la fois les modes et les styles régionaux.

Nos conclusions, toutes provisoires, sur ce problème des ornements typographiques seront les suivantes :

— Les imprimeurs qui veulent échapper à des mesures de police n'utilisent pas les ornements typographiques tels que vignettes et bandeaux; la diffusion des éléments fabriqués par Fournier permettra les combinaisons commodes et discrètes.

— Les ornements typographiques des romans se retrouvent dans des ouvrages de même format qui ne sont pas des romans (Voyages, *Histoire de Charles XII*...). On peut se demander dans quelle mesure des ornements ont été fabriqués pour un ouvrage précis et réutilisés par la suite dans d'autres ouvrages.

— Certains types d'ornements sont caractéristiques : les imprimeurs de Rouen préfèrent les écussons, les arbres et les baldaquins papaux aux vases et paniers de fleurs et fruits; la ressemblance entre deux ornements peut indiquer un ornement refait pour le même imprimeur dans le même goût que le précédent; bien entendu dans d'autres cas il y a contrefaçon par un autre graveur et un autre imprimeur.

Des résultats plus importants exigeraient non seulement des moyens financiers (déplacements, photographies, microfilms), mais une collaboration internationale. L'entreprise de la Taylor Institution ne doit pas rester isolée et ce n'est pas un hasard si nous y avons déposé un exemplaire de notre collection.

Enfin, il est évident qu'il faut remettre en question nos techniques en matière de catalogage et d'édition; les deux problèmes sont liés, car le bibliothécaire travaille pour un public auquel appartiennent entre autres les éditeurs de textes; et les éditeurs de textes ont besoin de catalogues sûrs. Or nos catalogues sont mensongers : ils tiennent compte dans une première démarche des pages de titre, et départagent ensuite les éditions selon la présence ou l'absence de tel portrait et de telle pièce liminaire. Rien n'est plus artificiel. C'est pourquoi nous avons exclu de notre corpus ces critères de sélection.

D'autres avant nous ont mis l'accent sur le peu de confiance qu'il convenait d'accorder aux pages de titre, « critère douteux » comme le faisait remarquer Wallace Kirsop[2], tandis que Guy Parguez rappelait avec humour une vérité trop oubliée : « Le livre n'a pas été fabriqué pour les bibliothécaires, mais pour des lecteurs et par des commerçants »[3].

---

1 J. EHRARD, *Littérature française : Le dix-huitième siècle 1720-1750*. Paris, 1974, p. 103.

2 W. KIRSOP, *Bibliographie matérielle et critique textuelle*. 1970, p. 47.

3 G. PARGUEZ, « A propos des pages de titre des livres anciens » dans *Revue française d'histoire du livre*, 1971, p. 55 et sq.

CHAPITRE II

CONTREFAÇONS ET SUCCÈS

Nous nous interrogions sur les « contrefaçons» d'ornements typographiques. Le problème des contrefaçons se pose à fortiori pour les ouvrages eux-mêmes. On a vu que le rôle principal des officiers de la Chambre Syndicale de Paris consistait à surveiller les contrefaçons des impressions parisiennes. Ils ne nous ont malheureusement pas transmis leurs méthodes de «détection». En principe, il y a contrefaçon lorsque :

1. L'adresse n'est pas celle d'un libraire parisien;
2. Le texte imprimé appartient à un libraire parisien.

Mais certaines contrefaçons portent l'adresse de libraires parisiens, en particulier des Prault[1]; d'autre part, le « contrefacteur» présumé peut avoir acheté les exemplaires saisis, ou le droit de reproduire le texte. C'est pourquoi nous avons trouvé dans les annonces des gazettes hollandaises des allusions à des «droits de copie» ou à des dépôts d'exemplaires d'éditions parisiennes.

Comment, d'autre part, expliquer la différence d'origine entre la page de titre de certains ouvrages et ces ouvrages eux-mêmes? Avant la Proscription, l'existence de romans avec plusieurs pages de titres parisiens signifiait que le privilège avait été partagé; ainsi le *Théâtre des passions* a paru en 1731 pour moitié avec page de titre au nom de Brunet fils, pour moitié avec page de titre au nom de Henry; le cas était très courant. A la même époque paraissaient des romans comportant soit une page de titre française, soit une page de titre hollandaise. Il s'agit de deux émissions d'une même édition : c'est le cas entre autres des *Avantures du prince Jakaya* (corpus n° 107), des *Avantures de Zélim* (corpus n° 102), des *Mémoires de M. le marquis de* (corpus n° 424), des *Mémoires du Chevalier de* (corpus n° 432), de *Perkin faux duc d'York* (corpus n° 520). Ce phénomène pourrait s'expliquer ainsi : la page de titre hollandaise serait destinée à cacher la provenance française; par exemple les libraires français ont pu « rhabiller» ainsi, soit des romans en stock après la Proscription, soit des romans destinés à un public friand de productions hollandaises, et qui serait en fait berné. Mais nous pensons que c'est chercher bien loin et qu'il ne faut pas croire la police et les lecteurs fort mal informés des petites astuces de la librairie. Nous nous demandons si tout simplement cette double page de titre n'est pas du même ordre que la double page de titre française, et si les exemplaires revêtus d'une page de titre hollandaise n'appartiennent pas au libraire dont le nom est indiqué dans l'adresse.

Loin de nous l'idée de nier l'importance des contrefaçons, mais il ne faut pas confondre les livres de contrefaçon avec les livres *achetés* (exemplaires ou droit de copie), ni avec les livres faits en *société*. Les relations entre libraires étaient complexes, elles avaient leurs vicissitudes; un Machuel pouvait fort bien emprunter un jour son matériel à son voisin Jore, et le lendemain le contrefaire sans vergogne. Quant aux frontières entre la France et la Hollande, elles n'étaient pas forcément plus importantes que celles entre les différentes paroisses de Rouen. Nous avons vu Gosse allié probablement avec des imprimeurs parisiens, et des accords ont pu être conclus entre les Neaulme et Didot-Guérin à propos du *Philosophe anglois*. Enfin, il ne faut pas oublier la possibilité pour un auteur de vendre son manuscrit à deux libraires différents.

Quoi qu'il en soit, le système de librairie de l'Ancien régime ne pouvait échapper aux contrefaçons. Robert Darnton a bien montré, après H.J Martin, comment la politique du monopole des privilégiés parisiens, confirmée par les édits de 1723 et 1744, a favorisé les contrefaçons provinciales et étrangères : « Ils ne payaient pas la copie, ils bénéficiaient d'une main-d'œuvre moins chère qu'à Paris, et ils couraient peu de risques commerciaux parce qu'ils ne réimprimaient que des livres d'un écoulement certain »[2].

Ce sont les arguments que nous avons trouvés dans un des mémoires dressés par les libraires parisiens contre les premiers imprimeurs de Trévoux; on a vu comment finalement ce sont des libraires parisiens qui ont repris à leur compte l'opération de Trévoux, même si les contrefaçons de livres de petit format ne constituaient pas l'essentiel de leur activité.

On évoque toujours les contrefacteurs hollandais et cette réputation est ancienne; on lit dans le tome 17 de l'*Histoire générale des voyages* (édition Didot parue sous la couverture mensongère d'Arkstée et Merkus 1761, au moins dans l'exemplaire du Musée de l'Homme) : « A peine le premier tome sortit de la presse à Paris que les libraires de Hollande, accoutumés de tout temps à contrefaire les ouvrages français dont ils espèrent quelque profit, entreprirent d'en faire une nouvelle édition »[3]. Cinq ans plus tard parut un ouvrage intitulé *les Intérêts des nations de l'Europe développés relativement au commerce*. On y trouve des « Réflexions sur le commerce de la librairie » (p. 428 et sq). L'auteur, qui serait un certain Accarias de Sérionne[4], s'exprime ainsi sur le problème de la contrefaçon : « On a voulu tirer de l'usage de la contrefaçon une raison d'interdire l'entrée des livres étrangers en France... Un livre français contrefait en Hollande trouve un obstacle à l'entrée en France dans le privilège et dans l'attention des censeurs et des chambres syndicales dont il doit subir l'examen. Il ne peut y entrer qu'en contrebande... Le commerce de la librairie n'a qu'une seule loi à désirer, qui serait une loi capable de détruire l'abus de la contrefaçon... *Un libraire de Hollande avait autrefois conçu le projet de cette loi. Il la fit proposer au dernier congrès d'Aix-la-Chapelle* (c'est nous qui soulignons). Il voulait la rendre commune à toutes les nations. mais le projet de cette loi fut apparemment regardé par les ministres plénipotentiaires au congrès comme un des beaux rêves de l'abbé de Saint-Pierre... On peut conclure de là que la contrefaçon, quelque énorme, quelque injuste et révoltant que soit cet abus, aura toujours lieu»[5].

Il semblerait que les contrefaçons hollandaises de romans aient alors été surtout destinées à l'Allemagne francophone. Mais les imprimeurs hollandais n'avaient pas l'exclusivité des contrefaçons. Nous avons trouvé une contrefaçon anglaise des *Bijoux indiscrets*, une contrefaçon anglaise de la *Vie de Marianne* sous l'adresse de Prault fils, une contrefaçon allemande du *Paysan gentilhomme* sous l'adresse de Prault père. Il y en eut certainement d'autres, mais ces contrefaçons n'étaient certainement pas destinées au public français.

Les véritables concurrents des libraires parisiens dans le Royaume de France étaient les contrefacteurs provinciaux. Les résultats numériques que nous avons obtenus au terme d'une enquête qui ne peut être exhaustive nous ont révélé l'importance des contrefaçons provinciales, en particulier celles de Rouen. Mais si nous n'avons pas cité les imprimeries de Senlis, de Toulouse, ou d'Avignon (qui bien sûr n'est pas en France), c'est parce que nous avons manqué de fils conducteurs analogues à ceux qui nous avaient amenée aux imprimeurs de Rouen.

Ces libraires provinciaux entretenaient d'ailleurs des relations avec leurs confrères parisiens : le libraire parisien Ganeau, directeur de la toute puissante Compagnie de Trévoux, fait imprimer par Jore son *Histoire secrète des femmes galantes de l'Antiquité*, tandis que Huart vend à Machuel son privilège de l'*Education des enfants* de Locke. Les libraires provinciaux n'étaient pas davantage à l'écart du monde de la librairie parisienne que leurs confrères d'Amsterdam ou de la Haye. Dans son récit sur la publication de *Zadig*, Longchamp fait allusion à un imprimeur parisien associé à Machuel. Même si le témoignage de Longchamp reste suspect, une association entre Machuel et un imprimeur parisien ne nous semble pas invraisemblable.

Nous avons vu un autre Machuel recevoir toutes les nouveautés romanesques de la Haye; nous avons trouvé dans les inventaires après décès des Machuel des preuves de leurs relations avec les libraires de Rennes, Bordeaux et plus tard d'Avignon. Enfin, lors de nos déplacements en France, nous avons découvert des impressions de Rouen dans presque chaque bibliothèque.

On a souvent dit que les contrefaçons étaient une preuve du succès d'un livre parce que les libraires ne couraient pas de risques inutiles

comme avec les nouveautés. Le seul risque qu'ils couraient était celui
de la saisie : il faut croire que ce risque n'était pas bien grand. Il
suffisait sans doute d'éviter Paris, et d'être assuré de débouchés en
province ou à l'étranger, selon les cas.

En étudiant la librairie de Rouen, nous avons vu surtout apparaître des titres de romans de Prévost. Il nous a paru intéressant
d'essayer de cerner le succès de certaines œuvres, non seulement par les
catalogues de ventes (annexe III A et B), mais par le nombre
d'éditions ou émissions de certains romans (annexe III C). L'utilisation
de ces deux méthodes d'approche peut donc également servir de base à
une recherche sur les livres à succès; ce qui est important, c'est
d'utiliser non pas une mais au moins deux approches[6].

Les résultats en ce qui concerne les romans ne sont pas sans
intérêt : on trouve sur ces listes, non seulement la *Paysanne parvenue*
bien oubliée aujourd'hui (32 émissions pour les 12 parties du roman),
mais les *Avantures de Télémaque* et les *Lettres persanes* qui ne sont
plus alors des nouveautés et dont nous avons dénombré respectivement
13 et 12 émissions entre 1728 et 1750; on trouve 41 exemplaires des
Avantures de Télémaque dans les 87 catalogues de bibliothèques que
nous avons retenus; il s'agit d'ailleurs surtout d'éditions 4° assez
luxueuses : 16 exemplaires de l'édition de 1730 et 14 de celle de 1734.

Les romans qui viennent de paraître ont évidemment toute la
faveur des contemporains; si on considère les auteurs de ces nouveautés, on s'aperçoit que Prévost vient en tête avec 31 émissions des
différentes parties des *Mémoires et avantures d'un homme de qualité*,
17 émissions du *Philosophe anglois* et 15 du *Doyen de Killerine*; les
Campagnes philosophiques n'ont que 3 émissions mais on les trouve
dans 21 catalogues de ventes (18 exemplaires de 1741); enfin l'*Histoire
de Marguerite d'Anjou* (5 émissions) se trouve dans 17 catalogues de
ventes. Les romans de Marivaux sont également fort appréciés : la *Vie
de Marianne* a 35 émissions, le *Paysan parvenu* n'en a que 7, mais
Pharsamon, avec seulement 4 émissions, figure dans 20 catalogues de
ventes. Loin derrière Prévost et Marivaux, nous rencontrons Crébillon
dont les romans ne dépassent pas 9 émissions; il est vrai qu'ils paraissent en une seule fois, et que le *Tanzaï et Neadarné*, qui n'a que 5
émissions, se trouve dans 45 des 87 bibliothèques! Les *Confessions du
comte de* de Duclos ont 8 émissions (19 exemplaires dans les catalogues de ventes) et *Acajou et Zirphile* 2 émissions (24 exemplaires). Ce
sont à peu près les mêmes chiffres que l'on obtient pour les romans de
Le Sage : 29 exemplaires du *Bachelier de Salamanque* (5 émissions) et
25 du *Gil Blas* (9 émissions).

Le jugement de la postérité a confirmé celui des contemporains et
le succès sans lendemain de la *Paysanne parvenue* reste une exception.

1 Corpus 517 B, 542 D, 645 AF.

2 R. DARNTON, « Le livre français sous l'Ancien Régime» dans *Annales* 1973, p. 742 et 743.

3 *Histoire générale des voyages*, tome 17, Amsterdam, 1761, préface.

4 Sur ce personnage lire : J. Airiau *L'opposition aux physiocrates* Paris, 1965 et *Etudes sur le 18ᵉ siècle*, Bruxelles, 1974.

5 (Accarias de Sérionne), *Les intérêts des nations de l'Europe développée relativement au commerce*, Paris et Amsterdam, 1766 p. 432 et 433.

6 Les informations sur le chiffre des tirages sont très rares; nous les supposons d'environ 1 500 exemplaires.

CHAPITRE III

LES ROMANS ET LE POUVOIR

Les réimpressions sont dans la plupart des cas faites en province ou à l'étranger; les Parisiens, eux, exigent des romans qui viennent de paraître. Les nouveautés, dans la plupart des cas, sont imprimées à Paris ou dans les environs de Paris. Les poursuites contre les livres semblent avoir été inefficaces, même si les personnes sont inquiétées; Diderot ne sera pas la seule victime de son audace. Déjà, Mlle Bonafon expie dans son couvent de Moulins son impudence et son imprudence, ou celles de Mme de Montauban, comme on voudra. Pendant ce temps, le *Tanastès* continue de circuler « sous le manteau» à Paris et à Versailles, où Mme d'Andlau l'a prêté avec le *Portier des Chartreux* à Madame Adélaïde qui n'a que 14 ans![1].

Aussi devons-nous remettre en question l'image traditionnelle d'ouvrages imprimés en Hollande et parvenant aux lecteurs français en dépit de mille obstacles — tout au moins pour la catégorie d'ouvrages et la période que nous avons envisagées : les romans du second quart du siècle. Quelle qu'ait été l'importance de la crise de l'édition hollandaise vers 1740, les libraires hollandais cessent brusquement dès 1737 de publier des nouveautés romanesques. Peut-être ce phénomène est-il lié avec celui de la Proscription; peut-être les libraires hollandais ont-ils craint un redoublement de surveillance aux frontières et par conséquent préféré ne pas courir de risque. Nous rejoignons ici Belin : « On aimait mieux quelquefois courir (le risque) d'une impression clandestine à Paris même plutôt que celui d'une entrée en fraude»[2].

L'impression des nouveautés dans la région parisienne présentait d'ailleurs un avantage, celui de la présence sur place de l'auteur qui pouvait corriger les épreuves et surveiller ou même organiser lui-même la vente. Ne nous faisons pas d'illusions : si les romans du marquis d'Argens et certains romans de Prévost sont publiés en Hollande, c'est avant tout parce que leurs auteurs vivent en Hollande.

Qu'en est-il des permissions d'impression et de débit? Il n'y a plus comme nous l'avons vu de permissions tacites « officielles» pour les romans. Les permissions exceptionnelles accordées en 1738 par d'Aguesseau aux suites des romans de Prévost, Mouhy, Crébillon et Marivaux nous laissent penser qu'il y en eut d'autres; Anfossi ne dit-il pas que la seconde partie du *Bachelier de Salamanque* parut en cette même année 1738 « sous permission tacite»? Nous savons que Berryer organisa son propre système de permissions tacites vers 1748. D'autres que d'Aguesseau et Berryer accordèrent-ils des permissions tacites à des romans entre 1738 et 1750? Nous l'ignorons. A la fin de 1750, Malesherbes tenta de mettre de l'ordre dans cette situation anarchique ainsi que nous le prouve le registre des « ouvrages pour lesquels il y a eu permission tacite depuis le 24 décembre 1750 jusques et y compris le 5 février 1751»[3]. Mais le 9 décembre 1752 Malesherbes écrivait à Berryer à propos d'une nouvelle édition des *Mémoires de Mlle de Moras* : « Toute la famille demande de (l'arrêter). Vous savez que ce que je fais tout seul en pareil cas est ordinairement assez infructueux si je n'ai recours à vous»[4]; quelques mois plus tard, le marquis d'Argenson écrit : « Le roi a ôté toute confiance dans le Chancelier et son fils, en sorte que les permissions tacites pour imprimer secrètement des livres à qui l'on n'accorde pas de privilèges s'obtiennent aujourd'hui par M. Berryer à qui mon frère se fie bien plus qu'à M. de Malesherbes»[5].

En fait, permission tacite ou non, tout en définitive dépend du pouvoir du Lieutenant général de police de Paris.

Le Pouvoir savait d'ailleurs fort bien qu'il convenait d'éviter les interdictions spectaculaires qui ne servaient qu'à faire augmenter la vogue — et les prix — des ouvrages. Accarias de Serionne, évoquant en 1766 la possibilité de conventions internationales sur la protection des ouvrages, ajoute : « Doit-on attendre les mêmes avantages de ces proscriptions solennelles, de ces condamnations, prononcées par les premiers tribunaux de la justice avec le plus grand éclat, de livres imprimés assez ordinairement dans le secret, et quelquefois avec approbation et privilège ou à la faveur d'une permission tacite? Si on consulte l'expérience, on ne peut se dissimuler que ces condamnations n'ont jamais produit d'autre effet que d'exciter la curiosité du Public, de faire rechercher avec plus d'avidité les ouvrages proscrits, les rendre plus chers et en faire multiplier les éditions. Une condamnation a souvent fait la fortune d'un livre qui sans cela aurait eu peu de lecteurs et serait promptement tombé dans l'oubli»[6].

En 1752 Chevrier publiait chez Mérigot, un roman intitulé *Minakalis*. On y trouve un « code littéraire» dont l'article 1 stipule qu'« il sera défendu à l'avenir de faire vendre aucun livre sous le manteau ni d'en solliciter la défense auprès du Ministère afin d'en accélérer le débit». L'article 2 n'est pas sans intérêt : « Il sera prohibé aussi aux dames du bel air, mandarins et autres de vendre par eux-mêmes les livres des auteurs qui composent leurs cours, attendu que ce manège, introduit depuis dix ans, perpétue l'ignorance et le faux goût»[7]. Ce « manège», auquel fait allusion Chevrier et qui aurait donc commencé vers 1742, est également signalé par Helesme le 17 avril 1746 : « Il est de ma connaissance que tous les livres défendus qu'on imprime sont imprimés pour le compte des auteurs qui les retirent de chez les imprimeurs et les déposent dans de grandes maisons où on les distribue»[8]. Et Malesherbes écrira : « Il y a eu un temps où quelques auteurs imaginèrent de ne pas faire vendre leurs livres par les marchands ou colporteurs; ils en remettaient un certain nombre aux personnes de leur société qui les distribuaient au public. C'étaient surtout des dames»[9]. Déjà Prévost vendait lui-même son *Cleveland* en 1738 dans l'hôtel de Conti. Un rapport de 1750 signale comme dangereuse une certaine Madame de Vieuxmaison, « ci-devant faufilée avec Robbé et Bret... maintenant maîtresse de M. de Lattaignant, conseiller au Parlement. Cette société, dans laquelle est le marquis de Bissy,... est la plus dangereuse de Paris, et est soupçonnée vivement d'avoir enfanté les *Anecdotes de Perse*»[10]. C'est « un seigneur qui est l'âme de l'affaire» de la *Thérèse philosophe*; ce seigneur « assure des entrepôts dans Paris et au dehors»[11]. Il y a des imprimeries clandestines dans les maisons particulières, et les carrosses du maréchal de Saxe transportent des livres, en collaboration sans doute avec le libraire Mérigot. C'est tout ce milieu de grands seigneurs et de parlementaires qu'il faudrait étudier pour comprendre la littérature « clandestine» de l'époque.

Le Roman est officiellement interdit, mais les romans sont tolérés, et on ne poursuit que ceux qui sont dangereux pour la réputation des rois et des princes, ou qui sont érotiques. Le Roman en tant que roman ne se cache nullement, il n'a pas « honte de sa réputation»[12]. Ce n'est un genre honteux que pour quelques dévots, parmi lesquels il faut sans doute compter le vieux Chancelier d'Aguesseau; les motifs réels de la Proscription de 1737 demeurent obscurs, et l'on reste rêveur devant la démarche que firent quinze ans plus tard auprès de Malesherbes les libraires venus lui demander « qu'il eût la bonté de ne pas permettre pendant quelque temps qu'on imprimât des romans, parce qu'il n'y avait point de papier et qu'on en manquerait pour imprimer de bons ouvrages[13]»; cette démarche rappelle singulièrement les manœuvres des libraires contre les Prault en 1737.

Le Roman n'est pas un genre honteux mais il est de plus en plus suspect dans la mesure où il sert de couverture à des écrits parfois très violents. Le roman français semble d'ailleurs marquer un temps d'arrêt avant la *Nouvelle Héloïse*. Les romans dont on parle et qu'on poursuit sont en vérité des écrits satiriques déguisés en romans : *Mémoires secrets de Perse* et *Tanastès* en 1745; ou des romans érotiques, comme le *Portier des Chartreux*, la *Tourière des carmélites* et les *Bijoux indiscrets*.

Une crise du roman français semble s'amorcer, non pas en 1737 ou 1738, mais vers 1745. Le public habituel des lecteurs de romans commence à avoir des curiosités scientifiques ou économiques. Les romanciers à succès sont peut-être essoufflés. Prévost va bientôt se consacrer à l'*Histoire générale des voyages*, Marivaux entrera enfin à l'Académie

Française. Quant à Duclos, le succès d'*Acajou* met curieusement un terme à sa carrière de romancier : Louis Racine écrit à Chevaye le 11 février 1744 : « Malgré l'étonnant succès d'*Acajou*, l'auteur, mon confrère à l'Académie (des Inscriptions), proteste hautement qu'il n'en fera plus de ce genre et qu'il ne s'attachera désormais qu'à des ouvrages solides»[14]. En attendant de devenir « l'homme de lettres de France le plus à la mode»[15], Duclos passe en 1744 pour être soutenu par « les mécènes bourgeois»[16]. C'est Madame Geoffrin qui lui annoncera le 23 septembre 1746 son entrée à l'Académie Française[17] et c'est Madame de Pompadour qui lui apprendra le 11 octobre 1750 sa nomination d'historiographe du Roi.

Il conviendrait d'étudier le groupe de pression de ces « mécènes bourgeois»; nous aimerions en particulier connaître leurs réactions lors de la publication en 1745 du *Tanastès* et des *Mémoires de Perse*; la décision, spontanée ou non, que Duclos prend au début de l'année 1744 d'abandonner avec éclat les romans, n'est certainement pas étrangère à ses liens avec ce « parti bourgeois». Enfin, ce n'est pas pure coïncidence si ces trois romanciers à succès — Prévost, Marivaux et Duclos — renoncent en même temps à la création romanesque et l'« essoufflement» des romanciers n'est peut-être pas la seule cause de leur changement de vocation, au cours de ces années 1744-1745 qui nous paraissent décisives pour l'histoire du roman français comme pour l'histoire des idées.

Enfin, au terme d'une étude où nous avons voulu évoquer les œuvres et leur publication plutôt que les romanciers et les problèmes de création littéraire, les romanciers semblent sortir de l'ombre où nous avions cru les laisser. Déjà Desfontaines, Prévost, mais aussi Mlle Bonafon se sont révélés singulièrement présents; Duclos s'impose à nous par son spectaculaire renoncement à une carrière de romancier bien commencée, de l'*Histoire de Mme de Luz* à *Acajou et Zirphile*, en passant par les *Confessions du comte de*. Les romanciers ne sont pas seulement les serviteurs et les victimes des libraires, ils existent bel et bien, et leur séjour dans tel ou tel pays (France, Hollande) est déterminant dans la mesure où, comme on l'a vu, ils écrivent pour tel ou tel public. L'Infortuné Florentin pouvait encore écrire en 1729 : « Je n'aspire ni au nom ni à la gloire ni au profit du métier d'auteur» (les *Avantures de l'Infortuné Florentin*), mais en 1741 Lambert de Saumery revendique la qualité d'auteur : « Un critique dira sans doute qu'être auteur c'est prendre un métier, tout comme d'être tailleur ou cordonnier. Si l'Auteur n'a pas pour premier but comme l'artisan de chasser la faim, au moins il a toujours aussi bien que l'artisan le but de la récompense ou de la gloire» (*Les avantures de Mme la duchesse de Vaujour*). Le temps n'est pas loin où Diderot et Malesherbes s'intéresseront à la condition et aux droits de l'auteur.

Mais qui sont ces auteurs? Nous en avons compté plus de 200 pour cette période 1728-1750. Même en nous limitant aux romanciers

français alors vivants, nous en trouvons près de 180... « Après tout »,
comme l'écrivait Robert Darnton, « qu'est-ce qu'un auteur? Est-ce celui
qui a écrit un livre, celui qui vit de ses écrits, celui qui se prétend
auteur, ou celui en qui la postérité a reconnu un auteur? »[7].

1 MARVILLE, Lettres à Maurepas, t. III, p. 8, Paris, 1905 (lettre du 29 juin 1746).
2 J.-P. BELIN, Le commerce des livres prohibés à Paris de 1750 à 1789, Paris, 1913,
p. 65.
3 B.N. ms.fr. 21 982 f° 6.
4 Bibl. Arsenal, ms. 10 302.
5 Marquis d'Argenson, Journal.
6 (Accarias de Sérionne), Les intérêts des nations de l'Europe... Paris et Amsterdam,
1766, t. I, p. 434.
7 Minakalis p. 106.
8 Bibl. Arsenal, ms. 11 593 f° 10.
9 MALESHERBES, Mémoire sur la librairie, Paris, 18184, p. 60.
10 B.N. n.a.fr. 10 783 f° 146.
11 Bibl. Arsenal, ms. 10 300.
12 Bibl. de Neuchâtel, ms. 1268, f° 97-98.
13 B.N. ms.fr. 22 157 f° 180.
14 Correspondance littéraire de Louis Racine avec René Chevaye de 1743 à 1757,
Paris et Nantes, 1858, p. 19.
15 Raynal, 8 mars 1751.
16 Même remarque chez Clément le 15 avril 1751 : « le bel esprit de la ville et de la
cour le plus à la mode » (Cinq années littéraires t. III, p. 63).
17 B.H.V.P., ms. 625, 26 février 1744.
18 Sur l'histoire de la publication de l'édition 4° et f° voir B.U. Leyde, fonds Marchand 15 (a) 477 v° et Archives des Affaires Etrangères, corr. politique Hollande, supplément 11 f° 100 à 102.

ANNEXE I

Corpus des éditions de romans
1728 - 1750

Le corpus qui suit comprend environ 1370 notices correspondant à 694 titres de romans. Il décrit sommairement 1621 exemplaires que nous avons trouvés dans 86 bibliothèques; sauf de rares exceptions, nous donnons la cote de ces exemplaires. La liste de ces bibliothèques et les références des ouvrages que nous avons utilisés pour chacune de ces bibliothèques se trouvent dans notre Bibliographie.

Ce corpus, comme nous l'avons indiqué au début de ce travail, ne peut être considéré comme un inventaire définitif; même dans les bibliothèques que nous avons explorées, certaines éditions ont pu nous échapper.

Ce corpus n'est pas non plus un catalogue collectif; notre objectif, dans un premier temps, était de nous contenter d'un exemplaire de chaque édition. La recherche d'éditions qu'il n'était pas toujours facile de distinguer, le hasard aussi (ouvrages reliés ensemble) nous ont amenée à examiner plusieurs exemplaires de certaines éditions. Nous avons pensé que certains chercheurs pourraient se procurer plus facilement un exemplaire qu'un autre, c'est pourquoi nous avons donné toutes les références en notre possession. On pourra s'étonner d'ailleurs de voir indiquées les cotes de Göttingen ou d'Oxford et non pas celles de la Bibliothèque Nationale ou de la Bibliothèque de l'Arsenal, alors que la *List* de Jones signale l'existence des ouvrages dans une de ces bibliothèques. L'explication est simple : la priorité a été imposée par nos différents voyages. Si nous avions commencé par Londres et terminé par Oron, il est évident que le British Museum nous aurait fourni plus de 35 éditions et le château d'Oron moins de 38 éditions. Enfin, dans certains cas (entre autres Dijon, Mannheim et Oxford), la priorité s'explique par la possibilité d'obtenir des photocopies.

Nous avons jugé inutile de rétablir les noms des auteurs auxquels sont attribuées ces différentes œuvres. Il convient donc de se reporter à la *List* de Jones pour ces attributions. Nous avons indiqué les noms des imprimeurs quand ils figurent à l'achevé d'imprimer.

Nous avons tenu compte de la date qui figure sur la page de titre pour distinguer les différentes « éditions» ou « émissions» d'une même œuvre. Ce critère est évidemment fort contestable puisque, comme nous l'avons montré :

    1°) La date donnée par la page de titre peut très bien ne pas correspondre à la date réelle de l'émission;

    2°) L'ouvrage peut être post-daté de 3 ou 4 mois s'il paraît en fin d'année.

Mais ce critère nous a paru le seul possible dans l'état actuel de nos connaissances. Il suffit de savoir que cette date de la page de titre n'est pas toujours exacte. Nous avons par conséquent considéré comme faisant partie de la même « émission» les différentes parties d'un même ouvrage portant la même date de publication; par contre nous avons séparé les parties parues avec des dates différentes.

Bien entendu, chaque fois que cela a été possible, nous avons distingué les différentes éditions portant la même adresse et la même date.

Etant donné le nombre d'exemplaires que nous avons utilisés, l'impossibilité dans la plupart des cas de les comparer et le peu de temps dont nous disposions lors de nos déplacements, nous avons renoncé à donner de véritables descriptions bibliographiques. Nous nous en sommes tenue au nombre de pages, et, lorsque nous n'avions pas compté les pièces annexes, nous avons indiqué leur existence («épître», « préface», « avis», « avertissement», «table»...). Enfin, on trouve à la suite de ce corpus une liste de quelques types de formats et de signatures que nous avons rencontrés, ainsi qu'une liste des filigranes que nous avons déchiffrés.

Nous avons tenté de présenter nos notices comme des photographies des pages de titre et en particulier de donner dans leur intégrité les adresses des libraires[1] et de respecter les graphies adoptées pour chaque édition, et même les chiffres romains des dates, avec ou sans points. On verra que nous n'avons pas toujours pu nous en tenir à ces règles que nous nous étions fixées. D'autre part, nous avons éliminé toute description des illustrations hors texte et toute référence à la couleur de la page de titre.

Chaque fois que nous avons pu le faire, nous avons indiqué l'origine probable de l'édition, soit par le signe* pour les impressions réellement hollandaises, soit par un commentaire. On trouvera d'ailleurs à la suite de ce corpus un index des lieux présumés d'impression pour les adresses fictives[2]. On trouvera également un index chronologique; quant aux libraires et aux lieux d'édition, réels ou fictifs, ils seront indexés dans l'index qui termine ce travail.

Nous sommes très consciente des imperfections de ce corpus; tel qu'il est, nous espérons qu'il sera un instrument de travail utile aux chercheurs et pas seulement à nous-même.

1. Les nécessités de l'édition nous ont amenée à abandonner les renvois à un album de photocopies remplacé par quelques reproductions photographiques. Par contre nous avons complété les indications sur les lieux présumés d'impression (mars 1984).

2. Nous avons abrégé cependant « avec approbation et privilège du Roy» en « avec approbation et privilège».

LISTE DES ABRÉVIATIONS

BHVP : Bibliothèque historique de la ville de Paris
  BM : Bibliothèque Municipale[1]
  BN : Bibliothèque Nationale
Br.L. : British Library
  BU : Bibliothèque Universitaire
    * : édition avec adresse hollandaise non-fictive

---

0   **** (Le), histoire bavarde
Londres, M.DCC.XLIX ; xp. + 176 p. (Versailles Réserve B 350)

1   ABBÉ (L') en belle humeur
Cologne, Pierre Marteau, M.DCC.XXXIV ; 141 p. (Méjanes
C 3171)
1ᵉʳᵉ édition « Londres, 1700 » (note 1)
Impression hollandaise

2   ABEN MUSLU, histoire turque
Paris, Prault, M.DCC.XXXVII ; (6 p.) + 188 p. + 226 p. (Arsenal 8° BL 18 314)

3   ACADÉMIE galante contenant diverses histoires très curieuses.
Nouvelle édition revue, corrigée et augmentée de la conclusion
1732 *A Amsterdam, Estienne Roger, M.DCC.XXXII ; préf. +
124 p. + 181 p. (Arsenal 8° BL 18 670)
1740 *B Amsterdam, Estienne Roger, M.DCC.XL ; IV p. + 124 p.
+ 181 p. (Versailles A in-12 E 539e)
1ᵉʳᵉ édition Paris, C. Blageart, 1682-1684 (note 2)
A et B semblent être deux émissions d'une même édition.

4   ACADÉMIE (L') militaire ou les héros subalternes
1745 A Par P*** auteur suivant l'armée
(S. l.) M.DC.XLV ; 408 p. + 192 p. (Arsenal 8° BL 21 816)
1747 B Par Parisien, auteur qui suit l'armée
Lausanne, Bousquet et Cie, M.DCC.XLVII ; 416 p.
(Stuttgart Fr. D. 8° 2790)

5   ACAJOU et ZIRPHILE, conte
1744 A Minutie, 1744 ; 4° ; 83 p. (Bibl. Sainte Geneviève)
1744 B Minutie, 1744 ; (12 p.) + 161 p. (Rouen Leber 2136)
1749 C Minutie, 1749 ; 82 p. (Taylor Library, Vet. Fr.II B 1189)
Impression parisienne

6   ADÉLAIDE de Champagne
La Haye, Jacob Gotz, M.DCC.XLVI ; 133 p. + 127 p. + 144 p.
+ 134 p. (Nîmes 8546)
Impression parisienne

7   ADÉLAIDE de Messine, nouvelle historique, galante et tragique
Amsterdam, L'Honoré et Chatelain, M.DCC.XLII ; 167 p. +
116 p. (Nîmes 8547)
Impression parisienne

8   AFFECTIONS (Les) de divers amans
(S. l.) M.DCC.XLVIII ; (Dijon 8028 ; Arsenal 8° BL 17 044)
Impression parisienne

9   AIHCRAPPIH, histoire grec (sic)
(S. l.) M.DCC.XLVIII ; 155 p. (Rouen Leber 2271 avec clef)
Voir aussi Hipparchia n° 246 bis.

10   AIMABLE (L') petit-maître ou Mémoires militaires et galans
de Monsieur le Comte de G***, capitaine au régiment de
T***, Infanterie. Ecrits par lui-même à Madame Tt***,
rue Saint Denis, à Paris
Aux Champs de Mars, dans l'Isle de Cythère, M.DCC.L ; 108 p.
(Rouen Leber 2271)

11   AMANS (Les) cloîtrés ou l'heureuse inconstance
Cologne, M.DCC.XXXIX ; 152 p. (Rouen Leber 2306)
1ᵉʳᵉ édition « Cologne, 1698 » (note 3)
Voir aussi : Les amours de Doraste et de Cléonte, n° 26 bis.

12   AMANS (Les) heureux, histoires galantes
         Amsterdam, chez le Petit David, M.DCC.XLV; 182 p. + 153 p.
         `+202 p. (Reims p 1910)
         tome II = Les amans trompez, histoires galantes
         tome III = Les amans malheureux, nouvelles historiques
         1ᵉʳᵉ édition chez Barbin, en 1683
         Voir aussi : *Les faveurs et les disgrâces de l'amour* n° 215

13   AMÉLIE, roman de Fielding, traduit de l'anglois par Madame
         Riccoboni
         Paris, chez les Libraires associés, M.DCC.XLIII; 102 p. +
         140 p. + 180 p. (Nantes 32 125)
         Nous n'en avons pas trouvé d'autre exemplaire

14   AMES (Les) rivales, histoire fabuleuse
         Londres, M.DCC.XXXVIII; 75 p. (Arsenal)

15   AMOSIS, prince égyptien, histoire merveilleuse
         Paris, rue Saint Jacques, chez Josse le fils, libraire ordinaire de
         S.M.C. la reine d'Espagne seconde douairière, à la Fleur de
         lys d'or; M.DCC.XXVIII. Avec privilège; 129 p. (Arsenal 8°
         BL 18 611)

16   AMOUR (L') apostat, ou les avantures de Mr. de*** et de
         Melle Metz, de l'Imprimerie de la Veuve de Brice Antoine,
         Imprimeur du Roy, &c. sous les Arcades de la Place d'Armes
         au Signe de la Croix, M.DCC.XXXIX. Avec permission;
         préf. + 76 p. + 48 p. + 56 p. + 48 p. + 49 p. + 107 p.
         (Arsenal 8° BL 20 058)

17   AMOUR (L') chez les philosophes ou Mémoires du marquis
         de***
         La Haye, Jean Neaulme, M.DCC.XLVIII; préf. + 140 p. +
         308 p. (Arsenal).

18   AMOUR (L') en fureur ou les excès de la jalousie italienne.
         Histoire nouvelle et curieuse
         La Haye, Jacques Brunel, M.DCC.XXXXII; 132 p. (Arsenal 8°
         BL 20 127)
         Impression de Rouen

19   AMOUR (L') magot. Histoire merveilleuse. Les tisons et lettres
         écrites des campagnes infernales
         Londres, aux dépens de la Compagnie, M.DCC.XXXVIII; avant-
         propos + 179 p. (Rouen Leber 2387)

20   AMOUR (L') voyageur envoyé à Madame la duchesse de***.
         Par Monsieur de***
         La Haye, 1748; (4 p.) + 58 p. + *Amusemens poétiques*
         (BN Y² 13 777; BU Lille Agache 2745)
         L'exemplaire de Lille est sans page de titre
         Réimprimé en 1750 dans le tome VI de la *Bibliothèque choisie et
         amusante.*

21   AMOURS (Les) d'Abrocome et d'Anthia. Histoire éphésienne
         traduite de Xenophon. Par M.J**
         (S. l.) MVCC.XLVIII (sic); 208 p.
         (Evreux 1173; BU Lille Agache 2243; Mannheim 75/308)
         Voir aussi *Les Ephesiaques* n° 205.

22   AMOURS (Les) d'Horace
         Cologne, Pierre Marteau, M.DCC.XXVIII; préf. + 328 p.
         (BN Y² 1098).
         Impression hollandaise

23 AMOURS (Les) d'Ismène et d'Ismenias. Par M. de Beauchamps
1729 A Paris, Simart, M.DCC.XXIX; ép. + 159 p.
(BN Y² 6077)
1729 *B Amsterdam, François L'Honoré, M.DCC.XXIX; 158 p.
(BN Y² 16 674)
1743 *C Les amours d'Ismène et d'Ismenias. La Haye, M.
M.DCC.XLIII; 96 p. (Arsenal 8° BL 17 113)

24 AMOURS (Les) de Callisthène et d'Aristoclie. Histoire grecque
La Haye, Pierre Paupie, M.DCC.XL; 152 p. (Arsenal 8°
BL 17 417)

25 AMOURS (Les) de Catulle et de Tibulle. Nouvelle édition
La Haye, Jean Neaulme, M.DCC.XLII; préf. + 366 p. + 396 p.
(Göttingen Fab. Rom. IV 1938)
1ere édition des *Amours de Catulle* chez Barbin en 1680-1681 (note
4)

26 AMOURS (Les) de Doraste et de Celonte, Par Mr. P***
Cologne, M.DCC.XLVII, 84 p. (Arsenal 8° BL 20 947)
Titre de départ et titre courant : *Les amans cloitrés ou l'heureuse
inconstance.* Voir aussi ce titre

27 AMOURS (Les) de Henri IV roy de France avec ses lettres
galantes et les réponses de ses maîtresses
1730 A Cologne, Pierre Marteau, M.DCC.XXIX; (avertissement)
+ 359 p. (Stuttgart HB 5234)
1743 B Amsterdam, M.DCC.XLIII; avertissement + 322 p. (Versailles Royer in-12 I Ld8)

28 AMOURS (Les) de Leucippe et de Clitophon. Traduit du grec
d'Achile (sic) Tatius, avec des notes historiques et criti-
ques
Amsterdam, Pierre Humbert, dans le Kalver-straat, M.DCC.XXX
II (sic); épître préface + 430 p. (Rouen Montbret p 4426;
Troyes Des Guerrois 6747)
Des traductions avaient paru à Paris en 1625 et en 1635 sous le titre :
Amours de Clitophon et de Leucippe (note 5)
Cette édition est de Rouen

29 AMOURS (Les) de Madame d'Elbeuf. Nouvelle historique
contenant plusieurs anecdotes du Cardinal de Richelieu
Amsterdam, Westein & Smith, M.DCC.XXXIX; 220 p. (Oron
RHA 14)

30 AMOURS (Les) de Mahomet. Ecrits par Aiesha une de ses
femmes
Londres, Wan-Oamel, Grande rue du Marché, M.DCC.L; 211 p.
(première partie seulement) (Arsenal 8° BL 18 353)

31 AMOURS (Les) de Rhodante et de Dosicliès. Traduction du
Grec de Theodorus Prodomus
(S. l.) 1746; VIII p. + 84 p. (Arsenal 8° BL 17 104; Bordeaux
B 7850)

32 AMOURS (Les) de Sainfroid, jésuite, et d'Eulalie, fille dévote.
Histoire véritable de quelques nouvelles nouvelles
1729 *A La Haye, Vander Kloot, M.D. CCXXIX; XIII p. +
459 p. (BN Res. p. Y² 1002)
1743 B La Haye, Isaac Vander Kloot, MDCCXLIII; xvi p. +
428 p. (Stuttgart Kirch G 8° 208)

33 AMOURS (Les) de Silvie. Historie (sic) galante
Cythère M.DCC.XLVII; épître + 48 p. (Arsenal 8° BL 21 643)

34   AMOURS de Théagènes et Chariclée
1729 A Les Amours de Théagènes et de Chariclée. Histoire
ethiopique. Traduite du grec d'Héliodore. Seconde édition
Paris, Briasson, rue Saint Jacques; à la Science, M.DCC.
XXIX. Avec approbation & privilège; épître + préface +
291 p. (Dijon 8033)
1743 B Amours de Theagènes et Chariclée. Histoire ethiopique
Paris, Coustelier, M.DCC.XLIII; x p. + 213 p. + 190 p.
(Evreux 1166)
Une traduction avait paru chez Thiboust en 1622 (note 6)

35   AMOURS (Les) de Tibulle par M. de la Chappelle (sic). Nouvelle édition
Paris, Veuve Delaulne, rue Saint Jacques, à l'Empereur,
M.DCC.XXXII. Avec approbation & privilège; 391 p. (Nantes
30 872)

36   AMOURS (Les) de Zeokinizul roi des Kofirans. Ouvrage traduit de l'arabe du voyageur Krinelbol
1746 *A Amsterdam aux dépens de Michel (sic) M.DCC.XLVI;
préf. + 106 p. + clef. (Versailles in-12 I 884 d).
1746 B Amsterdam, M.DCC.XLVI.; préf. + 135 p. («fin» p. 16;
puis « projet pour la réduction des derviches») (Oron RTA 3).
1747 C Amsterdam, aux dépens de Michel (sic) M.DCC. XLVII;
144 p. (BN Lb 38 554A)
1747 D Amsterdam, aux dépens de Michel (sic) M.DCC. XLVII;
306 p. (clef imprimée p. 303 et sq.) (BN Lb 38 554B)
1748 E Amsterdam, aux dépens de Michel (sic) M.DCC. XLVIII;
122 p. + clef imprimée. (BN Lb 38 554C).

37   AMOURS des dames illustres de France
Cologne, Pierre Marteau, M.DCC.XXVIII. «Au lecteur» +
486 p. + 459 p. (Dijon 8233).
1ere édition « Cologne, Le Blanc» (note 7)
Impression hollandaise

38   AMOURS (Les) du comte de C***
A Amsterdam, M.DCC.XLIII; 73 p. (Arsenal 8° BL 21 558)
Impression parisienne
B (sans page de titre) 106 p. (Arsenal 8° BL 19 034); relié à
la suite de *La Salamandre*)
Impression parisienne
1ere édition de *La religieuse intéressée et amoureuse, avec l'histoire du
Comte de Clare* en 1695 sous l'adresse de Cologne (note 8)

39   AMOURS (Les) du duc de Guise par Mr***
Paris, M.DCC.XXX; épître + 249 p. (BHVP 11 768)

40   AMOURS (Les) pastorales de Daphnis et Chloé
1731 A (S. l.) M.DCC.XXXI; avertissement + préface + 159 p.
+ notes (BN)
1750 B Amsterdam, M.DCC.L; préf. + 159 p. (Amsterdam
1018 C6)
L'émission A a pour titre *Les amours de Daphnis et Chloé*

41   AMOURS (Les) traversés. Histoires intéressantes dans lesquelles
la vertu ne brille pas moins que la galanterie
La Haie (sic), Jean Neaulme, M.DCC.XLI; 256 p. + 244 p.
(Arsenal 8° BL 20 197)

42   AMUSEMENS agréables ou Nouveau passe-tems à la mode
pour la ville et la campagne. Ouvrage en proses et vers &
mélange d'histoires curieuses
La Haye, Jean Swart, M.DCC.XXXVIII; 456 p. (Versailles
Rodouan A 411)

43   AMUSEMENS comiques ou histoire de Folidor
La Haye, Jean Gallois, M.DCC.XXXIX; 234 p. (Mannheim
76/258)

44   AMUSEMENS d'un prisonnier
Paris, M.DCC.L; 135 p. + 130 p. (Arsenal 8° BL 22 477; Cler-
mont 45 085).
Impression hollandaise

45   AMUSEMENS (Les) de l'amitié rendus utiles et intéressants.
Recueil de lettres écrites de la Cour vers la fin du règne
de Louis XIV
1729 A Paris, Langlois, ruë St Etienne d'Egrès, au bon Pasteur,
M.DCC.XXIX; Réflexions préliminaires + 416 p. (BN R
19 603)
1729 B Amsterdam, François L'Honoré, M.DCC.XXIX; réflexions préliminaires + 312 p. (Le Mans BL 3189; Bruxelles
VI 42 946 A; Leyde 702 E12)
1741 C Seconde édition, revuë, corrigée & augmentée
Paris, Louis-Etienne Ganeau, libraire ruë Saint Jacques, à
S. Louis, vis à vis S. Yves, M.DCC.XLI; avis du libraire au
lecteur + Réflexions préliminaires X p. + 432 p. (BN R
19 604; Melun 00 801).

46   AMUSEMENS de la campagne, de la Cour et de la ville, ou
Récréations historiques, Anecdotes, secrettes & galantes
1737 *A Amsterdam, François L'Honoré, M.DCC.XXXVII
I   avertissement + 452 p. (Nîmes 8562)
II   346 p. (Nîmes 8562)
III   table (2 p.) + 495 p. (Nîmes 8562; Stuttgart HB 5236)
IV   table (2 p.) + 460 p. (Nîmes 8562; Stuttgart HB 5236)
1739 *B Amsterdam, François L'Honoré et fils, M.DCC.XXXIX
I   nouvelle édition
avis (2 p.) + avertissement (8 p.) + table (2 p.) + 478 p.
(Stuttgart HB 5236)
II   nouvelle édition
table (2 p.) + 372 p. (Stuttgart HB 5236)
III   (BN 16° Y² 19 644)
V   avis au lecteur, VIII p. + 322 p. (Stuttgart HB 5236)
VI   384 p. (Stuttgart HB 5236)
1740 *C Amsterdam, François L'Honoré et fils, M.DCC.XL
(Stuttgart HB 5236)
VII   avertissement au lecteur (2 p.) + table (2 p.) +407 p.
VIII   table (2 p.) + 341 p.
IX   table (2 p.) + 346 p.
X   table (2 p.) + 402 p.
1742 D nouvelle édition
Amsterdam, M.DCC.XLII (Stuttgart HB 5236)
XI   préface (2 p.) + ? p.
XII   488 p. + catalogue de L'Honoré & fils

47   AMUSEMENS de la campagne, ou Récréations historiques, avec
quelques anecdotes historiques avec quelques anecdotes
secrettes & galantes
1742 A Paris, M.DCC.XXXXII (Arsenal 8° BL 28 825)
I   xv + 404 p.
II   iv + 384 p.
III   ii + 431 p.

47   (suite)
      1743 B Paris, M.DCC.XXXIII (Arsenal 8° BL 28 825)
      IV   445 p.
      V   584 p.
      VI   566 p. + table (pp. 567-568)
      1749 C Paris, M.DCC.XLIX (Stuttgart FD 8° 1752)
      I   xv + 404 p.
      II   iv + 384 p.
      III   ii + 431 p.

48   AMUSEMENS (Les) de la Hollande avec des remarques nouvel-
      les et particulières sur le genie, mœurs et caracteres de
      la Nation. Entremêlés d'episodes curieux et interessans
      (Leyde 402 G 17)
      1739 *A (1) La Haye, Pierre Van Cleef, M.DCC.XXXIX; 252 p.
      1740 *B (2) La Haye, Pierre Van Cleef, M.DCC.XL; 257 p.

49   AMUSEMENS des bains de Bade en Suisse, de Schintznach et
      de Pfeffers. Ouvrage aussi utile que récréatif
      Londres, Samuel Harding, M.DCC.XXXIX; 290 p. (BN 8° M12
      675 et Lyon 327 432).
      Impression hollandaise

50   AMUSEMENS des dames ou Recueil d'histoires galantes des
      meilleurs auteurs de ce siècle
      1740 *A La Haye, Pierre Paupie, M.DCC.XL; (BN Y² 7487 et 7488;
      BN 16° Y² 17 931 (1-2); Mannheim 77/369)
      I   (6 p.) + 472 p.
      II   (2 p.) + 474 p.
      1741 *B La Haye, Pierre Paupie, M.DCC.XLI; (BN Y² 7489 et
      7490;
      BN 16° Y² 17 931 (3-4).
      II   (2 p.) + 480 p.
      IV   viiip. + 456 p.
      V   xiip. + 480 p.
      VI   (2 p.) + 427 p. (pas dans 16° Y² 17 931)
      1744 C VII, La Haye, Jean Swart, M.DCC.XLIV; 472 p. (Man-
      nheim 77/369)

*51 AMUSEMENS des eaux d'Aix la Chapelle
      Amsterdam, Pierre Mortier, M.DCC.XXXVI; ép. + avertissement
      + avis + 450 p. (Laon in-16 330 pour le tome I; Arsenal 8°
      BL 20 170 pour le tome II
      Il y aurait une édition de 1737 à la British Library

52   AMUSEMENS des eaux de Schwalbach
      1738 A Amusemens des eaux de Schwalbach, des bains de
      Wisbaden et de Schlangenbach...
      Liège, Everard Kints, M.DCC.XXXVIII; avertissement du
      libraire + 320 p. (BN 8° m 12 675).
      Impression hollandaise
      1739 B Amusemens (Les) des eaux de Schwalsbach (sic), des
      bains de Wisbaden... Nouvelle édition
      Liège, Everard Kints; M.DCC.XXXIX; avertissement du
      libraire + 320 p. (Dijon 8196, Lyon 327 433).
      Impression hollandaise
      1740 C Amusemens des eaux de Schwalbach (sic), des bains de
      Wisbaden... Nouvelle édition
      Liège, Everard Kints, M.DCC.XXXX; avertissement du
      libraire + 320 p. (Rouen Montbret p 1541).
      Impression hollandaise
      Probablement trois émissions d'une même édition

53   AMUSEMENS des eaux de Spa. Ouvrage utile à ceux qui vont boire de ces eaux minérales sur les lieux...
1734 *A Amsterdam, Pierre Mortier, M.DCC.XXXIV; VIII p. + (2 p.) + 420 p. + 515 p. (Nantes 30 901; BN M23 247 et 23 248).
1735 *B seconde édition revue et augmentée Amsterdam, Pierre Mortier, M.DCC.XXXV; 424 p. + 414 p. (Abbeville 82 298).
1740 *C nouvelle édition Amsterdam, Pierre Mortier, M.DCC.XL; 424 p. + 414 p. (BU Lille Agache 1927; Lyon 327 444; Dijon 7798)

54   AMUSEMENS (Les) des fées Neufchatel, M.DCC.XLVIII; 112 p. (Arsenal 8° BL 19 135)

55   AMUSEMENS historiques
1735 *A Amusemens historiques. Nouvelle édition Amsterdam, aux dépens de la Compagnie, M.DCC.XXXV; avertissement + 379 p. + 333 p. (Arsenal 8° BL 28 827).
1736 B Amusemens historiques, ou Recueil de ce qu'il y a de plus intéressant dans les historiens les plus connus et les plus fidèles Prault père, Quay de Gêvres, au Paradis, M.DCC.XXXVI. Avec approbation & privilèges; Paris, VII p. + 375 p. + 328 p. (Arsenal 8° BL 28 828).

56   ANE (L') d'or d'Apulée, philosophe platonicien, avec le Démon de Socrate; traduits en françois, avec des remarques Paris, Nyon fils, quay des Augustins, à l'Occasion, M.DCC.XLV. Avec privilège; 452 p. + approb. et priv. (p. 453-456); Joseph Bullot imprimeur (Méjanes C 3660).
Traduction de Montlyard chez Langelier en 1602 (note 9)

57   ANECDOTES de l'ambassade turque en France (S. l.) M.DCC.XLIII; 43 p. (Arsenal 8° BL 18 319)

58   ANECDOTES de la cour de Childéric, roi de France Paris, Prault père, Quay de Gêvres, au Paradis, M.DCC.XXXVI. Avec approbation & privilège; 192 p. + 208 p. (Dijon 8052).

59   ANECDOTES de la Cour de Dom Jean, roi de Navarre Amsterdam, François L'Honoré, M.DCC.XLIV; 149 p. + 120 p. (Arsenal 8° BL 18 265; Verdun 17 874)
Impression parisienne

60   ANECDOTES de la Cour de François 1er par Melle de Lussan Londres, Jean Nours, libraire dans le Strand, M.DCC.XLVIII; épître + 301 p. + 343 p. + 308 p. (Rouen Leber 2170 et Bordeaux)

61   ANECDOTES de la Cour de Philippe-Auguste
C'est par erreur que Jones indique une édition de 1733 à la BN. Nous ne l'avons trouvée nulle part, et pourtant elle est attestée par les journaux de l'époque; il y a tout lieu de penser qu'elle fut rajeunie par une nouvelle page de titre à l'occasion de la publication des trois derniers volumes en 1738
1733 *A 1-3 Anecdotes de la Cour de Philippe-Auguste I-III Amsterdam, Jean Pauli et Veuve de Coup, M.DCC. XXXIII; 277 p. + 300 p. + 260 p. (Amsterdam 1099 F 40 (2) et 41 (1)
(approbation au verso de la page 277 du tome I)
1734 B 1-2 Anecdotes de la Cour de Philippe-Auguste. Dédiées à S.A.S. Monseigneur le Comte de Clermont, Prince de sang Amsterdam, aux dépens de la Compagnie, M.DCC.XXXIV; 357 p. + 342 p. (Saint-Omer 4191 4-4)

61 (suite)
1738 *C 1-6 Anecdotes de la Cour de Philippe-Auguste. Par Mle de Lussan
Nouvelle édition
Paris, Veuve Pissot, au bout du Pont-Neuf, quai de Conti, à la Croix d'or, M.DCC.XXXVIII. Avec approbation & privilège; épître au comte de Clermont + 354 p. + 348 p. + 333 p. + 328 p. + 375 p. + 312 p., avec errata; Veuve Paulus Du Mesnil imprimeur. Approbation et privilège à la suite du tome I et à la suite du tome VI (Oron RHA 18 et Rouen U 2732)
1739 *D 4-6 Anecdotes de la Cour de Philippe-Auguste IV-VI
La Haye, Jean Neaulme, M.DCC.XXXIX; 274 p. + 312 p. + 264 p. (Amsterdam 1099 F 41 (2) et 42)
Le nom de l'auteur ne figure sur la page de titre que dans C.

62 ANECDOTES du regne de Pierre premier, dit le grand, czar de Moscovie, contenant l'Histoire d'Eudochia Federowna, & la Disgrace du Prince de Mencikow
C'est par erreur que Jones indique une édition de 1744 à la BN.
1745 A (S. l.) M.DCC.XLV; avertissement VIII p. + 138 p. + 177 p. (BN M 17 772/3; Maestricht 240 C8; Rennes 81 296)
1745 B (S. l.) M.DCC.XLV; VIII p. + 139 p. + 179 p. (BN)

* **62 bis** ANECDOTES du seizième siècle ou intrigues de la cour, politiques et galantes
Amsterdam, aux dépens de la Compagnie, M.DCC.XLI; (6 p.) + 354 p. + 242 p. (Arsenal 8º H 5756)

63 ANECDOTES galantes et tragiques de la Cour de Néron
1735 A Paris, ruë S. Jacques, Pierre-Michel Huart, près de la Fontaine S. Severin, à la Justice, M.DCC.XXV. Avec approbation & privilège; XIII p. + 257 p. + approbation p. 258 + privilège (Versailles BR 961)
1735 *B Amsterdam, aux dépens de la Compagnie, M.DCC. XXXV; préface + 276 p. (Leyde 716 G27, fonds P. Marchand)
L'approbation a été imprimée dans cette édition hollandaise

64 ANECDOTES grecques, ou avantures secretes d'Aridée. Traduites d'un manuscrit grec par M*.
1731 *A Paris, Veuve Guillaume, quay des Augustins, au nom de Jésus, M.DCC.XXXI; avis au lecteur + 241 p. + approbation au verso + privilège (BN Y² 6467)
1731 *B Rotterdam, Jean Hofhout, M.DCC.XXXI; même pagination, approbation et privilège (BN Y² 13 996)
1732 *C Amsterdam, François L'Honoré, M.DCC.XXXII; avis au lecteur + 179 p. + approbation au verso (Oron RTA 38)

65 ANECDOTES historiques galantes, et littéraires du tems present, en forme de lettres
La Haye, Pierre Paupie, M.DCC.XXXVII; préface + 224 p. + 226 p. (Göttingen 8º Hist. un. V, 651)

66 ANECDOTES jesuitiques ou le Philotanus moderne
La Haye, aux dépens de la Compagnie, M.DCC.XL; 273 p. + 332 p. + 262 p. (Leyde 510 G21, fonds P. Marchand)

66 bis ANECDOTES ou Histoire de la maison ottomane
1734 A Amsterdam, François L'Honoré, M.DCC.XXXIV; 204 p. + 214 p. + 260 p. + (2 p.) + 216 p. (BN Y² 39 302 à 305, t. III Orléans D 2342)
Impression française

66 bis (suite)

1740 B Amsterdam, Compagnie, M.DCC.XL; 202 p. + (4 p.) +
210 p. + 214 p. + (4 p.) + 192 p. + (2 p.) (Arsenal 8°
BL 18 370)
Impression française
L'adjectif « secrette» apparaît après « histoire» sur certains volumes
A la fin du tome III de l'édition A, on lit : « en conséquence du
privilege (sic) obtenu par Nicolas Gosselin pour imprimer les Anec-
dotes de la maison ottomane il est permis à Marcellin Duplain
d'imprimer et vendre le dit livre suivant l'accord fait entre eux»
Nous avons vu une édition « à Lyon, Marcellin Duplain,
M. DCC.XXIV.; avec privilège» avec les mêmes signatures (jusqu'à
vj) et la même déclaration, cette édition a 204 p. + 214 p. + 260 p.
(Musée de Carpentras, 16° 14 878)

67   ANECDOTES politiques et galantes de Samos et de Lacédémone
La Haye, Jean Neaulme, M.DCC.XLIV; 334 p. (Nîmes 47 456;
Arsenal 8° BL 17 481)
Impression parisienne

68   ANECDOTES secretes des regnes de Charles VIII et de Louis
XII. Avec des notes historiques
La Haye, J. Neaulme, M.DCC.XLI; 126 p. + 152 p. (BN
Y² 14 009 et 14 010)

69   ANECDOTES secrètes pour servir l'histoire galante de la Cour
de Pekin
Pekin, M.DCC.XLVI; 193 p. + 162 p. (Rouen Leber 2267)

70   ANECDOTES turques ou Nouveaux mémoires du comte de
Bonneval, depuis son rappel à la Cour Ottomane, jusqu'au
mois d'Avril 1741, mises en ordre par Mr. de C**. son
Secretaire
Utrecht, Jean Broedelet, 1741; 278 p. (Utrecht 252 K44)

71   ANECDOTES venitiennes et turques ou Nouveaux Mémoires du
comte de Bonneval, depuis son arrivée à Venise jusqu'à
son exil dans l'isle de Chio, au mois de mars 1739. Par
Mr. de Mirone
1740 A Londres, aux dépens de la Compagnie, 1740; (10 p.) +
218 p. + 216 p. (Arsenal 8° BL 18 327)
1740 B Francfort, aux dépens de la Compagnie, M.DCC.XXXX;
préface + avertissement + 212 p. + 216 p. (Liège Capitaine
6504; Mannheim 75/44)
1742 C Utrecht, Jean Broedelet, 1742; préface + 218 p. + 124 p.
(Amiens BL 2630)
1744 D Utecht (sic), Jean Broedelet, 1744; préface + avertissement + 218 p. + 214 p. (Arsenal 8° BL 18 329)
L'édition B est peut-être allemande; toutes les adresses sont fausses

72   ANGOLA, histoire indienne. Ouvrage sans vraisemblance
Agra, avec privilège du Grand Mogol
1746 A M.DCC.XLVI; 20 p. + (6 p.) + 162 p. + (2 p.) +
199 p. (BN Y² 74 999 et 75 000)
1746 B M.DCC.XLVI; 264 p. (Critique d'Angola pp. 249-264)
(BN Y² 75 001 et 75 002)
1747 C M.DCC.XLVII; (12 p.) + 248 p. (Dijon 8237)

73   ANNALES galantes de la Cour de Henri second. Par Made-
moiselle de Lussan
Amsterdam. Jacques Desbordes, près le comptoir de Cologne;
M.DCC.XLIX; 359 p. + 377 p. (8° BL 17 651)

74   (Annulé)

*75 ANTI-PAMELA (L') ou la fausse innocence découverte dans les
          Avantures de Syrène. Histoire véritable et attestée par l'ex-
          perience de tous les jours. Ecrite pour servir de préservatif
          aux jeunes gens contre les ruses des coquettes. Traduit de
          l'anglois par Mr. D. M****
          Amsterdam & Leipzig, Arkstée & Merkus, M.DCC.XLIII; 445 p.
          (Méjanes C 5924)

76   ANTIPAMELA ou Mémoires de M. D.***. Traduit de
          l'anglois
          1742 A Londres, M.DCC.XLII; 152 p. (Oron RBA 5)
          1743 B Londres, M.DCC.XLIII; 112 p. (Mazarine 42 320;
               Méjanes C 5924)
               Impression hollandaise

77   ARBOFLÈDE
          1741 A Arboflède, histoire angloise
               La Haye, J. Neaulme, 1741; 214 p. + 210 p. (Arsenal)
          1747 B Arboflède ou le mérite persécuté, histoire angloise
               Imprimé à La Haye & se vend à Liège chez J.-F. Bassom-
               pierre, Libraire et imprimeur en Neuvice, M.DCC.XLVII;
               163 p.
               (BM Strasbourg 65 204)

78   ARGENIS
          1728 A Argénis, roman héroïque
               Paris, Pierre Prault, M.DCC.XXVIII; 327 p. + 315 p.
               (Dijon 7782)
          1732 B L'Argenis de Barclay, traduction nouvelle. Par Mr l'abbé
               Josse, chanoine de Chartres
               Chartres, N. Besnard Imprimeur-Libraire, ruë des Trois Mail-
               lets, au Soleil d'or; M.DCC.XXXII (Nantes 30 612)
               La traduction de Marcassus a paru pour la première fois en 1623
               selon M. Lever

79   ARRETS (Les) d'amour avec l'Amant rendu cordelier, à l'ob-
          servance d'amour. Par Martial d'Auvergne, dit, de Paris,
          Procureur au Parlement. Accompagnez des Commentaires
          Juridiques & Joyeux de Benoit de Court, Jurisconsulte.
          Dernière édition, revûë, corrigée et augmentée de plusieurs
          Arrêts, notes, & d'un glossaire des anciens termes par
          Lenglet du Fresnoy.
          1731 *A Amsterdam, François Changuion, M.DCC.XXXI;
               XLVIII p. + 645 p. (Rouen Leber 2769)
          1731 B Amsterdam, & se vend à Paris, chez Pierre Gandouin,
               libraire, M.DCC.XXXI; XLVIII p. + 645 p.
               (Boulogne C 5247)
               Entre les p. 290 et 291 page de titre de la seconde partie comme
               79 A.

80   ARTEMISE et POLIANTE. Nouvelle. Par feu M. Boursault.
          Paris, Didot, rue du Hurepoix, du côté du pont S. Michel, à
               la Bible d'or; M.DCC.XXXIX. Avec approbation & privi-
               lège (BU Lille Agache 2638)
               Paru pour la première fois chez R. Guignard en 1670
               (note 10)

81   ASCANIUS ou le jeune avanturier. Histoire véritable...
          Genève, M.DCC.XLVII; 155 p. (Dijon 8289)
               Non signalé par Jones

82 ASTRÉE (L') de M. d'Urfé, pastorale allégorique, avec la clé. Nouvelle édition où sans toucher ni au fonds ni aux épisodes, on s'est contenté de corriger le langage, & d'abréger les conversations
Paris, Pierre Witte, rue S. Jacques proche de S. Yves, à l'Ange Gardien; Didot Quay des Augustins, près du Pont S. Michel, à la Bible d'or; M.DCC.XXXIII. Avec approbation & privilège; 10 vol. (Arsenal 8° BL 20 640)
Première édition chez Du Bray en 1607 (note 11)

83 ATALZAIDE, ouvrage allégorique
Imprimé où l'on a pü, M.DCC.XLV; 188 p. + 144 p.
(Rouen Leber 2137)

84 AURORE et PHOEBUS, histoire espagnole
1732 A Paris, au Palais, Pierre-Jacques Ribou, dans la galerie des prisonniers, M.DCC.XXXII; 143 p. (BN Y² 6313)
1733 B Paris, au Palais, Pierre-Jacques Ribou, dans la galerie des prisonniers, M.DCC.XXXIII. Avec approbation & permission; 143 p. (Arsenal 8° BL 18 229)
1733 C Paris, André Morin, libraire rue S. Jacques, à l'Image S. André, M.DCC.XXXIII. Avec approbation & privilège; 143 p. (Arsenal 8° BL 18 230)

84 bis AVANT-SOUPERS (Les) d'une société de Paris. Nouvelles françoises
Amsterdam, Pierre Gosse vis à vis La Bourse, M.DCC.XLVII; 196 p. (Musée Calvet 8° 9444)
Non signalé par Jones

85 AVANTURE sans pareille, ou histoire etonnante et veritable, arrivée à Mayence, Francfort & Coblenz. Avec approbation & privilège
Brusselles, J. van Vlaenderen, Libraire et Imprimeur, M.DCC.XLI
(Lyon 367 135)

86 AVANTURES choisies interessantes et nouvelles. Par differens auteurs
Paris, Prault pere, à l'entrée du Quay de Gêvres, au Paradis; M.DCC.XXXVIII. Avec approbation & privilège, 6 volumes
(Arsenal 8° BL 28 834)
Autre page de titre à la suite de celle-ci « Prault Père, Quai de Gêvres, au Paradis, M.DCC.XLIII.
Une page de titre pour chaque roman, avec différentes dates

87 AVANTURES (Les) d'Abdalla fils d'Hanif, envoyé par le sultan des Indes... Traduites en François... Troisième édition
Paris, Damonneville, quai des Augustins, à l'image Saint Etienne, M.DCC.XLV. Avec approbation & privilège; 167 p. + 220 p. + approb. et priv. (Clermont 43 821)

88 AVANTURES (Les) d'Aristée et de Télasie. Histoire galante et heroïque
1731 A Paris, veuve Guillaume à l'entrée du quai des Augustins au nom de Jesus et Ch. Guillaume rue Hurepoix du côté du pont S. Michel à S. Charles, M.DCC.XXXI. Avec approbation & privilège du Roy; ép. + avertissement + 266 p. + 252 p. + approbation et privilège; Gissey imprimeur (Arsenal 8° BL 21 341)
1732 *B Amsterdam, François L'Honoré, M.DCC.XXXII; ép. + avertissement + 199 p. + 191 p. (Versailles Rodouan 1249)

89   AVANTURES de Clamadès et de Clarmonie, tirées de l'espagnol. Par Madame L. G. D. R.
> Paris, Morin, rue Saint Jacques, près de la Fontaine saint Severin, à saint André, M.DCC.XXXIII. Avec approbation & privilège; 348 p. + approbation et privilège (Arsenal 8° BL 29 584)

90   AVANTURES de Don Antonio de Riga, comte de Saint Vincent
> Amsterdam, Maynard Uytwerf, M.DCC.XLIV; 298 p.
> (Oron RGC 5)

91   AVANTURES de don Ramire de Roxas, et de Dona Leonor de Mendoced. Tirées de l'espagnol. Par Madame L. G. D. R.
> Paris, André Cailleau, Quay de Augustins, au coin de la ruë Gilles Cœur, à Saint André, M.DCC.XXXVII. Avec privilège; 307 p. + approbation et privilège (Arsenal 8° BL 18 302)

93   AVANTURES de Flores et de Blanche-Fleur. Tirées de l'espagnol. Par Madame L. G. D. R.
> Paris, Grégoire-Antoine Dupuis, Grande Salle du Palais, au Saint-Esprit, M.DCC.XXXV; 227 p. + 224 p. + approbation et privilège (Arsenal 8° BL 29 603)

93 bis AVANTURES (Les) de Gil Blas de Santillane
> 1735 A (4) Les avantures de Gil Blas de Santillane. Par Mr. Le Sage Tome IV
> 1739 *B Les avantures de Gil Blas de Santillane. par Monsieur Le Sage. Nouvelle Edition
> Amsterdam, Herman Uytwerf, M.DCC XXXIX (sic); déclaration de l'auteur + table + approbation + 369 p.
> (BN Y² 9964)
> 1749 C Les avantures de Gil Blas de Santillane. Par Monsieur Le Sage. Nouvelle Edition avec des Figures
> Londres, Jean Nourse, M.DCC.XLIX; 306 p. + 260 p. + 291 p. + 281 p. (au verso de la p. 291 du t. III : « books lately printed for Jean Nourse») (Mannheim Fr Mf 364)
> Voir aussi *Histoire de Gil Blas* n° 265.

94   AVANTURES (Les) de Jacques Sadeur dans la Decouverte et le voiage de la terre australe...
> Amsterdam, David Mortier, libraire, à la MappeMonde, M.DCC.XXXII; 341 p. (Arsenal 8° BL 19 300)
> approbation et privilège; même composition que l'édition de Paris, Pierre Aubouin, M.DCC.V (Arsenal 8° BL 19 299)

95   AVANTURES de Joseph Andrews
> 1743 A Les avantures de Joseph Andrews, et du ministre Abraham Adams, publiées en anglois, en 1742. Par M. Feilding...
> Londres, Millar, vis-à-vis l'Eglise de S. Clement, dans le Strand, M.DCC.XLIII; préface + 330 p. + table + 349 p.
> (Mazarine 22 323 L et M)
> 1743 B id sans préface (Nancy 267 125)
> 1743   C (même titre) XXXV p. + 328 p, + table + 348 p.
> (Amiens BL 2412)
> 1741 *D (1) Avantures de Joseph Andrews, et de son ami Abraham Adams... Par M. Feilding... Tome premier
> Amsterdam, aux dépens de la Compagnie, M.DCC.XLIV; xxxv p. + tabl. (Oron)

9²

95   (suite)
> 1750 E Les avantures de Joseph Andrews, et du ministre Abraham Adams
> Publiées en anglois, en 1742. Par M. Feilding ...
> Traduites en françois par l'abbé des Fontaines. I.
> Londres, Miller, M.DCC.L; préface + 330 p.
> (Amsterdam 608 J35)
> 1750 F Les avantures de Joseph Andrews, et du ministre Abraham Adams. Publiées en anglois, en 1742. Par M. Feilding ... Traduites en françois, par l'abbé des Fontaines...
> Londres, Meyer, M.DCC.L
> I xvi p. + (4 p.) + 330 p. (Taylor Library 232 C7; Stuttgart Fr. D.8° 468)
> II (4 p.) + 349 p. (Taylor Library 232 C7; Stuttgart Fr. D.8° 468; Amsterdam, 608 J 36)
> Impression d'Avignon. L'édition D est la seule hollandaise

96   AVANTURES (Les) de l'infortuné Florentin, ou l'histoire de Marco Mario Brufalini
> 1729 *A Amsterdam, Pierre Mortier, M.DCC.XXXIX; avertissement 203 p. + 191 p. (BN 16° Y² 19 141)
> 1730 *B Seconde Edition. Tome premier
> Amsterdam, Pierre Mortier, M.DCC.XXX; avertissement + 203 p. (Arsenal 8° BL 29 102)
> Pour le tome I il s'agit d'une deuxième émission car on trouve la même erreur dans la signature A7 indiquée 5

97   AVANTURES (Les) de la belle grecque. Traduit de l'Anglois de Milord Guinee. Le prix est de 12 sols
> Paris, l'Esclapart à l'Espérance; l'Esclapart fils quay de Conty, M.DCC.XLII; avec approbation; 57 p. (BN Y² 40 955)

98   AVANTURES (Les) de Madame la Duchesse de Vaujour, histoire véritable. Par Mr. de Mirone
> 1741-42 *A Utrecht, Jean Broedelet, M.DCC.XLI-1742; avertissement + 98 p. + 120 p. + 143 p. + 190 p. + 165 p. + 182 p. (Arsenal 8° BL 17 901)
> 1743 *B seconde édition
> Utrecht, Jean Broedelet, M.DCC.XLIII; avertissement + 98 p. 120 p. + 143 p. (la 4ᵉᵐᵉ partie est de 98 A) (Méjanes C 4402)

99   AVANTURES (Les) de Monsieur Robert Chevalier, dit de Beauchêne, capitaine de flibustiers dans la nouvelle France. Rédigées par M. Lesage
> 1732 A Paris, Etienne Ganeau, rue saint Jacques, près la rue du Plâtre, aux armes de Dombes, M.DCC.XXXII. Avec approbation & privilège; « le libraire au lecteur» + table des argumens + approbation et privilège + 390 p. + 363 p. (Arsenal 8° BL 20 688)
> 1733 *B Amsterdam, aux dépens de la Compagnie, M.DCC.XXXIII; « le libraire au lecteur» + table des argumens + 199 p. + 187 p. (Versailles Rodouan B30)

100 AVANTURES (Les) de Pomponius chevalier romain, ou l'Histoire de notre tems. Nouvelle édition augmentée d'un Recueil de Piéces concernant la Minorité de Louis XV
> A Rome, chez Mornini pour les Héritiers de Ferrante Pallavicini, M.DCC.XXVIII; épître + 84 p. (Verdun 14 625; Leyde fonds Marchand)
> Impression hollandaise

101 AVANTURES (Les) de Telemaque fils d'Ulysse. Par feu Messire François Salignac de la Motte Fenelon
Editions in-12 ou in-8°
1729   A Troisième Edition conforme au Manuscrit original
Paris, veuve Delaulne, rue Saint-Jacques, à l'Empereur, M.
DCC.XXIX. Avec privilège; épître + Discours de la poésie
épique lviij p. + 503 p. + 478 p. + privilège (Nantes 69 758)
1730   B Nouvelle edition
Imprimé suivant la copie de Paris, aux dépens de Daniel
Barthelemy & fils, M.DCC.XXX; discours de la poésie épique xxxiii p. + approbation + 405 p. (Göttingen 8° Fab, IV
140 K)
1733   C Nouvelle edition Augmentée & Corrigée Sur le Manuscrit
Original de l'Auteur, avec des Remarques pour l'Intelligence
de ce Poëme Allégorique
Rotterdam, Jean Hofhout, 1733. Avec Privilège; 579 p. +
Ode 13 p. (Montivilliers 2147 et collection privée)
1737   D Amsterdam, J. Wetstein & G. Smith & Zacharie Chatelain; Rotterdam, Jean Hofhout; M.DCC.XXXVII; avertissement des libraires + approbation + Discours de la poésie
épique xxxix p. + 476 p. (Ode pp. 470-476)
(Bordeaux A. P. 26 138)
1738   D' Même adresse et même nombre de pages et en partie les
mêmes ornements typographiques (Institut catholique 36 448)
Impression de Rouen
1738   E Londres, R. Dodsley à la tête de Tully, en Pall-Mall,
M.DCC.XXXVIII; Discours de la poésie épique xl p. +
301 p. (Nantes 30 677)
1739   F Nouvelle edition... conforme au manuscrit original
Imprimé suivant la copie de Paris, aux dépens de Daniel
Barthelemy & fils, M DCC XXXIX; 505 p. + table (Bar-le-
Duc 52 275)
1739   G Nouvelle edition augmentée, conforme au manuscrit
original
Paris, Jacques Estienne, rue Saint-Jacques, à la Vertu, M.
DCC.XXXIX; Discours xii p. + approbation + 258 p. +
252 p. (Ode pp. 248 à 252)
1740   H Quatrieme edition conforme au manuscrit original
Paris, Veuve Estienne, rue Saint-Jacques, à la Vertu, M.
DCC.XL. Avec privilège; épître + avertissement lvii p. +
approbation + 503 p. (Troyes Des Guerrois 10 227)
1740   I Nouvelle edition corrigée & enrichie de belles remarques
allemandes par Joseph Antoine d'Ehrenreich, Professeur Publ.
dans l'Académie de Stoucart (sic)
Jean Conrad Wohler, M.DCC.XL. 344 p. + 294 p. + table
(Kassel 8° Fr. Lit. 839)
1745   J Nouvelle edition revue & corrigée avec soin : Enrichie...
Par D. Durand, Ministre de la Savoye, & Membre de la
S.R.
Londres, J. Watts... & B. Rod..., M.DCC.XLV; xxxix p. +
451 p. + 468 p.
(BN Y² 34 228)

101   (suite)
          1747 K Nouvelle edition conforme au manuscrit original...
          Amsterdam, J. Weitstein (sic) & G. Smith & Z. Chatelain;
          Rotterdam, Jean Hofhout, M.DCC.XLVII (St-Pol-sur-Ternoise)
          Impression de Rouen
          Edition 4°
          1730 L Paris, Jacques Estienne, rue Saint Jacques, à la Vertu,
          M.DCC.XXX; xxxix p. + 289 p. + 288 p. + approbation et
          privilège (BN Y² 289 et 290)
          1734 *M Amsterdam, Wetstein; Rotterdam, Hofhoudt (BN
          Réserve)
          La 1ère édition de la suite du quatrième livre de l'*Odyssée* d'Homère
          avait été publiée par la Veuve Barbin en 1699 (note 12)

102   AVANTURES (Les) de Zelim et de Damasine, histoire afriquaine
          1735 A Paris, de Maudouyt, Quay des Augustins, à S. François
          M.DCC.XXXV. Avec approbation & privilège; 336 p. +
          approbation et privilège (Arsenal 8° BL 18 644)
          1735 B La Haye, Pierre Gosse, libraire, M.DCC.XXXV.
          id. sauf approbation et privilège (Arsenal 8° BL 18 645)
          Deux émisions de la même édition
          1735 *C Amsterdam, aux dépens de la Compagnie, M.DCC.XXXV;
          186 p. + 167 p. (Amsterdam 217 G9; Göttingen Fab, IV 2480)

103   AVANTURES (Les) du baron de Fœneste
          1729 A Par Theodore Agrippa d'Aubigné, Edition nouvelle,
          augmentée de plusieurs Remarques... par Mr.***
          Cologne, chez les Heritiers de Pierre Marteau, M.DCC.XXIX;
          clx p. + 471 p. (Arsenal 8° BL 19 663)
          1731 B du baron d'Aubigné. Nouvelle edition...
          Amsterdam, M.DCC.XXXI; cxiv p. + 384 p. (Arsenal 8°
          BL 19 662; Troyes AA 15 3643, fonds de Bourbonne)
          Le roman d'Agrippa d'Aubigné parut pour la première fois en 1617
          (note 13)

104   AVANTURES (Les) du chevalier Des Grieux, et de Manon
          Lescaut. Par Monsieur D*** (Manon Lescaut F)
          1733 A Amsterdam, aux dépens de la Compagnie, M.DCC.
          XXXIII; avis de l'auteur + 409 p. (BN Res. p Y² 2212;
          Taylor Library Vet. Fr II A 1152)
          Impression d'Avignon
          1734 B Amsterdam, aux dépens de la Compagnie, M.DCC.XXXIV
          ou M.DCC.XXXV; avis de l'auteur + 409 p. (Bordeaux fonds
          Barbot; Orléans 8° D 13 173; Châlons-sur-Marne Garinet 1971)
          Sur l'exemplaire d'Orléans, on lit distinctement M.DCC.XXXIV. Le 1 a été
          gratté sur l'exemplaire de Bordeaux. Voir aussi 112 bis

* **105** AVANTURES (Les) du comte de Rosmond
          Amsterdam, Jacques Desbordes, M.DCC.XXXVII; avertissement
          du libraire + 387 p. (Versailles Res. in-12 E 559 e; Arsenal 8°
          BL 21 590)

106   AVANTURES (Les) du jeune comte de Lancastel, nouvelle du tems
          Paris, Pierre Huet, sur le second Perron de la Ste Chapelle au Soleil
          Levant, M.DCC.XXVIII. Avec approbation & privilège; 310 p. +
          approbation et privilège (Arsenal 8° BL 21 230)

107   AVANTURES (Les) du prince Jakaya, ou le triomphe de
          l'amour sur l'ambition. Anecdotes secretes de la cour
          Othomane
          1732 A Paris, Guillaume-Denis David rue du Hurepoix, à la
          descente du Pont S. Michel, à l'Espérance, M.DCC.XXXII.
          Avec approbation & privilège; iv + 246 p. + 305 p. +
          approbation et privilège (Arsenal 8° BL 18 342)

107 (suite)

1732 B Amsterdam, M.DCC.XXXII; xij p. + 246 p. + 305 p. +*approbation* (BN Y² 15 292 et 15 293)

A et B sont deux émissions de la même édition; le privilège qui était au verso de la dernière page dans les exemplaires B a été recouvert.

* **108** AVANTURES du Sr. C. Lebeau, avocat en parlement, ou Voyage curieux et nouveau, Parmi les Sauvages de l'Amérique Septentrionale

Amsterdam, Herman Uytwerf, M.DCC.XXXVIII; 370 p. + 430 p. (Musée de l'Homme)

109 AVANTURES galantes, avec la Feste des Tuileries, ou le Bouquet présenté au Roy

La Haye, Jean Van Duren, M.DCC.XXXVI; épître + 259 p. + 269 p. + approbation (BN Y² 7513 et 7514)

110 AVANTURES (Les) ou Mémoires d'Henriette-Sylvie de Molière

1733 A Amsterdam, Abraham l'Enclume, gendre d'Antoine Marteau, M.DCC XXXIII; (4 p.) + (2 p.) + 508 p. (BN Y² 15 303)

1734 B Les avantures ou Mémoires de la vie d'Henriette-Sylvie de Molière

Amsterdam, Henry Desbordes, M.DCC.XXXIV; 379 p. (La Rochelle 67 233 C; Arsenal Rf 4088)

Première édition chez Barbin en 1671 (note 14)

111 AVANTURES singulières du faux chevalier de Warvick...

Londres, Vaillant, M.DCC L; 132 p. + 124 p. (Clermont 45 086)

* **112** AVANTURIER (L') hollandois, ou la Vie et les Aventures divertissantes et extraordinaires d'un hollandois

Amsterdam, chez les Wetsteins & Smith, M.DCC.XXIX; avis de l'éditeur + 448 p. + 480 p. (Arsenal 8° BL 18 041)

112*bis* AVENTURES du chevalier des Grieux et de Manon Lescaut. Par Mr. de***. Auteur des Mémoires d'un homme de qualité

Londres, chez les Freres Constant à l'Enseigne de l'Inconstance; M.DCC.XXXIV; 309 p. (BN Res. p Y² 2241; Laon in-16 187; Nancy Res. 11 597)

Voir aussi 104A et 104B. Impression probablement lyonnaise

113 AVENTURIER (L') françois par Monsieur Ange G...

Amsterdam, Etienne Roger, M.DCC.XXXXVI. Avec permission des supérieurs; 162 p. + 142 p. (Taylor Library. Vet.Fr II A1210; à la BN, 16° Y2 20 499)

Non signalé par Jones

114 AVEU (L') sans exemple ou Memoires de Constantin de Tourville

Amsterdam, 1747; 274 p. (Kassel Biogr. 4782)

Non signalé par Jones

115 BACHELIER (Le) de Salamanque ou les Memoires de D. Cherubin de la Ronda...

1736 A Paris, rue de la Vieille Bouclerie, près le Pont S. Michel.

Chez Valleyre fils, à l'Annonciaton et Gissey, à l'Arbre de Jessé, M.DCC.XXXVI. Avec approbation & privilège; 378 p. + approbation et privilège (BN Y² 48 594; Laon in-16 275; Chantilly B 379/24)

115   (suite)
1736 *B (1) Tome premier
Amsterdam, J. Wetstein & G. Smith, M.DCC.XXXVI;
(6 p.) + 276 p. + 200 p. (Göttingen 8° Fab. Rom. VI 3394;
Br. 4. 245 c 29 et 30)
1738 C (1) Tome premier
La Haye, Pierre Gosse, M.DCC.XXXVIII; (6 p.) + 378 p. +
approbation et privilège; Valleyre imprimeur (Evreux d 910)
Impression parisienne
1738 D (2) Tome second
La Haye, Pierre Gosse, M.DCC.XXXVIII; (4 p.) + 381 p.
(Evreux d 911 et BN Y^s 48 595)
Impression parisienne
1740 *E Amsterdam, J. Wetstein & G. Smith, M.DCCC.XL; table
+ 276 p. + table + 200 p. (Rennes Res. 88 332)

115*bis* BARBET (Le) mignon, ou le chien turc par Mr. de Mugestto
Francfort, Daniel Chrétien Hechtel, M.DCC.XLIX; 272 p. +
188 p. (Imprimé chez Jean Bernhard Eichenberg l'Aîné)
(Arsenal 8° BL 21 862)
Même ouvrage que le *Petit Toutou* n° 522 (1746)

116   BEAU (Le) Polonois, nouvelle galante. Dédiée à Monseigneur
de Villeroy
Paris, Prault, Pere, Quai de Gesvres, au Paradis; M.DCC.XXXIV.
Avec approbation & privilège; (4 p.) + 81 p. + approbation
et privilège (Marseille 80 126)
Repris dans le tome V des *Avantures Choisies* de 1738 avec la même
page de titre (Arsenal 8° BL 28 834)

117   BELIER (Le), conte. Par le C. Antoine Hamilton,
Paris, Josse, M.DCC.XLIX 259 p.

118   BELLE (La) allemande ou les galanteries de Therese
A (sans page de titre); 117 p. (Arsenal 8° BL 18 033)
B Seconde Edition
Amsterdam, Zacharie Chatelin (sic), M.DCC.XLV; au public
xiv p. + 117 p. + 128 p. (Arsenal 8° BL 18 034)
Impression parisienne.
Ce n'est pas un réemploi de la première partie de 118 A

118*bis* BELLES (Les) Grecques par Madame Durand. Nouvelle édition
Paris, Prault père, Quay de Gesvres, au Paradis, M.DCC.XXXVI.
Avec approbation et privilège; (6 p.) + approbation et privilège
+ 223 p. + catalogue (BN)
Edition reprise en 1737 dans les *Œuvres* de Mme Durand. Voir 508 bis

119   BELLES (Les) solitaires. Par Madame de V...
Amsterdam, Pierre Marteau, M.DCC.XLV; xii p. + 186 p. +
188 p. + (4 p.) + 304 p. (BN Y2 017 à 17 019)
Impression parisienne

120   BERCEAU (Le) de la France
La Haye, Isaac Beauregard, dans le Hoog-Strat, M.DCC.XLIV;
viii p. + 147 p. + 200 p. + 148 p. (Arsenal 8° BL 17 599)

121   BERGÈRE (La) russienne, ou avantures de la princesse Denga-
deski. Traduite du Moscovit (sic) par Monsieur M***
Liège, Guillaume-Ignace Broncart, M.DCC.XXXVII; au lecteur
+ 174 p. (Liège, Capitaine 5871)

122   BI-BI, conte traduit du chinois. Par un Français. Première,
peut-être dernière édition; Mazuli, chez Khi-Lo-Khalo, Imprimeur privilégié pour les mauvais ouvrages, l'an de Sal-chodaï
623, et de l'âge du traducteur 24; 98 p.; (BN Y²z 236)
Impression parisienne

122 *bis* BIBLIOTHÈQUE choisie et amusante
Amsterdam, Compagnie (Arsenal 8° BL 28 846)
1748 A Tome III M.DCC.XLVIII; 428 p.
1749 B Tomes I, IV, V M.DCC.XLIX; 452 p. + 428 p. + 428 p.
1750 C Tome VI M.DCC.L; 428 p.
Le tome II est daté de 1752

123   BIBLIOTHÈQUE de campagne ou amusemens de l'esprit et du
cœur
La Haye, Jean Neaulme

1735 A   M.DCC.XXXV. tome II   (BN 16° Y² 19 029)

1736 B   M.DCC.XXXVI. tome III   (BN 16° Y² 19 029)

1737 C   M.DCC.XXXVII. tome IV-V   (BN 16° Y² 19 029)

1738 D   M.DCC.XXXVIII.
tome I seconde edition; avertissement du libraire + 398 P.
(BN 16° Y² 19029 et Stuttgard Fr. D. 8° 1970)
tomes VII-VIII (BN 16° Y² 19029)

1739 E   M.DCC.XXXIX
tome II seconde edition; 2 p. + 409 p. + catalogue
(BN Y² 18033 et Stuttgart Fr. D. 8° 1970)
tome IX (Bn 16° Y² 19029)

1740 F   M.DCD.XL. tome III, (2 p.) +   (Stuttgart Fr. D. 8°
459 p.   1970)

1741 G   M.DCC.XLI
Tome IV (2 p.) + 424 p. + catalogue (Stuttgart Fr. D. 8°
                                             1970)
tome V (2 p.) + 410 p. + (4 p.)
+ catalogue   ”   ”

1742 H   M.DCC.XLII
tome VI (2 p.) + 436 p.   (Stuttgart Fr. D. 8°
                                             1970)
tome VII (2 p.) + 434 p.   ”   ”
tome VIII (2 p.) + 412 p.   ”   ”
1744 I   M.DCC.XLIV. tome IX (2 p.) +
440 p.   ”   ”

1745 J   M.DCC.XLV. tome X (2 p.) +
464 p.   ”   ”

La collection de la Bibliothèque Nationale est une acquisition postérieure à la *List* de
Jones

124   BIJOUX (Les) indiscrets
Au Monomotapa, s.d.
Il est bien difficile de classer les différentes éditions non datées.

124   (suite)

La première édition portant une date est, semble-t-il, celle datée de 1753 (Arsenal 8° BL 21 872 et Bordeaux AP 27 530). Il faut y joindre l'édition non datée de la Bibliothèque de Rennes (77 920) qui, comme l'édition de 1753, comporte trois parties : 162 p. + 209 p. + 201 p.

Une fois éliminées ces deux éditions ou plutôt émissions, restent toutes celles qui ne comportent que deux parties et qui ont paru entre 1748 et 1752; le 14 février 1748, « Durand a fait imprimer les *Bijoux indiscrets*» (15); le 12 mai suivant, Tonloo écrit de Paris à P. Marchand qu'« on vient de publier une espèce de roman allégorique» et la lui propose pour une réimpression éventuelle en Hollande; il lui envoie le 1ᵉʳ volume le 3 juin et le second le 24 juin; il semble que le libraire de La Haye qui s'en est finalement chargé soit Aillaud (16). D'autre part, d'Hémery signale le 25 février 1752 que « Machuel, imprimeur à Rouen, vient de réimprimer les *Bijoux* en 2 volumes in-16» (17); et le 2 novembre 1752 que « Grangé a sous presse une nouvelle édition» (18) : Cette édition est sans doute une des éditions en 3 parties que nous signalions.

Nous avons recensé les éditions suivantes :

— L'édition appelée A dans la dernière édition des *Œuvres* de Diderot (19); elle comporte 220 + 248 p. et se trouve à notre connaissance dans les bibliothèques suivantes : Amsterdam (303 G47 et 48); Göttingen (Fab. Rom. IV 8490); Londres, British Library (12 518 a6); Lyon (810 702); Oxford, Bodleian Library (Douce D17 et 18); Oxford, Taylor Library (tome I); Rouen (Cazin 21 139/335)

— L'édition appelée B par les mêmes éditeurs; elle comporte 370 + 420 p. et se trouve à notre connaissance dans les bibliothèques suivantes : Arsenal (8° BL 21 871); Versailles (Réserve Lebaudy in-12 683); Bar-le-Duc (49 853 et 49 854); Melun; Genève BPU (57 897)

— Une édition non retenue par les éditeurs et qui comporte 288 + 332 p.; elle se trouve à notre connaissance dans les bibliothèques suivantes : Arsenal (8° BL 21 869; 8° BL 21 870); Caen (Réserve A 2074); Oxford, Taylor Library (exemplaire des Goncourt, Zah. IIIB 137)

Nous avons découvert deux autres éditions :

— Une contrefaçon anglaise de l'édition « B» qui se trouve à la Taylor Library; elle a le même nombre de pages que cette édition.

— Une édition en 399 pages qui se trouve à la bibliothèque d'Amsterdam (2455 H 21) et à celle de Göttingen (Fab. Rom. IV B 488)

Nous avons là un exemple des difficultés auxquelles on se heurte lorsqu'il s'agit d'établir l'antériorité de telle édition par rapport à telle autre, d'autant plus qu'il n'est absolument pas certain que toutes les éditions nous soient parvenues. Si l'on écarte l'édition non retenue par les derniers éditeurs de Diderot et la contrefaçon anglaise, il reste trois éditions : les éditions dites A et B et une troisième édition inconnue jusqu'à ce jour. On peut les comparer d'un point de vue externe ou d'un point de vue interne; c'est ce que nous allons faire fort brièvement.

L'édition A a un papier teinté comme on en utilisera cou-

124   (suite)

ramment vers 1770 et le format des petits Cazin, parmi lesquels on l'a d'ailleurs classée à la Bibliothèque de Rouen; elle
présente des graphies « modernistes» comme « aventures»; cependant
elle n'est peut-être pas aussi tardive; elle reproduit en tout
cas un texte en deux parties antérieur à 1753. Le papier est
du papier de la généralité de Rouen et les signatures sont 6
et 6 en chiffres arabes avec réclame par cahier, habitudes
assez courantes à Rouen. Ce pourrait être l'édition de 1752
signalée par d'Hémery. Ce n'est en tout cas pas l'édition
originale.

L'édition B comprend un errata, ce qui peut suggérer une
édition originale. Il est vrai que le catalogue manuscrit de la
bibliothèque de Paulmy précise que l'édition originale n'était
pas illustrée; mais les illustrations ont pu être ajoutées. Cette
édition nous semble en tout cas antérieure à l'édition A. Plusieurs papiers ont été utilisés, en particulier du papier raisin
avec filigranes « Limosin» (fort courant à Paris) et « 1744»;
or nous avons trouvé ce filigrane 1744 dans une douzaine
d'éditions de romans, parus entre 1744 et 1747. Les habitudes
typographiques sont françaises : in-12 en dedans avec signatures en chiffres arabes. Il y a des réclames par cahier et non
par page et les signatures sont à droite. Peut-être s'agit-il
d'une édition faite sous la responsabilité de Durand; si ce
n'est pas là l'édition originale qui a peut-être disparu, c'est en
tout cas une des premières éditions des *Bijoux indiscrets*.

Quant à l'édition que nous avons trouvée à Amsterdam et à
Göttingen, il s'agit peut-être de la contrefaçon hollandaise
dont il est fait mention dans les lettres de Tonloo à Marchand. Il s'agit bien d'un-12 de type hollandais avec signatures
jusqu'à 7; mais ces signatures sont indiquées en chiffres
romains et les réclames sont par cahier, deux caractéristiques
des impressions françaises. Il est vrai que, si c'est l'édition
d'Aillaud, c'est une impression de La Haye et non d'Amsterdam; d'autre part, l'imprimeur a peut-être voulu faire croire à
une impression française : nous avons trouvé un cas semblable avec les *Lettres philosophiques* où Jore, imprimeur de
Rouen, avait emprunté aux imprimeurs hollandais leur habitude d'indiquer les signatures des in-12 jusqu'à 7.

Restent les considérations sur le texte. En fait, les différences entre les 3 textes sont minimes; plus que de variantes
on peut parler de coquilles typographiques; le texte d'Ams-
terdam/Göttingen semble plus proche du texte B que du
texte A, mais de cette comparaison on ne peut tirer aucune
preuve réelle.

En conclusion, nous dirons que l'édition originale a peut-
être disparu mais que l'édition B en est probablement très
proche si elle n'est pas l'édition originale; l'édition d'Amster-
dam/Göttingen ne semble pas être l'édition originale mais une
contrefaçon imprimée probablement en 1748 à La Haye par
Aillaud; enfin l'édition A dont le texte a été retenu par les
éditeurs des *Œuvres* de Diderot nous semble plus tardive : il
s'agit d'une impression rouennaise, peut-être celle qu'a publiée
Machuel en 1752.

Il faut enfin souligner que l'édition originale de Laurent
Durand (qui, rappelons-le, n'est pas imprimeur) passe pour
avoir été mise en vente en décembre 1747 ou janvier 1748

124   (suite)
(alors que Tonloo signale le tome I en février et le tome II en mai 1748)

125   BOK et ZULBA, histoire allégorique traduite du Portugais de Dom Anrel Eniner
(S. l. n. d.) 348 p. (Arsenal 8° BL 29 565)
Réimprimé dans le tome V, 1749, de la *Bibliothèque choisie et amusante*

126   BROCHURE nouvelle
(S. l.) M.DCC.XLVI; 189 p. (Arsenal 8° BL 21 875)

127   CABALISTE (Le) amoureux et trompé. Histoire véritable & récente
Amsterdam, M.DCC.XLIII; 177 p. (Arsenal 8° BL 21 877 et 21 878)

* **128**   CABINET (Les) des Fees. Contenant tous leurs ouvrages en huit volumes
Amsterdam, Michel Charles Le Cene, Libraire
Nous n'avons vu que trois tomes
1731 A I-II M.DCC XXXI; 319 p. + 268 p. (Oron ROC 11 et Br. L. 245 d 27)
1735 B III M.DCC XXXV; 307 p. (le nombre de volumes est gratté) (Br. L. 245 d 27)

129   CALOANDRE (Le) fidèle. Traduit de l'italien d'Ambroise Marini
Amsterdam, Wetstein & Smith, M.DCC.XL; viij p. + 436 p. + 375 p. + 419 p. (BU Lille Agache 1957; Melun 02070)
Impression parisienne (Veuve Paulus Dumesnil)
Scudéry avait traduit une partie du roman de Marini; traduction parue en 1668 chez D. Thierry (note 20)

130   CAMPAGNES philosophiques ou Memoires de M. de Montcal, aide de camp de M. le Maréchal de Schomberg, contenant l'Histoire de la Guerre d'Irlande. Par l'Auteur des Mémoires d'un Homme de qualité
1741   A Amsterdam, chez Desbordes, près la Bourse, M. DCC.XLI; avertissement + 169 p. + 176 p. + 175 p. + 162 p. + catalogue (Arsenal 8° BL 21 396 et 21 397; Amiens BL 2634, fonds des Augustins d'Amiens; Epernay AF 18 e 60 850; Rennes 77 638; Troyes fonds des Guerrois; Taylor Library VF 27)
Edition de Didot qui y a joint son catalogue
1741   B Amsterdam, Desbordes, M.DCC.XLI; viij p. + 169 p. + 180 p. + 175 p. + 166 p. (Melun; Troyes fonds des Guerrois)
Impression de Rouen
1742   *C Amsterdam, Jacques Wetstein, M DCC XLII; 276 p. + 264 p. (Troyes Et. B. 8. 2464)

131   CANAPÉ (Le) Par M. de***
s.d.   A Le canapé
La Haye, ches Popi, (s. d.); 115 p. (Clermont R 5531 et Lyon 390 135)
1741 B Le canapé couleur de feu. Par M. de***
Amsterdam, Compagnie des Libraires, M.DCC.XLI (Arsenal 8° BL 22 676; Rouen Montbret p 12 765)

132   CANEVAS (Les) de la Paris, ou Memoire de l'hostel du Roule...
A la porte de Chaillot, M.DCC.L; 138 p. + 166 p. (Göttingen Fab. Rom. IV 541)

* **133** CAPRICES (Les) de l'amour et de la fortune, ou les avantures
de la signora Rosalina : Par Mr. le Marquis d'Argens
La Haye, Pierre Paupie, M.DCC.XXXVII; 300 p. + (4 p.)
(Mannheim 76/339)

134 CAPRICES romanesques
Amsterdam, François L'Honoré, M.D.CC.XLV; 246 p. (Troyes
AA 15 3630)
Voir aussi *Histoire de Florise* 1746 n° 264
Impression probablement parisienne

135 CATANOISE (La), ou Histoire secrete des mouvemens arrivez
au Royaume de Naples, sous la reine Jeanne I
Paris, Pierre Gandoüin, Quay des Augustins, à la Belle Image,
M.DCC.XXXI. Avec approbation et privilège; approbation et
privilège + 324 p. (Arsenal 8° BL 17 970)

136 CELENIE, histoire allégorique. Par Madame L***
1732 A Paris, Pierre Prault, quai de Gesvres, au Paradis, M
DCC XXXII. Avec approbation & privilège; ij p. + 161 p. +
approbation et privilège (8° BL 19 481)
1738 B Nouvelle édition augmentée de la suite et conclusion de
cette histoire
La Haye, d'Hondt, libraire, M.DCC.XXXVIII; 249 p. (Arsenal 8° BL 19 482)
Pas de préface; les pp. 1-161 sont identiques à 136 A

137 CENT (Les) nouvelles nouvelles. Suivent les cent nouvelles
contenant les Cent Histoires Nouveaux...
1733 *A La Haye, P. Gosse & J. Neaulme, M.DCC XXXIII;
avertissement + 252 p. + 250 p. + table (Arsenal 8° BL 18
984; Verdun 17 832)
1736 B Avec les figures de Romain de Hooge, B. Picart le
Romain. Cologne, Pierre Gaillard, M.DCC XXXVI; préface
+ avertissement + 397 p. + 389 p. (Bruxelles VH 12 582)
Impression hollandaise

138 CENT (Les) nouvelles nouvelles de Madame de Gomez
1732 A (1) Paris, Veuve Guillaume et Gandouin le Jeune, M.
DCC XXXII. Avec approbation & permission; avertissement
du libraire + 178 p. + approbation et privilège (BN Y² 8489)
1733 *B (2-4)
id., M.DCC.XXXIII; 113 p. + approbation + table + 203 p.
+ approbation et privilège + table + 184 p. + approbation
et privilège (BN Y² 8490 à 8492)
1733 C (1)
La Haye, Pierre de Hondt; M.DCC.XXXIII; avertissement
du libraire + 322 p. (Göttingen Fab. Rome IV 6708)
1734 D (3)
La Haye, de Hondt, M.DCC.XXXIV; *approbation* + 384 p.
Göttingen Fab. Rom. IV 6708)

139 CESAR aveugle et voyageur
Londres, aux dépens de la Compagnie, M.DCC.XL; épître +
146 p. (Arsenal)
Impression hollandaise

140 CHEF d'œuvre (Le) d'un Inconnu. Poëme, Heureusement
découvert...
1728 A La Haye, aux dépens de la Compagnie, M DCC XXVIII;
errata + approbation + 195 p. + 148 p. (Amiens BL 3304 et
Arsenal 8° BL 31 180)

140 (suite)
  1732 *B Sixième édition
  La Haye, Pierre Husson, M.DCC XXXII; 264 p. + le libraire
  au lecteur + 528 p. + table + errata (Lyon 345 798, fonds
  du Carmel)
  1744 C Septième édition. Tome second; M DCC XLIV; 528 p. +
  table (Gand BL 2892)

140 bis CHEVALIER (Le) de R***. Anecdote du siege de Tournay
  Tournay, M.DCC.XLV; (4 p.) + 135 p. (Arsenal 8º BL 21 895
  et 21 896)
  Impression parisienne

141 CHEVALIER (Le) des Essars, et la comtesse de Berci, Histoire
  remplie d'évenemens interessans
  1735 A Paris, rue S. Jacques, chez Huart, près la Fontaine S.
  Severin, à la Justice, M.DCC.XXXV. Avec approbation +
  privilège; xvi p. + 289 p. + approbation et privilège +
  359 p.; Vve Paulus Dumesnil imprimeur (8º BL 20 998
  Arsenal)
  1735 B id. avec page de titre; au Palais, chez Paulus du Mesnil,
  imprimeur libraire, grande salle du lion d'Or (Arsenal 8º
  BL 20 997)
  1735 *C Amsterdam, Wetstein & Smith, M.DCC.XXV; épître +
  préface + 352 p. + 429 p. (Arsenal 8º BL 20 996)

* 142 CHEVALIER (Les) errans et le génie familier. Par Madame la
  Comtesse De**
  Amsterdam, Michel Charles le Cene, Libraire, chez qui l'on
  trouve un assortiment général de Musique, M.DCC.XL;
  259 p. (Br. L. 12 510 de 24; Oron ROC 17)

143 CHRONIQUE burlesque ou Recueil d'histoires divertissantes et
  d'avantures comiques arrivées de fraiche date dans les
  pais voisins
  Londres, Pierre du Noyer, M DCC XLII; 308 p. (Arsenal 8º
  BL 19 502)
  Impression hollandaise

144 CINQ contes de fées, Dont trois n'ont point encore paru, et
  deux sont à la troisième Edition
  (S. l.) M.DCC.XLV; 343 p. (Lyon B 509 052)

145 CLEODAMIS et Lelex, ou l'illustre esclave
  La Haye, Pierre Paupie, M.DCC.XLVI; 90 p. (Arsenal 8º BL
  20 864)

146 CLÉON, rhéteur cyrénéen, ou Apologie d'une partie de l'histoire naturelle traduit de l'italien...
  Amsterdam, 1750; xxiv p. + 100 p. (Arsenal Rés. BL 35 548)

147 COCQ (Le), ou Mémoires du chevalier de V***
  Amsterdam, Pierre du Sauzet, M.DCC.XLII; 167 p. (Arsenal 8º
  BL 17 699 et 21 946)
  Impression parisienne

147 bis COMTE (Le) de Cardonne par Madame Durand. Paris, Prault
  père, quay de Gesvres, M.DCC.XXXIV. Avec approbation
  et privilège; 224 p. + approbation et privilège (BN)
  Edition reprise en 1737 dans les *Œuvres* de Mme Durand. Voir 508 bis

148 COMTE (Le) de Warwick. Par Madame Daulnoy. Nouvelle
  Edition revue & corrigée

148   (suite)
Paris, Compagnie des Libraires. Avec privilège
1729 A M.DCC.XXIX; épître + 230 p. + 209 p. + privilège à
Didot + catalogue (Le Havre 32 350; Taylor Library Vet.
Fr. II A 1134)
1740 B M.DCC.XL; épître + 230 p. + 209 p. (Montivilliers
2164)
Probablement deux émissions d'une même édition

149   COMTE (Le) Roger, souverain de la Calabre ultérieure. Nouvelle historique
Paris, Prault Pere, Quay de Gêvres, au Paradis, M.DCC.XXXIII.
iv p. + 138 p. + approbation et privilège
Iere édition parue à Amsterdam en 1678 (note 21)

150   COMTESSE (La) de Mortane
Paris, Prault pere, M.DCC.XXXVI. Avec privilège; épître +
228 p. + 210 p. + approbation et privilège
La 1ere édition du roman de Mme Bédacier-Durand a paru chez la
Veuve Barbin en 1699 (note 22)
Edition reprise en 1737 dans les *Œuvres* de m^{me} Durand, Voir 508 bis

150 bis CONFESSIONS (Les) d'un fat. Par M. le chevalier de la B***
(S. l.) 1749, 155 p. + 177 p. (Arsenal 8° BL 21 914)

151   CONFESSIONS de la baronne de*** écrites par elle-même et
rédigées par M. Le C.D.***
Amsterdam, M.D.C.C.XLIII; avertissement de l'éditeur + 137 p.
+ 155 p. + fautes à corriger (Arsenal 8° BL 21 916)

152   CONFESSIONS de Madame la comtesse de***. Ecrites par Elle-
même à une Amie
Londres, Samuel Harding, M DCC XLIV; épître + 164 p. +
144 p. (Göttingen Fab. Rom. IV 394)
Impression hollandaise

153   CONFESSIONS (Les) du comte de***, Ecrites par lui-même à
un ami
Toutes les éditions sont prétendûment d'Amsterdam; nous en avons
huit pour les années 1741-1742, pour lesquelles nous donnons entre
parenthèses la nomenclature de Meister reprise par Versini (note 23)
1741 A (Versini A)
Amsterdam, M.DCC.XLI; 173 p. + 136 p. (BN Y² 7542/7543;
Le Havre 32 475; Nîmes BL 86 19)
Impression parisienne
Comme l'avait bien vu Versini (note 24) il s'agit là d'une édition
parisienne : on y retrouve les ornements des *Mémoires d'un homme de
qualité* de 1738, des *Egaremens du cœur et de l'esprit* de 1741, etc. Le
papier porte le filigrane « Angoumois »
(ex. du Havre)
1742 B (Versini A)
Amsterdam, M.DCC.XLII; avertissement + 175 p. + 136 p.
(Arsenal 8° BL 21 919 et 21 920; BN Y² 7 544/7 545; Chantilly
B 373/7)
Certains exemplaires sans avertissement; impression lyonnaise
1742 C (Versini A 2)
Amsterdam, M.DCC.XLII; avertissement + 342 p. (Bordeaux
p 8031
Impression parisienne
Le papier porte le filigrane « Augoumois ». Versini a constaté que
l'édition était « peu signée » (note 25)

153   (suite)
> 1742   D (Versini B)
> Seconde édition
> Amsterdam, M.DCC.XLII; avertissement + 173 p. + 139 p.
> (BN Y^2 7546/7 et pour la deuxième partie Dijon 8113)
> Le papier porte le filigrane « Angoumois»
> 1742   E (Versini B1)
> Troisième Edition
> Amsterdam, M.DCC.XLII; avertissement + 173 p. + 139 p.
> (pour la première partie Dijon 8113; l'exemplaire de Troyes a
> disparu)
> Mêmes signatures que l'édition précédente; Meister parle d'un « nouveau tirage» (note 26)
> 1742   F (Versini B 2)
> Troisième Edition
> Amsterdam, 1742; avertissement + 208 p. + 166 p.
> (BN Y^{2}2 7548/9; Laon in-16 B 413; BU Lille Agache 2672
> pour la première partie)
> « Contrefaçon assez fautive» selon Versini (note 27)
> Il s'agit d'une impression de Rouen
> 1742   G (Versini C)
> Quatrième Edition
> Amsterdam, M.DCC.XLII; avertissement (2 p.) + 173 p. + 141 p.
> (Arsenal 8° BL 21 921 et 21 922; Reims Diancourt P 1028)
> Versini parle d'une édition «correcte» et «très répandue» (note 27)
> Impression parisienne
> 1742   *H (Versini B 3)
> Quatrième Edition
> Amsterdam, Chareau et du Villard, M.DCC.XLII; avertissement + 167 p. + catalogue + 131 p. (Mazarine 42 320; Taylor Library 296 a 11)

154   (n° annulé)

155   CONFIDENCES (Les) réciproques ou Anecdotes de la société de Madame la Comtesse de B***
> 1747 A Berg-op-Zoom, M.DCC.XLVII;
> s.d.   B Berg-op-Zoom, (s.d.) xj p. + 220 p. + 230 p. + Réflexions de l'éditeur non pag. + 293 p. (les pp. 220 de la 1ere partie et 293 de la troisième partie ne sont pas paginées)
> (Clermont 45 089)

156   CONFORMITÉ (La) des destinées, et Axiamire, ou la princesse infortunée, Nouvelles historiques
> Paris, Veuve Pissot, Quai de Conti, à la Croix d'or; M.DCC. XXXVI. Avec approbation et privilège; iii p. + 242 p. + approbation et privilège; Veuve Paulus Dumesnil imprimeur (Nîmes 8622)

157   CONGRÈS (Le) de Citère...
> Citère, de l'Imp. d'Ovide, 1749. Avec approbation de l'Amour; 223 p. (BU Lille Agache 1853)

158   CONSTANCE (La) des promptes amours, avec le jouet de l'amour
> Paris, André Morin, libraire rue S. Jacques, à S. André; Nyon fils, Quay de Conty; Alexis Mesnier, libraire-imprimeur, rue S. Severin, au Soleil d'or; M.DCC.XXX III (sic). Avec privilège; iij p. + 243 p. + 264 p. + approbation et privilège (BN Y^2 7572 et 7573)

159 CONTE à dormir debout ou l'art d'ennuyer ses lecteurs.
Ouvrage très curieux et fort à la mode
Cornu, Jendors le Petit, libraire, au sommeil d'Issé, M.DCC.
XLVI; iij p. + 50 p. (Arsenal 8° BL 18 734)

160 CONTE (Le) du tonneau, contenant tout ce que les arts, et les
sciences ont de plus sublime et de plus mysterieux... par
Jonathan Swift...
1732 *A La Haye, Henri Scheurleer, M.DCC.XXXII; dédicace +
préface catalogue 300 p. table + 286 p. + table (BN
Y² 70 829 où le tome II est de 1721; Bar-le-Duc 47 250)
1741 *B La Haye, Henri Scheurleer, M.DCC.XLI; (20 p.) +
300 p. + table (12 p.) 286 p. (10 p.) (Stuttgart Fr. D. 8°
1498, Abbeville 180 261 pour le tome I)
1742 C Lausanne & Genève, Marc Mich. Bousquet & Comp.,
M.DCC.XLII. préf. + 312 p. + 296 p. (BN Y² 70 831; Laon
in-16 111 pour le tome I; Abbeville 180 261 pour le tome II)

160bis CONTES chinois ou les avantures merveilleuses du mandarin
Fum-Hoam
La Haye, Pierre Gosse & Compagnie
1728 A épître + 328 p. + 290 p. (BN Y² 40 852 et 40 853)
1738 B ? + 294 p. (Taylor Library Vet. Fr. II A 349)

161 CONTES (Les) des fées
1742 A Les contes des fées. Par Madame D****. Nouvelle édition
Paris, Compagnie des Libraires, M.DCC.XLII; 200 p. +
207 p. 243 p. 453 p.; Mesnier imprimeur (Göttingen 8° Fab.
Rom. IV 1104)
1749 B Les contes de fées par Madame d'Aunoy, Auteur des
Mémoires & Voyages d'Espagne. Seconde partie (sic)
Amsterdam, Marc Michel Rey, M.DCC.XLIX; 204 p. +
240 p. (Oron ROC 15)

162 CONTES (Les) du sieur d'Ouville. Nouvelle édition Augmentée
Amsterdam, Henry Desbordes, dans le Kalverstraat, près le
Dam, M.DCC.XXXII; 420 p. + table + 336 p. + table(BN
8° Y² 54 133)
Impression de Rouen

163 CONTES (Les) et discours d'Eutrapel, par Noel Du Fail
Seigneur de la Herissaye, gentilhomme Breton...
(S.l.) M.DCC.XXXII; l'imprimeur au lecteur + table + 309 p.
+ 330 p. (Dijon 8302)
Impression parisienne

164 CONTES et nouvelles de Bocace (sic)
1732 A Traduction libre, accomodée au goût de ce temps. Troisième Edition dont les figures... sur les desseins (sic) de Mr.
Romain de Hooge
Cologne, Jacques Gaillard, M.DCC.XXXII; avertissement +
366 p. + table + 427 p. (BN Y² 170 717)
1733 B Traduction libre, accomodée au goût de ce temps. Tome
premier
La Haye, P. Gosse & J. Neaulme, M.DCC.XXXIII; avertissement
+ 304 p. table (BN Y2 10 719)
1744 C Londres, M.DCC.XLIV; 335 p. + 383 p. (Lyon 807 455)

165 CONTES et nouvelles de Marguerite de Valois, Reine de Navarre.
Mis en beau langage, accomodé au goût de ce temps

165   (suite)
1738 A La Haye, P. Gosse & J. Neaulme, M.DCC.XXXVIII;
préface + 256 p. + table (BN Y² 8438 et 8439; Bruxelles
VH 12 583)
1740 B Nouvelle edition
Paris, aux dépens de la Compagnie, M.DCC.XL; (28 p.) +
374 p. + table + (6 p.) + 318 p. + table + (8 p.) (Arsenal
8° BL 18 755)

166   CONTES et nouvelles en vers. Par M. de La Fontaine
1731 A Nouvelle Edition, corrigée & enrichie...
Hambourg; de l'Imprimerie d'A. Vandenhoeck, Libraire à
Londres, M.DCC.XXXI; avis des éditeurs et libraires +
Eloge + xv p. + 162 p. + table + 172 p. + table + Dictionnaire (BN Res. Ye 2247)
1732 B Nouvelle Edition, corrigée, augmentée & enrichie...
Amsterdam, N. Etienne Lucas, Libraire, dans le Beurs-straat,
près du Dam, à la Bible d'or, M.DCC.XXXII; avertissement
+ préface de l'auteur + 240 p. + 286 p. (Bordeaux B 5393)
1733 C Nouvelle édition, corrigée & augmentée
La Haye, P. Gosse & J. Neaulme, M.DCC.XXXIII; avertissement + préface de l'auteur + 402 p. (les pp. 422-424 ne
sont pas paginées) (BN 8° Ye 10 789)
1737 D Contes et nouvelles en vers, par Mr de La Fontaine, &
autres auteurs. Nouvelle Edition, corrigée & aumgentée
Amsterdam, Henri Desbordes, M.DCC.XXXVII; avertissement
+ préface de l'auteur + 260 p. + 312 p. + avis du libraire +
348 p. (Bruxelles)
1743 E Contes et nouvelles en vers par M. de La Fontaine
Londres, M.DCC.XLIII; xii p. + 213 p. + préface + 248 p.
(Reims P 17 688)
1745 F Contes et nouvelles en vers, de La Fontaine
Amsterdam, M.DCC.XLV; préface + Vie de La Fontaine +
224 p. + table + 268 p. + table (Nantes 26 288)
1748 G Contes et nouvelles en vers. Par M. de La Fontaine.
Tome second
Londres, M.DCC.XLVIII (Arles RA 713/2)
Page de titre seule : il s'agit en réalité des *Cent nouvelles nouvelles*

167   CONTES orientaux, tirés des Manuscrits de la Bibliothèque du
Roy de France...
La Haye, M.DCC.XLIII; épître + 312 p. + table + 331 p.
(Rouen Leber 2107)
Impression parisienne

168   CONTES (Les) ou les nouvelles recreations et joyeux devis, de
Bonaventure des Periers, valet de chambre de la Royne de
Navarre. Nouvelle édition. Augmentée... par M. de La
Monnoye
Amsterdam, Z. Chatelain, M.DCC.XXXV; v p. + 247 p. +
286 p. + 304 p. (Dijon 8303)
Impression parisienne

169   COQUETTE (La) punie ou le Triomphe de l'innocence sur la
perfidie
1740 *A La Haye, aux dépens de la Compagnie, M.DCC.XL;
préface + 424 p. (Arsenal 8° BL 20 236)
1745   B Tome second
La Haye, aux dépens de la Compagnie, M.DCC.XLV; 140 p.
(BN Y² 24 486)

169 (suite)
> 1749   C La Haye, aux dépens de la Compagnie, M.DCC.XLIX;
> 160 p. + 150 p. (BM Lille 90 842)

170 COSMOPOLITE (Le) ou le citoïen du monde
> Aux dépens de l'auteur, M.DCC.L; 125 p. (Troyes Des Guerrois
> 11 021)

171 COUREUR (Le) de nuit ou les neuf avantures du chevalier
Dom Diego revues, corrigées et augmentées
> 1731 A Paris, quay des Augustins, chez Guillaume rue du Hurt
> poix (sic), près le pont St Michel, à St Charles, M. DCC.
> XXXI.Avec approbation & privilège; 252 p. Impr. P.G. Le
> Mercier fils (Arsenal 8° BL 20 941)
> 1731 B Amsterdam, Pierre Mortier, à la Bible d'or, M.DCC.XXXI.
> Avec permission des Etats; 252 p. (Arsenal 8° BL 20 942)
> Nouvelle de Quevedo parue séparément en traduction en 1636 selon
> M. Lever (note 29)

172 COURTISANE (La) philosophe ou l'apologie du P**** et les
hommes de Promethee
> Cologne, M.D.C.C.XLVIII; 134 p. + 28 p. (Arsenal 8° BL 21 952)

173 COUSIN (Le) de Mahomet et la folie salutaire. Histoire plus
que galante
> 1740 A Leide, chez les Frères Vamberk, M.DCC.XL; 188 p. +
> 240 p. (Dijon)
> 1743 B Leide, chez les Frères Vamberk, M.DCC.XLIII; 214 p. +
> 213 p. (BN 8° Y² 60 707)

174 CREMENTINE, reine de Sanga, histoire indienne. Par Madame
de Gomez
> 1728 A (1-2) Paris, Charles Le Clerc, Quay des Augustins, à la
> Toison d'or; M.DCC.XXVIII. Avec approbation & privilège
> + 435 p. + 512 p. (Dijon 8186)
> 1739 B (1-2) Paris, Denis Mouchet, Grand'salle du Palais, à la
> Justice, M.DCC.XXXIX. Avec approbation & privilège; épître
> + préface + approbation + 394 p. + privilège + 467 p.
> (Amiens BL 2548)
> 1740 C (3) La Haye, Henry van Bulderen, Marchand Libraire,
> dans le Poten, à l'enseigne de Mezeray, M.DCC.XL; 467 p.
> (Bordeaux D 30 045)
> Impression française, probablement parisienne

175 CYTHERIDE, histoire galante, traduite du grec
> Paphos, M.DCC.XLIII; 86 p. (Arsenal 8° BL 21 832; Reims
> Diancourt PP 569-2)

* **176** CZAR (Le) Pierre premier en France. Par Monsieur Hubert
Le Blanc, docteur en droit
> Amsterdam, Pierre Mortier, M.DCC.XLI; épître + avertissement
> + 277 p. + 256 p. + table (Amiens BL 2625)

177 DÉCOUVERTE (La) de l'empire de Cantahar
> Paris, Pierre Prault, Quay de Gêvres, au Paradis, M.DCC.XX.
> Avec approbation et privilège; avis du libraire + 373 p. +
> approbation (p. 374) et privilège (Dijon 7690)

178 DÉLASSEMENS (Les) de la bonne compagnie. Le prix est de
24 sols
> Paris, Jacques Clousier, rue St Jacques, à l'Ecu de France,
> M.DCC.XLIX. Avec approbation & permission; 48 p.; Jorry
> imprimeur (BN Y² 7601)

* 179 DESCRIPTION galante de la ville de Soissons avec un recueil de pièces fugitives. Dédiée aux Dames
La Haye, Jacques Vanden Kieboom, libraire dans le Pooten, M.DCC.XXIX; épître' 215 p. (BN Lk7 9376)

179 bis DÉSESPÉRÉS (Les), histoire heroïque. Nouvellement traduite de l'Italien du célèbre Jean Ambroise Marini, sur la dixième Edition de Venise...
Paris, Pierre Prault, Quay de Gêvres au Paradis, M.DCC. XXXI. Avec approbation et privilège
1731 A (6 p.) + (2 p.) + 325 p. + 292 p. (BN Y² 10 609 et 10 610)
1732 A id. (BN Y² 10 611 et 10 612)

180 DEUX contes de cette année
Amsterdam, Desbordes, vis à vis la Bourse, M.DCC & tout le reste; vii p. + 197 p. + 225 p. (Arsenal 8° BL 18 130)
Impression parisienne
Parus sous l'adresse de Desbordes à Amsterdam en 1700 selon M. Lever (note 30)

181 DEUX (Les) cousines, ou le mariage du chevalier de***
Constantinople, M.D CC.XLIII; 211 p. (Arsenal 8° BL 21 959)

182 DIABLE (Le) boiteux. Par Monsieur Le Sage. Nouvelle Edition, corrigée refondue,
1747 A augmentée d'un volume
Paris, Prault père, Quay de Gêvres, au Paradis, M.DCC. XXXVII. Avec approbation et privilège; épître + 332 p. + approbation et privilège (Arsenal 8° BL 21 991)
1739 B Amsterdam, Pierre Mortier, 1739; épître + 237 p. + 220 p. (Rennes 72 914)
Impression de Rouen
1739 *B' Amsterdam, Pierre Mortier, M DCC XXXIX (BN Y² 17 831)
1744 C Amsterdam, Pierre Mortier, 1744; épître + 237 p. + 220 p. + table (Rennes 10 039)
Impression de Rouen
1747 D Amsterdam, Pierre Mortier, 1747; épître + 237 p. + 220 p. + table (Bruxelles II 409 A)
Impression de Rouen

* 183 DIABLE (Le) confondu ou le sot Astaroth
La Haye, Antoine Van Dole, M.DCC.XL; 104 p. (Arsenal 8° BL 20 629)

* 184 DIABLE (Le) hermite ou avantures d'Astaroth banni des Enfers. Ouvrage de fantaisie. Par Mr. de M***
Amsterdam, François Joly, libraire dans le Pyl-Steeg, M.D.CC. XLI; préface + 384 p. + préface + avis au public + 386 p. (Arsenal 8° BL 20 629; Oron ROC 27)
Le premier est la critique du second. Jones écrit : « The author explains in the preface how the criticism happens to appear first» (note 31). En réalité, l'auteur du *Diable confondu* précise que le *Diable hermite* est antidaté : « Les auteurs n'ont voulu avoir le plaisir de la faire vivre un an de plus dans le catalogue des libraires» p. 2

185 DIANE de Castro. Histoire nouvelle. Par M. Huet, ancien évèque d'Avranches
1728 A Paris, Gabriel Martin, ruë S. Jacques, vis-à-vis la ruë du Plâtre, à l'Etoile; M.DCC.XXVIII. Avec approbation & privilège; 309 p. + approbation et privilège (BN Y² 43 112)
1729 *B Amsterdam, Elie Jacob Ledet & Compagnie, M.DCC. XXIX; avertissement' 196 p. (BN Y² 43 113)

186 DIANE (La) de Montemayor, ou Avantures secretes de plusieurs Grands d'Espagne. Avec l'heureux larcin, la Princesse des Isles inconnuës, & l'Amant ingénieux, contes. Ensemble l'origine des Contes ou le Triomphe de la Folie sur le Bon goût. Par Madame de Saintonge
Paris, Pierre Prault, Quay de Gesvres, au Paradis, M.DCC. XXXIII. Avec approbation & privilège; épître + catalogue + 471 p. (Clermont 45 153)

187 DISCOURS d'aucuns propos rustiques, facecieux (sic) et de singuliere recreation ou les ruses et finesses de Ragot, capitaine des Gueux, C. Par Leon Ladulfi (Noel du Fail) (S. 1.) M.DCC.XXXII; avis + 174 p. + table (BN Res. p Y2 211; Troyes BB 16/3806)

188 DIVERTISSEMENS (Les) de la princesse Aurélie
1741 A Les nouvelles françoises ou les divertissemens de la princesse Aurélie. Par M. de Segrais
La Haye, Pierre Paupie, M.DCC.XLI; 432 p. + 423 p. (BN Y² 68 031 et 68 032; Göttingen 8° Fab. Rom. IV 894 pour le tome I)
Impression parisienne
1742 B Les Divertissemens de la princesse Aurélie, divisés en six nouvelles
La Haye, Pierre Poupie (sic), M.D.CC.XLII

189 DONA Urraca, reine de Castille
La Haye, par la Société, M.DCC.L; 161 p. (BM Lille 84 379)

190 DOYEN (Le) de Killerine, histoire morale composée sur les Mémoires d'une illustre famille d'Irlande... par l'Auteur des Mémoires d'un homme de qualité
1735 A (1) Paris, Didot, Quay des Augustins, près le pont S. Michel, à la Bible d'or, M.DCC.XXXV. Avec approbation & privilège; xv p. + fautes à corriger + avant-propos + 252 p. (Arsenal 8° BL 20 254; BN Y² 7610; Mazarine 22 323)
1735 B (1) Londres, Jacob Tonson, M.DCC.XXXV; préface + 252 p. (Troyes AA/14/2586, fonds Chartraire de Bourbonne)
1736 *C (1) Utrecht, Etienne Neaulme, M.DCC.XXXVI; préface + 314 p. (Heidelberg Waldberg 2563; Stuttgart Fr. D. 8° 3749)
1739 D (2) La Haye, Pierre Poppy, M.DCC.XXXIX; 239 p. (Arsenal 8° BL 20 245; BN Y² 7617; Mazarine 22 323/19; BM Lille 104 438); Bordeaux A.P. 26 663)
1739 E (3) (S. 1.) M.DCC.XXXIX; 239 p. (Mazarine 22 323/20; BM Lille 104 438; Bordeaux A.P. 26 663)
1739 F (1) Paris, Didot, M.DCC.XXXIX
xv p. + 252 p. approbation et privilège (Bordeaux A.P. 26 663)
1740 G (4-6) (S. 1.) M.DCC.XL; 232 p. + 260 p. + 280 p. (Mazarine 22 323/21; Lille 104 438; Bordeaux A.P. 26 663) Troyes Des Guerrois AA 2586, (Arsenal 8° BL 20 254; Reims P 11 510)
Impression parisienne
1740 H (4-6) (S. 1.) M.DCC.XL; 232 p. + 240 p. + 279 p. (Troyes Des Guerrois AA 2586, fonds Chartraire de Bourbonne

190 (suite)

1741   I (1) Paris, Didot, Quay des Augustins, près le Pont S. Michel, à la Bible d'or, M.DCC.XLI; xiv p. + 252 p. + catalogue (BM Lille 104 438)

1741   *J (1-3) Amsterdam, Pierre Humbert, M DCC XLI; préface + 314 p. (BN)

1742   K (1-3) La Haye, Pierre Poppy, M.DCC.XLII; préface + 352 p. + 324 p. + 241 p. (Taylor Library, GG2)

Impression parisienne

1742   *L (1-6) Amsterdam, François Changuion, M.DCC.XLII; préface + 314 p. + 312 p. + 412 p. + 295 p. + 288 p. + 339 p.
(Oron RSC 15)

1744   *M (1-6) Amsterdam, Z. Chatelain, M DCC XLIV; préface + 314 p. + 312 p. + 412 p. + 296 p. + 288 p. + 339 p. (I à III Göttingen Fab. Rom. IV 6032; les tomes II à VI Stuttgart Fr. D. 8° 3749)

1744   N (1-6) La Haye, Pierre Poppy, 1744; préface + 222 p. + 210 p. + 211 p. + 192 p. + 202 p. + 234 p. (Laon in-16 B 189; Troyes Des Guerrois 7757)

Impression de Rouen

1750   P (1) Paris, Didot, quai des Augustins, au coin de la rue Pavée, à la Bible d'or; M.DCC.L; xiv p. + 252 p. (Melun 01 347)

191 DUCHESSE (La) de Capouë, nouvelle italienne. Le prix est de 24 sols

Paris, Pierre Prault, quay de Gêvres, au Paradis, M.DCC.XXXII. Avec approbation et privilège; approbation + privilège + 152 p. (Arsenal 8° BL 17 935)

192 DUCHESSE (La) de Mondéro. Nouvelle

(S. l) M.DCC.XLV; épître + 100 p. (BN Y² 28 700)

Impression parisienne

193 ECOSSEUSES (Les) ou les Œufs de Pâques

Troyes, Veuve Oudot

1739 A M.DCC.XXXIX; 102 p. (Arsenal 8° BL 35 546)

1745 B M.DCC.XLV; 175 p. (avec deuxième page de titre M.DCC.XXXIX) (BN Y² 13 790)

194 ECUEIL (L') de la vie ou les Amours du chevalier de...

1742 A Francfort, Paul Lenclume; M DCC XLII; 264 p. (Oxford, Bodleian Library, Jic 27 524 f 47)

1745 B Francfort, Paul Lenclume, M.D.CC.XLV (10 p.) + 139 p. + 190 p. (pp. 186 à 190 non pag.)

195 ECUMOIRE (L') Histoire japonoise. Par Mr. de Crebillon le Fils

1735 A Londres, Compagnie, M DCC XXXV; préface + 208 p. + 328 p. (Princeton)

Impression hollandaise

1742 B Nouvelle édition

Amsterdam et Leipzig, Arkstée & Merkus, M DCC XLII; xviii p. + 208 p. + 328 p. (Dijon Res. 146, achat 1963)

Pour les autres éditions voir *Tanzaï et Neadarné* n° 616

196 EGAREMENS (Les) du cœur et de l'esprit, ou Mémoires de Mr. de Meilcour

1736 A (1) Première partie

Paris, Prault fils, Quay de Conty, à la Charité, M.DCC-XXXVI; préface + 174 p. (BN Y² 25 091)

196 (suite)

1736   B (1) Première partie
Amsterdam, François L'Honoré, M.DCC.XXXVI; préface +
174 p. (Dijon 8193; Troyes AA/15/3609, fonds Chartraire de
Bourbonne)

1738   C (2-3) Seconde partie - Troisième partie
La Haye, Gosse & Neaulme, M.DCC.XXXVIII; 144 p. +
176 p. (Arsenal 8° BL 20 217; BN Y2 092/25 093; Dijon 8193;
Troyes AA/15/3609, fonds de Bourbonne)

1738   *D (1) La Haye, Jean Neaulme, M.DCC.XXXVIII; 140 p.
(Troyes Des Guerrois 23 158)

1739   E (1) Seconde Edition
Paris, Prault fils, M.DCC.XXXIX; épître + préface + 175 p.
(Nancy 302 031)

1739   *F (1-3) La Haye, Jean Neaulme, M.DCC.XXXIX; 184 p.
+ 176 p. (Troyes Des Guerrois 23 158)

1741   G (2-3) La Haye, Gosse & Neaulme, M.DCC.XLI; 143 p.
+ 178 p. (Nancy 302 03)
Impression parisienne

1745   *H (1) Première partie
La Haye, Jean Neaulme, M.DCC.XKV; 184 p.
(BN Y² 25 103)

1748   I La Haye, Gosse & Neaulme, M.DCC.XLVIII; 166 p. +
128 p. + 164 p. (BN Yˢ 25 106 à 25 108; Stuttgart Fr. D. 8°
2257)

196bis EMBLÊMES (Les) de Cocrocbrocfroc ou Traité de l'œuvre et
des mœurs de ce siècle, sous le nom de la Princesse
Zerzemire
Genève, Mandestras, Libraire, M.DCC.XXX; (8 p.) + 85 p.
(BN 1/2795 A Genève BPU S 11 080)
Impression parisienne

197 ENCHAINEMENS (Les) de l'amour et de la fortune, ou les
Mémoires du marquis de Vaudreville; par Mr le Marquis
d'Argens

1736 A La Haye, Benjamin Gibert, M.DCC.XXXVI; épître +
préface + 245 p. (Arsenal 8° BL 21 731)

1743 B La Haye, Benjamin Gibert, M.DCC.XLIII; épître + préface + 230 p. + table (Arsenal)

198 ENFANT (L') trouvé, ou l'histoire du Chevalier de Repert,
Ecrite par lui-même
Paris, aux dépens de la Société, M.DCC.XXXVIII; avertissement
+ 131 p. + 127 p. (Göttingen, Fab. Rom. IV 325)

* 199 ENTRETIENS (Les) des voyageurs sur la mer. Nouvelle Edition, revûe & corrigée
La Haye, Isaac Vander Kloot, M DC XL; 353 p. + préface +
472 p.
(Göttingen, Fab. Rom. IV 1533)

200 ENTRETIENS littéraires & galans, avec les avantures de don
Palmerin. Par M. Du Perron de Castera

1738 A Paris Veuve Pissot, M.DCC.XXXVIII; xij p. + 537 p. +
452 p.; Vve Paulus Dumesnil impr. (BN Z16 872 et 16 873)

1738 B Amsterdam, chez Wetstein & Smith, M.DCC.XXXVIII;
xii p. + 537 p. + 452 p.; Veuve Paulus Dumesnil impr.
(Versailles Res in-12 3 85 f)
Deux émissions de la même édition

201 ENTRETIENS nocturnes de Mercure et de la Renommée, au Jardin des Thuilleries. Par Madame de Gomez
Paris, Le Clerc, Quai des Augustins; Mouchet, Grande Salle du Palais; Saugrain et Prault Quai de Gêvres, M.DCC.XXXI. Avec approbation et privilège; approbation + privilège + 135 p.; Pierre Prault imprimeur (BN Z 16 762)

* 202 ENTRETIENS utiles et agréables, avec des histoires amusantes & des remarques ingénieuses sur les passions des hommes
Amsterdam, aux dépens de la Compagnie, M DCC XXXVII; 340 p. + 391 p. (Arsenal 8° BL 32 676)

203 EPHESIAQUES (Les) de Xenophon Ephesien ou les amours d'Anthie et d'Abrocomas, en françois
Paris, Pierre Bauche, M.DCC.XXVI; 224 p. (Dijon 7890)
Impression hollandaise

204 EPOUSE (L') infortunée, histoire italienne, galante & tragique. Par M. D. P. B.
1733 A Paris, Pierre Prault, Quay de Gêvres, au Paradis, M. DCC.XXXIII. Avec approbation & privilège; approbation + privilège + 198 p. + catalogue (Arsenal 8° BL 22 117)
1734 B Paris, Pierre Prault, Quay de Gêvres, au Paradis, M. DCC.XXXIV. Approbation + privilège + 198 p. (Arsenal 8° BL 28 834/2)
Cette seconde édition ou émission est contenue dans le tome II des *Avantures choisies* de 1738; cf. n° 86)
Réimprimé en 1749 dans le tome I de la *Bibliothèque choisie et amusante*

205 EPOUX (Les) malheureux, ou Histoire de Monsieur et Madame De La Bedoyere
1745 A (1-2) Ecrite par un ami
Avignon, novembre 1745; avis de l'éditeur (2 p.) + 188 p. (Arsenal 8° BL 17 735; Versailles A in-12 E 363e)
Impression parisienne (Prault)
1745 B (3-5) Avignon, novembre 1745; 183 p. (Arsenal 8° BL 17 7835)
1746 C (1-4) Avignon, 1746; 188 p. + 183 p. + catalogue Prault fils (1-4) (BN Y2 75 022)
1746 D (1-4) Ecrite par un ami
La Haye, M.DCC.XLVI; 188 p. + 183 p. (Nîmes 8649)
1746 E (1-4) (page de titre rapportée) 188 p. + 183 p. (Amiens 2810)
1749 F La Haye, M.DCC.XLIX; 299 p. (Bordeaux B 8046)
Impression parisienne
Une comparaison minutieuse entre toutes ces éditions serait nécessaire; une saisie eut lieu à Paris le 29 avril 1746 chez Clousier; les exemplaires avaient été imprimés par Jorry (note 32); les éditions B, C, D, E, F, sont imprimées sur papier français; la pagination des éditions B, C, D, E, est exactement la même mais la composition diffère.

206 EPOUX (Les) réunis, ou le missionnaire du tems
Berg-op-Zoom, chez Pierre la Bombe au Mortier
1748 A   M.DCC.XLIII; viii p. + 130 p. (Oron RGC 13)
1749 B   M.DCC.XLIX; épître + 141 p. (Arsenal 8° BL 20 278)

207 EROTÉE, histoire tragique et amoureuse, par François
Bogliano. Traduite de l'Italien en François par Mademoiselle***
1748 A La Haye, M.DCC.XLVIII; (4 p.) + 143 p. + (2 p.)
(Arsenal 8° BL 33 791)
1749 B id. avec « M.DCC.XLIX» collé
(Arsenal 8° BL 33 791 bis)

208 ESSAIS sur la nécessité et sur les moyens de plaire
1738 A Paris, Prault fils, Quai de Conty, vis à vis la descente
du Pont Neuf, à la Charité, M.DCC.XXXVIII. Avec approbation
& privilège avert. (8 p.) + 290 p. + approbation et privilège;
Ch. Osmont imprimeur (BN R 19 179)
1738 B Seconde édition
Paris, Prault fils, M.DCC.XXXVIII. Avec approbation &
privilège xvi p. + 191 p. + approbation et privilège (BN R
19 181; BU Lille 91 624)
1738 C Genève, Pellissari & Comp., M DCC XXXVIII; avertissement (8 p.) + 206 p. (BN R 19 182; BPU Cb 372)
1738 D Amsterdam, François Changuion, M DCC XXXVIII;
avertissement + 362 p. + approbation (Taylor V et R IIA
1108)
Impression parisienne

209 ETRENNES (Les) de la St Jean. Seconde Edition, Revûë, cor-
rigée & augmentée par les Auteurs
Troyes, Veuve Oudot, M.DCC.XLII; 264 p. (Melun 01 215;
Nantes 32 532)

210 EVANDRE et Fulvie. Histoire tragique
1728 A Paris, Gabriel Amaulry, quay des Augustins, près la ruë
Gille-Cœur à l'Annonciation, M.DCC.XXVIII. Avec approbation
& privilège du Roy; 190 p. + approbation et privilège; André
Knapen imprimeur (Arsenal 8° BL 21 002)
1728 B La Haye, Jean Neaulme, M.DCC.XXVIII; 191 p.
approbation et privilège (Arsenal 8° BL 21 003)
Deux émissions de la même édition

211 EXPLOITS militaires des officiers de l'armée de France en
Allemagne dédiés aux Illustres Françoises qui ont leurs
Amans à l'armée
Amsterdam, M.DCC.XLII; 92 p. (Arsenal 8° BL 17 699)

212 FAMILLE (La) infortunée ou les Mémoires de Madame la
Marquise de la Feuille-Belu. Par M. Le Chevalier de
Neufville de Montador
1737 A Londres, M.DCC.XXXVII; épître + 199 p. (Versailles
Res. in-12 E 691 e)
1742 B Londres, M.DCC.XLII; épître + 199 p. (Arsenal 8°
BL 21 031)
Probablement deux émissions d'une même édition faite à Rouen

213 FANFICHE ou les Mémoires de Mademoiselle de***
Peine, M.DCC .XLVIII; 117 p. + 121 p. (Arsenal 8° BL 21 017)
Réimprimé en 1749 dans le tome IV de la *Bibliothèque choisie et
amusante*

213*bis* FAUNILLANE ou l'infante jaune, conte
Sur l'un des deux imprimés in-quarto a Badinopolis chez les
Frères Ponthommes, à l'enseigne du Roy d'Egypte; M.DCC.
XLIII; 48 p. (BN Y² 9225)

214 FAVEURS (Les) du sommeil, histoire traduite d'un fragment grec d'Aristenete
Londre (sic), Hierosme Printall, 1746; 213 p. (Arsenal 8° BL 22 613)

* 215 FAVEURS (Les) et les disgraces de l'amour, ou les amans heureux, trompez et malheureux. Neuvième édition
La Haye, Antoine Van Dole, M.DCC.XXXIV; avertissement + table + 363 p. + 384 p. + 327 p.
Voir aussi *les amans heureux* n° 12

216 FÉERIES nouvelles
La Haye, M.DCC.XLI; avertissement 4 p. + 346 p. + 290 p.
(Arsenal 8° BL 19 136, 19 137 et 19 138)
Impression parisienne

217 FEMME (La) foible, où l'on représente aux Femmes les dangers ausquels elles s'exposent... Par Madame de S***
Nancy, M.DCC.XXXIII. Avec permission; 120 p. (BN R 5770)
Impression parisienne
Il n'y a pas de permission. Repris dans le tome VI des *Avantures choisies* de 1738, avec même page de titre (Arsenal 8° BL 28 834)

218 FEMME (La) mécontente de son mari, ou entretien de deux Dames sur les obligations & les peines du Mariage
Troyes, Veuve Garnier, Imprimeur-Libraire rue du Temple (s. d.). Avec permission; préface + extrait de la permission de 3 ans à Pierre Garnier, libraire à Troyes, (28 mai 1738, G. Martin, syndic) + 47 p. (Reims Diancourt PP 53)
Non signalé par Jones

219 FEMMES (Les) militaires. Relation historique d'une isle nouvellement découverte
1735 A Dedié à Monseigneur le Chevalier d'Orléans. Par le C. D.***
Paris, Claude Simon rue des Massons, du côté de la rue des Mathurins Pierre De Bats, vis à vis la Cour des Aydes M.DCC.XXXV. Avec approbation & privilège; épître + approbation et privilège + 312 p. (Nîmes 8658)
1736 B Par le C. D.***
Amsterdam, J. Ryckhoff le Fils, Libraire, M.DCC.XXXVI; 312 p.
(Amiens BL 2495, fonds des Augustins d'Amiens)
Impression d'Avignon
1739 C Par le C. D.***
Paris, Didot, M.DCC.XXXIX. Avec approbation & privilège; épître + 312 p. + approbation et privilège
(Arsenal 8° BL 19 242)
1739 D Par le C. D.***
Amsterdam, aux dépens de la Compagnie, M.DCC.XXXIX; épître + 310 p.
1750 E Dédiée à Monseigneur le Chevalier d'Orléans, Par le C. D.***
Paris, Didot, Libraire quai des Augustins, à la Bible d'or, M.DCC.L. Avec approbation & privilège; épître + 312 p.

220 FÊTES (Les) roulantes et les regrets des petites rues
(S. l.) 1747; 78 p. (Rouen Montbret p. 4071)
Impression française

221 FIDÉLITÉ (La) récompensée. Histoire portugaise. Le prix est de seize sols, broché
Paris, Pierre Prault, Quay de Gêvres, au Paradis, M.DCC. XXXII. Avec approbation & privilège; approbation et privilège + 58 p. (Nîmes 8705)
Autre exemplaire dans le tome III des *Avantures choisies* de 1738, avec même page de titre (Arsenal 8° BL 28 834)

222 FILLE (La) errante, ou Mémoires de Mademoiselle de Paisigni, écrits par elle-même
A Paris, et se vend à Liège, chez Everard Kints, Libraire et Imprimeur en Souverain Pont (Arsenal 8° BL 21 464; Amiens BL 2626, fonds des Augustins)
1737 A (3) M.DCC.XXXVII; 112 p.
1741 B (1, 2 et 4) M.DCC.XLI; 119 p. + 111 p. + 112 p.
1742 C (6-9) M.DCC.XLII; 110 p. + 110 p. + 108 p. + 94 p. + 107 p.

223 FOLETTE (La), ou le rhume, histoire bourgeoise., où règne une variété agréable et interessante. Dédiée à Monseigneur le Duc de Gesvres; pair de France. Par M. L'Affichard
Paris, Mesnier, Libraire-Imprimeur, rue Saint Severin, au Soleil d'Or ou au Palais en sa boutique Grand'salle M.DCC.XXXIII. Avec privilège; 147 p. + approbation et privilège (Arsenal 8° BL 22 070; Nantes 99 641)

224 FORCE (La) de l'éducation
Londres, 1750; ixi p. + 121 p. + 173 p.
(Arsenal 8° BL 20 262)
Impression parisienne

224*bis* FORCE (La) de l'exemple. Par Mr de Bibiena
La Haye, Pierre Paupie, M.D.CC.XLVIII; 217 p. + 185 p.
(Arsenal 8° BL 20 034)
Réimp. en 1750 dans le tome VI de la *Bibliothèque choisie et amusante*

* 225 FORTUNÉ (Le) Florentin, ou les Mémoires du comte della Vallé; par Mr. le Marquis d'Argens
La Haye, Jean Gallois, dans le Vlaminstraat, M.D CC.XXXVII; épître + préface + 255 p. (Oron GC 16)

226 FOURBE (Le) puni, ou le duel des rivales
A (S. l.) M.DCC.XL; 181 p. (Arsenal 8° BL 20 315)
B (S. l.) M.DCC.XLI (sic); (Taylor Library Vet. Fr. II A 213)

227 FRÈRES (Les) jumeaux, nouvelle historique tirée de l'espagnol
Paris, rue S. Jacques, chez Jean Fr. Josse, Libraire-Imprimeur ordinaire de S.M. la Reine d'Espagne à la fleur de Lys d'or, M.DCC.XXX. Avec approbation & privilège; épître + approbation + privilège + 299 p. (Arsenal 8° BL 22 078)

228 FUNESTES (Les) effets de l'amour, et les désordres de cette passion
1739 A Luxembourg, André Chevalier, Imprimeur-Libraire, M. DCC.XXXIX; 239 p. (Arsenal 8° BL 20 115)
s.d. B Nouvelle Edition, augmentée
Imprimé à Constantinople cette présente année; (6 p.) + 192 p. + (6 p.) + 190 p. (BN Y² 7687/8)
Impression de Rouen

229 FUNESTINE
Paris, Prault père, Quai de Gêvres, au Paradis, M.DCC.XXXVII.
Avec approbation & privilège; 292 p. + approbation et privilège (BN Y² 9217)
Pas de page de titre; achevé d'imprimer

229 bis GALANT (Le) triollet ou Memoires d'Azamindo et de Thersini. Ensemble l'histoire de Dom Sixte...
Amsterdam, Adrien Moetjens, M.DCC.XLVII; 148 p.
(Arsenal 8° BL 20 670)

230 GALANTERIES (Les) de la Cour de St. Germain. Nouvelles véritables
Londres, Jacques Vaillant, M DCC XXXIX; 184 p.
(Arsenal 8° BL 18 873)
Impression hollandaise

231 GALANTERIES des rois de France, depuis le commencement de la Monarchie. Nouvelle edition... Par Mr Henri Sauval, Avocat au Parlement
1731 A Paris, Charles Moette, M.DCC.XXXI; 399 p. + 159 p.
(Nantes 31 646)
1738 B Paris, Charles Moette, M.DCC.XXXVIII; 443 p. + 285 p.
(Lyon 346 377; Nîmes 8662)

232 GASTON de Foix, Quatrieme du Nom. Nouvelle historique, galante et tragique. Par Mr. D. V.***
1739 A La Haye, Pierre Gosse, M.DCC.XXXIX; préface + 439 p. + 528 p. (BN Y² 37 972 et 37 973)
1741 B Constantinople, de l'Imprimerie du G.S., M.DCC.XLI; préface + 439 p. + 528 p.
(BN Y² 37 977, armes des Bouhier, et Bordeaux B 8711 fonds Barbot)
Probablement deux émissions d'une même édition parisienne

233 GAUDRIOLE, conte.
La Haye, Isaac Beauregard, dans le Hoog Straat, M.DCC.XLVI; 196 p. (Oron ROA 74)

233 bis GÉNIE (Le) ombre, et la Sala-gno-silph-ondine Chimboraço, conte phisique
Chimérie, M.DCC.XLVI; (2 p.) + 110 p. (Arsenal 8° BL 20 327 et 20 328; deux exemplaires)
Réimprimé en, 1749 dans le tome IV de la *Bibliothèque choisie et amusante*

234 GEOMYLER (Le). Traduit de l'arabe
1729 A Paris, Hippolyte-Louis Guérin, ruë S. Jacques vis à vis S. Yves, à Saint Thomas d'Aquin, M.DCC.XXIX. Avec approbation & privilège, iv p. + 190 p. + 204 p. (pp. 200 à 204 paginées par erreur 100-104) + approbation et privilège (Arsenal 8° BL 18 481)
1729 *B Amsterdam, aux dépens de la Compagnie, M DCC XXIX; le libraire au lecteur + table + 118 p. + table + 129 p. + *approbation* (BN Y² 43 114 et 43 115)

235 GRAND (Le) mistere ou l'art de mediter sur la garderobe renouvellé et devoilé, par l'ingenieux docteur Swift. Avec des observations...
La Haye, Jean Van Duren, M.DCC.XXIX; avis du libraire + épître + 193 p. + catalogue (Mannheim 75/100)

236 GRIGRI, histoire veritable, traduite du Japonnais en Portugais par Didaque Hadeczuca... Dernière édition, moins correcte que les premières

s.d. A Nangazaki, de l'imprimerie de Klnporzenkru, seul imprimeur du très-auguste Cubo; l'an du monde 59 749; xxiv p. + 167 p. + 221 p. (Br. L. 12 511 d9; BU Lille Agache 2458)

1745 *B Amsterdam, M.DCC.XLV, avis de l'éditeur + préface + table + 112 p. + 150 p. Aux dépens de la Compagnie. (Br. L. 1080 c 24; Versailles E 694 e in-12)
Sans doute l'édition de L'Honoré et fils annoncée par la *Gazette d'Utrecht* du 17 septembre 1745 : « viennent de publier »

1748 C Amsterdam, aux dépens de la Compagnie, M.DCC.XLVIII; avis de l'éditeur + 108 p. + 144 p.
(Oron ROC 35)
Seule l'édition B semble hollandaise

237 GRISELIDIS, nouvelle dédiée à Mademoiselle***
Paris, M.G. Le Mercier fils, ruë Saint Jacques, au Livre d'Or, M.DCC XXXIV; 68 p. (Lyon 390 I 38, fonds du Palais des arts)
Ni approbation, ni privilège

238 GRISELIDIS ou la marquise de Salusses
La Haye, Neaulme, libraire, M.DCC.XLIX; 78 p. (Arsenal 8° BL 17 234)
Impresssion parisienne

239 GUERRIER (Le) philosophe, ou Memoires de Mr. le Duc de***. Contenant des Réflexions sur divers Caractères de l'Amour, & quelques Anecdotes curieuses de la dernière Guerre des François en Italie. Par Mr. J***
1744 A Amsterdam, aux dépens de la Compagnie, M DCC XLIV; épître + 219 p. + 224 p. (Arsenal 8° BL 22 097; Mannheim 76/347)
1744 B La Haye, Pierre de Hondt, M.DCC.XLIV; xxii p. + 324 p. + 535 p. (Arsenal 8° BL 22 098 et 22 099)
Impression parisienne

240 HERMITE (L') sans patrie, ou Avantures de Paul Seroni, Premier ministre d'état. Par D. D.***
Paris, et se vend à Liège, chez Jacob, Libraire & imprimeur, à l'Arbre verd sur le Pont d'Isle (Liège Capitaine 6289; Mannheim 76/8; Stuttgart HB 5831)
1737 A (1-2) M.DCC.XXXVII; 120 p. + 11 p. + catalogue
1738 B (3) M.DCC.XXXVIII; 111 p.
La troisième partie se termine par « on donnera les parties suivantes une chaque mois ». L'ouvrage, non mentionné par Jones, ne se trouve à notre connaissance dans aucune bibliothèque française.

241 HEROS (Le) de l'industrie ou l'Avanturier liègeois
Cologne, Pierre Marteau, M.DCC.XXXVII; 143 p.(Liège Capitaine 6290)
Se termine par « la suite au premier jour ». Nous n'avons pas trouvé d'autre exemplaire de cet ouvrage, non signalé par Jones

242 HEUREUSE (L') foiblesse ou l'Entretien des Tuilleries
La Haye, Jean Neaulme, M.DCC.XXXVI; 72 p. (Nîmes 8705)
Impression française

* 243 HEUREUX (L') imposteur, ou avantures du Baron de Janzac, Histoire véritable par Monsieur de Mirone
Utrecht, Etienne Neaulme, M.DCC.XL; préface + 276 p. (BU Lille Agache 2707)

244 HEUREUX (L') infortuné ou Mémoires du conte de***. Ecrits par lui-mesme
Amsterdam, Frer (sic) Wetstein, M.DCC.XLIII; préface + 332 p. + 320 p. (Nîmes 8672)
Impression nantaise

245 HEUREUX (L') retour, histoire espagnol (sic). Par Mr. de***
Londres, M.DCC.XLVII; 138 p. + 132 p. (Melun 014 491)

246 HIACYNTE ou le Marquis de Celtas Dirorgo. Nouvelle espagnole
1731 *A Amsterdam, Jaques Desbordes, M DCC XXXI; avertis sement + 379 p. + 390 p. (8° BL 21 148)
Avec avertissement
1732 B Hyacinte...
Paris, Bienvenu, Quay des Augustin (sic), au nom de Jesus, M.DCC.XXXII; 391 p. + 293 p. + approbation et privilège (BN Y² 6839)

espagnole
Paris, veuve Bienvenu, Quay des Augustins, au Nom de Jésus, M.DCC.XL; 391 p. + 293 p. Arsenal 8° BL 18 846)
Apparemment seconde émission de l'édition B. L'exemplaire de l'Arsenal qui provient d'un Crozat a une page de titre rapportée et ni approbation ni privilège

247 HISTOIRE abrégée et très mémorable du chevalier de la Plume noire
Amsterdam, H.G. Löhner, M DCC XLIV + 295 p. (BN Y² 42 017)

248 HISTOIRE amoureuse des Gaules, par le comte de Bussy Rabutin
Cologne, Pierre Marteau, 1740, épître + table + 311 p. + 290 p. (Bordeaux AP 9801)
La première édition serait antérieure à 1666 (note 33)

249 HISTOIRE comique d'un chevalier d'industrie
(Achevé d'imprimer) : Paris, Louis-Denis Delatour, imprimeur de la cour des Aydes, en la maison de feuë la veuve Muguet, rue de la Harpe, aux Trois rois, 1728 In-4°, 4 p. Approbation du Censeur (de la police?) Passart contresignée par le lieutenant de police Hérault, 12 juin 1728 (BN Y² 310)

250 HISTOIRE d'Alburcide, nouvelle arabe.
1736 A Paris, de Maudouyt, à l'entrée du quai des Augustins, à S. François, M.DCC.XXXVI. Avec approbation & privilège; épître + 158 p. (Arsenal 8° BL 18 474)
1736 *B La Haye, Pierre de Hondt, M.DCC.XXXVI; épître + 126 p. (Arsenal 8° BL 18 475)
Voir aussi *Histoire de Mademoiselle de* n° 289

250 bis HISTOIRE d'Amenophis
1728 A Histoire d'Amenophis prince de Lybie
Paris, Gabriel François Quillau, fils, imprimeur juré libraire de l'université, rue Galande, à l'Annonciation; M.DCC. XXVIII. Avec privilège; approbation + privilège + 160 p. (Arsenal 8° BL 18 608)

250 bis (suite)
      B Histoire d'Amenophis, roi de Cypre
      Londres, M.DCC.XLV; 182 p. (Arsenal 8° BL 18 449)
      tout le texte est encadré

251   HISTOIRE d'Echo et de Narcisse. Par Monsieur le Comte Alexandre C.D.M.
      Leide, Fuib, Imprimeur de N.S. les Etats & de l'Académie, M.DCC.XXX. Avec permission de N.S. les Etats; épître + 106 p. (Arsenal 8° BL 17 327)

252   HISTOIRE d'Emilie, ou les Amours de Mademoiselle de***
      par Madame Meheust
      Paris, J.B. Delespine.. à la Victoire; G.A. Dupuis... Grande Salle au St Esprit, M.DCC.XXXII. Avec approbation & privilège (Arsenal 8° BL 20 977; BN Y² 7150)

253   HISTOIRE d'Estevanille Gonzales, surnommé le garçon de bonne humeur, tirée de l'espagnol. Par Monsieur Le Sage
      1734 A(1) Paris, Prault, Pere, Quay de Gêvres, au Paradis & à la Croix Blanche, M.DCC.XXXIV. Avec approbation & privilège; (6 p.) + 425 p. + approbation et privilège (BN Res. p Y² 2517, exemplaires royal de Meudon)
      Les cahiers A.P. sont cartonnés
      Les pages 182 et 212 sont numérotées par erreur 482 et 112
      La page 182, à la suite de la première partie, est le début du catalogue de Prault, jusqu'au mot « catéchisme»
      La seconde partie (indiquée en bas de page par « tome II») comprend 4 pages non paginées puis le cahier cartonné P qui commence à la p. 181
      1734 B(1) id. mais le catalogue des livres de Prault va jusqu'à la page 205 (Arsenal 8° BL 29 597; BN Y² 11 243 et Y² 48 690)
      Les cahiers A, Q et R portent le signe + au début, le cahier P de Prault; la seconde partie commence p. 207 avec pages de faux titre puis de titre; cette seconde partie est indiquée au début de chaque cahier en bas de page par la mention « tome II»
      Les pages 182 et 212 des exemplaires que nous avons vus sont numérotées par erreur 482 et 112
      1741 C(1) Tome I
      Paris, Prault Pere, Quay de Gêvres, au Paradis, M. DCC.XLI. etc (comme ci-dessus) (Nîmes 8692)
      Réimpression ou nouveau tirage : la page 182 est paginée correctement mais les chiffres sont mal alignés.
      1741 D(2) Tome II
      Paris, Prault Pere, Quay de Gêvres, au Paradis, M. DCC.XLI...; (4 p.) + 500 p. (BN Y² 48 697)
      Cet exemplaire, le seul qui nous ayons vu, comporte une table de 4 p. non paginées entre les deux parties, après la p. 236; les pp. 449-456 manquent; la table est défectueuse

254   HISTOIRE d'Hypolite, comte de Duglas
      1733 A La Haye, Jean Swart; M.DCC.XXXIII; épître + 318 p. (Amsterdam 1358 J 22; Taylor Library Vet. Fr. II A 480)
      Impression de Rouen
      1738 B Paris, Gabriel Valleyre rue Saint Severin, à l'Annonciation Charles de Poilly, Quai de Conty, au coin de la rue Guénégaud, aux armes d'Angleterre, M.DCC.XXXVIII. Avec approbation & privilège; épître + approbation et privilège + 160 p. + 206 p.; G. Valleyre imprimeur (Dijon 8195)
      1740 C Amsterdam, L'Honoré & Chastelain, 1740, épître + 160 p. + 206 p. (Rouen Leber 2045)
      Impression de Rouen

254 (suite)
    1746 D Amsterdam, Abraham Wolfgang, M.DCC.XLVI. Avec approbation; épître + *approbation* + 160 p. + 200 p. (Bordeaux D 34 983)
    La première édition du roman de Mme d'Aulnoy parut chez Sevestre en 1690 (note 34)

255 HISTOIRE d'Iris, Par M.C.***
    La Haye, Mathieu Roguet, M.DCC.XLVI; 68 p. (Arsenal 8° BL 17 336)
    Impression parisienne
    Paru d'abord dans la *Bibliothèque de campagne* t. III, 1736

256 HISTOIRE d'Osman premier du nom, XIXe Empereur des Turcs, et de l'Impératrice Aphendina Ashada. Par Madame de Gomez
    1734 A Paris, Prault, Pere, Quay de Gêvres, au Paradis, & à la Croix Blanche M.DCC.XXXIV. Avec approbation & privilège; 421 p. + approbation et privilège (Amiens BL 2547, fonds des Augustins)
    1734 *B Amsterdam, aux dépens de la Compagnie, M.DCC. XXXIV; 346 p. + 292 p. (Nîmes 8695)

257 HISTOIRE d'un gentilhomme écossais, aux cours de Suede, et de Pologne pendant les Regnes de Frederic Auguste & de Charles XII
    La Haye, Gosse, 1750; épître + 286 p. (Göttingen 8° Fab. Rom. IV 522)
    Impression parisienne

258 HISTOIRE d'une femme de qualité
    La Haye, M.DCC.XLI; vj p. + 112 p. (BN Y² 71 958)

259 HISTOIRE d'une Grecque moderne
    1740 A Amsterdam, François Desbordes, près la Bourse, M. DCC.XL; iv p. + 232 p. + 244 p. (BN Y² 12 507 et 12 508; Arsenal 8° BL 22 131; Melun 01 350; Nancy 302 032; Troyes Des Guerrois 7764; Oron RTA 16; Stuttgart FD 8° 3753)
    Edition due à Didot. Nous n'avons pas tenu compte de la différence entre éditions avec et sans avertissement :
    avec avertissement : Arsenal, BN, Nancy
    sans avertissement : Troyes, Melun, Stuttgart
    En fait cet avertissement a été ajouté
    1740 B Amsterdam, François Desbordes, près la Bourse, M. DCC.XL; 196 p. + 208 p. (collection Gason)
    Impression parisienne sans avertissement
    1741 C Histoire d'une Grecque moderne. Par Mr l'Abbé Prevost Amsterdam, Jean Catuffe, M.DCC.XLI, avertissement + 232 p. + 244 p. (Amsterdam 1172 H 37; Amsterdam 490 H 22-25; Troyes Des Guerrois 7765; Versailles A in-12 E 717 e)

260 HISTOIRE de Bertholde...
    La Haye, aux dépens de l'éditeur. Se vend chez Pierre Gosse junior, Libraire de S.A.R.; M.D.CC.L; préface + 201 p. + table (Oron NA 75)

260 bis HISTOIRE de Célénie. Deuxième édition
    Paris, Pierre Prault, Quay de Gêvres, M.DCC.XXXVIII; ij p. + 249 p. (*Avantures choisies tome IV*) (Arsenal 8° BL 28 834)
    Le même que *Célénie* n° 136

261 HISTOIRE de D. Alphonse, Duc de***. Histoire espagnole
    Liège, Broncart, M DCC XLVIII ; 226 p. (Göttingen Fab. Rom. IV 462)

262 HISTOIRE de Don Ranucio d'Aletès
  1736 A Histoire de D. Ranucio d'Aletès, écrite par lui-même
    Venise, Francisco Pasquinetti, M.DCC XXXVI; xiij p. +
    Fautes à corriger + 306 p. + 280 p. (Mazarine 22 251 N et O)
    Impression de Rouen
  1738 B Histoire de Don Ranucio d'Aletès. Histoire véritable
    Venise, Antonio Pasquinetti, M DC XXXVIII; 342 p. + table
    + 308 p. (Mazarine 22 251 N + et O +)
  1740 C Histoire de Don Ranucio d'Aletès. Histoire véritable.
    Tome I Venise, Antonio Pasquinetti, M.DCC.XL; 342 p. +
    table (Göttingen Fab. Rom. IV 6632
    Papier Duval qui semble indiquer une origine rouennaise
262bis HISTOIRE de Favoride
    Genève, Barrillot & fils, M DCC L; 165 p. (Arsenal 8° BL 21
    023; BU Lille Agache : Genève BPU Hf 5106 Res)
    Impression parisienne
263 HISTOIRE de Fleur d'Epine, Conte
  1730 A Par M. le conte Antoine Hamilton
    Paris, rue S. Jacques, chez Jean Fr. Josse, Lib. Imp. avis +
    de S.M. Catholique; M.DCC.XXX. Avec approbation & pri-
    vilège; 275 p. + approbation + catalogue (Taylor Library
    Vet. Fr. II A 857)
  1749 B Par le C. Antoine Hamilton
    (S.l.) M.DCC.XLIX; 318 p. (Montpellier 40 101)
264 HISTOIRE de Florise et de Cleante, ou les Caprices romanes-
    ques. Nouvelle édition
    Amsterdam, François L'Honoré, M.DCC.XLVI; 246 p. (BU Lille
    Agache 2673; Arsenal 8° BL 21 067)
    Seconde émission du n° 134; même papier « Limosin», mêmes signa-
    tures avec IV pour le cahier A puis iij = impression probablement
    parisienne
265 HISTOIRE de Gil Blas de Santillane. Par M. Le Sage
  1730 A Paris ,Veuve Ribou, ruë des Fossez S. Germain, vis-à-vis
    la comédie Françoise, à l'image S. Louis, M.DCC.XXX. Avec
    permission & privilège : déclaration de l'auteur + Gil Blas au
    lecteur + table + 395 p. + 335 p. + 381 p. (BN Y² 9956 à
    9958)
    A la fin du premier tome « A Roüen & se vend à Paris»
  1732 B (1-3) Paris, Veuve Ribou... Quatrième édition, L.DCC.XXXII.
    Avec approbation & privilège; déclaration de l'auteur
    + table + Gil Blas au lecteur   394 p. + 335 p. + 363 p.
    (BN Y² 9960 9962; Leyde 702 E 3 - 5)
    A la fin du tome III : « de l'imprimerie de Mesnier, rue S,
    Severin au Soleil d'or»
    1735 C (4) Tome IV
    Paris, Pierre-Jacques Ribou, vis-à-vis la Comédie Fran-
    çoise; à l'image S. Louïs, M.DCC.XXXV. Avec approbation
    & privilège; table + 347 p. (Nantes 30 874)
    Pour ce tome IV voir aussi n° 3 bis a (1735)
    1737 D (4) Tome IV
    Paris, Pierre-Jacques Ribou, rue S. Jacques, au coin de la rue
    des boucheries, M.DCC.XXXVII. Avec approbation & privi-
    lège, table + approbation et privilège (Leyde 702 E6)
    1740 E Cinquième édition
    Amsterdam, Compagnie, 1740, déclaration 394 p. + 335 p. +
    363 p. + table + 347 p. (Lyon 809 328, ex. libris P. Adamoli)
    Edition française avec la même pagination que les éditions Ribou
    mais les signatures en chiffres arabes et les réclames à chaque page
    indiquent une nouvelle édition

265 (suite)
1747 F Paris, Compagnie des Libraires, M.DCC.XLVII, 4 vol. +
approbation et privilège (Troyes Des Guerrois 29 326)
Voir aussi *Avantures de Gil Blas* n° 93 bis

266 HISTOIRE de Gogo
La Haye, Benjamin Gilbert, M.DCC.XXXIX; 220 p. + 204 p.
(BN Y² 7178/9) (errata I p. 220)
Impression parisienne

267 HISTOIRE de Guillaume le Conquérant, duc de Normandie et
roi d'Angleterre. Par M. l'Abbé P***
1742 A Paris, Prault fils, Quay de Conty, vis à vis la descente du
Pont-Neuf, à la Charité, M.DCC.XLII. Avec privilège; xl p.
+ 400 p. + (6 p.) + 426 p. + approbation et privilège table
xxiv p. (BN 8° Lk² 1264)
1742 B id. avec cahiers semblant cartonnés (Arsenal 8° H 15 972
et 15 973)
Le texte semble absolument indentique
1742 C Amsterdam, aux dépens de la Compagnie, M DCC XLII;
xi p. + 400 p. + 426 p. + approbation et privilège (Rouen
Leber 6234)
Cette édition est française et peut-être une autre émission d'une des
deux précédente.
Nous n'avons pas vu l'édition de 1743. Certains exemplaires de ces
éditions ont un portrait de Guillaume le Conquérant

268 HISTOIRE de Guilleaume (sic)
(S.l.n.d.) xi p. + 77 p. + 105 p. (pp. 101-105 non pag.) (Arse-
nal 8° BL 21 134)
Impression française

269, HISTOIRE de Guzman d'Alfarache. Nouvellement traduite &
purgée des moralitez superfluës. Par Monsieur Le Sage
1732 A Paris, Etienne Ganeau, ruë S. Jacques, près la rue du Plâtre, aux Armes de Dombes, M.DCC.XXXII. Avec privilège;
xvj + 406 p. + approbation et privilège + 412 p. (BN
Ys 11 185 et 11 186; Taylor Library Vet. Fr. II A 1126)
1740 B Amsterdam, aux dépens de la Compagnie, 1740; préface +
406 p. + table + 412 p. (Bordeaux PF 26 399)
Malgrè le même nombre de pages il s'agit d'une autre édition car il
y a des signatures en chiffres arabes et des réclames à chaque page

270 HISTOIRE de Jean de Bourbon, prince de Carency, par
Madame d'Aulnoy, Nouvelle édition
Paris, Prault, quay de Gêvres, au Paradis, M.DCC.XXIX. Avec
approbation et privilège; 335 p. + catalogue + 326 p. +
approbation et privilège; Pierre Prault imprimeur (Dijon
8047)
Iᵉʳᵉ édition chez Barbin en 1692 (note 35)

271 HISTOIRE de Jean de Calais. Par M. ***. Seconde édition
Bruxelles, Eugène-Henry Frics, Libraire-Imprimeur Ruë de la
Magdelaine, M.D.CC.XXXVIII; 119 p. (Arsenal 8° BL 17 286)

272 HISTOIRE de l'admirable Dom Inigo de Guipuscoa... Par le
Sieur Hercule Rasiel de Selvia
1736 A La Haye, Veuve Charles le Vier, M.D.CC.XXXVI (BN)
1738 *B Nouvelle édition, augmentée de l'Anti-Cotton
La Haye, Veuve de Charles le Vier, M.D.CC.XXXVIII (2 p.)
+ 326 p. + (2 p.) + 178 p. + (46 p.) (BN H 10 817)
Ce livre fut écrit par le libraire Charles Levier et édité après sa mort
par Prosper Marchand (note 36)
On trouve dans le fonds Marchand de la Bibliothèque de Leyde le
manuscrit et des épreuves de ce livre (Marchand 43)

273 HISTOIRE de l'admirable don Guzman d'Alfarache
A Paris, et se vend à Bruxelles, chez Jean Vlaederen, Marchand Libraire & Imprimeur, M.D.CC.XXXIV; préface + 44 p. + 392 p. (La Haye 3 179 G 30)
Voir aussi le n° 269

274 HISTOIRE de l'admirable Don Quichotte de la Manche. Nouvelle édition (+ Continuation 4-6)
1732 A(1-5) Paris, Compagnie des Libraires, M.DCC.XXXII. Avec privilège; épître + avertissement + 440 p. + 464 p. (1700) + table + 442 p. + table + 532 p. + table + 482 p.; Quillau imprimeur (tome V) (Clermont 43 969)
1733 B(1-6) Paris, Denis Mouchet, grande salle du Palais, M. DCC. XXXXIII. Avec privilège : 440 p. + 432 p. + 442p. + 532 p. +482 p. + 501 p. + approbation et privilège; Quillau imprimeur (tomes Vet VI) (Dijon 8206)
1735(1-6) *C Amsterdam, Pierre Humbert, MDCCXXXV. Avec privilège de N.S. les Etats de Hollande & de West-Frise; 6 vol. (La Haye 3115 H 20 à 25)
1738 D(1-6) Lyon, Rigollet Quay des Célestins, au Mercure Galant; M.DCC.XXXVIII. Avec privilège; 6 vol. (Metz P 1956)
1741 E Paris, rue S. Jacques; Clousier, à l'Ecu de France; Lambert & Durand à S. Landri, à la Sagesse & au Griffon; David fils Quai des Augustins, Damonneville, à St Etienne, M.DCC.XLI. Avec privilège (Arsenal 8° BL 29 459)
1 (ép.) + 440 p.
2 (4 p.) + 432 p.
3 (6 p.) + 442 p.
4 (8 p.) + 532 p.
5 (6 p.) + 494 p.
6 (6 p.) + 501 p.
F(1-3) Francfort en Foire, chez Jean-François Bassompierre, libraire de Liège, M.DCC.L (Mazarine 22 314 G-1)

275 HISTOIRE de l'origine du prince Menzikow, et de Dom Alvas del Sol
Amsterdam, Michel Charles Le Cene, Libraire, MDCCXXVIII; 112 P. (BN Y² 12 591)

276 HISTOIRE de la princesse de Montferrat
Londres, M.DCC.XLIX; préface + 11 p.
(Rouen   Montbret   p. 2026)

277 HISTOIRE de la princesse Jaiven reine du Mexique
La Haye, H. Scheurleer, M.DCC.L; 116 p, + 118 p. (Göttingen 8° Fab. Rom. IV 506; Marseille 80 369)

278 HISTOIRE de la princesse Macarie
(S.l.) M.DCC.XLVII; (360 p.) + 152 p.
(Arsenal   8°   BL 21 414)

279 HISTOIRE de la sultane de Perse et des visirs. Contes turcs composez en langue turque par Chéc Zadé, & traduits en françois
1731 A Amsterdam, Estienne Roger, M.D.C.C.XXXI; + 261 p. (Méjanes C 4423)
Mélange de chiffres arabes et romains dans les signatures
1736 *B Utrecht, Etienne Neaulme, MDCCXXXVI; 261 p. (Dijon   8027)

280   HISTOIRE de la Tourière des Carmélites d'après l'original de l'Auteur La Haye, Pierre Marteau, M.DCC.XLV; xj p. + 96 p.

(Br. L. PC 30 b 16)

Filigrane français « 1744».
En dehors de cette édition signalée par Gay, nous avons vu que celle que Jones a trouvée à la Library of Congress, *La tourière des Carmélites...* À Constantinople, chez l'Imprimeur du Moufti, 17000. Elle se trouve à Evreux (fonds Mauvault 1610). C'est une édition hollandaise et probablement postérieure. Nous ne l'avons pas retenue

281   HISTOIRE de la vie du marquis d'Ozanne ou ses avantures. Ouvrage tirez (sic) de ses propres Memoires.

Amsterdam, Pierre Mortier, M.DCC.XL; préface + 384 p. + 372 p.
(Arsenal 8ᵉ BL 21 462 et 21 463)

282   HISTOIRE de la vie et mœurs de Mademoiselle Cronel dite Fretillon

1739 A (1) ... Ecrite par elle-même. Actrice de la Comédie de Rouen
La Haye, aux dépens de la Compagnie, M.DCC.XXXIX; 101 p. (BN LN ²⁷ 4359 A; Rouen Leber 2527)
Impression française?

1740 B (2) ... Actrice de la Comédie de Roüen. Ecrite par elle-même. Seconde Partie.
La Haye, aux dépens de la Compagnie, M.DCC.XL; 138 p. (BN LN ²⁷ 4359 A)
Impression française?

1741-1743 C (1-4) ... (id)
(S.l.) (Arsenal 8° BL 35 481 et Br. T. 615 a 16).
1-2 M.DCC.XXXXI; 69 p. + (14 p.) + 75 p.
  3 M.DCC.XXXXIII; 80 p.
  4 M.DCC.XLIII; 94 p.
Sur la page de titre du t. 4; « actrice de la Comédie de Rouen en 1739, présentement à la Comédie Française»
Impression allemande (Francfort?)

1743 D (1-2) ... (id)
La Haye, aux dépens de la Compagnie, M.DCC.XXXXII; 66 p. + 75 p. (Bordeaux B 9178).

1743 E La Haye, aux dépens de la Compagnie, M.DCC-XXXXIII; 80 p. + (Bordeaux B 9178).

1743 F La Haye, aux dépens de la Compagnie, M.DCC.XLIII; 74 p. + 93 p. + 82 p. + 101 p. (Arsenal 8° BL 21 082).
Impression parisienne

283   HISTOIRE de Lidéric premier comte de Flandres. Nouvelle historique et galante

Paris, Didot, Quay des Augustins près le Pont S. Michel, à la Bible d'or, M.DCC.XXXVII. Avec approbation & privilège : épître + 279 p. + 306 p. + approbation et privilège.
(Arsenal 8° BL 17 833).

284   HISTOIRE de Louis Anniaba roi d'Essenie en Afrique sur la côte de Guinée

Paris, aux dépens de la Société, M.DCC.L.; avertissement + 125 p. + 112 p. (Arsenal 8° BL 18 609).

285   HISTOIRE de Madame de Luz. Anecdote du Règne d'Henri IV

1741 A La Haye, chés Pierre de Hondt, M.DCC.XLI; 240 p.
+ 426 p. (Rouen U 3249; fonds de la Bibliothèque de
l'Académie)
Impression parisienne
1744 B La Haye, chés Pierre de Hondt, M.DCC.XLIV; 365 p.
(Rouen Leber 2186; Rennes 72 431)
Impression parisienne
Réimprimée en Hollande en 1748 dans le tome III de la *Bibliothèque
choisie et amusante*

286   HISTOIRE de Madame de Muci, par Mademoiselle D***
Amsterdam, M.DCC.XXXI; 186 p.
Impression probablement française
Imprimée la même année en Hollande dans les *Mémoires de d'Aubi-
gné* pp.115-202 (Amsterdam. J.F. Bernard)

287   HISTOIRE de Madame la Comtesse des Barres à Madame la
Marquise de Lambert
1735 A Anvers, Van der Hey, M.DCC.XXXV; 138 p.
(BN Res, Ln 27 4291; Leyde 716 G 28, fonds Marchand).
Probablement hollandais
1736 B Bruxelles, François Foppens, M.DCC.XXXVI; 186 p.
(Versailles A in- 12 E 166 e)
Papier de « Rouen»
P. Marchand a écrit sur son exemplaire que l'abbé d'Olivet en était
l'éditeur

288   HISTOIRE de Mademoiselle Dattily, par Madame de ***.
Dédiée à Madame la Marquise du Chatelet
La Haye, Jean Neaulme, M.DCC.XLV; 185 p.
(Arsenal 8° BL 20 936).
Réimprimée en 1749 dans le tome I de la *Bibliothèque choisie et
amusante*

289   HISTOIRE de Mademoiselle de ***. Nouvelle espagnole
La Haye, M.DCC.XLV; 115 p. (Arsenal 8° BL 18 264)
Voir aussi *Histoire d'Alburcide* n° 250.

290   HISTOIRE de Mademoiselle de Cerni
Berlin, Imprimerie Royale, M.DCC.L. épître + 114 p.
(Reims P 2038)

291   HISTOIRE de Mademoiselle de la Charce
1731 A Histoire de Mademoiselle de la Charce, de la maison de
la Tour Dupin, en Dauphiné : ou Mémoires de ce qui s'est passé
sous le règne de Louis XIV
Paris, Pierre Gandouin, Quai des Augustins, à la Belle
Image, M. M.DCC.XXXI. Avec approbation & privilège;
452 p. + approbation & privilège (impr. Veuve Delaulne)
(Versailles Duprat in-12 IL d 121).
1731 B Histoire de Mademoiselle D.L.C. sous le règne de Louis
XIV.
Paris, Pierre Gandouin, Quai des Augustins, à la Belle
Image, M DCC XXXI. Avec approbation et privilège; 452 p.
(Moulins ·12 821)
Deux émissions de la même édition; l'exemplaire de Moulins ne
comporte ni approbation ni privilège

292   HISTOIRE de Mademoiselle de Salens par Madame ***
La Haye, Jean Neaulme, M.DCC.XL; 384 p. + 417 p.
(BN Y² 7360 et 7361).

293   HISTOIRE de Marguerite d'Anjou, Reine d'Angleterre. Par M. l'Abbé Prévost, Aumônier de Son Altesse Sérénissime Monseigneur le Prince de Conty

1740 A Amsterdam, François Desbordes, vis à vis la Bourse, M.D.CC.XL; xxiv p. + 184 p. + 176 p. + 198 p.

(BN Y² 772 à 6775; Y² 60 550 à 60 553; Arsenal 8° BL 89328; Nancy 310 562). Le premier exemplaire de la BN porte les armes royales

Certains exemplaires comportent un errata; on trouve « fin du premier livre», « fin du second livre», « fin de la troisième partie»; « fin de la quatrième et dernière partie»

Certains exemplaires ont un errata pour les « fautes considérables qui se sont glissées dans l'impression»

1740 B Même adresse, même nombre de pages

(BN Y² 60 546/à 60 549, Bar-Le-Duc 32 548/9; Chantilly B 384/9-10)

Lettrines différentes, composition différente. On lit « fin du premier, second, troisième livre» et « fin de la quatrième et dernière partie». La p. 153 est numérotée 257 dans le tome I de l'exemplaire de la BN

Deux types de pages de titre avec présentation et ornements différents; mais ces pages ne correspondent pas toujours aux éditions pour lesquelles elles avaient été prévues

Les deux éditions pourrraient toutes deux avoir été faites sous la direction de Didot, qui n'est pas encore imprimeur

1740 C (même adresse); 176 p. + 167 p. + 184 p. + 191 p.

(Bordeaux DU 5866. Carpentras K 102, fonds Inguimbert)

Contrefaçon provinciale

1741 *D Amsterdam, Jean Catuffe, M.DCC.XLI; xxiv p. + 184 p. + 171 p. + 188 p. + 198 p. (Montivilliers 1039; Rouen Leber 6237)

1745 E Amsterdam, François Desbordes, vis-à-vis la Bourse, M.DCC.XLV; 184 p. + 171 p. + 188 p. + 198 p.

(BN Y² 60 554/5; St-Pol-sur-Ternoise 1 et 2)

294   HISTOIRE de Marguerite de Valois, reine de Navarre, Sœur de François Ier

1739 A Paris, aux dépens des libraires, M DCC XXXIX; 166 p. + 132 p. + 156 p. + 168 p. (Arsenal 8° BL 17 849)

Impression hollandaise

1745 B Amsterdam, Pierre Mortier, M.DCC.XLV; avertissement + 435 p. + 472 p.

(BN Y² 6601 et 6602; Metz J 640)

Impression de Trévoux

Le roman de Mlle de la Force avait été publié en 1696 chez Bénard (note 37)

295   HISTOIRE de Mathilde d'Aguilar, par Mademoiselle de Scuderi

1736 *A La Haye, Benjamin Gibert, sur la Grande Salle de la Cour M.D.CC.XXXVI; 334 p. (Bruxelles 11 20 054 A)

1736 *B La Haye, Mathieu Roguet, M.D.CC.XXXVI (BN Y² 2 6847)

Réimpressions hollandaises de la *Mathilde* de Mlle de Scudéry parue chez E. Martin en 1666 (note 38)

296   HISTOIRE de Moncade. Dont les principales avantures se sont passées au Mexique

Paris, Prault Pere, Quai de Gèvres, au Paradis, M.DCC.XXXVI. Avec approbation & privilège; avis de l'imprimeur + approbation et privilège + 171 p. + 181 p. (Arsenal 8° BL 18 659)

296 bis HISTOIRE de Mouley Mahamet, fils de Mouley Ismael roy de Maroc
Genève, 1749, xxiv p. + 321 p. (Genève BPU GI 111)

297 HISTOIRE de Rosalie d'Auffen, princesse de Bretagne
La Haye, M.DCC.XLVI; 354 p. (Versailles A in-12 E 240 e)
Impression française

298 HISTOIRE de Tamerlan, empereur des Mogols et conquerant de l'Asie
Paris, H.L. Guérin, rue S. Jacques, vis à vis les Mathurins, M.DCC.XXX.IX; xvij p. + 298 p. + 392 p. (Lyon 809 025, fonds Adamoli)

299 HISTOIRE de Tom Jones, ou l'enfant trouvé, traduction de l'Anglois de M. Fielding. Par M.D.L.P. Enrichie d'estampes dessinées par M. Gravelot 1750
1750 A Londre (sic), Jean Nourse, 1750; x p. + 336 p. + 344 p. + 282 p. + 341 p. (BN Res. Y² 1928 Lyon 396 531; Taylor Library 286 AI; Gand 126 M 30)
Impression parisienne
1750 B Amsterdam, Compagnie, MDCCL; 222 p. + 229 p. + 187 p. (BN 16° Y² 17 860)
1750 C Dresde, Georges Conrad Walther, Libraire du Roi, avec privilège de S.M. le Roi de Pol. Elect. de Saxe; xii p. + 296 p. + 304 p. + 248 p. + 304 p. (Stuttgart Fr. D 8° 474)

300 HISTOIRE de très noble et chevaleureux prince Gérard comte de Nevers et de Rethel, et de la très vertueuse et sage princesse Euriant de Savoye sa mère
Paris, Brunet et fils, M.DCC.XXIX (Dijon 7819)

301 HISTOIRE de Zaïre. Par M. de V***
La Haye, Jean Neaulme, M.DCC.XLV; 115 p. (Arsenal)

302 HISTOIRE des amours de Valerie, et du noble Vénitien Barbarigo, par Monsieur J. Galli de Bibiena
Lausanne & Genève, Marc-Mic. Bousquet & Compagnie, MDCCXLI; avertissement + 234 p. + 208 p. (Arsenal 8° BL 17 982; Genève BPU Se 8689)

303 HISTOIRE des deux Aspasies, femmes illustres de la Grèce. Avec des remarques historiques et critiques. Par M. Le Conte de Bièvre
Paris, Mesnier, ruë S. Severin au Soleil d'or, ou en sa boutique du Palais, Grande Salle, même enseigne, M.DCC.XXXVI. Avec privilège; v.p. + 155 p. + (6 p.) + 7 p. de catalogue + approbation et privilège (Arsenal 8° BL 17 415)

304 HISTOIRE des premières expeditions de Charlemagne
1741 A Amsterdam, aux dépens de la Compagnie; M.DCC.XLI; xvi p. + 26 p. + (2 p.) fautes à corriger
(Göttingen 8° Fab. Rom. IV 8140)
Jones ne l'a pas trouvée; impression française
1742 B Amsterdam, Compagnie, M.DCC.XLII; xvi p. + 261 p. (Dijon 8039)

305 HISTOIRE des princesses de Bohème. Par Madame ***
La Haie, Jean Neaulme, M.DCC.XLIX; avis de l'éditeur + 221 p. + 230 p. (Arsenal 8° BL 17 998)

306   HISTOIRE (L') des quatre fils Aymons, très nobles et très vaillans chevaliers
Troyes, Veuve de Jacques Oudot & Jean Oudot fils, Imprimeur Libraire, ruë du Temple, 1730. Avec permission, non paginé; approbation de 1705, 1723; permission royale de 1728 (Le Mans BL 3137)

307   HISTOIRE des rats pour servir à l'histoire universelle
Ratopolis, M.DCC.XXXVII; v + 140 p. + table + fautes à corriger (Lyon 808 956)

308   HISTOIRE des trois fils d'Hali-Bassa et des trois filles de Sirocco, gouverneur d'Alexandrie. Traduite du turc
1745 A Leyde, M.DCC.XLV; 112 p. (Nîmes 8698)
Impression parisienne
1746 B Nouvelle édition
Leyde, M.DCC.XLVI; 112 p. (Leyde 182 H)
Impression française
1748 C Constantinople de l'imprimerie du Grand Seigneur, M.DCC XLVIII : 160 p. (Göttingen Fab. Rom. IV 8488)
Impression hollandaise
Réimprimé en 1749 dans le tome IV de la *Bibliothèque choisie et amusante*

309   HISTOIRE du chevalier des Grieux et de Manon Lescaut. Nouvelle Edition.
Amsterdam, par la Compagnie, 1737; 201 p. + 153 p. (Amsterdam 1496 FI; Besançon 274 753)
Impression de Rouen. Voir 448 K et 448 X

310   HISTOIRE du Chevalier du soleil, tirée de l'espagnol
Londres, M DCC XLIX : 138 p. + 129 p. + 154 p. + 156 p. (Dijon 8167)
Impression parisienne

311   HISTOIRE du cœur humain, ou Mémoires du marquis de ***
La Haye, M.DCC.XLII; 162 p. + 134 p. (BN Y² 12 510/12 511; Troyes Z 14/2759, fonds de Bourbonne)
Impression parisienne

312   HISTOIRE du comte de Valcourt. Ecrite par lui-même
Utrecht, Etienne Neaulme. M DCC XXXIX; 186 p. + catalogue (Arsenal 8º BL 21 718; Troyes AA 15/3607)

313   HISTOIRE du prince Adonistus. Par Madame la Marquise de L***. Tirée des manuscrits de Madame la comtesse de Verue
La Haye, d'Hondt, Libraire, M.DCC.XXXVIII; 181 p. (Arsenal; La Haye 2106/A/652)

314   HISTOIRE du prince Apprius, &c estraite des Fastes du Monde, depuis sa Création. Manuscrit Persan... Traduction Françoise. Par Messire Esprit, Gentilhomme Provençal, servant dans les Troupes de Perse
s.d. A Constantinople, l'année présente; 72 p. (Lyon B 508 778)
1728 B Constantinople, l'an 1728; 74 p. (BN Enfer 233 et Reims Diancourt PP 569)
Impression parisienne? Voir ci-dessous
1729 C Constantinople, M.DCC.XXIX; 104 p. (Rouen Leber 2507)
Impression lyonnaise?

314   (suite)

Schonberg envoie le 27 octobre 1728 de Paris un exemplaire à Rawlinson avec ce commentaire; « voici un exemplaire de *l'Apprius* dont
M. Camusat vous fait présent... Je vous suis fort obligé des trois éditions différentes de *l'Apprius* que vous avec bien voulu remettre...»
(note 392)
On trouve dans les catalogues du collectionneur lyonnais Adamoli :
« (Lyon) Constantinople 1729 in 12 un volume très rare. Le nommé
Guerrier imprimeur à Lyon qui en fit la seconde édition fut poursuivi
en justice et se sauva à Genève» (catalogue de 1740) imprimé ci-
devant à Paris 1728 (cat. de 1759) (note 40)
1729 *D La Haye, Jacques van den Kieboom, M.DCC.XXIX
92 p. (Dijon 8048)
1729 *E La Haye, Jacques van den Kieboom, M DCC XLIII;
92 p. (Lyon 357 006)

315   HISTOIRE du prince Soly surnommé Prenany, et de la princesse Feslée
1740   A Amsterdam, aux dépens de la Compagnie, M.DCC.XL;
xj p. + 138 p. + table + 129 p. + table (Nîmes 8698;
Troyes AA 15/3631 fonds de Bourbonne)
Impression française
1746 *B Par Mr. de C*** le fils
Amsterdam, François Changuion, M.DCC.XLVI; table + 199 p.
+ 188 p. (Amsterdam 670 G 34)

316   HISTOIRE du prince Titi. A.R.
1736   A Paris, Veuve Pissot, Quai de Conti, à la Croix d'or,
M.DCC.XXXVI; préface + approbation et privilège + 274 p.
+ 384 p. + 240 p.; Veuve Paulus Dumesnil impr. 1735.
(BN pour le tome I; Arsenal 8° BL 19 166)
1736   B Bruxelles, François Foppens, M.DCC.XXXVI; id.
(Auxerre Bx 883)
Autre émission de l'édition précédente
1736   C Amsterdam, Adrien Moetjens, M.DCCXXXVI; 272 p.
(Méjanes C 6293)
Impression d'Avignon
1748   Voir *Le prince Titi & la Princesse Blanchebrune* (n° 542)

317   HISTOIRE du roi de Campanie et de la princesse Parfaite
1736   A In-douze, broché, trente sols
Paris, Veuve de Louis-Denys Delatour, Imprimeur de la
Cour des Aydes, rue de la Harpe, aux Trois Rois, M.DCC.XXXVI;
Avec approbation & privilège; approbation et privilège +
180 p. (Arsenal 8° BL 20 764; Nîmes 8705)
1736 *B Amsterdam, J. Wetstein & G. Smith M DCC XXXVI;
230 p. (Taylor Library Vet. Fr. II A 1121)

318   HISTOIRE du Roi Splendide et de la Princesse Heteroclite
1747   A (S.l.) 1747, 150 p. + (2 p.) + 148 p. + (2 p.)
(Arsenal 8° BL 21 667)
1748   B (S.l.) 1748; 150 p. + (2 p.) + 148 p. + (2 p.)
(Rouen Leber 2129)
Probablement deux émissions de la même édition

319   HISTOIRE du vaillant chevalier Tiran le Blanc. Traduite de
l'espagnol
s.d.   A Londres, (s.d.) xvij p. + 336 p. + 523 p.
(BN Y² 10 849/850; Dijon 8168; Laon in-16 B 408; Troyes
Z 14/2763 fonds de Bourbonne)
Impression parisienne

319   (suite)
1737   B Londres, aux dépens de la Compagnie, M.DCC.-
XXXVII; xxij p. + 233 p. + 384 p. (Montpellier 36 010)
Impression parisienne

320   HISTOIRE et avantures de Dona Rufine, fameuse courtisane
de Séville. Traduite de l'espagnol
1731 A Paris, Brunet fils, Quay des Augustins, à la descente du
Pont Neuf, à l'Image S. Louis. Avec approbation & privilège;
avis au lecteur + approbation et privilège + 276 p. + 333 p.
(Arsenal 8° BL 29 706)
1731 B Amsterdam, aux dépens de la Compagnie, M.DCC.XXXI;
276 p. + 333 p. (Arsenal 8° BL 29 633)
Deux émissions de la même édition; celle soi-disant d'Amsterdam n'a
pas l'avis au lecteur

*321   HISTOIRE et avantures de Mademoiselle de la Rochette. Ecrites
par elle-même et dédiées à son époux
Leyde, Boudouin Vander Aa, M DCC XXXVIII; épître + préface + 198 p. + Catalogue des livres qui se vendent dans la
même boutique (Arsenal 8° BL 21 579)

*322   HISTOIRE et avantures galantes écrites par Mademoiselle T.F.
Suivant la copie de Paris, à Amsterdam, chez Louis Foubert,
Libraire, 1737, catalogue Foubert + 162 p. (BN Y² 42 454)

323   HISTOIRE maccaronique de Merlin Coccaie, prototype de
Rabelais; l'horrible bataille des mouches et des fourmis
(S.l.) M.DCC.XXXIV; viij p. + 370 p. + 419 p. + privilège
(Fontainebleau A 540)
La première traduction des *Macaronices* de Folingo parut chez de
Bray en 1606 (note 41)

324   HISTOIRE negrepontique, contenant la vie, et les Amours
d'Alexandre Catriot, et d'Olympe la belle grecque, de la
Maison des Paléologues. Publiée par I. Baudoin. Seconde
édition...
1731 A Paris, Musier, Quay des Augustins, du côté du Pont
saint Michel, à l'Olivier, M.DCC.XXXI. Avec approbation &
privilège; vj p. + 561 p. approbation et privilège (Mannheim
75/32)
1731 B Amsterdam, Pierre Humbert, M.DCC.XXXI; vj p. + 561 p.
+ *approbation et privilège* (Nîmes 8701)
Deux émissions de la même édition

325   HISTOIRE nouvelle dédiée au génie du siècle... Premiere &
derniere édition
(S.l.) M.DCC.XLVI; xvij p. + 107 p. (BN Y² Z217)

*326   HISTOIRE politique et amoureuse du cardinal Louis Portocar-
rero archevêque de Tolède; Nouvelle édition...
Amsterdam, Jean Pauli, M.DCCCXXXIV; épître + 356 p.
(Arsenal 8° BL 17 974)

*327   HISTOIRE secrete de Bourgogne. Nouvelle édition
Amsterdam, Elie Jacob Ledet & Compagnie, M.DCC.XXIX;
298 p. + 131 p. (Amsterdam 346 B 14)
Réimpression du roman de Mlle de la Force publié pour la première
fois en 1694 chez Benard (note 42)

328   HISTOIRE secrète de la conqueste de Grenade par Madame de
             Gomez
             Paris, J.B. Mazuel, sur le Perron de la Sainte Chapelle, au
             Voyageur, M.DCC.XXIX. Avec approbation & privilège, épî-
             tre + approbation et privilège + 294 p. (Méjanes C 6282)

*329   HISTOIRE secrete des amours de Henry IV Roy de Castille,
             surnommé l'impuissant
             La Haye, Mathieu Roguet, M.D.CC.XXXVI; 11 p. (Versailles A
             in-12 I 262 e; Nîmes 8705)
             Réimpression du roman de Mlle de la Force *Histoire secrete de Henry
             IV, roy de Castille*, publiée pour la première fois en 1695 par S.
             Bernard (note 43)

330   HISTOIRE secrette de la duchesse d'Hanover épouse de Georges
             premier, Roi de la Grande Bretagne
             Londres, Compagnie des Libraires, M.DCC.XXXII; 235 p.
             Dijon 8049)
             Impression de Rouen

331   HISTOIRE secrette des femmes galantes de l'Antiquité IV-VI
             1731 A À Rouen et se vend à Paris chez E. Ganeau et à Rouen
             chez Jore Pere & fils. Avec privilège; avertissement + 407 p.
             + 472 p. + 547 p. (Chalon-sur-Saone)
             Impression parisienne
             1732 B id. MDCCXXXII. Avec privilège; avertissement + 407 +
             approbation et privilège + 472 p. + 547 p. (BN Y² 6335 à
             6337).
             1735 *C Amsterdam, Compagnie, MDCCXXXV; épître + pré-
             face + 236 p. + 248 p. + 229 p. (Göttingen Fab. Rom. IV 2139)
             1745 D Amsterdam, Chatelain, M.DCC.XLV; préface + 443 p.
             + table + 450 p. + (2 p.) + 466 p. + xlviii p. + 383 p. +
             (2 p.) + 446 p. + (1 p.) + 514 p. + (1 p.) (Evreux d 895 à
             900; Caen)
             Impression parisienne

332   HISTOIRE secrette du connetable de Lune, favori, et premier
             ministre de Jean II, roi de Castille & de Léon, où l'on
             voit un détail intéressant des intrigues de cette cour
             Amsterdam, Pierre Humbert, M.DCC.XXX; 333 p.
             (Arsenal 8° BL 18 278; Amsterdam 1526 B 7)
             Impression parisienne (Prault)

333   HISTOIRE véritable de la conversion d'un grand débauché
             Paris, Veuve Valleyre, libraire-imprimeur, rue de la Huchette, à
             la Ville de Riom; 3 p.; approbation du censeur pour la police
             et permis d'imprimer *et de colporter* de Hérault du 18 octo-
             bre 1938
             Pas de page de titre; achevé d'imprimer

*334   HISTOIRE veritable & secrete des vies & des regnes de tous
             les rois & reines d'Angleterre depuis Guillaume I surnommé
             le Conquérant... Traduite de l'anglois
             Amsterdam, chez les Wetsteins & Smith, MDCCXXIX; épître +
             612 p. + 636 p. (Amsterdam 1002 H 28 à H 30)

335   HISTOIRES du comte d'Oxfort, de Miledy d'Herby... Par
             Madame de Gomez
             1737 A Paris, de Poilly, libraire, Quai de Conty, au coin de la
             rue Guene-Gault, aux Armes d'Angleterre, M.DCC.XXXVII.
             Avec approbation & permission; approbation et privilège +
             (3 p.) + 261 p. (Arsenal 8° BL 21 460)
             Sevestre imprimeur.

335   (suite)

1738 *B La Haye, Jean Gallois, M.DCCXXXVIII; (4 p.) +
249 p. (Arsenal 8º BL 17 894)

336   HISTOIRES galantes de la Cour de Vienne
Leipsick, Gaspard Aspruck, M.DCC.L.; vp. + 140 p.
(Göttingen, 8º Fab. Rom. IV 501)
Impression française

337   HISTOIRES ou Contes du tems passé, avec des Moralités; par
M. Perrault. Nouvelle Édition augmentée d'une Nouvelle,
à la fin
1742 *A La Haye, M.DCC.XLII; épître + table + 137 p.
(Mannheim 75/101)
1742 *B Amsterdam, Jacques Desbordes, vis à vis la porte de la
Bourse, M.DCC.XLII; épître + table + 184 p.
(Lyon 811 778, achat récent)
Réimpressions des Contes de Perrault, publiés pour la première fois
par Barbin en 1697 (note 44)

337 bis HISTOIRES tragiques et galantes ornées de figures en taille
douce. Paris, Briasson, Libraire, ruë S. Jacques, à la
Science & à l'Ange Gardien, M DCCXXXI. Avec approbation & privilège; 366 p. (Leyde 2403 g 14 et 15)

*338   HOLLANDOIS (Le) raisonnable ou sort digne d'envie. Par M.
de St Quenain
Amsterdam, Veuve de Coup, MDCCXLI; épître + catalogue
+ 459 p. + 474 p. + 432 p. (Méjanes; Oron RGC 20)

339   ILLUSION (L') d'un instant. Anecdote
Amsterdam, M.DCC.LII; 54 p. (Lyon 390 140)
Ne figure pas dans la List de Jones; impression française

340   ILLUSTRE (L') malheureuse ou la comtesse de Janissanta.
Mémoires historiques... Par l'Auteur du Rozelli
1730 A Amsterdam, aux dépens de la Compagnie, M.DCC.
XXX; 215 p. + 226 p.
(Arsenal 8º BL 21 1603; probablement Troyes Des Guerrois
10 981)
1739 B Amsterdam, Compagnie, M.DCC.XXXIX; 207 p. +
199 p. + 216 p. (Arsenal 8º BL 21 161)

*341   ILLUSTRES (Les) Angloises. Histoires galantes
La Haye, Isaac Beauregard, Libraire dans le Spuystraat, proche
du Capelbrugge, MCCXXXV; 219 p. (Arsenal 8º BL 18 123)

342   ILLUSTRES (Les) fées. Contes galans. Par Madame D**
Amsterdam, Marc Michel Rey, MDCCXLIX; 412 p. (Oron
ROC 12)
M. Lever cite un ouvrage du même titre sans la mention « par Mme
D***», publié par Brunet en 1698 (note 45)

343   ILLUSTRES (Les) Françoises, histoires véritables. Nouvelle Edition...
1731 *A La Haye, P. Gosse et J. Neaulme, M.DCC.XXXI;
584 p. + 322 p. (Reims P 2064)
1737 *B Utrecht, Etienne Neaulme, MDCCXXXVII, xiv p. +
226 p. + 231 p. + 224 p. + 239 p. (Rennes 73 335; Rouen
Leber 2047)

343   (suite)

1748 C La Haye, Jean Neaulme, M.DCC.XLVIII; 353 p. + 358 p.
+ *approbation privilège* à Prault 1723 (Göttingen 8° Fab.
Rom. IV, 1375)
Impression parisienne
1750 D Amsterdam, Marc Michel Rey, M.DCC.L.; xxxviii p. +
226 p. + 231 p. (Göttingen 8° Fab. Rom. IV 1379)

344   IMITATION du roman grec de Theodore Prodromus, par M.
de Beauchamps
(S.l.) M.DCCXLVI; épître + 85 p. (Rouen)

345   IMPERATRICES (Les) romaines, ou Histoire de la Vie et des
Intrigues secrètes des Femmes des douze Césars... par M.
de Serviez. Dédié à Monseigneur le Duc de Chartres.
Nouvelle Édition, augmentée
Paris, Sébastien Ravenel, à l'entrée du Quay des Augustins, du
côté du Pont Saint Michel, au Phoenix, M.DCC.XXVIII.
Avec approbation & privilège. Epître + avis des libraires +
455 p. + épître + préface + 444 p. + épîtres + 404 p.; Prault
imprimeur

(BN 16° J 479)

346   INFORTUNÉ (L') Napolitain ou les avantures du seigneur
Rozelli... Nouvelle Édition
1729 A (1-2) Amsterdam, Henri Desbordes, marchand libraire
dans le Kalverstraat, M.DCC.XXIX; avertissement + 481 p.
+ 446 p. (Arsenal 8° BL 19 666; BN Y² 10 457/8)
1734 B (2) Tome II
Amsterdam, Henri Desbordes... M.DCC.XXXIV; 446 p.
(BN Y² 10 460)
1739 C (2) Amsterdam, Henri Desbordes, M.DCC.XXXIX. Avertissement + 481 p. + 446 p. (Rouen Leber 2048)
Impression de Rouen
1747 D (1) La Haye, Pierre Marteau, M.DCC.XLVII; 253 p.
(Caen).
Impression de Rouen

347   INFORTUNÉ (L') Philope, ou les Mémoires et avantures de
Mr***...
1732 A Paris, J.B.Cl. Bauche fils, M.DCC.XXXII. Avec approbation et privilège; avis au lecteur + 462 p. + approbation et
privilège. (Arsenal 8° BL 21 503)
1732 B La Haye, Jean Swart, libraire, sur le Kneuterdyk,
M.DCC.XXXII; avis au lecteur + 462 p. (Göttingen Fab.
Rom. IV 284)

*348   INFORTUNÉE (L') Hollandoise, ou les Mémoires de Madame de
Belfont
La Haye, Jean Gallois, M.DCC.XXXIX; iv p. + 250 p. +
237 p.
(Arsenal 8° BL 18 058)

349   INFORTUNÉE (L') Sicilienne ou Mémoires et avantures de la
Comtesse Carini, par l'Auteur de la Nouvelle Marianne
A Paris, et se vend à Liège, chés Everard Kints, Libraire &
imprimeur en Souverain Pont; M.DCC.XLII; 208 p. + 206 p.
+ 180 p. + 174 p. (Arsenal 8° BL 20 771)
Mêmes ornements que la *Paysanne Parvenue* de Kints. Exemplaire
revêtu de la signature de Duval, probablement le censeur .

*350   INTRIGUES du sérail, histoire turque; en deux parties; par Mr
Malebranche
La Haye, aux dépens de la Compagnie, MDCCXXXIX; xxivp.
+ 359 p. (Arsenal 8° BL 18 388 et 18 389)

351   INTRIGUES monastiques ou l'Amour encapuchonné; nouvelles
espagnoles, italiennes et françoises
La Haye, Jean van den Bergh, M.DCC.XXXIX; (4 p.) + 256 p.
(Arsenal 8° BL 18 993 et 18 994)

352   JEANNETTE seconde, ou la nouvelle paysanne parvenue par
M. G*** de la Bataille
Amsterdam, Compagnie des Libraires, M.DCC.XLIV; 400 p.
(BN Y² 46 076; Arsenal 8° BL 21 165 et 21 166; Mannheim
76/173; Marseille)
A Erreur de numérotation de la p. 207 paginée 230 (BN et Marseille)
B (Mannheim; Arsenal)
Deux émissions d'une impression de Rouen
La composition est différente et les mêmes ornements typographiques
sont disposés différemment

353   JEUNE (La) Alcidiane par Madame de Gomez
1733   A Paris, Guillaume-Denis David rue du Hurepoix, à la
descente du Pont St Michel, à l'Esperance; Henry rue St
Jacques vis à vis St Yves; M.DCC.XXXIII. Avec approbation
et privilège + 514 p. + 454 p.; Gissey imprimeur (Arsenal 8°
BL 20 506)
1734   *B Amsterdam, aux dépens de la Compagnie, M.DCC.
XXXIV; préface + 494 p. + 502 p. (BN Y² 39 444/5; Dijon
8234)
1739   *C Amsterdam, François l'Honoré et fils, M.DCC.XXXIX;
(6 p.) + 494 p. + 502 p. (Arsenal 8° BL 20 509)

354   ' JEUNE (La) Amériquaine et les contes marins. Par Madame
de ***
(Arsenal 8° BL 18 648)
1749 A (1-2) La Haye, aux dépens de la Compagnie, M.DCC.
XL; épître + 188 p. + 207 p.
1741 B (3-4) La Haye, aux dépens de la Compagnie, M.DCC.
XLI; 231 p. + 240 p.

*355   JOURNALISTE (Le) amusant, ou le monde sérieux et comique
Amsterdam, François l'Honoré, M.DCC.XXXII; vii p. + _appro-
bation_ + 207 p. (Arsenal 8° BL 19 647)

356   JOURNÉES (Les) amusantes, dediées au Roy par Madame de
Gomez
1728 *A (1-4) Seconde Édition, revue, corrigée & enrichie de
Figures en Taille Douce
Amsterdam, aux dépens de la Compagnie M DCC XXVIII;
(2 p.) + 286 p. + 232 p. + 229 p. + 372 p.
(Heidelberg Waldberg 3355)
1728   B (1) Troisième Édition...
Paris, Charles Le Clerc, M DCC XXVII. Avec privilège; 386 p.
(Le Mans BL 3375)
1730   C (5) La Suite des Journées amusantes... Tome cinquième
Paris, Veuve Guillaume, Quay des Augustins, près le Pont S.
Michel, au Nom de Jésus, M DCC.XXX. Avec approbation
et privilège; 355 p. + 312 p. + approbation et privlège
(BN Y² 7742 et 7743; Fontainebleau A 887 pour la 2ᵉ partie).

356   (suite)
         1731   D (6) Suite des Journées amusantes, dédiées à Madame
                la Comtesse de Verrue
                Paris, Charles Le Clerc, Quay des Augustins, du côté du
                Pont S. Michel, à la Toison d'Or, M.DCC.XXXI. Avec
                approbation et privilège; 391 p. + 378 p. + approbation et
                privilège; Prault imprimeur (BN Y² 7744 et 7745; Fontaine-
                bleau A 887)
         1731   *E (6) Les Journées amusantes dédiées au Roi... Seconde
                Édition...
                Amsterdam, aux dépens de la Compagnie, MDCC XXXI;
                248 p. (BN Y² 7746)
         1732   *F (7-8) Suite des Journées amusantes dédiées à Madame la
                Comtesse de Verrue
                Amsterdam, aux dépens de la Compagnie, M.DCC.XXXII;
                322 p. + 314 p. (Heidelberg Waldberg 3355)
         1734   G (1-6) Les Journées amusantes, dédiées au roy... Qua-
                trième Édition, revue & corrigée
                Amsterdam, par la Compagnie, M.DCC.XXXIV; 240 p. +
                232 p. + épître + 240 p. + 320 p. + épître + 239 p. +
                215 p. (BM Lille 86 335; St Pol-sur-Ternoise)
                Impression de Rouen
         1740   H (1-8) Sixième Édition...
                Amsterdam, par la Compagnie, 1740; épître + 240 p. + table
                + 234 p. + table + épître + 240 p. + table + 319 p. + épî-
                tre + 238 p. + table + 214 p. + table + 244 p. + 240 p.
                (Dijon 7800)
                Impression de Rouen
         1744   I (1-8) Septième Édition...
                Amsterdam, par la Compagnie, 1744; épître + 240 p. + table
                + 234 p. + table + épître + 240 p. + table + 319 p. + table
                + épître + 238 p. + 214 p. + table + 244 p. + 240 p.
                Filigrane 1744; la page 240 du tome I est paginée par erreur 140
                Impression de Rouen
         1747   J Septième Édition...
                Amsterdam, par la Compagnie, 1747; épître + 240 p. +
                234 p. + table + épître + 240 p. + 320 p. + épître + 240 p.
                + 216 p. + 244 p. + 240 p. (Clermont 45 081).

357   KANOR conte traduit du sauvage, par Madame ***
             Amsterdam, M.DCCL; (4 p.) + 168 p. (BN Y² z 164; BU Lille
             Agache 2676)

358   KARA Mustapha et Basch-Lavi
             Amsterdam, M.DCC.L; 275 p. (Dijon 8122)

359   LAMEKIS ou les voyages extraordinaires d'un Egyptien dans
             la terre intérieure...
         1736   A (1) Londres, aux dépens de la Compagnie,
                MDCCXXXVI; préface + 128 p. (Göttingen 8° Fab. Rom.
                IV 315)
                Impression hollandaise
         1737   B (1-4) Paris, Poilly, Quay de Conty, au coin de la ruë de
                Guenegaud, aux Armes d'Angleterre, M.DCC.XXXVII.; épî-
                tre + préface + 181 p. + approbation et privilège + 147p. +
                approbation + 141 p. + approbation + 116 p. + approbation
                (Arsenal 8° BL 19 286 et 19 287)

359   (suite)
1738 C (5-8) La Haye, Neaulme, M.DCC.XXXVIII; vj p. + 135 p.
+ 144 p. + 146 p. + 158 p. + catalogue (Arsenal 8° BL 19 286
et 19 287)
Impression française
Nous n'avons pas vu l'édition de 1736 de l'Arsenal signalée sans
doute par erreur par Jones

360   LAURIERS (Les) ecclesiastiques ou Campagnes de l'abbé de
T***
Luxuropolis, Imprimerie ordinaire du Clergé, M.DCC.XLVIII;
194 p. (Dijon 95 027; Clermont Ferrand R 5532)

*361   LECTURES amusantes ou les délassements de l'esprit
La Haye, Adrien Moetjens, M.DCC.XXXIX; 360 p. + 379 p.
(BN Y² 7779/ 80)

*362   LÉGISLATEUR (Le) moderne, ou les Mémoires du Chevalier
de Meilcourt
Amsterdam, François Changuion, M.DCC.XXXIX; xij p.   +
332 p. (Arsenal 8° BL 21 327)

363   LETTRE à Madame***, contenant deux histoires françoises
La Haye, aux dépens de la Compagnie, MDCCXXXIX; 157 p.
(BN U² 6687)

364   LETTRE d'Angélique à Thérèse
La Haye, M.DCC.XXXIX; 24 p. (Arsenal 8° BL 19 971)
Impression parisienne (Prault)

365   LETTRES angloises ou histoire de Miss Clarisse Harlove.
Tome IV. Première partie.
(S.l.) M.DCC.L., 283 p. (Nancy 301 833).

*365 bis LETTRES d'amour d'une religieuse portugaise, écrites au Che-
valier de L., officier françois en Portugal, revûes...
Nouvelle Édition. Tome second
La Haye, Antoine Van Dole, M.DCC.XLII; 408 p. + catalogue
(BN Zz 3948)
La première édition des *Lettres portugaises* fut publiée en 1690 par
Barbin (note 46)
Voir aussi *Nouveau Recueil...* A 42.

366   LETTRES d'Aristenete auxquelles on a ajouté les Lettres choi-
sies d'Alciphron. Traduites du grec
Londres, aux dépens de la Compagnie, MDCCXXXIX; préface
+ 304 p.
(BN 8° Z 16 194)
Probablement hollandais

367   LETTRES d'Aza ou d'un Péruvien. Conclusion des Lettres
Péruviennes
1749 A (S.l.) M.DCC.XLIX., 186 p. (Nancy 310 875 a)
1749 B Amsterdam aux dépens du Délaissé, 1749; (4 p.) + 132 p.
+ « suite du catalogue des livres de M. M. Rey»
(Arsenal 8° BL 19 723).

368   LETTRES d'une demoiselle entretenue à son amant
Cologne, Pierre Marteau, 1749; épître + 43 p. (Arsenal 8°
BL 19 766 et 35 546)
Édition probablement parisienne

369   LETTRES d'une Péruvienne
s.d. A A peine (s.d.); avertissement + 285 p. (Boulogne C 2770).

369   (suite)

s.d. B Peine (s.d.); avertissement + 337 p. (Nancy 1660)

s.d. C A Peine (s.d.); xij p. + 336 p. (Lyon 382 594)

s.d. D A Peine (s.d.); 278 p. (photocopie à Nancy 310 875; suivi des *Lettres d'Aza*)

1748 E Seconde Édition
Lausanne, M. M. Bousquet & Compagnie, MDCCXLVIII; avertissement + 236 p. (Arsenal 8° BL 19 891)

370   LETTRES d'une Turque à Paris, écrites à sa sœur au serrail

1730 *A Amsterdam, Pierre Mortier, M.DCC.XXX. (La Haye 186 F 24).

1731 B Amsterdam, Pierre Mortier, M.DCC.XXXI; préface + Lettre de la Comtesse de *** + 95 p. (Arsenal 8° BL 19 980)
Impression parisienne (Prault)

1731 C ... pour servir de supplément aux Lettres Persannes
Cologne, Pierre Marteau, M.DCC.XXXI; préface + lettre + 132 p. (BN R 24 137; Mannheim 76/49)

1732 D Amsterdam, Pierre Mortier, M.DCC.XXXII; préface + lettre + 332 p. (Reims P 2070)

1739 E Lettres turques
Cologne, Pierre Marteau, M.DCC.XXXIX; 69 p. (Arsenal 8° BL 31 932; Bordeaux PF 1199)
Impression parisienne (Prault)

1744 F Lettres turques
Cologne, Pierre Marteau, M.DCC.XLIV; 69 p. (Arsenal 8° BL 31 933)
Réimpression de E

1750 G Lettres turques, revûes, corrigées et Augmentées
Amsterdam, Pierre Mortier, MDCCL; 178 p. + 228 p. (BN R 15 276)
Le second tome porte comme titre *Lettres de Nedim Coggia* et se termine par la comédie des *Veuves*

371   LETTRES de la Grenouillere, entre M. Jerosme Dubois, pêcheur du Gros-Caillou, et Mlle Nanette Dubot, blanchisseuse de linge fin
A la Grenouillère (s.d.) avertissement + 63 p.
(Arsenal 8° BL 35 546)

372   LETTRES de la Marquise de M*** au comte de R***

1732 A (S.l.) M.DCC.XXXII; 220 p. + 203 p. (p. 203 paginée par erreur 230) (BN Y² 25 135/6; Arsenal 8° BL 19 849 et 19 850); Melun 01227)
Imprimé probablement par Prault

1734 *B La Haye, Henri Scheurleer, M.DCC.XXXIV; 186 p. + 172 p. (BN Y² 25 139/140; Stuttgart HB 5522; Mannheim 77/19)

1735 C (S.l.) M.DCC.XXXV; 220 p. + 203 p. (p. 203 paginée par erreur 230) (Arsenal 8° BL 19 851)
Probablement seconde émission de l'édition A

1738 D La Haye, Henri Scheurleer, M.DCC.XXXVIII; 220 p. + 203 p.
(Arsenal 8° BL 19 852; BN Y² 25 141/24; Lyon B 508 634)
Nouvelle émission de l'édition A de Prault

372   (suite)

1739   E (S.l.).   M.DCC.XXXIX;   240 p. + 268 p. (BN Y^2
25 195/6; Arsenal 8° BL 19 853)
Papier G.R. de la généralité de Rouen

1744 *F Amsterdam et Leipzig, Arkstée & Merkus, MDCCXLIV;
181 p. + 168 p. (BU Lille Agache 2696; Stuttgart HB 5523)

1744   F bis La Haye, Henri Scheurleer, M.DCC.XLIV; 186 p.
+ 172 p. (Bourg M 260)

1746   G La Haye, Henri Scheurleer, M.DCC.XLVI; 220 p. +
203 p. (BN Y^2 25 151/2)
Impression de Rouen

1748   H (S.l.) M.DCC.XLVIII (Verdun 17 880 et BN Y^2 25 153
pour la seconde partie)

1749   I La Haye, Henri Scheurleer, M.DCC.XLIX; 203 p. +
248 p. (BN Y^2 25 154/5)

373   LETTRES de Montmartre par M. Jeannot Georgin
Londres, 1750, 111 p. (Dijon 8568)

374   LETTRES de Therese ou Mémoires d'une jeune Demoiselle de
Province, pendant son séjour à Paris

1739   A (1-2) La Haye, Jean Neaulme, M.DCC.XXXIX; 149 p.
+ 168 p. (Arsenal 8° BL 19 971)
Le A et le Y de l «La Haye» mis à l'envers

1740   B (1-3) La Haye, Jean Neaulme, M.DCC.XI; 144 p. +
168 p. (Amiens; Bourg 11 016)

1741 *C (1-3) Amsterdam, Compagnie;MDCCXLI; 94 p. +
110 p. + 104 p. (Bruxelles VH 4375A)

1742   D (4-6) La Haye, J. Neaulme, M.DCC.XLII; (4-6) 113 p.
+ 100 p. + 154 p. (Bourg 110 166)
Impression lyonnaise

1746 *E Amsterdam, Compagnie, MDCCXLVI (Laon)

1745 *D (4-6) Amsterdam, chez les Janssons à Waesberg,
M.DCC.XLV; 80 + 116 p.

375   LETTRES du Chevalier Danteuil et de Mademoiselle de Thelis

1742   A (S.l.) M.DCC.XLII; (6 p.) + 246 p. (Arsenal 8°
BL 19 715)
Impression parisienne

1744   B Histoires et avantures de *** par lettres
id (Nîmes 8700)

376   LETTRES historiques et galantes

1732   A (1-5) ... de deux Dames de Condition, dont l'une étoit à
Paris, & l'autre en Province. Ouvrage curieux. Nouvelle Edi-
tion revûë, corrigée, augmentée... Par Madame de C***
Amsterdam, Pierre Brunel, M.DCCXXXII; 524 p. + 556 p.
+ table + 467 p. + table + 480 p. + table + 450 p. + table
(Melun 01085; Archives du Gard M 3549 pour le tome I)
Impression de Trévoux

376   (suite)
         1733   B (1-5) ... par Madame Dunoyer
                Cologne, Pierre Marteau, M.DCC.XXXIII; 434 p. + 407 p.
                + 443 p. + 472 p. + 440 p.
                (Arsenal 8° BL 31 724; Archives du Gard M 3549 pour le
                tomeII)
                Impression d'Avignon
         1739   C (1-3) Lettres historiques et galantes de Madame Du
                Noyer...
                Nouvelle édition... avec une table des matières qui manquait...
                Londres, Jean Nourse, M.DCC.XXXIX; 555 p. + 576 p. +
                482 p.
                (BN Z 15 148/9; Melun 01085 pour le tome I)
         1739   D (6) Mémoires de Madame Du Noyer
                Londres, Jean Nourse, M.DCC.XXXIX; (12 p.) + 450 p. +
                (16 p.) (Collection particulière)
         1739   E (5) Lettres historiques et galantes de deux dames de
                condition... Par Madame Dunoyer. Nouvelle édition augmen-
                tée. Tome cinquième.
                Amsterdam, J. Ryckhoff, fils, libraire, M.DCCXXXIX, 517 p.
                (Archives du Gard, M 3499)
                Impression de Rouen
         1741   F (2-4) Lettres historiques et galantes de Madame Du
                Noyer...
                Nouvelle édition...
                Londres, Jean Nourse, M.DCC.XLI; 576 p. + 482 p. +
                495 p.
                (BN Z 15 154 à 156)

377   LETTRES infernales et les Tisons
             Aux Enfers, MDCCXL; au lecteur + 123 p. (Göttingen 8° Fab.
             Rom. IV 501)

378   LETTRES persanes
         1730   *A Troisième édition
                Amsterdam, Jaques Desbordes, MDCCXXX; 312 p. + 347 p.
                (BN Z 15 217/8; Arsenal 8° BL 31 929)
                Édition hollandaise avec 140 lettres au lieu de 150
         1730   A' Troisième édition
                Amsterdam, Jacques Desbordes, MDCCXXX; 240 p. + 348 p.
                (Institut Catholique 35 611)
                140 lettres mais les signatures et le filigrane font penser à une
                Impression française
         1730   B Cologne, Pierre Marteau, M.DCC.XXX; 168 p. + 187 p.
                (BN Z 15 221)
         1730   C Quatrième édition
                Cologne, Pierre Marteau, M.DCC.XXX; 170 p. + 187 p.
                (Bordeaux AP 29 282)
         1730   C' Cologne, Pierre Marteau, M.DCC.XXX; 172 p. + 187 p.
                Institut catholique 35 606)
         1731   D Nouvelle Édition, Revûê, corrigée & augmentée de nou-
                velles Lettres d'une Turque à Paris, écrites à sa sœur au Ser-
                rail. Tome II
                Amsterdam, Pierre Mortier, M.DCC.XXXI; 329 p.
                (BN Z 15 225)
         1731   E Lettres Persanes. Augmentées de Lettres Turques
                Cologne, Pierre Marteau, MDCCXXXI; 172 p. + 187 p.
                (Bordeaux AP 29 295)
                Impression parisienne

378   (suite)
>   1731   F Cologne, Pierre Marteau, M.DCC.XXXI; 312 p. + 340 p.
>   (Mannheim 76/49)
>   1731   G Cologne, Pierre Marteau, M.DCC.XXXI; 178 p. + 220 p.
>   (Arsenal 8° BL 31 931)
>   1735   H Nouvelle Édition
>   Londres, M.DCC.XXXV; 192 p. + 188 p. (Bordeaux PF 1198)
>   1739   I Cologne, Pierre Marteau, imprimeur-libraire, près le
>   collège des Jésuites, M.DCC.XXXIX; 172 p. + 196 p.
>   (Bordeaux PF 1199; Arsenal 8° BL 31 932)
>   Impression parisienne (Prault)
>   1740   *J Cinquième édition
>   Amsterdam, Jacques Desbordes, M.DCC.XL; 348 p. (La Haye
>   604 K 25)
>   Édition hollandaise qui comporte 139 lettres
>   1744   K Cologne, Pierre Marteau, Imprimeur-Libraire, près le
>   Collège des Jésuites, M.DCC.XLIV; + 240 p. (Bordeaux
>   PF 1201)
>   Impression parisienne
>   1750   L Tome 1
>   ? 211 p. (Bordeaux PF 1202).

*379   LETTRES saxonnes
>   Berlin, aux dépens de la Compagnie, M.DCC.XXXVIII; 164 p.
>   + 172 p. + catalogue. (Dijon 16 594)
>   Impression hollandaise

380   LETTRES tendres et historiques d'une mere à sa fille
>   La Haye, Pierre Marteau, M.DCC.XLIV; 96 p. (Nîmes 8700)

381   LIBERTINS (Les) en campagne. Memoires tirez du pere de la
>   Joye, Ancien Aumônier de la Reine d'Yvetot
>   Imprimé au Quartier Royal 1744; (4 p.) + 172 p. + 120 p.
>   (Mannheim Fr.Mf.400)
>   Impression de Rouen.

382   LILIA, ou Histoire de Carthage
>   . Amsterdam, à l'enseigne du Sylphe Conducteur, M.DCC.XXXVI;
>   (4 p.) + 113 p. (Arsenal 8° BL 18 631).

383   LOUP (Le) galleux, et la jeune vieille, contes. Par Madame de
>   V***
>   Leide, M.DCC.XLIV; avertissement + 206 p. (BU Lille Agache
>   2703).

384   LYCORIS, ou la courtisanne grecque
>   1745   A Amsterdam, aux dépens de la Compagnie, M.DCC.XLV;
>   140 p. (Arsenal 8° BL 17 456)
>   Impression parisienne.
>   1746   B (1) Amsterdam, aux dépens de la Compagnie,
>   M.DCC.XLVI; 140 p. (Arsenal 8° BL 17 456)
>   Impression parisienne

385   MAHMOUD le Gasnevide. Histoire orientale. Fragment traduit
>   de l'arabe, avec des notes
>   1729   *A Rótterdam, Jean Hofhoudt, MDCCXXIX; vj p. + 164 p.
>   + table (Arsenal 8° BL 18 424; Clermont 43 820)
>   1730   B Rotterdam, Jean Hofhoudt, M.DCC.XXX; préface +
>   162 p. + table (Arsenal 8° BL 18 425)

386 MALHEURS (Les) de l'amour. Première partie
Amsterdam, M.DCC.XLVII; épître + 247 p. (Arsenal 8º BL
17 455; Mannheim 75/383)

387 MANDARINADE (La) ou Histoire comique du mandarinat de
Monsieur l'abbé de Saint-Martin... (BN 8º Ln²⁷ 18 296)
1738 A La Haye, P. Paupie, M.DCC.XXXVIII; (8 p.)
Impression de Rouen
1739 B La Haye, P. Paupie, M.DCC.XXXIX; (16 p.) + 266 p.
Impression de Rouen

387 bis MANTEAU (Le) ou la couverture des eaux de Spa par Mon-
sieur de W***.
Première partie, Cologne, P. Marteau, M.DCC.XXXVII
Impression liégeoise

388 MANTEAUX (Les). Recueil
La Haye, MDCCXLVI; xviij p. + 128 p. + errata (Rouen
Leber 2389).

389 MARGOT la ravaudeuse, par M. de M**
Hambourg, M.D.C.C.C.; 160 p. (Reims Diancourt P 1066)

390 MARIE d'Angleterre, reine-duchesse. Dédié à Madame la Mar-
quise de Pompadour. Par Mademoiselle de Lussan
Amsterdam, Jacques Desbordes, près le Comptoir de Cologne;
M.DCC.XLIX; (2 p.) + 300 p. (BN Y² 49 868)
Impression parisienne

391 MARQUIS (Le) de Chavigny, par feu M. Boursault
Paris, Le Breton, M.DCC.XXXIX, avec approbation & privi-
lège; épître + 288 p. (Mannheim 75/209)
Première édition chez E. Martin en 1670 (note 47)

*392 MASQUE (Le) de fer ou les avantures admirables du père et
du fils
La Haye, Pierre de Hondt, MDCCXLVII; xvj p. 110 p. + (2 p.)
+ 96 p. + 107 p. + 79 p. + 88 p. + 89 p. + catalogue
(Arsenal 8º BL 22 239)
Nous n'avons pas trouvé d'autre édition

393 MELANIE ou la veuve charitable. Histoire morale
Paris, Antoine Des-Hayes, libraire rue St Jacques près la Fontaine S. Severin à l'Esperance, MDCCXXIX. Avec approbation & privilège; avertissement + préface + 238 p. + approbation et privilège; impr.Cl.Simon
(Arsenal 8º BL 19 389; Bourges D 1476)

394 MELCHU-KINA, ou Anecdotes secretes et historiques
s.d. A Paris, Jacques Rolin fils, Quay des Augustins, à Saint
Athanase (s.d.). Avec privilège; ix p. + 345 p. (BN Y² 7256)
1736 B Amsterdam, Pierre Mortier, M.DCC.XXXVI; ix p. + 345 p.
(Dijon 8053)
Deux émissions de la même édition

395 MELISTHENES ou l'illustre Persan, nouvelle. Par Monsieur de
P***
Paris, Pierre Prault, Quai de Gesvres, au Paradis, M.DCC.XXXII.
Avec approbation et privilège; 265 p. + approbation et privi-
lège (Nîmes 8739)

396 MEMNON, histoire orientale (note 48)
1747 A (Bengesco 1420; Ascoli 1; Catalogue de la BN nº 2973)
Londres, pour la Compagnie, MDCCXLVII; 172 p. (BN Z
Beuchot 559; Arsenal 8º BL 18 430)

396   (suite)

Cette édition pourrait être hollandaise (ce qui confirmerait l'hypothèse de l'attribution à Arkstée et Merkus d'Amsterdam) ou allemande; voir ci-dessous 396 C

1748   **B** (Bengesco 1420 note 2; Ascoli 2; catalogue de la BN nº 2974)

Londres, pour la Compagnie, MDCCXLVIII; 172 p. (BN Z Beuchot 560)

Nous pensons comme Ascoli qu'il s'agit d'une édition hollandaise; l'hypothèse d'une impression de Rouen avancée par le *Catalogue de la BN* ne semble pouvoir être retenue; ni les habitudes typographiques ni les caractères ni le papier ne ressemblent à ce que nous connaissons des impressions rouennaises, en tout cas jusqu'en 1745; par contre la lettrine de départ est semblable àc elles qu'on trouve dans les *Solitaires en belle humeur* d'Étienne Neaulme et dans les *Mémoires d'un homme de qualité* publiés par Wetstein et Smith en 1735. Les motifs décoratifs utilisés en composition à la place d'un bandeau de départ semblent les mêmes que ceux des *Mémoires de Mlle de Bonneval* (La Haye, Van den Kieboom, 1738) des *Nouveaux Mémoires du comte de Bonneval* (La Haye, Van Duren, 1737) et des *Promenades de M. de Clairenville* (1743), tous hollandais
Dans ces deux éditions on trouve la graphie hollandaise « savoir» et la ponctuation semble identique

1748   **C** Londres, pour la Compagnie, MDCCXLVIII. Et se vend à Francfort chez la veuve Knoch & J.G. Eslinger; 138 p. (Oron RTA 20)

Ne se trouve pas à la Bibliothèque Nationale; Bengesco ne la connaît pas; Ascoli la mentionne sans l'avoir vue
Cette édition, qui a un titre noir et rouge comme les deux précédentes, est également 8º; on y trouve comme dans l'édition B deux fois la signature A3; elle semble assez défectueuse : « lune de Niel» (p. 13). Nous pensons qu'il s'agit d'une édition allemande. Nous nous demandons s'il ne s'agit pas de la première édition, peut-être « rhabillée» avec une page de titre de 1748; en tout cas un correspondant de Prosper Marchand, séjournant à Paris en décembre 1748, faisant allusion à la première édition française de *Zadig*, ajoute : « elle (+ cette historiette) parut il y a environ deux ans à Berlin sous un autre titre incomplète et pleine de fautes» (note 49)
Pour les éditions ultérieures, voir *Zadig*

397   MÉMOIRES anecdotes pour servir à l'histoire de M. Duliz. Et la suite de ses avantures, après la catastrophe de celle de Mademoiselle Pelissier, Actrice de l'Opéra de Paris
Londres, Samuel Harding, MDC.XXXIX; 206 p. (Arsenal 8º BL 21 268; Opera C 5542; Mannheim 75/344)
Impression parisienne

398   MÉMOIRES d'Anne-Marie de Moras, comtesse de Courbon
1739   A Ecrits par elle-mesme, adressés à Mademoiselle d'Au** Pensionnaire au Couvent du Cherche-midi
La Haye, Pierre Dehondt, MDCCXXXIX; XIV p. + 134 p. + 176 p. + 156 p. + 204 p. (BN Y² 6673 à 6676)
Impression parisienne
1740   *B Ecrits par elle-même, et addressez à mademoiselle de ***. Pensionnaire au Couvent du Cherche-midi
La Haye, Pierre de Hondt, MDCCXL; (14 p.) + 79 p. + 112 p. + 107 p. + 136 p. Avec catalogue
(BN 16º Y² 17 928, Br.L. 12 510 cc 25; Amiens BL 2678, fonds des Augustins)

399   MÉMOIRES d'un honnête homme
        1745   A Amsterdam, M.DCC.XLV; xiv p. + 199 p. + 179 p.
        (Arsenal 8° BL 22 290 et 22 292; Bruxelles VH 12 534;
        Mannheim 76/208)
        Impression parisienne
        1746   B Londres, Moyse Chastel, M.DCC.SLVI; xivp. + 156 p.
        + 140 p. (Versailles Rodouan B 486)
        Impression hollandaise
        1746   C Mémoires et avantures d'un honnête homme
        Amsterdam, Paul Gautier, M.DCC.XLVI; xv p. + 304 p.
        (Troyes Des Guerrois 10 235)
        Impression probablement allemande

400   MÉMOIRES d'une fille de qualité. Par M.D.L.P.
        (S.l.) M.DCC.XLII; avertissement + 187 p. + 340 p.
        (Arsenal 8° BL 22 285; BN Y² 52 470)
        L'exemplaire de la BN n'a pas d'avertissement
        Impression parisienne (Prault)

*401   MÉMOIRES d'une fille de qualité qui ne s'est point retirée du
        monde. Par le Chevalier de Mouhy
        Amsterdam, aux dépens de la Compagnie, MDCCXLVII; épître
        + 414 p. + 340 p. + 372 p. + 299 p. (Arsenal 8° BL
        22 287).

402   MÉMOIRES de Clapandrus écrits par lui-même
        Amsterdam, MDCCXL; épître + 166 p. (Arsenal 8° BL 20 785)
        Impression probablement allemande

403   MÉMOIRES de Gaudentio di Lucca
        (S.l.) M.DCC.XLVI; 235 p. + errata + 303 p. + errata (Mar-
        burg VII d C 375 m)
        Impression probablement parisienne

404   MÉMOIRES de l'Académie des colporteurs
        Imprimerie ordinaire de l'Académie, MDCCXLVII; vj p. + 319 p.
        (Rouen Leber 2388)

405   MÉMOIRES de l'Académie des sciences
        Liège, Barnabé, M.DCC.XLIV; 56 p. (Troyes RR 397)

406   MÉMOIRES de la Comtesse d'Horneville; ou Reflexions sur
        l'inconstance des choses humaines. Par M. Simon
        1739   A Amsterdam, M.DCC.XXXIX; 359 p. + 372 p. (Arsenal
        8° BL 21 155)
        Impression française
        1740 *B Amsterdam, aux dépens de la Compagnie, M.DCC.XL;
        258 p. + 268 p. (Arsenal 8° BL 21 156).
        1743   C (1) Amsterdam, M.DCC.XLIII; 359 p. (Première partie
        seulement) (Versailles E 319 e in-12)
        Impression française
        1746   D Amsterdam, M.DCC.XLVI; 359 p. + 372 p. (Collection
        privée)
        Impression française

407   MÉMOIRES de la comtesse de Mirol ou les funestes effets de
        l'amour et de la jalousie. Histoire piemontoise, par M. le
        Marquis d'Argens
        1736 *A La Haye, Adrien Moetjens, M.DCC.XXXVI; préface +
        224 p. + table (Arsenal 8° BL 21 375)

407   (suite)

1748   B La Haye, Adrien Moetjens, M.DCC.XLVIII; préface +
112 p. + 156 p. (Versailles Bibl. de la Reine 1005)
Cette édition ne semble pas hollandaise

408   MÉMOIRES de la comtesse Linska, histoire polonoise, dédiée à
la Reine de Pologne, Duchesse de Lorraine, par M.
Milon de Lavalle
Paris, Mesnier, Imprimeur-Libraire, rue Saint-Severin, au Soleil
d'Or, ou en sa Boutique au Palais, Grande Salle, même
enseigne, M.DCC.XXXIX. Avec privilège; approbation et
privilège + 351 p. (Oron RSA 230)

409   MÉMOIRES de la Cour de France pour les années 1688 &
1689. Par Madame la Comtesse de La Fayette
Amsterdam, Jean Frédéric Bernard
1731   A   M.DCC.XXXI; avertissement + 234 p. (BN L ^{37} 170 b)
1731   B   M.DCC.XXXI; avertissement + 234 p. (BN L ^{37} 170
b A)
Impression française
1742   C M.DCC.XLII; avertissement + 234 p. (Ste Geneviève
Res. Y 3438/Inv.6214)
Impression française

410   MÉMOIRES de la vie du comte de Grammont, par M. le
Comte Antoine Hamilton
1731   A Nouvelle Édition, corrigée & augmentée d'un Discours
préliminaire du même Auteur
La Haye, P. Gosse & J. Neaulme, M.DCC.XXXI; xxij p. +
407 p. (Orléans D2326)
Impression parisienne
1732 *B Nouvelle édition, (etc)
Utrecht, Étienne Neaulme, M.DCC.XXXII; avertissement +
336 p. (BN Ln ^{27} 9022 G).
1741   C Nouvelle édition (etc)
La Haye, P. Gosse & J. Neaulme, M.DCC.XLI; xxiv p. +
407 p. (BN Ln ^{27} 9023)
Impression non hollandaise
1749   D (1) Mémoires du comte de Grammont, par le C.
Antoine Hamilton. I. Partie
(S.l.) M.DCC.XLIX; xxxij p. + 340 p. + 315 p.; Ch.J.B.
Delespine impr. (Arsenal 8° BL 21 118; Boulogne C 24535)
Impression non hollandaise

411   MÉMOIRES de Madame de Barneveldt
1732   A   Paris, Michel Gandouin, Quay de Conty, aux Trois
Vertus, et Pierre-François Giffart, ruë S. Jacques, à Ste The-
rese, MDCCXXXII
Avec approbation & privilège; (20 p.) + 288 p. + lxvi p. +
250 p. + (2 p.) + approbation et privilège
(Arsenal 8° BL 18 046)
1732 *B Amsterdam, aux dépens de la Compagnie, M.DCC.
XXXII; (12 p.) + 199 p. + (8 p.) + 227 p. + *approbation*
(BN 16° Z 7502; Mannheim 75/269)

412   MÉMOIRES de Madame de Saldaigne. Écrits par elle-mesme, et
donnés au Public par M.D.V. ***
Londres, M.DCC.XLV; avertissement + 204 p. + 228 p.
(Arsenal 8° BL 21 608)
Impression parisienne

413   MÉMOIRES de Madame la Comtesse de *** Écrits par elle-
même à une amie
La Haye, Isaac Beauregard, dans le Hoog-Strart (sic),
M.DCCXLIV; vj p. + 176 p. + 158 p. (Le Mans Hist 7568;
Göttingen 8° Fab. Rom. IV 409)
Impression parisienne

414   MÉMOIRES de Madame la Comtese de M*** avant sa retraite,
servant de réponse aux Mémoires de M. le Comte de***
rédigés par Monsieur de Saint-Evremond. Nouvelle Édition
(S.l.) M.DCC.XL; avertissement + 276 p. (Versailles, Bibl. de la
Reine 1086)
Impression parisienne

*415   MÉMOIRES (Les) de Madame la Marquise de Villenemours.
Écrits par elle-même, & rédigés par Madame de Mouhy
La Haye, Antoine Van Dole, Libr. à l'Enseigne de Hugo Gro-
tius, M.DCC.XLVII; vij p. + 114 p. + 124 p. + catalogue
+ 154 p. + 152 p. (Arsenal 8° BL 21 754).

416   MÉMOIRES de Mademoiselle Bontemps, ou de la Comtesse de
Marlou, histoire véritable. Par M. Gueulette
1738 A Amsterdam, Jean Catuffe, M.DCC.XXXVIII; 438 p.
(Arsenal)
1749 B Amsterdam, Jean Catulfe (sic), dans le Kalverstraut,
M.DCC.XLIX; avis + 212 p. + 226 p. (Bordeaux B 8040)
Impression de Rouen
1749 C Rédigés par M. Gueulette. Auteur des Contes Tartares,
Chinois et Mogols
La Haie, Jean Neaulme, M.DCC.XLIX; (8 p.) + 142 p.
+ 143 p. + 154 p. (Arsenal 8° BL 20 745)
Impression parisienne
Titre de départ : *Mémoires de Mme la Comtesse de M.*
Petit 8° d'impression parisienne; le format (13 cm) et même certaines
signatures (le 1er cahier est signé jusqu'à 7) imitent les in-12
hollandais

417   MÉMOIRES de Mademoiselle de Bonneval...
1738 A La Haye, Jacques van den Kieboom, M.DCC.XXXVIII;
préface + 174 p. + catalogue (Arsenal)
1738 B Amsterdam, Jacques Desbordes, M.DCC.XXXVIII;
215 p. (Le Mans Hist. 7568)
Impression parisienne

418   MÉMOIRES de Mademoiselle de Mainville ou le feint chevalier.
Par M. le Marquis d'Argens
1736 A La Haye, Pierre Paupie, M.DCC.XXXVI; dédicace + préface + 226 p. (Arsenal 8° BL 21 477)
1750 B Amsterdam, par la Société, M.DCC.L; dédicace + préface + 90 p. + 71 p. (Taylor Library UNS 157 I 40)

419   MÉMOIRES de Milord. Traduits de l'anglois. Par Monsieur
D.L.P.
Paris, Prault pere, Quay de Gêvres, au Paradis, M.DCC.XXXVII.
Avec approbation & privilège; approbation et privilège +
185 p. (Arsenal 8° BL 21 460)

420   MÉMOIRES de M(onsieur) de Poligny... Par Madame de ***
La Haye, Isaac Beauregard, M.DCC.XLIX; iv-162 p.
(BN Y² 52588; Arsenal 8° BL 21 534; Oron RSA 234)
Imprimé à Paris par Delaguette (note 50) pour la Veuve Piget

421   MÉMOIRES de M(onsieur) de Volari ou l'amour volage
La Haye, M.D.CC.XLVI; 127 p. + 160 p. (Arsenal 8° BL 21 759).

422   MÉMOIRES de Monsieur le comte de Claize. Par M. de Catalde
1738 A Amsterdam, aux dépens de la Companie, M.DCC.
XXXVIII; (4 p.) + 540 p. (Arsenal 8° BL 20 838)
Impression de Rouen
1738 B (Orléans D 2369)
Impression de Rouen
Les mêmes ornements sont utilisés différemment dans deux éditions
différentes
1738 C Paris, Claude Joly, M.DCC.XXXVIII; 308 p. (Göttingen 8° Fab. Rom IV 2689; Mannheim 76/22)
Impression allemande

423   MÉMOIRES de Monsieur le Marquis d'Argens. Avec quelques
lettres sur divers sujets
1735 A Londres, aux dépens de la Compagnie, MDCCXXXV;
296 p.
(BN Ln ²⁷ 596; Leyde 702 E 12)
Impression sans doute hollandaise
1735 B Londres, aux dépens de la Compagnie, MDCCXXXV;
312 p.
(BN Ln ²⁷ 596A; Arsenal 8° BL 20 589; Bar-le-Duc 25 584)
Impression sans doute française
1737 C Seconde Édition
Londres, aux dépens de la Compagnie; M.D.CC.XXXVII;
312 p. (Br. L. 244 e 36)
Impression hollandaise
1748 D Londres, aux dépens de la Compagnie, M.DCC.XLVIII;
312 p.
(Arsenal 8° BL 20 590; BU Lille 201 398; BNU Strasbourg
B 101 337)
Impression sans doute française

424   MÉMOIRES de Monsieur le Marquis de *** ecrits par lui-même
1728 A Paris, Veuve Coustelier, quai des Augustins, M.DCC.
XXVIII.
Avec approbation & permission; 202 p. + approbation et
privilège (Arsenal 8° BL 20 942)
1728 B Amsterdam, Frères Westein, M.DCC.XXVIII; 202 p.
(Arsenal 8° BL 20 943)
Deux émissions de la même édition

425   MÉMOIRES de Monsieur le marquis de Fieux. Par M. le Chevalier D.M.

425 suite

> 1735 A (1) Paris, Prault fils, Quai de Conty, vis à vis la descente du Pont-Neuf, à la Charité, M.DCCXXXV. Avec approbation & privilège; épître + avertissement + 182 p. (y.c. approbation) + privilège (Arsenal 8° BL 21 039)
> 1735 A'(1) La Haye, Jean Neaulme, M.DCC XXXV; 183 p. (Princeton)
> 1735 B (1) Liège, J. Jacob, libraire & imprimeur, à l'Ange sur le Pont d'Isle, MDCCXXXV; épître + avertissement + 150 p.
> (Bruxelles VI 5272 A)
> 1736 C (2-4) Paris, Gregoire-Antoine Dupuis, Grande Salle du Palais, au Saint-Esprit, M.DCC.XXXVI. Avec approbation & privilège; privilège + 140 p. + approbation + 131 p. + approbation + 154 p. + approbation (Arsenal 8° BL 21 039)
> 1736 D Liège, J. Jacob (etc), M.DCC.XXXVI; 120 p. + 116 p. + *approbation* + 140 p. (Bruxelles VI 5272 A)
> La troisième partie, qui comporte une approbation, a comme adresse « à Paris et se vend à Liège...»

425 bis MÉMOIRES de Monsieur le Marquis de St*** ou les amours fugitifs du cloître

> 1747 A Amsterdam, Compagnie, M.DCC.XLVII; 176 p. + 172 p. (BN)
> 1748 B Amsterdam, Compagnie, M.DCC.XLVIII; 100 p. + 104 p. (Taylor Finch 18)
> Impression de Rouen
> 1749 C Amsterdam, Compagnie, M.DCC.XLIX; 244 p. (Arsenal 8° BL 22 316)

426 MÉMOIRES de Monville

> Utrecht, Pierre Kerseck, au Cercle d'or, M.DCC.XLII; épître + avertissement + 197 p. (Arsenal 8° BL 19 843)

427 MÉMOIRES de Rantzi

> 1745 A La Haye, Pierre Mortier, 1747; 173 p. + 182 p. (BN)
> 1747 B id. (BU Lille fonds Agache; Taylor Library 167j32)
> Impression parisienne

428 MÉMOIRES de Selim, frere de Mahomet II. Traduits du turc, par Monsieur***

> 1735 A (1) Paris, Pierre Ribou, vis à vis la Comédie Françoise, à S.Louis. M.DCC.XXXV; 192 p. + approbation et privilège + catalogue
> 1736 B (2) (id) MDCCXXXVI; 138 p. + approbation
> (Arsenal 8° BL 18 383)

429 MÉMOIRES de Versorand

> Amsterdam (s.d.); 176 p. + 183 p. (Arsenal 8° BL 21 737 et 21 738; Nîmes 8758)
> Nous avons trouvé le filigrane « Limosin 1742 (Labesse?)» sur l'exemplaire 8° BL 21 738 et le filigrane « Artaud» sur l'exemplaire de Nîmes

430 MÉMOIRES de Wuillame-Northingham, ou le faux lord Kington

> La Haye, Pierre Gosse, M.DCC.XLI; 136 p. + 156 p. (Taylor Library UNS 104 H 25)
> Impression parisienne

431   MÉMOIRES du chevalier de***. Par Monsieur le Marquis d'Argens
1745 A Londres, MDCCXLV; 161 p. + 161 p.
(Arsenal 8° BL 22 264; Nîmes 8763)
1747 B Paris, M.DCC.XLVII; 12 p. + 111 p.
(Göttingen 8° Fab. Rom. IV 6804)

432   MÉMOIRES (Les) du chevalier de***. Par Mme Meheust
1734 A Paris, au Palais, chez Dupuis, au cinquième Pillier de la grande salle, au Saint-Esprit, M.DCC.XXXIV. Avec approbation et privilège; préface + 287 p. + approbation et privilège; imprimerie Veuve Paulus-Dumesnil
(Arsenal 8° BL 22 262)
1734 B Amsterdam, François L'Honoré, 1734; préface + 287 p.; *imprimerie Veuve Paulus Dumesnil* (BN Y² 52 299)
Deux émissions de la même édition

433   MÉMOIRES du chevalier de Montendre, de Madame et de Mademoiselle Vancleve
1749 A Nancy, H. Thomas & G. Henry, avec approbation. 1749; 173 p. (BN et Arsenal)
1749 B Amsterdam, au cartier des huit Nations, chés Jean Tapage demeurant chés Madame Carilon
id (Nancy 1472)
Autre émission : papillon collé avec adresse fantaisiste

434   MÉMOIRES du chevalier de Ravanne, page de son altesse le duc régent, et mousquetaire
1740 A Liège, M.DCC.XL; 228 p. + 287 p.
(Bt.L. 1329 a 16)
Impression probablement parisienne
1740 B Liège, M.DCCXL; 263 p. + 270 p.
(Oron Na 96 bis; Mannheim Fr Mf 439 pour le tome II)
Impression hollandaise

435   MÉMOIRES (Les) du chevalier de T***
La Haye, Pierre Gosse, M.DCCXXXVIII; 249 p.
(BN Y² 52 643)

436   MÉMOIRES du comte d'Aubigny, maréchal de France, avec des anecdotes militaires et galantes
La Haye, Jean Van Duren, M.DCC.XLVI; 126 p. + 152 p.
(Arsenal 8° BL 17 720)
Impression parisienne

437   MÉMOIRES du comte de Bonneval, ci-devant Genéral d'Infanterie au service de Sa Majesté Impériale & Catholique
1737 A (1-2) Londres, aux dépens de la Compagnie, 1737; 192 p. + 186 p.
(BN 8° Ln ²⁷ 2389; Arsenal 8° BL 18 323)
Impression hollandaise
1737 B (1-2) Londres, aux dépens de la Compagnie, 1737; 192 p. + 184 p. (Marburg VII d C 3571)
Comme l'édition précédente, 8° avec réclames par page; le titre du t.I est également rouge et noir mais celui du t.II est noir; les fleurons sont différents; comme dans l'édition A, les pages sont numérotées avec crochets carrés

437   (suite)
1737   C (1-2) Seconde édition
Londres, aux dépens de la Compagnie, 1737; 192 p. > 186 p.
(Bar le Duc 23443 et 23444)
Également 8° avec réclames par page, sans titre courant; le titre est
noir et rouge; nous n'avons pas pu comparer cet exemplaire avec le
précédent
1738   D (1-2) Mémoires...
Londres, aux dépens de la Compagnie 1738; 192 p. + 184 p.
(Mannheim 75/320)
Impression probablement allemande
1738   E (1-2) Mémoires... Seconde Edition, revue corrigée
La Haye, Jean Van Duren, M.DCC.XXXVIII; 156 p. + 248 p.
(Angers H 1450, fonds du Grand Séminaire)
Impression française

Tome III 1737-1738

Tome III contenant ce qui lui est arrivé de plus remarquable
durant son séjour en Turquie
1737   F (3) Tome III...
Londres, aux dépens de la Compagnie 1737; 195 p.
(BN Ln 27 2389; Bar-le-Duc 23 445)
1737   G (3) Nouveaux Mémoires...
Londres, aux dépens de la Compagnie, M.DCC.XXXVII;
269 p.
(Mannheim 75/321 et 78/320)
Édition in-12 au contraire des précédentes qui sont 8°
Impression hollandaise
1737 *H (3) Nouveaux Mémoires...
La Haye, Jean Van Duren, M.DCC.XXXVII; 269 p. +
catalogue
(Arsenal 8° BL 18 323; Rouen Montbret p6346)
1738   I (3) Nouveaux Mémoires...
Londres, aux dépens de la Compagnie, M.DCC.XXXVIII;
191 p.
(Marburg VIId C 357 Z)
Page de titre noire
1738   J Tome III... Seconde Edition
La Haye, Jean Van Duren, M.DCC.XXXVIII; 269 p.
(Angers H 1450)

Tomes I-III

1741 *K (1-3) Troisième édition
La Haye, Jean Van Duren, M.DCC.XLI; 148 p. + 143 p. +
151 p.
(BN Y² 18 817 à 18 819)
Il y eut probablement une édition à Avignon (est-ce l'édition E? et
n'y eut-il pas d'éditions des tomes I-II?) En effet, une lettre écrite le
13 janvier 1738 au marquis de Caumont d'Avignon par Mazaugues
alors à Aix l'interroge sur ce tome III : « notre ami Lieutaud... sou-
haiterait de savoir si le troisième volume paraît et si on l'a imprimé
dans votre ville» (note 51)

438   MÉMOIRES du comte de Comminge
1735   A La Haye, J. Neaulme, Libraire, M.DCC.XXXV; avis
au lecteur + 184 p.
(Arsenal 8° BL 20 905; Oron RSA 236)
1736   B La Haye, J. Neaulme, M.DCC.XXXVI; 176 p. (Bordeaux B 8013, fonds Barbot)
Impression parisienne

439   MÉMOIRES du comte de Comminville
1735 A Paris, Jean-François Josse, rüe S.Jacques, au coin de
la rue de la Parcheminerie, à la Fleur de lys d'Or,
M.DCCXXXV. Avec approbation & privilège; lettre + appro-
bation et privilège + 388 p.
(Arsenal 8° BL 20 907)
1735 B Amsterdam, aux dépens de la Compagnie, M.DCC.
XXXV; lettre + 335 p.
(Arsenal 8° BL 20 908)
1746 C La Haye, Jean Neaulme, 1745 (Versailles Fonds ancien
E 815 e in-12)
Impression française

*440   MÉMOIRES du comte de Rantzow ou les heures de Récréation
à l'usage de la noblesse de l'Europe
Amsterdam, Pierre Mortier, MDCCXLI; épître + avis du libraire
+ 283 p. + 231 p. + catalogue (BN Y² 61 507)

441   MÉMOIRES du comte de Varack, contenant ce qui s'est passé
de plus intéressant en Europe depuis 1700...
Amsterdam, DCCXXXIII (sic); préface + 353 p. (BN L 38b 57)
Roman? pas dans la *List* de Jones
Impression de Rouen

442   MÉMOIRES du comte de Vaxère, ou le faux rabin, par l'auteur
des Lettres juives
1737 *A Amsterdam, M.DCC.XXXVII; xii p. + 282 p. + fautes à
corriger
(Arsenal 8° BL 21 734 et 8° BL 21 735, deux exemplaires;
Rouen Montbret p 7143)
Voir d'Argens à Marchand? « que Chatelain a imprimé mais qui ne
paraîtra qu'à la foire de Francfort » (note 52)
1738 *B Amsterdam, M.DCC.XXXVII; 282 p.
(Versailles A in-12 E 408e)
1749 C Amsterdam, aux dépens de la Société, M.DCC.XLIX;
xiip. + 47 p.
(Versailles A in-12 E 409e)

443   MÉMOIRES du duc de **Villars** pair de France, maréchal-général
des armées de Sa Majesté Très chrestienne, &c
1734 *A (1) La Haye, Pierre Gosse, 1734; 454 p. (BM Lille
9722, fonds Godefroy; BNU Strasbourg D125 940)
L'exemplaire de Lille a la p. 456 paginée 454
1734 A' (1) La Haye, Pierre Gosse, 1734; 363 p. (Nevers
12268 8H)
Impression parisienne
1734 B (1) Francfort, MDCCXXXIV; 454 p.
(Mannheim 50/215)
1735 C (1) La Haye, Pierre Gosse, 1735; 456 p.
(BN Lb 37 223A)
Peut-être impression de Trévoux
1735 D (2) La Haye, Pierre Gosse, Marchand-libraire, 1735;
375 p.
(BN Lb ³⁷ 223A; Gand Hi 9613; Strasbourg D 125 939)
Impression d'Avignon
1735 E (1-2) Amsterdam, aux dépens de la Compagnie,
M.DCC.XXXV; 375 p. (St Pol sur Ternoise pour I; BN
Lb ³⁷ 223P et Heidelberg pour II) B 71124
Impression de Rouen

443   (suite)
1736 *F (1-3) La Haye, Pierre Gosse, M.DCC.XXXVI; 452 p. + 274 p. + 383 p.
(Gand Hi 9613, Heidelberg B 7114 et BNU Strasbourg D 125-939; BM Lille pour II et III; Mannheim 50/215 pour II et III; St Pol-sur-Ternoise pour II)
1736   G (3) Amsterdam, aux dépens de la Compagnie, M.DCC.XXXVI; (St Pol-sur-Pernoise)
Impression de Rouen
1739   H (1-3) Londres, Jean Nourse, M.DCC.XXXIX; 454 p. = 354 p. + 400 p. (BN 8° L ²⁷ 223 G).

444   MÉMOIRES du maréchal de Berwick, duc et pair de France, et généralissime des armées de Sa Majesté
1737   A La Haye, P. Paupie, Libaire, M.DCC.XXXVII; préface + 340 p. + 327 p. (BM Lille 9055)
1737   B La Haye, P. Paupie, Libraire, MDCCXXXVII; préface + 340 p. + 328 p.
(BN 8° Lb ³⁷ 132 A; Lyon 396 876, fonds de l'Académie)
Impression probablement parisienne
1737   C (1) La Haye, Pierre Paupie, M.DCC.XXXVI; 340 p.
(Mannheim 50/116)
Page de titre rouge et noire, date avec points, prénom du libraire en entier, signature en chiffres romans (vj), papier raisin
1737   D Londres, aux dépens de la Compagnie, M.DCC.-XXXVII; préface + 266 p. + 256 p. (BN Lb ³⁷ 132)
1737   E Avignon, F. Girard, Imprimeur-Libraire, MDCCXXXVII; préface + 340 p. + 340 p. (Mejanes C 1826; signalé par le catalogue d'Inguimbert à Carpentras; a disparu)
La présence de cette édition dans la bibliothèque de Mgr d'Inguimbert permet l'hypothèse d'une impression d'Avignon
1738   F (2) La Haye, Pierre Paupie, M.DCC.XXXVIII; 327 p. Mannheim 50/11b)
1738   G Londres, Jean Nours, Libraire, MDCCXXXVIII; préface + 340 p. + 327 p.
(Amiens 2734; St Pol sur Ternoise)
1739   H Amsterdam, aux dépens de la Compagnie, 1739; préface + 252 p. + 243 p. (Carpentras 5234 fonds Barjavel)
Impression de Rouen

1741   I Amsterdam, aux dépens de la Compagnie, 1741; préface + 252 p. + 243 p.
(BNU Strasbourg D 124 368; Arles A 31 706 pour le tome I)
Impression de Rouen.

445   MÉMOIRES du marquis de Langallery...
La Haye, Daniel Aillaud, Libraire dans la Grande Salle de la Cour, M.DCC.XLII épître + 448 p.
(BN 8° Ln ²⁷ 11 339; Auxerre 2026 in-12, de l'abbaye de St Antoine)

446   MÉMOIRES du marquis de Mirmon, ou le Solitaire philosophe
1736 *A Par M. L.M.D.
Amsterdam, Wetstein & Smith, M.DCC.XXXVI; épître + avertissement + 319 p. (Arseanl 8° BL 21 374)

446   (suite)
1739 B Le solitaire philosophe ou Mémoires de M. le Marquis
de Mirmon. Par M. L.M.D.
Amsterdam, Wetstein & Smith, M.DCC.XXXIX; avertissement + épître + 262 p. (Amsterdam 2383 C4)
Impression française
1748 C Mémoires du marquis... Par M. le Marquis d'Argens
Amsterdam, Wetstein & Smith; épître + avertissement + 280 p.
(BN Y² 14 272).

447   MÉMOIRES du signor Fioraventi, connu sous le nom de marquis Damis. Écrits par lui-même
1738 A (1) Genève, aux dépens de l'Auteur, M.DCC.XXXVIII;
(4 p.) + 150 p. (Arsenal 8º BL 21 044)
1739 B (2-5) Genève, aux dépens de l'Auteur, M.DCC.XXXIX;
158 p. + 156 p. + 140 p. + 142 p. (Arsenal 8º BL 21 044)
1741 C (6) Genève, aux dépens de l'Auteur, M.DCC.XLI; 143 p.
(Arsenal 8º BL 21 044)
1748 D (1-4) Nouvelle edition, augmentée de deux volumes
Genève, aux dépens de l'Auteur, M.DCC.XLVIII; 157 p. +
156 p. + 154 p. + 138 p. (BN Y² 52 657 à 52 660)
Les deux volumes supplémentaires sont datés de 1760
1748 E (1-3) id; 159 p. + 158 p. + 156 p. (Nîmes 8773).

448   · MÉMOIRES et Avantures d'un homme de qualité qui s'est
retiré du monde
Nous ajoutons entre parenthèses les références de la bibliographie de
Max Brun (note 53)
1728 A (1-2) (Brun nº I)
Paris, Veuve Delaulne, M.DCC.XXVIII. Avec approbation &
privilège; (2 p.) + 274 p. + 262 p. + privilège; Veuve Delaulne
imprimeur
(BN Y² 60 560 et 60 561; Arsenal 8º BL 22 296; Bordeaux
AP 27 455)
1729 B (3-4) (Brun nº II)
Suite des Mémoires et Avantures...
Paris, Veuve Delaulne, M.DCC.XXIX; 372 p. + 234 p. +
approbation et privilège; Veuve Delaulne imprimeur
(BN Y² 60 568 et 60 569; Arsenal 8º BL 22 296; Bordeaux
AP 27 455)
1729 C (1-2) Brun nº III)
Mémoires...
Paris, Veuve Delaulne, M.DCC.XXIX; (2 p.) + 274 p. +
262 p. = privilège; Veuve Delaulne imprimeur
(BN Y² 60 560 et 60 561; Verdun 17 886)
Certains exemplaires de ces trois éditions portent le nom de Th. Le
Gras ou celui de G. Martin
1729 D (1-4) (Brun nº VII)
La Haye, M.G. Merville & J. Vander Kloot, Libraires,
M.D.CC.XXIX; avis de l'éditeur + 199 p. + approbation +
157 p. (Lyon 346 740)
Impression d'Avignon; nous ne connaissons pas d'autre exemplaire de
cette édition; il porte l'ex-libris de Foy de St Maurice qui vendit sa
bibliothèque au Consulat de Lyon le 13 avril 1734 selon l'*Armorial
des bibliothèques du Lyonnais*
1730 E (3-4) (Brun nº IV)
Suite des Mémoires...

448   (suite)

Paris, G. Martin, M.DCC.XXX; avec approbation & privilège;
372 p. + 234 p. (BN Y^2 60 562 et 60 563; 60 568 et 60 569;
Arsenal 8° BL 92 296)

1730 *F (3-4) (Brun n° VIII)
Mémoires et Avantures...
Amsterdam, aux dépens de la Companie, MDCCXXX; 232 p.
+ 221 p. (Göttingen 8° Fab. Rom. IV 5967)
Nous n'avons pas trouvé les tomes 1-2

1731 *G (1-7) Mémoires et Avantures... 1-7 (Brun n° X)
Amsterdam, aux dépens de la Compagnie, M.DCC.XXXI;
(4 p.) + 218 p. + 173 p. + 232 p. + 221 p. + (4 p.) + 288 p. +
283 p. + 344 p.
(Arsenal 8° BL 22 298; Versailles Res. Lebaudy in-12 886 à
890)
Réimpression des tomes 1-6 et édition originale du tome VII = *Manon
Lescaut*

1731 H (5-6) (Brun n° V)
Suite des Mémoires... t.V-VI
Amsterdam, aux dépens de la Compagnie, M.DCC.XXXI;
(4 p.) + 356 p. + 330 p. (BN Y^2 60 578 et 50 578 bis, 60 570
et 60 571, 60 564 et 60 565; Arsenal 8° BL 22 296)
Impression parisienne faisant suite aux premiers volumes

1731 I (1-7) (Brun n o XI)
Mémoires et Avantures... 1-7
Paris, aux dépens de la Compagnie, M.DCC.XXXI; (2 p.) +
218 p. + 173 p. + 232 p. + 221 p. + (4 p.) + 288 p. + 283 p. +
344 p.
(BN Res.p Y2 2451; Arsenal 8° BL 22 297; Verdun 17 867;
Mannheim)
Cette édition n'est pas française; une tradition qui remonte sans
doute à Harrisse (*L'abbé Prévost*) tend à y voir une impression
bâloise
Nous nous demandons s'il ne s'agit pas d'une édition allemande,
peut-être de Francfort, et nettement postérieure à 1731
Nous remarquons en tous cas :
1° que le frontispice au magicien est inspiré par une ancienne gravure
allemande (renseignement fourni par un amateur qui n'a pu nous
donner de référence exacte)
2° que le filigrane du papier semble le même que celui du *Barbet
mignon* de 1749 et du *Memon* de 1748, de Varrentrap

1732 J (1-4) (Brun n° XII)
Paris, Veuve Delaulne, M.DCC.XXXII; 274 p. + 262 p. + pri-
vilège + 372 p + 234 p. + approbation et privilège; Veuve
Delaulne imprimeur
(BN Y^2 60 566 + 60 567 + 60 576 + 60 577)

1732 K (1-8) (Brun n° XIII)
Amsterdam, par la Compagnie, 1732; (2 p.) + 199 p. + 159 p.
+ 275 p. + 142 p. + (6 p.) + 251 p. + 248 p. + (6 p.) + 201 p. +
153 p. C Br.4 12 519 dd 11; Laon in-16 B 395 pour 1, 2, 5, 6
7 et 8)
Même édition que 448 et que 309 pour 7-8
Impression de Rouen

s.d. L (3-4) (Brun n° VI)
Tome second (pas de page de titre); 545 p. (Laon in-16
B 395)
Relié avec les parties parties 1-2 et 5-8 dans l'exemplaire de Laon

448   (suite)

Max Brun a vu le tome premier, ainsi que la page de titre avec
« Mathieu Roguet M.DCC.XXIX»
Impression de Rouen

1732 M (5-6) (Brun n° XII)
Suite des Mémoires...
Amsterdam, aux dépens de la Compagnie, M.DCCXXXII;
356 p. + 330 p. (Lyon 327 442; Arsenal NF4843 pour le
tome 6)
Impression parisienne

1733 N (7) (Brun n° V)
Suite des Mémoires...
Amsterdam, aux dépens de la Compagnie, M.DCC.XXXIII;
(14 p.) + 469 p. (BN Res.Y2 1760; Taylor Library UNS
104 H 29)
Impression parisienne

1733 P (7) (Brun n° XVI)
Suite des Mémoires...
Amsterdam, aux dépens de la Compagnie, M.DCC.XXXIII;
(14 p.) + 469 p.
(BN Res.Y² 1759; Y2 60 572 et 60 573; 76 054; Versailles
Rodouan C 105 et Res. Lebaudy in-12 642; Melun 1349;
Br. 4. 12 518 aaa 11; Stuttgart HB 6421; Arsenal 8° BL 22 297;
Bordeaux)
Impression probablement de Rouen

1733 Q (7) (Brun n° XVII)
Les avantures du chevalier Des Grieux et de Manon Lescaut
Voir n° 104

1734 R (7) (Brun n° XIX)
Les aventures... Voir n° 112 bis

1735 S (1-7) (Brun n° XX)
Mémoires et avantures...
Amsterdam, J. Wetstein & G. Smith, MDCCXXXV; avis de
l'éditeur + 217 p. + 172 p. + 232 p. + 221 p. + 279 p. +
271 p. + 330 p. (Amsterdam 1520 F 20)

1737 T (7-8) (Brun n° XXIII d'après Harrisse)
Histoire du chevalier des Grieux et de Manon Lescaut
Voir n° 309

1737 U (1-6) (Brun n° XXII d'après le catalogue Rossi de 1896)
Mémoires et avantures...
La Haye, M.G. Merville & Van der Kloot, Libraires,
M.DCCXXXVII; avis de l'éditeur + 479 p. + 500 p. (Mont-
pellier Rp 13, 35 880; Lyon 327 442 pour le tome I)
Impression d'Avignon

1738 V (1-4) (Brun n° XXIV)
Mémoires et avantures...
Paris, G. Martin, M.DCC.XXXVIII; avis de l'éditeur +
274 p. + approbation + 262 p. + privilège + 372 p. + 234 p.
+ approbation et privilège
(Troyes Des Guerrois 7756; Le Havre 32 430; Versailles
Rodouan B 217 et sq)

1738 W (5-8) (Brun n° XXIV)
Suite des Mémoires...
Amsterdam, aux dépens de la Compagnie, MDCCXXXVIII;
356 p. + 356 p. + 470 p. (mêmes bibliothèques)

448   (suite)

    1739 X (1-8) (Brun n° XXV)
    Mémoires et avantures...
    Amsterdam, par la Compagnie, 1739; (2 p.) + 199 p. +
    159 p. + 275 p. + 142 p. + (6 p.) + 251 p. + 248 p. +
    (6 p.) + 201 p. + 153 p. (Méjanes C 5732; Nîmes 8775 et
    BN Y² 60 585 et sq. pour 1-6)
    Autre émission de l'édition K

    1742 Y (Brun n° XXVIII d'après Harrisse)
    Mémories et avantures...
    Amsterdam et Leipzig, Arkstée et Merkus, M.DCC.XLII;
    avis de l'éditeur + 219 p. + 172 p. + 232 p. + 221 p. +
    288 p. + 344 p.
    (BN Y² 60 591 et sq)

    1744 Z (1-7) (Brun n° XXX d'après Mysie Robertson)
    Mémoires et avantures...
    Suivant la copie de Paris, chez J. Rod. Tourneisen, M.DCC.
    XLIV; 177 p. + approbation + 142 p. + 190 p. + 180 p. +
    224 p. + 213 p. + 262 p. (Br. 4. 12 510 de 21; Stuttgart
    HB 6420)
    C'est le même texte que dans l'édition I (pour *Manon*) mais ce n'est
    ni la même composition ni les mêmes caractères; la gravure du fron-
    tispice ressemble à celle de l'édition I mais le magicien de 1744 (et
    de 1751) est nettement plus jeune que celui de 1731. Nous avons dit
    plus haut nos doutes sur cette date de 1731, aussi est-il impossible de
    dire laquelle de ces deux éditions (I ou Z) est copiée sur l'autre.
    Quant au lieu d'édition, l'origine allemande est plus probable pour Z
    que pour I

    1745 AA (1-8) (Brun n° XXXI)
    Mémoires et avantures...
    Amsterdam, par la Compagnie, 1745; avis de l'éditeur +
    199 p. + 159 p. + 275 p. + 142 p. + 251 p. + 247 p. +
    201 p. + 153 p. (Arsenal 8° BL 22 299; Rouen p 10 707 pour
    1-6)
    Impression de Rouen, sur papier avec filigrane « Rouen»
    L'exemplaire de l'Arsenal a un filigrane « 1748» pour les tomes I à V

    1749 AB Mémoires et avantures...
    La Haye, M.G. Merville & J. Van der Kloot, M.DCC.XLIX;
    avis de l'éditeur + 520 p. + 540 p.
    (Br.L. 4.; Clermont 45 084)
    Impression d'Avignon

    1750 AC (tome I) (Brun n° XXXIII)
    Mémoires et avantures...
    La Haye, M.G. Merville & J. Van der Kloot, Libraires,
    M.D.CCL; 344 p. (Lyon 400 636, fonds de l'Académie; BM
    Strasbourg 65 616)
    Impression d'Avignon

449   MÉMOIRES et avantures d'une dame de qualité, qui s'est reti-
    rée du monde

    1739 A La Haye, aux dépens de la Compagnie, M.DCC.XXXIX;
    viij p. + 299 p. + 360 p. + 382 p. (Arsenal)
    Faux titre : *Mémoires de la Marquise de Courtanville*
    Impression de Rouen

    1740 B Francfort, François Varrentrapp, MDCCXL; (6 p.) +
    246 p. + 288 p. + 155 p. + 154 p. (Troyes M 17/2521;
    Mannheim 76/108)

449　　(suite)
　　　　1741 C La Haye, aux dépens de la Compagnie, 1741; 456 p. + ?
　　　　(Amiens BL 2645, fonds de la Bibliothèque des Augustins)
　　　　Impression de Rouen

450　　MÉMOIRES et avantures d'une femme de qualité
　　　　Amsterdam, Pierre Mortier, M.DCC.L; 112 p. (Amsterdam
　　　　2004 D 29)
　　　　Papier Auvergne

451　　MÉMOIRES (Les) et avantures de Mademoiselle de Butler
　　　　remplis d'Evenemens très interessans. Par M. de***.
　　　　Londres, M.DCC.XLVII; 156 p. + 168 p. (BN Y² 52 671
　　　　et 52 672).

452　　MÉMOIRES et avantures de Monsieur de***. Traduits de l'ita-
　　　　lien par lui-même
　　　　1735 A (1) Paris, Prault pere, Quai de Gêvres, au Paradis,
　　　　　M.DCC.XXXV; Avec approbation & privilège; préface +
　　　　　approbation et privilège + 119 p. + catalogue. (BN Y² 7848)
　　　　　Exemplaire paraphé
　　　　1735 B (2) id.; 158 p. (BN Y² 7848; Epernay AF 18es 60 866;
　　　　　Arsenal 8º BL 22 314)
　　　　　L'exemplaire d'Epernay a en plus approbation et privilège
　　　　　Les exemplaires de la BN et de l'Arsenal sont paraphés
　　　　1735 C (3) Paris, Prault fils, M.DCC.XXXV; 222 p. + approba-
　　　　　tion (BN Y2 7849; Arsenal 8º BL 22 314)
　　　　　Les deux exemplaires sont paraphés
　　　　1736 D (4) id.; M.DCC.XXXVI; 198 p. + approbation + fautes à
　　　　　corriger (BN Y2 7849; Epernay AF 18e 60 866)
　　　　1741 E (5) La Haye, Jean Neaulme, M.DCC.XLI; (2 p.) + 143 p.
　　　　　(Arsenal 8º BL 22 314)
　　　　　Impression parisienne (Prault)
　　　　1742 F (1-6) Paris, Prault pere, Quay de Gêvres, M.DCC.XLII;
　　　　　2 tomes (Arsenal 8º BL 22 314) pour 1 et 4
　　　　　Le tome I est paraphé et comprend un sommaire de XXVIII p., puis
　　　　　les six parties, certaines avec des pages de titre (B, C, E). Nous
　　　　　avons ici le cas typique, comme dans les *Avantures choisies*, de
　　　　　l'émission par Prault d'éditions antérieures « rhabillées»

453　　MÉMOIRES (Les) et avantures de Monsieur de P***. Écrits
　　　　par lui-mesme, et mis au jour par Monsieur E...
　　　　1736 A (1) Paris, Gregoire-Antoine Dupuis, Grand'Salle du
　　　　　Palais, au S.Esprit, MDCCXXVI. Avec approbation & privi-
　　　　　lège; iv p. + 120 p. (BN Y²2 7295)
　　　　1737 B (2) Suite des Mémoires...; pp. 123-255 + approbation et
　　　　　privilège (BN Y² 7295).

*454　　MÉMOIRES et avantures du baron de Puineuf Ecrites (sic) par
　　　　lui-même. Première partie.
　　　　La Haye, aux dépens de la Compagnie, M.D.CC.XXXVII;
　　　　240 p. (Arsenal; Mannheim 77/81)

455 MÉMOIRES et avantures secretes et curieuses d'un voyage du
Levant. Liège, Kints (Nîmes 38 835)
1731   A (1-2) épître + préface + 237 p. + 249 p.
1732   B (3-4) 222 p. + 250 p.
1735   C (5-6) Suite des Mémoires... 264 p. + 272 p.

456 MÉMOIRES et avantures d'un bourgeois qui s'est avancé dans
le monde
La Haye, Jean Neaulme, M.DCC.L.; préface + 352 p. + 394 p.
(Arsenal 8° BL 22 257)
Impression parisienne

457 MÉMOIRES historiques du comte Betlem-Niklos contenant l'histoire des derniers troubles de Transilvanie
Amsterdam, Jean Swart, M.DCC.XXXVI; portrait + préface +
344 p. + 189 p. (Göttingen 8° H Human. II 3335)
Impression de Rouen
Page de titre avec scène de labourage et devise comme dans certaines
éditions de l'*Histoire de Charles XII* également de Rouen

*458 MÉMOIRES historiques et secrets contenant les amours des
rois de France. Avec quelques autres pièces...
Paris, vis à vis le Cheval de bronze, M.DCC.XXXIX; le libraire
au lecteur + 304 p. (Arsenal 8° BL 17 622)
Impression hollandaise

459 MÉMOIRES ou avantures de Monsieur le comte de Kermalec.
Par M. G.***
1740   A La Haye, aux dépens de la Compagnie, M.DCC.XL;
300 p. + 336 p. (BN; Arsenal 8° BL 21 222)
Impression de Rouen
1742   B La Haye, aux dépens de la Compagnie, M.DCCC.XLII;
236 p. + fautes à corriger + 247 p. + errata (Bordeaux
B 8029)
Impression de Rouen
1749   C La Haye, aux dépens de la Compagnie; M.DCC.XLIX;
301 p. + 336 p. (Metz J 1411)
Impression de Rouen

460 MÉMOIRES politiques, amusans et satiriques de Messire
J.N.D.B.C. de L. colonel du Regiment de Dragons de
Casanski & Brigadier des Armées de Sa M. Czarienne.
Tomes II-III.
Veritopolis, chez Jean disant vrai, M.DCC.XXXV; 318 p. +
292 p. (Br. L. 10 662 b 24)
Impression hollandaise

461 MÉMOIRES posthumes du comte de D... B... avant son retour
à Dieu, Fondé sur l'expérience des vanités humaines. Par
M. le Chevalier de Mouhy
(Arsenal 8° BL 22 275)
1735   A (1) Paris, Pierre Ribou, vis à vis la Comédie Françoise,
à l'Image S. Louis, M.DCC.XXXV. Avec approbation & privilège; xx p. + 182 p. + table + approbation et privilège;
imprimerie Valleyre fils

461   (suite)
1737   B (2-3) Paris, Gregoire-Antoine Dupuis, au cinquième
Pillier de la Grande Salle, au Saint Esprit, M.DCC.XXXVII.
Avec approbation & privilège; 111 p. + approbation + 118 p.
L'approbation de la quatrième partie est au verso de la p. 117 et est
suivie de « le privilège se trouvera à la fin de l'ouvrage»
1741 *C (4) La Haye, Jean Neaulme, M.DCC.XLI; 242 p.
Toute l'édition est 8º avec signatures jusqu'à iiij

462   MÉMOIRES pour servir à l'histoire de Malte ou Histoire de la
jeunesse du commandeur de***. Par l'Auteur des Mémoires
d'un Homme de qualité
1741   A Amsterdam, François des Bordes, vis à vis la Bourse,
M.DCC.XLI; 231 p. + 205 p. + catalogue (de Didot)
(Arsenal 8º BL 22 270; Chantilly B 384/17; Amiens BL 2633;
Melun 00841; Nîmes; Orléans D2321; Stuttgart HB 6422)
Imprimé pour Didot
1741   B Amsterdam, par la Compagnie, 1741; 231 p. + 204 p.
(Evreux d 907 et 908; Amsterdam 1997 C 10; Bruxelles
II 399 10A; Méjanes C 4452)
Impression de Rouen
1742 *C Utrecht, chés Etienne Neaulme, M.DCC.XLII; 221 p.
+ 196 p. (Göttingen 8º Fab. Rom. IV 6089)

463   MÉMOIRES pour servir de suite à l'histoire de Mademoiselle
Cronel dite Fretillon...
La Haye, aux dépens de la Compagnie, M.DCC.L.; 174 p.
(Göttingen 8º Fab. Rom. IV 5331)

464   MÉMOIRES secrets de la Cour de Charles VII Roi de France.
Par Madame D***
1734   A Prault, Pere, Quay de Gêvres, au Paradis, M.D.CC.
XXXIV. Avec approbation & privilège; épître + 234 p. +
242 p. + fautes à corriger + approbation et privilège du 21
août 1732 pour l'*Histoire de l'empire des Chérifs* (Rouen
Leber 2167)
1735 *B Amsterdam, J. Wetstein & G. Smith, MDCCXXXV; épître + 144 p. + 152 p. + approbation (Verdun 17 873;
Mannheim 50/87)
La première édition de ce roman de Mme Bédacier-Durand avait été
publiée par P. Ribou en 1700 (note 54)
Édition A reprise en 1737 dans les *Œuvres* de Mme Durand nº 508
bis

465   MÉMOIRES secrets de la Cour de France contenant les Intri-
gues du Cabinet, pendant la minorité de Louis XIV
Amsterdam, François Girardi, Imprimeur & Libraire,
MDCCXXXIII; 495 p. + 452 p. + 399 p. (BN Lb [37] 210
pour I-II; Musée de Carpentras; Dijon 4425; St Omer 4226;
Amsterdam 1057 J 5 à 7)
Probablement impression d'Avignon à cause de l'adresse

466   MÉMOIRES secrets pour servir à l'histoire de la Perse
1745 *A Amsterdam, aux dépens de la Compagnie, MDCCXLV;
265 p. + (37 p.) de table (BU Lille 94 086; Lyon 810 617)
1745   B Amsterdam, aux dépens de la Compagnie, MDCCXLV;
avertissement + 265 p. + table + clef (Verdun 14 626).

466   (suite)
             1745 *C Amsterdam, aux dépens de la Compagnie; clef + aver-
             tissement + 312 p. (Lyon 313 425)
             1746 D Nouvelle édition, revue, corrigée & augmentée
             Amsterdam, aux dépens de la Compagnie, MDCCXLVI;
             265 p. + table (Bodleian Library 237 g 94)
             1746 E id.
             Amsterdam, aux dépens de la Compagnie, MDCCXLVI;
             avertissement + 307 p. (clef à partir de la p. 298) (Rouen
             Montbret p. 2219)
             1746 *F id.
             Amsterdam, aux dépens de la Compagnie, MDCCXLVI;
             avertissement + catalogue + clef + 344 p. + table (Rouen
             Montbret p. 3068; Marburg VII d C 407)
             1749 G Mémoires secrets pour servir à l'histoire de Perse
             Amsterdam, aux dépens de la Compagnie, MDCCXLIX;
             xxiij p. + 386 p. (Amiens 2825, fonds des Augustins)
             Impression française sur papier « Périgord»

467   MÉMOIRES turcs
             1743 A Avec l'histoire galante de leur séjour en France, par
             un Auteur Turc de toutes les Académies mahométanes...
             Paris, en l'hôtel de Son Excellence, rue de Tournon, Faux-
             bourg S. Germain. Lu & approuvé par l'Approbateur Géné-
             ral du Grand Seigneur, MDCCXLIII; 230 p. + 328 p.
             (BN Y^s 7831 et 7832)
             Impression parisienne, sur papier « Limosin»
             1748 B Avec l'histoire galante des principaux personnages...
             Par Achmet-Dely-Azet Bacha à 3 queues
             Paris, lus et approuvés par l'Approbateur Général du Grand-
             Seigneur, & réimprimés par ordre de Sa Hautesse,
             MDCCXLVIII; 242 p. + 248 p. (Mannheim Fr.Mf 849)
             in-12 hollandais
             1750 C Ou histoire galante de deux Turcs pendant leur séjour
             en France. Par un Auteur Turc, de toutes les Académies
             Mahométanes...
             Francfort, chez la veuve Knoch & J.G. Eslinger, MDCCL;
             205 p.; imprimé chez Jean Bern. Eichenberg l'Ain.
             (BM Strasbourg 65 510)
             Impression allemande
             1750 D Amsterdam, Société, M.DCC.L (Dijon 8126)
             Impression de Rouen

468   MENTOR (Le) cavalier, ou les illustres infortunez de notre sie-
             cle : par Mr. le Marquis d'Argens
             Londres, aux dépens de la Compagnie, M.DCC.XXXVI
             1736 *A 250 p. (Leyde, fonds Prosper Marchand)
                   On lit dans une lettre de d'Argens à P. Marchand qu'on peut dater
                   de février 1737 après la disgrâce de Chauvelin : «le sieur Neaulme
                   est la dupe de ses finesses. Imaginez-vous qu'il a mis mon nom au
                   Mentor Cavalier et qu'il n'y a pas mis le sien... qu'il n'obtient de
                   moi l'agrément de mettre le mien qu'en protestant qu'il avait envoyé
                   à Paris les feuilles de son livre à son correspondant, qu'il entrerait à
                   l'examen; il n'y avait rien de si faux» (note 55).
             1736 B Avertissement + 240 p. (Arsenal 8° BL 20 589; 8°
             BL 22 342; Taylor Library UNS 168 g 21)
             Impression de Trévoux

469   MILLE (Les) et un jour, contes persans. Traduits en françois
par M. Petis de la Croix...
Paris, Compagnie des Libraires, M.DCC.XXIX.; 299 p.; imprimerie Prault (Verdun 17 959, tome II seul)

470   MILLE (Les) et un quart-d'heure. Contes tartares. Ornés de
Figures en Tailles-Douce
Paris, André Morin, rue Saint-Jacques, à Saint-André, M.DCC.
XXX. Avec approbation & privilège; 414 p. + (6 p.) +
410 p. + (8 p.) + 376 p. + (6 p.) + approbation et privilège
(BN Y² 40 870)
Autres exemplaires avec page de titre à l'adresse de P. Prault

471   MILLE et une fadaises. Contes à dormir de bout. Ouvrage
dans un goût très moderne
Baillons, chez l'Endormy, à l'Image du Ronfleur, M.DCC.XLII;
114 p.
Impression probablement parisienne

472   MILLE (Les) et une faveurs. Contes de Cour, tirez de l'Ancien gaulois par la reine de Navarre et publiez par le
chevalier de Mouhy
Londres, aux dépens de la Compagnie, MDCCXL; 262 p. +
332 p. + 268 p. + 264 p. + 236 p. + 246 p. + 272 p. +
235 p. (Arsenal 8° BL 18 924; Dijon 8254)
Impression hollandaise

473   MILLE (Les) et une heure; contes péruviens
1733 *A Amsterdam, Wetstein & Smith, MDCCXXXIII; (10 p.)
+ 372 p. + 384 p. (BN Y² 53 567, 53 568 et Y² 53 569/570)
1734 B Paris, rue St-Jacques, chez Huart l'aîné à la Justice et
Clousier à l'Écu de France; M.DCC.XXXIV. Avec privilège;
épître + avertissement + privilège + 372 p. + 384 p.
(Arsenal 8° BL 18 928)
1734 C Amsterdam, Wetstein & Smith, MDCCXXXIV; épître +
avertissement + privilège + 372 p. (Verdun 17 960, seulement
le tome I)
Impression parisienne

474   MILLE (Les) et une nuit, contes arabes, traduits en françois
par M. Galland. Nouvelle édition corrigée
1745 A Paris, Compagnie des libraires, M.DCC.XLV. Avec
approbation & privilège; 6 vol. Imprimerie Le Breton (Le
Mans BL 3378)
1747 B Paris, David jeune, Quay des Augustins, au S.-Esprit,
M.DCC.XLVII. Avec privilège; imprimerie Veuve Delormel
(Laon in-16 B 402)

474 bis   MILLE (Les) et une soirées. Contes mogols
1749 A La Haye, Jean Neaulme, M.DCC.XLIX; épître + avis +
348 p. + 391 p. + (4 p.) + 356 p. (Arsenal 8° BL 18 030)
Impression parisienne
1749 B Autre édition avec seulement les tomes I et II et deux
autres pages de titre : une avec « Contes mogols tome I»,
l'autre avec « Les sultanes de Guzarate... MDCCXXXIII»
(BN Y² 24 079 et 24 080)
Voir *Les sultanes de Guzarate* n° 613

475   MIRIMA, impératrice du Japon. Par l'Auteur du Cousin de Mahomet
La Haye, Neaulme, M.DCC.XLV; 105 p. (Arsenal 8º BL 18 590; Taylor Library Vet. Fr. II A 213)
Impression probablement parisienne; l'exemplaire de la British Library est une réimpression moderne; l'exemplaire de la Taylor Library comporte d'intéressantes corrections manuscrites : 7 suppressions, 2 additions, 17 corrections; par exemple « jamais il n'y eut Dieu si bien parfumé» (p. 36) devient « jamais Dieu ne fut si bien enfumé»; « agir de finesse» devient « finasser» (p. 63), etc.
La seconde édition ne vit probablement jamais le jour

475 bis MIROIR (Le) ou histoire de Griguenedin
Venise; iv p. + 167 p. + 260 p. (Arsenal 8º BL 21 131)
Impression parisienne

476   MIRZA-NADIR. Mémoires et avanture du marquis de St. T** gouverneur pour le roi de Perse de la ville & du païs de Cadahar...
La Haye, M.DCC.XLIX; ix p. + 210 p. + fautes à corriger + 210 p. + fautes à corriger (Clermont 45 083)
Impression parisienne

477   MITRA, ou la démone mariée. Nouvelle hébraïque & morale
Démonopolis DDD 200 XLV (sic); (10p.) + 168 p.
(Arsenal 8º NF 4870; Göttingen 8º Fab. Rom. IV 695)
Maurice Lever signale cette édition connue d'un roman qui serait de 1688 (note 56).

478   MIZIRIDA, princesse de Firando
1738   A (1-3) Paris, Veuve Musier, Michel Gandouin, Cailleau, Mouchet et Chardon, M.DCC.XXXVIII. Avec approbation et privilège; xiij p. + approbation et privilège + 344 p. + 317 p. + 280 p.
(BN 6959 à 6961; Y2 53 889 à 53 891; Arsenal 8º BL 18 592 et 18 593, Ste Geneviève Res. Y 3511 à 3513/Inv. 6311 à 6313)
1738   B (1-3) La Haye, Adrien Moetjens, M.DCC.XXXVIII; xiij p. + approbation et privilège + 344 p. + 317 p. + 280 p.
(BM Lille 84 294)
Impression parisienne
1738   C (1-3) La Haye, Pierre Gosse, M.DCC.XXXVIII; xiij. p. + approbation et privilège + 344 p. + 317 p. + 280 p.
(Oron RQA 22)
Impression parisienne
Trois émissions de la même édition
1743   D (4-6) Paris, Rouy, Grande Salle du Palais, à l'Ange gardien, vis à vis la Grand-Chambre; Damonneville, Quay des Augustins; M.DCC.XLIII. Avec approbation et privilège; viij p. + 268 p. + 264 p. + 248 p. + approbation et privilège
(BN Y² 6962 à 6964 + Oron RQA 22 pour IV-V; Lille 84-294)

479   MOMUS (Le) françois ou les avantures divertissantes du Duc de Roquelaure
1734   A Avantures galantes et divertissantes du duc de Roquelaure ou le Momus françois. Augmenté de nouveau d'un bon nombre d'Avantures plus curieuses que les précédentes
Amsterdam, Veuve Desbordes, MDCCXXXIV; 292 p.
(Br.L. 1094 b 16)
Impression probablement française

479   (suite)
1739 B Le Momus françois ou les avantures... du duc de Roquelaure
Cologne, Pierre Marteau, M.DCC.XXXIX; 153 p. + table
(BN Y² 54 055)
1741 C Le Momus françois... Donné au Public par le sr L.R...
Cologne, Pierre Marteau, M.DCCXXXXI; 156 p.
(Versailles E 700 e in-12)
Papier de Rouen
1746 D id.
Cologne, Pierre Marteau, M.DCC.XLVI; 96 p. + 80 p.
(Br.L. 12 316 aa 34; Göttingen 8º Fab. Rom. IV 435)
Impression probablement de Rouen

480   MONISKI, histoire moscovite
Moscou, MDCCXLVIII; avis au lecteur + 144 p.
(Göttingen 8º Fab. Rom. IV 462)
Ne figure pas dans la *List* de Jones

481   MONO-SIMPLEATOS ou les avantures du comte de Lurilia
Londres, aux dépens de la Compagnie, M.DCC.XLI; 324 p.
(Arsenal; Nîmes 8784)
Impression hollandaise

482   MOUCHE (La) ou les avantures de M. Bigand, traduites de l'italien, par le Chevalier de Mouhy
1736 A (1-4) Paris, Louis Dupuis, rue S.-Jacques, près la Fontaine S.Severin, à la Fontaine d'or, MDCCXXXVI. Avec approbation & privilège; épître + préface + 263 p. + table + approbation et privilège + avertissement + 170 p. + table + approbation + 209 p. + table + 240 p. + approbation
(Nîmes 8786)
1737 B (3) Paris, de Poilly, quay de Conty, au coin de la rue Guenegaud, aux Armes d'Angleterre, M.DCC.XXXVII. Avec approbation & privilège (Dijon 8117)
1737 *C (1-4) Amsterdam, aux dépens de la Compagnie, MDCCXXXVII; vji p. + 202 p. + 131 p. + avertissement + 172 p. + 199 p. (Oron RVC 16)
1738 D (1-2) Paris, de Poilly...; épître + table + approbation et privilège + 263 p. + avertissement + 170 p. (Dijon 8117)
L'exemplaire de Dijon comporte une quatrième partie sans page de titre
Le privilège accordé pour 3 ans à Prault le 30 juillet 1735 a été cédé le 10 octobre suivant à Mouhy qui le cède à Louis Dupuis le 17 octobre; l'édition de 1738 comporte en plus mention non datée d'une cession de privilège de Mouhy à de Poilly «suivant l'accord fait entre eux»
1742 E (5-8) Suite de la Mouche...
La Haye, Jean Neaulme, M.DCC.XLII; épître + avertissement + 188 p. + 173 p. + table + 168 p. + table + table + 175 p. (Nîmes 8787; Arsenal 8º BL 29 099 pour VII et VIII)
Impression parisienne

483   MYLORD Stanley ou le criminel vertueux. Histoire tirée nouvellement des mémoires de l'illustre maison de L*. V*** & mise en ordre par l'auteur d'An**

483   (suite)
1747   A Cadix, MDCC.XLVII; avertissement + 163 p. + 174 p.
+ 195 p. (Arsenal 8° BL 18 195 et 18 196)
1747   B Cadix, MDCC.XLVII; xxviij p. + 126 p.
1750   C Amsterdam, par la Société, M.DCC.L.; xxviij p. + 184 p.
(Montivilliers 2172; première partie seulement).

484   MYSIS et Glaucé. Poème en trois, chants, traduit du grec
Genève, M.DCC.XLVIII; viii p. + 236 p. (BU Lille Agache
2744; BPU Genève Hf 7935; Oron NA 102)
Imprimé à Auxerre chez Fournier

485   NAISSANCE (La) de Clinquant et de sa fille Mérope. Conte
allégorique & critique
(S.l.) M.DCC.XLIV; 120 p. (Arsenal 8° BL 18 720)

486   NANIN et Nanine, fragment d'un conte, traduit de l'Arabe
Amsterdam, M.DCC.XLIX; 38 p. (Arsenal 8° BL 18 489)

487   NAPOLITAIN (Le), ou le défenseur de sa maîtresse
Pas de page de titre; approbation 18 mars 1734 et privilège du
18 juillet 1732 à Prault pour le *Traité du sublime*; 67 p.
(Troyes AA 15/3632)
Première édition par Blageart en 1682 (note 57).

488   NAZIRADDOLÉ et Zelica, ou la constance aisée. Histoire traduite de l'Arabe. Nouvelle Édition
Amsterdam, aux dépens de la Compagnie, 1746, xx p. + fautes
à corriger + 113 p. (BN Y² 56 112)
Impression parisienne

489   NERAIR et Melhoë, conte ou histoire. Ouvrage orné de digres-
sions
s.d.   A Imprimé à ***. Se vend à ***. * Chez * rue * à l'Enseigne *
L'an de l'âge de l'Auteur, LX., iiij p. + 267 p. + viij p. +
260 p. (Versailles A in-12 E 1537 e)
Papier à filigrane « 1744»; impression parisienne
1748   B Imprimé à ***, chez ***, rue ***, à l'enseigne ***
L'an de l'âge de l'Auteur 60; M.DCC.XLVIII; table + 219 p.
+ 208 p.
(Laon in-16 B 415; Oron ROA 112)

490   NOCRION, conte allobroge
s.d.   A Pas de page de titre; préface de décembre 1746
38 p. (Ste Geneviève Res. Y 3536/Inv.6383; Rouen Leber
2510; Rennes 77 920; Bordeaux AP 27 530)
Papiers français
1748   B (S.l.) 1748, préface de décembre 1747; 36 p.
(Rouen Leber 2511)

*491 NONES (Les) galantes, ou l'amour enbeguiné
La Haye, Jean van Es, M.DCC.XL; préface + 402 p.
(Rouen Leber 2266)

492   NOUVEAU (Le) Gulliver, ou voyage de Jean Gulliver, fils du
capitaine Gulliver. Traduit d'un manuscrit anglois, par
Monsieur L.D.F.

492   (suite)
Paris, veuve Clouzier et François Le Breton, M.DCC.XXX. Avec approbation & privilège; épître + préface + 262 p. + approbation + 259 p.; imprimerie Paulus Du Mesnil (Arsenal 8° BL 29 854)

*493   NOUVEAU (Le) Protée, ou le moine aventurier. Mémoires curieux. Écrits par l'Auteur de la Nouvelle Marianne Haarlem, Jean van Lee, sur le grand Marché 1740; 234 p. (Arsenal 8° BL 21 554)

494   NOUVEAU recueil de contes de fées
Paris, Pierre-Jean Mariette, ruë Saint Jacques, aux colonnes d'Hercule; MDCCXXXI. Avec approbation & privilège; 391 p. + approbation et privilège (Amsterdam OK 73-28)

495   NOUVEAU recueil de lettres galantes de Cleante et de Belise : avec les lettres d'amour d'une Religieuse Portugaise, écrites au Chevalier de C*** Officier François au Portugal. *t.II*
1732   A ... Et les Réponses du dit chevalier enuite de chacune des lettres de la dite Religieuse.
Anvers, Samuel le Noir, M.DCC.XXXII; au lecteur + 220 p. (BN z 14 272)
1738   B Anvers, Samuel le Noir, Marchand Libraire, 1738; au lecteur + 228 p. (Bourges D 1472)

496   NOUVEAU (Le) Télémaque ou Voyages et avantures du Comte de... et son fils
1741   *A (1-3) Le Nouveau Télémaque ou Voyages et avantures du Comte de... et de son fils avec des notes historiques, géographiques et critiques par l'autheur des Mémoires d'une dame de qualité
La Haye, Pierre Van Cleef, M.DCC.XLI; préface + 276 p. + 287 p. + 246 p. (Arsenal 8° BL 21 682)
1744   B (1-2) Le Nouveau Télémaque, ou Voyages et avantures du Comte de... et de son fils; avec des notes historiques, géographiques et critiques. Par l'Auteur des Mémoires d'une Dame de qualité
La Haye, Pierre Van Cleef, 1744; 455 p. + 428 p. (BN Y² 56 672; Le Mans BL 3306)
Impression de Rouen
1744   C (3) Voyages et avantures du comte de*** et de son fils. Tome troisième
Amsterdam, Pierre Marteau, M.DCC.XLIV; pp.181-426 (Arsenal 8° BL 22 688)
Impression parisienne
1745   D (1-2) Voyages et avantures du comte de*** et de son fils. Tome prremie (sic)
Amsterdam, Pierre Marteau, M.DCC.XLV; xvij p. + 384 p. + 180 p. (Arsenal 8° BL 22 688)
Impression parisienne
1748   E (1-2) Voyages et avantures du comte de*** et de son fils
Amsterdam, Pierre Marteau, M.DCC.XLVIII; xvij p. + 384 p. + 180 p. (Arsenal 8° BL 22 689)

496   (suite)
Jones n'a pas vu qu'il s'agissait du même ouvrage
Impression parisienne

497   NOUVEAUX contes de fées
Amsterdam, aux dépens de la Compagnie, M.DCC.XLV; xvj p.
+ 79 p. (Arsenal 8° BL 21 419).

498   NOUVEAUX contes de fées. Par Madame la Marquise de L***
Tirés des manuscrits de Madame la Comtesse de Verruë
La Haye, d'Hondt, Libraire, M.DCC.XXXVIII; 72 p. + 71 p.
(Arsenal 8° BL 19 116)
Impression parisienne (Prault)

499   NOUVEAUX contes des fées. Par Madame d'Aunoy (sic).
Auteur des Mémoires & Voyages d'Espagne
Amsterdam, Michel Charl. Le Cene, M.DCCXXXV ? + 440 p.
(Oron ROC 13)

500   NOUVEAUX contes des fées allégoriques. Contenans le Phenix,
Lisandre, Carline, Boca, & c. Par M. D.***
Paris, Didot, Quay des Augustins, près le Pont S. Michel, à la
Bible d'or, M.DCC.XXXV. Avec approbation & privilège;
284 p. + approbation et privilège (Dijon 7973)

501   NOUVELISTE (Le) aërien ou le silphe amoureux
Amsterdam, M.DCC.XXXIV, 214 p. (Reims Diancourt PP 310)

*502   NOUVELLE (La) Marianne; ou les Mémoires de la Baronne de
***. Ecrits par elle-même
La Haye, Pierre de Hondt, M.DCC.XL; 115 p. + 72 p. + 64 p.
+ 82 p. + 76 p. + 103 p. + 124 p. + 120 p. + 95 p. + 87 p.
(Mannheim 75/240)

503   NOUVELLE (La) mer des histoires
Paris, Ch. Guillaume et P. Gandouin le Jeune, M.DCC.XXXIII.
Avec approbation & privilège; avertissement + 239 p. +
232 p. + table (BN Y² 56 893 et 56 894)

*504   NOUVELLE (La) Talestris, histoire galante. Par Mademoiselle
De***
Amsterdam, Louis Eoubert (sic), libraire au-dessus de la Bourse;
M.D.C.C.XXXV., préface + 162p. (Göttingen 8° Fab. Rom.
IV 296)
Première édition en 1700

505   NOUVELLES de Michel de Cervantes
1731 A Nouvelles de Michel de Cervantes Auteur de l'Histôire
de Don Quichotte. Traduction Nouvelle. Troisième Édition.
Amsterdam, N. Étienne Lucas, libraire dans le Beuss-straet, à
la Bible, M.DCC.XXXI; 412 p. + 411 p. (paginé par erreur
141) (Mazarine 22 317 B; Lyon 801 804)
Impression française (Rouen?)
1744 B Nouvelles exemplaires de Michel de Cervantes Saavedra,
Auteur de Don Quichotte. Traduction. Edition Nouvelle,
augmentée... Par M. l'Abbé S. Martin de Chassonville...
Lausanne & Genève, Marc-Mic. Bousquet & Comp.,
MDCCXLIV; lip. + 466 p. + 524 p. (Le Mans BL 3447)

505   (suite)

> La première traduction par d'Audiguier avait paru en 1614 chez Richer et celle de Cotolendi chez Barbin en 1678 (note 58)

506   NOVICIAT (Le) du marquis de *** ou l'apprentif devenu maître

> Cither, M.DCC.XLVII. Avec approbation de Vénus; 107 p. + 88 p.
> (British L. 12 511 de 28; Göttingen 8° Fab. Rom. IV 696)
>
> L'exemplaire daté de 1746 que Jones a vu à l'Arsenal est demeuré introuvable. L'exemplaire de la British Library porte sur la page de titre et au moins sur 3 autres pages (pp. 7, 15, 51) la signature « Dupré»

507   OCCUPATIONS (Les) du siècle par M***

> Amsterdam, Zacharie Chatelain, MDCCXXXIX; 356 + 240 p.
> (Arsenal 8° BL 22 381)
>
> Impression parisienne

508   ŒUVRES de Madame de Ville-Dieu

> Paris, Le Breton, petit-fils d'Houry, M.DCC.XLI. Avec privilège
> (Dijon)

508 bis   ŒUVRES de Madame Durand

> Paris, Prault pere, Quai de Gêvres, au Paradis, M.DCC.XXXVII. Avec approbation et privilège
>
> Comme pour les *Avantures choisies*, Prault a « rhabillé» des romans déjà publiés, en leur laissant leurs pages de titre primitives. On trouve ainsi dans cette nouvelle émission entre autres : *Les belles grecques* (1736), *Le comte de Cardonne* (1734), *La comtesse de Mortane* (1736), *Henry duc des Vandales* (1714), *Les Mémoires secrets de la Cour de Charles VII* (1734), *Voyage de campagne* (1734). Un des volumes porte « Œuvres meslées»

509   ŒUVRES de Maître François Rabelais, publiées sous le titre de Faits et dits du Géant Gargantua et de son fils Pantagruel... Nouvelle édition

> (S.l.) M.DCC.XXXII

510   ŒUVRES mélées du comte d'Hamilton

> 1731   A Paris, Josse, MDCCXXXI (BN Z23.384 et 23.385).
> 1731 *B Utrecht, Etienne Neaulme, MDCCXXXI (BN Z 23386 à 23 390)
> 1732 *C Utrecht, Etienne Neaulme, MDCCXXXII; 280 p. + 288 p. (Mannheim 77/203)

511 · ORONOKO traduit de l'anglois de Madame Behn

> Amsterdam, aux dépens de la Compagnie, M.DCCXLV

*512   ORPHELINE (L') angloise ou l'histoire de Nancy Buthler écrite par elle-même

> La Haye, Pierre Van Cleef, M.D.CC.XLI; 324 p. + catalogue
> (Göttingen 8° Fab. Rom. IV 315)

513   PAMELA ou la vertu récompensée. Traduit de l'Anglois

> 1741   A (1-2) Londres, Thomas Woodward, au Croissant entre les portes du Temple; Jean Osborn, à la Boule d'Or, dans Pater Noster Row, près de S. Paul, MDCCXLI; xx p. + 351 p. + 458 p. (Bodleian Library Vet A 4 f 464; Taylor Library Finch 73; Br.L. 1156 kq)

513   (suite)

L'exemplaire de la Bodléienne ne comprend que le tome I
Le catalogue à la fin du tome I est intitulé « Books printed for, and
sold by J. Osborn»; il s'agit certainement d'une traduction imprimée
en Angleterre; la première édition anglaise de *Pamela* était sortie en
novembre 1740

1742 B (1-4) Londres, chez Jean Osborne, à la Boule d'Or,
dans Paster Noster près St Paul, M.DCC.XLII; xxiii p. +
273 p. + 324 p. + 298 p. + 302 p.
(BN Y² 11 500 sq; BN Y² 11 496 et sq; Br.L. 1507/1362;
Rennes 77 723)
L'exemplaire de la British Library posède à la fin du tome I un catalogue de Didot qui ne se trouve pas dans les exemplaires de la
Bibliothèque municipale de Rennes; les deux exemplaires de la
Bibliothèque Nationale n'appartiennent pas à la même édition car un
sondage nous a révélé des différences dans l'accentuation et la ponctuation. Quant aux papiers, on trouve :
le filigrane « Manufacture d'Angoumois» dans l'exemplaire de la British Library (tome II);
le filigrane « Fargeaud» dans l'exemplaire Y² 11 500 et sq. de la BN
(tomes II et IV);
le filigrane « Limosin» dans le même exemplaire (tomes I et III);
le filigrane « Manufacture Ro» dans l'exemplaire de Rennes (tome II)
et dans l'exemplaire Y² 11 496 et sq. de la BN (tome III)

1742 C (1-4) Londres, Osborne, M.DCC.XLII; 272 p. + 320 p. +
296 p. + 295 p. (Mannheim 76/200)
Impression lyonnaise

1742 D (1) Amsterdam, aux dépens de la Compagnie, 1742,
préface + 480 p. (collection particulière, armes de Delpech de
Cailly)

1743 E (1-4) Amsterdam, aux dépens de la Compagnie, M.DCC.-
XLIII; avis des nouveaux éditeurs + préface du traducteur +
216 p. + 264 p. + 248 p. + 247 p. (Arles A 24 076)
Impression de Rouen

1743 F (1-4) Amsterdam, aux dépens de la Compagnie, M.DCC.
XLIII; avis + préface... + 216 p. + 264 p. + 248 p. + 247 p.
(BN Y² 11 508 à 11 511)
Impression de Rouen

1743 G (1-4) Liège, J.F. Bassompierre et J. Delorme de la
Tour, MDCCXLIII; avis + préface... + 294 p. + 336 p. +
320 p. (BN Y² 11 504 à 11 507)

1744 H (5) A Londres, & se vend à Liège, chez J.F. Bassompierre, imprimeur & libraire en Neuvice et J. Delorme de la
Tour, Marchand-Libraire, près du Palais, MDCCXLIV; avertissement etc + 408 p. (BM Liège, Capitaine 6555)

514   PANTIN et Pantine, Conte
Paris, Chés tout le monde, à la Folie, l'an du Bilboquet 35;
179 p. (Arsenal 8° BL 19 008).

515   PARIS ou le mentor à la mode. Par M. le Chevalier de M***
1735 A (1) Paris, Pierre Ribou, vis-à-vis la Comédie Françoise,
à l'image S.Loüis, M.DCC.XXXV. Avec approbation & privilège; vii p. + 155 p. + table + approbation + privilège;
impr. Valleyre. (BN Y² 9555)

515   (suite)

1735   B (1) La Haye, Jean Neaulme, MDCCXXXV; vii p. +
155 p. + (2 p.) + catalogue des livres de Jean Neaulme
(BHVP 10 711; Göttingen 8° Fab. Rom. IV 8344)
Probablement autre émission de l'édition précédente avec préface
imprimée en Hollande et catalogue de Neaulme, ce qui confirme
notre hypothèse d'éditions partagées entre libraires français et hollandais, ou rachetées par les libraires hollandais

1736   C (2) Seconde partie dédiée à Monsieur Herault
Parss (sic), Pierre Ribou, MDCCXXXVI. Avec approbation
& privilège table + approbation + privilège + 174 p. + catalogue (Impr. Valleyre)
(BN Y² 9556; Göttingen 8° Fab. Rom. IV 8344)

1736   D (2) Id.
La Haye, Jean Neaulme, MDCCXXXVI; table + approba-
tion + privilège + 174 p.; impr. Valleyre (BHVP 10 711)
Même remarque que pour B

1737   E (3) Troisième partie
Paris, P. Ribou, MDCCXXXVII; table + approbation +
privilège + 141 p. + catalogue (BHVP 10 711; Göttingen 8°
Fab. Rom. IV 8344)
Le catalogue Ribou ne semble pas figurer dans l'exemplaire de
Göttingen

516   PATTE (La) du chat, conte zinzimois
Tilloobalaa, M.DCC.XLI; table + 126 p. (Melun 1281; Rouen
Leber 2130)
Impression parisienne

517   PAYSAN (Le) gentilhomme ou avantures de M. Ransay, avec
son voyage aux isles jumelles. Par Monsieur de Catalde

1737   A Paris, Pierre Prault, quay de Gêvres, au Paradis,
M.DCC.XXXVIII; avec approbation & privilège; 188 p. +
210 p. (Arsenal 8° BL 560)

1738   B id.; 107 p. + 120 p. (Mannheim 75/83; Oron RVA 96)
Il n'y a ni approbation ni privilège; il s'agit certainement d'une
contrefaçon allemande

1738   *C La Haye, Pierre de Hondt, M.DCC.XXXVIII
(Arsenal 8° BL 21 559)

518   PAYSAN (Le) parvenu, ou les Memoires de M***, par M. de
Marivaux

1734   A (1-4) Paris, Prault Pere, Quay de Gesvres, au Paradis,
M.D.CC.XXXIV. avec approbation & privilège; 115 p. +
128 p. + 134 p. + catalogue + 115 p. + approbation et privilège (Dijon 8192, exemplaire de Jehannin Arviset, conseiller
au Parlement de Dijon)
Cette édition semble très rare; Jones ne l'a trouvée qu'à la Library of
Congress. Il pourrait s'agir d'une contrefaçon antidatée faite à Avignon comme la 5ᵉ partie. Voir 518 H

1734   *B (1-4) La Haye, C. Rogissart & sœurs, MDCCXXXIV,
95 p. + 106 p. + 111 p. + 94 p. (BNU Strasbourg Cd 117 439,
don de la BU Königsberg en 1871)

1735   C (1-2) Paris, Prault Pere, Quay de Gesvres, au Paradis;
M.DCC.XXXV. Avec approbation & privilège; approbation
+ privilège. 115 p. + 128 p. + approbation et privilège
(BN Y² 51 127 et 51 128)

1735   D (1-2) Paris, Prault Pere, quai de Gêvres, au Paradis,
M.DCC.XXXV

518   (suite)
Avec approbation & privilège; approbation et privilège + 115 p.
+

128 p. (Arsenal 8° BL 22 405)
En réalité, cette édition D, imprimée sur un papier avec filigrane
« 1742», est, à part la page de titre, la même que celle de 1748 (M).
On remarquera la différence de graphie dans l'adresse; quant au
bandeau, il est en moins mauvais état dans C que dans D et M

1735   E (3-4) Paris, Prault fils, Quay de Conty, M.DCC.XXXV.
Avec approbation et privilège. 134 p. + 114 p. + 118 p.
(Arsenal 8° BL 22 405)

1735   F (3) Seconde édition
Paris, Prault fils, M.DCC.XXXV. Avec approbation & privi-
lège M.DCC.XXXV; 134 p. + approbation et privilège
(BN Y² 55 129)

1735   G (5) Paris, Prault fils, M.DCC.XXXV; 118 p. + approbation & privilège (Arsenal 8° BL 22 405)

1735   H (5) Paris, Prault, Fils; Quay de Conty; M.DCC.XXXV.
Avec approbation et privilège (Dijon 8192, exemplaire de
Jehannin Arviset)
Impression d'Avignon

1735   I (1-5) Amsterdam, aux dépens de la Compagnie,
M.DCC.XXXV; 119 p. + 253 p. + 140 p. + 123 p. + 119 p.
(BN Y² 75852 à 75856 et BM Strasbourg 65 461)

1736   J Paris, Prault fils, M.DCC.XXXVI; 118 p. + approbation et privilège (BN Y² 51 131)

1736   K (3-5) Seconde edition
Paris, Prault fils, Quay de Conty, vis-à-vis la descente du
Pont Neuf, à la Charité, M.DCC.XXXVI; 114 p. + approba-
tion et privilège + 118 p. + approbation et privilège (Troyes
Des Guerrois 10 116; BN Y² 51.130 pour la 4ᵉ partie)

1737   L (1-5) Francfort, aux dépens de la Compagnie,
M.DCC.XXXVII; 80 p. + 88 p. + 94 p. + 80 p. + 78 p. +
approbation (Br.L. 1073 b30; Göttingen 8° Fab. Rom.IV
5827g)

1737   M (1-5) La Haye, A. de Rogissart, M.DCC.XXXVII;
79 p. + 88 p. + 92 p. + 76 p. + 76 p. (Br.4. 12 510 b15;
BN Y² 75857 à 75861)
Impression de Rouen

1748   N (1-5) Nouvelle Edition. Augmentée d'une Table des
matières
Paris, Prault Pere, Quay de Gêvres, au Paradis, M DCC XLVIII
Avec approbation & privilège; 115 p. + 128 p. + 134 p. +
approbation et privilège + 114 p. + approbation et privilège
+ 118 p. + approbation et privilège + 24 p. de table (BN
Y² 51.135 à 51.137; Clermont 45 082)
C'est une nouvelle impression : on trouve par exemple le filigrane
1742 dans la troisième partie; cf. ci-dessus 518D.
Cette édition est présentée en deux tomes avec un faux titre pour le
tome II portant « page 89.IIᵉ Partie»
Pas de page de titre pour les parties 2 et 3; onglet (H*) pour les
pp.89/90 de la troisième partie, au début du tome II, dû peut-être à
l'addition du faux titre mentionné ci-dessus

519   PAYSANNE (La) parvenue, ou les Memoires de Madame la
marquise de L.V. par le chevalier de M.

519   (suite)

Les pages de titre des livraisons ayant été souvent supprimées au moment de la reliure, nous avons considéré dans notre classification uniquement les livraisons comportant une page de titre adéquate; on trouvera à la fin de cette notice d'une part les livraisons sans page de titre, d'autre part la récapitulation avec le nombre de pages de chaque fascicule dans chaque exemplaire

1735   A (1-2) Le prix est de 24 sols
Paris, Prault fils, quay de Conty, vis à vis la descente du Pont Neuf, à la Charité, M.DCC.XXXV. Avec approbation & privilège; + 153 p. + approbation et privilège (Arsenal 8° BL 22 424)

1735   B (1) Paris, Prault, Fils, Quay de Conty, vis-à-vis la descente du Pont Neuf, à la Charité, M.DCC.XXXV; épître + 76 p. (Versailles Duhaut B 961)
Ni approbation ni privilège, qui ne sont même pas annoncés
Il s'agit d'une contrefaçon
Pour les parties suivantes, sans page de titre, voir ci-dessous 519

1735   C (1) Amsterdam, MDCCXXXV; 128 p. (Dijon 8191, ex libris de Jehannin Arviset)

1735   D (2) Seconde partie. Le prix est de 24 sols
Amsterdam, François l'Honoré, M.DCC.XXXV; 153 p. (Dijon 8191; Nîmes 8801)

1735   E (1-2) Liège, J. Jacob Libraire & Imprimeur, à l'Ange sur le Pont d'Isle, MDCCXXXV; 109 p. + (3 p.) + 139 p. (BU Liège XVIII.47.33)
Renseignements et photocopies fournis par P. Gason
La page de titre de la première partie porte « A Paris et à Liège» et la date est écrite M.DCC.XXXV
Le nom du chevalier de Mouhy est écrit en entier sur la page de titre de la seconde partie
Même fleuron sur les deux pages de titre

1736   F (1) Deuxième édition. Le prix est de 24 sols
Paris, Prault fils, M.DCC.XXXVI. Avec approbation & privilège 135 p. + approbation et privilège + catalogue; impr. Prault père (Arsenal 8° BL 24 424)

1736   G (3-7) Paris, Prault fils, M.DCC.XXXVI. Avec approbation & privilège; 122 p. + approbation et privilège; 112 p. + approbation et privilège; 107 p. + approbation et privilège; 113 p. + approbation; 112 p. + approbation et privilège (BN (Arsenal 8° BL 24 424; Dijon 8191 pour les parties 3, 5 et 6; Nîmes 8801 pour les parties 5 et 7)
Les exemplaires de la BN et de Nîmes ont un catalogue à la fin des parties 5 et 7

1736   H (3-4) Amsterdam, François L'Honoré, M.DCC.XXXVI; 122 p. + 112 p.
(Boulogne C 5150; Dijon 8191 pour la partie 4; Nîmes 8801)
Impression de Trévoux

1736   I (5) Londres, M.DCC.XXXVI; 107 p. (Boulogne C 5150)

1736   J (3-5) Liège, Jacob, M.DCC.XXXVI; 110 p. + 112 p. +102 p. (incomplet) (BU Liège XVIII.47.53)
Voir ci-dessus 519 E

1736   *K (5-7) La Haye, Jean Neaulme, M.DCC.XXXVI; 108 p. + 113 p. + 108 p.
(Göttingen 8° Fab. Rom.IV 8327)

519   (suite)
1736   L (6) Amsterdam, François L'Honoré, M.DCC.XXXVI;
113 p. (Boulogne C 5150)
1736   M (6) A Paris, et se vend à Liège chez Everard Kints,
Libraire & Imprimeur en Souverain Pont, M.DCC.XXXVII;
104 p. (BM Liège, Capitaine 6563)
1736   N (7) Avignon, M.DCC.XXXVI; 112 p. (Boulogne
C 5150; Dijon 8191)
1737   P (8) Paris, Prault fils, M.DCC.XXXVII; avertissement
+ 138 p. + approbation (Arsenal 8° BL 24 424; Nîmes 8801)
1737   Q (8) Amsteram (sic), François Changuion, M.DCC.
XXXVII; avertissement + 123 p. (Boulogne C 5150; Dijon
8191)
1737   R (8) A Paris, et se vend à Liège, chez Everard Kints,
Libraire & Imprimeur en Souverain-Pont, M.DCC.XXXVII;
107 p. + *approbation* (BM Liège Capitaine 6563)
1737 *S (8) La Haye, Jean Neaulme, M.DCC.XXXVII; 141 p.
(Göttingen 8° Fab. Rom IV 8327; Versailles Duhaut B 962)
1737   T (9) La Haye, Gosse & Neaume (sic), M.DCC.XXXVII;
114 p. (Arsenal 8° BL 22 424; Boulogne C 5150; Dijon 8191)
Impression parisienne (Prault)
1737   U (10-12) La Haye, Neaume, M.DCC.XXXVIII; 126 p.
+ 131 p. + 155 p.
(Arsenal 8° BL 24 424)
1738 *W (9-11) La Haye, Jean Neaulme, M.DCC.XXXVIII;
116 p. + 126 p. + 131 p. (Göttingen 8° Fab. Rom.IV 8327)
1738   X (10-12) La Haye, Gosse et Neaulme, M.DCC.XXXVIII;
130 p. + 135 p. + 155 p. (Boulogne C 5150)
1738   Y (1) Amsterdam, M.DCC.XXXVIII; 128 p. + *approbation* (Boulogne C 5150)
1738   Z Par Monsieur le Chevalier de Mouhy
Amsterdam, Compagnie, 1738; 448 p. + 486 p. (Amiens
BL 2677, fonds des Augustins)
Impression de Rouen
1738 AA La Haye, Jean Neaulme, M.DCC.XXXVIII; 382 p. +
391 p. (Br.L. 1073 b30-2)
A la page 80, *approbation* des 4 premières parties
1739 AB (2) Amsterdam, François L'Honoré, M.DCC.XXXIX;
152 p. (Boulogne C 5150)
1739 *AC (3-6) Amsterdam, aux dépens d'Arkstée & Merkus,
libraires à Leipzig, MDCCXXXIX; 61 p. + 63 p. + 59 p. +
62 p. (La Haye 186 F 15)
1739 AD (8) id. Huitième partie (Troyes B.Est 6/1255)
1739 *AE (7-12) La Haye, Jean Neaulme, M.DCC.XXXIX; avertissement + 74 p. + 72 p. + 68 p. + 130 p. + 119 p. +
125 p. (La Haye 186 F 15)
L'avertissement précise :
« En attendant une Édition générale de cet Ouvrage qu'on me propose; je n'ai pu refuser au Libraire qui a réimprimé cette septième
partie les corrections qu'il esperoit... Pour reparer la négligence
impardonnable avec laquelle on la reimprimé (sic) à Paris sans que
j'en aye rien scu...
« Non seulement j'ay corrigé le nombre épouvantable des fautes que
j'ai trouvé avec étonnement dans cette partie, (étant positif que les
premières éditions sont plus correctes que les dernieres) mais même
j'ay fait des Additions considérables...
J'avois dessein d'ensevelir dans l'oubli les motifs qui ont donné lieu à
la suppression de cette septième partie à Paris

... Quinze jours après, il vint un ordre de la Cour, qui supprimoit la Septième Partie que j'avois donné à examiner...
...Page.205 jusqu'à 207, Édition de Paris. Le Marquis, en rendant compte de son Voyage de Lorraine, dit, il n'y a que le premier pas qui coûte dans toutes les choses de la vie!... *au Caractère et à la grandeur près.* Je croyois vous voir toutes les fois que j'étois auprès d'elle : & cette différence de caractère et de grandeur sont les pretextes de l'accusation & de la proscription
... Ce n'est point la Cour, ni encore moins le Public, qui sont les Auteurs de cette Persecution, au contraire je dois tout à l'un & l'autre»...

1739 AF Par Monsieur le Chevalier de Mouhy
Amsterdam, aux dépens de la Compagnie, 1739; 448 p. + 486 p. (Arles RA151; Nancy 301 861)
Impression de Rouen
1740 *AG (1) Nouvelle Édition
Amsterdam et Leipzig, Arkstée & Merkus, M.D.CCXL; 67 p. + 84 p. (La Haye 186 F 15; Troyes B Est.6/1255)
1746 AH Par Monsieur le chevalier de Mouhy
Amsterdam, aux dépens de la Compagnie, 1746; 240 p. + 206 p. + 222 p. + 260 p. (Verdun BL 17 897; BN 55 437 pour t.III et IV)
Impression de Rouen

519   (suite)

TABLEAU RÉCAPITULATIF SELON LA PAGINATION
AVEC EN PLUS LES FASCICULES SANS PAGE DE TITRE
A - ÉDITIONS PUBLIÉES EN 12 LIVRAISONS

Partie				
1	+ A	76 p. + B	128 p. + C; Y	109 p. + E
	135 p. + F			67 p. + AG < 84 p.
2	153 p. + A; D	139 p. + E	152 p. + AB	
3	122 p. + G; H	110 p. + J	61 p. + AC	
4	112 p. + G; H; J	63 p. + AA		
5	107 p. + G	108 p. + K	59 p. + AC	70 p. + Versailles
6	113 p. + G; K; L	104 p. + M	62 p. + AA	76 p. + Versailles
7	112 p. + G; N	108 p. + K	74 p. + AE + Versailles	
8	138 p. + P	123 p. + Q	107 p. + R	141 p. + S
				72 p. + AE
9	114 p. + T	116 p. + W	68 p. + AE	
10	126 p. + U; W + Dijon	130 p. + X; AE		
11	135 p. + X	119 p. + AE	131 p. + U; W + Dijon	
12	155 p. + U; X + Dijon	125 p. + AE		

B. RÉIMPRESSIONS EN 2 OU 4 TOMES

I-II ; 448 p. + 486 p. = Z;
I-II ; 382 p. + 391 p. = AA;
I-IV; 240 p. + 206 p. + 222 p. + 260 p. = AH

Essai de conclusion :
Des similitudes de pagination peuvent mettre sur la voie d'éditions de même origine mais cette similitude ne doit pas nous égarer.
Il faut distinguer :
      Les éditions de Prault fils, avec ou sans son nom.
      Les réimpressions de Liège : Kints et Jacob.
      Diverses réimpressions provinciales : Trévoux, Rouen.
      Les réimpressions de Jean Neaulme.
      Les réimpressions d'Arkstée et Merkus.

520 PERKIN, faux duc d'York, sous Henri VII roi d'Angleterre. Nouvelle histoire. Par le Sieur La Paix de Lizancour
1732 A Paris, Nyon fils, place de Conty, à Sainte Monique; Hardy, rüe du Hurpoix, près le Pont Saint Michel, aux Armes de l'Université, M.DCC.XXXII. Avec approbation & permission; xv p. + 404 p. + approbation et privilège; imprimerie J.B. Lamesle (BN Y² 47 285)
1732 B Amsterdam, L'Honoré & Chastelain, MDCCXXXII; id. y compris approbation et privilège (Arsenal 8º BL 18 178)
Deux émissions de la même édition

521 PERSILE et Sigismonde, histoire septentrionale, tirée de l'espagnol de Miguel de Cervantes. Par Madame L.G.D.R.
Paris, Michel Gandouin, Quay de Conty, aux Trois Vertus, M.D.CC.XXXVIII. Avec approbation & privilège (BN Y² 11 022).

522 PETIT (Le) toutou, par M. de Bibiena
Amsterdam, M.DCC.XLVI; préface + 283 p. + 203 p. (Arsenal 8º BL 19 197)
Réimprimé sous le titre du *Barbet mignon*; cf. nº 115 bis

523 PETITES (Les) nouvelles parisiennes
Cologne, Pierre Martau (sic), 1750; épître + ij p. + 93 p. (Göttingen, 8º Fab. Rom.IV 5935)

524 PETITS (Les) soupers de l'esté ou avantures galantes avec l'origine des fées. Par Madame Durand
1733 A Paris, Prault, Pere, Quai de Gesvres, au Paradis, M.DCC.XXXIII; Avec privilège; (6 p.) + 490 p. + privilège et catalogue (BN Y² 8805; BN Y² 31577; Gand BL 5521)
1734 B (1) Paris, Prault, Pere, quai de Gesvres, au Paradis. Avec privilège; épître + 148 p. (Méjanes C 5927)
Impression d'Avignon
1734 *C Amsterdam, J. Wetstein & G. Smith, M.DCC.XXXIV; épître + 164 p. + 163 p. (Nantes 99 614)
1735 D (2) Paris, Prault, Pere, Quai de Gesvres, au Paradis, M.DCC.XXXV. Avec Privilège (Méjanes C 5927)
Impression d'Avignon

525 PHARSAMON ou les nouvelles folies romanesques. Par Monsieur de Marivaux
1737 A Paris, Prault pere, quay de Gêvres; au Paradis, M.DCC.XXXVII. Avec approbation & privilège; (6 p.) (= approbation, privilège, catalogue et avertissement) + 714 p. (Arsenal 8º BL 21 491 p.; Dijon 8194)
1737 *B La Haye, aux dépens de la Compagnie, M.D.CC. XXXVII; avertissement de l'imprimeur de Paris + 255 p. + 220 p. (Arsenal 8º BL 21 490)
1738 *C La Haye, Pierre de Hondt, MDCCXXXVIII; avertissement + 384 p. + 328 p. (Br.4. 1080 c 19 et 20)
1739 *D Pharsamond (sic), ou le Don Quichotte françois, par M. de Marivaux. Nouvelle Édition
La Haye, Jean Van Duren, M.D.CC.XXXIX; avertissement + avertissement de l'imprimeur de Paris + 255 p. + 220 p. (BN 16º Y² 17 616, acquisition postérieure probablement à l'enquête de Jones)

526   PHÉNIX (Le) conjugal, nouvelle du temps
           1734   A Paris, Le Breton Le Fils, sur le Quai des Augustins,
           près la rue Gist-le cœur, à la Fortune, M.DCC.XXXIV.
           Avec approbation & privilège; 94 p. + approbation et privilège
           (Arsenal 8° BL 20 408)
           1735 *B Amsterdam, J. Wetstein & G. Smith; 94 p. + *appro-
           bation* (Arsenal 8° BL 20 405)

527   PHILOCTÈTE ou voyage instructif et amusant
           Paris, de Poilly, quai de Conty, au coin de la rüe Guenegaud
           aux Armes d'Angleterre, M.DCC.XXXVII. Avec approbation
           & privilège; viii p. + 360 p. (Arsenal 8° BL 21 508 et 21 509;
           8° NF 4844)
           L'exemplaire 8° BL 21 508 de l'Arsenal n'a ni approbation ni privilège

528   PHILOSOPHE (Le) amoureux, ou Avantures du chevalier de
           K***
           La Haye, J. Neaulme, 1000.DCC.46; (4 p.) + 139 p. + 112 p. +
           177 p. + 154 p. (Arsenal 8° BL 22 434)
           Impression parisienne

*529   PHILOSOPHE (Le) amoureux, ou les Mémoires du comte de
           Mommejan; par Mr. le marquis d'Argens
           La Haye, Adrien Moetjens, M.DCC.XXXVII; 268 p.
           (Arsenal 8° BL 21 392 et 21 393)
           Impression parisienne

530   PHILOSOPHE (Le) anglois ou Histoire de Monsieur Cleveland,
           fils naturel de Cromwell, Ecrite par lui-mesme, Et traduite
           de l'Anglois par l'Auteur des Mémoires d'un homme de
           qualité
           1731 *A (1-2) Utrecht, Etienne Neaulme, M.DCC.XXXI;
           (Herzog August Bibliothek, Wolfenbuttel)
           1731   B (1-2) Paris, François Didot, Libraire, Quay des Augus-
           tins, près le Pont S. Michel, à la Bible d'or, M.DCC.XXXI.
           Avec approbation & privilège; préface + avis du libraire +
           342 p. + 402 p. + approbation et privilège (BN Y2 6793)
           1732 *C (1-2) Utrecht, Etienne Neaulme, M.DCC.XXXII;
           xviii p. + avis du libraire + 266 p. + 311 p. (BN Y² 60 613
           et 60 614)
           Deuxième émission de l'édition A, avec figure à l'envers
           1732 *D (1-2) id. avec figure à l'endroit (Rouen Leber 2057)
           1732 *E (3-4) Utrecht, Etienne Neaulme, M.DCC.XXXII; 422 p.
           + 309 p. avec avis au relieur à la p. 310 non paginée (Rouen
           Leber 2057)
           1732   F (3-4) 356 p. + 314 p.
           1734 *G (1-4) Nouvelle édition
           Utrecht, Etienne Neaulme, MDCCXXXIV; préface + 316 p.
           + 368 p. + 272 p. + 354 p. (Utrecht 287 K 34 et 35)
           Nous n'avons pas trouvé d'autre exemplaire de cette édition
           1736   H (1-4) Nouvelle édition
           Utrecht, Etienne Neaulme, M.DCC.XXXVI; xxij p. + 267 p.
           (paginée par erreur 367) + 312 p. + 333 p.
           (BN Y² 60 629 à 60 633; Arsenal 8° BL 20 873; Melun 01344)
           Impression parisienne
           1736   I (1-4) Amsterdam, J. Rychhkoff le Fils, Libraire, M.D.CC.
           XXXVI, x p. + 210 p. + 418 p. + 233 p. + 454 p.

530   (suite)

(BN Y² 60 634 à 60 637; Arles A 12 571)
Édition française restée probablement sans suite

1738 *J (5 ou 6) La Haye, Jean Neaulme, MDCCXXXVIII; avertissement + 434 p. (Utrecht 287 K36; BN)

1738 *K (5 ou 6) Utrecht, Etienne Neaulme, M.DCC.XXXVIII; avertissement + 383 p. (Rouen Leber 2057; Arsenal 8° BL 20 873)
Édition française

1739 L (7-8) Utrecht, Etienne Neaulme, M.DCC.XXXIX; 360 p. + 372 p. (BN Y² 60 650 et 60 651; Rouen Leber 2057)
Édition française

1739 *M (6-7 ou 7-8) La Haye, Jean Neaulme, MDCCXXXIX; 411 p. + 439 p. (Utrecht 287 K36)

1741 N Utrecht, Etienne Neaulme, M.DCC.XLI; 458 p. + 458 p. + 461 p. + 383 p. + 360 p. + 372 p. (Chantilly N 384/1-6; Le Havre 32 586; Melun 01345; Rennes 71 720 et 77 854; Taylor Library Vet.Fr.II A 64)
Édition parisienne très répandue

1744 *P Amsterdam et Leipzig, Arkstée & Merkus, MDCCXLIV; 316 p. + 368 p. + 272 p. + 354 p. + 276 p. + 411 p. + 439 p.
(BN Y² 60 65 à 60 663; Amsterdam 1192 H 1 à 4)

1744 Q Amsterdam, J. Ryckhkoff, 1744; 210 p. + 206 p. + 231 p. + 216 p. + 261 p. + 223 p. + 282 p. + 288 p.
(Stuttgart Fr.D8° 3766; Bourg M 4178 à 4181)
Impression de Rouen

1744 R id.; (Angers BL 2667; Bodleian Library, Vet.B4 f24 à f31; (BN Y² 6230 pour le tome VII incomplet)
Impression de Rouen
Ornements typographiques en partie semblables
Le découpage est rendu difficile par la suppression d'une partie du texte dans les éditions françaises et par l'existence du tome 5 apocryphe dont la notice suit; aussi des erreurs de pagination dans nos descriptions sont-elles possibles, la pagination ne se terminant pas à la fin de chaque tome
Contrairement à ce que nous rencontrons d'ordinaire, ce sont les éditions de Jean Neaulme qui sont authentiques et les éditions attribuées à Etienne Neaulme qui sont souvent françaises
Quant à l'«avertissement de Jean Neaulme aux libraires» que Ph. Stewart a trouvé dans l'édition P (*Dix-huitième siècle* 1975 p. 202), nous l'avons trouvé en tête du tome 5 apocryphe éditioin de 1738; cf ci-près 530* C

530   PHILOSOPHE (Le) anglois. Tome cinquième
Utrecht, Etienne Neaulme, MDCCXXIV

1734 *A 310 p. (BN Y² 60 627; Mannheim, Frz Mf)

1734 *B Nouvelle édition; 330 p. + avis au relieur; aan den boekbinder (Rouen Leber 2057 bis; Stuttgart Fr.D.8° 3764)

1738 *C Utrecht, Etienne Neaulme, M.DCC.XXXVIII; avertissement + 330 p. (Utrecht 287 K25)
Malgré les difficultés de comparaison entre un exemplaire qui est à Paris et un autre qui est à Rouen nous avons effectué quelques sondages : le texte semble le même, avec quelques différences de graphies et de ponctuation; ainsi, l'exemplaire de la Bibliothèque Nationale comporte les graphies «occasionneles, univéle» pour occasionnelles, universelle

*530 id (suite)

> Il s'agit dans les deux cas d'in-12 de type hollandais avec titres noirs
> et rouges; la présence de l'avis au relieur dans l'édition B semble
> indiquer que cette édition était de la même origine que l'édition E,
> bien que de plus petit format
> C'est cette édition B qui est réimprimée ou réutilisée dans l'édition C
> qu'on trouve à Utrecht; l'édition A provient probablement d'un autre
> imprimeur hollandais ou d'un imprimeur allemand

531   PIERRE (La) philosophale des dames, ou les caprices de
l'amour et du destin. Nouvelle historique. Par M. l'abbé
de Castro. Nouvelle édition. Revûe, corrigée, augmentée
& enrichie de Figures. Le contenu se trouve à la page
suivante

> M.DCC.XXXII; préface + approbation et privilège + 239 p.
> (BN Y² 75191; Arsenal 8° BL 20 069)
> (L'exemplaire de l'Arsenal a la date corrigée à la main en
> M.DCC.XXIII)

532   PIGMALION, ou la statue animée
> 1741   A Londres, Samuel Harding, M.DCC.XLI; viij p. + 80 p.
> (Arsenal 8° BL 21 832 Reims Diancourt PP 569/3)
> Impression française
> 1742   B Londres, Samuel Harding, M.DCC.XLII; xvi p. + 205 p.
> (Nantes 99 564; Mannheim)
> Impression probablement hollandaise

533   POT-POURRI (Le), ouvrage nouveau de ces dames et de ces
messieurs
> Amsterdam, aux dépens de la Compagnie, M.DCC.XLVIII;
> 60 p. + 52 p. + 54 p. + 124 p. + 27 p. (BN Y² 7926 à 7930)

534   POUPÉE (La), par Mr. de Bibiena
> 1747   A La Haye, Pierre Paupie, 1747; 144 p. + 120 p. + fautes
> à corriger (Arsenal 8° BL 19 196; Dijon 8121)
> 1748   B Dernière édition, corrigée et augmentée de l'Origine
> des Bijoux indiscrets. Première partie
> La Haye, Paupie, M.DCC.XLVIII; 103 p. (Göttingen 8°
> Fab.Rom.IV 7886)
> Nous n'avons trouvé que la première partie de cette édition, signalée
> par Gay mais non vue par Jones, probablement française

535   POUVOIR (Le) de la beauté, nouvelle toute nouvelle
> (S.l.) M.DCC.XL; *approbation et privilège* antérieurs pour la
> *Bibliothèque de campagne* + 236 p. (Arsenal 8° BL 21 868)
> Impression parisienne (Prault)

*536   PRÉTENDU (Le) enfant supposé, ou Mémoires de la jeunesse
du comte de Letaneuf; le tout entremêlé de Particularitez
fort intéressantes, & accompagné de six Airs notés en
Musique : Par Mr D... de Vaubreton
> La Haye, aux dépens de la Compagnie, M.DCC.XL; préface +
> 263 p. (Arsenal 8° BL 21 241).

537   PRINCE (Le) avanturier ou le pélerin reconnu. Par Monsr de
St Quenain
> 1741 *A Amsterdam, P.H. Charlois, 1741; préface + 190 p.
> (Arsenal 8° BL 22 466)

537   (suite)
1743 *B Amsterdam, Charles Le Sieur, M.DCC.XLIII; préface +
190 p. (Méjanes in-16 1209)

538 ˙   PRINCE (Le) de Condé. Par feu M. Boursault
Paris, Le Breton, Quay des Augustins, près la rue Gît-le-Cœur,
à la Fortune, M.DCC.XXXIX; préface + 198 p. + « le privilège est à la fin des ouvrages de M. Boursaut» (sic) (Arsenal
8° BL 21 959)
Première édition publiée par Guignard en 1675 (note 59).

539   PRINCE (Le) des aigues marines
Paris, Coustelier, M.DCC.XLIV; 190 p. (Troyes Des Guerrois
20 761)

540   PRINCE (Le) franc maçon, et la princesse Zelbine, conte des
fées, où l'on voit l'origine & les progrès de la Maçonerie
La Haye, M.DCC.XLVI; épître + 85 p. (Arsenal 8° BL 22 202)
Date corrigée en M.DCC.XLVIII; impression peut-être de Rouen

541   PRINCE (Le) glacé et la princesse étincelante, conte
La Haye, M.DCC.XLIII; épître + 202 p. + « l'approbation et le
privilège sont à la Bibliothèque de campagne ou Recueil
d'avantures choisies» (BU Lille Agache 2460; Rouen Leber
Impression parisienne (Prault)

542   PRINCE (Le) Titi & la Princesse Blanchebrune
Paris, Veuve Pissot, 1748; approbation + privilège de 1735 +
préface + 277 p. + 386 p. + approbation de 1736 + 240 p.;
impr. Veuve Paulus Dumesnil (Göttingen 8° Fab. Rom .IV
3328)
Titre de départ et titre courant : *Histoire du prince Titi*
Pour les éditions précédentes, voir ce titre (n° 316)

543   PRINCESSE (La) Camion, conte de fées
La Haye, M.DCC.XLIII; épître + 183 p. (Arsenal 8° BL 19 149)
Impression parisienne (Prault)

544   PRINCESSE (La) coque d'œuf et le prince bonbon. Histoire
aussi ancienne que véritable. Traduite de l'arabe par M.L.
Degbacobuh
La Haye, J. Neaulme, 1745; (6 p.) + 216 p. (Rouen Leber 2135;
l'exemplaire de la BN Y² z159 a disparu depuis ma première
consultation)
Impression parisienne

545   PRINCESSE (La) couleur de rose, et le prince Celadon, conte
La Haye, M.DCC.XLIII; (2 p.) + 251 p. (BU Lille Agache
2459; Rouen Leber 2133)
Impression parisienne (Prault)

546   PRINCESSE (La) de Clèves
Paris, Compagnie des Libraires Associés, M.DCC.XLI; le libraire
au lecteur + 204 p. + 209 p. + approbation et privilège
(Montpellier 76 242)
Première édition publiée par Barbin en 1678 (note 60)

547   PRINCESSE (La) de Phaltzbourg, nouvelle historique et galante
Cologne, Pierre Marteau, M.DCCXXXIX; 126 p. (Nancy 3636)

547   (suite)
             Impression parisienne (Prault?)
             Première édition publiée sous la même adresse en 1688 (note 61)

548   PRINCESSE (La) laponoise. Histoire héroi-comique
             Londre (sic), George Smith, Marchand libraire, M.DCC.XXXVIII

549   PRINCESSE (La) Lionnette et le Prince Coquerico, conte
             La Haye, M.DCC.XLIII; (2 p.) + 263 p. (Arsenal 8° BL 19 1767;
             Rouen Leber 2132)
             Impression parisienne (Prault)

550   PRINCESSE (La) Sensible et le prince Typhon
             La Haye, M.DCC.XLIII; 119 p. (Arsenal 8° BL 21 633)
             Impression parisienne (Prault)

551   PRINCESES (Les) Malabares, ou le célibat philosophique...
             1735   A Amsterdam, aux dépens de la Compagnie, M.DCC.
             XXXV; préface + 202 p. + table (Auxerre BX 882)
             Impression française
             1735   B Franquebar, Thomas Franco, M.DCC.XXXV; préface +
             200 p. + table (Mannheim 75/233)

552   PRODIGE de vertu : histoire de Rodolphe et de Rosemonde.
             Le prix est de six sols
             Paris, Jacques Edouard, Paris Notre-Dame, du côté des Tours,
             M.DCC.XXXVIII; 35 p. + approbation et privilège; imprime-
             rie Joseph Bullot. (Arsenal 8° BL 21 580)

553   PROMENADE (La) de Saint-Cloud
             1736   A (1-2) Paris, Gregoire-Antoine Dupuis, Grand-Salle du
             Palais, au S.Esprit, MDCCXXXVI. Avec approbation & pri-
             vilège; 251 p. + approbation et privilège + 192 p. + appro-
             bation (Arsenal 8° BL 22 487; Versailles A in-12 E 895 e et
             Nîmes 8816 pour la deuxième partie)
             L'exemplaire de l'Arsenal est paraphé

             1736   B (1) Amsterdam, Pierre Mortier, MDCCXXXVI; 251 p.
             (Versailles A in-12 E 895e; Nîmes 8816)
             Seconde émission de A; exemplaires paraphés

             1737   C (3) Paris, G.A. Dupuis, MDCCXXXVII. Avec appro-
             bation & privilège; 183 p. + approbation et privilège (Arse-
             nal 8° BL 22 487; Versailles A in-12 E 895 e; Nîmes 8816)
             1737   D (1-3) La promenade de Saint Cloud ou la confidence
             réciproque
             Nouvelle historique
             Amsterdam, Pierre Mortier, M.DCC.XXXVII; 112 p. + 86 p.
             + 88 p. (Br.L.836 b20)
             Impression allemande
             1738 *E (1-3) La promenade de Saint Cloud par Monsieur le
             Sage
             La Haye, aux dépens de la Compagnie, M.DCC.XXXVIII;
             256 p. + ? + 261 p. (La Haye 3113 H24)

554   PROMENADE (La) de Versailles ou Entretiens de six coquettes
             1736   A La Haye, Corneille de Ruyt, Libraire dans le Schools-
             trat 1736; épître + 200 p. (BHVP 936 762)
             Jones n'avait pas trouvé cette édition signalée par Gay
             1737   B (id. 1737; épître + 284 p.; (BU Lille Agache 2471)
             Probablement contrefaçon française de l'édition hollandaise

*555   PROMENADE (La) du Luxembourg
La Haye, aux dépens de la Compagnie, M.DCC.XXXVIII;
327 p. (Arsenal 8° BL 22 482; BHVP 932 027)

*556   PROMENADES d'Ariste & de Sophie, ou instructions galantes
& sérieuses pour une jeune demoiselle qui veut entrer
dans le monde. Par Monsieur de L**...
Amsterdam, H. du Sauzet, M.DCC.XXX; avertissement + table
+ 308 p.(Arsenal 8° BL 20 598)

557   PROMENADES de M. de Clairenville. Où l'on trouve une vive
peinture des passions des hommes... Par Mr. D***
Cologne, M.M (sic) CC.XLIII (4 p.) + 362 p. + (4 p.) (BM
Strasbourg 65 204)

558   PROMENADES du bois et de Schevelin contenant plusieurs Histoires & Avantures du premier ordre, aussi particulières
que galantes. Le tout entremêlé de grotesque jovial, qui
amuse & divertit
Cologne, Pierre Marteau, M.DCC.XXXVII; 80 p.
(Arsenal 8° BL 18 064)

559   PSAPHION, ou la courtisane de Smyrne. Fragment erotique
traduit du grec...
1748   A Londres, Tomson, M.DCC.XLVIII; v p. + 134 p. +
27 p. = fautes à corriger (BN Y² 7944 et 7955)
Avec *Les Hommes de Promethée*; édition parisienne comme en
témoignent et les signatures et un rapport de police du 2 décembre
1747 : «il vient de paraître une brochure nouvelle imprimée il n'y a
pas à ce qu'on dit huit jours sous le nom de Londres mais il est certain que c'est une impression de Paris, j'en ai acheté un exemplaire
au Palais Royal» (note 62)
1749   B Londres, Thomson, MDCCXLIX; viij p. + 103 p. +
23 p. (Nantes 64 347)
Avec *les Hommes de Promethée*; graphie « Smirne»
Les deux éditions ponctuent les dialogues comme les *Bijoux indiscrets* :
emploi des guillemets pour l'un des interlocuteurs

560   PUDEUR (La), histoire allêgorique et morale. Par Mr le Chevalier de Neufville-Montador
Paris, Pierre Simon, Imprimeur du Parlement, ruë de la Harpe, à
l'Hercule, M.DCC.XXXIX; Avec privilège; préface + 63 p. +
approbation et privilège (Arsenal 8° BL 19 488)

561   QUATRE (Les) Facardins, conte. Par le C. Antoine Hamilton
(S.l.) M.DCC.XLIX; 256 p. (Arsenal)

562   QUELQUES avantures des bals de bois
Chez Guillaume Dindon, 1745; 64 p. (Rouen Montbret P4071)

563   QUINZE (Les) joyes de mariage
La Haye, A. de Rogissart, M.DCC.XXXIV; xi p. + 344 p.
(Lyon 303 455; Taylor Library Finch 00.25)
Impression de Rouen

563 bis   RAPSODIE (La) galante
Londres, 1750; 59 p. (Arsenal 8° BL 22 514)

564   RÉCRÉATIONS (Les) des capucins ou description historique de
la vie que menent les Capucins pendant leurs Récréations
La Haye, aux dépens de la Compagnie, M.DCC.XXXVIII;
270 p. + (2 p.) (Arsenal 8° BL 20 770)

565 RECUEIL de ces messieurs
Amsterdam, ches les Freres Wetstein, 1745, l'Imprimeur au Lecteur, 374 p. (BU Lille Agache 2679; Rouen Montbret P 4757)
Impression parisienne

566 RECUEIL de plusieurs histoires secrettes, et avantures du temps. Par Messieurs***
La Haye, M.DCCXLVI; 214 p. (BU Lille Agache 2470)

567 RECUEIL de romans historiques
1746 A (1-4) Londres, M.DCC.XLVI; 4 vol. (BN)
1747 B Londres, M.DCC.XLVII; 4 vol. (BN)

568 RÉFLEXIONS de T******, sur les égaremens de sa jeunesse
1729 A Paris, Jean-Luc Nyon, fils, au premier Pavillon du Collège Mazarin, à Ste Monique, M.DCC.XXXIX. Avec approbation & privilège; approbation + privilège + 168 p. (Arsenal 8° BL 20 275)
1729 B Amsterdam, L'Honoré & Chastelain, M.DCC.XXIX; 168 p. (Arsenal 8° BL 20 274)
Deux émissions de la même édition

569 RELATION de la découverte du tombeau de l'enchanteresse Orcavelle, avec l'histoire tragique de ses amours; traduite de l'espagnol...
Paris, rue de la Harpe, veuve d'Houry, vis à vis la rue S. Severin, au St Esprit, MDCCXXX. Avec approbation & permission; épître + préface + approbation et privilège + 88 p. (Arsenal 8° BL 29 664)

570 RELATION du monde de Mercure
Genève, Barillot & Fils, 1750; XVI p. + 264 p. + 286 p. (Arsenal 8° BL 19 282; Versailles E 1580 e in-12 pour II)

571 RELATION du voyage de l'isle de la vertu
A Paris, et se vend à Nantes chez Verger, Imprimeur du Roy, de Monseigneur l'Évêque & de la Ville, M.DCC.XI; avis au lecteur + 167 p. + 172 p. (Nantes 31 697)
Première édition en 1684 chez Du Mesnil (note 63)

572 RELATION galante et funeste, De l'Histoire d'une Demoiselle qui a glissé pour être épousée, l'Hyver du mois de Décembre 1742
Amsterdam, Pierre Marteau, M.DCC.XLIII; 23 p. (Br.L. 12 511 aaaa 46)

573 RELIGIEUSE (La) intéressée et amoureuse; avec l'histoire du Comte de Clare. Nouvelle galante
Cologne, chez ***, M.D.C.C.XXXII; 206 p. (BN Y² 6806)
Titre courant « Le comte de Clare»
Première édition en 1695 (note 64)
Voir *Amours (Les) du Comte de C* n° 38

574 RENARD (Le) ou le Procez des bestes. Traduction...
Se vend à Bruxelles chez Jacques Panneels, à l'Atlas, rue de Bavière; Charles de Vos, sur le Marché au Charbon, Marchand-Libraire 1739. Avec approbation & privilège de Sa Majesté Impériale & Catholique (Rouen Leber 2032)

575 (suite)

1732 A Paris, Briasson, ruë Saint Jacques, à la Science, M.DCC.XXXII., Avec approbation & privilège; xvj + fautes à corriger + 122 p. + 103 p. + 150 p. + approbation et privilège; Jacques Guérin imprimeur (BN Y² 62 049; Taylor Library UNS 105A 21; Montpellier 3047)

1733 B id., M.DCC.XXXIII; xj p. = 355 p. = approbation et privilège; Jacques Guérin imprimeur (Nantes 30 705)

576 RETHIMA ou la belle Géorgienne, histoire véritable

Paris, Musier père à l'Olivier; Chardon, à la Croix d'or; Dupuis fils, Grande Salle du Palais, M.DCC.XXXV. Avec approbation & privilège (Arsenal 8° BL 18 462)

1735 A (1) iv p. + 151 p. + approbation et privilège; imprimerie Chardon

1736 B (2-6) 161 p. + errata + approbation et privilège; 152 p.; 144 p. + 128 p. + approbation et privilège; 117 p. et approbation

577 RETRAITE (La) de la marquise de Gozanne. Contenant diverses histoires galantes & véritables

1734 A Paris, Étienne Ganeau, Libraire ruë S. Jacques, près la ruë du Plâtre, aux Armes de Dombes; M.DCC.XXXIV. Avec privilège & approbation; épître + préface + 317 p. + table + 317 p. + table, approbation et privilège; imprimerie Joseph Bullot (Arsenal 8° BL 21 111; Oron RHA 151 bis)

1735 *B Amsterdam, aux dépens de la Compagnie, M.DCC. XXXV; (4 p.) + 253 p. + table + 253 p. + approbation + table + catalogue des livrez imprimez par la Compagnie des libraires à Amsterdam (Arsenal 8° BL 21 110)

578 RHAMISTE et Ozalie, roman héroïque

Paris, au Palais, chez Denys Mouchet, à l'entrée de la Grand Salle, à la Justice, M.DCC.XXIX. Avec approbation & privilège; préface + 288 p. + approbation et privilège = catalogue (Arsenal 8° BL 21 574)

579 RHINOCEROS (Le), poëme en prose divisé en six chants. Par Mlle de ***

(S.l.) M.DCCL; 80 p. (Rouen Montbret p 13 306)
Impression parisienne

580 RHINSAULT et Sapphira, histoire tragique. Avec les quatre fleurs, conte

Paris, Prault pere, quay de Gêvres, au Paradis, M.DCC.XXXVI. Avec approbation et privilège; 106 p. + approbation et privilège pour le *Traité du Sublime* (Nîmes 8705)

581 RICHE (Le) malheureux, histoire allegorique, Tirée des Annales d'Athènes

La Haye, M.DCC.XLVI; 106 p. (Arsenal 8° BL 19 486)
Papier « Auvergne»

582 RODÉRIC, ou le démon marié. Nouvelle historique

Baratropolis, DDD 200 XLV (sic); avertissement + 147 p. (Göttingen 8° Fab. Rom. IV 416)

583   ROGER Bontems, en belle humeur... Nouvelle édition, augmentée considérablement
Cologne, chez Pierre Marteau, gendre d'Antoine L'Enclume, MDCCXXXI; avis au lecteur + 240 p. + 141 p. (Arsenal 8° BL 30 602)

584   ROMAN (Le) comique mis en vers, par M. Le Tellier d'Orvilliers
Paris, Christophe David, ruë de la Bouclerie, près la ruê Saint Severin, au Nom de Jesus, M.DCC.XXXIII. Avec approbation & privilège; (4 p.) + 319 p. + 138 p. (Arsenal 8° BL 11 886)

585   ROSALINDE (La) imitée de l'italien
1730   A (S.l.) M.DCCXXX; in-4° + avertissement + 323 p. (BN Res Y² 791; Méjanes C 4166)
1732   B La Haye, P. Gosse & J. Neaulme, M.DCC.XXXII; xv p. + 234 p. (BN Y² 10 571)

586   SALAMANDRE (La), nouvelle allegori-comique. Dediée à Mademoiselle Coraline, actrice du Théâtre Italien
Venise, M.DCC.XLIV; épître + 62 p. (Arsenal 8° BL 19 034 (1))
Impression parisienne

587   SAPOR roy de Perse
Paris, Charles Le Clerc, à l'entrée du Quay des Augustins, à la Toison d'Or; M.DCC.XXX épître + avertissement + 233 p. + 246 p. + 215 p. + 212 p. + 216 p. (Arsenal 8° BL 18 516)
Première édition par Barbin en 1668/69 (note 65)

588   SATURNALES (Les) françoises
1736   A ... Par M***. Le prix 3.livres
Paris, Prault fils, Quay de Conty, à la descente du Pont Neuf, à la Charité, M.DCC.XXVI. Avec privilège; 269 p. + approbation et privilège + 296 p. + approbation et privilège; Imprimerie Sevestre (Mannheim 75/210)
1737   B ... roman-comique interessant...
La Haye, Gosse & Neaulme, M.DCC.XXXVII; 269 p. + *approbation et privilège* + 296 p. + *approbation; Imprimerie Sevestre*
(BN Y² 65 524 et 65 525; Troyes AA 13/2576, fonds de Bourbonne; Taylor Library Vet.Fr.II 968)
Deux émissions de la même édition. Le privilège de la première partie a été gratté au verso de la p.296 de l'exemplaire de Troyes

589   SAXE (La) galante
1734   *A Amsterdam, aux dépens de la Compagnie, MDCC XXXIV; 416 p. (Reims Diancourt P 1011)
1734   B Amsterdam, aux dépens de la Compagnie, M.DCC. XXXIV; 414 p. (Dijon 8050; Verdun 17 961)
Sous titre : « ouvrage curieux» in-12 français
Impression de Rouen
1735   C Amsterdam, aux dépens de la Compagnie MDCCXXXV; 416 p. (Mannheim Frz.Mf.583)
1735   D ... Nouvelle edition, Augmentée de l'histoire des enfans légitimés d'Auguste II. Par le B. de Pöllnitz. On y a ajouté la Critique sur ce livre faite par un Journaliste de Hollande

589   (suite)

Amsterdam, aux dépens de la Compagnie, MDCCXXXV; avertissement des libraires = 428 p. (BN Y² 59 513)
In-8° probablement allemand

1736 E La Saxe galante, ou Histoire des amours d'Auguste I
roi de Pologne
Amsterdam, aux dépens de la Compagnie, MDCCXXXVI;
416 p. (La Haye 186 K21)
Ce n'est pas un réemploi de l'édition A

590   SCANDERBERG ou les avantures du prince d'Albanie

Paris, Ch.J.B. Delespine fils, à la Victoire; et au Palais chez
G.A. Dupuis, M.DCC.XXXII. Avec privilège; 360 p. = errata
+ 410 p. + errata, approbation et privilège (Arsenal 8°
BL 18 382; BN Y² 6898 et 6899; BN 65688 et 65 689; Ver-
sailles A in-12 E 266e)
Tous les exemplaires que nous avons vus ont des « cartons»

591   SETHOS, histoire ou vie tirée des monumens anecdotes de
l'ancienne Egypte. Traduite d'un manuscrit grec

1731 A Paris, Jacques Guérin, Libraire-Imprimeur, Quay des
Augustins, M.D.CC.XXXI. Avec approbation et privilège;
xxviij p. + 426 p. + xij p. + fautes à corriger + 562 p. +
fautes à corriger + 842 p. + approbation et privilège (Arsenal 8° BL 17 487 et 17 488; Lyon 345 637, fonds de l'Académie;
Dijon 7938)
L'exemplaire de Dijon a comme adresse « Hippolyte - Louis Guérin,
rue S.Jacques, vis-à-vis S.Yves» ; l'exemplaire 8° BL 17 487 se termine à la p. 842

1732 *B Amsterdam, aux dépens de la Compagnie, MDCC
XXXII; xxviij p. + 380 p. + 391 p. + approbation (La Haye
182 E 17)

1732 C Amsterdam, François Girardi, Imprimeur & Libraire,
M.D.CC.XXXII; xviij p. + 424 p. + ix p. + 587 p. (Arles
42 655) Musée Calvet n° 9324)
Impression d'Avignon

592   SIÈCLE (Le) ou les memoires du comte de S***

1736 A (1-2) Paris, Jacques Clousier, rue Saint Jacques, à
l'Écu de France, M.DCC.XXXVI; Avec approbation et privilège; épître + approbation et privilège + 107 p. = 76 p.
(BN Ye 7351)

1736 B (1-2) Londres, P. Dunoyer, à l'Enseigne d'Esrâme,
dans le Strand (BN Y² 49 034 et 49 035)
Au moins une différence autre que l'adresse : le mot FIN p. 76;
l'approbation et le privilège sont au même endroit

1741 C (1-3) Le siècle ou les mémoires du comte de Solinville.
Par Madame ***
La Haye, Henry Van Bulderen, Marchand Libraire dans le
Pooten, M.DCC.XLI épître + 99 p. + 135 p. (BN Y² 49 036 et
49 037; Arsenal 8° BL 21 649)

593   SIÈGE (Le) de Calais, nouvelle historique

1739 A La Haye, Jean Neaulme, M.DCC.XXXIX; épître +
271 p. + 282 p.
(Arsenal 8° BL 18 709 et 18 710; Lyon B 508 598; La Haye
3039 C45; Verdun 17 860, sans épître

1739 B La Haye, Jean Neaulme, M.DCC.XXXIX; 312 p.
(Bordeaux B 8014)
Impression parisienne

593   (suite)
              1739   C Deuxième édition
              La Haye, Jean Neaulme, M.DCC.XXXIX; 271 p. + 282 p.
              (Arsenal 8° BL 18 711 aux armes de la famille Bouhier;
              Dijon 7985; Rennes 71 723)
              Impression parisienne (Prault?)
              Pourrait avoir été imprimé par Prault
              1739   D Troisième édition
              La Haye, Jean Neaume (sic), M.DCC.XXXIX; 307 p. (BN
              Y² 68 434 Rouen O/2364; Versailles Res.Bourriau 86)
              1740 *E La Haye, Pierre de Hondt, MDCCXL; épître + 155 p.
              + 163 p. (BN Y² 68 435 et 68 436; Oron RHC 18; Taylor
              Library Vet.Fr.II A 747)
              Seule impression hollandaise
              L'épître dédicatoire ne figure pas dans tous les exemplaires de ces
              éditions

594   SILVIE
              Londres, M.DCC.XLII; 78 p. (BN Res. pY² 2670 et Res.Y² 1679)

595   SOIRÉE (La) du labyrinthe, débauche d'esprit, suivie du porte-
              feuille galant par Monsieur***
              Paris, Charles Guillaume, à St Charles, M.DCC.XXXII. Avec
              approbation & privilège; épître + préface + approbation et
              privilège + 284 p.; imprimerie Gissey (Arsenal 8° BL 22 585)

596   SOIRÉES (Les) amusantes
              (S.l.) M.DCC.XLVI; 108 p. + 116 p. (BU Lille Agache 2457;
              Arsenal 8° BL 22 587 pour la première partie)
              Sous le titre : *Les quatre veuves ou Recueil d'histoires et avantures
              plaisantes par M****. Arsenal 8° BL 22 670

597   SOIRÉES (Les) du Bois de Boulogne ou nouvelles françoises
              et angloises, Rédigées par M. le Comte de***
              La Haye, Jean Neaulme, M.DCC.XLII; 295 p. + 311 p. (Arse-
              nal; Dijon 8118; Melun 01213)

598   SOLIMAN ou les aventures de Mecmet, histoire turcque
              Amsterdam et Leipzig, Arkestée (sic) et Mercus, MDCCL;
              142 p. + 220 p. + 116 p. (Arsenal 8° BL 18 396)
              Impression française; voir Delaguette à Berryer 2 novembre 1749 :
              « J'ai un petit roman qui m'est remis par M. Nyon, notre nouvel
              adjoint, pour l'imprimer, il ne sait point le nom de son auteur,
              l'ayant acheté chez un inconnu» (note 66)

599   SOLITAIRE (Le) anglois, ou, avantures merveilleuses de Phi-
              lippe Quarll, par Mr Dorrington. Traduit de l'Anglois
              Paris, Etienne Ganeau; Guillame (sic) Cavelier; M.D.CC.XXIX.
              Avec approbation & privilège; préface + 368 p. + approba-
              tion et privilège + 368 p. (Arsenal 8° BL 30 210; Laon in-16
              B 390)

600   SOLITAIRE (Le) de Terrasson, histoire intéressante. Par Madame
              de***
              Paris, Pierre Prault, quay de Gêvres, au Paradis, M.DCC.XXXIII.
              Avec approbation & privilège; catalogue de Prault + 181 p.
              + approbation et privilège (Arsenal 8° BL 21 685)
              Ne figure pas dans la *List* de Jones

601   SOLITAIRE (Le) espagnol, ou Memoires de D. Varasque de
              Figueroas

601   (suite)
Leyde, Boudouin Vander Aa (Arsenal 8° BL 18 308)
1738   A (1) MDCCXXXVIII; épître + avis + 400 p.
1740   B (2) MDCCXL; (2 p.) + 448 p. + catalogue.

602   SOLITAIRES (Les) en belle humeur. Entretiens recueillis des
papiers de feu M. le Marquis de M***
1736   A (3) Paris, Grand'sale du Palais, au pilier des Lingeres,
M.DCC.XXXVI. Avec permission; vij p. + 539 p. (La Haye
2109 D18)
In-12 hollandais; les deux premiers volumes avaient paru en 1722-25
1741   *B (1-2) Nouvelle Edition revue, corrigée & augmentée
d'un troisième livre. Utrecht, Etienne Neaulme, M.DCC.XLI
(Cahors d708)

603   SONGE (Le) d'Alcibiade
Paris, Didot, Quay des Augustins, près le Pont S.Michel, à la
Bible d'or, M.DCC.XXXV. Avec approbation & privilège;
avis au lecteur + lettre + 117 p. (Lyon 367 132)

604   SONGE (Le) de Cidalise. A Madame de***
La Haye, M.DCC.XXXIX; 30 p. (Reims Diancourt 892/5)
Ne figure pas dans la *List* de Jones

604 bis SONGE (Le) de Philalètes, seconde édition, augmentée de l'histoire d'Eripe, milezienne, traduite du grec de Parthenie
Amsterdam, aux dépens de la Compagnie, M.DCC.L. (8 p.) +
62 p. + (2 p.) (Arsenal 8° BL 17 047).

605   SONGES (Les) du chevalier de la marmotte. Seconde edition
Revûe et augmentée
Au Palais de Morphée, MDCCXLV; avertissement + 108 p.
(Oron ROC 59)
Impression hollandaise

606   SONGES (Les) du printems, par M. Turben
(S.l.n.d.) xliv p. + 68 p. (BN Y² 71 957)
Se termine par « fin du premier des Songes du Printems»
Le frontispice a été gravé en 1750
Papier « Auvergne» 1742

607   SONGES philosophiques, par l'Auteur des Lettres Juives
Berlin, suivant la copie originale M.DCC.XLVI; 216 p.
(Gand BL 2797).

608   SONNETTES (Les), ou Memoires de Monsieur le marquis d'***
Utrecht, MDCCXLIX; xij p. + 126 p. (Arsenal 8° BL 35 555;
BN Res.Z 3215)

609   SOPHA (Le), conte moral
Editions sans date :
Gaznah, de l'Imprimerie du Très-Pieux, Très-Clément & Très-
Auguste Sultan des Indes, l'an de l'Hegire M.C.XX. Avec
privilège du Susdit.
A (2 p.) + 298 p. + (2 p.) + 264 p. (BN Y² 68 986 et 68 987)
Impression parisienne
B (2 p.) + 298 p. + (2 p.) + 264 p. (BN Y² 68 984 et 78 985)
Impression parisienne
Même composition et mêmes bandeaux que l'édition précédente; titre
rouge et noir, introduction de composition différente, 8° avec signatures
en chiffres romains; le papier est également avec filigrane raisin mais en
plus le mot « fin»

609   (suite)
C 298 p. + 264 p. (Lyon 390 019, fonds de l'Académie; Dijon
7971; Versailles Rodouan B 56)
Titre rouge et noir, filigrane 1745, composition différente
Impression lyonnaise
1742 D Imprimé sur la véritable copie de Gaznah, & se trouve
à La Haye, chez F.H. Scheurleer, MDCCXLII; xii p. +
152 p. + table + 143 p. + table (BNU Strasbourg Cd
114 451; La Haye 929 D35)
1745 *E Par Mr. Crebillon, fils
Se trouve en Hollande, chez les libraires, M.DCC.XLV;
xiv p. + 231 p. + catalogue des Livres imprimés chez Scheurleer
+ 214 p. + table (Taylor Library Vet.Fr.II A 1098)
1749 F Nouvelle Edition
Pekin, chez l'Imprimeur de l'Empereur, 1749; xxj p. + 253 p.
+ table + 237 p. + table (Versailles Royer in-12 EP p4 et 5;
BN Y2 68 988 et 68 989)
Papier « Auvergne»

610   SOUFFLET (Le), conte chinois
La Haye, Henry Van Bulderen, Marchand Libraire dans le Pooten M.DCC.XLII; 31 p. (Arsenal 8° BL 19 059)

611   SOUPERS (Les) de Daphné et les dortoirs de Lacedemone.
Anecdotes grecques...
1740 A Oxfort, M.DCC.XL; 96 p. + clef (Bordeaux B 8589;
Clermont R 55 b; Lyon 390 136, fonds de l'Académie)
La clef se trouve dans les exemplaires de Clermont et Lyon; elle est
imprimée sur un autre papier que l'ouvrage; édition probablement
française
1746 B Oxfort, MDCCXLVI; 72 p. (Göttingen 8° Fab.Rom.IV
7960)
Semble une impression allemande; le titre a la graphie « Daphene»

612   SULTAN (Le) Misapouf, et la princesse Grisemine
1746 A Londres, M.DCC.XLVI; discours prel. + 101 p. + 114 p.
(Ste Geneviève; Dijon 8120)
1748 B Londres, M.DCC.XLVIII; ix p. + 66 p. + 77 p. (Amiens
BL 2662 fonds des Augustins)

613   SULTANES (Les) de Guzarate, ou les songes des hommes
éveillés. Contes mogols par M. G***
1732 A (1-3) Paris, Denys Mouchet, Grand'salle du Palais, à la
Justice, MDCCXXXII. Avec approbation & privilège; épître
+ avis au lecteur + 372 p. + 423 p. + 386 p. + approbation
et privilèges + catalogue des ouvrages de Gueullette (Arsenal
8° BL 19 065)
1733 B (1-2) Les sultanes de Guzarate
Paris, Le Clerc, Quai des Augustins, MDCCXXXIII. Avec
approbation & privilège; épître + 348 p. + 391 p. (BN Y² 24 079
et 24 080)
Présenté derrière la page de titre des *Mille et une soirées*
Voir n° 474 bis
1736 *C (1-2) Les sultanes de Guzarate, ou les songes des
hommes éveillés. Par M. Gueullette.
Utrecht, Etienne Neaulme, MDCCXXXVI; avis au lecteur +
430 p. + 473 p. + table (Dijon 7889)

614 SURPRISE (La) facheuse, ou l'avanture incroyable de Mr.
l'abbé Karger, natif de la province de Luxembourg, Histoire étonnante & véritable arrivée près de Mayence, par
J.L. Kraft
Bruxelles, chés J. van Vlaenderen, Marchand Libraire & imprimeur 1734. Se vend chés la Veuve Bouhy, au marché de la
Chapelle. Avec Approbation et Privilège de Sa Majesté Impériale... Au lecteur + 120 p. + extrait de l'approbation (Liège
Capitaine 6337)

615 TANASTÈS conte allégorique par Mlle de ***
La Haye, Van den Slooten, dans le Kalver Straat, M.DCC.XLV;
65 p. + 156 p. (Arsenal 8° BL 19 489 et 19 490 deux ex.;
Montpellier 35 776)
Impression de Rouen

616 TANZAI et Neadarné, histoire japonoise
1734 A Pékin, chez Lou-Chou-Chu-La, seul Imprimeur de Sa
Majesté Chinoise pour les langues étrangères. M.DCC.XXXIV;
préface + 266 p. + 436 p. (Rouen Hedou p. 166; Troyes
AA 16/3639, fonds de Bourbonne; Valenciennes N12)
1735 B *L'écumoire*
Voir 195 A
1740 C (Même titre et adresse que A) M.DCC.XL; xix p. + table
+ 274 p. + 242 p. (Arsenal 8° BL 18 594)
1743 D Tansaï et Neadarné histoire japonoise, avec Figures
Pekin, 1743; xxp. + 275 p.; table + 238 p. (Dijon Res. 122,
aux armes de Bouhier, achat récent)
Édition inconnue de Sturm (note 67). C'est le même texte que l'édition C
1743 E *L'écumoire*
Voir 195 B
1749 F Tanzaï et Neadarné...
Pékin, chez l'Imprimeur de l'Empereur, M.DCC.XLIX; xxj +
(3 p.) + 226 p. + 207 p. + (3) p. (Institut catholique 41 807)
Les éditions A, C et D semblent françaises

617 TECSERION, Par Monsieur B. de S. Il y a de la raison à
s'amuser par la folie
1737 A (S.l.) M.DCC.XXXVII; (10 p.) + 251 p. = fautes à corriger + un feuillet avec l'approbation et le privilège de Prault
pour la Bibliothèque de campagne (Arsenal 8° BL 19 165)
1743 B Sec et Noir, ou la Princesse des fleurs, et le Prince des
Autruches, conte. Avec un discours préliminaire, qui contient
l'apologie des Contes de fées
La Haye, M.DCC.XLIII; 251 p. + fautes à corriger + catalogue de Prault + privilège pour la Bibliothèque de campagne
(Arsenal 8° BL 19 175)
Deux émissions de la même édition parisienne (Prault)

618 TÉLÉMAQUE (Le) travesti. Par M. de Marivaux
Amsterdam, J. Ryckhoff le fils, M.D.XX.XXXVI.
Nous suivons pour A et B la classification de F. Deloffre (note 68)
*A Avis du libraire + avant-propos de l'auteur + 348 p. + 356 p.
(Br.4. 1456 b3; Arsenal 8° BL 15 722; Mannheim 75/342
pour la première partie du tome II, pp.1-172)
La première partie a 168 pages
B (1) Avant-propos de l'auteur + 163 p. (BN Res.Y² 3219;
Arsenal 8° BL 15 723; BHVP 935 477; Mannheim 75/342)

618   (suite)
Le fleuron de la p.134 se trouve dans le *Pour et Contre*, ce qui confirme la participation de Didot à cette édition certainement parisienne (cf *Observations sur les écrits modernes* 31 mars 1736, « chez Didot»)
C (1) Avant-propos de l'auteur + 168 p. (Chantilly B 360/16)
Édition probablement provinciale, non signalée par F. Deloffre; même nombre de pages que la première partie de l'édition A; le titre est noir, au contraire de ceux des éditions A et B. Voir notre développement

619   TEMPLE (Le) de l'hymen, songe de Monsieur de ***, à Madame de ***. Le prix est de 24 sols
Paris, Jacques Clousier, Libraire, rue S. Jacques, à l'Ecu de France, M.DCC.XLIX. Avec approbation & permission; 51 p. + approbation de Crébillon contresignée par Berryer; imprimerie Jorry (BU Lille Agache 2735)

620   THEATRE (Le) des pasions et de la fortune, ou les avantures surprenantes de Rosamidor et de Theoglaphire. Histoire australe
Paris, au Palais, chez Brunet, fils, dans la grande Sale, au 5ᵉ pilier, au S. Esprit, M.DCC.XXXI; épître + préface + 552 p. + approbation et privilège (Reims P 2069)

621   THEMICIDE, allégorie comique, suivi du Langage des animaux, histoire égyptienne
La Haye, M.DCC.XLIX; 16 p. (BHVP 938 005)

622   THÉMIDORE
1744 A La Haye, aux dépens de la Compagnie, M.DCC.XLIV; 123 p. + 136 p. (Versailles)
1745 B La Haye, aux dépens de la Compagnie, M.DCC.XLV; v p. + 123 p. + 136 p. (Arsenal 8° BL 21 696; Oron NA 22; Clermont R 5530)
Papier « Limosin»
1747 C La Haye, aux dépens de la Compagnie, M.DCC.XLVII; 100 p. = 108 p. (Göttingen 8° Fab. Rom. IV 805)
1748 D La Haye, aux dépens de la Compagnie, M.DCC.XLVIII; 85 p. + 82 p. (Troyes Des Guerrois 11 021)
Ducrey parle à Marchand d'une édition de Liège mais sa lettre est du 12 janvier 1755 (note 69)

623   THERESA histoire italienne. Avec un Discours sur le Roman (Versailles A in-12 E 999e)
1745 A (1) La Haye, M.DCC.XLV; épître + avertissement xij p. + 114 p. + errata
1746 B (2) La Haye, M.DCC.XLVI; 135 p. + errata

*624   TIRANNIE (La) des fées détruite. Nouveaux contes dédiés à Madame la Duchesse de Bourgogne par Mad. la Comtesse D.L.
Amsterdam, Michel Charles Le Cene, Libraire, M.D.C.C.XXX; épître + 200 p. (Br. Lib. 245 d29; Oron ROC 16)

625   TRIBUNAL (Le) de l'amour, ou les causes célèbres de Cythère. Par M. le Chevalier de la B***
Cythere, M.DCC.XLIX; 207 p. + 160 p. (Taylor Library Vet. Fr.II A 560)
Impression parisienne

626   TRIOMPHE (Le) de l'amour, ou histoire veritable de Duchene
et de Marianne, contenant diverses Avantures agreables &
tragiques
La Haye, Etienne Neaume (sic), MDCCXXXIX; 106 p.
Semble une impression allemande

627   TRIOMPHE (Le) de la vérité, ou Mémoires de Mr. de la
Villette. Par Mme Le Prince D.B.
Nancy, Henri Thomas, imprimeur-libraire, Rüe de la Grand'Bou-
cherie. Avec approbation & Permission. 1748; xij p. = 130 p.
= approbation contresignée à Nancy + 139 p. (Nîmes 8851)

*627 bis TRIOMPHE (Le) de la vertu ou Voyages sur mer et avantures
de la comtesse de Bressol
La Haye, Jean Gallois, M.DCC.XLI; 337 p. + 332 p. (Arsenal
8° BL 20 747)

628   TRIOMPHE (Le) du sentiment
La Haye, Pierre Paupie, M.DCC.L; 224 p. + 322 p. (Arsenal 8°
BL 20 420; Mannheim 75/254)
Impression parisienne (Prault)

629   TROIS nouveaux contes des fées. Avec une Préface qui n'est
pas moins sérieuse. Par Madame D***
Paris, Didot, Quay des Augustins, près le Pont S.Michel, à la
Bible d'or, M.DCC.XXXV. Avec approbation & privilège;
lxij p. + catalogue + 220 p. + approbation et privilège
(BN Y² 8815)

630   TROIS (Les) voluptés
(S.l.) M.DCC.XLVI; 55 p. (Arsenal 8° BL 22 676; Mannheim
50/82)

631   TURLUBLEU, histoire grecque tirée du manuscrit gris-de-lin
trouvé dans les Cendres de Troye
Amsterdam, M.DCC.XLV; 104 p. (Arsenal 8° BL 19 083;
BN Y²z 152 et Y2 9228)

632   VALISE (La) trouvée
(S.L. M.DCC.XL; viij p. + 366 p. (Rennes Res 88 286)

633   VALLÉE (La) de Tempé
La Haye, Jean Neaume, sur la copie imprimée à Toulouse chez
Branard, M.DCC.XLVII; avertissement + 95 p. (BN Y² 7996;
Melun 1449)
Impression française

634   VEILLÉE (La) galante. Nouvelle par Mlle de L*** à une de
ses Amies...
La Haye, M.DCC.XLVII; 58 p. (La Haye 2110 C8)
Impression parisienne

635   VEILLÉES (Les) de Thessalie
1731 A (1-4) Paris, rue S. Jacques, chez Je-Fr-Josse, Lib. Imp.
ordin. de S.M.C. la reine d'Espagne II. Douairière, à la
Fleur de Lys d'Or. M.DCC.XXXI. Avec approbation & privilège; (4 p.) + 177 p. + catalogue + 157 p. + approbation
+ 114 p. + approbation + 120 p.; imprimerie Veuve Josse
(BN Y² 6460 à 6463; Amsterdam OK 76 476 et 76 477)

635   (suite)
1732   B (5) id., M.DCC.XXXII; 176 p. (BN Y² 6464)
1732   C (1-3) Liège, Guilleaume (sic) - Ignace Broncart,
M.DCC.XXXII. Avec approbation & Permission; 76 p. +
approbation et privilège + 93 p. + approbation + 84 p. +
approbation (BM Liège, Capitaine 6818)
1737   D (1-3) Leyde, J. & H. Verbeek, M.DCC.XXXV; préface
+ 339 p. (Oron ROC 63)
1741   E (1-8) Troisième Edition, Revûes... Par Mademoiselle de
Lussan
Paris, Veuve Pissot, M.DCC.XLI; épître + 162 p. + 175 p.
+ 136 p. + 139 p. + 146 p. + 171 p. + 201 p. + 216 p.
(Dijon 7802)

636   VENDANGES (Les) de Bretigni, nouvelle galante & bachique.
Le prix est de 18 sols
Baris (sic), Veuve Pissot quai de Conti à la Croix d'or; Crevier,
quai des Augustins à l'Étoille; Knapen, au bout du pont St
Michel, à l'entrée de la rue St André des Arts, au Bon Pro-
tecteur et en sa boutique à l'Ange Gardien, M.DCC.XXXI.
Avec approbation & privilège; 91 p. + approbation et privi-
lège (Arsenal 8° BL 22 666)

637   VÉRITABLE (Le) ami, ou la vie de David Simple. Traduit de
l'anglois
1745 *A Amsterdam, aux dépens de la Compagnie, MDCCXLV;
épître + table + 276 p. + 293 p. (Mannheim 75/218)
1749 *B Amsterdam, aux dépens de la Compagnie, MDCCXLIX;
(4 p.) + 276 p. + 293 p. + catalogue (BU Lille Agache 2655;
BN Y² 11936 et 11937)

638   VERTUEUSE (La) Sicilienne, ou Memoires de la marquise
d'Albelini par l'auteur des Memoires d'une Dame de
Qualité
1742 *A La Haye, Pierre van Cleef, M.DCC.XLII; 426 p.
(Göttingen 8° Fab. Rom. IV 6185)
Jones n'avait pas trouvé cette édition
1743 *B La Haye, Pierre Van Cleef; 216 p. + 212 p. (Mazarine
22 222 T)
1746 *C La Haye, Pierre Van Cleef, M.DCC.XLVI; 216 + 212 p.

639   VEUVE (La) en puissance de mary, nouvelle tragi-comique.
Avec deux divertissemens... Par Madame L.G.D.R.
Paris, Pierre Prault, Quay de Gêvres, au Paradis, M.DCC.XXXII.
Avec approbation & privilège; approbation + privilège +
388 p. (Arsenal 8° BL 22 668)

*640   VIE (La) d'Olympe, ou les avantures de Madame la Marquise
de ***. Histoire véritable
Utrecht, Etienne Neaulme, MDCCXLI; (4 p.) + 137 p. + 156 p.
+ 156 p. + 190 p. + 188 p. + 190 p.
(BN Y² 73 095 et sq; Göttingen 8° Fab. Rom. IV 360 pour
les parties 1-3)
Catalogues compris dans la pagination de chaque partie

641   VIE (La) de Chimene de Spinelli, histoire veritable. Par M. le
chevalier de Mouhy
Paris, Ribou, ruë S.Jacques, au coin de la ruë de la Parcheminerie

641   (suite)

1737 A (3-4) 126 p. + 143 p.
1738 B (1) ix p. + 138 p. + approbation et privilège
s.d.   C (5-6) 127 p. + 260 p.
(Arsenal 8° BL 20 818, 20 820; BN Y² 55 450 à 55 455; seul
l'exemplaire 8° BL 20 820 a une page de titre pour la troisième partie)

*642   VIE (La) de don Alphonse Blas de Lirias fils de Gil Blas de
Santillane. Avec figures
Amsterdam, Meynard Uytwerf, MDCCXLIV; avertissement +
501 p. (Oron NA 126)

643   VIE (La) de Guzman d'Alfarache. Nouvelle édition revûë &
corrigée
Paris, Pierre Prault, Quay de Gesvres, au petit Paradis,
M.DCC.XXXIII. Avec privilège; préface = déclaration de
l'auteur + 571 p. + table + table + 488 p. + table + 421 p.
+ privilège (Arsenal 8° BL 29 622)

644   VIE (La) de mademoiselle Carville actrice de l'Opera de Paris
Cythere, 1745; 118 p. (Arsenal 8° BL 20 785)

645   VIE (La) de Marianne ou les avantures de Madame la Comtesse de ***, par Monsieur de Marivaux
1731 A (1) Paris, Pierre Prault, Quay de Gêvres, au Paradis,
M.DCC.XXXI. Avec approbation & privilège; (4 p.) + 95 p.
+ approbation et privilège; imprimerie P. Prault (BN Y² 51 161
et Y² 51 172)
1731 B (1) Paris, Pierre Prault, Quay de Gêvres, au Paradis,
M.DCC.XXXI. Avec approbation & privilège; + 99 p. (Dijon
7803, exemplaire ayant appartenu à Jehannin Arviset, conseiller au Parlement de Bourgogne)
Impression d'Avignon
1734 C (1) Paris, Prault, Pere, Quay de Gêvres, au Paradis;
M.DCC.XXXIV. Avec approbation & privilège; (4 p.) +
95 p. + approbation et privilège + catalogue (BN Y² 51 179;
Arsenal 8° BL 21 309)
Autre composition et autres caractères que pour l'édition A malgré le
même nombre de pages et le même bandeau pour l'avertissement
1734 D (2) Paris, Prault, Pere, Quay de Gêvres, au Paradis, &
à la Croix Blanche, M.DCC.XXXIV. Avec approbation &
privilège; (2 p.) + 98 p. + approbation + catalogue (BN
Y² 51 162; Arsenal 8° BL 21 309; BN Y² 51 173)
Les deux exemplaires de la Bibliothèque Nationale et celui de l'Arsenal sont paraphés
1734 E (2) Paris, Prault, M.DCC.XXXIV; avertissement = 98 p.
(Dijon 7803)
Impression d'Avignon
1735 F (3) Paris, Prault, fils quay de Conty, vis-à-vis la des
cente du Pont-Neuf, à la Charité, M D CC XXXV. Avec
approbation & privilège; approbation et privilège + 140 p.
(BN Y² 51 163 et 51 181; Arsenal 8° BL 21 309 et 21 315,
Laon in 16-192)
Certains exemplaires ont un tirage défectueux de la page de titre :
on croit voir deux virgules dans l'adresse après « Conty» et après
« Pont Neuf»

645   (suite)

1735   G (3) Paris, Prault fils, M D CC XXXV; approbation et privilège (1 feuillet) + 140 p.
(BN Y² 51 187; Laon in-16 192; Ste Geneviève Y8° 3513)
Bandeau et composition différents
Avertissement sur le *Télémaque travesti* («M. de Marivaux n'est point l'auteur...»)
Il consiste en deux feuillets signés Aij et Aiij, sans réclame annonçant la suite; nous donnons le bandeau de départ sour le n° 1099 : on trouve cet avertissement en tête d'exemplaires appartenant à diverses éditions de la troisième partie : F (8° BL 21 315); G (BN Y² 187 et Ste Geneviève Y8° 3513)
On verra qu'on le trouve également dans les éditions de Neaulme M, T et AH

1735 *H (1-2) La Haye, Jean Neaulme, MDCCXXXV; (4 p.) + 95 p. + approbation + (4 p.) + 98 p. (Heidelberg G 3724; Marburg XVIC 795)

1736   I (4-6) Paris, Prault fils, M.DCC.XXXVI
4 : 126 p. + approbation + catalogue (BN Y²2 51 175, 51 82 et 51 188; Arsenal 8° BL 21 309 et 21 315; Br.4. 12 511; Laon in-16 192)
5 : 130 p. + approbation (BN Y² 51 176 et 51 189; Arsenal 8° BL 21 309; Ste Geneviève Y 8° 3513; Br.E. 12 511;. Arsenal 8° BL 21 315)
6 : 120 p. + approbation (BN Y² 51 177 et 51 190; Arsenal 8° BL 21 309 Ste Geneviève Y 8° 3513)

1736   J (6) Paris, Prault fils, M.DCC.XXXVI; 120 p.
(Arsenal 8° BL 21 315; Br.L. 12 511)
Pas d'approbation

1736   K (1-2) Deuxième édition
Paris, Prault, Père, Quay de Gêvres, au Paradis, M.DCC.XXXVI
1 : (4 p.) + approbation + privilège + 95 p. + catalogue
(BN Y² 51 185; Ste Geneviève Y 8° 3513; Br.L. 12 511; Arsenal 8° BL 21 315; Laon in-16, 192)
2 : (2 p.) + 98 p. + approbation + privilège + catalogue
(BN Y² 51 180 et 51 186; Arsenal 8° BL 21 315; Ste Geneviève Y 8° 3513; Br.L. 12 511; Laon in-16, 192)

1736 *L (1-2) La Haye, Jean Neaulme, M.DCC.XXXVI; (4 p.) + 78 p. + approbation + (4 p.) + 75 p. (BN 16° Y² 17776; Amiens BL 2642, fonds des Augustins; Versailles Rés. Lebaudy in-12 961)
Approbation dans l'exemplaire de Versailles

1736 *M (3-5) La Haye, Jean Neaulme, M.DCC.XXXVI; lettre de l'auteur au libraire de Paris, (2 p.) + 140 p. + 126 p. + 128 p. (Heidelberg G 3724; Göttingen Fab. Rom. IV 5864)

1736   N (1-3) Londres, 1736 et M.DCC.XXXVI; avertissement + 96 p. + avertissement + 98 p. + 140 p. (Beaune P 2104)
Impression de Lyon

1736   P (5-6) (S.l.) et Avignon, M.DCC.XXXVI; 130 p. + 120 p. (Beaune P 2105; Dijon 7803, exemplaire de J. Arviset)

1737   Q (7) Paris, Prault fils, M.DCC.XXXVII. Avec approbation + et privilège; 144 p. + approbation
(BN Y² 51 178 et 51 191; Arsenal 8° BL 21 309; Br.4. 12 511; Ste Geneviève Y 8° 3513; Dijon 7803)
C'est le même bandeau que celui qui précède l'avertissement sur le *Télémaque travesti*

645   (suite)

1737   R (7) Amsterdam, M DCC XXX VII; 144 p. (Boulogne C 5151)

1737   S (7) Amsterdam, J. Ryckhoff, Fils, Libraire, M.DCC. XXXVII; 119 p. (Beaune P 2105)
Impression d'Avignon

1737   *T (3-7) La Haye, Jean Neaulme, M.DCC.XXXVII; lettre de l'auteur au libraire de Paris (2 p.) + 111 p. + 92 p. + avertissement de l'éditeur : « M. de Marivaux n'est point l'auteur» + ? + 116 p. + 100 p.
(Amiens BL 2642; Versailles Rés. Lebaudy in-12 961 et BN 16° Y² 17776 pour 3 et 4)

1737   U (8) La Haye, Gosse & Neaulme, 1737; 132 p. (BN Y² 51 192; Arsenal 8° BL 21 309; Ste Geneviève Y 8° 3513; Br.L. 12 511; Boulogne C 5151)
L'exemplaire de Ste Geneviève a un catalogue de Prault fils

1738   *V (5-6) et (8) La Haye, Jean Neaulme, M DCC XXXVIII; 100 p. + 94 p. + 100 p.
(BN 16° Y² 17 776; Br. L. 243 e 13; Versailles Rés. Lebaudy in-12 961 pour 5-6; Br.4. et Amiens BL 2642 pour 8)

1738   W (8) La Haye, Gosse et Neaulme, M DCC XXXVIII; 120 p. (Beaune P 2106)

1741   *X (1-2) La Haye, Jean Neaulme, M.DCC.XLI; avertissement + 78 p. + approbation + 75 p. (Göttingen 8° Fab. Rom. IV 5864; Br. 4.)
Impression parisienne

1741   Y (9) (S.l.) M.DCC.XLI; 168 p. (BN Y² 51 201; Ste Geneviève Y 8° 3513; Arsenal 8° BL 315; Br.L. 12 5113; Dijon 7803)

1741   Z (10) (S.l.) M.DCC.XLI; 122 p. (Arsenal 8° BL 21 315; BR.L. 12 511)
Impression parisienne

1741   AA (10) (S.l.) M.DCC.XLI; 111 p. (BN Y² 51 202; Ste Geneviève Y 8° 3513; Dijon 7803)
Impression parisienne

1741   AB (10-11) La Haye, Jean Neaulme, M.DCC.XLI; 108 p. +101 p. (Boulogne C 5151; Amiens BL 2642; Rennes 77 856)

1741   AC (11) (S.l.) M.DCC.XLI; 106 p. (BN Y² 51 203; Arsenal 8° BL 21 315; 12 511; Ste Geneviève Y 8° 3513)
Impression parisienne

1742   AD (1-6) Londres, M.DCC.XLII; (4 p. + 96 p. + 98 p. + 140 p. + 126 p. + 130 p. + 120 p.
(Rennes 77 256; Boulogne C 5151)
Impression lyonnaise

1742   AE (9) (S.l.) M.DCC.XLII; 159 p. (Boulogne C 5151; Amiens BL 2642)

1742   AF (1-5) Paris, Prault, Fils, Quay de Conty, vis-à-vis la descente du Pont-Neuf, à la Charité, M.DCC.XLII; 367 p. (Bodleian Library, Gilson 81)
Tome I seul; cotnrefaçon anglaise avec « press figures»

1742   AG (9-11) La Haye, Jean Neaulme, M.DCC.XLII; 112 p. +84 p. + 78 p. (Br.4.243 e 14; Versailles Rés. Lebaudy in-12 962 pour 10 et 11)

1743   AH (4) La Haye, Jean Neaulme, M.DCC.XLIII; 92 p. + avertissement de l'éditeur (« M. de Marivaux n'est point l'auteur»...) + avertissement du libraire de la Haye (Br.L. 243 e 12 + Göttingen 8° Fab. Rom. IV 5864)

645 (suite)

(7) id.; 100 p. + Catalogue Neaulme (Br. L. et Versailles)
1745 AI Amsterdam, aux dépens de la Compagnie, 1745; 228 p.
+ 240 p. + 322 p. + 145 p. (BN Y² 51 204 à 51 207)

Réimpression de Rouen en 4 tomes qui contient la 12ᵉ partie apocryphe. Voir n° 645***

1750 AJ Francfort & Mayence, François Varrentrap, MDCCL; 977 p.

(Oron RSA 307; Tome II seule à partir de la 7ᵉ partie et de la page 475)

On trouvera ci-après le tableau des éditions de A à AH classées selon la pagination de chaque partie, puis les notices sur les parties apocryphes (9 et 12)

TABLEAU RÉCAPITULATIF DES ÉDITIONS OU ÉMISSIONS DE LA
Vie de Marianne selon le nombre de pages

Partie n°				
1	95 p. = A, C, H, K	99 p. = B	78 p. = L	96 p. = N, AC
2	98 p. = D, E, H, K, N, AC	75 p. = L		
3	140 p. = F, G, M, N, N, AC	111 p. = T		
4	126 p. = I, M, AC	92 p. = T, AH		
5	130 p. = I, P, AC	128 p. = M	100 p. = V	
6	120 p. = I, J, P, AC	94 p. = V	116 p. = T	
7	144 p. = Q, R	119 p. = S	100 p. = T	
8	132 p. = U	120 p. = W		
9	168 p. = X	159 p. = AD	112 p. = AG	
10	122 p. = Y	111 p. = Z	108 p. = AA	84 p. = AG
11	106 p. = AB	101 p. = AA	78 p. = AG	

645*   VIE de Marianne 9ᵉ et dernière partie
(S.l.) M.DCC.XXXIX; 79 p. (Beaune P 2106)
Nous n'avons pas trouvé d'autre exemplaire de cette partie apocryphe

645**   VIE de Marianne. Douzième partie
1745   A Londres, M.DCC.XLV; 120 p. (Dijon 7803, exemplaire
de Jehannin Arviset Rennes 77 856)
Impression lyonnaise
1745   B Amsterdam, aux dépens de la Compagnie, 1745; 76 p.
(Amiens BL 2642)
Voir aussi 645 AI
1747   *C La Haye, J. Neaulme, M.DCC.XLVII; 94 p. (Versailles Rés. Lebaudy in-12 962)

646   VIE (La) et les amours de Properce, chevalier romain... Par
M. Gillet de Moivre
1744   A Amsterdam, Pierre Mortier, M.DCC.XLIV; xiv + 204 p.
(Gand BL 1358)
Impression parisienne
1746   B La Vie de Properce, chevalier romain... Paris, André
Cailleau, rue S.Jacques, au dessus de la rue des Mathurins, à
S.André, MDCCXLVI. Avec approbation et privilège; xiv p.
+ privilège + 204 p. (BN)

647   VIE (La) et les amours de Tibulle, chevalier romain, et de
Suplicie dame romaine, leurs poësies... et l'histoire abrégée
des principaux évenemens de leur tems... Par M. Gillet de
Moivre
Paris, Sebastien Jorry, Quay des Augustins, près le Pont S.Mi-
chel, aux Cigognes, M.DCC.XLIII. Avec approbation & privilège; xip. + 254 p. + 192 p. + approbation et privilège;
imprimerie Veuve Valleyre (Arsenal 8° BL 17 579)

*648   VIE (La) et les avantures d'Euphormion, écrites sur de Nouveaux Mémoires par Mr. S.S.S.J.P.A.V.L.E.R.E.
Amsterdam, François l'Honoré, M.DCC.XXXIII; vip. + 118 p. +
129 p. + 154 p. (Göttingen 8° Fab.Rom.IV 2242)

649   VIE (La) et les avantures de la jeune Olinde écrites par Elle-
même à un gentilhomme de la Campagne. Avec les billets
d'une jeune Dame à son Amant
Londres, aux dépens de la Compagnie; M.D.CC.XLI; 250 p.
(Arsenal 8° BL 21 437)
1ʳᵉ édition parue en 1695 sous le titre de *Les amours d'une belle
angloise...* (note 70)

650   VIE (La) et les Avantures surprenantes de Robinson Crusoé...
1739   A Amsterdam, L'Honoré & Chatelain, M.DCC.XXXIX;
456 p. (Arles 1 40 338, tome II seulement)
1741   B id.; 207 + 220 p. + préface + 183 p. + 206 p. + xvp.
(Lyon 809 068)
1743   *C Amsterdam, Zacharie Chatelain, MDCCXLIII; xvip. +
629 p. (Taylor Library Vet. Fr. II A 498; tome I seul)
1749   D Amsterdam, L'Honoré & Chatelain, M.DCC.XLIX;
vj p.+ 486 p. + 456 p. (Arles A 23 589)

651   VOYAGE au monde de la lune, découvert par Dominique
Gonzales, avanturier espagnol; surnommé le Courrier
volant. Traduit nouvellement de l'espagnol
Paris, Antoine de Heuqueville, Libraire, au coin de la ruë Gist-
le-Cœur, à la Paix, M.DCC.XXXI. Avec approbation &
privilège; au lecteur + 68 p. + approbation et privilège
(Arsenal 8° BL 29 717)

652   VOYAGE (Le) d'Aniers. Lettre à Madame de N***
Bruxelles, 1748; 31 p. (BHVP 937 543)

653   VOYAGE d'Innigo de Biervillas, portugais, à la Côte de
Malabar, Goa...
Paris, Gregoire-Antoine Dupuis, Grand-Salle du Palais au Saint-
Esprit, M.DCC.XXXVI. Avec privilège xiv p. + 190 p. +
210 p. + approbation et privilège; imprimerie de C. Simon
(Bibliothèque du Musée de l'Homme)
Ne figure pas dans la *List* de Jones

654   VOYAGE de campagne. Par Madame la Comtesse de M***.
Avec les Comédies ou Proverbes de Madame D***
Paris, Prault Père, Quai de Gêvres, au Paradis, M.DCC.XXXIV.
Avec approbation & privilège; 289 p. + approbation et privilège
(BN Y² 73 824)
Le roman de la comtesse de Murat avait été publié pour la première
fois par la Veuve Barbin en 1699 (note 71)

655   VOYAGE de messieurs Bachaumont et la Chapelle
1732 A Voyage de messieurs Franç. Le Coigneux, de Bachaumont, et Cl. Emman. Luillier, Chapelle. Nouvelle edition.
Revûë,
corrigée, & augmentée
La Haye, Pierre Gosse & Jean Neaulme, M.D.CC.XXXII;
préface + 193 p. + table + fautes à corriger (BN Ye 11 979)
1741 B Voyage de messieurs Bachaumont et la Chapelle
Trévoux, par la Compagnie, M.DCC.XLI; préface + 196 p.
(BN Zz 3617)

656   VOYAGE (Le) de Monsieur Cléville
Londres, M DCC 4 (BN Y² 73 816)

657   VOYAGE (Le) de St Cloud, par Mer & par Terre
1748 A La Haye, aux dépens de la Compagnie, M.DCC.XLVIII;
66 p. (Rouen, Montbret p. 1883)
Impression parisienne
1748 A' La Haye, aux dépens de la Compagnie, M.DCC.XLVIII;
80 p. (Harvard, Houghton Library, *FC 7 V 8893 747 me)
Impression lyonnaise

1749 B Seconde Edition, corrigée & augmentée
La Haye, aux dépens de la Compagnie, M.DCC.XLIX;
(12 p.) + 88 p. (Boulogne C 5106)

658   VOYAGE (Le) interrompu
Paris, Pierre Ribou, rue Saint Jacques, au coin de la rue de la
Parcheminerie, à Saint Louis. M.DCCXXXVII. Avec approbation
& privilège; approbation + privilège + 124 p. + 135 p.
(Arsenal 8° BL 19 317).

659   VOYAGES (Les) de Cyrus avec un discours sur la Mythologie.
Par M. Ramsay

659   (suite)

1728   A Paris, Veuve Delaulne, rue Saint-Jacques, à l'Empereur, M.DCCXXVIII. Avec privilège; épître + préface + approbation et privilège + 355 p. + 224 p. + discours + lettre de Freret (BN Y² 61 490 et 61 491)
L'adresse du tome I a été découpée; l'exemplaire est paraphé par l'auteur

1728   B Seconde Edition
Amsterdam, Pierre Mortier, M.DCC.XXVIII
épître + préface + approbation + 235 p. + 149 p. (BN Y² 61 488 et 61 489)

1728   C Sur la copie imprimée à Paris, à Luxembourg, chez André Chevalier, Imprimeur de Sa Maj. Imp. & Cath., & Marchand libraire. 1728; épître + préface + approbation + 323 p. + 114 p. (Mannheim 75/208)

1728   D Amsterdam, Henry du Sauzet, M.DCC.XXVIII; épître +préface + 236 p. + 144 p. (approbation + 127 p.) (Amiens BL 2445)

1730   E Nouvelle Edition
Londres, Jacques Bettenham Imprimeur, M.DCC.XXX; approbation + errata + préface + 229 p. (Lyon 157 569, fonds Adamoli)
édition 4°

1733   F Amsterdam; J. Covens & Mortier, MDCCXXXIII; préface + approbation + 187 p. + 180 p. (Taylor Library UNS 158b2)

1747   G Nouvelle Edition. Tome premier
Sur la copie imprimée à Paris à Luxembourg, chez André Chevalier imprimeur de Sa Maj. l'Impératrice - Reine de Hongrie & de Boheme & Marchand Libraire 1747; épître + préface + approbation + 323 p. (BN Y² 9541).

660   VOYAGES (Les) de Zulma dans le pays des fées, Ecrits par deux Dames de Condition

1734   A Paris, Briasson, rue St Jacques, à la Science, M.DCC.XXXIV. Avec approbation & privilège; viijp. + 287 p. + approbation et privilège (Clermont 43 810)

1734   B Amsterdam, François Changuion, M.DCC.XXXIV; viijp. + 287 p. + approbation et privilège (Amsterdam 2655 F9)
Probablement deux émissions de la même édition

661   VOYAGES du capitaine Lemuel Gulliver en divers pays eloignez

1730   *A La Haye, Gerard Vander Poel; MDCCXXX; 212 p. + 220 p. (Bruxelles III 22 144 A)

1741   B La Haye, Jean Swart, Libraire dans le Toornstraat, MDCCXLI; 212 p. + 220 p. (Mazarine 45 941)

662   VOYAGES du capitaine Robert Lade en differentes parties de l'Afrique, de l'Asie et de l'Amérique...
Paris, Didot, quai des Augustins, à la Bible d'or, M.DCC.XLIV. Avec approbation & privilège; xvj. + 370 p. + 384 p. (BN, Melun, etc...)

*663   VOYAGES (Les) et avantures du capitaine Robert Boyle... Traduits de l'anglois
Amsterdam, chez les Westeins & Smith, 1730; préface + 341 p. + 276 p. + table (Arsenal 8° BL 29 934)

664   VRAIS (Les) plaisirs, ou les amours de Vénus et d'Adonis
1748 A Paphos, M.DCC.XLVIII; 50 p. (Lyon 390 137, fonds de
l'Académie)
1748 B Paphos, M.DCC.XLVIII; 78 p. (BN)

665   ZADIG ou la destinée. Histoire orientale
Pour les éditions précédentes, voir *Memmon* n° 396
1748 A (Bengesco 1421; Ascoli 3; Catalogue de la BN n° 2975)
(S.l.) M.DCC.XL.VIII., xp. + 195 p. + (BN Y² 74 768; Arse-
nal 8° NF 4849 et 8° BL 34 139; Reims, Diancourt PP 338;
Boulogne C 2731)

On connaît le récit de Longchamp selon lequel Voltaire aurait confié
son manuscrit à deux libraires différents, Prault fils et Machuel (cf
Ascoli ed. de *Zadig* p.X à XII).

A ce témoignage, que Bengesco rejette, s'ajoute l'affirmation de
Durival, dans sa *Description de la Lorraine et du Barrois*; Nancy,
1778, tome II, p. 196; « c'est dans ce temps là que *Zadig* fut imprimé
pour la première fois par Leseure à Nancy».

Quant au calendrier de la publication, il est basé sur la lettre de
Bonin à Berryer, transcrite dans les *Archives de la Bastille* et datée du
10 septembre 1748; « *Zadig* qui paraît aujourd'hui» (cité par Besterman D 3756). Il est vrai que Collé écrit dans son *Journal* après le 13
novembre : « j'ai lu ces jours-ci *Zadig*... qui paraît depuis environ
trois mois» (*Journal et mémoires* de Collé, Paris, 1868, tome I, p. 21)
mais ce témoignage qui ne diffère que d'un mois sur la date est
trop vague pour être pris en considération.

Le rédacteur de la notice du catalogue de la Bibliothèque Nationale
propose l'explication suivante : Prault aurait terminé en avril 1748
l'impression des 12 premiers cahiers et Voltaire aurait confié la suite
à Leseure au cours de son séjour en Lorraine. Cette explication est
ingénieuse, mais elle retient du récit de Longchamp le rôle de Prault
et gomme celui de Machuel. D'autre part, Prault fils n'est pas
imprimeur, et nous ne savons pas quel imprimeur il a utilisé, pas
plus que nous ne connaissons le nom de l'imprimeur parisien associé
à Machuel que ce dernier aurait fait travailler, si on retient le récit
de Longchamp.

Il convient de distinguer les hypothèses des certitudes. Il est certain
que *Zadig* est sorti à Paris le 10 septembre 1748 mais rien ne nous
prouve qu'il s'agisse de la première édition du roman sous ce titre.
De même, il est évident que l'édition A a été imprimée en deux
fois : jusqu'au cahier M on trouve les filigranes « Auvergne» et
« Richard»; à partir du cahier N on ne distingue plus de filigrane.

Voici les documents complémentaires du texte cité dans les *Archives
de la Bastille* et qui proviennent comme ce texte du manuscrit 10 301
de l'Arsenal :

Dans une note que Berryer transmettra le 6 février à Duval Bonin
écrivait : « Perinet vient enfin de se démasquer. ... M. de Mont-
dorge l'avait mis auprès de Mme la Marquise du Châtelet, il y a
resté quelque temps à écrire ses lettres et ouvrages... (Depuis) il s'est
attaché à Voltaire... le jour en campagne, la nuit à Paris, à
présent que Voltaire est allé en Lorraine il a eu le temps de
me conter ses aventures.

C'est lui qui vient de me remettre *Zadig*. L'absence des Voltaire en a
suspendu l'impression. J'ai démêlé plusieurs personnes attaquées dans
cet ouvrage, entre autres M. le Duc défunt, et qu'il pourrait bien
aller jusqu'au trône, du moins est-il certain que c'est une satire ironi-
que des mœurs et usages de notre temps. Je supplie Monseigneur de
me renvoyer cet ouvrage jeudi».

Voltaire vient alors de repartir à Lunéville, d'où il écrit le 1er février
à d'Argental : « me voici donc à Lunéville» (Best.D 3609). A peine
arrivé à Paris pour la représentation de la *Sémiramis*, il écrira le 30
août à Berryer : « j'apprends en arrivant à Paris» etc (Best. D 3737).

665 (suite)

C'est le 8 septembre selon les éditeurs de la *Correspondance* qu'il annonce à Berryer son départ pour Lunéville (Best.D 3754). Deux jours plus tard, *Zadig* paraît selon le témoignage de Bonin qui évoque « des notes» et non « une note» données cinq mois plus tôt sur *Zadig*.
Mais l'information la plus intéressante donnée par Bonin est celle du 31 juillet 1749 : « c'est le fils de M. Vincent qui vient d'être reçu libraire-imprimeur qui avait imprimé *Zadig* pour Monsieur de Voltaire». Philippe Vincent, fils de Jacques Vincent, avait été reçu libraire le 1er septembre 1744 sous le syndicat de son père, après avoir passé son examen le 31 août (FF 21 858 F° 45 et 46); le 12 juillet 1749, donc une quinzaine de jours avant la remarque de Bonin, il passe son examen d'imprimeur (FF 21 858 f° 117). Lottin le signale comme imprimeur à partir du 8 mai 1750 (*Catalogue chronologique des libraires et des imprimeurs-libraires*).
Il n'est dit nulle part que Vincent n'a imprimé que la moitié du roman; et le changement de papier peut être dû à l'interruption de l'impression; Vincent peut, il est vrai, avoir travaillé soit pour Prault fils soit pour Machuel, mais la version de Longchamp n'est pas conciliable avec l'interruption de cinq mois. Il semble qu'il faille renoncer provisoirement à ce récit; après tout, Longchamp a pu confondre avec une autre œuvre de Voltaire.
Le témoignage de Durival est plus sérieux; s'agit-il comme nous le suggérons d'une édition faite à Nancy avant celle de Paris? ou Voltaire a-t-il profité de son séjour en Lorraine pour faire imprimer à Nancy au moins les pièces liminaires? Remarquons que Bonin parle en février de *Zadig* et d'un ouvrage, et non pas d'une moitié d'ouvrage, et en septembre d'une quinzaine de feuilles, ce qui nous amène non pas au cahier M (12 feuilles) mais au cahier P.
L'exemplaire 8° BL 34 139 de l'Arsenal a le signe * devant I et M mais il ne s'agit pas de cartons; non seulement le texte est le même mais on relève les mêmes défauts dans le tirage.

1748 B (Bengesco n° 1422; Ascoli 4; catalogue de la BN n° 2978)
(S.l.) M.DCC.XLVIII., X-178 p. (BN Z Beuchot 886)
Ascoli proposait de voir là l'édition de Nancy alors que le catalogue de la BN y verrait plutôt une impression lyonnaise, peut-être à cause du papier où l'on voit « Fore (z)» (?)

1749 C (Ascoli 6; catalogue de la BN n° 2979)
(S.l.) M.DCC.XLIX; viii + 195 p. (BN Res.pY² 2499; Taylor Library)
Contrefaçon anglaise

1749 D (Catalogue de la BN n° 2980)
Deuxième édition revue et corrigée; 163 p.
(BN Rés. pY² 2295; nantes 64 390)
Papier « Limosin»

666 ZELINGA, histoire chinoise. Augmentée d'une lettre à l'Auteur de Nanine, et de plusieurs lettres d'une demoiselle entretenue
Marseille, M.DCC.L, 132 p. (Taylor Library Vet.Fr.II A 1190)
Impression parisienne

667 ZENSOLI et Bellina, ou le triomphe de la nature
La Haye, MDCCXLIV, 101 p. (Arsenal 8° BL 21 791)

668 ZULMIS et Zelmaide. Conte
Amsterdam, M.DCC.XLV, 160 p. (BN Y² 74 946; BU Lille Agache 2680; Dijon 8120)

1. M. Lever *La fiction narrative en prose au XVIIe siècle*. Paris, 1976, p. 21.
2. M. Lever *o.c.* p. 22.
3. M. Lever *o.c.* p. 35.
4. M. Lever *o.c.* p. 47.
5. M. Lever *o.c.* p. 48.
6. M. Lever *o.c.* p. 55.
7. M. Lever *o.c.* p. 56.
8. M. Lever *o.c.* p. 370.
9. M. Lever *o.c.* p. 77.
10. M. Lever *o.c.* p. 76.
11. M. Lever *o.c.* p. 78.
12. M. Lever *o.c.* p. 396.
13. M. Lever *o.c.* p. 84.
14. M. Lever *o.c.* p. 264.
15. Bibl. Arsenal ms. 10 300.
16. B.U. Leyde fonds Marchand lettres de Tonloo.
17. B.N. ms.fr. 22 157 f° 36.
18. B.N. ms.fr. 22 157 f° 128.
19. *Œuvres complètes* de Diderot publ. sous la dir. de Dieckmann, Proust et Varloot t. III Fiction I. Paris, 1978.
20. M. Lever *o.c.* p. 95.
21. M. Lever *o.c.* p. 113.
22. M. Lever *o.c.* p. 115.
23. *Confessions du comte de* éd. Versini. Paris, 1969.
24. *Confessions du comte de* 1969, p. LVI, note 161.
25. *Confessions du comte de*, 1969, p. LVIII.
26. *Confessions du comte de*, 1969, p. LIX.
27. *Confessions du comte de*, 1969, p. LX.
28. *Confessions du comte de*, 1969, p. LXI.
29. M. Lever *o.c.* p. 124.
30. M. Lever *o.c.* p. 134.
31. S. Jones *A list of French fiction*. New-York, 1939, p. 73.
32. Archives Nationales AD III 22 arrêt du conseil du 11 juin 1746.
33. M. Lever *o.c.* p. 186.
34. M. Lever *o.c.* P. 191.
35. M. Lever *o.c.* p. 194.
36. Ch. Berkvens-Stevelinck *Prosper Marchand et l'histoire du livre*. Brugge, 1978, p. XXXVII.
37. M. Lever *o.c.* p. 197.
38. M. Lever *o.c.* p. 261.
39. Bodleian Library, Rawlinson letters, vol. 128, f° 276.
40. B.M. Lyon ms. 295 f° 238 et 298 (6), catalogues d'Adamoli.
41. M. Lever *o.c.* p. 212.
42. M. Lever *o.c.* p. 327.
43. M. Lever *o.c.* p. 214.
44. M. Lever *o.c.* p. 222.
45. M. Lever *o.c.* p. 230.
46. M. Lever *o.c.* p. 250.
47. M. Lever *o.c.* p. 260.
48. Voltaire. *Zadig*. Ed. Ascoli. Paris 1925.
49. B.U. Leyde, fonds Marchand, lettres de Tonloo.
50. Bibl. Arsenal ms. 10 301, 30 janvier 1749.
51. Musée Calvet, ms. 2372 f° 226.
52. B.U. Leyde, fonds Marchand, lettres du marquis d'Argens, n° 12.
53. Abbé Prévost. *Histoire du Chevalier des Grieux et de Manon Lescaut*. Ed. C E. Engel et M. Brun. Paris, 1960.
54. M. Lever *o.c.* p. 269.

55. B.U. Leyde, fonds Marchand, lettres du marquis d'Argens, nº 12.
56. M. Lever *o.c.* p. 309.
57. M. Lever *o.c.* p. 313.
58. M. Lever *o.c.* p. 321 et 322.
59. M. Lever *o.c.* p. 351.
60. M. Lever *o.c.* p. 353.
61. M. Lever *o.c.* p. 354.
62. Bibl. Arsenal, ms. 10 169, fº 226.
63. M. Lever *o.c.* p. 367.
64. M. Lever *o.c.* p. 370.
65. M. Lever *o.c.* p. 386.
66. Bibl. Arsenal ms. 10 301.
67. Crébillon *L'écumoire* Ed. Sturm. Paris, 1976.
68. Marivaux *La vie de Marianne* Ed. Deloffre. Paris, 1965.
69. B.U. Leyde, fonds Marchand, Lettres de Ducrey.
70. M. Lever *o.c.* p. 47.
71. M. Lever *o.c.* p. 422.

LIEUX PROBABLES D'IMPRESSION
POUR LES ÉDITIONS SANS ADRESSE
OU AVEC UNE ADRESSE FICTIVE

Allemagne	282 C, 396 C, 399 C, 402, 422 C, 437 D, 448 I, 448 Z, 467 C, 517 B, 553 D, 589 D, 611 B, 626.
Angleterre	645 AF, 665 C.
Auxerre	484.
Avignon	95 F, 104 A, 219 B, 316 C, 376 B, 443 D, 448 D, 448 U, 448 AB, 448 AC, 518 A, 518 H, 524 B, 524 D, 591 C, 645 B, 645 E, 645 S.
Hollande	1, 22, 37, 44, 49, 52 A, 52 B, 52 C, 100, 137 B, 139, 143, 195 A, 203, 230, 231 B, 287 A, 294, 308 C, 359 A, 366, 379, 396 B, 399 B, 423 A, 423 C, 437 A, 437 G, 458, 460, 467 B, 468 A, 472, 481, 532 B, 601 A, 605.
Liège	387 bis.
Lyon	153 B, 314 C, 513 C, 609 C, 645 N, 645 U bis, 645 AD, 645" A, 657 B'.
Nancy	433 B.
Nantes	244.
Paris	5C, 6, 7, 8, 38 B, 59, 67, 102 B, 107 B, 115 C, 115 D, 118 B, 119, 122, 129, 134, 140 bis, 147, 153 A, 153 C, 153 G, 163, 167, 168, 174 C, 180, 188, 190 G, 190 H.
	190 K, 192, 196 G, 196 bis, 200 B, 205 A, 205 F, 208 D, 210 B, 216, 217, 224, 232 A, 232 B, 238, 239 B, 255, 257, 259 A, 259 B, 262 bis, 264, 266, 282 F, 285 A, 285 B, 308 A, 310, 311, 314 B, 319 A, 324 B, 331 D, 332, 343 C, 364, 370 B, 370 E, 370 F, 372 A, 372 C, 372 D, 378 E, 378 I, 378 K, 394 B, 397, 398 A, 400, 410 A, 412 413, 414, 416 C, 417 B, 427 B, 430, 432 B, 434 A, 436, 438 B, 444 B, 448 H, 448 M, 448 N, 452 E, 467 A, 471, 474 bis, 475, 475 bis, 476, 478 B, 478 C, 482 E, 488, 489, 496 C, 496 D, 496 E, 498, 515 B, 515 D, 516, 519 T, 520 B, 529, 530 N, 535, 541, 543, 545, 547, 549, 550, 553 B, 568 B, 579, 586, 588 B, 593 B, 593 C, 609 A, 609 B, 617 A, 617 B, 618 B, 625, 628, 634, 645 X, 645 Z, 645 AA, 645 AC, 646, 657, 660 B, 666.

Rouen	101 D bis, 101 K, 130 B, 153 F, 162, 182 B, 182 C, 190 N, 212 A, 212 B, 228 B, 254 A, 262 C, 293 E, 309, 330, 346 C, 346 D, 352 A, 352 B, 356 G, 356 H, 372 E, 372 G, 381, 387 A, 387 B, 416 B, 422 A, 422 B, 425 bis B, 443 E, 443 G, 444 H, 444 I, 448 K, 448 P, 448 AA, 449 A, 449 C, 457, 459 A, 459 B, 459 C, 462 B, 467 D, 479 C, 479 D, 496 D, 496 B, 505 A, 513 E, 513 F, 519 AF, 519 AH, 530 Q, 530 R, 563, 589 B, 615, 645 AI.
Trévoux	294 B, 376 A, 443 C, 468 B, 645 P.

FILIGRANES

Nous avons lu ou cru lire les marques suivantes dans l'ordre alphabétique :

A la bonne foy	131
Angoumois	153 C, 513 B, 647.
Annonay	126.
Artaud	89, 110, 224 bis, 429.
Auvergne (1742-1750)	0, 118 A, 119, 140 bis, 155 A, 165 E, 192, 214, 216, 224 bis, 233, 253 C, 257, 262 bis, 299 A, 310, 339, 357, 423 D, 484, 511, 518 D, 562, 565, 581, 582, 596, 606, 609 F, 631, 637 B, 667.
Beaufort (Limosin)	544, 612 A, 668.
Berger	288, 289, 566.
Chapon	118 A, 518 D.
Daniel ou Daviel ou Davel	205 A, 489 A, 490 A, 543.
Duval?	262 C.
F.L.	130 A.
Fargeaud	151, 276, 282 F, 413, 486, 513 B, 518 D, 637 B.
G.R.	124 A, 287, 372 E.
Gallardon?	293 C.
Grellet	155 A.
Labesse	153 A, 207, 429.
Lamesle	95 F.
Le Bloy	420, 545.
Limosin	62 A, 67, 95 A, 95 F, 118 B, 134, 145, 213 bis, 264, 278, 296 bis, 308 A, 383, 400, 427, 429, 467 A, 490 A, 496 D, 513 B, 522, 541, 543, 544, 559 B, 586, 596, 598, 612 A, 622 B, 665 D, 668.
Mercier	130 B.
Missonnier	456, 667.
Nicard?	277.
Normandie	12.

Périgord	466 G.
Sauvade (Auvergne)	54, 122 A, 214, 257, 357, 399 A, 477, 488, 528, 582, 637 B.
Sauvagnat?	360.
Tardivet ou Tardulet	79, 94 A, 305, 514, 598.

Quant aux dates indiquées par les filigranes, nous avons trouvé

1742   dans des ouvrages datés de :
1743 : 95 A, 151, 445
1744 : 67, 383
1745 : 62 A, 119, 352, 511, 565, 622 B, 631 A
1746 : 344, 388, 528, 581, 596
1747 : 155 A
1748 : 9, 224 bis, 423 D, 518 D, 518 I
1749 : 0, 47 C, 420, 476, 608, 637 B
1750 : 262 bis, 277, 299 A, 598
non datés : 125, 429, 606.

1743   dans deux ouvrages probablement imprimés à Rouen : 180 C (1744), 615 (1745).

1744   dans des ouvrages datés de :
1744 : 190 N
1745 : 118 B, 144, 280, 448 AA, 544, 615, 668
1746 : 264, 421
1747 : 427
non daté : 489 A.

1745   dans des ouvrages datés de :
1745 : 448 AA, 541
1746 : 519 AF, 540
1747 : 634
non daté : 609 C.

1746   dans deux ouvrages datés de 1749 : 309 et 625.

1748   dans 224, daté de 1750.

1749   dans 373, daté de 1750.

FORMATS ET SIGNATURES

Nous avons trouvé les cas suivants :

A - in-12 cartons dehors de type hollandais

1. Signature 7, réclame par page

22, 23 B, 25, 32 A, 37, 43, 45 B, 46, 51, 52 A, 55 A, 63 B, 64 B, 65, 66, 75, 79 A, 79 B, 88 B, 90, 93 bis A, 93 bis B, 95 D, 96 A, 96 B, 99 B, 100, 105, 112, 115 B, 115 E, 122 bis, 123, 130 C, 133, 138 C, 138 D, 139, 141 C, 142, 160 A, 160 B, 169, 183, 184, 185 B, 190 C, 190 J, 190 L, 190 M, 194 A, 195 A, 195 B, 196 D, 196 F, 196 H, 197 A, 197 B, 202, 203, 215, 225, 231 A, 231 B, 234 B, .236 B, 243, 246 A, 247, 250 B, 255, 256 B, 259 C, 279 A, 279 B, 281, 287 A, 293 D, 294 A, 295, 308 B, 312, 315 B, 317 B, 322, 326, 327, 329, 331, 334, 335 B, 353 C, 355, 361, 365 bis, 366, 367 B, 370 D, 372 B, 372 F, 378 A, 378 J, 379, 392, 398 B, 401, 407 A, 409 A, 410 B, 415, 418 A, 437 G, 442 B, 443 A, 443 B, 443 F, 446 A, 446 C, 448 G, 448 S, 449 A, 449 B, 454, 458, 462 C, 467 B, 472, 473 A, 480, 481, 482 C, 491, 499, 504, 518 E, 512, 519 K, 519 S, 519 W, 524 C, 525 C, 526 B, 530 C, 530 D, 530 E, 530 G, 530 J, 530 M, 530* A, 530* B, 530* C,, 536, 537 A, 537 B, 553 E, 555, 557, 564, 577 B, 591, 602 A, 602 B, 605, 624, 626, 637 A, 638 A, 642, 648, 649, 659 F, 661 A, 661 B, 663.

2. Signature 6, réclame par page

4 B, 27 A, 33, 66 bis A, 101 A, 101 D, 101 H, 128, 129, 160 C, 166 A, 166 D, 181, 182 B, 182 C, 182 D, 189, 190 N, 208 C, 211, 216, 228 A, 239 B, 269 B, 275, 285 A, 285 B, 286, 309, 346 A, 346 B, 346 C, 363, 369 E, 370 B, 370 C, 378 F, 373 K, 409 B, 409 C, 416 A, 416 B, 426, 444 H, 444 I, 449 C, 473 C, 479 D, 496 B, 505 B, 513 E, 513 F, 519 AH, 530 R, 572, 573, 583, 597, 599, 650 B.

3. Signature 6, réclame par cahier

448 N, 448 AB, 457, 459 A, 459 C, 484, 505 A, 518 I, 519 B, 519 Y, 530 I, 635 C, 650 A, 650 D, 655 A.

4. Signature vj, réclame par page

374 A, 374 B, 376 A, 376 D, 376 F, 420, 465.

5. *Signature vj, réclame par cahier*

15, 35, 57, 60, 61, 62 A, 83, 99 A, 101 G, 104 A, 120, 130 A, 168, 190 A, 190 B, 190 D, 190 F, 190 I, 193 A, 200 B, 252, 263 B, 268, 269 A, 274 D, 274 E, 283, 291 A, 291 B, 292, 296 bis, 299 A, 310, 315 A, 316 A, 324 A, 324 B, 365, 382, 410 A, 410 C, 410 D, 439 A, 439 C, 448 L, 456, 462 A, 548, 552, 553 A, 553 B, 553 C, 567, 598, 622 A, 543, 647, 662.

B. in-12 cartons dedans de type français

1. *Signatures en chiffres romains (iiij/ij) réclame par cahier (a)*

5 B, 6, 7, 8, 23 A, 30, 45 A, 45 C, 47 A, 47 B, 47 C, 54, 55 B, 56, 58, 63 A, 64 A, 67, 69, 80, 81 bis, 83, 86, 88 A, 89, 91, 102 A, 102 B, 106, 115 A, 115 C, 116, 118 A, 118 B (b), 119, 136 C, 140 bis, 141 A, 147, 148 A, 148 B, 150, 153 A, 158, 163 C, 166 E, 170 A, 170 B, 174 B, 174 C, 177, 182 A, 185 A, 188, 190 H, 196 A, 196 B, 196 C, 196 E, 196 G, 201, 208 A, 210 A, 210 B, 217, 219 A, 219 E, 220, 221, 223, 227, 229, 233, 233 bis, 237, 238, 244, 246 B, 246 C, 250 A, 253 A, 254 B, 256 A, 257, 259 A, 264 (c), 265 A, 265 B, 265 C, 265 D, 267 A, 267 B, 274 A, 277, 278, 288, 289, 293 A, 293 B, 296, 297, 298, 299, 300, 308 A, 317 A, 318 A, 318 B, 320 A, 320 B, 323, 328, 332, 336, 394 B, 395, 399 A, 403, 413, 414, 419, 424 A, 424 B, 425 A, 428, 430, 431 B, 434 A, 435, 436, 438 A, 448 M, 452, 453, 467 A, 470, 471, 475, 478 A, 478 B, 488, 498 A, 500, 513 B, 513 C, 516, 517, 518 A, 518 C, 518 G, 519 A, 519 C, 519 I, 519 M, 520 A, 520 B, 521, 522, 523, 524 A, 528, 530 H, 533, 534 A, 535, 538, 539, 540, 545, 546, 559 A, 565, 566, 568 A, 568 B, 569, 586, 587, 588 A, 588 B, 593 A, 593 B, 593 C, 595, 600, 613 A, 618 B, 620, 625, 629, 632, 635 A, 639, 641, 651, 635 A.

2. *Signatures en chiffres romains (iv/ij) réclame par cahier*

125, 134, 224 bis, 335 A, 339, 450.

3. *Signatures en chiffres romains (iiij/ij) réclame par page*

95 A, 95 B, 95 C, 95 D, 95 E, 95 F.

4. *Signatures en chiffres arabe (4/2) réclame par cahier*

3 B, 18, 41, 77 B, 118 B (d), 173 a, 180, 219 B, 226 A, 226 B, 262 B, 262 C, 282 A, 374 A, 398 A, 412, 427, 441, 459 B, 492, 532 A, 541, 543, 589 B, 609 F, 612 A (d), 618 C, 667, 668.

5. *Signatures en chiffres arabes (4/2) réclame par page*

3 A, 29, 71 C, 71 D, 77, 101 C, 107 A, 107 B, 140 A, 145, 163, 167, 187, 205 A, 209, 254 A, 254 C, 265 E, 293 E, 302, 364, 372 A, 372 E, 372 G, 372 I, 378 G, 378 H, 378 I, 383, 400, 406 A, 406 C, 406 D, 423 D, 431 A, 437 F, 485, 496 C, 496 D, 496 E, 550, 609 A, 609 B, 609 C, 616 K, 622 B, 631, 633.

(a) Inventaire certainement incomplet.
(b) On trouve aussi des chiffres arabes.
(c) On trouve IV dans les premiers cahiers.
(d) On trouve aussi des chiffres romains.

C. in-12 avec cahiers de 6 feuillets

1. Signatures en chiffres romains (iij/iij) réclame par cahier

20, 44, 62 B, 103 B, 153 B, 153 C, 186, 242, 245, 282 B, 305, 360, 380, 423 B, 438 B, 444 D, 451, 490 A, 519 C.

2. Signatures en chiffres arabes (3/3) réclame par cahier

121, 330 (a), 666 C.

3. Signatures en chiffres arabes (3/3) réclame par page

314 C, 330 (b), 340 A, 378 B, 379 C.

D - in-8°

1. Avec signatures 5 et réclame par page

19, 36 A, 36 B, 48, 49, 52 B, 52 C, 53 A, 53 B, 53 C, 70, 71 A, 71 B, 76, 81, 92, 98 A, 98 B, 101 F, 108, 114, 137 B, 140 B, 140 C, 164 A, 170, 175, 179, 228 B, 235, 260, 262 bis, 282 C, 299 B, 299 C, 321, 385 A, 396 A, 396 C, 399 B, 399 C, 402, 406 B, 417 A, 417 B, 422 C, 423 A, 423 C, 434 B, 437 A à 437 F, 437 H, 440, 442 A, 462, 463, 464 B, 466 B, 496 A, 502, 518 B, 518 H, 519 AC, 519 AD, 519 AG, 525 B, 532 B, 553 D, 554 A, 559 B, 589 A, 589 D, 607, 618 A, 644.

2. Avec signatures 4 en chiffres arabes et réclame par cahier

325, 447 D, 466 E, 489 B, 490 D, 534 B.

3. Avec signatures 4 en chiffres arabes et réclame par page

31, 36 E, 103 A, 113, 165 B, 196 I, 198, 273, 284, 319 A, 344, 455.

4. Avec signatures iiij en chifres romains et réclame par cahier

21, 34 A, 34 B, 36, 38 B, 40, 74, 131 B, 178, 207, 236 A, 262 A, 276, 388, 404, 461, 497, 515, 526 A, 575 A, 579, 594.

5. Avec signatures IV

10, 251, 290, 486.

E - in-8° avec cahiers de 4 feuillets

1. Avec signatures 2 en chiffres arabes

réclame par cahier : 240, 558
réclame par page : 652

2. Avec signatures ij en chiffres romains et réclame par cahier

165 F, 250 bis A, 254 D, 304 A, 304 B, 659 A.

(a) Cahier A, ensuite réclame par page
(b) A partir du cahier B.

INDEX CHRONOLOGIQUE

1735 suite
265 C, 274 C, 287 A, 331 C, 341, 372 C, 378 H, 423 A, 423 B, 425 A,
425 B, 428 A, 438 A, 439 A, 439 B, 443 C, 443 D, 443 E, 448 S,
452 A, 452 B, 452 C, 455 C, 460, 461, A, 464 B, 499, 500, 504, 515 A,
515 B, 518 C, 518 D, 518 E, 518 F, 518 G, 518 H, 518 I, 519 A, 519 B,
519 C, 519 D, 519 E, 524 D, 526 B, 551 A, 551 B, 576 A, 577 B,
589 C, 589 D, 603, 616 B, 629, 635 D, 645 F, 645 G, 645 H.

1736 51, 55 B, 58, 109, 115 A, 115 B, 118 bis, 123 B, 137 B, 150, 156, 190C,
196 A, 196 B, 197 A, 203, 219 B, 242, 259 A, 250 B, 262 A, 272 A,
279 B, 287 B, 295 A, 295 B, 296, 303, 316 A, 316 B, 316 C, 317 A,
317 B, 329, 359 A, 382, 394 B, 407 A, 418 A, 425 C, 425 D, 428 B,
438 D, 443 F, 443 G, 446 A, 453 A, 457, 468 A, 468 B, 482 A, 515 C,
515 D, 518 J, 518 K, 519 F, 519 G, 519 H, 519 I, 519 J, 519 K, 519 L,
519 M, 519 N, 530 H, 530 I, 553 A, 553 B, 554 A, 576 B, 580, 588 A,
589 E, 592 A, 592 B, 602 A, 613 C, 618 A, 618 B, 618 C, 645 I, 645 J,
645 K, 645 L, 645 M, 645 N, 645 P, 653.

1737 2, 46 A, 65, 91, 92, 101 D, 105, 121, 123 C, 133, 166 D, 182 A, 202,
212 A, 222 A, 225, 229, 240 A, 241, 265 D, 283, 307, 309, 319 B, 322,
335 A, 343 B, 359 B, 387 bis, 419, 423 C, 437 A, 437 B, 437 C, 437 F,
437 G, 437 H, 442 A, 444 A, 444 B, 444 C, 444 D, 444 E, 448 T,
448 U, 453 B, 454, 461 B, 482 B, 482 C, 510 bis, 515 E, 517 A, 518 L,
518 M, 519 P, 519 Q, 519 R, 519 S, 519 T, 519 U, 525 A, 525 B, 527,
529, 553 C, 553 D, 554 B, 558, 588 B, 617 A, 641 A, 645 Q, 645 R,
645 S, 645 T, 645 U, 658.

1738 14, 19, 42, 52 A, 61 C, 86, 101 D bis, 101 E, 108, 115 C, 115 D,
123 D, 136 B, 160 bis A, 165 A, 196 C, 196 D, 198, 200 A, 200 B,
208 B, 231 B, 240 B, 254 B, 260 bis, 262 B, 271, 272 B, 274 D, 313,
321, 335 B, 359 C, 372 D, 379, 387 A, 416 A, 417 A, 417 B, 422 A,
422 B, 422 C, 435, 437 D, 437 E, 437 I, 437 J, 442 B, 444 F, 444 G,
447 A, 448 V, 448 W, 478 A, 478 B, 478 C, 482 D, 495 B, 498, 517 B,
517 C, 519 W, 519 X, 519 Y, 519 Z, 519 AA, 521, 525 C, 530 J, 530 K,
530' C, 548, 552, 553 E, 555, 5664, 601 A, 641 B, 645 W.

1739 11, 16, 29, 43, 46 B, 48 A, 49, 52 B, 61 D, 80, 93 bis B, 101 F, 101 G,
123 E, 14 B, 182 B, 190 D, 190 E, 190 F, 193 A, 196 E, 196 F, 219 C,
219 D, 228 A, 230, 232 A, 266, 282 A, 294 A, 298, 312, 340 B, 346 C,
348, 350, 351, 361, 362, 363, 364, 366, 370 E, 372 E, 374 A, 376 C,
376 D, 376 E, 378 I, 387 B, 391, 397, 398 A, 406 A, 408, 443 H,
444 H, 446 B, 447 B, 448 X, 458, 479 B, 519 AB, 519 AC, 519 AD,
519 AE, 519 AF, 525 D, 530 L, 530 M, 538, 547, 550, 550 B', 574,
593 A, 593 B, 593 C, 593 D, 604, 626, 645, 650 A.

1740 3 B, 24, 46 C, 48 B, 50 A, 52 C, 53 C, 66, 66 bis B, 71 A, 71 B,
101 H, 101 I, 115 E, 123 F, 129, 139, 142, 148 B, 165 B, 169 A, 173 A,
174 C, 183, 190 G, 190 H, 199, 226 A, 243, 246 C, 248, 254 C, 259 A,
259 B, 262 C, 265 E, 269 B, 281, 282 B, 284, 292, 293 A, 293 B, 293 C,
315 A, 356 H, 374 B, 377, 378 J, 398 B, 402, 406 B, 414, 434 A, 434 B,
459 A, 472, 491, 493, 502, 519 AG, 535, 536, 571, 593 E, 601 B,
611 A, 616 C, 632.

1741 41, 45 C, 50 B, 62 bis, 68, 70, 71 A, 85, 98 A, 123 G, 130 A, 130 B,
131 B, 153 A, 160 B, 176, 184, 188 A, 190 I, 190 J, 196 G, 216, 22 B,
226 B, 232 B, 253 C, 253 D, 258, 259 C, 274 E, 282 C, 285 A, 293 B,

320, 304 A, 338, 374 C, 376 F, 410 C, 430, 437 K, 440, 444 I, 447 C, 461 C, 462 A, 462 B, 479 C, 481, 496 A, 508, 512, 513 A, 516, 530 N, 532 A, 537 A, 546, 592 C, 602 B, 627 bis, 635 E, 640, 645 X, 645 Y, 645 Z, 645 AA, 645 AB, 645 AC, 649, 650 B, 655 B, 661 B.

1742   7, 18, 25, 46 D, 47 A, 71 C, 76 A, 97, 98 A, 123 H, 130 C, 143, 147, 153 B, 153 C, 153 D, 153 E, 153 F, 153 G, 153 H, 160 C, 161 A, 173, 188 B, 190 K, 190 L, 190 M, 194 A, 195 B, 209, 211, 212 B, 222 C, 253 D, 267 A, 267 B, 267 C, 282 D, 304 B, 311, 337 A, 337 B, 339, 349, 365 bis, 374 D, 375 A, 400, 409 C, 426, 448 Y, 459 B, 462 C, 471, 482 E, 513 B, 513 D, 532 B, 597, 609 D, 610, 638 A, 641 B, 645 AD, 645 AE, 645 AF, 645 AG.

1743   8, 13, 23 C, 27 B, 32 B, 34 B, 38 A, 47 B, 57, 75, 76 B, 95 A, 95 B, 95 C, 98 B, 127, 151, 166 E, 167, 173 B, 175, 181, 197 B, 213 bis, 244, 282 C, 282 E, 282 F, 406 C, 445, 467 A, 478 D, 513 E, 513 F, 513 G, 537 B, 541, 543, 545, 549, 550, 557, 572, 594, 616 E, 617 B, 638 B, 645 AH, 647, 650 C.

1744   5 A, 5 B, 50 C, 59, 67, 71 D, 90, 95 D, 120, 123 I, 140 C, 152, 164 C, 182 C, 190 N, 239 A, 239 B, 247, 285 B, 336 I, 370 F, 372 F, 372 F bis, 375 B, 378 K, 380, 381, 383, 405, 413, 448 Z, 485, 496 B, 496 C, 505 B, 513 H, 530 P, 530 Q, 530 R, 539, 586, 622 A, 642, 646 A, 662, 667.

1745   4 A, 12, 56, 62 A, 62 B, 83, 87, 101 J, 118 B, 119, 123 J, 134, 140 bis, 144, 166 F, 169 B, 192, 193 B, 194 B, 196 H, 205 A, 205 B, 236 B, 250 bis B, 280, 288, 289, 293 E, 294 B, 301, 308 A, 331 D, 384 A, 399 A, 412, 427, 431 A, 448 AA, 466 A, 466 B, 466 C, 474 A, 475, 477, 496 D, 497, 511, 544, 562, 565, 582, 605, 609 E, 615, 622 B, 623 A, 631, 637 A, 644, 645 AI, 645" A, 645 XXB, 668.

1746   5 C, 6, 31, 36 A, 36 B, 69, 72 A, 72 B, 113, 126, 145, 159, 205 C, 205 D, 205 E, 214, 233, 233 bis, 254 D, 255, 264, 289, 297, 308 B, 315 B, 325, 344, 372 G, 383 B, 388, 399 B, 399 C, 403, 406 D, 421, 436, 439 C, 448, 466 D, 466 E, 466 F, 479 D, 488, 519 AH, 522, 528, 540 S, 566, 567 A, 581, 596, 607, 611 B, 612 A, 623 B, 630, 638 C, 646 B, 667.

1747   4 B, 26, 33, 36 C, 36 D, 72 C, 77 B, 81, 84 bis, 101 K, 114, 155 A, 180 D, 220, 229 bis, 245, 265 F, 278, 318 A, 346 D, 356 J, 386, 392, 396 A, 401, 415, 427 B, 431 B, 474 B, 483 A, 483 B, 506, 534 A, 567 B, 622 C, 633, 634, 645" C, 659 G.

1748   8, 9, 17, 20, 21, 36 E, 54, 60, 122 bis, 160 bis B, 166 G, 172, 196 I, 197 B, 206 A, 207 A, 213, 224 bis, 236 C, 261, 308 C, 318 B, 343 C, 369 E, 372 H, 396 B, 396 C, 404, 407 B, 423 D, 446 C, 447 D, 467 B, 480, 484, 489 B, 490 B, 496 E, 518 N, 533, 534 B, 542, 559 A, 612 B, 622 D, 627, 652, 657 A, 665 A, 665 B.

1749   0, 5 C, 47 C, 73, 74, 93 bis C, 115 bis, 117, 122 bis B, 157, 161 B, 169 C, 178, 205 F, 206 B, 207 B, 238, 263 B, 276, 296 bis, 310, 367 A, 367 B, 368, 372 I, 390, 410 D, 416 B, 416 C, 420, 433 A, 433 B, 442 C, 447 E, 448 AB, 459 C, 466 G, 474 bis A, 474 bis B, 476, 486, 559 B, 561, 608, 609 F, 616 F, 619, 621, 625, 637 B, 650 D, 657 B, 665 C, 665 D.

1750   10, 30, 40 B, 44, 95 E, 95 F, 111, 122 bis C, 132, 146, 170, 189, 190,
219 E, 224, 257, 260, 262 bis, 274 F, 277, 284, 290, 299 A, 299 B,
299 C, 336, 342, 343 D, 357, 358, 365, 370 G, 373, 378 L, 418 B,
448 AC, 456, 463, 467 C, 467 D, 483 C, 523, 563 bis, 570, 579, 598,
604 bis, 628, 645 AJ, 656, 666.

sans date 122 A, 122 B, 124, 125, 131, 155, 228, 236 A, 268, 314 A, 319 A,
333, 369 A, 369 B, 369 C, 369 D, 371, 389, 394, 429, 448 L, 487,
489 A, 490 A, 514, 606, 609 A, 609 B, 609 C, 641 C.

NOTE SUR LES ADRESSES DE PIERRE PRAULT

Le fils aîné de Pierre Prault, Laurent-François, fut reçu libraire le 24 avril 1733. A partir de 1733, Pierre Prault indique alors « Prault père» au lieu de « Pierre Prault», ce qui devrait permettre de dater les livres de 1733. On trouve donc en 1733 sous le nom de « Pierre Prault», les éditions 186, 204 A, 600, 643; et sous le nom de « Prault père» l'édition 149 (*Le Comte Roger*). Cependant on trouve le nom de « Pierre Prault» dans la réimpression de *l'épouse infortunée* de 1734 (n° 204 B)

On verra dans la note suivante que Pierre Prault dont l'enseigne est habituellement « Au Paradis» indique à deux reprises en 1734 « Au Paradis et à la Croix Blanche» : dans l'*Histoire d'Estevanille Gonzalès* (n° 253 A) et dans l'*Histoire d'Osman* (n° 256 A). Cette double enseigne pourrait être liée à l'introduction de son fils dans le monde des libraires, sans que nous sachions de quelle manière.

Enfin, l'adresse de Pierre Prault est écrite Quay ou quai de Gesvres ou de Gêvres :

Année	Quay de Gesvres	Quai de Gesvres	Quay de Gêvres	Quai de Gêvres
1729			270	
1730			177, 470	
1731			179 bis A, 201, 645 A, 645 B	
1732		136 A, 395	179 bis B, 221, 639	
1733	186, 643		149, 204 A, 600	
1734	518 A (contr.), 645 C, 645 D		204 B, 253 A, 256 A, 454 A	654
1735	518 C		452 E, 518 D (contr.)	
1736	58, 645 K		55 B	580
1737			419, 525 A	182 A, 229
1739				116
1741			253 B, 253 C	
1748			518 N	

Nous laissons les historiens de ce qu'on appelle l'orthographe tirer les conclusions qui conviennent... Mais est-ce toujours Pierre Prault qui imprime lui-même ses ouvrages? Sans oublier la possibilité des contrefaçons...

LES ENSEIGNES DES LIBRAIRES PARISIENS

(ordre alphabétique des rues en cas d'homonymie)

A l'..., A la..., Au...

Ange gardien	Rue St Jacques	Witte
Annonciation	Quai des Augustins	Amaulry
"	Rue St Séverin	1738 (n° 254 B)
		Valleyre
"	Rue Vieille Bouclerie	1736 n° 115)
Arbre de Jessé	Rue Vieille Bouclerie	Gissey
Armes d'Angleterre	Quai de Conti	de Poilly
Armes de Dombes	Rue St Jacques	Ganeau
Armes de l'Université	Rue de Hurepoix	Hardy
Belle Image	Quai des Augustins	P. Gandouin
Bible d'Or	Rue de Hurepoix	Didot 1739 (n° 80)
Bon Pasteur	Rue St Etienne d'Egrès	Langlois
Charité	Quai de Conti	Prault fils
Croix Blanche	Quai de Gêvres	P. Prault 1734
(avec au Paradis)		(n° 253, 256 A, 645 D)
Croix d'Or	Quai de Conti	Veuve Pissot
"	Rue Gallande	Chardon
Ecu de France	Rue St Jacques	Clousier
Empereur	Rue St Jacques	Veuve Delaulne
"	Rue de Hurepoix	G.D. David
Espérance	Rue St André des Arts	J. Lesclapart
"	Rue St Jacques	Deshayes
Etoile	Rue St Jacques	G. Martin
Fleur de lys d'or	Rue St Jacques	Josse
Fontaine d'or	Rue St Jacques	L. Dupuis
Fortune	Quai des Augustins	Lebreton fils
Griffon (avec St Landry	Rue St Jacques	Lambert et Durand
et Sagesse)		
Hercule	Rue de la Harpe	P. Simon

Image St... Voir St...

Justice	Grande Salle du Palais	Huart
"	Rue St Jacques	Mouchet
Nom de Jésus		Veuve Guillaume 1731 (64 A et 88 A)
"	Quai des Augustins	Bienvenu 1732 (246 B) Veuve Bienvenu 1742 (246 C)
	Rue de la Bouclerie	Chr. David
Occasion	Quai des Augustins	Nyon 1745 (56)
Olivier	Quai des Augustins	Musier
Paix	Rue Gît le Cœur	Deheuqueville
Paradis	Quai de Gêvres	P. Prault
Phénix	Quai des Augustins	Ravenel
Sagesse (avec le Griffon et St Landry)	Rue St Jacques	Lambert et Durand
St André	Quai des Augustins	Cailleau
"	Rue St Jacques	Morin
St Athanase	Quai des Augustins	J. Rollin III
St Charles	Rue de Hurepoix	Ch. Guillaume
St Esprit	Grande Salle du Palais	G.A. Dupuis
"	Quai des Augustins	M.E. David II
"	Rue de la Harpe	Veuve d'Houry
St François	Quai des Augustins	de Maudouyt
St Landry (avec le Griffon et Sagesse)	Rue St Jacques	Lambert et Durand
St Louis	Quai des Augustins	B. Brunet
"	Rue des Fossés	Veuve Ribou 1730
"	St Germain vis-à-vis la Comédie Française	P.J. Ribou 1735
"	Rue St Jacques	P.J. Ribou 1737
"	Rue St Jacques	L.E. Ganeau 1741
St Thomas d'Aquin	Rue St Jacques	H.L. Guérin
Ste Monique	Au premier pavillon du Collège Mazarin	Nyon 1729 (568)
Science	Rue St Jacques	Briasson
Soleil d'Or	Rue St Séverin	Mesnier
Soleil Levant	Sur le second perron de la Ste Chapelle	Huet
Toison d'Or	Quai des Augustins	Leclerc
Trois Rois	Rue de la Harpe	Veuve Delatour
Trois Vertus	Quai de Conti	M. Gandouin J. Estienne 1729-1730 (101 D, 101 G)
Vertu	Rue St Jacques	Veuve Estienne 1740 (101 H)
Victoire	Rue St Jacques	Delespine
Ville de Riom	Rue de la Huchette	Veuve Valleyre
Voyageur	sur le perron de la Ste Chapelle	Mazuel

LÉGENDE

BM   Bibliothèque Municipale

BNU   Bibliothèque Nationale et Universitaire

BPU   Bibliothèque Publique et Universitaire

BU   Bibliothèque Universitaire

UB   ,,   ,,

Châlons-sur-Marne (BM)   104 B.
(1)

Chantilly (Les Fontaines)   115 A, 267 A, 293 B, 462 A, 530 N, 618 C.
(6)

Dijon (BM)   34 A, 37, 52 B, 53 C, 58, 72 C, 78 A, 92, 153 D, 153 E, 163, 168,
(69)   173, 174 A, 177, 196 B, 196 C, 203, 254 B, 270, 274 B, 279 B, 300,
             304 B, 310, 314 D, 319 A, 330, 353 B, 360, 373, 379, 394 B, 465,
             467 D, 472, 482 B, 482 D, 500, 518, 518 A, 518 H, 519 C, 519 D,
             519 G, 519 H, 519 K, 519 Q, 519T, 525 A, 534 A, 589 B, 591 A,
             593 C, 597, 609 C, 612 A, 613 C, 616 D, 635 E, 645 B, 645 F,
             645 P, 645 Q, 645 U, 645 Y, 645 AA, 668.

Epernay (BM)   130 A, 452 B, 452 D.
(3)

Evreux (BM)   21, 34 B, 115 C, 115 D, 331 D, 462 B.
(6)

Fontainebleau (BM)   155 A, 323, 356 C, 356 D.
(4)

Gand (UB)   140 C, 299 A, 524 A, 607, 646 A.
(5)

Genève (BPU)   262 bis, 296 bis, 302, 384.
(4)

Göttingen (Nieders Staats und Univers. Bibliothek)   25, 65, 93 bis A, 101 B,
(58)   102 C, 115 B, 124, 132, 138 C, 138 D, 152, 161 A, 188 A, 190 M,
            198, 199, 257, 261, 262 C, 277, 304 A, 308 B, 331 C, 336, 334 C,
            343 D, 347 B, 359 A, 377, 413, 422 C, 431 B, 448 L, 457, 462 C,
            477, 479 D, 480, 504, 512, 515 B, 515 C, 515 E, 518 H, 519 K,
            519 S, 519 W, 423, 534 B, 582, 611 B, 622 C, 638 A, 640, 645 M,
            645 X, 645 AH, 648.

Harvard, Houghton Library   657 B'.
(1)

Heidelberg (UB)   190 C, 356 A, 356 F, 443 F, 645 H, 645 M.
(6)

Kassel (Bibliothek der Gesam hoch Scule)   101 T, 114.
(2)

La Haye (Koninklijke Bibliothek)   273, 274 C, 313, 370 A, 378 J, 519 AC,
(14)   79 AE, 519 AG, 553 E, 589 E, 591 B, 609 B, 634.

Laon (BM)   51, 112 bis, 115 A, 153 F, 160 C, 190 N, 319 A, 448 K, 448 L,
(15)   474 Bn 4989 B, 645 G, 645 I, 645 K.

La Rochelle (BM)   110 B (a)
(1)

Le Havre (BM)   148, 153 A, 448 V, 448 W, 530 N.
(5)

Le Mans (BM)   45 B, 306, 356 B, 413, 417 B, 474 A, 496 B, 505 B
(8)

Leyde (UB)   45 B, 48, 63 B, 66, 100, 265 B, 265 D, 285 A, 308 B, 337 bis,
(12)   423 A, 468 A.

Liège (Bibliothèque Publique) 71 B, 121, 240, 241, 513 H, 619 M, 519 R, 635 C.
(8)

Liège (BU) 519 E, 519 J.
(2)

Lille (BM) 169 C, 189, 190 D, 190 E, 190 G, 190 I, 293 A, 365 G, 443 A,
(13) 443 F, 444 A, 478, 478 D.

Lille (BU) 20, 53 C, 74, 80, 129, 153 F, 157, 20 D, 236 A, 243, 262 bis, 264,
(27) 357, 372 F, 383, 423 D, 427 B, 466 A, 484, 541, 545, 554 B, 565,
566, 619, 637 B, 668.

Londres (British Library) 115 B, 128, 142, 236 A, 236 B, 280, 282 C, 398 B,
(35) 423 C, 434 A, 448 K, 448 P, 448 S, 448 AB, 460, 479 A, 479 D,
513 A, 513 D, 518 H, 518 I, 519 AA, 525 C, 553 D, 572, 618 A,
624, 645 U, 645 V, 645 X, 645 Y, 645 Z, 645 AC, 645 AG, 645 AH.

Lyon (BM) 49, 52 B, 53 C, 85, 113 A, 140 B, 144, 164 C, 231 B, 237, 265 E,
(35) 267 A, 298, 299 A, 307, 314 A, 314 E, 337 B, 339, 369 C, 372,
444 B, 448 D, 448 M, 448 U, 448 AC, 466 A, 466 C, 505 A, 563,
591 A, 593 B, 603, 609 C, 611 A, 650 B.

Maastricht (Stads Bibliothek) 62 A.
(1)

Mannheim (UB) fonds général : 93 bis C, 381, 434 D, 467 B, 530*, 589 C
(50)
fonds des Billons : 21, 43, 50 A, 50 C, 71 B, 76, 133, 235, 239 A,
240, 324 A, 337 A, 352, 370 C, 372 B, 378 F, 386, 397, 399 A,
411 B, 422 C, 437 D, 437 G, 443 B, 443 F, 444 C, 444 F, 449 B,
454, 464 B, 502, 510 C, 513 C, 517 B, 530* A, 532 B, 551 B,
588 A, 618 B, 618 AU, 627, 630, 637 A, 659 C.

Marburg (UB) 403, 437 B, 437 I, 645 H.
(4)

Marseille (BM) 116, 227, 352.
(3)

Melun (BM) 45 C, 124, 129, 130 B, 190 P, 209, 245, 259 A/ 267 A, 372 A,
(19) 376 A/ 376 B, 376 D, 448 P, 462 A, 516, 530 N, 597, 632.

Metz (BM) 274 D, 294 B, 459 CC.
(3)

Montivilliers (BM) 85, 101 B, 148 B, 293 D.
(4)

Montpellier (BM) 263 B, 319 B, 448 U, 546, 574 A, 615
(6)

Moulins (BM) 291 B
(1)

Nancy (BM) 95 B, 112 bis, 196 E, 196 G, 259 A, 293 A, 365, 367 A, 369 D,
(12) 433 B, 519 AF.

Nevers (BM) 443 A'.
(1)

Nîmes (BM) 6, 7, 46 A, 67, 153 A, 156 A, 205 D, 219 A, 221, 230 B, 242,
(36) 244, 253 C, 256 B, 308 A, 315 A, 317 A, 324 B, 329, 375 B, 380, 395,

Nîmes (suite)
    429, 455, 462 A, 481, 482 A, 482 E, 519 D, 519 G, 519 H, 519 P, 533 A, 553 B, 580, 627.

Orléans (BM) 66 bis A, 104 B, 293, 410 A, 422, 462 A.
(6)

Oron (Château) 29, 36 B, 61 C, 64 C, 75, 90, 115 bis, 128, 142,
(39)   161 B, 184, 190 L, 206 A, 225, 236 C, 259, 260, 338, 342, 396 C, 408, 420, 434 B, 438 A, 478 C, 478 D, 482 C, 484, 489 B, 499, 517 B, 593 E, 605, 621 B, 624, 635 D, 642, 645 AJ.

Oxford (Bodleian Library) 466 D, 513 A, 530 R, 645 AF.
(4)

Oxford (Taylor Library) 5 C, 95 F, 104 A, 113, 122, 124, 130 AZ, 148 A,
(33)   153 H, 190 K, 226 B, 254 A, 263 A, 269 A, 299 A, 317 B, 418 B, 427 B, 430, 448 N, 475, 513 A, 530 N, 563, 574 A, 588 B, 593 E, 609 E, 625, 650 C, 659 F, 665 C, 667,

Paris (Bibliothèque de l'Arsenal) 2, 3 A, 4 A, 8, 15, 16, 17, 18, 23 C, 24, 26,
(367)   30, 31, 33, 38 A, 38 B, 41, 44, 47, 51, 54, 55 A, 55 B, 57, 59, 67, 71 A, 71 D, 73, 83 B, 83 C, 88 A, 89, 91, 93, 94, 96 B, 98 A, 103 A, 103 B, 107 B, 112, 115 bis, 116, 118 A, 118 B, 120, 122 bis, 124, 125, 126, 130 A, 131 B, 135, 136, 137 A, 140 A, 140 bis, 141 A, 143, 146, 147, 150 bis, 151, 153 B, 153 G, 155 A, 159, 169 A, 171 A, 171 B, 172, 175, 181, 182 A, 183, 184, 190 A, 190 D, 190 G, 193 A, 194 B, 196 C, 197 A, 197 B, 202, 204, 205 A, 206 B, 207 A, 207 B, 210 A, 210 B, 211, 213, 214, 215, 216, 217, 221, 222, 223, 224 bis, 226 A, 227, 228 A, 229 bis, 230, 233 bis, 234 A, 238, 239 A, 239 B, 246 A, 246 C, 250 A, 250 B, 250 bis, 262 bis, 264, 267 B, 268, 271, 274 E, 278, 282 C, 282 F, 283, 284, 288, 289, 293 A, 294 A, 296, 302, 303, 305, 312, 317 A, 318 A, 320 A, 320 B, 321, 326, 332, 335 A, 335 B, 340 A, 340 B, 341, 346 A, 347 A, 348, 349, 350, 351, 352, 353 A, 353 C, 354 A, 354 B, 355, 359 B, 359 C, 362, 364, 367 B, 368, 369 E, 370 B, 370 E, 370 F, 371, 372 A, 372 C, 372 D, 372 E, 374, 375, 376 C, 378 A, 378 G, 382, 384 A, 384 B, 385 A, 385 B, 386, 387 bis, 392, 393, 396 A, 397, 399 A, 400, 401, 402, 406 A, 406 B, 407 A, 410 D, 411 A, 412, 415, 416 A, 416 C, 417 A, 418 A, 419, 420, 421, 422, 423 B, 424 A, 424 B, 425 A, 425 C, 426, 428, 429, 431 A, 436, 437 A, 437 H, 438 A, 439 A, 439 B, 442 A, 446 A, 447 B, 447 C, 448 A, 448 B, 448 M, 448 P, 449 A, 452 B, 452 C, 452 E, 452 F, 454, 456, 458, 459 A, 461, 462 A, 468 B, 471, 472, 473 B, 474 bis A, 475, 477, 478 A, 481, 482 E, 485, 486, 492, 493, 496 A, 496 C, 496 D, 496 E, 497, 498, 507, 514, 517 A, 517 C, 518 D, 518 E, 518 G, 519 P, 519 S, 519 T, 520 B, 522, 525 A, 525 B, 526 A, 526 B, 527, 529, 531, 532 A, 534 A, 535, 536, 537 A, 538, 540, 549, 550, 552, 553 A, 553 C, 555, 558, 560, 563 bis, 564, 568 A, 568 B, 569, 570, 576, 577 A, 577 B, 578, 583, 584, 586, 587, 590, 591 A, 592 C, 593 A, 593 C, 595, 597, 598, 599, 600, 608, 610, 613 A, 615, 616 C, 617 A, 617 B, 618 A, 618 B, 622 B, 628, 630, 631 A, 636, 639, 641, 643, 644, 645 C, 645 D, 645 F, 645 I, 645 J, 645 K, 645 Q, 645 U, 645 Y, 645 Z, 645 AC, 647, 649, 658, 663, 665 A, 667.

Paris (Bibliothèque de l'Opéra) 397.
(1)

Paris (Bibliothèque du Musée de l'Homme)   108, 653
(2)

Paris (Bibliothèque Historique de la Ville de Paris)   39, 333, 515 B, 515 D,
(9)   515 E, 554 A, 618 B, 621, 652.

Paris (Bibliothèque Mazarine)   75, 94 A, 153 H, 190 A, 190 D, 190 E, 190 G,
(13)   262 A, 262 B, 274 F, 505 A, 638 B, 661 B.

Paris (Bibliothèque Nationale)   22, 23 A, ç3 B, 32 A, 36 C, 36 D, 36 E, 40 A,
(263)   45 A, 45 C, 46 B, 49, 50 A, 50 B, 52 A, 53 A, 62 A, 62 B, 54 A,
           64 B, 66 bis A, 68, 72 A, 72 B, 84 A, 93 bis B, 96 A, 97, 101 L,
           104 A, 107 A, 109, 110 A, 112 bis, 113, 115 A, 115 B, 119, 122 A,
           123, 138 A, 149, 153 A, 153 B, 153 D, 153 F, 158, 160 A, 160 C,
           162, 164 A, 164 B, 165 A, 166 A, 166 C, 169 B, 178, 179, 179 bis A,
           179 bis B, 185 A, 185 B, 187, 188 A, 190 A, 190 D, 190, 192,
           193 B, 196 A, 196 C, 196 H, 196 I, 196 bis, 201, 208 A, 208 B, 217,
           228 B, 232 A, 232 B, 234 B, 246 B, 249, 252, 253 A, 253 B, 253 D,
           258, 265 A, 265 B, 266, 267 A, 269 A, 275, 282 A, 282 B, 287 A,
           292, 293 A, 293 E, 294 B, 295 B, 299 B, 311, 314 B, 316 A, 319 A,
           322, 325 A, 331 B, 345, 346 A, 346 B, 352, 356 C, 356 D, 356 E,
           357, 361, 365 bis, 366, 370 C, 370 G, 372 A, 372 B, 372 D, 372 E,
           372 G, 376 D, 376 F, 378 A, 378 D, 390, 394 A, 396 A, 396 B,
           398 A, 400, 409 A, 409 B, 410 B, 410 C, 411 A, 411 B, 420, 423 An,
           423 B, 435, 437 A, 437 D, 437 G, 440, 441, 443 C, 443 D, 443 E,
           443 G, 444 B, 444 D, 445, 446 C, 447 D, 448 A, 448 B, 448 J,
           448 N, 448 P, 448 Y, 451, 452 A, 452 B, 452 C, 452 C, 453 A,
           453 B, 465, 467 A, 470, 473, 474 bis B, 478 A, 478 D, 479 B, 488,
           495 A, 496 B, 503, 513 B, 513 F, 513 G, 513 bis, 515 A, 515 C,
           518 C, 518 F, 518 I, 518 J, 518 K, 518 M, 518 N, 519 G, 519 H,
           520 A, 521, 524 A, 525 D, 530 B, 530 C, 530 H, 530 I, 530 L,
           530 P, 530 R, 530* A, 531, 533, 559 A, 573, 588 B, 589 D, 590,
           592 A, 592 B, 592 C, 593 D, 593 E, 594, 608, 609 A, 609 B, 609 F,
           618 B, 629, 633, 635 A, 635 B, 637 B, 640, 645 A, 645 C, 645 D,
           645 F, 645 G, 645 I, 645 J, 645 K, 645 L, 645 Q, 645 U, 645 V,
           645 Z, 645 AI, 659 A, 659 B, 663, 664 B, 665 A, 665 B, 665 C,
           665 D.

Paris (Bibliothèque Ste Geneviève)   409 C, 429, 478 A, 480 A, 612 A, 645 G,
(13)   645 I, 645 K, 645 Q, 645 U, 645 Y, 645 AA, 645 AC.

Paris (Institut Catholique)   101 D', 378 A', 378 C', 616 F.
(4)

Princeton   195 A, 425 A'.
(2)

Reims (BM)   12, 153 Gn 166 E, 174, 190 G, 218, 290, 314 B, 343 A, 370 D,
(17)   389, 501, 532 A, 589 A, 604, 620, 665 A.

Rennes (BM)   59, 62 A, 115 E, 130 A, 182 B, 182 C, 285 B, 343 B, 490 A,
(15)   513 B, 530 N, 593 C, 632, 645 AB, 645 AD.

Rouen (BM)   5 B, 9, 10, 11, 19, 28, 52 C, 60, 61 C, 69, 79 B, 83, 131 B, 167,
(53)   220, 254 C, 267 C, 276, 282 A, 285 A, 285 B, 293 D, 314 C, 318 B,
           343 B, 344, 388, 404, 437 H, 442 A, 448 AA, 464 A, 466 E, 466 F,
           480 A, 480 B, 516, 530 D, 530 E, 530 K, 530 L, 530* B, 541, 544,
           545, 549, 562, 565, 574, 579, 593 D, 616 A, 657 A.

Saint-Omer (BM)   61 B, 465.
(2)

Saint-Pol-sur-Ternoise (BM)   101 K, 293 E, 356 G, 444 G.
(4)

Strasbourg (BM)   77 Bn 448 AC, 467 C, 418 I, 557.
(5)

Strasbourg (BNU)   423 D, 443 A, 443 F, 444 I, 518 B, 609 B.
(6)

Stuttgart (Württembergische Landesbibliothek)   4 B, 27 A, 32 B, 46, 95 F, 123,
(18)   160 B, 160 C, 190 M, 240, 259 A, 199 C, 372 F, 448 P, 448 Z,
           462 A, 530 Q, 530* B.

Troyes (BM)   28, 101 H, 103 B, 130 A, 130 B, 130 C, 134, 170, 187, 190 D,
(36)   190 H, 196 B, 196 C, 196 D, 196 F, 259 A, 259 C, 265 F, 311, 312,
           315 A, 319 A, 340 A, 399 C, 405, 448 V, 448 W, 449 B, 487, 518 K,
           519 AD, 519 AG, 539, 588 B, 616 A, 622 D.

Utrecht (UB)   70, 530 G, 530 J, 530 M, 530* C.
(5)

Valenciennes (BM)   616 A.
(1)

Verdun (BM)   100, 137 A, 267 A, 448 C, 464 B, 466 B, 469, 473 C, 519 AH,
(11)   589 B, 593 B.

Versailles (BM)   0, 3 B, 27 B, 42, 63 A, 88 B, 99 B, 200 B, 205 A, 212 A,
(44)   236 B, 259 C, 287 B, 291 A, 297, 329, 399 B, 406 C, 407 B, 414,
           439 C, 442 B, 442 C, 448 G, 448 P, 448 V, 448 W, 479 C, 489,
           519 B, 519 S, 553 A, 553 B, 570, 590, 593 D, 609 C, 609 F, 522 A,
           623, 645 I, 645 T, 645 V, 645 AG, 645 AH.

Wolfenbuttel (Herzog-August Bibliothek)   530 A (a).
(1)

ANNEXE II

Liste des romans refusés au Sceau
entre 1728 et juillet 1737 (a)

(a) B.N. ms. fr. 21 995 et 21 996.

LISTE DES ROMANS REFUSÉS AU SCEAU

ENTRE 1728 et juillet 1737

Titre	Présenté par	Dates de présentation et de refus	Censeur
Histoire de Celador et de Senacille	Didot	1 : 14 nov. 1728 2 : 12 déc. 1728	de Moret
Voyage de l'incomparable Don Quichotin et de l'incomparable dom Topin	Gandouin	1 : 27 nov. 1729 2 : 18 déc. 1729	Secousse
Histoire de l'incomparable Don Quichotin...	La Chassagne auteur	5 juil. 1735	Danchet
*Les amazones révoltées	Boucicault auteur	8 janvier 1730 figure sur le répertoire des titres prohibés	Beauchamps
*Entretiens nocturnes	Mme de Gomez auteur	12 fév. 1730	Moncrif (puis Le Noble)
*Le théâtre des passions	Castera auteur	26 mars 1730 rendu à l'auteur pour y faire des corrections	Moreau de Mautour (puis Beauchamps)
*Les vendanges de Brétigny	Huart	1 : 5 oct. 1730 2 : 19 déc. 1730	Joly (puis Raguet)
La vie et les avantures de Tiburce par le sr Le D.	?	1 : 31 déc. 1730 2 : 14 janv. 1731	Beauchamps
Les cent une histoires	X, auteur	1 : 25 fév. 1731 2 : 11 mars 1731	Beauchamps
Avantures de Rhinsault et de Sapphira	?	1 : 11 mars 1731 2 11 mars 1731 figure sur le répertoire des titres prohibés	Moreau de Mautour (Jolly 1735) pas de trace sur le registre

Titre	Présenté par	Dates de présentation et de refus	Censeur
*Les amours de Rhodante et de Dosicles (1re éd. connue s.l. 1746)	Antonini	1 : 29 avril 1731 2 : 6 mai 1731 figure sur le répertoire des titres prohibés avec la date 1731	Beauchamps
*Vie maccaronique de Merlin Cocaye (1re éd. connue 1605)	Rollin fils	27 mai 1731	Massip
Mémoires de M. le baron de	Alix	1 : 24 juin 1731 rendu à l'auteur pour le corriger 2 : 14 avril 1733	Hardion approuvé
*Le tendre Olivarius (la seule édition connue porte Amsterdam, Desbordes, 1717)	Guillaume	1 : 24 juin 1731 2 : 26 juin 1731 voir aussi 16 janv. 1738	Duval Simon
Ariste ou le bonheur de la vie champêtre	?	1 : 29 (?) juil. 31 2 : 23 (?) juil. 31 figure sur le répertoire des titres prohibés avec la date 1731	Chevrier
*Académie galante (1re éd. 1682)	David jeune	29 juil. 1731 figure sur le répertoire des titres prohibés	Beauchamps
L'infortuné Breton	?	1 : 28 oct. 1731 2 : 28 oct. 1731	Maunoir
*Histoire de Celenie	Prault	1 : 28 oct. 1731 2 : 18 nov. 1731	Moreau de Mautour qui l'approuve le 7 avril 1732
*Histoire de la duchesse d'Hanover (1re éd. « Londres Compagnie » 1732)	Cartault	16 déc. 1731	1 : Godin 2 : Brillon qui refuse
Les nouvelles parisiennes	?	30 déc. 1731	Maunoir
Amours de Lisandre et de Carline, nouvelle écrite par Acate	?	16 mars 1732 figure sur le répertoire des titres prohibés	?

Titre	Présenté par	Dates de présentation et de refus	Censeur
Anecdotes françoises	Morin	29 juil. 1732	?
Lettres amoureuses d'une dame espagnole à M. le chevalier de, traduites en vers français	?	26 août 1732	Danchet
Alector, histoire fabuleuse	Ch. Rode	9 sept. 1732	Moncrif
*La constance des promptes amours	Jacques Du Rivaud, auteur (inconnu de Jones)	2 déc. 1732	Beauchamps (puis Le Noble)
Mémoires du comte de Betford	?	16 juin 1733	Moncrif
*Lettres turques (1ʳᵉ éd. Amsterdam Mortier 1730)	P. Pacifique Capucin	13 oct. 1733	Moncrif
*Rethima ou la belle Géorgienne	Du Hautchamp auteur	25 mai 1734	La Serre (puis Simon)
Clidamis éveillé ou le retour de Cythère	Cleret	20 oct. 1734	Jolly
Histoire du prince Thelleris et de la princesse d'Alcidie	de Préville auteur	30 nov. 1734	La Serre
Nouvelles curieuses et intéressantes par La Chassagne	?	14 juin 1735	Courchetet
La comtesse Vesselin histoire de Hongrie du siècle passé	?	19 juillet 1735 figure sur le répertoire des titres prohibés	Duval
Fleur de lin, conte	?	15 nov. 1735 figure sur le répertoire des titres prohibés	Gallyot
*Les mémoires et avantures du sieur Le D. mis au jour par M. Emery de l'Isle	Emery de l'Isle auteur	15 nov. 1735	La Serre (puis Maunoir 25 juin 1735)
*La jeune Ameriquaine	Mme de Villeneuve auteur	13 déc. 1735	Jolly
*L'enfant trouvé nouvelle galante	Mme de Villeneuve auteur	13 déc. 1735	Jolly

Titre	Présenté par	Dates de présentation et de refus	Censeur
La belle jardinière nouvelle galante	Mme de Villeneuve auteur	13 déc. 1735	Jolly
Histoire d'une dame anglaise	?	6 mars 1736	Moncrif
*Histoire d'Iris par Poisson	Prault fils	8 mai 1736 figure sur le répertoire des titres prohibés	Jolly
*Histoire des deux Aspasies	le comte de Bièbre auteur	29 mai 1736 refusé à cause du style, depuis approuvé	Simon
*Philoctète	Valleyre	17 juil. 1736	La Serre (puis Maunoir)
La fée bibliothèque historiettes galantes et contes de fées	Ribou et autres	11 déc. 1736 figure sur le répertoire des titres prohibés	Jolly
Les avantures de Zenophyr et ? nouvelle galante	Clouzier	22 janvier 1737	Jolly
Les amours de Mezomuto prince barbare	Rousseau	22 janvier 1737 figure sur le répertoire des titres prohibés avec la date 1737	Maunoir
Histoire de la belle anglaise	Boncourt auteur	28 mars 1737 semble avoir été d'abord approuvé	Simon
*Mémoires de l'infortunée comtesse d'Horneville par « Amsterdam » 1739	Jorry	12 avril 1737 figure sur le répertoire des titres prohibés	Moncrif

ANNEXE III

Les succès de librairie

A - Les succès de librairie d'après les 87 catalogues de ventes en considérant les titres publiés chaque année (a) (au moins 15 exemplaires)

34 ex. Le siège de Calais. La Haye, Neaulme, 1739.

27 ex. Le bachelier de Salamanque. Paris, Valleyre et Gissey, 1736-38).

26 ex. Le repos de Cyrus. Paris, Briasson, 1732.

24 ex. Tanzaï et Neardané. Pékin, 1734.
        Acajou et Zirphile. Minutie, 1744 (in-4° et in-12).

23 ex. Contes et discours d'Eutrapel. S.l., 1732.

21 ex. Les amours d'Ismène et d'Ismenias. La Haye, 1743.

20 ex. Amusemens des eaux d'Aix-la-Chapelle. Amsterdam, Mortier, 1736.

19 ex. Mémoires de Mme de Barneveldt. Paris, Gandouin et Giffart, 1732.
        Œuvres de Rabelais. Ed. Le Duchat. Amsterdam, Bernard 1733 (4°).
        Confessions du comte de. Amsterdam, 1742.
        Histoire de Tom Jones. Londres, 1750.

18 ex. Diane de Castro. Paris, Vve Coustelier, Martin et Guérin, 1728.
        La jeune Alcidiane. Paris, David et Gissey, 1733.
        Contes ou nouvelles et joyeux devis de B. des Périers. Ed. La Monnoye. Amsterdam, Chatelain, 1735.
        Pharsamon. Paris, Prault, 1737.
        Amusemens des bains de Bade. Londres, Harding, 1739
        Le caloandre fidele. Amsterdam, Wetstein et Smith, 1740.

(a) Nous n'avons pu évaluer le nombre d'exemplaires des romans de Marivaux et de la *Paysanne parvenue*, des *Mémoires d'un homme de qualité* et du *Doyen de Killerine*, « romans périodiques ».

18 ex. Histoire du prince Soly et de la princesse Feslée. Amsterdam, Compagnie, 1740.

Tanzaï et Neadarné. Pékin, 1740.

Campagnes philosophiques. Amsterdam, Desbordes, 1741.

Les amours de Theagenes et Chariclée. Londres, 1743.

Les avantures de Joseph Andrews. Londres, 1743.

Les amours pastorales de Daphnis et Chloé. S.n., 1745.

17 ex. Les trois contes d'Hamilton. Paris, Josse, 1730.

Les désespérés. Paris, Prault, 1732.

Les amours de Leucippe et de Clitophon. Amsterdam, Humbert, 1733.

Histoire d'Estevanille Gonzalès. Paris, Prault, 1734.

Mémoires du Comte de Comminge. Paris, Prault, 1735.

Histoire de Marguerite d'Anjou. Amsterdam, F. Desbordes, 1740.

16 ex. Avantures de Télémaque. Paris, Vve Delaulne et J. Estienne, 1730, 4°.

Sethos. Paris, Guérin, 1731.

Argenis. Trad. Josse. Chartres, Besnard, 1732.

La Saxe galante. Amsterdam, Compagnie, 1734.

Mémoires de Monsieur le marquis d'Argens. Londres, Compagnie, 1735.

Histoire d'une Grecque moderne. Amsterdam, F. Desbordes, 1740.

Mémoires d'un honnête homme. Amsterdam, 1745.

Le véritable ami. Amsterdam, Compagnie, 1749.

15 ex. Le geomyler. Paris, Martin et Guérin, 1729.

Mahmoud le Gasnevide. Rotterdam, Hofhout, 1729.

Le Philosophe anglois. Paris, Didot et Utrecht, Neaulme, 1731.

Le Chevalier des Essars et la Comtesse de Bercy. Paris, Clouzier, etc. 1735.

B - Les succès de librairie d'après les 87 catalogues de ventes en considérant les titres (au moins 20 exemplaires)

Nombre d'exemplaires	Titre
45	Tanzaï et Neadarné (1734; 1735; 1740; 1743)
41	Avantures de Télémaque (1730; 1734; 1737; 1740)
34	Le siège de Calais (1739)
32	Les amours d'Ismène et d'Ismenias (1729; 1743)
29	Le bachelier de Salamanque (1736; 1740)
28	Le repos de Cyrus (1732; 1733)
25	Histoire de Gil Blas (1730; 1732; 1739; 1740; 1747)
25	Les amusemens des eaux de Spa (1734; 1735; 1740)
24	Acajou et Sirphile (1744)
23	Les avantures de Joseph Andrews (1743; 1744; 1750)
23	Contes et discours d'Eutrapel (1732)
22	Histoire de Don Quichotte (1732; 1733; 1738; 1741)
21	Campagnes philosophiques (1741; 1742)
21	Les amours pastorales de Daphnis et Chloé (1745; 1750)
20	Pharsamon (1737; 1738; 1739)
20	Les amusemens des eaux d'Aix-la-Chapelle (1736)

Ordre chronologique des romans présentés
dans la liste précédente

Année	Titre	Nombre d'exemplaires
1728	Diane de Castro	18
1729	Le geomyler	15
—	Mahmoud le Gasnevide	15
1730	Les trois contes d'Hamilton	17
—	Avantures de Télémaque	16
1731	Le philosophe anglois	15
—	Sethos	16
1732	Contes et discours d'Eutrapel	32
—	Le repos de Cyrus	26
—	Mémoires de Mme de Barneveldt	19
—	Les désespérés	17
—	Argenis	16
1733	Œuvres de Rabelais	19
—	La jeune Alcidiane	18
—	Les amours de Leucippe et de Clitophon	17
1734	Tanzaï et Neadarné	24
—	Histoire d'Estevanille de Gonzalès	17
—	La Saxe galante	16
1735	Contes de B. des Périers	18
—	Mémoires du Comte de Comminge	17
—	Mémoires de Monsieur le Marquis d'Argens	16
—	Le Chevalier des Essars et la Comtese de Bercy	15
1736	Le bachelier de Salamanque	27
—	Amusemens des eaux d'Aix-la-Chapelle	20
1739	Le siège de Calais	34
—	Amusemens des bains de Bade	18
1740	Le caloandre fidele	18
—	Histoire du prince Soly et de la princesse Feslée	18
—	Tanzaï et Neadarné	18
—	Histoire de Marguerite d'Anjou	17
—	Histoire d'une Grecque moderne	16

Année	Titre	Nombre d' exemplaires
1741	Campagnes philosophiques	18
1742	Confessions du comte de	19
1743	Les amours d'Ismène et d'Ismenias	21
—	Les amours de Théagenes et Chariclée	18
1744	Acajou et Zirphile	24
1745	Les amours pastorales de Daphnis et Chloé	18
—	Mémoires d'un honnête homme	16

C - Les succès de librairie d'après le nombre

d'émissions identifiées (corpus)

(au moins 6 émissions)

Nombre d'émissions (a)	Titre	Dates extrêmes de ces émissions (b)
35	Vie de Marianne	1731-1750
32	La paysanne parvenue	1735-1746
31	Mémoires et avantures d'un homme de qualité	1728-1750
17	Le philosophe anglois	1731-144
15	Le doyen de Killerine	1735-1750
13	Avantures de Télémaque	1729-1747
12	Lettres persanes	1730-1750
11	Mémoires du comte de Bonneval	1737-1748
9	Histoire de Gil Blas de Santillane	1730-1749
9	Les lettres de la Marquise	1732-1749
9	Les égaremens du cœur et de l'esprit	1736-1748
9	Mémoires du maréchal de Berwick	1737-1741
8	Mémoires du duc de Villars	1734-1739
8	Pamela	1741-1744
8	Confessions du comte de	1741-1742
7	Voyages de Cyrus	1728-1747
6	Le sopha	? -1749
6	Lettres historiques et galantes	1732-1741
6	Le paysan parvenu	1734-1735
6	Histoire de la vie et mœurs de Mlle Frétillon	1739-1743

(a) Chaque partie des ouvrages parus en plusieurs parties constitue une ou plusieurs émissions.
(b) Entre 1728 et 1750.

ANNEXE IV

Catalogues de ventes
de bibliothèques 1739 - 1758

Les auteurs à succès selon les différentes méthodes d'approche utilisées

Auteur	Titre	Nombre émissions	Nombre d'ex. dans les catalogues de vente
Prévost	Mémoires et avantures d'un homme de qualité	31	
—	Le philosophe anglois	17	
—	Le doyen de Killerine	15	
—	Campagnes philosophiques	3	21 (18 de 1741)
—	Histoire de Marguerite d'Anjou	5	17 (1740)
Marivaux	Vie de Marianne	35	
—	Le paysan parvenu	6	
—	Pharsamon	4	20, (18 de l'éd. de 1737
Mouhy	La paysanne parvenue	32	
Montesquieu	Lettres persanes	12	
Fénelon	Avantures de Télémaque	13	41 (16 de 1730 14 de 1734 et 10 de 1740)
Crébillon	Lettres de la Marquise	9	
—	Les égaremens du cœur et de l'esprit	9	
—	Le sopha	6	
—	Tanzaï et Néadarné	5	45 (18 de 1740)
Duclos	Confessions du comte de	8	19 (1742)
—	Acajou et Zirphile	2	24 (1744)
Lesage	Le bachelier de Salamanque	5	29 (27 de 1736)
—	Histoire de Gil Blas	9	25
—	Histoire d'Estevanille Gonzalès	4	17 (1734)
—	Vie de Gazman d'Alfarache	1	12 (1733)

Nous présentons dans les pages qui suivent les 87 catalogues de ventes que nous avons finalement retenus : catalogues publiés entre 1739 et 1758 comportant au moins 10 romans de la période 1728-1750.

Sur ces 87 catalogues, 12 sont anonymes avec les noms des propriétaires restitués à la main sur certains exemplaires, 22 sont tout à fait anonymes. C'est pourquoi l'indication des cotes nous a paru indispensable. Comme pour notre corpus, nous avons indiqué les cotes des exemplaires que nous avons consultés, esentiellement d'ailleurs ceux de la Bibliothèque de l'Arsenal. Il faudrait bien entendu s'interroger sur ce grand nombre de ventes anonymes.

Les libraires spécialisés dans ces ventes sont Jacques Barrois avec 15 ventes, dont aucune n'est anonyme, Bauche avec 13 ventes, Gabriel Martin avec 11 ventes, Damonneville puis sa veuve avec 10 ventes dont aucune n'est anonyme.

On trouvera à la suite de ce tableau un extrait du supplément manuscrit au catalogue de Gersaint.

Catalogues de ventes de bibliothèques retenus — 1739-1758

Date de la vente	Propriétaire	Date du décès	Cotes des Bibliothèques parisiennes	Librairie	Total et observations	Total des romans 1728-1750 et % du total	Total des nouveautés et % des romans
1739	Carpentier		BN Q 8163	Prault fils	1.400	10 = 0,71 %	7 = 70%
—	Anonyme (Gagnat)		Mazarine - 36779 Ste Geneviève : Q 307 Inv 870	Piget	1.324 « très bien reliés»	17 = 1,28 %	7 = 41 %
1740	Estrées (maréchal d')	1737	Bibliothèque Historique P 12148	J. Guérin	20.047	14 = 0,06 %	10 = 71 %
1741	Tassin		Arsenal 8° H 24936	G. Martin	2.431	150 = 6 %	112 = 74 %
1742	Apligny (M. et Mme)		Arsenal 8° H 24879	Barrois	841	18 = 2 %	9 = 50 %

Date de la vente	Propriétaire	Date du décès	Cotes des Bibliothèques parisiennes	Librairie	Total et observations	Total des romans 1728-1750 et % du total	Total des nouveautés et % des romans
1742	Blanchard de Changy contrôleur général de la Marine		Arsenal 8° H 25070	Bauche	307 lots	86	52 = 59 %
—	Charost	1742	Arsenal 8° H 25938 BN △ 48682	Barrois	5.103 « belle collection d'ouvrages curieux et rares »	36 = 0,70 %	21 = 58 %
—	Anonyme		BN △ 4161	Mathey et Delespine	1461	31 = 2,12 %	13 = 41,90 %
—	Anonyme avocat au Parlement		BN : △ 4156	Mathey et Delespine	1070	17 = 1,58 %	8 = 47 %
—	Anonyme		BN Q 8488	Gandouin et Piget	1413	20 = 14 %	7 = 35 %
—	Fagon conseiller d'État ancien intendant des Finances (1714)	1744	Arsenal 8° H 25070 8° H 25399 8° H 25452 BN : △48690	Bauche	lots « on en a rapporté de diverses maisons qu'occupait M. Fagon »	64	48 = 73 %
—	Quentin de L'Orangère		Arsenal 8° H 25182	Barrois	Le catalogue de ses « curiosités » dressé par Gersaint parut la même année chez Barrois	15	5 = 33 %
1745	Bonnier de la Mosson trésorier des États du Languedoc	1741	Arsenal 8° H 25172	Barrois	1624 Le catalogue de sa collection dressé par Gersaint parut en 1744 chez Barrois	53	36 = 66 %

Date de la vente	Propriétaire	Date du décès	Cotes des Bibliothèques parisiennes	Librairie	Total et observations	Total des romans 1728-1750 et % du total	Total des nouveautés et % des romans
1746	Mahudel (médecin ?)		**Arsenal 8° H 25435 BN Δ 48695**	Piget	3591 « plusieurs cabinets réunis » « presque le tiers en maroquin doré sur tranche »	12 = 0,52 %	1 = 8 %
—	Le Gendre Président de la Chambre des Comptes, beau-père d'Amelot de Chaillou		**Arsenal 8° H 25414**	G. Martin	lots	37	28 = 75 %
—	Anonyme		**Arsenal 8° H 25435 8° H 25787 BN Δ 805**	Piget	1213 « Cabinet de livres choisis et d'une très belle condition »	14 = 1,15 %	4 = 28,50 %
1747	Bernard de Rieux Président au Parlement de Paris, fils de Samuel Bernard	**1745**	BN Δ 48699 Bibliothèque Historique 2527	Barrois	3314 Les livres sont nettement plus chers que dans la plupart des catalogues	139 = 19 %	85 = 61 %
1748	Fonspertuis Conseiller au Parlement?		Arsenal 8° H 24866	Barrois et Veuve Piget	1300 Le catalogue de sa collection dressé par Gersaint parut en 1747 chez Prault	35 = 2,69 %	22 = 62 %
1750	Autry		Arsenal 8° H 25347	G. Martin 2387	32 = 1,30 %	17 = 53 %	

Date de la vente	Propriétaire	Date du décès	Cotes des Bibliothèques parisiennes	Librairie	Total et observations	Total des romans 1728-1750 et % du total	Total des nouveautés et % des romans
1750	Bonardy de Crécy		Arsenal 8° H 25182 BN Δ 48702	Barrois	4533	78 = 17,72 %	= 56 %
—	Gersaint marchand de tableaux	1750	Arsenal 8° H 25041 8° H 25354 8° H 25435 BN Q 7998 Δ 48729 Mazarine 36779	Barrois	2217 (a) « Le frivole, l'inutile, sans compte des galanteries sans nombre; ne peut intéresser ni les savants, ni les sages » lit-on dans les *Mémoires de Trévoux* (b)	82 = 3,69 %	42 = 48 %
—	Anonyme avocat		BN Δ 2269 Δ 48707 Δ 48728	Bauche	1532	23 = 1,50 %	8 = 33 %
1751	Crozat de Tugny Président honoraire au Parlement de Paris	1751	Arsenal 8° H 25015 8° H 25280 BN Δ 48723		4821 Les prix semblent relativement élevés. Voir Inventaire après décès MC XXX/320	261 = 5,40 %	211 = 80 %
—	La Marcq fermier général		Arsenal 8° H 25347 BN Δ 48722	Damonneville	2787	59 = 2,11 %	29 = 49 %

(a) Voir ci-après pour le supplément manuscrit.
(b) *Mémoires de Trévoux* juillet 1750 p. 1717.

Date de la vente	Propriétaire	Date du décès	Cotes des Bibliothèques parisiennes	Librairie	Total et observations	Total des romans 1728-1750 et % du total	Total des nouveautés et % des romans
1751	Mazade fermier général		Arsenal 8° H 25401	G. Martin	lots	36	22 = 59 %
1752	De Broglie lieutenant général	1751	Arsenal 8° H 25399	G. Martin	lots	22	6 = 26 %
—	Nichault avocat		Arsenal 8° H 25414	G. Martin	882 Les prix semblent relativement élevés	87 = 9,86 %	44 = 50 %
—	Orry de Fulvy Intendant des finances	1751	Arsenal 8° H 25203 8° H 25399 8° H 23354	Musier	lots Voir Inventaire après décès MC XXIX/488	64	35 = 53 %
—	Anonyme (Bourlier l'aîné)		Arsenal 8° H 25333 8° H 25373 8° H 25402 BN : Q 9076	Barrois	508	18 = 3,54 %	12 = 66 %
—	Anonyme			G. Martin	lots	215	158 = 73 %
1753	Dugué Bagnols Conseiller d'État		Arsenal 8° H 25391	Bauche		14	9 = 64 %
—	Esclimont maréchal	1752	Arsenal 8° H 24879	Barrois	4010	46 = 1,14 %	26 = 56 %
—	Giraud de Moucy commandant des gardes du corps de la Duchesse d'Orléans	1751	Arsenal 8° H 24879 BN Δ 48734	Barrois	9787 Inventaire après décès MC LIX/246 = 20 400 volumes	74 = 0,75 %	46 = 62 %

Date de la vente	Propriétaire	Date du décès	Cotes des Bibliothèques parisiennes	Librairie	Total et observations	Total des romans 1728-1750 et % du total	Total des nouveautés et % des romans
1753	Anonyme (marquis de Le Gal)		Arsenal 8° H 25383		363 « la plupart dorés sur la tranche, en veau fauve et veau écaillé »	34 = 9,36 %	10 = 29 %
—	Anonyme		BN Q 4161	Bauche	1654 lots	29 = 1,75 %	8 = 27 %
1754	Bernard Conseiller d'État	1754	Arsenal 8° H 25355 8° H 25356 BN Δ 48738	Barrois		37	19 = 51 %
—	Bonneau secrétaire du Roi		Arsenal 8° H 25871 8° H 25873 BN Δ 48743	Damonneville	3234	25 = 0,77 %	19 = 76 %
—	Coquelet	1754	Arsenal 8° H 25391 8° H 25871 BN Δ 48747	Bauche	lots « pendant plus de 40 années (a amassé) ce que la littérature a de plus rare et de plus curieux (malgré) la médiocrité de sa fortune » Les livres semblent relativement chers. Inventaire après décès MC. LXIX/667	220	132 = 59 %

Date de la vente	Propriétaire	Date du décès	Cotes des Bibliothèques parisiennes	Librairie	Total et observations	Total des romans 1728-1750 et % du total	Total des nouveautés et % des romans
1754	Messieurs Geoffroy de l'Académie des Sciences		Arsenal 8° H 25095	G. Martin	lots	31	10 = 32 %
—	De La Haye fermier général		Arsenal 8° H 25058 BN Δ 48745	G. Martin	3998 « Une des plus riches bibliothèques » composée de livres qu'il n'avait jamais lus selon une tradition de l'époque (a)	83 = 2 %	50 = 60%
—	Morel		BN Q 7999	Bauche	1749	21 = 1,20 %	7 = 33 %
—	Paillet des Brunières avocat		Arsenal 8° H 25355 BN Q 8001	Debure jeune	2287	76 = 3,32 %	51 = 67 %
1754	De Vougny Chanoine, Conseiller au Parlement	1754	Arsenal 8° H 25399 BN Δ 48737	Damonneville	1167	41 = 3, 51 %	26 = 63 %
—	Anonyme		BN : Q 8001	Bauche	1645	30 = 1,82 %	11 = 36 %
—	Anonyme		Arsenal BN Δ 11057	Barbou	634	11 = 1,73 %	3 = 27 %
—	Anonyme (Champigny)		Arsenal 8° H 24891 BN Δ 48747	Barrois	3212	83 = 2,58 %	60 = 72 %
—	Anonyme		BN Δ 11055	Pissot	980	17 = 1,73 %	7 = 41 %

(a) Sur la bibliothèque de La Haye voir Y. Durand *Les fermiers généraux au XVIIIᵉ siècle*. Paris, 1971 p. 267.

Date de la vente	Propriétaire	Date du décès	Cotes des Bibliothèques parisiennes	Librairie	Total et observations	Total des romans 1728-1750 et % du total	Total des nouveautés et % des romans
1755	**Bachelier** **premier valet de chambre, inspecteur général des châteaux de Versailles**	1754	Arsenal 8° H 25409 BN Δ 48759	G. Martin	1222 Les ouvrages semblent d'un prix élevé	162 = 13,25 %	106 = 65 %
—	Couvay secrétaire du Roi, beau-père du marquis de Crillon « presque aussi connu parmi les gens de lettres que parmi les commerçants »	1751	Arsenal 8° H 24890 8° H 24891 BN Q 7886 Δ 48587	Desprez	Inventaire après décès MC CIX/582	46	30 = 65 %
—	**Huguenin** **premier commis de la police-garde des archives du Conseil des Finances**		Arsenal 8° H 25405		lots	33	15 = 45 %
—	Perrin secrétaire du Roi		**Mazarine 36844**	H.L. Guérin et Delatour	994	18 = 1,81 %	14 = 77 %
—	Prince de Pons lieutenant général		Arsenal 8° H 25409 BN Δ 48750	Damonneville	784	16 = 2 %	10 = 62 %
—	Anonyme Marquis d'Argenson	1757	BN Δ 4236	Damonneville	2382	170 = 7,13 %	111 = 64 %

Date de la vente	Propriétaire	Date du décès	Cotes des Bibliothèques parisiennes	Librairie	Total et observations	Total des romans 1728-1750 et % du total	Total des nouveautés et % des romans
1756	Berthaud		Arsenal 8° H 25387 BN Δ 48764	Moreau	Lots	22	4 = 18 %
—	Comte de Frize		Arsenal 8° H 25408 BN Δ 48778	Morel	Lots	28	9 = 32 %
—	Gascq de La Lande		Arsenal 8° H 25357 8° H 25896	G. Martin	1059	44 = 4,15 %	16 = 36 %
—	Guichard huissier commissaire priseur au Châtelet. A procédé auparavant aux ventes des bibliothèques de Gersaint et de Giraud de Moucy		Arsenal 8° H 25408 BN Δ 48777	Bauche	1115	35 = 3,13 %	16 = 45 %
—	La Fautrière Conseiller au Parlement		Arsenal 8° H 25354 8° 25896 BN Δ 48691	Barrois	2340	160 = 6,83 %	97 = 60 %
—	Petis de la Croix interprète du Roi pour les langues orientales	1751	Arsenal 8° H 24891 8° H 25387 8° H 25709 8° H 25731	G. Martin		43	22 = 48 %

Date de la vente	Propriétaire	Date du décès	Cotes des Bibliothèques parisiennes	Librairie	Total et observations	Total des romans 1728-1750 et % du total	Total des nouveautés et % des romans
1756	Marquis de Tilly maréchal de camp		Arsenal 8° H 25731	Barrois	994	49 = 4,92 %	28 = 55 %
—	Anonyme (prince d'Isenghien)	1767	Arsenal 8° H 25408 8° H 25721 BN : Q 8069	G. Martin	2013	94 = 4,66 %	64 = 68 %
—	Anonyme		Arsenal 8° H 25387	Pissot	Lots35	21 = 58 %	
—	Anonyme		Arsenal 8° BH 25367 BN Q 8575	Bauche	1435	30 = 2 %	12 = 40 %
1757	Bocquet de la Tour avocat		Arsenal 8° H 25333 8° H 25383	Damonneville	984 Inventaire après décès MC I/480	26 = 2,64 %	19 = 73 %
—	Pajot de Malzac conseiller au Parlement		Arsenal 8° H 25346 8° H 25357 8° H 25374	Damonneville	1054	12 = 1,13 %	2 = 16 %
—	Sassetot conseiller en la Cour des Aides		BN Δ 48793	Coustelier	2108	14 = 0,66 %	9 = 64 %
—	Anonyme (Challet)		Arsenal 8° H 25346 8° 25383	G. Martin	1372	29 = 2,11 %	14 = 48 %
1757	Anonyme (Crébillon père)	1762	Arsenal 8° H 25346	Damonneville	1650	217 = 13,15 %	111 = 50 %

Date de la vente	Propriétaire	Date du décès	Cotes des Bibliothèques parisiennes	Librairie	Total et observations	Total des romans 1728-1750 et % du total	Total des nouveautés et % des romans
1757							
—	Anonyme		8° H 25374 BN Δ 11128	Bauche	1746	46 = 2,63 %	13 = 28 %
—	Anonyme ancien avocat		Arsenal 8° H 25346 8° H 25367	Mérigot père et fils	871	18 = 2 %	11 = 61 %
—	Anonyme		Arsenal 8° H 25374 BN Δ 11131	Bauche	1452	31 = 2,13 %	12 = 38 %
1758	Chamoult		Arsenal 8° H 25346 BN Δ 4247	Veuve Dumonneville	1343 les ouvrages semblent chers	64 = 4,76 %	36 = 55 %
—	Condé fils capitaine des chaînes	Arsenal	Arsenal 8° H 25333 8° H 25373	221	31 = 14 %	11 = 35 %	
—	Dupuis président (au Grand Conseil?)		Arsenal 8° H 25203 8° H 25354 BN Δ 48797	Tilliard	1157	43 = 3,71 %	31 = 70 %
—	Herbert		Arsenal 8° H 25364	Pissot		24	7 = 29 %
—	Maboul maître des requêtes, inspecteur de la librairie		Arsenal 8° H 25333	David	1576	50 = 3,17 %	33 = 66 %

Date de la vente	Propriétaire	Date du décès	Cotes des Bibliothèques parisiennes	Librairie	Total et observations	Total des romans 1728-1750 et % du total	Total des nouveautés et % des romans
1758	Comte de Montesson lieutenant général		Arsenal 8° H 25736 BN Δ 4909	Veuve Damonneville	1064	20 = 1,87 %	11 = 50 %
—	Perier		Arsenal 8° H 25333 8° H 25692	Bauche	Lots	13	5 = 38 %
—	Anonyme (Alphonse)		Arsenal 8° H 25203 8° H 25333 8° H 25440 BN Δ 6915	Barrois	1239 les livres semblent chers	15 = 1,21 %	7 = 46 %
—	Anonyme (Pontcarré premier Président du Parlement de Rouen)	1767	Arsenal 8° H 25203 8° H 25444 BN Δ 4252 Q 8325	Pissot	3124 les livres semblent chers	100 = 3,20 %	45 = 45 %
—	Anonyme (Thiboust)		Arsenal 8° H 24864 8° H 25402 BN Δ 48767	Prault fils	1161	27 = 2,32 %	12 = 44 %
—	Anonyme (Paulmy + d'Hemery)		Arsenal 25364 BN Δ 4257 BN Δ 4258	Davidts	1170	30 = 2,56 %	14 = 46 %
— sans date	Anonyme Goesbriand maréchal de camp		Arsenal 8° 25405	Merigot	709 Lots	16 = 2,25 % 43	6 = 37,50 % 23 = 53 %

Sans date	Propriétaire	Date du décès	Cotes des Bibliothèques parisiennes	Librairie	Total et observations	Total des romans 1728-1750 et % du total	Total des nouveautés et % des romans
Sans date (au moins 1754)	Sainctot introducteur des ambassadeurs	1753	Arsenal 8° H 25399	Barrois	2239	218 = 9,73 %	166 = 76 %
sans date (avec ouvrages de 1750)	de Villemur de Villemur		Arsenal 8° H 25391	Barrois	800	89 = 11 %	49 = 55 %

ANNEXE V

Le supplément manuscrit du catalogue
de la bibliothèque de Gersaint (1750)

Certains exemplaires de ce catalogue (Bibliothèque Nationale Δ 48 729 et Bibliothèque de l'Arsenal 8° H 25435), comportent un supplément manuscrit de livres « singuliers », « omis et vendus après la vente générale et secrètement ». Il contient 72 numéros parmi lesquels les *Nouvelles libertés de penser*, adjugé 7 livres 5 sols, les *Pensées philosophiques* de 1746, adjugé 4 livres 15 sols, l'*Histoire naturelle de l'âme*, adjugé 8 livres 2 sols, l'*Homme machine*, l'*Homme plus que machine* et l'*Homme plante* adjugés ensemble 24 livres. Parmi ces 72 ouvrages figurent également les romans suivants :

Les princesses malabares adjugé 4 livres (ou 3 livres 15);

Les amours des dames illustres de France, 2 volumes, adjugé 21 livres;

Les amours de Zeokinizul adjugé 9 livres; un autre exemplaire avec la clef adjugé 8 livres 10;

Mémoires secrets de Perse, éd. de 1745 adjugé 12 livres, éd. de 1746 avec la clef, adjugé 12 livres 19;

Les lauriers ecclésiastiques adjugé 6 livres;

L'histoire du prince Apprius, éd. de 1729 adjugé 5 livres.

BIBLIOGRAPHIE

Le corpus des éditions de romans (1728-1750) que nous avons présenté dans l'annexe I et notre annexe IV (catalogues de ventes) constituent évidemment une partie essentielle de notre bibliographie qui suit dans l'ordre suivant : sources manuscrites; éditions modernes de romans du 18ᵉ siècle; testes non romanesques publiés au 18ᵉ siècle; éditions modernes de textes du 18ᵉ siècle; ouvrages; articles.

A - *Sources manuscrites* (ordre alphabétique des villes)

Nous nous limitons aux manuscrits cités ou directement utilisés.

Auxerre, Archives départementales de l'Yonne

Avignon, Musée Calvet :

Ms. 2278 à 2280 lettres d'Anfossi au marquis de Caumont

Ms. 2375 lettres de La Bastie

Bâle, Staadts Archiv

Ms. Iselin 25

Besançon, Bibliothèque Municipale

MS. 605, lettres de Bouhier à Dunod

Bourg-en-Bresse, Archives départementales de l'Ain

Liasse C 552 documents sur l'Imprimerie de Trévoux

Darmstadt, Archives

D4 Nr 563/7 catalogue de la Bibliothèque de Karoline duchesse douairière des Deux Ponts

Dieppe, Bibliothèque Muncipale

Ms. 64, Catalogue des livres de Madame (1768)

Ms. 65, Catalogue des livres de Madame Victoire

Dijon, Bibliothèque Municipale

Fatras généalogique de Juigné

Collection d'autographes

Genève, Bibliothèque publique et universitaire

Correspondance de Seigneux de Correvon

Leyde, Bibliothèque Universitaire

Fonds Marchand, particulièrement Marchand 2 : correspondance

Londres, British Library

Add. mss. 3563

Add. mss. 4287

Lyon, Bibliothèque Municipale

Ms. 295 et ms. 298 (6) Catalogue de la bibliothèque d'Adamoli.

Ms. 6224 Correspondance de Dugas et Bottu de St Fonds partiellement publiée par W. Poidebard, voir ci-dessous. Nous avons consulté cette collection en 1960 et 1963 à la bibliothèque des Jésuites de Lyon Fourvière; elle a été transférée en 1970 à la Bibliothèque Municipale

Macon, Archives départementales de Saône-et-Loire

GG 14 registres paroissiaux de St Vincent de Chalon

Nîmes, Bibliothèque Séguier

Ms. 151

Oxford, Bodeleian Library, Rawlinson letters

Orléans, Bibliothèque Municipale

Ms. 1422 papiers Le Noir

Paris, Archives de la Seine

486/3-166, 8/380, 11/500, 11/531; faillites de libraires 5 A2 5009 imprimeurs.

Paris, Archives des Affaires Etrangères
Correspondance politique Autriche 240, Cologne 86, Hollande, 423, 424 supplément 11 et Liège 42
Dossiers du personnel : Sainctot
Mémoires et documents France 871, 872, 880, 1315, 1342, 1600, 1609 imprimeurs et libraires 1310 registre d'expédition et lettres 1737
Paris, Archives Nationales
AD VIII 6 et 8
Voir aussi Minutier central
Paris, Assemblée Nationale
Ms. 1508 lettres de Mlle de Lisle
Paris, Bibliothèque de l'Arsenal
Mss. 3866, 4636
Ms. 6289 Catalogue de Paulmy (romans)
Mss. 10 166, 10 296 à 10 304, 11 498, 11 576, 11 593, 11 694, 11 792 Fonds de la Bastille
Paris, Bibliothèque Historique de la Ville
Mss. 616 et 617 gazetins
Mss. CP 3993 et 3997 résidu des archives de la Chambre syndicale
Paris, Bibliothèque Nationale
Ms. 9355 lettres de l'abbé Goujet
Ms. 13 701 lettres de Mme de Souscarière
Ms. 15 119 la *Rosalinde*
Mss. 21 814, 21 823, 21 857 et 21 859, 21 928, 21 931 et 21 932, 21 955 à 21 957, 21 963, 21 982, 21 995 à 21 997, 22 023, 22 079 et 22 080, 22 107, 22 126, 22 129, 22 137, 22 157 papiers concernant la librairie
Ms. 24 411, 24 414, 24 415, 24 417, 24 421, correspondance de Bouhier
Ms. 25 000 Journal de la cour et de la ville depuis le 28 novembre 1732 jusqu'au 30 novembre 1733
Mss. 25 541 et 25 542 lettres de Bouhier à Marais
Nouvelles acquisitions françaises 767, 1214, 1891, 3182, 3531, 3348, 40989, 10 783, 22 055, 25 145
Paris, Minutier central
I-480 Inventaire après décès de Bocquet de la Tour
XXIII-620 Inventaire après décès de Damonneville
XXIX-488 Inventaire après décès d'Orry de Fulvy
XXX-320 Inventaire après décès de Crozat de Tugny
XLIX-657 Inventaire après décès de J.-B. Hérissant
XLIX-678 Vente du Fonds de la veuve Ganeau à Etienne Ganeau, Cl. J.-B. Bauche et L. Ch. d'Houry
XLIX-687 Inventaire après décès de la veuve Ganeau
XLIX-692 Inventaire après décès de Cavelier
XLIX-693 Inventaire après décès de la veuve Simon
XLIX-719 Inventaire après décès de la veuve E. Ganeau
XLIX-722 Inventaire après décès de Dupuis
XLIX-726 Vente de l'imprimerie de L. E. Ganeau à A.F. Le Breton, L. Durand, M.A. David et Briasson
XVIII-430 Inventaire après décès de P. Prault
LIX-246 Inventaire après décès de Giraud de Moucy
LIX-667 Inventaire après décès de Coquelet.

LXXIII-779 Vente du fonds Simon à Didot
LXXIII-782 Inventaire après décès de Montalant
LXXIII-905 Inventaire après décès de Nyon fils
LXXXV-528 Inventaire après décès de Cailleau
XCV-207 Inventaire après décès de Mazade
XCVII-461 Inventaire après décès de Bauche fils
CVII-488 Inventaire après décès de Paulus Dumesnil
CIX-582 Inventaire après décès de Couvay

Paris, Préfecture de Police
Carton 5 n° 441

Rouen, Archives départementales de Seine-Maritime
4 BP 5275, 5281, 5301 à 5303, 5315 à 5319, 5331, 5331 bis, 5442, 5894, 5963
C 145 documents sur les imprimeurs
4E 2069 registre paroissial de St Laurent de Rouen
4E 2073 à 2077 registres paroissiaux de St Lo de Rouen
42 2111 registre paroissial de St Maclou de Rouen
4E 2130 registre paroissial de St Martin sur Rennelle de Rouen
5E 484, 488 à 490 documents judiciaires sur les imprimeurs et libraires

Versailles, Archives départementales des Yvelines
Registre paroissial de Versailles

B - *Editions modernes de romans du 18ᵉ siècle* (depuis 1945) que nous avons utilisées

Crébillon.
Л'écumoire ou Tanzai et Neadarné. Ed. E. Sturm. - Paris, 1976
Crébillon
Les égaremens du cœur et de l'esprit. Ed. présentée établie et annotée par Etiemble. - Paris, 1977
Crébillon
Lettres de la Marquise de M*** au Comte de R***. Préface de Jean Rousset. - Lausanne, 1965
Duclos (Charles)
Les confessions du comte de Ed. L. Versini. - Paris, 1969
Fielding (Henry)
Les aventures de Joseph Andrews. Trad. de Desfontaines revue par G. Sigaux. - Paris, 1946
Histoire de Dom Bougre, portier des Chartreux. - Paris, 1976
(Collection Aphrodite classique)
Lesage.
Histoire de Gil Blas de Santillane. Ed. Etiemble. - Paris, 1973.
Lesage
Histoire de Gil Blas de Santillane. Ed. R. Laufer. - Paris, 1977
Marivaux
Le paysan parvenu, précédé de « Marivaux romancier», par R. Mauzi. - Paris, 1965
Marivaux
Le Télémaque travesti. Ed. F. Deloffre. - Paris, 1956
Marivaux
La vie de Marianne. Ed. F. Deloffre. - Paris, 1963

Prévost
    Œuvres de Prévost sous la dir. de Jean Sgard. - Grenoble, 1978 et sq.
Prévost
    Histoire d'une Grecque moderne. Introduction par R. Mauzi. - Paris 1965
Prévost
    Histoire du Chevalier des Grieux et de Manon Lescaut. Ed. par C.E.
    Engel et Max Brun. - Paris, 1960
Prévost
    Manon Lescaut. Ed. par F. Deloffre et R. Picard. - Paris, 1965
Songes (Les) du chevalier de la Marmotte
    Au Palais de Morphée, 1745. - Paris, Edhis, 1970 (fac. sim.)
Swift (Jonathan)
    Voyages de Gulliver. Trad. J. Pons. - Paris, 1976
Thémidore...
    Paris, 1976 (Collection Aphrodite classique)
Thérèse philosophe.
    Préf. de Pascal Pia. - Paris, 1979
Voltaire.
    Zadig. Ed. G. Ascoli. - Paris, 1925

C - Editions du XVIII ᵉ siècle de textes non romanesques
    Les catalogues de ventes de bibliothèques se trouvent à l'annexe IV.
    Seuls les catalogues de libraires existant en éditions isolées ont été pris en
compte.
(Accarias de Sérionne). Les intérêts des nations de l'Europe développés
relativement au commerce. - Paris, Amsterdam, 1766.
Almanach royal. - Paris.
Bayle (P.) Dictionnaire historique et critique
Bibliothèque belgique. -
Bibliothèque francaise. - Amsterdam.
Bibliothèque raisonnée. - Amsterdam.
Catalogue de livres nouveaux ou de nouvelles éditions en divers genres qui
se vendent à juste prix à Bordeaux chez Louis Guill. Labottière fils
libraire. - Bordeaux, 1750.
Catalogues de livres nouveaux ou de nouvelles éditions... faisant partie du
fonds de librairie de Jacques Chappuis aîné. - Bordeaux, 1752.
Catalogue des livres du fonds de Charles Labottière aîné, libraire. -
Bordeaux, 1747.
Diderot Œuvres complètes de Diderot publ. sous la direction de Dieck-
mann, Proust et Varloot, Paris (en cours)
Encyclopédie ou dictionnaire raisonné... Paris, 1751-1765, 17 vol.
Esprit (L') de l'abbé Desfontaines. - Londres, 1757, 3 vol.
Fantasque (Le). -
Fournier (S.P.) Manuel typographique. - Paris, 1764-1766, 2 vol.
Gazette d'Amsterdam
Gazette d'Utrecht
Gazette de Cologne.

Histoire générale des voyages. t. 17. - Amsterdam, Arkstée et Merkus, 1761

Journal littéraire. - La Haye

Lelong (p. Jacques) Bibliothèque historique de la France. Ed. Fevret de Fontette - Paris, 1768, 5 vol.

Lenglet-Dufresnoy. De l'usage des romans. - Amsterdam 1734

Lettres amusantes et critiques sur les romans. - Paris, 1743

Lottin (A.M.) Catalogue chronologique des libraires et des libraires imprimeurs de Paris. - Paris, 1789

Manuel de l'auteur et du libraire. - Paris, Veuve Duchesne, 1777

Mémoires... de Trévoux

Moreri (Louis) Grand dictionnaire historique. - Paris, 1759, 10 vol.

Nouvelles ecclésiastiques février 1742

Nouvelliste du Parnasse. - Paris, 1731-1732

Observations sur les écrits modernes. - Paris, 1735-1743

Piganiol de la Force (P.J.) Description de Paris. - Paris, 1742, 10 vol. in-12

Pluquet (?) Lettres(s) à un ami sur les arrêts du Conseil du 30 août 1777 concernant la librairie et l'imprimerie. - S.l., 1777-1778, 3 fasc.

Pour (Le) et Contre

Réflexions sur les ouvrages de littérature

D - *Editions modernes d'œuvres non romanesques du XVIIIe siècle*

Argenson (marquis d') Journal et Mémoires. Ed. Rathery. - Paris 1859-1867

Barbier (E.J.) Journal historique et anecdotique du règne de Louis XV. - Paris, 1847-1856

Bouhier (Jean) Correspondance littéraire du Président Bouhier. Ed. H. Duranton. - St Etienne, 1794-1976

1. Lettres de Secousse 1738-1746

2. Lettres de l'abbé Goujet 1737-1745

3-4 Lettres de l'abbé d'Olivet 1719-1745

Correspondance littéraire... de Grimm, Diderot... Ed. Tourneux. - Paris 1877-1882, 16 vol.

Daydie Correspondance inédite du chevalier Daydie... Ed. H. Bonhomme. -Paris 1874

Dubuisson Lettres du commissaire Dubuisson au marquis de Caumont 1735-1741? Ed. Rouxel. - Paris 1882

Du Deffand (Mme) Correspondance inédite... - Paris, 1809

Malesherbes Mémoire sur la liberté de la presse. - Paris 1814

Malesherbes Mémoire sur la liberté de la presse. - Paris 1809

Malesherbes Mémoires sur la librairie et sur la liberté de la presse. - Paris 1809

Marais (Mathieu) Journal et Mémoires. Ed. Lescure. - Paris, 1863-1868, 3 vol.

Marville Lettres de M. de Marville

Montesquieu Œuvres complètes Ed. A. Masson. - Paris, 1950-1955, 3 vol.

Racine (Louis) Correspondance littéraire inédite de Louis Racine avec René Chevaye de 1743 à 1757. Ed. Dugast-Matifas. - Paris et Nantes 1858.

Rousseau (J.B.) Correspondance de Jean-Baptiste Rousseau et de Brossette publiée par Bonnefon. - Paris, 1910-1911, 2 vol.

Saint-Fonds. - Correspondance littéraire et anecdotique entre M. de Saint-Fonds et le Président Dugas. Ed. W. Poidebard. - Lyon, 1900

Voltaire. Les œuvres complètes. The complete works. Definitive edition. Ed. Besterman (en cours)

E - Ouvrages des 19e et 20e siècles

Abbé (L') Prévost. Actes du colloque d'Aix-en-Provence (20-21 décembre 1963). - Gap, 1965

Airiau (J). L'opposition aux physiocrates. - Paris, 1965

Audin (M). Essai sur les graveurs de bois en France au 18e siècle. - Paris, 1925

Audin (M). Histoire de l'imprimerie. - Paris, 1972

Bachman (Albert). Censorship in France. - New York, 1934

Balcou (Jean). Le dossier Fréron. Correspondances et documents. - Genève, 1975

Barber (Elinor) The bourgeoisie in the 18th century. - Princeton, 1955

Barbier (A.A) Dictionnaire des ouvrages anonymes. - Paris, 1972

Belin (J.P.) Le commerce des livres prohibés à Paris de 1750 à 1789. - Paris, 1913

Benezit (E.) Dictionnaire des peintres, sculpteurs, dessinateurs et graveurs. - Paris, 1948-1955, 8 vol.

Bergmans (P.) Les imprimeurs belges à l'étranger, 1922

Berkvens-Stevelinck (Christiane) Prosper Marchand et l'histoire du livre. - Brugge, 1978

Bibliothèque Nationale. Catalogue général des livres imprimés. - Paris, 1897 et sq.

Bibliothèque Nationale. Voltaire, un homme, un siècle. - Paris, 1979

Bluche (François) Les magistrats du Parlement de Paris au XVIIIe siècle. - Paris 1960

British Museum. General catalogue of printed books to 1955. London, 1965-1966, 263 vol.

Brunet (Jean-Charles) Manuel du libraire. - Paris, 1965-1966, 7 vol. (réimpr.)

Catalogue d'un cabinet de livres choisis et bien conditionnés. - Lyon, Duplain frères, 1748

Catalogue de livres nouvellement arrivés du pays étranger qui se trouvent à Paris chez Mérigot, Piget et Coustellier. - Paris, 1744

Catalogue de livres nouvellement arrivés des pays étrangers chez Briasson. - Paris, 1732

Catalogue des livres français sur toute sorte de matières qui se trouvent à Lyon chez les frères Bruyset. - Lyon, 1749

Catalogue des livres qui se trouvent chez les frères de Ville à Lyon pour l'année 1743

Catalogues des livres qui se vendent à Paris chez Debure l'aîné. - Paris, 1746

Catalogue des livres qui se vendent présentement chez Le Mercier, Paris 1749

Catalogue du cabinet de livres de MDF. - Lyon, Duplain, 1745

Centre de recherches marxistes. Roman et lumières au XVIIIe siècle. - Paris, 1970

Chancelier (Le) H.F. d'Aguesseau. Journées d'étude, Limoges 1951. - Limoges, 1953

Chauvet (P.) Les ouvriers du livre en France des origines à la Révolution de 1789. - Paris, 1959

Chevalier (Pierre) Les ducs sous l'acacia ou les premiers pas de la Franc-Maçonnerie française 1725-1743. - Paris, 1954

Cioranescu (A). Bibliographie de la littérature française du dix-huitième siècle. -Paris, 1969

Coulet (H.) Marivaux romancier. Essai sur l'esprit et le cœur dans les romans de Marivaux. - Paris, 1974

Coulet (H.) Le roman en France avant la Révolution. - Paris 1967 - 1968

Coulet (H.) Gilot (M.) Marivaux. Un humanisme expérimental. - Paris, 1973

Dictionnaire de biographie française sous la direction de Prévost et Roman d'Amat. - Paris, 1932 et sq.

Dictionnaire des journalistes (1600-1789) sous la dir. de J. Sgard avec la collab. de M. Gilot et F. Weil. - Grenoble, 1976

Dictionnaire des lettres françaises publié sous la dir. du cardinal Grente. Le dix-huitième siècle. - Paris, 1960, 2 vol.

Direction des bibliothèques et de la lecture publique. Répertoire des bibliothèques et organismes de documentation. - Paris, 1971

Dubosq (Y.Z.) Le livre français et son commerce en Hollande de 1750 à 1780. - Amsterdam, 1925

Durand (Y) Les fermiers généraux au XVIIIe siècle. - Paris, 1971

Ehrard (J.) Littérature française. Le XVIIIe siècle. Tome I 1720-1750. - Paris, 1974

Estivals (R.) La statistique bibliographique de la France sous la Monarchie au XVIIIe siècle. - Paris, 1965

Etudes sur le 18e siècle. - Bruxelles, 1974

Fontius (M.) Voltaire in Berlin. - Berlin, 1966

Französische Drucke des 18. Jahrunderts in den Bibliotheken der D.D.R. Bibliographie. Hrsg v. W. Krauss u.M. Fontius. - Berlin, 1970

Gaskell (Philip) A new introduction to bibliography. - Oxford, 1974

Godenne (R.) La nouvelle française. - Paris, 1974

Goubert (P.) L'Ancien Régime. - Paris, 1969-1973, 2 vol.

Granderoute (R.) Le roman pédagogique de Fénelon à Rousseau. - Thèse dact. Grenoble

Grosclaude (P.) Malesherbes témoin et interprète de son temps. - Paris, 1961-1964

Groupement de recherches sur les textes modernes. La ponctuation. - Paris et Besançon, 1977-1979, 2 vol.

Harisse (H.) L'abbé Prévost. Histoire de sa vie et de ses œuvres d'après des documents nouveaux. - Paris, 1896.

Helbig et Grandjean. Catalogue des collections Capitaine. - Liège 1872

Hermann-Mascard. La censure des livres à Paris à la fin de l'Ancien Régime, 1750-1789. - Paris, 1968

Histoire littéraire de la France sous la dir. de P. Abraham et R. Desné. Tome V. 1715-1754 sous la dir. de M. Duchet et J.M. Goulemot. - Paris, 1976

Jones (S.P.) A list of French prose fiction from 1700 to 1750. - New York, 1939

Kirsop (W.) Bibliographie matérielle et critique textuelle. Vers une collaboration. - Paris, 1970

Kleinschmidt (J.R.) Les imprimeurs et libraires de la République de Genève 1700-1798. - Genève, 1948

Kossmann (E.F.) De boekhandel te's Gravenhage tot het einde van de 18e eeuw. - 's Gravenhage, 1937

Labarre (A.) Histoire du livre 2e éd. - Paris 1974

Laufer (R.) Introduction à la textologie : vérification, établissement, édition des textes. - Paris 1972

Laufer (R.) Lesage ou le métier de romancier. - Paris, 1971

Lenail. Le Parlement de Dombes. - Lyon, 1900

Lever (M.) La fiction narrative en prose au XVIIᵉ siècle. Répertoire bibliographique du genre romanesque en France. - Paris, 1976

Livre et société dans la France du XVIIIᵉ siècle. - Paris, 1965-1970, 2 vol.

Mandrou (R.) De la culture populaire aux XVIIᵉ et XVIIIᵉ siècles : la Bibliothèque Bleue de Troyes. - Paris, 1964

Mandrou (R.) La France aux XVIIᵉ et XVIIIᵉ siècles. - Paris, 1967

Marion (M.) Recherches sur les bibliothèques privées à Paris au milieu du XVIIIᵉ siècle, 1750-1789. - Paris, 1978

Maritn (A.) Mylne (V.), Frautsch (R.) Bibliographie du genre romanesque français. - Londres et Paris 1977

Martin (H.J.) Livre, pouvoirs et société à Paris au XVIIᵉ siècle. - Genève, 1969

May (G.) Le dilemne du roman au XVIIIᵉ siècle. Etude sur les rapports du roman et de la critique (1715-1761). New Haven et Paris, 1963

Meyer (J.) Noblesse et pouvoirs dans la France d'Ancien Régime. - Paris 1973

Monod-Cassidy (H.) Un voyageur-philosophe au XVIIIᵉ siècle : l'abbé Jean-Bernard Le Blanc. - Cambridge (Mass.), 1941

Montalort (P.) Une famille chalonnaise et ses alliances. - Besançon, 1921 (= les Desaint)

Morris (Th.) L'abbé Desfontaines et son rôle dans la littérature de son temps. - Genève, 1961

Moulinas (R.) L'imprimerie, la librairie et la presse à Avignon au XVIIIᵉ siècle. - Grenoble, 1974

Pillorget (S.) C.H. Feydeau de Marville, lieutenant général de police à Paris, 1740-1747, suivi d'un choix de lettres inédites. - Paris, 1978

Pottinger (D.T.) The French book trade in the Ancien Regime, 1500-1791. - Cambridge (Mass.), 1958.

Queniart (J.) L'imprimerie et la librairie à Rouen au XVIIIᵉ siècle. - Paris, 1969

Ravaisson (F.) Archives de la Bastille. Documents inédits. - Paris 1866

Ribière (H.) Essai sur l'histoire de l'imprimerie dans le département de l'Yonne. Auxerre 1868

Richard (G.) Noblesse d'affaires au XVIIIᵉ siècle. - Paris, 1974

Roche (D.) Le siècle des lumières en province. Académies et académiciens provinciaux, 1660-1789. - Paris 1978, 2 vol.

Sgard (J.) Le Pour et Contre de Prévost. - Paris 1969

Sgard (J.) Prévost romancier. - Paris, 1968

Soboul (A.) Lemarchand (G.) Fogel (M.) Le siècle des Lumières. Tome I. L'essor 1715-1750. - Paris, 1977, 2 vol.

Tchermezine (A.) Bibliographie et éditions originales et rares, d'auteurs français des XVᵉ XVIᵉ XVIIᵉ et XVIIIᵉ siècles. - Paris, 1927-1934, 10 vol.

Theux de Montjardin (de) Bibliographie liégeoise. 2e éd. - Bruges, 1885

Trénard (L.) Commerce et culture. Le livre à Lyon au XVIIIᵉ siècle. - Lyon, 1953

Tromp (E.) Etude sur l'organisation et l'histoire de la communauté des libraires et imprimeurs de Paris, 1618-1791. - Nîmes, 1922

Universitätsbibliothek. - Lehrstuhl Romanistik. Schriften von und über/ouvrages de et sur Voltaire. Aux dem 18 Jahr-/éditions du 18ᵉ siècle à Mannheim. - Mannheim, 1978

Van Eeghen (I.H.) De amsterdamse boekhandel 1680-1725. - Amsterdam, 1960-1978, 5 vol.

Ventre (M.) L'imprimerie et la librairie en Languedoc au dernier siècle de l'Ancien Régime, 1700-1789. - Paris et La Haye, 1958

Weil (F.) Jean Bouhier et sa correspondance. - Paris, 1975 3 fsc.

Zéphir (M.) Les imprimeurs-libraires parisiens à la fin du XVIIIᵉ siècle 1750-1789. - Paris, 1973 (Thèse de l'Ecole des Chartes)

Thèses dactylographiées de l'Ecole de Chartes que nous n'avons pas consultées :

Beaumont (H. de) L'administration de la librairie et la censure des livres de 1700 à 1750 (1966)

Blangonnet (C.) Recherche sur les censeurs royaux au temps de Malesherbes, 1750-1765 (1975)

F - *Articles ou contributions à des recueils collectifs*

Barber (G.) « Catchwords ans press figures at home and abroad» dans *The book collectof*, IX, 1960, pp. 301-307

Beijet (H.) « De crisisperiode in de haagse boekhandel omstreeks 1740» dans *De Economist*, 100, 1952, pp. 112-133 (non consulté)

Bénet (A.) « Un atelier d'imprimeur et une boutique de libraire à Mâcon au XVIIIᵉ siècle» (= les Desaint) dans *Annales de l'Académie de Mâcon* 2e s.t.4, 1883, p. 305 et sq.

Breuil (Y.) « Une lettre inédite relative à *l'Histoire d'une Grecque moderne* de l'abbé Prévost» dans *Revue des sciences humaines*, t. 33, nᵒ 131, 1968, p. 391 et sq.

Chartier (R.) et Roche (D.) « Le livre. Un changement de perspective» dans *Faire l'histoire*, III, Paris 1974 pp. 115-136

Coulet (H.) « Un siècle, un genre?» dans *Revue d'histoire littéraire de la France*, 1977, pp. 359-372

Darnton (R.) « Le livre français sous l'Ancien Régime» dans *Annales*, 1973, p. 735 et sq.

Darnton (R.) « Reading, writing and publishing in 18th century France : a case study in the sociology of literature» dans *Daedalus*, 100, 1971, p. 214 et sq.

Demoris (R.) « De l'usage du nom propre; le roman historique au XVIIIe siècle» dans *Revue d'histoire littéraire de la France, 1975* pp. 268-288

Fransen (J.) « Correspondance entre le marquis d'Argens et P. Marchand» dans *Mélanges de philologie offerts à J.J. Salverda de Grave*. - Groningue, 1933

Gauthier (P.) « Recherches sur les anciens maîtres imprimeurs chalonnais et leurs successeurs directs»... dans *Mémoires de la Société d'histoire et d'archéologie de Chalon*, tome XIII, 1913, pp. 83-205

Gilot (M.) et Sgard (J.) « Le renouvellement des *Mémoires de Trévoux* en 1734» dans *Dix-huitième siècle*, n° 8, 1976, p. 205-214

Gloria (H.) « Sur la vie et les œuvres de Michel Wenssler, imprimeur (XVe s.), et l'établissement définitif de l'imprimerie à Mâcon (XVIIe-XVIIIe s.)», dans *Annales de l'Académie de Mâcon*, 1877, p. 258 et sq.

Green (F.C.) « The 18th century French critic and the contemporary novel» dans *Modern language review*, XXIII, 1928, p. 176 et sq.

Journal de la Cour et de Paris depuis le 28 novembre 1732 jusqu'au 30 novembre 1733 dans *Revue rétrospective*, 2e s.,t.V, 1836

Labriolle (M.R. de) « Lettres inédites de l'abbé Desfontaines 1728-1735» dans *Revue des sciences humaines*, 1966, pp. 381-412

Labrosse (C.) « Les *Mémoires de Trévoux* et le roman (1730-1740)» dans *Etudes sur la presse au XVIIIe siècle : les Mémoires de Trévoux*. - Lyon, 1975 (Centre d'études du 18e siècle de l'Université de Lyon II)

Lanette-Claverie (C.) « La librairie française en 1700» dans *Revue française d'histoire du livre*, n° 3, 1972

Mornet (D.) « Les enseignements des bibliothèques privées, 1750-1780» dans *Revue d'histoire littéraire de la France*, t. I, 1910, pp. 449-496

Parguez (G.) « A propos des pages de titres des livres anciens» dans *Revue française d'histoire du livre*, n.s., 1971, pp. 55-66

Pomian (K.) « L'histoire de la science et la science de l'histoire» dans *Annales*, 1975, pp. 935-952

Roche (D.) « Sciences et pouvoirs dans la France du XVIIIe siècle» dans *Annales*, 1974

Stewart (Ph.) « Prévost et son *Cleveland* : essai de mise au point historique» dans *Dix-huitième siècle*, n° 7, 1975, pp. 181-205

Trénard (L.) « Sociologie du livre en France» dans *Imprimerie, commerce et littérature. Actes du 5e congrès de la Société française de littérature comparée*, Lyon, 1962 (Annales de l'Université de Lyon, 3e s. lettres, 39)

Van der Cruysse (D.) « La bibliothèque du duc de St Simon» dans *Dix-septième siècle*, 1971, pp. 153-167.

INDEX

1° Les titres des romans qui font l'objet d'une notice dans le corpus

2° Les renvois des sous-titres de ces romans aux titres

3° Les titres d'œuvres du XVIIIe siècle non retenues pour le corpus

4° Les noms des auteurs dont il est question dans cet ouvrage ou qui sont mentionnées dans le titre du corpus; les auteurs des romans anonymes (ce qui est le cas le plus fréquent) n'ayant pas été restitués dans les notices, on ne trouvera donc pas de renvoi de Montesquieu à la notice du corpus sur les *lettres persanes*

5° Les noms des personnages cités dans cet ouvrage ou des dédicataires de certains romans du corpus

6° Les noms des compagnies de libraires

7° Les noms des enseignes des libraires

8° Les noms des lieux d'édition ou impression, réels ou fictifs, d'après les adresses des romans

9° Les noms des lieux d'impression restitués, en ce qui concerne les hypothèses avancées dans les notices du corpus, nous avons retenu pour l'index uniquement les villes provinciales

A la suite de chaque mot, on trouvera éventuellement deux séries numériques : la première renvoie aux pages de l'ouvrage, la seconde (en italique) aux notices du corpus

Amour (L') volage Voir *Mémoires de Monsieur de Volari* corpus *421*
Amour (L') voyageur corpus *20*
Amour (Les) d'Abrocome et d'Anthia Voir *Les Ephesiaques* corpus *203*
Amours (Les) d'Anthie et d'Abrocomas Voir *Les Ephesiaques* corpus *203*
Amours (Les) d'Eumène et de Flora 152
Amours (Les) d'Horace 30, 155 corpus *22*
Amours (Les) d'Ismène et d'Isménias 34, 72, 83, 141, 245, 553, 555 corpus *23*
Amours (Les) de Callisthène et d'Aristoclie corpus *24*
Amours (Les) de Catulle et de Tibulle 38, 258, 269 corpus *25*
Amours (Les) de Clitophon et de Leucippe Voir *Les amours de Leucippe et de Clitophon* corpus *26*
Amours (Les) de Daphnis et de Chloé Voir *Les amours pastorales de Daphnis et de Chloé* corpus *40*
Amours (Les) de Heury IV 280 corpus *27*
Amours (Les) de Leucippe et de Clitophon 6, 81, 98, 108, 552, 554 corpus *28*
Amours de Lisandre et de Carline 546
Amours (Les) de Madame d'Elbeuf corpus *29*
Amours (les) de Mademoiselle de*** Voir *Histoire d'Émilie* corpus *252*
Amours (Les) de Mahomet corpus *30*
Amours (Les) de Mezomuto 546
Amours (Les) de Rhodante et de Dosiclès 546 corpus *31*
Amours (Les) de Sainfroid et d'Eulalie 30, 152, 259, 300 corpus *32*
Amours (Les) de Silvie corpus *33*
Amours (Les) de Théagènes et Chariclée 81, 141, 266, 552, 555 corpus *34*
Amours de Tibulle corpus *35*
Amours (Les) de Vénus et d'Adonis Voir *Les vrais plaisirs* corpus *664*
Amours (Les) de Zeokinizul 33, 573 corpus *36*
Amours des dames illustres de France 34, 573 corpus *37*
Amours (Les) du chevalier de Voir *L'écueil de la vie* corpus *194*
Amours (Les) du chevalier Du Tel et de dona Clementina 152
Amours (Les) du comte de C 221-222 corpus *38*
Amours (Les) du duc de Guise corpus *39*
Amours (Les) et les avantures d'Arcan et de Belize 152
Amours (les) pastorales de Daphnis et Chloé 97, 103-104, 132, 141, 162, 208, 342, 552, 553, 555 corpus *40*
Amours (Les) romanesques Voir *Le fourbe puni* corpus *226*
Amours (Les) traversés 226, 267 corpus *41*
Amsterdam 58, 107, 122, 150, 168, 170, 204, 212, 213, 221, 234, 237, 239, 242, 254, 269, 270, 272, 319, 333, 546, 547, 548, 551, 552
corpus *3, 7, 12, 23B, 27B, 28, 29, 36A, 36B, 36C, 36D, 36E, 38A, 40B, 46A, 46B, 46C, 46D, 53A, 53B, 53C, 55A, 59, 61A, 61B, 62bis, 63B, 64C, 66bisA, 66bisB, 73, 75, 79A, 79B, 84bis, 88B, 90, 93bisA, 94, 95D, 96A, 96B, 99B, 101D, 101D', 101K, 101M, 102C, 103B, 104A, 104B, 105, 107B, 108, 110A, 110B, 112, 113, 114, 115B, 118B, 119, 122bis, 127, 128, 129, 130A, 130B, 130C, 131B, 134, 141C, 142, 146, 147, 151, 153A, 153B, 153C, 153D, 153E, 153F, 153G, 153H, 161B, 162, 166B, 166D, 166F, 168, 171B, 176, 180, 182B, 182B', 182C, 182D, 184, 185B, 190J, 190L, 190N, 195B, 196B, 200B, 202, 208B, 219B, 219D, 229bis, 234, 236B, 236C, 239A, 244, 246A, 247, 254C, 254D, 259A, 259B, 259C, 264, 265A, 267C, 269B, 274C, 275, 279A,*

Compagnie des libraires d'Amsterdam   30, 31, 33, 34, 35, 38, 111, 114, 116, 117, 171, 223, 226, 228, 229, 237-239, 243, 248-250, 260, 265, 314, 319, *corpus 62bis, 63B, 95D, 102C, 202, 234B, 236B, 411B, 448G, 448H, 448K, 448M, 448N, 448P, 448W, 448X, 462B, 466A, 466B, 466D, 466E, 466F, 482C, 488, 497, 511, 513E, 513F, 518I, 519Z, 519AF, 577B, 589A, 589B, 589C, 589D, 637A, 637B, 645AF, 645AI*

Compagnie des libraires de Berlin   31

Compagnie des libraires de La Haye   31, 32, 33, 37, 238, 259-262, 317   *corpus 66, 140A, 169A, 169B, 274bis, 282A, 282B, 282D, 282E, 330, 354A, 354B, 449, 454, 459A, 459B, 459C, 525B, 536, 553E, 555, 564, 622A, 622B, 622C, 622D, 657A, 657B*

Compagnie des libraires de Londres   Voir Compagnie de Londres

Compagnie des libraires de Paris   197, 198, 223, 280

Comte (Le) de Cardonne   corpus 147bis

Comte (Le) de Clare   Voir La religieuse intéressée   corpus 573

Comte (Le) de Warwick   197, 199, 223   *corpus 148*

Comte (Le) Roger   70, 86, 201   *corpus 149*

Comtesse (La) de Janissanta   Voir L'illustre malheureuse   corpus 340

Comtesse (La) de Mortane   70, 86, 201   *corpus 150*

Comtesse (La) Vesselin   547

Condé fils   570

Confessions d'un fat   corpus 150bis

Confessions (Les) de la baronne de   corpus 151

Confessions (Les) de Madame la comtesse de   33   *corpus 152*

Confessions (Les) du comte de   222, 228, 230, 326, 344, 345, 380, 386, 551, 555, 556, 557   *corpus 153*

Confidence (La) réciproque   Voir La promenade de St Cloud   corpus 553

Confidences (Les) réciproques   corpus 155

Conformité (La) des destinées   68, 222   *corpus 156*

Congrès (le) de Citere   corpus 157

Constance (La) aisée   Voir Naziraddolé et Zelica   corpus 488

Constance (La) des promptes amours   70, 132, 547   *corpus 158*

Constant (frères)   *corpus 112bis*

Constantinople   223, 231, 238   *corpus 181, 228, 280, 308, 314A, 314B, 314C*

Conte à dormir debout   corpus 159

Conte (Le) du tonneau   35, 37, 258   *corpus 160*

Contes chinois   256, 277, 280   *corpus 160bis*

Contes d'Eutrapel   Voir Contes et discours d'Eutrapel   corpus 163

Contes de La Fontaine   Voir Contes et nouvelles en vers de La Fontaine   corpus 166

Contes de des Périers   Voir Les contes ou les nouvelles récréations   corpus 168

Contes de ma mère l'Oye   Voir Histoires ou contes du temps passé   corpus 337

Contes (Les) des fées   198   *corpus 161*

Contes (Les) du sieur d'Ouville   327, 328   *corpus 162*

Contes et discours d'Eutrapel   97, 551, 553   *corpus 163*

Contes et nouvelles de Bocace   corpus 164

Contes et nouvelles de la reine de Navarre   197   *corpus 165*

Contes et nouvelles de Marguerite de Valois   Voir Contes et nouvelles de la reine de Navarre   corpus 165

TABLE DES MATIERES

IMPRIMÉ PAR EDITEC 14
13, B^d DU M^{al} JUIN
14000 CAEN
POUR
Aux Amateurs de Livres

Imprimé en France — Dépôt légal : août 1986